● 공자씨의 유쾌한 논어

일러두기

1. 『논어』의 분류 체제를 새롭게 고쳤다. 편명도 중심이 되는 내용으로 정하고, 구절도 편명과 상관없이 독립된 구절 단위로 모두 516장으로 나누어 일련번호를 붙였다.
2. 인명과 지명은 현대 중국어 표기가 익숙한 곳을 제외하고는 모두 한국어 한자음 읽기에 따라 표기한다.
3. 등장인물은 성명, 자, 호 중에서 가장 널리 알려진 것으로 통일해서 제시한다.
4. 두음법칙을 따르지만 례禮나 녕佞처럼 주요한 개념이나 인명의 경우에 한정해서 예외를 둔다.
5. 번역과 관련해서 다음의 원칙을 따른다.
    1) 『논어』는 절제된 표현을 사용하고 있어 원문을 그대로 번역하면 문맥이 부드럽지 않을 경우 말을 보충하여 공자의 원의를 온전히 복원하고자 노력했다. 예컨대 '자왈子曰'의 '왈'은 맥락과 상황에 따라 다른 어감을 드러내서 옮겼다. 내용을 보충할 때 상황을 부연 설명하는 경우〔 〕를 사용하고 나머지는 별도의 표시 없이 내용을 보충했다.
    2) 원문에 나오는 한자어를 원칙적으로 배제하여 번역하고자 했다. 예컨대 '우憂'가 나오면 '우려憂慮하다'는 한자어를 고르지 않고 '걱정하다'는 표현을 사용했다.
    3) '깊이 읽기'에서 다른 책의 일부 내용을 인용할 때 출처를 밝히고 어법이 어색하거나 표현이 부자연스러운 경우 별도의 표시 없이 수정하여 인용했다.

● 젊은 동양철학자의 완역과 친절한 해설로 새로 읽는 「논어」

공자씨의 유쾌한 논어

신정근 옮기고 풀어씀

사□계절

눈길의 길목

머리말　6

길잡이 I　　공 선생 연보와 약전　13
길잡이 II　　등장인물　19
길잡이 III　　주요 개념의 해설　34
길잡이 IV　　책의 편제와 편명의 유래에 대하여　40

제 1 편　　오우로보로스의 편 | 조사의 편　43
제 2 편　　효도의 편 | 학문의 편　75
제 3 편　　전통 의식의 편 | 예술의 편　111
제 4 편　　정의의 편 | 군자의 편　149
제 5 편　　교육의 편　179
제 6 편　　전형의 편 | 경계의 편　221
제 7 편　　피사체의 편 | 자술의 편　261
제 8 편　　증자의 편 | 성화의 편　313
제 9 편　　천명의 편　341

제 1 0 편　　일상생활의 편 | 문명화의 편　383

제 1 1 편　　평가의 편 | 절망의 편　411

제 1 2 편　　평화 만들기의 편 | 신뢰와 모방의 편　449

제 1 3 편　　정치의 편 | 결실의 편　493

제 1 4 편　　역사의 편 | 운명애의 편　531

제 1 5 편　　대조의 편　593

제 1 6 편　　세 가지의 편 | 조직화의 편　641

제 1 7 편　　결전의 편 | 혁명가의 편　671

제 1 8 편　　은자의 편 | 고별의 편　713

제 1 9 편　　사도의 편 | 분기의 편　735

제 2 0 편　　계보의 편　769

부　　　록　　장별 주제 분류　780

인용 출처 목록　815
참고문헌　819

머리말

이 책은 『논어』를 오픈 텍스트open text와 하이퍼텍스트hyper text로 되살려냈다는 점에서 큰 의의가 있다. 오늘날에는 『논어』를 고전으로 취급하지만 오랫동안 『성서』처럼 경전으로 여기던 시절이 있었다. 그 시절에는 글을 깨치면 『논어』를 통째로 외워 그 뜻을 새길 수 있어야 공직에 나갈 수 있었다. 하지만 오늘날 『논어』는 옛날과 같은 영광을 누리지 못하고 세계적인 서양철학·문학 책과 함께 인류의 지혜를 담은 동양철학 고전으로 분류된다.

많은 이들이 고전인 『논어』를 읽으면 좋겠지만, 다들 한두 번씩 『논어』를 손에 집었다가도 얼마 못 가서 책을 덮고 만다. 그러길 몇 차례 반복하다 보면 『논어』가 뭔지 알 것 같기도 하고, 또 한편으로는 제대로 모르는 책으로 남게 된다.

왜 이처럼 우리는 『논어』 읽기에 실패할 수밖에 없을까?

첫째, 『논어』는 처음부터 끝까지 순서대로 읽을 수 없는 책인데도 그렇게 읽으려고 하기 때문이다. 『논어』는 내용의 통일성과 형식의 논리성을 갖춘 책이 아니라서 처음부터 끝까지 읽어낼 수 없다.

둘째, 어떤 도움도 없이 혼자서 『논어』를 읽겠다는 각오로 덤비면,

인내심을 발휘하며 암호와 같은 글자의 퍼즐을 맞출 수는 있다. 하지만 얼마 가지 않아 참을성이 바닥을 드러내면 계속해서 읽기가 쉽지 않다.

셋째, 공자는 『논어』에 나오는 숱한 주요 개념을 특별한 정의 없이 그대로 사용하고 있다. 그래서 어떤 경우에는 맥락에 따라 개념의 의미를 헤아릴 수 있지만 많은 경우에는 도무지 종잡을 수가 없다. 이처럼 주요 개념에 대한 안내가 없으면, 읽더라도 정확하게 무엇을 말하려고 하는지 파악하기가 어렵다.

이런 문제가 해결되지 않으면, 『논어』 읽기는 계속해서 실패할 수밖에 없다. 그러면 어떻게 해야 『논어』 읽기를 성공할 수 있을까?

나는 일반 독자들이 『논어』 자체만으로 『논어』의 세계를 이해하기란 불가능하다고 생각한다. 서양철학의 개념처럼 원래 『논어』에 들어 있지 않은 내용을 『논어』 속으로 가지고 들어와서 읽어야만 『논어』의 의미가 제대로 드러난다. 또 우리가 살아가는 시대와 『논어』에서 상정하고 있는 시대는 엄청난 차이가 난다. 따라서 우리 시대의 생각을 『논어』의 원문과 나란히 놓고 이해할 때, 『논어』의 고유한 의미가 한층 쉽게 부각될 수 있다.

이런 점에서 나는 『논어』를 오픈 텍스트와 하이퍼텍스트 개념으로 새롭게 재구성하고자 했다. 한 구절의 의미를 밝히기 위해서, 『논어』의 문을 걸어 잠그지 않고 철학을 비롯한 여러 학문의 다양한 현대의 연구 성과를 『논어』 속으로 끌어들인다는 점에서 '오픈'이다. 또 특정 구절의 의미를 온전히 파악하도록, 해당 구절의 구문론과 의미론에 갇히지 않고 그 구절과 관련되는 『논어』의 다른 구절들을 독자가 원하는 방식으로 불러내 읽을 수 있고 관련 사항을 다른 곳에서 점검할 수 있다는 점에서 '하이퍼'이다.

그러면 어떻게 해야 이 책을 효율적으로 이용해 『논어』 읽기에 성공할 수 있을까?

첫째, 『논어』를 처음부터 순서대로 차례차례 읽지 말자. '장별 주제 분류'에 따라 주제별이나 독자의 관심별로 『논어』를 새롭게 편집하여 액자소설처럼 책 속의 책을 만들어 읽도록 한다. 예컨대 '학문'에 관심이 있다면 그것과 관련된 장만 찾아 읽고서 '학문'과 관련된 『논어』의 주장을 정리하면 된다.

둘째, 『논어』의 어떤 구절은 구체적이어서 읽자마자 말을 주고받는 정경이 쉽게 연상된다. 반면에 논의가 추상적으로 흐르는 곳에 이르면, 웬만한 이해력이 아니고서는 의미를 파악하기가 쉽지 않다. 이럴 때는 논의가 이루어지는 상황을 추체험해봄으로써 원문에 대한 이해도를 높일 수 있다.

셋째, 『논어』에 나오는 이야기는 말하는 사람끼리 서로가 말하고자 하는 내용을 다 알고 있다는 듯이 전제하고 논의가 진행되기 때문에 도대체 왜 이런 소리를 하는지 모를 경우가 있다. 예컨대 춘추시대의 국제 정세와 문물제도, 노나라의 정치 상황, 공자와 특정 인물 사이의 관계와 애증 등이 원문에 녹아들어서 『논어』를 만들고 있다. 필요한 곳에 적절한 풀이나 해설이 있다면 이런 장애를 쉽게 극복할 수 있을 것이다.

나는 누구의 지도 없이도 『논어』 읽기에 성공할 수 있는 해결 방안을 다음과 같은 체제를 통해 구체화시켰다.

첫째, 길잡이 네 꼭지를 통해서 『논어』 읽기를 위한 워밍업을 시도했다. 예컨대 '공 선생 연보와 약전'은 『논어』 전체를 이끌어가는 핵심 인물인 공자를 간단하게 소개한 글이다. '등장인물'은 『논어』에서 공자 다음으로 중요한 비중을 차지하는 역사적 인물인 주공과 백이·숙제,

자로와 안연 같은 제자들을 소개하고 있다. 『논어』는 철학만이 아니라 이상 세계를 일구어가는 인물들의 서사시라는 문학 작품으로도 볼 수 있으므로, 등장인물들 사이에 미묘하게 흐르는 애증 관계를 짚어본다면 한층 더 재미있는 책 읽기를 할 수 있을 것이다. '주요 개념의 해설'은 『논어』에 나오는 인仁·도道 같은 개념을 오늘날의 언어로 풀이해서 개념에 막혀 책 읽기에 어려움을 겪지 않도록 했다. '책의 편제와 편명의 유래에 대하여'는 『논어』라는 책이 가진 구성상의 특징을 간명하게 해설한 글이다.

둘째, 부록에 수록한 '장별 주제 분류'는 『논어』의 각 장을 대, 중, 소 세 단계로 분류하고 있다. 독자는 이 분류표에 따라 『논어』를 원하는 수만큼의 텍스트로 새롭게 편집할 수 있다. 만약 정치에 관심이 있다면 『논어』를 정치학 책으로 편집해서 관련된 부분만 읽으면 된다. 인생에 관심이 가더라도 마찬가지이다. 처음부터 끝까지 순서대로 진행되는 순차적 완독의 중압감을 떨쳐버리고 필요한 방식으로 재편집해서 관련 주제를 정리한다면, 그다음에는 점차적으로 읽는 분량을 늘일 수 있을 것이다.

셋째, 원문은 번역문 이외에 원문과 독음, '상황' 그리고 '걸림돌'과 '디딤돌'로 구성되어 있다. '상황'은 해당 구절의 이야기가 추상적으로 진행될 때, 독자가 추체험해볼 수 있는 오늘날의 상황을 예시하고 있다. '걸림돌'은 사전적인 뜻풀이로만 파악하기 어려운 단어, 사전 설명 없이 제기되는 역사적 상황, 등장인물 사이의 비약적인 대화 등을 간명하게 풀이하고 있다. '디딤돌'은 해당 구절의 논의를 바탕으로 좀 더 심화된 생각을 해보게끔 안내하는 글이다.

넷째, '깊이 읽기'이다. 『논어』의 한 장은 이야기의 길이가 짧아서 마치 시와 같다. 따라서 『논어』를 읽으면, 촌철살인의 울림이 있기도 하지만 어떤 경우에는 그저 좋은 말로 여겨질 뿐 "나더러 어떻게 하라는 것인지?"라는 반문을 갖게 만든다. 이를 해결하기 위해 논의를 좀 더 길고 깊이 있게 진행할 필요가 있을 경우에, 생각해볼 주제와 관련해서 해설문을 제시하거나 『논어』와 견주어 읽어보면 좋을 다른 문헌의 구절을 뽑아 제시했다. 안내에 따라 해당 구절의 의미를 따져보거나 글을 써본다면, 지상紙上에서 공자와 논쟁을 벌일 수도 있고 공자와 해석학적 대화를 나눌 수도 있다. 예컨대 『논어』 첫 편의 첫 장에는 인정認定 욕구가 짙게 깔려 있을 것이다. 제시된 해설문과 논제를 통해서 인정과 관련된 사고를 정리하거나 심화시킬 수 있으리라고 생각한다.

지금까지의 설명으로 이 책이 다른 『논어』 번역서의 일반적인 특색과 확실히 구별되는 점이 드러났을 것이다. 중복을 피하면서 언급하지 않은 이 책의 특징을 소개하고자 한다.

첫째, 현행 『논어』의 「학이」, 「위정」 등의 편명은 해당 편의 맨 앞에 나오는 단어를 가리킬 뿐 별다른 의미가 없다. 이 책에서는 현행 『논어』의 편제를 바탕으로 편의 중심 주제를 뽑아서 편명을 새롭게 지었다. 예컨대 18편은 「미자」라고 불리지만 이 책에서는 '은자의 편'과 '고별의 편'으로 이름 지었다.

둘째, 대부분의 『논어』 번역서에서는 개념을 번역하지 않고 음을 제시하거나 천자문식 의미를 제시하고 있다. 예컨대 君子는 '군자'라는 한국어 음으로 바뀌고, 仁은 인하다 또는 어질다로 번역된다. 이 책에서 군자는 자율적 인간으로, 인은 평화를 일구는 사람, 화해, 사랑 등으로 풀이해놓았다.

셋째, 『논어』의 특정 구절은 보통 무슨 편의 몇 번째 장으로 소재를 나타냈다. 이 책에서는 종래의 방법을 따르면서도 동시에 첫 편 첫 장에서 마지막 20편 마지막 장까지 일련번호(끝이 516번이다)를 붙여서 해당 구절을 훨씬 빨리 찾을 수 있도록 했다. 이외 이 책의 체제와 특징 그리고 의의는 책에서 직접 확인할 수 있을 것이다.

사실 『논어』는 동아시아의 역사에 엄청난 영향을 끼쳤다. 그 영향을 간명하게 압축해 설명한다는 것은 결코 쉬운 일이 아니다. 『논어』를 읽고 생각하고 글을 쓰면서 들었던 생각을 종합해보면, 『논어』는 "개인의 품위(고상함), 사람 사이의 화해, 타인에 대한 배려를 통해 세계의 공존(유대)과 평화를 일구고자 했던 공자와 그 뜻을 같이 했던 사람들의 희망을 담고 있다"고 할 수 있다. 그 세계는 개인의 생존, 사람 사이의 경쟁, 타인의 선용善用을 통해서 세계에 대한 지배력을 늘리고자 했던 시대의 상과 날카롭게 대비되었다. 우리가 이 세상에 전쟁보다는 평화의 땅을 한 뼘이라도 더 넓히려고 한다면, 『논어』는 우리가 그대로 옮겨 놓을 수는 없지만 아직도 길어낼 수 있는 마르지 않는 샘이다.

이 책은 내가 지금까지 보아온 『논어』 읽기를 일단락 짓는다는 의미를 갖는다. 나는 그동안 역사 유물론과 언어 분석의 관점에서 『논어』를 해명한 『반논어』를 시작으로 해서, 인仁 사상을 사람다움의 여정이란 측면에서 분석한 『사람다움의 발견』, 『논어』의 내재적 의미와 그것이 어떻게 철학사에서 계승·발전되고 그 한계가 무엇인지를 논의한 『논어의 숲, 공자의 그늘』, 유교의 형성 과정을 공자를 교주로 하는 공자교의 탄생으로 보는 『공자신화』 그리고 유교를 종교라는 측면에서 주요 특성을 소개한 『유교』 등을 저술하기도 하고 번역하기도 했다. 이 책은 지금까지의 연구를 망라하는 셈이다. 앞으로는 『논어』를 이해하고 연구하고자 하는 이들을 위해 전문가용 『논어』 번역을 내고자 한다.

『논어』는 원래 20편으로 되어 있다. 『논어』를 비롯한 동양 고전은 청소년의 세계와 맞닿을 수 있는 꿈과 희망, 도전과 모험, 환상과 낭만이 빠진 듯 보인다. 반면에 절제와 규율, 이성과 형식 등이 넘쳐나는 것으로 여겨진다. 그래서 나는 모험과 낭만의 글로 『논어』의 21편을 만들고자 하는 바람을 품어왔는데, 아쉽게도 이 꿈은 이번 책에는 반영되지 못했다.

책을 내다 보면 책마다 사연이 생긴다. 이 책도 나 혼자 구상하고 틀을 만들었던 터라 출판에 이르기까지 설득을 하느라 많은 공력을 들였고, 마침내 사계절출판사에서 출판의 기회를 갖게 되었다. 이 점 깊이 감사드린다. 한 번 읽는 데에도 많은 시간이 걸리는 분량의 대작을 읽고 원고를 매만지느라 수고하신 사계절출판사 편집부 인문팀에 고마운 인사를 전한다.

오랫동안 병상에서 안타까움과 불안을 안겨주시는 아버님이 자리를 툴툴 털고 들에 나가시듯 일어나시기를 바란다. 간병하시는 어머님을 보면서 두 분의 사랑 앞에 나의 사랑이 한없이 작다는 것을 느낀다. 백 살을 살더라도 살아 있는 동안은 배워야 하나 보다.

2008년 10월
세상에 가을 기운이 조금씩 짙게 스며들 즈음에
수어재水魚齋에서 여여如如 신정근 씁니다.

| 길잡이 I |
공 선생 연보와 약전

출생 기원전 551년(1세)

공 선생이 태어나다. 아버지는 숙량흘叔梁紇이고 어머니는 안징재顔徵在이다. 조상은 은殷나라 유민으로 이야기되고, 아버지는 노魯나라의 하급 무사였다. 아버지와 어머니의 나이 차이가 많은 데다 출생담이 평범하지 않아서 역사적으로 흥밋거리가 되었다.

성은 공孔이고 이름은 구丘이다. 이름이 구인 것은 고향 마을의 산 이름 이구산尼丘山과 관련이 있다. 또 공자의 머리 생김새가 층층 계단처럼 짱구여서 구라고 했다고 한다. 어른이 될 무렵 중니仲尼라는 자字로 불렸다. 공 선생이 학문적 성취를 거두고 제자를 받은 뒤부터 공자孔子 또는 공부자孔夫子라는 존칭으로 불리었다. 특히 공부자는 유교를 뜻하는 영어 Confucianism의 기원이 된다.

공자는 중국사에서 춘추시대를 살았다. 춘추시대는 천자의 나라 주周가 정치적 주도권을 잃으면서 제후국들이 각자 생존을 위해 경쟁하던 시대였다. 공자의 조국 노나라는 춘추시대의 약소국으로 북쪽 진晉나라, 동쪽 제齊나라, 남쪽 초楚·오吳나라의 시달림을 받았다. 국내적으로도 노나라는 제후의 힘이 미약하고 삼가三家라는 과두정파에 의해 국정이 좌지우지되었다. 공자의 소망 중의 하나가 무력한 노나라 공실의 권위를 바로잡는 것이었다.

어린 시절 기원전 549(3세)~기원전 544(8세)

3세에 아버지가 세상을 떠나다. 요즘 말로 하면 결손가정에서 자란 셈이다. 다른 아이처럼 장난을 치고 놀기보다는 제기祭器를 가지고 제사를 지내는 흉내를 내며 놀았다. 『논어』를 보면 가정 형편이 넉넉하지 않았던 듯 사회적으로 좋은 대우를 받지 못하고 다양한 기술을 익혀서 생활한 것으로 보인다. 가난이 공자를 큰 인물로 성장하게끔 단련시킨 것은 분명하다.

결혼과 가정 생활 기원전 533(19세)

송나라 출신의 계관씨丌官氏와 결혼을 하고 이듬해에 아들 리鯉가 태어난다. 『논어』를 보면 딸이 하나 있었는데, 나중에 제자 공야장公冶長에게 시집을 보냈다. 결혼을 즈음해서 노나라에서 창고의 물건을 관장하는 낮은 관직인 위리委吏를 시작으로 관직 생활에 나섰다. 24세에 어머니가 세상을 떠난다.

수학과 구도 기원전 522(30세)

『사기』에 따르면 공자는 30세에 주나라의 수도 낙읍洛邑에 가서 례禮와 관련한 노자의 가르침을 받았다. 이는 사실이라기보다 학파의 기원을 올려 잡으려는 과정에서 생겨난 이야기로 보인다. 공자는 특정한 스승에게 모든 것을 배웠다기보다 사람과 사물 그리고 자료를 가리지 않고 배움의 대상으로 보았기 때문에 학문적 성취를 이루게 되었다.

강학 활동, 제자를 받아들이다 기원전 517(35세)

노나라의 정변으로 잠시 이웃 제나라로 갔다가 다시 노나라로 귀국했다. 이를 계기로 공자는 현실 정치에 참여해 사회를 개선하려는 것만큼이나 교육을 통해 세상을 구제하는 데에 관심을 두었다. 이 무렵 공자의 학문적 명성이 알려지기 시작하면서 30세 중반부터 제자를 받아들인다. 이들이 전기 제자에 속한다.

마지막 정계 진출 기원전 500(52세)

40대에는 주로 강학 활동에 진력하다가 50대에 이르러 노나라의 사회 문제를 타개할 수 있는 인물로 주목받았다. 여러 사람들의 추천으로 52세에 사법을 책임지는 사구司寇 벼슬을 했다. 이 일을 계기로 국정에 새로운 변화의 바람을 일으키고 제나라와 외교적 충돌을 슬기롭게 해결하기도 했다.

관직 은퇴 후 조국을 떠나 천하를 주유하다 기원전 496(56세)

제나라가 여성 가무단을 노나라에 파견하자 노나라의 국정이 마비될 정도에 이르렀다. 공자는 노나라를 변화시키려는 희망을 접고 관직에서 물러나 자신을 써줄 희망의 나라를 찾아 10여 년에 걸친 정처 없는 여행을 떠났다. 위衛나라, 송宋나라, 진陳나라, 채蔡나라 등을 차례로 방문해 군주와 실력자를 만나 기회를 엿보았으나 모두 실패로 끝났다. 이 과정에서 오해와 갈등으로 암살의 위기를 넘기거나 굶어 죽을 곤경에 처하기도 했다. 공자와 함께 방랑을 한 제자들이 후기 제자에 속한다. 공자의 제자는 전부 3000여 명으로 고전과 교양의 육예六藝에 뛰어난 이가 72명이고, 철학적 성취를 이룬 이가 10명 정도라고 한다.

춘추전국시대에 이르러 모든 나라는 지식인을 초대하여 사회제도를 개혁하고 행정 조직을 개편해서 부국강병을 국정 지표로 삼았다. 지식인들도 국적을 떠나서 자신을 받아줄 군주를 찾아 여행을 다녔는데 이들을 유세객이라 불렀다. 공자는 부국강병에 도움이 되는 이야기보다 사랑과 평화의 가치를 역설했던 탓에 자신의 기량을 펼칠 기회를 갖지 못했다.

귀국과 상실의 연속 기원전 484(68세)

제자 염유가 노나라 실력자 계손씨를 위해 공적을 세운 뒤에 그의 노력으로 노나라로 귀국했다. 이 무렵 아내가 죽고 아들 리는 귀국하기 1년 전에 죽었으며, 귀국하고서 2년 뒤에는 자신의 분신인 안연도 세상을 떠난다.

사망 기원전 479(73세)

2년 전에 위대한 인물의 출현을 상징하는 기린이 노나라 수도 곡부의 서쪽 교외에서 잡힌 적이 있었다. 이것이 서수획린西狩獲麟이란 고사인데, 공자는 이 일로 세상에서 자신의 역할이 끝났음을 자각하게 된다. 자신의 죽음을 예감하고 꿈을 꾸고서 얼마 뒤에 세상을 떠난다.

❖ ❖ ❖

한국인에게 공 선생(공자, 공구)은 보통 사람이 아니라 위인 내지는 성인으로 여겨진다. 이 존경의 거리감은 공자를 가까이 하기엔 너무 먼 사람으로 만들어버린다. 연예인도 무명 시절에는 쉽게 만날 수 있다가 스타가 되면 사정이 달라진다. 한 번 스타를 만나려면 절차를 밟아야 하고 보안 점검을 받아야 한다.

모든 사람, 아니 지금 길을 가는 누구라도 공 선생 같은 성인이 될 수 있다고 한다. 우리는 스타처럼 영접을 위한 준비와 절차 없이도 공 선생에게 다가갈 수 있다. 그런데 우리는 이를 쉽사리 믿지 않고 공 선생과의 만남을 주저한다. 그것은 역사나 신화와 전설이 합작해 만든 신격화 또는 영웅화 작업 때문일 것이다. 그래서 '공자'(공 선생님)로 부르면 왠지 우러러볼 뿐 다가가기 어렵지만 '공구'(공씨의 자식 구)로 부르면 만나서 이야기하기 쉬울 듯하다.

구가 오늘날 한국에 태어났더라면 아마 그이는 왕따가 되었을 성싶다. 구는 할아버지뻘의 아버지와 누나뻘의 젊은 어머니 사이에서 태어났다. 세 살 무렵에 아버지가 죽었으니 이복형제 구는 홀로된 어머니와 아버지 없는 성장기를 보냈다. 몰락한 가문이자 왕조의 후예로서 구는 젊은 시절에 갖은 아르바이트로 생계의 일정 부분을 담당해야 했다. 이렇다면 우리는 오늘날 늦은 시간에 편의점의 판매원으로 일하는 공구를 만날 수도 있을 것이다.

가난·고립·상실·부재로 점철된 삶이어서 그런지 공 선생은 만족을 모르는 지치지 않는 열정으로 모든 걸 가진 어버이가 되려고 했다. 이를 위해 그이는 먼저 생물학적 아버지의 결핍을 사회학적 어버이를 통해 채웠다. 모든 분야를 지도할 선생은 없었지만 그이는 우연히 길을 같이 가게 된 사람에게도 지적 자양분을 흡수하려고 노력했을 정도였다. 공 선생의 언행록 첫 구절도 배움에 대한 열정과 희열을 노래하고 있다. 또 무지에 대해 분노는 한 순간도 빈둥대지 못하게끔 자신을 채찍질하며 구도의 길을 걷게 하였다.

공구는 두 분야의 어버이가 되고자 했다. 우선 조국 노나라의 정치적 어버이가 되고자 했다. 개인사만큼이나 조국의 처지도 암담하고 암울했다. 국내로는 신흥 귀족이 발호하여 왕실의 권위가 급격하게 실추되고 국외로는 강대국의 틈바구니, 즉 동쪽의 제齊, 남쪽의 초楚와 오吳, 북쪽의 진晉에 끼여 국제 정세의 변동에 따라 국정의 혼란이 가중되었다. 이에 공자는 끝내 기회가 없어 실패로 끝났지만 기울어가는 세계를 바로잡을 혁명을 통해 문임금〔文王〕과 같은 세계의 어버이가 되고자 했다.

공구는 대대로 전승된 문화를 소유하고 전승하는 학문의 어버이가 되고자 했다. 이 중에서 례禮는 핵심적 가치였다. 물론 례에는 차별적 신분제도를 공고히 하며 경제 외적 강제를 의무로 수용하게 하는 이데올로기의 계기가 있다. 우리가 즐기는 놀이와 게임에도 규칙이 있듯이 사람이 무엇에게로 다가서고 만나고 이야기하고 사귀고 만드는 데에도 삶의 틀이 필요하다. 반갑다고 어깨를 툭 치는 게 호의를 나타내는 좋은 버릇이 아니라면 오늘날에 맞게 변형된 례가 여전히 요구된다고 할 수 있다. 삶을 좀 더 윤기 있고 부드럽게 하기 위해 배려와 존중이 결합되는 신례新禮가 논의될 만하다.

이제 우리는 공구를 만날 준비가 된 듯하다. 어디서 그를 만날 수 있을까? 공정과 규칙을 세우고자 하는 시민 단체·비정부기구NGO의 활동 현장이나 울분과 의분으로 시대의 등불을 찾는 비제도권의 학술 단체 등등이 될 수 있지 않을까?

| 길잡이 II |
등장인물

『논어』는 철학 사상을 담고 있으면서도 문학적 묘미가 있는 책이다. 내용뿐만이 아니라 등장인물인 제자들과 동시대 사람들 그리고 역사적 인물도 한 사람 한 사람이 문학적 전형성을 획득할 정도로 강한 개성을 지니고 있기 때문이다. 햄릿Hamlet은 셰익스피어의 작품에 나오는 주인공 이름이기도 하고 우유부단한 사람의 전형을 대표하기도 한다. 장비는 나관중의 『삼국지』에 나오는 주인공이기도 하고 물불 가리지 않고 몸이 앞서는 사람을 나타내기도 한다. 『논어』에 나오는 안연과 자로, 관중과 삼가 등도 단지 한눈팔지 않고 진리를 좇는 구도자여서 개성이라곤 조금도 엿볼 수 없는 차가우며 이지적인 사상가들이 결코 아니다. 그들은 『논어』의 세계에서 서로 좌충우돌하며, 성내며 웃고 떠드는 살아 있는 인간들이다. 이런 점에서 『논어』는 '플롯 없는 소설' 또는 '운율 없는 시'라고 할 수 있다. 여기서 『논어』에 등장하는 중요 인물에 대한 개성을 간략히 소개하고자 한다.

고대사회에서는 한 사람의 이름이 다양하게 불렸다. 예컨대 '공자', '공부자', '공구', '중니'는 모두 한 인물을 가리키는 이름들이다. 중니는 자字이고, 공구는 성명姓名이고, 공자·공부자는 존칭이다. 각각 고

유한 쓰임새가 있기 때문에 하나로 통일되지 않고 곳곳에서 달리 쓰였다. 『논어』를 읽기 전에 이를 숙지하지 않으면, 같은 인물을 다른 사람으로 착각할 수 있다. 따라서 미리 중요한 사람의 여러 가지 이름들, 즉 성명·자字·호號·시호諡號, 존칭 등을 살펴보고자 한다. 참고로 말하자면 아래에 제시하는 생몰년은 확인된 사실이 아니라 추정치일 뿐이다. 즉 이 연대를 바탕으로 교우 관계를 따지다 보면 아귀가 맞지 않게 되니 참고로만 보면 좋겠다.

제자들 가운데 전기 제자로는 자로·자공·안연·재아·민자건·중궁을, 후기 제자로는 증삼·자유·자하·자장·유약·번지 등 열두 명을 살펴보고자 한다.

주공周公(기원전 12세기 활동)

주공은 주나라를 세운 문임금의 아들이자 은나라를 정벌한 무임금의 동생이며 성임금의 삼촌이다. 그이는 건국 후 일찍 죽은 무임금을 대신하여 나이 어린 성임금의 정치적 후원자이면서 주나라의 제도적 기틀을 다진 문화 영웅이었다. 공 선생은 학문적 연원이 주공에 있다는 말을 하기도 하고, 꿈에서도 만날 정도로 두 사람 사이에는 정신적 밀착도가 컸다. 즉 주공은 공 선생의 인생, 학문의 정신적 원천이었던 셈이다. 공 선생은 요임금, 순임금, 탕임금, 우임금, 문임금, 무임금 등에 대해 존경의 염을 품고 있지만 다가갈 수 없는 거리를 설정한다. 반면에 주공에 대해서는 동경의 자세를 보여주면서 모든 감정을 토로하기도 한다.

주공을 미리 만나고 싶으면 다음의 장을 먼저 보도록 한다. 07.05[156], 08.11[200], 11.17[285], 18.10[487], 20.01[514].

백이伯夷와 숙제叔齊(기원전 12세기 활동)

두 사람은 고죽국孤竹國이라는 나라의 왕자였다. 두 사람은 아버지가 동생에게 왕위를 물려줄 의사가 있는 것을 확인하자, 자신들의 기득권을 모두 내던지고 조국을 떠나 수양산首陽山에 은거해 살다가 조용히 인생을 마쳤다. 두 사람은 주나라의 무임금이 무력으로 은나라 주紂임금을 타도하려고 하자, 그의 말고삐를 잡으며 만류한 일화를 남기기도 했다. 그렇지만 이들은 공 선생이 아니었더라면, 민간 설화로 남거나 아니면 누구의 주목도 받지 못한 채 세월과 더불어 사라졌을 것이다. 공 선생은 날로 경쟁이 심해지고, 강한 자기주장으로 대립과 갈등이 더해가는 현실을 구원할 힘을 백이와 숙제 두 사람에게서 찾았다. 그것은 위대한 포기이자 거룩한 양보였기 때문이다. 그럼으로써 세계의 평화가 도래할 수 있는 씨앗이 싹틀 수 있는 것이다. 이 때문에 공 선생은 두 사람을 거의 성인의 반열로 추앙하여 전통 시대 지성인들로 하여금 그들의 언행에 주목하도록 했다.

백이와 숙제를 미리 만나고 싶으면 다음의 장을 먼저 보도록 한다. 05.24[116], 07.15[166], 16.12[449], 18.08[485].

관중管仲(?~기원전 645)

관중은 제나라 환공을 도와 조국을 패자霸者의 나라로 만든 명재상이다. 또한 포숙아鮑淑牙와 변함없는 우정으로 관포지교管鮑之交라는 고사의 주인공이기도 하다. 이런 위업에도 불구하고 관중은 공 선생에게 애증이 교차하는 인물로 그려진다. 그이는 무기력한 천자를 대신해 제나라 중심의 국제 질서를 구축하여 중원의 군사적 위기를 극복해냈다. 이에 대해 공 선생은 관중이 세계의 평화를 일구었다며 인仁이라는 최고 영예를 부여한다. 하지만 공 선생의 눈에는 더 할 수 있는데도 하지 않은 것이 있다. 중원 지역의 패자가 되었으나 진정한 왕도를 꽃피우지 못하고, 중원 문명의 핵심인 례禮에 대해 소홀히 한 것이다. 이에 대해 공 선생은 안타까움을 토로한다. 결국 공 선생은 관중이라는 선배에게 너무 많이 기대했었음을 말한다.

관중을 미리 만나고 싶으면 다음의 장을 먼저 보도록 한다. 03.22[062], 14.10[358], 14.17[365], 14.18[366].

자로子路(기원전 542~기원전 480)
성은 중仲, 이름은 유由이다. 자는 자로 또는 계로季路이다. 『논어』에서는 '자로'의 호칭이 가장 많이 사용된다. 노나라 출신으로 공 선생과 불과 아홉 살밖에 차이가 안 날 만큼 나이가 많아 학파學派에서 연장자에 속했다. 그이는 용기를 앞세우는 호전적 성향으로 문제가 생기면 앞장서는 해결사 기질이 강했다. 첫 만남에서 공 선생을 폭행하려고 했으나 학파에 들어온 뒤로는 선생의 신변을 보호하는 역할을 수행했다. 자로는 위衛나라의 내분 과정에서 사망했는데, "군자는 죽더라도 관을 벗지 않는다"며 갓끈을 다시 고쳐 매고 죽은 것으로 유명하다.

『논어』에서 자로는 자주 안연과 비교되지만 공 선생에게 최고의 인정을 받지는 못한다. 공 선생과 자로가 만나면 늘 불꽃이 튄다. 공 선생의 말을 절대적으로 신뢰했던 안연과 달리 자로는 꼬치꼬치 캐묻고 공 선생의 의견에 반기를 들 정도로 자기주장이 강했다. 무슨 말을 들으면 몸으로 완전히 익히기 전에는 다른 이야기를 듣지 않을 정도로 단순하면서도 우직했다. 또 자신의 재산을 친구들과 공유하려고 할 만큼 낭만적이며 공산적共産的 정신을 지니고 있었다. 정치적으로 이상주의보다 현실주의 노선을 취하고, 학문적으로 문서보다는 실천적 경험을 중시했다. 좌충우돌하면서 어렵게 앞으로 나아가는 투사형이지만 무섭기보다는 귀여워 결코 미워할 수 없는 인물이다. 『논어』를 읽으면 많은 사람들이 그이의 추종자가 된다. 『삼국지』의 장비와도 비슷하다.

자로를 미리 만나고 싶으면 다음의 장을 먼저 보도록 한다. 05.07[099], 05.15[107], 05.27[119], 06.28[149], 07.11[162], 07.35[186], 09.12[222], 09.27[237], 11.12[280], 11.15[283], 11.25[293], 12.12[306], 13.03[321], 15.02[397], 17.07[458].

자공子貢 (기원전 520~?)

성은 단목端木, 이름은 사賜이다. 자는 자공이다. 위나라 출신으로 공 선생보다 31세 아래였다. 『논어』에서 자공으로 많이 나온다. 자공은 공 선생에게 자신과 동료의 성취를 비교해 평가해달라고 요청할 뿐만 아니라 스스로 동료나 당시 사람들의 장단점에 대한 촌평을 즐겨 했다.

자공은 곡물의 작황을 파악하여 가격의 등락을 예측하고 그 결과 사업을 해서 큰돈을 벌기도 했다. 따라서 오늘날 종합상사를 경영하는 무역 상인의 선구자로 볼 수 있다. 또 자공은 뛰어난 언술로 오나라의 적대적인 행위 때문에 생긴 노나라의 위기를 해결하기도 했다. 이처럼 그이는 그 시대에서 현실적으로 성공을 하고 존경을 받았으며, 공 선생의 대외적 활동이나 학파의 운영을 맡아 했다. 이 때문에 동시대의 일부 사람들은 학문적 조예와 현실적 수완을 겸비한 자공을 공 선생보다 높이 치기도 했다. 그러나 자공은 결코 공 선생에 대한 존경을 잃지 않았고, 선생의 사후死後 6년 동안 상례를 치렀다. 그이는 공상적이라기보다 현실적이며, 속물적이라기보다는 합리적인 성향을 지닌 인물이다.

자공은 현실적 성공과 사회적 지위를 개인적 야망이 아니라 공동체의 번영에 봉사하고자 했다. 이런 점에서 그이는 유상儒商이라는 말처럼 양심적인 기업가, 합리적인 개혁을 내세우는 인물이었다. 이로써 우리는 공자 학파가 공상적 도덕주의자가 아니라 합리적인 현실 감각을 가지고 있었다는 것을 알 수 있다. 『삼국지』의 조자룡趙子龍과 닮았다.

자공을 미리 만나고 싶으면 다음의 장을 보도록 한다. 01.15[015], 03.17[057], 05.04[096], 05.09[101], 05.13[105], 06.08[129], 06.30[151], 07.15[166], 09.06[216], 09.13[223], 11.16[284], 11.19[287], 12.07[301], 13.20[338], 14.18[366], 14.31[379], 15.24[419], 19.22 [510], 19.23[511], 19.24[512], 19.25[513].

안연顔淵(기원전 521~기원전 490)

성은 안顔, 이름은 회回이다. 자는 자연子淵인데, 성과 함께 안연으로 불리기도 한다. 송나라의 신유학자들이 그이의 인격과 학문을 높이 평가하자 안자顔子라는 존칭이 생겼다. 『논어』에는 회라는 이름으로 자주 등장한다. 그이는 공 선생보다 30세 아래였고 스물아홉 살부터 머리가 하얗게 되었다고 한다. 어린 시절부터 공 선생을 만나서 아버지처럼 따랐으나 어려운 가정 환경 탓인지 30대 초반에 죽었다. 그이의 죽음은 공 선생에게 통제할 수 없는 슬픔만이 아니라 상실감을 안겨주었다. 두 사람 사이는 선생과 제자의 관계로만 설명되지 않는다. 두 사람은 결코 서로 떨어질 수 없는 분신 같은 관계였으며, 이들의 대화에서는 서로 아끼고 염려하는 동성애의 취향이 느껴진다.

안연과 공 선생이 만나는 장면은 부처와 마하가섭 사이의 염화미소拈華微笑 이야기와 비슷했다. 공 선생은 차분하게 설명하고 안연은 아무런 질문도 하지 않지만 선생의 말을 스펀지처럼 다 빨아들이고 완벽하게 이해했다. 이 때문에 공 선생은 안연이 모르면서도 아는 척하는 바보가 아닌가 싶어 짓궂게 미행을 해서 그이의 언행을 관찰한 뒤에야 자신의 의심이 쓸데없다는 것을 알았다. 안연은 넉넉하지 않는 살림 때문에 빈민가(달동네)에 살았고, 먹을 것이 없어 자주 굶었지만 학문을 향한 열정을 버리지 않았다. 그는 이웃들의 삶과 다르게 살면서도 좌절하거나 분노하지 않았다. 안연은 당시의 공 선생만이 아니라 유학자 집단에서 호학好學의 대명사로 알려졌다. 그이는 선생의 안내를 완벽하게 소화해내고 한 번의 실수를 되풀이하지 않으며, 현실의 고통에서도 전혀 흔들림 없이 자기 확신을 견지하는 구도자였다. 이로 인해서 훗날 송나라의 신유학자들은 하나같이 "안연을 본받자!"며 자기 삶의 준거 모델로 삼았다.

안연을 서둘러 만나려면 다음의 장을 보라. 02.09[025], 05.27[119], 06.03[124], 06.07[128], 06.11[132], 09.11[221], 11.04[272], 11.07[275], 11.08[276], 11.09[277], 11.10[278], 11.11[279], 11.19[287], 12.01[295].

재아宰我 (기원전 522~기원전 458)

성은 재宰이고, 이름은 여予이다. 자가 자아子我인 탓에 재아로 일컬어진다. 노나라 출신으로, 자타가 인정하듯이 변론술이 뛰어난 것으로 유명하다.

공 선생과 재아가 만나면 천둥소리가 난다. 재아는 언어 감각과 분석력이 뛰어나 새로운 주장을 과감하게 하고, 공 선생의 말문이 닫히지 않게 너무나도 급진적인 발언을 멈추지 않았다. 그이의 돌발적 발언은 그 당시 공 선생을 격분하게 만들지만, 길게 보면 공 선생의 사고가 늙지 않고 늘 젊음을 유지하게 만드는 자양분이기도 했다.

재아를 미리 만나려면 다음의 장을 읽도록 한다. 03.21[061], 05.10[102], 05.11[103], 06.26[147], 11.03[271], 17.21[472].

민자건 閔子騫(기원전 536~기원전 478)

성은 민閔이고, 이름은 손損이다. 자는 자건이다. 노나라 출신으로, 공 선생보다 15세 아래였다. 민자건은 어린 나이에 생모를 여읜 뒤 아버지가 새로 맞이한 어머니에게 갖은 구박과 차별을 받았다. 하지만 그이의 변함없이 따뜻한 마음에 어머니가 마음을 고쳐먹고 이복동생들과도 행복하게 살아서 훗날 중국 역사상 이름을 떨친 스물네 명의 효자 중 한 사람으로 유명하다. 이런 점이 『논어』에도 나타난다.

당시의 노나라는 제후(군주)의 합법적인 권력 행사가 불가능하고 실제로 그 밑의 세 대부 집단, 즉 삼가三家가 정권을 좌지우지했다. 민자건은 이러한 현실 정치에 대해 비타협적인 태도를 지녔기에 관직의 제의가 오자 망명을 떠나겠다는 극단적인 반응을 보였다. 또 노나라 정부가 세금 창고를 신축하려고 하자 간단한 보수공사로 충분한 것을 괜스레 큰일을 벌인다고 비판했다. 이런 점을 보면 민자건은 부당한 권력에 대해 공공연하게 타도를 외치지 않더라도, 학파 내에서 가장 강경한 태도를 취했던 것으로 보인다.

민자건을 미리 만나려면 다음의 장을 먼저 읽도록 한다. 06.09[130], 11.03[271], 11.05[273], 11.13[281], 11.14[282].

중궁仲弓(기원전 522~?)

성은 염冉이고, 이름은 옹雍이다. 자는 중궁 또는 자궁子弓이다. 『사기』에 따르면 중궁의 아버지는 천인이었다. 노나라 출신으로 공 선생에게 함께 배웠지만 계씨 정파에 적극적으로 협력했던 염구冉求와 친척이다. 사실 수학 시절에도 염구는 공 선생에게 힘에 부쳐 그만 배우겠다고 말한 적이 있을 정도였다.

중궁이 사회 진출을 하는 데 그이의 비천한 출신이 늘 걸림돌이 되었다. 오늘날의 학교라면 왕따를 당해 학업을 제대로 마칠 수 없었을 것이다. 공 선생은 중궁의 출신을 문제 삼지 않고 그이의 뛰어난 능력이라면 사회의 동량이 될 것이라며 공공연하게 주장했다. 공 선생은 아마 중궁에게서 자신이 보냈던 성장기의 고통을 다시 확인했을 것이다. 이런 공 선생의 전폭적인 지원 덕분에 관직에 진출할 수 있었다. 중궁은 대범하기보다는 신중해서 돌다리도 두드려보고 건너는 성격이다.

중궁을 먼저 만나려면 다음의 장을 읽도록 한다. 06.02[123], 06.06[127], 11.03[271], 12.02[296], 13.02[320].

증삼曾參(기원전 505~기원전 435)

성은 증曾이고, 자는 자여子輿이다. 노나라 출신으로 공 선생보다 46세 아래였다. 아버지 증점曾點과 함께 공자 학파를 드나들었다. 안연과 함께 그이의 죽음이 기록될 정도로 『논어』에 깊은 족적을 남기고 있다. 증삼은 증자(증 선생님)로 일컬어지는데, 『논어』의 편집자들이 그이와 특별한 관계였음을 유추할 수 있다.

증삼은 신체의 손상을 극도로 경계할 만큼 부모 세대에게 물려받은 것을 지키고자 했다. 이런 특징으로 인해 증삼은 훗날 효도의 화신으로 여겨졌으며 『효경』의 저자로 간주되기도 했다. 아울러 증삼은 공 선생의 의중과 동료 제자 사이의 궁금증을 중재하는 역할을 몇 차례 하고 있어, 학파 안에서 그이의 위치를 가늠해볼 수 있다. 이 때문인지 증삼은 공 선생의 학통을 이어받아 공 선생의 손자 자사子思 → 자사의 문인 → 맹 선생(맹자)의 순으로 전승되도록 한 인물로 추앙을 받는다.

증삼은 모든 일에서 자기반성을 내세웠고 현실에 대해서는 소극적인 태도를 보였다. 결국 세상의 파고를 정면으로 맞서 헤쳐 나가기보다 내부의 안정과 연속성을 중시하고 자그마한 과오도 저지르지 않을 것을 강조했다. 이러한 경향은 그이로 하여금 인간의 내면으로 시선을 돌리게 했다.

증삼을 먼저 만나려면 다음의 장을 읽도록 한다. 01.04[004], 01.09[009], 04.15[081], 08.03[192], 08.04[193], 08.05[194], 08.06[195], 08.07[196], 12.24[318], 14.28[376], 19.16[504], 19.17[505], 19.18[506], 19.19[507].

자유子游(기원전 506~?)

성은 언言이고, 이름은 언偃이다. 자인 자유로 널리 알려져 있다. 남쪽 지역인 오吳나라 출신으로 공 선생보다 45세 아래였다. 공 선생의 학설이 노나라를 벗어나 초·오나라 등 남쪽 지역에 알려지는 데 큰 공을 세웠다.

자유는 공 선생에게 학습한 것을 액면 그대로 현실에 구현하려고 했다. 그래서 한 고을의 현장이 되어 음악에 의한 풍속의 변화를 시도했다. 이를 두고 공 선생은 국가적 차원의 정책을 작은 지역에서 실험한다고 촌평했지만 그이는 자기 시도의 정당성을 회의하지 않았다. 아울러 자유는 자질구레한 일에 충실하기보다는 원리 원칙이나 근본을 앞세워서 현상을 파악하고 규제하려고 했다. 오늘날의 용어로 말하자면 자유는 근본주의자나 형이상학자의 특성을 강하게 드러낸 셈이다.

자유를 먼저 만나려면 다음의 장을 읽도록 한다. 02.07[023], 04.26[092], 06.14[135], 11.03[271], 17.04[455], 19.12[500], 19.14[502], 19.15[503].

자하 子夏(기원전 507~?)

성은 복卜이고 이름은 상商이다. 자인 자하로 널리 알려져 있다. 위나라 출신으로 공 선생보다 44세 아래였다.

자하는 공 선생의 지도를 통해 학문적 성향이 바뀌었다. 공 선생은 몇 차례에 걸쳐 자하에게 미시적인 표현, 말씨에 주의하고 작은 결실에 연연해하지 말라고 당부했다. 이를 통해 자하는 인간 사회의 세부적인 영역에 새로운 관심과 가치를 발견한 듯하다. 그 결과 공 선생의 후기 제자 중에서 원리와 근본을 중시하는 자유와 대립을 보이기도 했다. 또 자하는 고전 문헌의 해독에도 남다른 재주를 보여 공 선생의 찬탄을 받았다. 그이는 이런 능력을 바탕으로 새로운 언어를 조합하는 발군의 실력을 보여주었다.

자하를 미리 만나려면 다음의 장을 먼저 읽도록 한다. 01.07[007], 02.08[024], 03.08[048], 06.13[134], 11.16[284], 12.05[299], 13.17[335], 19.03[491], 19.04[492], 19.05[493], 19.06[494], 19.07[495], 19.08[496], 19.09[497], 19.10[498], 19.11[499], 19.12[500], 19.13[501].

자장子張(기원전 503~?)

성은 전손顓孫이고, 이름은 사師이다. 자인 자장으로 널리 알려져 있다. 진陳나라 출신으로 공 선생보다 48세 아래였다.

'꽃미남' 자장은 오늘날 같으면 학자가 아니라 연예계로 진출해도 좋을 정도로 훤칠하게 잘생겨서 동료들의 선망을 받았다. 이런 연유 때문인지 그이는 주위 사람과 교제하면서 나서지 않아도 좋을 때 앞에 나서는 기질이 있어 공 선생에게 지적을 받기도 했다.

자장이 공 선생에게 질문하는 내용은 합리적인 의사 결정, 주위 사람들을 상대로 지도력을 발휘하는 쪽에 집중되어 있다. 이것은 그이로 하여금 다른 누구보다 현실 정치에 많은 관심을 가지도록 만들었다.

자장을 미리 만나려면 다음의 장을 읽도록 한다. 02.08[034], 02.23[039], 05.20[112], 11.16[284], 11.18[286], 11.20[288], 12.06[300], 12.10[304], 12.14[308], 12.20[314], 13.34[342], 14.43[391], 15.06[401], 15.42[437], 17.06[457], 19.01[489], 19.02[490], 19.03[491], 19.15[503], 20.02[515].

번지樊遲(기원전 515~?)

성은 번樊이고, 이름은 수須이다. 자가 자지子遲인 탓에 번지로 일컬어진다. 노나라 또는 제나라 출신으로 공 선생보다 36세(또는 46세) 아래이다.

번지는 공 선생과 문답을 나누면서 선생의 말뜻을 바로 알아듣지 못해 보충 설명을 듣곤 한다. 또 물으면 한 번으로 문답이 끝나지 않고 반복해서 묻는 버릇이 있다. 추측건대 번지가 공 선생의 말투를 못 알아듣는 것으로 보아 사투리가 심한 지역의 출신이거나 순발력과 이해력이 조금 떨어지지 않나 생각된다. 다른 한편으로 농사짓는 방법을 공 선생에게 묻는 것을 보면 공자 학파의 특성을 제대로 이해하지 못했거나 적응하지 못한 것으로도 보인다. 공 선생과 번지 사이에는 다른 사람보다 상대적으로 불일치가 심해 보인다.

번지를 먼저 만나려면 다음의 장을 읽도록 한다. 02.05[021], 06.22[143], 12.21[315], 12.22[316], 13.04[322].

유약 有若 (기원전 508~?)

유약은 자가 자유子有이다. 노나라 출신으로 공 선생보다 43세(또는 36세) 아래이다. 유약은 『논어』에 네 차례쯤 등장하는데 특별한 개성을 드러내지 않는다. 공 선생의 사후에 제자들이 누군가를 학파의 중심 인물로 세우고자 논의했다. 당시 유약의 외모가 공 선생과 닮은 것을 이유로 몇몇 사람들이 그이를 공 선생의 후계자로 세우려고 한 적이 있었다. 이 움직임은 두 가지 이유로 좌절되었다. 맹자에 따르면 증삼 등이 이러한 움직임에 제동을 건 듯하다. 또 『사기』에 의하면 유약은 추대를 받았으나 지력 테스트를 통과하지 못하여 후계자의 지위에 오르지 못한 듯하다.

유약을 먼저 만나려면 다음의 장을 읽도록 한다. 01.02[002], 01.12[012], 01.13[013], 12.09[303].

삼가三家/삼환三桓 계손씨, 숙손씨, 중손씨(맹손씨)

삼가三家는 세 대부의 가문을 가리킨다. 삼환三桓은 계손씨, 숙손씨, 중손씨(맹손씨) 등 세 가문이 노나라 환공(桓公, 기원전 711~기원전 694)에게 정치적 뿌리가 있다는 것을 말한다. 환공에는 동同, 경보慶父, 숙아叔牙, 계우季友 등 네 아들이 있었다. 동은 환공을 이어 장공(莊公, 기원전

693~기원전 662)이 되었고, 그이의 동생들이 각각 맹손씨·숙손씨·계손씨의 시조가 되었다. 세 가지 명칭은 같은 정치적 실체를 다른 측면에서 설명하는 것일 뿐이다. 그들의 신분은 대부였지만 현실에서 제후諸侯보다 정치적 영향력이 컸으며, 그중에서도 계손씨가 가장 득세했다. 즉 삼가는 노나라의 과두寡頭정치를 한 집단이라고 할 수 있다. 이들은 『논어』 전편과 노나라의 현실 정치에 짙은 그림자를 드리웠다. 그래서 노나라의 젊은이들은 성장기를 보내며 누구나 한 번쯤 공실의 지위를 회복해야 하는지 아니면 현실의 권력인 삼가의 실체를 인정해야 하는지 고민했다. 즉 이들은 친공실親公室과 친삼가의 정치적 노선을 선택해야 했다.

삼가를 먼저 만나려면 다음의 장을 읽도록 한다. 03.02[042], 05.21[113], 11.17[285], 14.38[386], 16.01[438], 16.03[440], 18.04[481].

양화 陽貨

양화는 문헌에 따라 양호陽虎로 기록되어 있다. 그이는 노나라를 움직이는 삼가 중 계씨의 관료로서, 정치적으로 계씨에 반기를 들다가 실패한 뒤 진晉나라로 망명을 떠났다. 양화의 정체는 『논어』에서 나타나 있다기보다 숨어 있다. 그러나 공 선생의 인생은 양화를 빼놓고는 설명할 수 없을 정도로 곳곳에 그이의 흔적이 남아 있다. 09.25[215]에는 모습이 아련하게 남아서 공 선생의 생사에 걸림돌이 되기도 하지만 17.01[452]에는 모습을 드러내어 공 선생의 정치적 노선을 공격하고 있다. 두 사람의 관계는 모차르트와 살리에리처럼 행복하게 공존할 수 없는 숙명의 라이벌 의식이 묘하게 흐른다. 정치적 노선으로 볼 때 양화가 무력 투쟁을 통한 급진적 개혁파라고 한다면, 공 선생은 물리력보다 지도자의 인격적 감화력을 중시하는 온건한 사회 재건파에 속한다고 할 수 있다. 지금 와서 생각이지만 만약 당시 두 사람이 양화의 소망처럼 세력을 연대했더라면, 노나라의 운명이 어떻게 달라졌을지 궁금하다. 노나라의 한쪽에서는 그것을 바라기도 했을 것이다.

| 길잡이 Ⅲ |
주요 개념의 해설

도道

도는 어원적으로 사람이 걸어가는 길과 관련이 있다. 우리가 한 지역에서 다른 지역으로 가려면 길을 지나야 한다. 가는 길이 여러 가지이면 이 길을 갈 수도 있고 저 길을 갈 수도 있지 꼭 이 길을 가야 하는 법은 없고, 또 특별한 일이 없으면 반드시 가지 않아도 상관없다. 하지만 아플 경우 우리는 최단 거리로 집에서 병원으로 가야 한다. 이 길도 좋고 저 길도 좋은 게 아니라 반드시 가장 빨리 갈 수 있는 길이어야 하고, 또 반드시 가야 하는 것이다. 이처럼 이럴 수도 있고 저럴 수도 있는 차원에서 반드시 꼭 해야 한다는 당위의 차원으로 변하면서 도의 의미는 추상화되었다. 그래서 사람이 따르지 않으면 안 되는 원리나 원칙, 꼭 추구해야만 하는 이념이나 이상, 발견해야만 하는 진리 등을 도로 표현하게 되었다. 예컨대 내가 살아온 '길'과 내가 앞으로 나아가야 할 '길'이라고 할 경우 길은 그 뜻이 다르다. 전자가 내가 실제로 걸어온 사실(발자취)이라면 후자는 자신을 특정한 방향으로 이끌어가는 당위의 계기를 나타낸다. 이런 까닭에 나는 이 책에서 도를 거의 대부분 '길' 또는 '큰 길'로 번역했다. 물론 그 길이 국가, 사회, 개인, 자연, 인간 등 서로 다른 맥락과 연관되어 쓰이므로 앞의 수식어는 조금씩 다르다.

도의 의미를 알아보려면 대표적으로 01.11[011], 03.16[056], 03.24[064], 04.05[071], 04.08[074], 04.09[075], 04.15[081], 05.02[094], 06.12[133], 08.07[196], 09.30[240], 13.25[343], 15.29[424], 15.32[427] 등을 살펴보라.

덕德

덕은 동족어인 득得과 의미 연관성이 깊다. 덕은 공짜가 아니라 노력해서 얻게 되는 것을 가리킨다. 즉 덕은 무언가를 할 수 있는 힘을 가리킨다. 얻게 되는 계기가 선천적인가 후천적인가에 따라서 선천적 자질이나 후천적 교양을 가리키기도 한다. 또 가진 힘으로 무엇을 해낼 수 있는가에 따라 초월적 생성력이나 개별적 생산을 가리키기도 한다. 『논어』에는 드물게 덕이 세계의 질서를 만들어내는 생성력으로 쓰이기도 한다. 많은 경우 덕은 고상함을 나타낸다. 즉 덕은 세속적 · 물질적 가치로부터 상대적으로 자유로우면서 사람다움의 가치를 실현할 수 있는 인간의 능력을 가리킨다. 나는 이 책에서 대부분 덕을 '고상함'으로 번역했다.

덕의 의미를 알아보려면 대표적으로 02.01[017], 02.03[019], 04.11[077], 04.25[091], 07.03[154], 07.23[174], 09.18[228], 12.19[313], 12.21[315], 14.35[383], 14.26[384], 15.13[408] 등을 살펴보라.

례禮

례는 어원적으로 제단에 제물을 올리고서 제사를 지내는 의식과 관련되어 있다. 례는 사람이 지상 세계의 행복을 가져다주는 신적 존재에게 감사를 드리며 그들에게로 한 걸음 다가가는 절차를 나타냈다. 점차 례는 사람과 신의 관계만이 아니라 사람과 사람 사이의 모든 관계에 침투하여 역할을 수행하는 방식을 가리키게 되었다. 이로써 례는 사람이 주어진 제 몫을 실행하기 위해서 반드시 따라야 하는 규범이자 질서 형성의 원리를 나타냈다. 이 규범은 관습법의 특성을 지녀서 일시에 완성되는 것이 아니라 오랜 시간을 통해 검증되고 정착되는 특성을 갖는다. 따라서 나는 이 책에서 례를 '전통문화'나 '전통 의식'으로 번역했다. 례의 의미를 알아보려면 대표적으로 01.12[012], 01.15[015], 02.03[109], 02.23[039], 03.03[043], 03.04[044], 03.08[048], 04.13[079], 06.27[148], 08.02[191], 09.03[213], 12.01[295], 13. 04[322], 16.13[450], 17.11[462] 등을 살펴보라.

의義

공 선생은 사람을 성별, 나이별, 역할별로 나누어 각자에게 시공간에 따라 바뀌는 자신의 몫을 성실하게 수행하도록 요구한다. 또 당시 사람들은 신분에 고착되어 있어서 자신이 넘볼 수 있는 것과 없는 것의 경계가 분명했다. 이런 점에서 의는 사람이 넘을 수 없는 사회적 한계 안에서 자신의 역할을 성실히 수행하는 것을 가리킨다. 간단하게 말하면 의는 본분, 직분을 의미한다. 경우에 따라 공 선생은 사람을 자연적·사회적 역할에 가두지 않고 보편화가 가능한 꿈을 꾼다. 이럴 때 의는 누구에게나 적용될 수 있는 기준, 옳음, 정의라고 하는 보편적인 계기로 쓰인다.

　　의의 의미를 알아보려면 대표적으로 01.13[013], 02.24[040], 04.10[076], 05.17[109], 07.03[154], 14.13[361], 15.17[412], 18.07[484], 19.01

[489] 등을 살펴보라.

인 仁

인은 인人에서 분화되어 나온 글자이다. 사람이 많아지면 몇몇 특징을 중심으로 분류해야 할 필요가 생긴다. 이에 언어 사용자는 사람을 '……하는 사람' 또는 '……한 사람'이라는 하위 단위로 분류해 각각을 특정 항목에 배당하게 된다. 처음에 인은 자신의 종족을 외부의 침입으로부터 보호할 수 있는 사람(전사)을 가리켰다. 이러한 호전적 능력(힘)이 외부가 아니라 내부로 향할 때, 인은 공동체의 질서를 수호하는 것이 아니라 파괴하게 된다. 공 선생은 물리력에 의한 사회질서의 형성을 위험한 것으로 보고 인에 새로운 의미를 부여했다. 즉 이익 분배에 대한 갈등으로 공동체에서 이탈하는 이들을 다시 공동체로 끌어들이기 위해 평화를 일구고, 사람과 사람 사이를 화해시키는 사람 또는 그런 노력을 인이라고 명명했다. 이런 사유의 결실로 『논어』에는 전쟁보다는 평화가, 갈등과 대립보다는 화해가, 폭력보다는 양보가 풍부해졌. 일반적인 맥락에서 인은 '사람다움', '사람 구실'로도 번역된다. 그렇지만 공 선생은 무기력한 인자, 멍청한 인자의 출현 가능성을 충분히 인식하고 있었고 이를 극복하기 위해 다각적인 노력을 기울였다.

인의 의미를 알아보려면 대표적으로 01.02[002], 03.03[043], 04.02[068], 04.06[072], 05.08[100], 06.07[128], 06.22[143], 06.30[151], 07.15[166], 07.30[181], 08.10[199], 12.01[295], 12.02[296], 12.22[316], 14.17[365], 15.09[404] 등을 살펴보라.

군자 君子

원래 군자는 제후와 같은 정치 지도자를 가리키는 말이었다. 공 선생은 이 언어의 의미를 확장해서 타인을 다스리기만 하는 것이 아니라 자기 자신을 다스리는 사람을 가리키기 시작했다. 이로 인해서 나는 군자를 '자율적인 지식인', '모범을 보이는 사람' 등으로 번역했다. 『논어』에서 군자는 소인과 함께 인간의 양면적인 특징, 즉 도덕과 욕망, 이성과 감성을 지시하면서 풍부한 이야기를 만들어낸다.

군자와 소인의 의미를 알아보려면 02.14[030], 04.11[077], 04.16[082], 07.37[188], 12.16[310], 12.19[313], 13.23[341], 13.25[343], 13.26[344], 14.07[355], 14.24[372], 15.02[397], 15.21[416], 15.34 [429], 16.08[445], 17.23[474] 등을 살펴보라. 둘은 단독으로도 사용되지만 대비적으로 서술되기도 한다.

소인 小人

소인은 글자 그대로 작은 사람(들)이다. 여기서 '작다'는 것은 사실적인 측면보다는 가치와 관심사의 측면을 가리킨다. 자신의 몸, 이익, 소유, 증식, 관리에만 관심이 쏠려 다른 영역을 보지 못하면 그 사람은 작은 사람이 된다. 이 소인은 단순히 이기주의자가 아니라 타인의 자유와 권리를 침해하는 범죄적 특성을 지니고 있기도 하다.

녕인 佞人

사전을 보면 녕인은 아첨하는 사람, 알랑대는 사람 등 부정적인 인물로 그려지고 있다. 이것은 공 선생 또는 그 이후에 일어난 의미 변화일 뿐이다. 이전에 녕은 언변이나 기예를 가리키는 말이었다. 따라서 녕인을 중립적으로 표현하면 말 잘하는 사람, 언변이 뛰어난 사람이라고 할 수 있다. 문화사적으로 보면 고대 그리스에 등장했던 소피스트처럼 궤변론자라고 할 수 있다. 그들은 수사적 표현력과 분석적 사유 능력으로 정부의 정책적 허점을 공격하여 개인적 명예를 누렸다. 공 선생이 가장 적대시하는 인물 유형 중 하나이다.

녕인의 의미를 먼저 맛보려면 05.05[097], 06.16[137], 11.25[293], 14.34[382], 15.11[406], 16.04[441] 등을 보라.

| 길잡이 Ⅳ |
책의 편제와 편명의 유래에 대하여

오늘날 우리는 도서관에서 책을 빌릴 때 권을 단위로 사용한다. 이때 '책'은 자료의 유형이고 '권'은 책을 세는 단위이다. 책은 권에 비해 상위 분류인 셈이다. 기원으로 보면 책과 권은 종이가 발명되기 이전에 둘 다 대등하게 자료의 형태를 가리켰다. 책은 대나무나 일반 나뭇조각에 구멍을 뚫어 묶은 자료 형태를 말한다. 권은 비단처럼 두루마리의 꼴로 된 자료를 말한다. 글자를 보더라도 책冊은 조각을 묶은 꼴이고, 권卷은 몇 겹으로 말려 있는 꼴을 나타낸다.

『논어』는 책 이름이다. 한 권의 교과서가 장과 절로 나누어지듯이 『논어』는 책 〉 편篇 〉 장章 〉 구句 〉 자字라는 단위로 나뉜다. 원래 『논어』와 같은 책은 띄어쓰기도 없고 문장부호도 없이 한자의 원문이 한 덩어리로 붙어서 글자가 나열되어 있었다. 쉼표, 마침표, 물음표 같은 문장 부호는 근대 학자나 연구자들이 가독성을 높이기 위해 원문에다 첨가한 것이다. 그럼 그 이전에는 어떠했을까? 한漢 제국에 이르러 학자들도 한 덩어리로 된 책이 불편했던지 문장을 작은 단위로 쪼개기 시작했다. 이를 '장구학章句學'이라고 한다. 즉 그들은 어디까지가 한 장이고 어디까지가 한 구인지를 나누는 것을 논의했던 것이다. 우리가 "아버지가방에 들어가신다"라는 식의 글을 보면 순간 당황하는 것과 마찬가지이다.

『논어』는 모두 20편으로 되어 있다. 원래는 편마다 이름이 없었다. 후대 학자들이 분류하기 편하게 편집자의 자격으로 원문에 추가했다. 우리는 흔히 서명이나 편명이나 그 제목을 보고 들으면 그 안에서 다루는 내용을 예상할 수 있다. 그러나 『논어』의 경우는 사정이 그렇지 않다. 편명 자체가 한 편의 내용을 압축한다든지 대변한다든지 하는 지위를 가질 수 없다. 그것은 각 편마다 대부분 '자왈'과 같은 발언자의 소개 다음에 나오는 두 글자 내지 세 글자로 되어 있다.

예컨대 제1편은 "자왈: 학이시습지, ……"(子曰: 學而時習之, ……)로 시작되는데, 처음의 '자왈' 두 자를 빼고서 그 뒤의 '학이' 두 글자가 편명이 된 것이다. 제11편은 "자왈: 선진어예악, ……"(子曰: 先進於禮樂, ……)으로 되어 있는데 처음의 '자왈'을 뺀 뒤 '선진' 두 글자가 편명이 된 것이다. (모두가 이런 것은 아니다. 나머지는 책을 펼쳐 확인해보길.) 이렇게 보면 '학이'나 '선진' 등은 제1편이나 제11편을 다른 말로 나타내는 기호이거나 제1편이나 제11편이 그 단어로 시작한다는 정보를 알려줄 뿐이다. 따라서 편명에 집착할 이유가 없다. 나는 이 책에서 편의 내용을 면밀히 분석한 끝에 새로운 이름을 부여했다.

각 편마다 글자의 수나 장의 수가 다르다. 제일 긴 제14편은 47장으로 되어 있다. 제20편은 3장으로, 제10편은 1장으로 되어 있다. (제1편은 1장 27구로 되어 있다. 1장으로 간주하기에는 분량이 많고 내용이 너무 다양해서 편의상 구를 장으로 간주한다.) 보통 25장 내외가 대부분이다. 학자마다 장을 나누는 분류 방법이 다르다. 나는 되도록 작은 단위로 세분화해서 『논어』를 모두 516장으로 나누었다. (『논어』의 장 분류는 사람마다 다르므로 어떤 것을 절대적으로 볼 필요는 없다.)

그럼 구는 무엇을 가리킬까? 예컨대『논어』의 제1편 제1장이 자왈: "학이시습지, 불역열호?(子曰: 學而時習之, 不亦說乎?)[1] 유붕자원방래, 불역락호?(有朋自遠方來, 不亦樂乎?)[2] 인부지이불온, 불역군자호?(人不知而不慍, 不亦君子乎?)"로 되어 있는데, [1]·[2]·[3]마다 말하는 내용이 다르다. 이에 제1편 제1장은 모두 3개의 구로 되어 있는 셈이다. 나는 이 책에서 어떤 편의 어떤 장을 가리키기 위해서 두 가지 방식을 쓴다. 예를 들어 11.22[290]의 경우, 앞은 제11편의 제22장을 가리키고, 뒤는 516장 중의 290번째 장이라는 것을 말한다.

그럼『논어』는 어떻게 오늘날과 같은 형태의 책이 되었을까? 한 제국에는 세 가지 종류의『논어』가 있었다.

노나라 지역에서 널리 쓰이던『노논어魯論語』가 있고 제나라 지역에서 쓰이던『제논어齊論語』가 있었다. 이 이외에 공 선생의 집을 허물어 큰 집을 지으려고 공사를 벌일 때 벽 속에서 옛날 문자로 쓰여진 논어, 즉『고논어古論語』가 발견되었다. 세 종류는 대체적으로 내용이 비슷했지만, 분량상 적고 많은 차이가 있고 내용상 약간 수정한 부분이 있었다. 전한 말 장우張禹가 텍스트의 혼란을 정리하기 위해서『노논어』를 기준으로 해서 하나의 '논어'를 만들었다.

오늘날 우리가 보는『논어』는 바로 장우가 편집해서 정리한 판본이다. 이렇게 보면 공 선생은『논어』를 직접 책으로 만든 사람이 아닌 것이다.

엄청난 권위를 가진『논어』는 과연 몇 글자로 되어 있을까? 십만 자? 오만 자? 천 자? 다 틀렸다. 12,700자 정도이다. 이 중에서 반복되는 말, 의미 없는 허사 등을 감안하면 3, 4천의 한자 실력이면『논어』의 번역에 도전해볼 수도 있다.

이제『논어』읽기 여정을 출발해야 할 시점이다.

1 篇

오우로보로스의 편
조사의 편

● 오우로보로스의 편
● 조사의 편

지금까지 제1편은 '학이'로 불렸다. '학이'는 이 편이 '자왈' 다음에 "학이學而"로 시작한다는 점을 나타낼 뿐 별다른 의미는 없다. 즉 이 말로써 편 전체의 내용을 대표할 수는 결코 없다.

    제1편은 모두 16장으로 되어 있다. 제1편은 1장에서 인정認定의 욕구를 다루고 있는데, 16장에서 다시 인정의 문제를 다루고 있다. 이런 점에서 이 편은 이집트·그리스·인도 신화에 나오는 오우로보로스를 닮았다. 『논어』의 편집자는 1장의 입이 16장의 꼬리를 물게 만들어 이 편이 인정의 문제를 중심으로 돌고 돈다는 것을 보여주고자 한 것이다. 이 주제는 『논어』 전체에 걸쳐 자주 나오는데, 공 선생이 그만큼 이 문제에 매여 있다는 것을 나타낸다. 이런 점에서 나는 이 장을 〈오우로보로스Ouroboros의 편〉이라 명명하고자 한다.

    공 선생은 살아서 자신의 이상과 기획을 펼칠 기회를 그토록 갈구했지만 실패했다. 이 점은 여타 문명권의 절대자, 신, 신의 대리인, 위대한 영웅과 다른 점이다. 절대자는 세상을 향해 기회를 애걸하지 않는다. 스스로 기회를 만들 수 있기 때문이다. 따라서 그이는 이 세상의 구원에 실패할지는 몰라도 기회의 창출에 실패하는 법은 없다. 그러나 공 선생은 기회를 얻고자 지독하게 노력했지만 처참히 실패했다. 그럼에도 1장에서 알아주지 않아도 성내지 않고, 16장에서 알아주지 않는 것을 걱정하지 않는다고 되풀이 말한다. 이것은 공자 학파의 사람들이 실패에 슬퍼하지 말자며 다짐하는 말인 것 같기도 하고 제자들이 실패한 공 선생을 위로하기 위해 반복되게끔 편집한 것 같기도 한다. 이런 점에서 나는 이 장을 다시

금 〈조사弔詞의 편〉이라고 명명하고자 한다.

이 편은 또 몇 가지 정보를 흘리고 있다. 우리는 『논어』 하면 '자왈子曰'만 있는 줄 알지만 실제로 읽어보면 그렇지 않다는 것을 알게 된다. 이 편의 16장 중에는 2장, 12장, 13장이 유 선생(유자, 유약)이 말하는 이로 나오고 4장, 9장은 증 선생(증자, 증삼)이 말하는 이로 나오고, 7장은 자하가 말하는 이로 나온다. 16장은 말하는 이의 3분의 1 이상이 공 선생이 아니라 그이의 제자들이다. 이것은 결국 두 인물의 집단이 공 선생 사후에 『논어』라는 텍스트의 편집에 깊이 관여했음을 나타낸다. 너무도 뻔하지 않은가! 많고 많은 공 선생의 제자 중에 하필이면 유약과 증삼이 자子를 붙여 불린다는 것은, 그들을 선생으로 부르는 서로 다른 집단이 있다는 것을 반증하는 것이기 때문이다.

또 하나는 '학이'가 별다른 의미가 없는데도 『논어』가 '학'자로 시작한다는 사실이다. 순 선생(순자, 순황)은 자신의 책 제1편을 '권학勸學', 즉 학문의 권장 또는 배우기를 권장한다는 이름을 붙이고 있다. 이것은 자신이 공 선생의 세계를 계승했다는 표징이기도 하다. 맹 선생(맹자, 맹가)이 제1편 제1장을 '의리義利'의 문제로 문을 여는 것과 대조적이다. 훗날 송나라의 진종과 사마광(司馬光, 1019~1086), 왕안석(王安石, 1021~1086), 주희(朱熹, 1130~1200) 같은 이들도 짧은 글이나마 「권학문勸學文」을 읊었다. 장즈둥(張之洞, 1837~1909)은 서세동점의 시대에 다시금 학문의 기치를 내걸며 『권학편勸學篇』을 지어 이러한 전통을 이어갔다. 우리 중에 누가 또 새로운 '권학'을 노래할 것인가?

01-01 [001]

공 선생님이 이야기했다.

"배우고 때에 맞춰 몸에 익히면 기쁘지 않겠는가?

친구가 먼 곳에서 나를 찾아준다면 즐겁지 않겠는가?

주위 사람들이 나를 알아주지 않더라도 성내지 않는다면 자율적 인간답지 않겠는가?"

子曰:"學而時習之, 不亦說乎? 有朋自遠方來, 不亦樂乎? 人不知而不慍, 不亦君子乎?"
자왈 : "학이 시습지, 불역 열호? 유붕자원방래, 불역 락호? 인부지이불온, 불역 군자호?"

상황

● 먼저 당신이 자전거를 타거나 수영을 배우는 데에 한창 열이 올랐다고 가정해보라. 다음으로 당신이 사이버 공간에 막 카페를 개설했거나 블로그, 누리집(홈페이지)을 만들었다고 생각해보라. 마지막으로 당신이 학생회 선거에 나갔다가 떨어졌거나 아르바이트를 구하려고 면접을 보러 갔다가 퇴짜를 맞고 집으로 돌아오는 길이라고 치자.

걸림돌

● 1) '배운다'에는 두 가지 의미가 있다. 먼저 그림을 잘 못 그리는 이가 원본을 밑에 놓고 그대로 베끼기를 하는 것처럼 흉내 내다, 본받다, 모방하다, 재현하다는 뜻이 있다. 다음으로 단순한 모방의 과정을 끝낸 뒤에 자기만의 방식을 터득하다, 새로운 의미를 깨닫다는 뜻이 있다. 여기에서 '배운다'는 둘 중 어느 한 가지의 뜻으로만 쓰이기보다는 관심의 영역에 따라 첫 번째 의미와 두 번째 의미 가운데 어느 하나 또는 둘 다를 가리킨다.

2) 이 세상이 늘 우리에게 우호적이고 동정적이지는 않다. 좋지 않

은 말을 듣거나 실패했다고 그때마다 욕하고 성내고 저주한다면, 자신이 더 힘들고 주위 사람들도 괴로울 뿐이다. 사람마다 기준이 있는 만큼 타인과 나의 평가는 다르기 마련이다. 이때 주위 사람이 나와 다른 평가를 내린 것에 신경 쓰지 않고 훌쩍 뛰어넘은 적이 있다면, 세 번째 구절도 그렇게 어렵지만은 않을 것이다.

   3) 不자의 음은 두 가지이다. 대부분 '불'로 읽고 不자 다음 글자의 초성이 ㄷ, ㅈ이면 '부'로 읽는다.

디딤돌

● 1) 자전거 타기를 배운다고 쳐보자. 처음에는 페달에 힘을 주려고 하지만 발이 자꾸 미끄러진다. 그러다 페달 모서리에 발이 부닥쳐서 다치기도 한다. 그래도 타기를 포기하지 않는다면 어느 틈에 발이 페달 위에 제대로 있는지조차 의식하지 않게 된다. 즉 몸이 자전거를 받아들인 결과이다. 자전거보다 어려운 전인미답의 경지를 확고하게 개척한 경우라면, 그 기쁨이 어떠할까? 자전거 타기를 통해서 충분히 미루어볼 수 있을 것이다.

   2) 사이버 공간에 자신을 알리는 뭔가를 만들어놓으면 우리는 시간이 있을 때마다 그곳을 가서 방문자가 얼마나 있었는지, 조회 수가 얼마인지, 댓글이 얼마나 달렸는지 신경을 무지 쓴다. 방문객의 수에 웃음을 지은 적이 있다면, 우리는 공자가 말한 즐거움에 동참할 수 있다. 특히 자가용이나 비행기와 같은 교통수단이 없던 옛날에 처음 보는 이가 자신을 찾아와 "무엇을 한 누구 아니냐?"고 물을 때, 그 사람의 가슴은 몇 번이 닫혔다 열렸다 했을 것이다.

◎ 인정에 대해 더 알고 싶으면 이정은이 쓴 『사람은 왜 인정받고 싶어하나』(살림, 2005)를 읽어보자.

깊이 읽기

인정, 그 욕구의 강렬함과 의미의 파장

1) 공 선생은 하고 많은 주제 중에서 하필이면 왜 1장에서 인정의 문제를 다루고 있을까? '인정 투쟁struggle for recognition'·'인정 욕구need for recognition'라는 말이 있듯이 우리는 개인적으로나 집단적으로나 타자로부터 나의 가치를 공인 받으려고 단순히 바라기만 하는 것이 아니라 투쟁까지 불사한다. 내가 타인에게 모욕을 당하면, 즉 제대로 인정을 받지 못하면 다양한 위기를 겪는다. 작게는 기분이 나쁘거나 감정이 상하는 정도이다. 심하게는 삶의 의미를 상실하고 허무감을 느끼기도 하고 왜 살아야 하는지 무력감마저 느낄 것이다. 이에 대해 우리는 모멸을 준 타자에게 시정을 요구해 자신의 정체성을 회복할 수도 있고 극단적으로 자살함으로써 가해(자)의 부당성을 드러낼 수도 있다.

공 선생은 불인정에 대해 반작용을 하지 않고 못 들은 척 흘려버린다. 달팽이처럼 자기 세계로 들어갔다 빠져나와 자기 세계를 넓히는 길이 있다. 그것은 다름 아니라 어딘가에 반드시 있을 동지가 찾아오는 것이다. 그이와 만나면 동지가 두 사람이 되고 또 오면 세 사람이 된다. 이런 식으로 불어나 무리를 이루면 그것은 세상의 냉소를 버티는 바람막이이면서 세상을 바꾸는 진지가 된다. 시간이 흐르면 그곳이 성역이 되고 해방 공간으로 평가되기도 한다. 그곳에 처량함과 쓸쓸함이 어디 있겠는가? (04.25 [091] 참조)

2) 『노자』 80장에 보면 '적은 인구의 작은 나라〔小國寡民〕'가 소개된다. 그곳의 사람들은 "자신의 터전을 편안히 여기고 자신의 풍속을 즐기며, 이웃 나라가 저 만치 서로 보이고 양쪽에서 닭 우는 소리나 개 짖는 소리가 들린다고 해도 태어나서 늙고 죽을 때까지 서로 오가지 않는다"고 한다. 또 『장자』 「대종사大宗師」에 보면 곤경에 빠진 물고기의 우화가 나온다. "샘물이 마르면 물고기가 맨땅에 서로 엉겨 붙어 몸을 비벼서 조금이라도 축축하게 하고 서로 물거품을 내뿜어서 적셔준다. 이것은 물고기가 드넓은 강이나 호수에서 서로에 기대지 않고 사는 것보다 못하다." 여러분은 01.01[001]의 내용과 두 문헌의 그것을 대비해보고 뭐라 할 수 있을

까?

　나는 어느 쪽이 옳다거나 낫다고 말하려는 게 아니다. 두 갈래 서로 다른 삶을 그려보자는 것일 뿐이다. 공 선생은 지식인으로서 암울한 현실 세계에 책임을 느끼며 그 상황을 해결해야 한다는 구원의 열망을 품고 있다. 이에 구원에 동참하는 이들을 찾아 서로 동지적 연대를 맺으려고 한다. 그이는 결코 인정을 넘어서서 세상에 대한 무관심, 소통이 막혀버린 절대 고독, 절대 고립에서 건져 올리는 비애감(비장함과 다름)에 자신을 맡기지 않는다. 반면에 노 선생(노자, 노담)이나 장 선생(장자, 장주)에 따르면 각 개체는 방해가 없다면 자체적으로 진행되는 흐름이나 조건을 가지고 있다. 어떠한 참여는 화합과 융합이 아니라 교란이자 불안을 촉발시킬 수 있으며, 나아가 부당한 간섭이자 개입이기도 하고, 또 훼손이자 폭력이 되기도 한다. 요약하자면 공 선생은 공동체주의 성향이 강한 반면 노 선생과 장 선생은 개인주의 성향이 두드러진다고 할 수 있다.

　3) 타인의 인정이 결정적이거나 중요한데도 군자가 '불인정' 앞에서도 성내지 않을 수 있을까? 군자는 타인에게 규정 당하기도 하지만 결코 타인의 평가 대상이 되지 않는 영역을 굳건하게 지닌다. 아울러 군자는 타인의 인정보다는 자기 신뢰, 즉 자신에 가치를 부여한다. 이처럼 군자가 자기 세계와 자신감을 가지고 있는 한, 외적 평가에 휘둘리지도 일희일비하지도 않으며 제 길을 뚜벅뚜벅 걸어갈 수 있는 것이다. 2004년에 우리는 강의석이라는 고등학생 한 사람을 알게 되었다. 그이는 학생들에 대한 종교재단 소속 학교들의 강제적인 종교 활동을 금지해달라고 국가인권위에 진정서를 냈고, 그 일로 퇴학을 당한 뒤 1인 시위와 단식을 벌였다. 그이가 버틸 수 있었던 힘은 도대체 어디에서 왔을까? 청소년임에도 그이는 종교의 자유가 보장되어야 함을 미리 알게 된 자기 세계에 대한 신뢰를 가졌을 것이다. 천성산 개발을 단식으로 막았던 지율 스님도 마찬가지이다.

◎ 위 글을 읽고 "인정에 대한 공 선생과 장 선생의 차이는 무엇일까?"를 생각해보자.

01-02 [002]

유 선생님이 들려주었다.

"사람 됨됨이가 부모에게 효도하고 형들에게 공손하면서 걸핏하면 윗사람에게 대거리하는 사람은 드물다. 윗사람에게 대거리하기를 반대하면서 툭하면 공동체에서 혼란을 부추기는 사람은 아직 없었다.

자율적 인간은 기초를 다지는 데에 힘쓴다. 왜냐하면 기초가 제대로 서면 나아갈 길이 눈앞에 생기기 때문이다. 이렇게 보면 효도와 공손은 틀림없이 사람다움의 디딤돌(출발점)일 것이다."

有子曰: "其爲人也孝弟, 而好犯上者, 鮮矣. 不好犯上, 而好作亂者, 未之有也. 君子務本.
유자왈: "기위인야효제, 이호범상자, 선의. 불호범상, 이호작란자, 미지유야. 군자무본.
本立而道生. 孝弟也者, 其爲仁之本與!"
본립이도생. 효제야자, 기위인지본여!"

상황 ─ ● 가족과 친족의 범위를 넘어서 이질적인 사람으로 구성된 사회나 단체에서 생활할 때, 그 속에서 일어나는 충돌·갈등·분쟁·범죄의 원인을 찾아보자.

걸림돌 ─ ● 1) 사회문제의 해결 방안과 보편적인 사람다움을 왜 가족 윤리에서 찾고 있는가? 오늘날 우리는 자신이 집에서 하는 행위와 사회에서 하는 행위를 별개로 간주한다. 예컨대 누군가 대중교통 차량에서 노약자에게 자리를 양보한다고 생각해보자. 공 선생의 사고방식에 따르면, 그 사람은 가정에서 손윗사람을 평소에 존경해왔기 때문에 사회에서도 유사한 경우에 비슷한 행위를 할 수 있는 것이다. 즉 가정교육을 제대로 받은 사람이라면, 사회나 공공 영역에서 문제될 만한 짓을 하지 않는다는 것이다. 이처럼 효도와 공손이 궁극적으로 "어떻게 하면 사람답게 되는가?"라는 보편적 사람다움으로 이어진다. 그러나 어떤 이들은 가족과 사회 사이의 윤리적 연계성을 인정하지 않고서 가족 윤리는 가족 안에서만 통용되고 사회윤리는 별도의 기원을 갖는다고 생각할 수 있다. 그렇다면 이 사람은 공 선생과 다른 사회윤리만이 아니라 세계관을 가지고 있는 것이다.

 2) 물론 공 선생이 말하는 윗사람과 아랫사람의 도식은 신분(계급) 사회를 반영하고 있으므로 근대의 정치 혁명을 거친 오늘날에는 유효하지 않다. 왜냐하면 사람과 사람 사이의 평등한 관계가 아랫사람과 윗사람으로 구별된 채, 전자가 후자를 모시는 것이 윤리로 간주되고 있기 때문이다. 쉽게 이해하기 위해 상하를 계급상의 차별이 아니라 직제상의 차이로 생각해볼 수도 있다.

● 1) 우리는 효도와 공손은 물론이고 약속 지키기, 거짓말 안 하기도 모두 윤리적 삶과 관련된 것으로 생각한다. 그러나 두 가지 사이에는 차이점이 많다. 먼저 효도는 자식과 부모의 관계에서 전자가 후자에게 해야 하는 행위 방식이다. 약속은 사람을 자연적, 사회적 관계로 나누지 않고 누구나 예외 없이 준수해야 하는 행위 방식이다. 효도 등은 한 번으로 완결되지 않고 부모와 자식의 관계로 맺어진 한 죽을 때까지 끊임없이 지속되는 덕목이다. 죽음 이후에는 제사로써 효도가 지속된다. 반면에 약속은 두 사람의 합의가 이루어지고 나서 일정한 시간이 지나면 끝나는 일회적 특성을 갖는다. 효도 류類는 사회적으로 공인된 행위 방식도 있지만 사람마다 독창성을 발휘해야 하는 경우도 있다. 약속 류類는 행위자의 재량권이 크게 요구되지 않는 단순한 특성을 갖는다.

따라서 효도와 불효는 선명하게 나누어지기도 하지만 사례들끼리 대립이 발생할 정도로 판정이 불가능한 경우도 있다. 규범끼리 충돌하는 복합적 사태가 아니라면 약속에 대한 준수와 위반은 상식의 차원에서 판정을 내릴 수 있다. 이런 점을 고려할 때 오늘날과 미래의 한국 사회는 효도와 약속 중 어떤 도덕 체계에 기초를 두어야 할까? 우리는 혈연끼리 어우러져 삶을 설계하던 시대에서 벗어나 낯선 타인들과 우연히 만나서 함께 일을 하다가 끝나면 헤어지는 시대를 살아간다. 가정은 학교나 사회 활동을 보조하는 하숙집이나 정거장처럼 임시 거처의 역할로 축소되고 있다. 그래서 가정 안에서는 휴식과 정서적 교감 이외의 교육, 정치, 경제, 문화 기능이 점차 방치되고 있다. 이미 우리는 낯선 사람들과 끊임없이 관계를 맺으며 그가 나와 어떤 관계에 있는지에 상관없이 명백하게 지켜야 할 것을 지키고 있는지 묻는다.

2) 반대의 주장을 들어볼 필요가 있다. 효 같은 가족윤리가 사회윤리와 모순되지 않는다는 입장을 더 잘 이해하기 위해서라도 말이다. 중국 전근대의 유교 윤리, 특히 가족제도와 효를 전제주의의 근거로 보는 천두슈(陳獨秀, 1879~1942)와 우위(吳虞, 1871~1949)의 글을 읽어볼 만하다[송영배, 『중국사회사상사』(사회평론, 1998), 296~344쪽 참조].

01-03 [003]

공 선생님이 들려주었다. "듣기에 솔깃한 말이나 유들유들 웃는 얼굴을 한다면, 그런 사람에게서 사람다움(고상함)을 찾기 어렵다(불가능하다)."

子曰: "巧言令色, 鮮矣仁."
자왈: "교언 영색, 선의 인."

같은 이야기가 05.26[118]과 17.17[468]에 나온다. 풀이는 후자를 보라.

01-04 [004]

증 선생님이 들려주었다. "나는 하루에도 여러 차례 내가 한 일을 돌이켜본다. 일로 어울리는 사람을 위해 꾀를 내면서 충실하지 않았는가? 친구와 사귀면서 믿음을 주지 못했는가? 그날의 가르침을 내 것으로 완전히 익히지 않았는가?"

曾子曰:"吾日三省吾身, 爲人謀而不忠乎? 與朋友交而不信乎? 傳不習乎?"
증자왈 : "오일 삼성오신, 위인 모이불충 호? 여붕우교이불신호? 전불습호?"

상황 ── ● 우리는 가끔씩 혼자서 지나간 시간을 돌이켜보며 일기를 쓰곤 한다. 또 왁자지껄한 소음 속에서 문득 내가 할 일을 제대로 하고 있는지 의문이 들 때가 있다.

걸림돌 ── ● 여기서 '세 가지〔三省〕'의 내용에 너무 집착할 필요는 없다. 사람마다 처지와 조건이 다르므로 반성의 가짓수나 내용이 다를 수밖에 없다. 다만 자기반성을 하려면 이 세 가지를 모델로 삼아 자기 점검을 해볼 필요는 있다.

01-05 [005]

공 선생님이 이야기했다. "전차(탱크) 천 대를 동원할 만한 나라를 이끌 경우, 군주는 일(사업이나 정책)을 신중히 집행해서 백성들에게 믿음을 주고, 비용을 아껴 쓰며 관료의 처지를 돌보고, 때(시절)에 맞게 민중(백성)을 〔성곽 보수와 같은 정부 공사에〕 부리도록 해야 한다."

子曰: "道千乘之國, 敬事而信, 節用而愛人, 使民以時."
자왈: "도천승지국, 경사이신, 절용이애인, 사민이시."

상황 ● 내가 공동체·기업·기구·지역 등에서 의사 결정권자가 된다면 무엇을 어떻게 할지 미리 그림을 그려보자.

걸림돌 ● 1) 오늘날에는 일반적으로 국민총생산이나 1인당 소득 등을 지표로 국력을 측정하곤 한다. 이 수치가 높게 나온다고 해서 그 나라 사람들의 삶의 질이 반드시 높다고 할 수 없는데도 국력을 비교하는 객관적 기준으로 즐겨 쓰인다. 『논어』의 세계에서는 국력을 재는 기준으로 전차를 들고 있다. 이 전차를 세는 단위가 승乘으로 그것은 우리말의 '자동차 세 대'라고 할 때의 '대'와 비슷하다. 당시의 전차는 네 필의 말이 끌었다. 이로써 전차 한 대를 마련하려면 상당한 비용이 든다는 것을 알 수 있다. 보통 제후는 천 대를, 천자는 만 대의 전차를 동원할 수 있는 군사적·경제적 능력을 갖고 있었다. 요즘 전차가 전쟁에 쓰이지 않으므로 탱크로 바꿔 생각해볼 만하다.

2) 공 선생의 첫마디가 도道이다. 여기서 도는 이끌다, 지배하다라는 뜻으로 쓰인다. 훗날 이런 뜻을 나타내는 단어로 도道에서 도導가 파

생되었다. 길이란 사람을 한 지점에서 다른 지점으로 가도록 이끌어주지 않던가!

3) 오늘날 시민의 의무로는 납세, 국방의 의무 등이 있다. 고대사회에는 그것 말고도 요역徭役이 있었다. 국가가 비용을 지불하지 않고서 인민의 노동력을 사용하는 것이다. 그 일은 주로 공물의 수송, 건축의 신축과 성곽의 보수 작업, 왕릉의 축조 등이었다. 그 기간이 얼마였을까? 『예기』「왕제」를 보면 "인민의 노동을 사용하더라도 1년에 삼 일을 넘겨서는 안 된다(用民之力歲, 不過三日)"는 규정이 있다. 이 규정은 현실성보다 이상(희망)을 표명한 것에 가깝다.

● 여기서 공 선생은 무엇을 말하려는 것일까? 그이는 국가 공동체가 어떤 목표를 향해 나아가도록 인도하겠다는 정치 이상을 말하고 있지 않다. 그이는 행정을 일종의 서비스로 파악하고서 직권남용에 대해 경계하고 있다. 우리 사회에는 자신의 지위를 이용해서 개인적인 권세를 과시하거나 개인적인 이익을 도모하는 사람들이 있다. 이것은 자신의 자리를 공동체에 이바지할 기회로 여기지 않고 개인의 특권을 향유하는 발판으로 간주하는 것이다.

만약 지도자가 오늘은 이랬다 내일은 저랬다 하면 어떻게 될까? 참여자들이 오늘 애써 일한 것이 다음 날에는 아무런 소용이 없게 된다. 이런 상황이 반복되면 참여자는 지도자의 결정을 반기는 것이 아니라 짜증을 낼 것이다. 의사 결정권자는 '말'만으로 사람들을 이리저리 들볶을 것이 아니라 자신의 선택이 낳을 수 있는 많은 경우의 수를 충분히 검토해야 한다.

01-06 (006)

공 선생님이 들려주었다. "젊은이들은 집 안에 들어서면 부모에게 효도하고 집 밖에 나서면 어른에게 공손해야 한다. 또 언행을 신중하게 하며 당사자에게 믿음을 주고, 민중을 널리 사랑하며 평화 일구는 사람을 가까이해야 한다. 만약 이렇게 실천하고서도 남은 힘이 있다면, 그 여유로 글을 배울 만하다."

子曰: "弟子, 入則孝, 出則悌, 謹而信, 汎愛衆, 而親仁. 行有餘力, 則以學文."
자왈 : "제자, 입즉효, 출즉제, 근이신, 범애중, 이친인, 행유여력, 즉이학문."

상황 ● 우리는 생활에서 터득한 것을 책에서 확인할 때가 있다. 02.21[037] '일상 속의 정치'와 19.13[501] '학문과 정치의 연계'를 참조하라.

걸림돌 ● 우리는 문자를 먼저 깨친 다음에 이런저런 과목을 배운다. 글자를 모르면 그보다 더 무지할 수 없는 사람으로 여겨진다. 그런데 본문을 쭉 따라가면 공 선생은 문자를 제일 나중에 배우라고 한다. 여기서 우리는 의혹을 갖게 된다. "아니, 공 선생님은 우민愚民 상태를 유지하기 위해 문자를 혼자만 알려는 문자 독점주의자가 아닌가?" 여기서 공 선생은 문자 해독 능력의 비밀스런 전수를 주장하지 않는다. 다만 그이는 무작정 글자부터 배울 일이 아니라 먼저 집 안에서 다음으로 사회에서 관계에 충실하고 마지막으로 이상 실현을 위해 준거집단과의 동화에 노력할 것을 요구하고 있다. 논점을 단순화시키면 문자 학습이 먼저인가 사람의 기본이 먼저인가로 압축할 수 있다. 둘 다 정당화가 가능한 길인데 공 선생은 이 중에서 후자를 주장하는 것이다.

01-07 [007]

자하가 들려주었다. "아내의 현명함을 높이 치며 얼굴을 가볍게 여기고, 부모를 모실 때 자신의 온 힘을 다한다. 임금을 모실 때 자신의 몸(생명)을 다 바친다. 친구와 사귈 때 말(다짐)하면 믿음을 준다. 그런 사람이 비록 고전의 소양을 아직 배우지 않았다고 하더라도, 나는 반드시 그이를 '배운 사람'으로 높이 쳐주리라."

子夏曰: "賢賢易色, 事父母, 能竭其力. 事君, 能致其身. 與朋友交, 言而有信. 雖曰未學,
자하왈: "현현이색, 사부모, 능갈기력. 사군, 능치기신. 여붕우교, 언이유신. 수왈미학,
吾必謂之學矣."
오필위지학의."

상황 ── ● 사람이 살아가면서 무엇을 가장 먼저 해야 할지를 생각하고 있다.

걸림돌 ── ● 어떤 언어든지 해석하기 어려운 구문이 있기 마련이다. 한문도 예외가 아니다. 한문에서는 '친친親親(가까운 이를 가까이 대우한다)'처럼 동일한 낱말의 반복이 대표적인 사례이다. 『논어』에 '부부父父(아버지가 아버지다워야 한다)'와 같은 용례가 있는데 여기에는 '현현賢賢'이 나온다. 현현만 있으면, 친친처럼 현명한 사람을 현명한 사람으로 대우하라는 식으로 해석하면 된다. 하지만 현현 다음에 '역색易色'이 이어진다는 점이 이 구절의 해석을 한층 더 어렵게 만든다.

　　보통 현현역색의 '역'을 바꾸다, 교환하다는 뜻으로 보아, 이 구절은 "뛰어난 이를 존경하는 마음으로 예쁜 얼굴처럼 감각적 쾌락을 즐기는 자세를 고치다"거나 "자연스럽게 예쁜 얼굴을 좋아하듯이 뛰어난 이를 존경하다"로 풀이된다.

하지만 이 번역은 조금 문제가 있다. 현현이색 이하에서 부모, 군주, 친구를 대상으로 이야기하고 있다. 즉 나와 관계를 맺고 있는 사람이 나오므로 현현이색도 당연히 나와 무관한 현명한 사람이 아니라 밀접한 관계가 있는 사람으로 보는 쪽이 타당해 보인다. 현현이색의 '색'에 주목하면, 그 대상이 아내를 가리킨다는 것을 알 수 있다. 따라서 이 구절은 아내의 경우 현명한 덕성을 높이 쳐야지 미모에 사로잡혀서는 안 된다는 맥락을 나타낸다. 여기서 '易'은 바꾸다가 아니라 가볍게 여기다, 대수롭지 않게 여기다는 뜻으로 쓰이고 있다.

깊이 읽기

지식으로서의 학문과 삶의 기술로서의 학문

사전적으로 학문은 어떤 분야를 체계적으로 배워서 익히거나 익혀서 얻게 된 지식을 가리킨다. 예컨대 교과서의 제목이나 대학의 전공 학과의 명칭처럼 한국어, 수학, 영어 등이 일종의 학문인 셈이다. 그러나 주위를 둘러보면 수학 문제를 잘 푼다고 해서 인생을 잘 사는 것도 아니고, 수학이라면 진저리를 친다고 해서 인생을 엉망으로 사는 것도 아니다. 우리는 지식으로서의 학문이 갖는 가치를 완전히 부정해서도 안 되고 할 수도 없다.

그럼에도 수학만으로 되지 않는 인생의 영역, 즉 어떻게 사는 것이 좋은 삶인가, 무엇을 찾기 위해 살아가는가와 같은 물음이 있다. 이것은 수학의 방정식처럼 누구나 똑같은 답을 찾을 수 있는 물음이 아니다. 삶의 기술로서 학문이라고 할 수 있다. 여기서 공 선생은 일상생활이나 공적 영역에서 사람들과 화기애애하게 어울리며 의무를 충실히 수행해 공동체에 살고 싶은 윤기를 덧보태는 그런 학문을 강조하고 있다.

◎ 위 글을 읽고 "우리는 왜 공부를 하는가?"를 생각해보자.

01-08 [008]

공 선생님이 이야기했다. "자율적 인간이 무겁게 굴지 않으면 권위가 서지 않고, 그럴 경우 배운 게 있더라도 굳건하지 않게 된다. 자율적 인간이라면 충실과 믿음을 자기 행동의 주인으로 삼고, 자기만 못한 자와 친구로 사귀지 말고, 잘못을 저지를 경우 반성하고서 고치는 일을 피하지도 싫어하지도 말라."

子曰: "君子不重, 則不威. 學則不固. 主忠信, 無友不如己者, 過則勿憚改."
자왈: "군자부중, 즉불위. 학즉불고. 주충신, 무우불여기자, 과즉물탄개."

상황 ● 지도자가 되려면 갖추어야 할 요건이 많다. 한 번의 판단이 가져올 수 있는 결과가 적지 않기 때문이다. 기업의 경영자는 중대한 판단 착오로 개별 기업의 재정, 고용상의 문제만이 아니라 협력 업체를 도산시킬 수도 있다. 정치 지도자의 경우는 이보다 파장이 더 컸으면 컸지 적지 않다. 따라서 지도자는 판단 착오를 줄일 수 있는 조직 내부의 시스템을 구축해야 하며 개인적으로도 처신과 학식, 삶의 돛대(나침반), 교제, 과실의 대처 등에 대해 준비하고 원칙을 세워야 한다. 후반부는 09.25[235]와 내용이 중복된다.

걸림돌 ● "자기만 못한 자와 친구로 사귀지 마라!" 여기서 '……보다 낫다', '……보다 못하다'는 말은 두 사람 사이의 전면적인(총체적인) 평가가 아니라 부분적인 비교를 두고 한 것이다. 어떤 사람이라도 '나'보다 한 가지쯤은 뛰어난 점이 있을 테고, 그 사람과 사귈 때 나는 바로 그 점을 본받으면 되는 것이다. 이렇게 하면 앞의 추론과 달리 나는 모든 사람을 친구로 삼을 수 있다. 자칫 이 구절을 모든 점에서 자신보다 나은 이만을 친구로 사귀려고 하고, 그렇지 못한 이는 결코 친구로 사귀려고 하지 않는다는 맥락으로 읽지 않도록 주의한다.

01-09 [009]

증 선생님이 들려주었다. "마지막 가는 길을 착실하게 치르고 죽어서 멀어진 이를 때에 맞춰 그리며 생각하면, 민중의 모듬살이가 [차갑게 이해를 따지는 데에서 서로 돕고 돕는] 도타운 관계로 바뀌게 되리라."

曾子曰: "愼終追遠, 民德歸厚矣."
증자왈: "신종추원, 민덕귀후의."

상황 ── ● 나와 친하게 지내던 사람이 죽으면 그것으로 끝인가? 죽은 사람은 물리적 죽음을 넘어서 살아 있는 나에게 망각되지 않고 기억되는 어떤 의미가 있지 않을까? 08.02[191] 후반부와 12.07[301] 참조.

걸림돌 ── ● 이 구절을 공 선생이 아니라 그의 제자 증 선생이 말했다고 놀랄 필요는 없다. 그가 발언자로 나오는 것은, 증삼 또는 그의 제자 집단이 『논어』의 편집에 참여했다는 증거로 볼 수 있다.

디딤돌 ── ● 1) 어찌 보면 장례와 상례는 지극히 개인적인 일이다. 그런데 어떻게 그 일이 민중의 생활 세계를 긍정적으로 변화시키는 원동력으로 여길 수 있는가? 이 물음을 풀기 위해서 한 가지 사유 실험을 해보자. 당신이 영화 〈웰컴 투 동막골〉에 나오는 리수화(정재영) 역처럼 패잔병을 이끌고 가는 지휘관이라고 치자. 지속적인 적의 공격을 피해 원대 복귀해야 한다면 당신은 누구를 배제하겠는가? 상식적으로 빠른 이동에 방해가 되는 이, 즉 약자弱者가 제일 먼저 제외될 것이다.

고대사회에서 나이 든 사람의 풍부한 경험은 그 사회의 문제를 해결할 수 있는 유일한 자산이자 권력의 원천으로 간주되었다. 하지만 지식이 축적되고 생존경쟁이 치열해지면서 노인의 지위는 계속 실추를 거듭해오고 있다. 요즘 어린이들이 읽는 「노인을 버린 지게」는 자식(현세대)이 노인(전세대)을 내다 버리는 기로棄老라는 민간 전설을 전하고 있다. 이 설화는 사회적 약자의 최외곽에 있게 된 노인이 자신을 언제 버릴지 모른다는 위기의식을 가지게 된 것을 반영하고 있다.

개인이든 계층이든 버림의 대상이 될지 모른다는 불안에 감염되면, 공동체는 존속될 수 없다. 반대로 어린이·노인과 같은 사회적 약자를 보호하고 존중한다면, 구성원은 공동체와 운명을 같이하려는 강력한 결속 의식을 갖게 될 것이다. 영화 〈킹덤 오브 헤븐Kingdom of Heaven〉(2005)을 보면 올랜도 블룸(발리안 역)은 절대적으로 열세한 군사력으로 살라딘이 이끄는 아랍 세력에 대항해 예루살렘의 성을 지키려고 한다. 이때 그가 "우리가 지켜야 할 것은 …… 예수가 죽은 성지도 아닌 이 성안에 살고 있는 백성들이다"라고 말한 이후로 예정된 패배를 대접전으로 끌고 가지 않았던가!

여기에 그치지 않고 죽은 사람의 장례와 상례를 정성껏 치른다면, 사람들은 자신이 속한 공동체를 소중하게 생각할 것이다. 이런 생각 하나하나가 결국 모듬살이를 경쟁이 아니라 유대의 터전으로 만들 것이다. 어떤 상황에서도 아무도 버리지 않고 끝까지 돌보는 사회에 그 누가 등을 돌리겠는가?

01-10 [010]

자금은 궁금한 듯이 자공에게 질문을 했다. "공 선생님이 어떤 나라에 이르면(방문하면) 꼭 그 나라의 정치 상황을 알아보려고 합니다. 선생님이 나서서 캐묻는 것입니까? 아니면 상대방이 도움을 바라며 들려주는 것입니까?"

자공이 이야기했다. "선생님은 따뜻하고 솔직하고 공손하고 수수하고 자신을 낮추는 자세로 정치 상황을 듣는 기회를 가지는 것이다. 가령 선생님께서 의도적으로 정치 상황을 캐묻더라도 [비슷한 위치의] 다른 사람이 의도적으로 캐묻는 경우와 확실히 다르지 않겠는가?"

子禽問於子貢曰: "夫子至於是邦也, 必聞其政, 求之與? 抑與之與?" 子貢曰: "夫子溫良
자금문어자공왈: "부자지어시방야, 필문기정, 구지여? 억여지여?" 자공왈: "부자온량
恭儉讓以得之. 夫子之求之也, 其諸異乎人之求之與?"
공검양이득지. 부자지구지야, 기저이호인지구지여?"

상황 ● 당신이 심각한 재정 적자 상태인 조직을 맡아서 경영 합리화를 도모하기 위해 여러 사람을 인터뷰하는 장면을 그려보라. 어떻게 하면 상대의 마음을 열고서 진솔한 대화를 나눌 수 있을까?

걸림돌 ● 1) 자금은 자공과 가깝게 알고 지내며 서로 자신의 생각을 교환하던 인물로 추정된다. 자공의 제자라는 이야기도 있다.

2) 억抑은 원래 억누르다, 물리치다는 뜻의 동사이지만 여기서는 발어사發語辭로 쓰인다. 우리가 어떤 사태의 원인을 두 가지 이상 거론할 경우, 먼저 A를 말하고 다음에 B를 말하기 전에 한 박자 쉬면서 '어', '그러면', '아니면'이라고 말하고 B를 말한다. '어'와 같은 말이 바로 억이다.

3) 諸의 음은 두 가지이다. '여럿', '모두'의 뜻이면 '제'이고 우리말의 조사처럼 쓰이면 '저'이다.

디딤돌

● 사람에게는 경계와 이해를 허물고 격의 없이 만날 수 있는 진실과 충정의 힘이 있다. 예컨대 공 선생이 특정한 정파와 거래하거나 그들을 남몰래 지원하기 위해 정보를 수집했다면 이런 인간미 넘치는 대접을 받기 힘들었을 것이다. 또 공 선생의 하고자 하는 일이 상대에게 공공선의 구현으로 읽혀졌다면 누구도 그이에게 적이 될 수 없었을 것이다. 게다가 그이의 태도마저 따뜻하고 솔직하고 공손하고 수수하고 자신을 낮추었다면 사람을 확 빨아들이는 마력을 지녔을 터이다.

01-11 [011]

공 선생님이 일러주었다. "아버지가 살아 계실 때 자식의 하고자 하는 뜻을 들여다보고, 아버지가 돌아가신 다음에는 자식의 실제로 하는 행동을 살펴보라. 자식이 아버지가 걸으신 길 중 합리적인 측면을 오랫동안 뜯어고치지 않는다면, 그런 인물을 효자라고 말할 만하다."

子曰:"父在, 觀其志, 父沒, 觀其行. 三年無改於父之道, 可謂孝矣"
자왈: "부재, 관기지, 부몰, 관기행. 삼년무개어부지도, 가위 효의."

상황

● 자연적이거나 인위적인 세대교체를 생각해보자. 효자(계승인)는 과거를 따르는 것과 바꾸는 것, 어느 쪽을 선택해야 할까?

걸림돌

● 1) 왜 자식에게 독립적 인격을 인정하지 않고 아버지에 대한 종속

(의존)을 강조하는가? 부분적으로는 시대적인 한계를 이유로 들 수 있다. 공 선생은 어린이나 청소년의 권리에 대한 개념이 없던 시대에 활동한 사람이니까. 그러나 자유주의에서도 제한적 맥락에서 부권의 간섭을 용인한다. 예컨대 자식이 합리적인 판단을 할 수 있는 지능이나 정신적 상태에 도달하지 못했을 때 아버지가 자식을 위해 판단을 대신 내릴 수 있다.

2) 오늘날 IT 분야는 자고 나면 지식이 바뀐다고 한다. 공 선생은 절대로 고쳐서는 안 된다고 말하지 않았지만 그래도 3년이라는 긴 유예 기간을 설정하고 있다. 그러면 세상의 발전에 도태되라는 말이 아닌가? 요즘 한창 떠들어대는 지식의 순환 주기나 유효 기간으로 이 장을 분석할 수는 없다. 오늘날의 진리가 창의적인 사고에서 쏟아져 나오는 새로운 것이라면, 고대의 그것은 축적된 경험에서 풀려 나오는 숙성된(충분히 검증된) 오래된 것이었다. 이런 차이를 인정해야겠다. 그렇지만 이런 말이 나온 것을 보면, 당시에도 아마 변화의 바람이 불어 기존의 가치관이 어느 정도 도전을 받고 있었던 듯하다. 17.21[472]를 참조하라.

3) 그렇다고 하더라도 하필이면 왜 3년인가? 두 가지 대답이 가능하다. 자식은 적어도 태어난 후 부모의 품에서 3년 정도 지극한 보살핌을 받는다. 자식이 부모의 3년간(실제로 25개월)의 상례를 치르면서 자신이 받았던 은혜에 보답하게 되는 것이다. 즉 보은의 시간으로서 3년이 설명된다(17.21[472] 참조). 다른 하나는 『백호통의』에 나오는 설명 방식이다. 생물은 1년 주기로 생장과 결실이라는 생사의 과정을 완성한다. 부모는 자식에게 무조건적인 은혜와 사랑을 주므로 생물의 주기보다 두 배로 하는 것이 바람직하다는 것이다. 〔반고, 신정근 옮김, 『백호통의』(소명출판, 2005), 244쪽, 422쪽 참조〕

01-12 [012]

유 선생님이 들려주었다. "전통 의식의 작용은 다른 것과 서로 잘 어울리게 함을 목표로 한다. 고대의 모범적인 왕들의 길도 이와 같았기 때문에 아름답고 바람직하게 여겨진다. 크고 작은 일은 모두 이 원칙을 따른다. 그러나 만약 제대로 풀리지 않는 경우가 있다면 [나름의 이유가 있다. 즉] 서로 잘 어울리게 해야 한다는 점에 사로잡혀서 서로 잘 어울리게 하려고 할 뿐 전통 의식에 따라 잡도리를 하지 않으니 제대로 풀어갈 수 없는 법이다."

有子曰: "禮之用, 和爲貴. 先王之道, 斯爲美. 小大由之. 有所不行, 知和而和, 不以禮節
유자왈: "례지용, 화위귀. 선왕지도, 사위미. 소대유지. 유소불행, 지화이화, 불이례절
之, 亦不可行也."
지, 역불가행야."

상황 — ● 전통 의식으로 불리는 례의 근본정신이 어디에 있는지 풀이하고 있다. 현대가 법의 시대라면 법의 근본정신은 무엇일까?

걸림돌 — ● 여기서도 유 선생이 발언자로 나오는데, 그이나 그이의 제자 집단이 증 선생의 경우처럼 『논어』의 편집에 간여했다고 볼 수 있다.

디딤돌 — ● 례禮가 서로 잘 어울리게 하는 대상은 무엇인가? 개인의 감정과 감정, 개인과 개인, 문화와 문화 간의 차이 등이 그 대상이 된다. 예컨대 내가 그렇게 가슴 졸이던 시험에 합격하여 극도의 흥분 상태에 있는데 바로 이웃집에는 어린이가 불치의 병으로 고생하다가 저세상 사람이 되었다고 해보자. 나는 나의 기쁨을 충분히 만끽할 만하다. 그렇다고 사

람들과 큰 소리로 웃고 떠들며 이웃들에게 들릴 정도로 흥겨운 노래를 불러댈 수 있을까? 환희, 슬픔 등은 얼마든지 표출할 수 있는 지극히 개인적인 영역이다. 또 그것은 개인의 생존과 자존을 가능하게 하는 활력소이다. 그럼에도 불구하고 나의 감정이 극단적으로 치닫지 않도록, 타인의 상처받은 감정을 자극하지 않도록 배려할 필요가 있다.

공 선생이 염려하는 것이 있다. 잘 어울리기 위해 자신의 것을 덜어냄은 필수적이다. 이 필수적인 것은 요구할 수 있는 성질이 아니라 각자의 재량에 맡길 문제이다. 즉 시험에 붙은 내가 시험에 떨어진 친구를 배려해서 기쁨을 누를 수 있다. 하지만 친구가 나에게 기뻐하지 말라고 요구할 수는 없다. 그런데도 친구가 나에게 그런 요구를 한다면 사이가 오히려 어색해질 수 있다. 여기서 공 선생은 례가 여러 사이를 잘 어울리게 하는 것을 목적으로 하지만, 동시에 행위자가 자신의 재량과 타인의 요구 사항의 경계에서 스스로 조절해야 한다는 단서를 첨가한다. 즉 나의 것을 덜어내 상대와 어울리는 '조화'와 상대의 배려를 읽어내고 자신의 희망을 일정하게 관리하는 '절제'가 결합될 때 례가 공동체를 빡빡하거나 딱딱하지 않게 하고 부드럽고 여유 있게 만든다.

◎ 례에 대한 좀 더 깊이 있고 새로운 관점을 바란다면 허버트 핑가레트가 쓰고 송영배가 옮긴 『공자의 철학 : 서양에서 바라본 예에 대한 새로운 이해』(서광사, 1991)를 읽어보면 좋다.

01-13 [013]

유 선생님이 들려주었다. "지키려는 약속이 본분(정의)에 가까워야만 (들어맞아야만) 하는 말이 실행될 수 있다. 공손한 태도가 전통문화에 가까워야만 수치와 모욕을 멀리할 수 있다(당하지 않을 수 있다). 의지할 만한 친척을 소홀히 하지 않아야 중심적 인물이 될 수 있다."

有子曰: "信近於義, 言可復也. 恭近於禮, 遠恥辱也. 因不失其親, 亦可宗也."
유자왈: "신근어의, 언가복야. 공근어례, 원치욕야. 인불실기친, 역가종야."

상황
● 어릴 적부터 함께 자란 친구들끼리 반갑다고 어깨를 툭툭 칠 수 있지만 언제까지 그럴 수 있는 것은 아니다. 오랫동안 지속하려면 무엇을 근거해야 할까?

디딤돌
● 어떤 행위라도 의義, 례禮, 친親, 즉 본분(정의), 전통문화, 친척의 유대라는 세 가지 조건을 충족시킨다면, 그것이 규범으로 성립될 수 있다고 유 선생은 주장한다.

규범이 보편성을 지향하므로 개인의 사정이나 개별적 특수성을 전부 고려할 수는 없다. 이처럼 규범은 평균적이며 합리적인 개인을 설정하므로 누구에게나 예외 없이 적용되어야 한다. 약속을 예로 들어보자. '약속한다'는 말의 의미를 안다면 우리는 약속 당사자끼리 일정한 시간이 지난 뒤에 어떤 사태가 기다리고 있을지 예상할 수 있다. 우리는 약속을 지키지 않는 사람보다 약속을 지키는 사람과 교제하려고 한다. 일단 그 사람과 약속하면 예측이 가능하며 이후의 관계에서 신뢰할 수 있기 때문이다.

그러나 규범이 충돌하거나 피치 못할 우연이 생길 경우에도 약속이 무조건 준수해야 하는 절대적 규범이라면 어떻게 될까? 규범은 고통과 희생을 가져올 수도 있다. 학생의 이성 교제, 다양한 사유의 재혼, 적서嫡庶와 성 차별 등은 한때 규범으로서 사람을 강력하게 통제했다. 규범은 그 시대의 기준에 따라 사라지기도 하고 태어나기도 한다. 앞으로 동물의 권리나 식물의 권리가 새로운 규범으로 등장하게 될지도 모른다. 이렇게 보면 규범에는 사람의 존엄성을 보호하는 측면과 사람을 억압하는 측면이 동시에 있다고 할 수 있다.

깊이 읽기

최대 도덕과 최소 도덕

우리는 자라면서 착한 사람이 되라는 말을 자주 듣는다. 그러나 그 말은 너무 추상적이라서 딱히 자신이 해야 할 일과 절대로 해서는 안 되는 일의 경계가 분명하지 않다. 예컨대 남을 돕느라고 자신의 생명을 희생하는 것도 착한 행위이고, 식탁 위에 숟가락을 가지런히 내놓는 것도 착한 행위이다. 이때 전자가 최대 도덕의 사례라면 후자는 최소 도덕의 사례라고 할 수 있다. 최소 도덕은 우리가 뭘 해야 하는지 그 기준이 분명하지만 최대 도덕은 뭘 어떻게 해야 하는지, 과연 해낼 수 있는지 경계가 애매하다. 최대 도덕이 바람직하다고 하더라도, 모든 사람이 그렇게 하기를 바란다면 결국 도덕의 기준이 너무 높아서 모두가 비도덕적인 사람이 되는 상황이 생길 수도 있다.

나라마다 해서는 안 되는 금기가 있다. 금기를 깨뜨리면 법의 심판 이전에 사회적으로 고립된다. 미국에서는 거짓말이나 아동 학대child abuse는 절대로 해서는 안 되는 최악의 범죄이다. 물리적 힘의 우열이 명백하며 자기방어 능력이 없거나 약한 아이에 대한 폭력은 추방하지 않으면 공동체가 유지될 수 없는 사안이다.

또 일본에서는 남에게 절대로 피해를 주지 말라고 가르친다. 피해를 주는 경우나 정도는 나라마다 다르지만 대중교통 차량에서 큰 소리를 내거나 공공장소에서 줄을 서지 않는 행위 등은 타인에게 명백하게 피해를 준다. 이런 최소한의 것이 준수된다면 '기본' 때문에 열 받으며 흥분하는 일은 줄어들 것이다.

우리나라의 실정은 어떠한가? 지키지도 못할 기준을 제시해놓고 그것에 맞추기를 바란다면 최대 도덕의 사회에 속하는 것이다. 만약 그렇다면 이제 우리는 거창한 구호를 내리고, 하지 않으면 안 되는 최소 도덕의 사회적 합의를 할 때이다. 최근에 언어폭력, 성희롱 등이 급속하게 '금기'의 목록으로 등장했지만 사회 전역으로 확산되려면 아직도 갈 길이 멀다. 잊을 만하면, 인격이 의심스럽거나 타인의 존엄을 무시하는 사건 소식들이 들려온다.

◎ 위 글을 읽고 "우리는 어떤 행위를 최소 도덕의 항목으로 규정하는 것이 바람직한가?"를 생각해보자.

01-14 [014]

공 선생님이 일러주었다. "자율적 인간은 음식을 먹더라도 배불리 먹으려고 애쓰지 않고, 일상생활에서 안락하게 지내려고 애쓰지 않는다. 반면에 할 일에 재빠르고 날래게 굴며, 꺼내는 말(다짐)에 착실하게 굴며, [자신의 모자라는 점을 늘 깨달아서] 나름대로 길을 터득한 사람을 찾아가서 자신의 방향을 제대로 잡으려고 한다. 이렇다면 배우기를 좋아한다고 일컬을 만하다."

子曰: "君子食無求飽, 居無求安, 敏於事而愼於言, 就有道而正焉, 可謂好學也已."
자왈: "군자식무구포, 거무구안, 민어사이신어언, 취유도이정언, 가위호학야이."

● 지금보다 더 나은 존재가 되려고 하면, 배움에 끝이 있을까?

걸림돌 ● 번역본을 보면 다들 약속이나 한 듯이 정正을 바로잡는다는 뜻으로 풀이한다. 이것은 틀린 번역은 아니지만 정의 의미를 좁게 잡은 불충분한 번역이다. 군자란 어떤 사람인가? 자기 스스로 앞길을 개척하는 사람이 아닌가? 그런 사람이 어떤 경우에 길을 터득한 사람을 찾아갈까? 만약 이 정을 '바로잡다'로 번역하면 군자는 자신이 틀렸거나 잘못한 일을 혼자 해결하지 못하고 사람을 만나야만 문제를 해결할 수 있는 셈이 된다. 이것은 군자와 잘 어울리는 풀이가 아니다. 군자라고 해서 모든 것을 다 알고 모든 일을 다 확신할 수는 없다. 이럴 때 그이는 조언이나 충고, 의견 교환을 통해 자신의 길에 대한 확신을 얻기 위해 사람을 만날 수 있다. 바로 이 지점에서 나는 정을 '바로잡다'나 '교정하다'는 맥락이 아니라 '방향을 확실히 하다'로 풀이하고자 한다.

디딤돌 ● 한국 사람은 유독 인생을 늦게 선택한다. 만약 대학을 가는 사람이라면 그이는 대학교 2, 3학년에서야 진로를 정한다. 실제 취업을 기준으로 하면 20대 중반 또는 후반에야 인생의 윤곽이 드러난다. 너무 늦지 않은가? 가장 에너지가 넘치고 탐구욕이 풍부한 10대와 20대를 일반적인 자격과 평균적인 지식 획득을 위해 볼모로 잡고 있다.

평균적인 삶을 살면 최소한 안전한 미래가 있을 수 있다. 그 안전을 뒤로 하고 모험과 불확실성이 가득 찬 세계를 가려면 배를 곯을 각오를 해야 할 것이다. 자신의 한 몸을 넘어 이웃과 함께 세계를 아름답게 가꾸는 자라면 환호보다 질시가 있는 한층 더 고독한 길을 걸어가야 할 것이다.

01-15 [015]

　자공이 생각을 다진 뒤에 물어봤다. "가난하더라도 있는 자에게 알랑거리지 않고, 재산이 많더라도 없는 자에게 뽐내거나 시건방을 떨지 않는다면 어떨까요?"

　공 선생님이 일러주었다. "괜찮아 보이네. 그러나 그 수준은 가난하더라도 올바른 길을 즐거워하고, 재산이 많더라도 전통문화를 좋아하는 것에는 미치지 못하네."

　자공이 갑자기 어떤 생각이 번쩍 난 듯이 말했다. "『고대 시가집〔시경〕』에 보면 '뼈, 뿔, 상아, 옥돌 등을 자르는 듯 거칠게 가는 듯이 또 이어서 쪼는 듯 곱게 다듬는 듯이'라고 읊고 있는데 바로 이런 맥락이군요!"

　선생님이 칭찬했다. "자공아, 비로소 이제 내가 너와 더불어 시를 논의할 수 있겠구나. 앞 가락을 일러주니 뒤 가락을 풀어내는구나!"

子貢曰: "貧而無諂, 富而無驕, 何如?" 子曰: "可也. 未若貧而樂, 富而好禮者也." 子貢
자공왈: "빈이무첨, 부이무교, 하여?" 자왈: "가야. 미약빈이락, 부이호례자야." 자공
曰: "詩云, '如切如磋, 如琢如磨', 其斯之謂與?" 子曰: "賜也. 始可與言詩已矣, 告諸往
왈: "시운, '여절여차, 여탁여마', 기사지위여?" 자왈: "사야. 시가여언시이의, 고저왕
而知來者."
이지래자."

상황 ── ● 산을 오르다 보면 눈앞에 정상이 보여 조금만 가면 닿겠거니 생각해도 가보면 정상은 아직도 저만큼 있다.

걸림돌 ── ● 사람의 인격에도 품격이 있듯이 부와 관련해서도 품격이 있다. 자공

과 공 선생의 이야기를 보면 세 가지 부류로 나눌 만하다.

우선 사람들이 부자가 되면 있는 것을 내세우며 교만하고, 가난하면 뭔가를 얻으려고 아첨을 떠는 방식이다. 이에 대해 자공은 부유하더라도 우쭐거리지 않고 가난하더라도 비굴하지 않는다면 나름대로 괜찮은 사람이라고 생각했다. 왜냐하면 두 경우 모두 자신들이 처한 삶의 조건에서 한 발짝 비켜설 수 있는 여유를 지니고 있기 때문이다.

공 선생은 생각이 달랐다. 가난하더라도 사람의 갈 길을 지키고, 부유하더라도 전통문화를 좋아하는 수준이라야 최상이라고 할 수 있다는 것이다. 자공이 말한 것은 부정적인 행위를 하지 않는다는 소극적인 차원이어서 적극적으로 무엇을 한다는 점이 빠져 있기 때문이다.

이런 이야기가 나오는 것을 보면, 당시의 사회에 권력과 돈이 한쪽으로 치우쳐 정치·경제적 차이가 크게 벌어지고 있음을 보여준다. 아울러 그 차이 때문에 졸부는 자신이 가진 부를 배경으로 오만하기 짝이 없는 행태를 보였나 보다.

디딤돌

● 교양으로 알아둬야 할 두 가지 성어가 있다. 하나는 '절차탁마切磋琢磨'이고 다른 하나는 '고왕지래告往知來'이다.

절차탁마는 원래 『고대 시가집』 중 「위나라의 민요」 「기수의 물굽이〔淇奧〕」에 나오는 시구이다. 앞뒤를 이어보면 "저기 저 기수의 물굽이를 바라보니 왕골과 마디풀이 우거져 있네. 훤칠한 내 님이여, 자르고 간 듯하며 쪼고 다듬는 듯하네. 묵직하고 위엄이 풍기며 환히 밝고 의젓하시네. 훤칠한 내 님이여, 아무래도 잊을 수 없네"〔김학주 옮김, 『시경』(명문당, 1997), 113~114쪽 참조〕. 이처럼 절차탁마는 여성이 자신이 연모하는 애인의 깎아놓은 듯 잘생긴 생김새를 묘사하는 말이다.

이것도 원래 뼈를 자르는 '절', 상아를 가는 '차', 옥을 쪼는 '탁', 돌을 다듬는 '마'라는 장인의 작업 공정을 가리키는 말이었다. 시인이 이 말을 차용해서 완벽하게 빚어낸 잘생긴 남자를 묘사했던 것이다. 그렇다면 자공은 무슨 생각을 했을까? 그이는 언젠가 본 작업장의 장면을 떠올리며 사람의 성숙이라는 것은 한 단계의 점프로 끝나는 것이 아니라 수없이 반복해서 갈고닦는 작업을 통해 끊임없이 진전한다는 것을 떠올렸을 것이다.

고왕지래는 원문에는 없지만 들여다보면 보인다. "고저왕이지래자"에서 군더더기를 확 빼고 새롭게 만들어진 말이다. 하나를 일러주면 열을 안다는 말처럼 학문적 이해 능력이 향상된 것을 가리키는 말이다. 이와 비슷한 말로 '문일지십聞一知十'이 있다. 05.09[101]을 참조하라.

01-16 [016]

공 선생님이 타일렀다. "주위 사람들이 나를 제대로 알아주지 않는다고 걱정하지 말고 자신이 [주위 사람을] 제대로 알아주지 못할까 걱정하라."

子曰 : "不患人之不己知, 患不知人也."
자왈 : "불환인지불기지, 환부지인야."

상황 ──● 제1장에 나왔던 내용과 겹친다. 결국 제1편은 자신의 꼬리를 문 오우로보로스처럼 돌고 도는 것으로 구성되어 있는 셈이다. 공 선생이나 제자들이나 모두 이것이 중요한 문제인가 보다. 비슷한 내용을 14.32[380]과 15.19[414]에서도 다루고 있다.

디딤돌

◉ 걱정할 것만 걱정하면 인생이 가벼워질 텐데. 아마 세상 살아가면서 걱정하는 8, 9할은 걱정할 필요가 없는 것인지도 모른다. 시험 치고 나서 금세 점수를 걱정한다. 답안지에 써놓은 것이 달아나지 않는 한 있는 그대로 점수가 나올 것이다. 그럼 나오는 것을 기다리면 될 텐데 채점지를 받아보기까지 웬 걱정이 그리 많은지. 기다리는 맛을 알면 인생의 색깔이 한결 짙어질 텐데.

2篇

효도의 편
학문의 편

● 효도의 편
● 학문의 편

 이 편은 보통 '위정'으로 통칭된다. 1장이 "자왈위정이덕子曰爲政以德"으로 시작하는데 변별력이 없는 '자왈'을 제외하고 위정이 가장 먼저 나오는 단어이기 때문에 편집자가 그것을 편명으로 정한 것이다. 위정이라는 말이 그럴듯하더라도 이 편의 내용을 전체적으로 총괄할 수는 결코 없다. 왜냐하면 이 편이 모두 정치학과 관련된 내용을 다루고 있지는 않기 때문이다. 이 편 중 4장에 나오는 연령대별 인생의 특성은 동아시아의 공유 언어가 될 정도로 유명한 것이다. 11장의 온고지신 溫故知新은 오늘날에도 여전히 애용되는 구문이다.

 제2편은 모두 24장으로 되어 있다. 24장을 하나의 공통된 주제로 묶기는 어렵다. 하지만 그중 몇몇은 반복해 집중적으로 다루는 주제도 있다. 예컨대 군자 [자율적 인간]에 대한 설명이 세 곳(12, 13, 14장) 나온다. 또 표현 형식상으로 4자나 5자 단위로 문구가 끊어지거나 내용상으로 학學과 사思처럼 대조법(15장)을 통해 표현하고 있다. 이것은 내용을 효과적으로 전달하기 위한 것일 뿐만 아니라 암송을 중시했던 당시의 학습법을 고려한 장치라고 할 수 있다. 그래도 가장 많은 내용이 효도이다. 이를 둘러싼 문답이 다섯 곳(5, 6, 7, 8, 21장)에 보인다. 특히 21

장에서는 효도가 가족 윤리를 넘어서 구성원들의 자발적인 참여를 통해 사회 전체를 규율하는 원리로 비약될 수 있다는 점을 말한다. 이런 맥락에서 나는 이 편을 〈효도의 편〉으로 명명하고자 한다.

그리고 포괄적으로 학문에 대한 논의가 풍부하다. 자세히 말하면 2장에서는 『고대 시가집[시경]』의 근본정신이, 11장에서는 스승의 조건이, 15장은 모방과 자기 사고 또는 감성적 인식과 이성적 인식의 특성이, 16장에서는 이단에 대한 경계가, 17장에서는 무지의 자각이, 18장에서는 확실하지 않으면 의문으로 남겨 놓기, 23장에서는 미래에 대한 예측 등을 각각 다룬다. 이런 맥락에서 나는 이 편을 〈학문의 편〉으로 명명하고자 한다. 위정의 위爲는 사람의 손으로 코끼리에게 일을 시키는 모양, 즉 토목공사를 본뜬 글자이다. 효도로 유명한 순임금도 한때 코끼리 부대를 이용해서 이민족과의 전쟁을 승리로 이끈 적이 있다. 두 가지 코끼리 이야기를 이 편에서 만나는 것은 우연의 일치일 뿐 편집자의 의도는 아닐 것이다.

02-01 [017]

공 선생님이 일러주었다. "흡인력(카리스마)을 가지고 정치를 펼쳐 나가라. 비유하자면 북극성이 움직이지 않고 제자리를 지키면 뭇 별들이 그것을 중심으로 도는 것과 같다."

子曰 : "爲政以德, 譬如北辰, 居其所而衆星共之."
자왈 : "위정이덕, 비여북신, 거기소이중성공지."

상황
● 남은 나와 같지 않다. 내가 선한 의도를 가지고 일을 해도 의혹의 눈초리를 보내며 경계하기도 한다. 폭력이나 경제적인 대가 없이 어떻게 타자들의 협력을 끌어낼 수 있을까? 또 어떻게 하면 저항 없이 세계의 중심이 될 수 있을까?

걸림돌
● 덕에 의한 정치와 북극성의 비유가 어떻게 연결되는가? 공 선생의 사고에 따르면 북극성은 붙박이별로서 천체의 중심에 있고, 다른 별들이 북극성을 중심으로 삼아 도는 양상을 보인다. 여기서 북극성과 다른 별과의 관계는 군주와 다른 사람들(신하와 백성)의 관계에 유비類比되고 있다. 북극성은 인력引力으로 다른 별이 궤도를 이탈하지 못하게 하는데 여기에는 강제나 폭력이 들어 있지 않다. 군주가 덕으로 정치를 펼치면 강압과 위력을 동원하지 않아도 세계의 중심에 있을 수 있다.

그렇다면 새삼 덕의 의미가 궁금해진다. 덕은 자신의 세계로 사람을 끌어들이는 힘과 관련이 있다. 그렇지만 이 힘은 결코 거부할 수 없는 물리적 힘에 의존하지는 않는다. 그것은 자발적인 동화(같아지려고 함)를 일으키는 원천인 것이다. 여기서 다시 어떻게 그런 일이 생길 수 있는지 생각해보자. 그것은 은혜나 혜택을 베푸는 것일 수도 있고, 갚기 어려운 큰 도움을 주는 것일 수도 있고, 공동의 어려움을 해결하는 특별한 능력일 수도 있다. 이 때문에 덕은 경우에 따라 은혜, 증여, 작용력, 생성력, 매력 등으로 번역할 수 있다.

02-02 [018]

공 선생님이 일러주었다. "『고대 시가집〔시경〕』에 든 300편의 시를 한마디로 묶으면 '생각하는 것이 꼬여 있지 않고 순수하다'는 것이다."

子曰: "詩三百, 一言以蔽之, 曰: '思無邪'."
자왈: "시삼백, 일언이폐지, 왈: '사무사'."

상황
● 당신이 읽은 책을 한 문장으로 요약하시오. 아니면 당신이 본 영화를 한 글자로 말해보시오. 공 선생은 이 일을 탁월하게 해냈다. 내용을 요약하다 보면 책과 영화에 들어 있는 다양한 이야기와 풍부한 의미를 전부 다룰 수 없어서 일부는 뺄 수밖에 없다. 이를 잘하면 핵심을 골라내고 추상화하는 능력이 뛰어난 것이다. 또 공 선생이 『고대 시가집』을 '사무사'로 압축한 것은 여러 가지 길 중에 하나일 뿐이다. 나라면 '흥興'이라고 하겠다.

디딤돌
● 아마 『고대 시가집〔시경〕』 수업 시간에 제자가 물었을 것이다. "선생님, 자꾸 시를 읽어보라고 하시는데 『고대 시가집』을 한마디로 하면 뭐라 합니까?" 잠시 대답을 머뭇거리던 공 선생은 『고대 시가집』 중 「노나라의 종묘 제사의 가사」의 「살찐 말〔駉〕」의 한 구절을 생각해냈다. 그것이 바로 "사무사"이다. 사思는 「살찐 말」에서는 허사虛辭로서 아무런 뜻

이 없는데, 공 선생이 이 구절을 인용하면서 원래의 맥락과 달리 '생각하다'는 실사實辭로 바뀌게 되었다. 공 선생의 평가에 집중하면, '사'는 의미가 없는 것이 아니라 시인이나 독자가 시를 통해 연상하는 것과 관련이 있다고 해석할 수밖에 없다. 이 구절이 나오는 앞뒤를 보고 넘어가자. "살찐 수말이 들녘을 달리네. 살찐 말에는 잿빛, 흰빛의 얼룩말과 붉고 흰 얼룩만이 있네. 정강이가 하얀 말과 두 눈이 하얀 말이 있네. 수레를 힘차게 끄는구나. 아무런 딴 생각 없이 말은 달려가고만 있네." (김학주 옮김, 『시경』, 524~525쪽 참조)

02-03 [019]

공 선생님이 일러주었다. "허용과 금지의 각종 외적 규제(행정 명령)로 이끌어가고 처벌의 공포로 일사분란하게 만들려고 하면, 백성들은 [어떻게 해서라도 처벌을] 피하려고 할 뿐 비행 자체를 부끄러워하지 않는다. 자율적 규제(고상함)로 이끌어가고 전통 의식으로 가지런하게 한다면, 백성들은 과실을 부끄러워할 뿐만 아니라 서로서로 동화하게 된다."

子曰: "道之以政, 齊之以刑, 民免而無恥. 道之以德, 齊之以禮, 有恥且格."
자왈: "도지이정, 제지이형, 민면이무치. 도지이덕, 제지이례, 유치차격."

상황 ── ● 우리가 기능과 효율 지상주의가 아니라 인간미 넘치는 공동체를 일구려면 무엇에 의존해야 할까?

걸림돌 ── ● 우리가 완전한 사람이 아니므로 살다 보면 실수든 부주의든 잘못을 저지를 수 있다. 한 번의 잘못이 거악巨惡이나 상습적인 악으로 이어지지 않으려면 어떻게 해야 할까? 여기서 공 선생은 외적 규제와 처벌의 한계를 지적한다. 그것들로 이미 저지른 악에 상응하는 책임을 물을 수는 있지만 비행을 원천적으로 예방할 수도 재범을 완벽하게 방지할 수도 없다. 왜냐하면 사람들은 외적 규제와 처벌에 대해 어떻게든 빠져나가려고 하지 잘못한 자신을 응시하려고 하지 않기 때문이다.

반면에 자율적 규제와 전통 의식은 자신이 제대로 통제하지 못해 잘못에 이르게 된 것 자체를 부끄러워하게 만든다. 이 부끄러움(수치심)은 떳떳하지 못해서 자신을 스스로 숨기게 만드는 감정을 가리키는 것이 아니다. 이것은 자신을 돌아보게 만들며 다시금 잘못을 되풀이하지 않도록 채찍질하게 한다. 또 이것은 자신보다 뛰어난 이를 본보기로 삼아 현재의 자신을 한층 고양시키는 원동력이다.

예를 들어 체육 시간에 농구를 했는데 자신이 친구들 앞에서 레이업 슛을 실패했다고 하자. 어떤 이는 농구가 끝나고 교실에 가서도 쪽팔린다며 책상에 고개를 숙이고 있을 수 있다. 또 다른 이는 학교를 마치고 집으로 돌아와 공원에서 레이업슛을 보란 듯이 잘할 때까지 연습해 다음 농구 시간에 멋진 모습을 보여줄 수 있다. 후자가 여기서 말하는 부끄러움이다.

훗날 이 구절은 공 선생이 획일적이며 외재적인 법으로 사회질서를 구성하려고 했던 법가를 비판한 것으로 즐겨 인용된다.

◎ 수치심과 죄의식을 문화 유형으로 학습하고 싶으면, 루스 베네딕트가 쓰고 김윤식·오인석이 옮긴 『국화와 칼』(을유문화사, 2002)을 읽어보도록 한다.

깊이 읽기

부끄러움의 가치

부끄러움 하면 우리는 수줍음을 많이 타서 사람 앞에 나서기를 주저하는 형태를 연상하곤 한다. 부끄러움이 이 정도라면 도덕과 관련해서 따져볼 것도 없다. 우리는 보통 사람이라면 할 수 없거나 해서는 안 되는 일을 뻔뻔스럽게 하는 사람을 두고 '몰염치沒廉恥하다' 또는 '파렴치破廉恥하다'고 말한다. 이때 염치는 할 수 있는 일과 해서는 안 되는 일의 경계를 자각하게 만드는 역할을 한다. 물론 몰염치와 파렴치는 그런 경계를 벗어나는 경우를 가리킨다. 따라서 염치를 안다는 것, 즉 부끄러워한다는 것은 사람이 자기 스스로 할 일과 하지 말아야 할 일을 구분할 줄 아는 것이다. 여기에 그치지 않는다.

하지 말아야 할 일을 했을 경우 부끄러움은 단순히 사람을 타인의 시선에서 자신을 감추도록 하는 데에 그치지 않고 스스로 자기 교정을 하게 만든다. 예를 들어 축구 경기에서 발을 공에 갖다 대기만 해도 골을 넣을 수 있는 상황에서 헛발질을 했다고 해보자. 당사자는 부끄러워서 얼굴이 후끈 달아오를 것이다. 여기에 그친다면 그 사람은 실수로부터 배우는 것이 없다. 그런데 경기가 끝난 뒤 다시 같은 실수를 되풀이하지 않기 위해서 자신이 한 일을 돌이켜 원인을 분석하고 자세를 교정해 멋진 골을 넣기 위해 최선을 다한다. 이것이 바로 부끄러움이 자기 교정을 가능하게 하는 측면이다.

베네딕트만이 아니라 서양의 학자들은 거칠게나마 서양을 죄의식 문화guilty culture로, 동양을 수치(심) 문화shame culture로 구분한다. 여기서 동양은 외면적 가치와 체면을 중시하고 서양은 내면적 가치와 책임을 중시하는 것으로 풀이된다. 거대 이론은 보통 그럴듯해서 사람을 유혹하지만 따지고 보면 개괄적 분류의 수준을 넘어서지 못한다. 앞에서 보았듯이 수치심 또는 부끄러움이 결코 내적 반성과 양심의 가책으로 이어지지 않고 단지 임시적으로 상황을 모면하게 할 뿐이라고 할 수는 없는 것이다. 동양이든 서양이든 모두 적절한 대응과 부적절한 대응의 구별, 반성, 자기 교정, 책임이라는 도덕적 삶의 자원을 가지고 있지만 그것을 풀

> 어가는 길이 다를 뿐이다.
>
> ◎ 위 글을 읽고 "부끄러움이 도덕적 삶(문화)에 어떤 역할을 할 수 있을까?"를 생각해서 글을 써보자.

공 선생님이 돌이켜 생각하면서 일러주었다. "나는 열다섯 살에 배우려는(본받으려는) 동기를 가졌고, 서른 살에 제자리를 찾았고, 마흔 살에 [가지 못하는 길과 가는 길을 두고] 헷갈리지 않았고, 쉰 살에 하늘의 명령을 깨달았고, 예순 살에 어떤 소리에도 합리적인 요소를 찾았고, 일흔 살에 마음이 하고 싶은 대로 따라가더라도 기준을 넘어서지 않았다."

子曰 : "吾十有五而志于學, 三十而立, 四十而不惑, 五十而知天命, 六十而耳順, 七十而從
자왈 : "오십유오이지우학, 삼십이립, 사십이불혹, 오십이지천명, 육십이이순, 칠십이종
心所欲, 不踰矩."
심소욕, 불유구."

상황

● 나이가 많든 적든 지난날을 통째로 돌이켜보면 인생을 몇 단계로 나눌 수 있다. 학교를 기준으로 하면 학교 가기 전과 초등학교, 중학교, 고등학교의 시기 등으로 나눈다. 간혹 인생의 중요한 전기로 나눌 수도 있다. 공 선생은 인생을 70대로 보고 여섯 단계로 나누었다. 이 말은 공 선생이 상당히 나이가 들어서 한 말이리라. 17.26[477] '『예기』의 10단계 인생 분류'를 참조하라.

디딤돌

● 공 선생의 말 중에서 이 나이대의 분류는 동아시아 각국의 일상 언어로 쓰일 정도로 널리 알려졌다. 퀴즈 풀이나 교양을 위해서라도 한 번쯤 눈여겨볼 말들이다. 누구나 할 수 있는 분류지만 공 선생만큼 적실하게 표현한 적은 없는 듯하다. 나이와 관련해서 이 이외에도 즐겨 쓰이는 말로 고희古稀, 미수米壽 등이 있다. 그것은 각각 70, 88세를 가리킨다.

공 선생의 이 말은 얼추 그럴 것이라는 말로 봐야지 꼭 때에 맞춰 그렇게 되어야 하는 과제로 볼 필요는 없다. 인생에서 사십이면 실무 단계에서 책임질 일이 많은 자리에 있게 되므로 중심을 잡아야 할 것이다. 책임자가 지시를 하면서도 긴가민가하면 하는 일이 제대로 될 리가 없다. 그런 점에서 "사십이면 헷갈리지 않도록 해야지!"라는 각오나 계획으로 봐야지 정확히 그때 도달한 상태나 그렇게 되어야만 하는 과제로 볼 필요는 없다.

02-05 [021]

맹의자가 효도하는 길을 물어봤다. 공 선생님이 자신의 생각을 말했다. "전통 의식을 어기지 않는 것이지요."

[담소 뒤에 맹의자가 돌아가고 공 선생님이 외출을 하게 되었다.]

번지가 말고삐를 잡았다. 공 선생님이 [앞의 대화를 끄집어내서] 일러주었다. "맹의자가 나에게 효도하는 길을 물어봐서 나는 전통 의식을 어기지 않는 것이지요, 라고 대답했지."

번지가 [이해가 안 된다는 듯이] 물었다. "무엇을 말하고자 하십니까?"

공 선생님이 풀이했다. "[부모가] 살아 계시면 전통 의식에 따라 섬기고, 돌아가시면 전통 의식에 따라 장사를 지내고 전통 의식에 따라 제사를 올리는 것이지."

孟懿子問孝. 子曰: "無違." 樊遲御. 子告之曰: "孟孫問孝於我, 我對曰: 無違." 樊遲曰:
맹의자문효. 자왈: "무위." 번지어. 자고지왈: "맹손문효어아, 아대왈: 무위." 번지왈:
"何謂也?" 子曰: "生事之以禮, 死葬之以禮, 祭之以禮."
"하위야?" 자왈: "생사지이례, 사장지이례, 제지이례."

상황
● 뭘 어떻게 해야 할지 몰라 걱정하지만 해답은 너무 쉬운 곳에 있다. 효도도 길을 모르는 것이 아니라 안 하다 보니 길을 묻는 게 아닐까?

걸림돌
● 맹의자는 제후를 대신해서 노나라의 국정을 이끌던 과두정치의 일원이다.

디딤돌
● 삶의 현장에는 답이 있으면 편한 곳이 있고 또 답이 있는 게 이상한 곳이 있다. 효도에는 그 집의 특수한 사정이 있겠지만 공동으로 준수하

는 틀이 있다. 그것을 지키자는 말이다. 어렵다면 전통 의식을 운동 경기의 규칙이라고 생각하면 된다. 공이 두 개라거나 손으로 잡는 축구는 이상하지 않은가!

02-06 [022]

맹무백이 효도하는 길을 물었다. 공 선생님이 자신의 생각을 말했다.
"부모로 하여금 오직 자식이 아픈 것만을 걱정하도록 하는 것이다."

孟武伯問孝. 子曰:"父母唯其疾之憂."
맹무백문효. 자왈: "부모유기질지우."

상황
◉ 아무리 사랑하는 사이라도 아픈 것은 대신할 수 없고 바라는 대로 되지도 않는다. 걱정하고 기도해본 이는 그냥 지켜볼 수밖에 없는 처지의 절박함과 순수함을 알 것이다.

걸림돌
◉ 1) 맹무백은 앞에 나온 맹의자의 아들이다. 그는 공자 학파에 우호적이었다.

2) 번역에서는 '기其'를 자식으로 보았지만 그것을 부모로 보면 또 하나의 해석이 가능하다. 그럴 경우 "부모님이 건강을 잃을지 늘 염려한다"라고 번역할 수 있다.

02-07 [023]

자유가 효도하는 길을 물었다. 공 선생님이 〔약간 흥분한 듯 목소리를 높여〕 말했다. "오늘날 효도라고 하면 물질적인 보살핌을 일컫는다. 하지만 개와 말에게도 먹이를 주며 보살핀다. 부모를 존중하지 않는다면, 개나 말에 하는 것과 무슨 차이가 있겠느냐?"

子游問孝. 子曰 : "今之孝者, 是謂能養. 至於犬馬, 皆能有養, 不敬, 何以別乎?"
자유문효. 자왈 : "금지효자, 시위능양. 지어견마, 개능유양, 불경, 하이별호?"

상황
◉ 배려와 마음이 담긴 행동과 기계적으로 하는 행동은 둘 다 '한' 것이지만 다르게 느껴진다. 부모와 자식처럼 가까운 사람일수록 조심해야 하는 것을 일깨워준다.

걸림돌
◉ 1) '지어견마'에 대해 다른 해석이 가능하다. 개가 사람을 지켜주고 말은 사람을 위해서 일하는 것처럼, 효도를 물질적 보살핌으로만 본다면 개와 말이 사람을 돌보는 것과 무슨 차이가 있느냐고 할 수도 있다.

2) 우리가 사람을 제대로 대우하지 않으면 '개 취급한다'고 하고 개를 아주 지극 정성으로 돌보면 '사람 취급한다'고 한다. 이런 표현의 서운함과 이 장의 내용이 가까워 보인다.

깊이 읽기

효, 부분 윤리인가 전체 윤리인가?

효도가 사회정의나 사람다움과 같은 현대사회의 윤리적 현안을 해결할 수 있을까? 효도는 자애와 함께 가족만이 아니라 사회 전체를 살맛 나게 만드는 윤활유 역할을 할 수 있다. 우리는 아직도 충동적인 살상보다는 존속살해에 대해 더 큰 비애를 느끼고 화목한 가정이 주는 따스함을 그리워하기 때문이다. 그러나 이런 가족 관계에 한정된 효도나 자애가 전면적인 사람다움을 구성하는 핵심 요인이 될 수 있을까?

과거 대가족의 농업사회에서는 효도가 사회윤리가 될 수 있었지만 익명의 개인들로 둘러싸인 현대사회에서는 핵심 윤리가 될 수 없다. 오늘날 사회에서는 효도, 공손, 우애, 공경보다는 친절, 정의, 평등, 약속, 정직 등이 사람다운지 그렇지 않은지를 판정하는 요소이다. 예컨대 누군가가 자식으로서 부모의 말은 고분고분 듣지만 국적과 인종에 따라 사람을 차별한다면 어떻게 될까? 중요한 효도를 했으니 사소한 인종차별쯤은 문제 삼지 않고 넘어갈 수 있을까? 결코 그렇지 않을 것이다.

결국 효도는 오늘날 가족 관계라는 영역을 느슨하게 규율하는 부분 윤리가 될 수 있을지언정 가족을 넘어선 사회 전역을 엄격하게 규제하는 전체 윤리가 될 수는 없다. 그렇다고 해서 효도가 무용하다거나 인간을 억압한다고 주장하는 것은 결코 아니다. 역사적으로 보면 법가로 분류되는 한비韓非나 도가로 분류되는 장선생(장자, 장주)도 효도를 전면적으로 부정한 것이 아니라 보편 도덕이 될 수 없다고 역설한 적이 있다.

◎ 위 글을 읽고 "효도가 현대사회의 윤리적 대안일 수 있는가?"를 생각해보고 글을 써보자.

02-08 [024]

자하가 효도하는 길을 물었다. 공 선생님이 뚫어지게 쳐다보며 말했다. "표정 관리가 참으로 어렵다. 무슨 일이 있으면 젊은 사람들이 힘든 부분을 도맡아서 하고, 술이나 음식이 생기면 어른들이 먼저 맛보시게 하는 일, 이런 것으로 효도라고 말할 수 있겠는가?"

子夏問孝. 子曰: "色難. 有事, 弟子服其勞, 有酒食, 先生饌, 曾是以爲孝乎?"
자하문효. 자왈: "색난. 유사, 제자복기로, 유주식, 선생찬, 증시이위효호?"

상황 ─◉ 어려운 것은 하기 힘들어서 못하고, 쉬운 것은 자주 놓치다가 못한다. 효도와 같은 관계 윤리는 표정처럼 쉽게 놓치는 것이 더 중요할 수 있다.

디딤돌 ─◉ 어릴 때는 아프면 아프다고 하고 기쁘면 기쁘다고 하는 것이 효도이다. 나이가 들면 부모가 나 때문에 걱정하지 않도록 한다. 내가 더 이상 보호받아야 할 대상이 아니라 반대로 내가 부모를 돌봐야 하기 때문이다. 하지만 삶의 짐으로 힘들어하다 보면 나의 고통이 여과 없이 드러날 수 있다. 어떻게 해주지 못하고 그것을 지켜봐야 하는 부모의 심정은 견디기 어렵다. 부모에 대한 효도도 성장하면서 달라진다.

02-09 [025]

공 선생님이 "내가 안연과 온종일 이야기를 나눴지만 한 차례도 의문스러워하지 않아 바보처럼 보였다. 그이가 방을 나간 뒤 내가 이 사람이 생활을 어떻게 하는지 살펴보니 내 말을 제대로 실현하고 있었다. 안연은 결코 바보가 아니다."

子曰: "吾與回言終日, 不違如愚. 退而省其私, 亦足以發. 回也不愚."
자왈: "오여회언종일, 불위여우. 퇴이성기사, 역족이발. 회야불우."

상황 ● 사랑하다 보면 의심하게 되지만, 의심이 풀리면 사랑이 더욱 깊어진다. 스승의 제자에 대한 사랑이 건너가는 소리가 들린다.

걸림돌 ● 확실히 공 선생은 독심술의 소유자도 아니고 시험을 쳐서 성적을 매기지도 않았나 보다. 그랬더라면 이런 궁금증을 가지지 않아도 될 테니까 말이다. 이 구절은 한 편의 코미디 같다. 수업 시간에 한 번도 질문을 하지 않는 학생과 그런 학생이 자기의 말을 제대로 알아들었는지 궁금해서 몰래 확인해보는 선생이 빚어내는 삽화 말이다. 그림으로 그려도 재미있는 연출이 되겠다. 그리고 마지막 공 선생의 말이 압권이다. 자신이 잘못짚었다는 것을 직접 눈으로 보고 나서야 그 잘못을 인정하고 있으니 말이다.

그런데 공 선생은 과연 어떤 부류의 학생을 좋아했을까? 문맥으로 보면 질문도 하고 선생님에게 지적 자극을 주는 학생을 좋아했을 듯하다. 이 구절은 11.04[272] '안연'에서 되풀이되지만 01.15[015] '자공'과 03.08[048] '자하'에 대한 발언과 비교해보면 좋겠다. 안연과 호학의 관련성은 06.03[124] '자공'과 11.07[276] '자공'에 보인다.

깊이 읽기

안 선생이 학문을 사랑한 까닭은〔顔子所好何學論〕?

"어떤 사람이 물었다. '성인(공자)의 문하에 3000여 명의 제자가 있었지만 공자는 유독 안 선생(안연)만 배움을 좋아한다고 인정했습니다. 3000여 제자들은 모두 『고대 시가집〔시경〕』, 『정부 공문서〔서경〕』와 육예를 학습하여 잘 이해했던 사람들입니다. 그렇다면 안자가 유독 배움을 좋아한다고 할 때의 그 배움의 내용은 무엇인지요?'

이천伊川 선생이 대답했다. '성인聖人이 되는 길을 배우는 것입니다.'

'성인은 배워서 될 수 있는 것입니까?' '그렇습니다.' ……

인仁·의義·충忠·신信 등의 덕목이 마음과 분리되지 않도록 해서, 급할 때에도 반드시 이것에 근거하고 위험한 상황에서도 반드시 이것에 근거하며, 모든 행위를 반드시 여기에 근거해야 합니다. 이러한 과정이 오래 지속되어 잘못이 없게 되면, 머무는 것이 편안할 수 있고 모든 행동이 례에 맞으니 한쪽으로 치우친 마음은 자연히 생기지 않습니다. 그래서 안자가 힘쓴 점은 례가 아니면 보지 않고 듣지도 않으며 말하지도 않고 행동하지 않는 것입니다. ……

성인은 사려하지 않아도 진리를 이해할 수 있고, 힘쓰지 않아도 진리에 맞을 수 있습니다. 반면 안자는 반드시 생각한 후에 도를 이해할 수 있었고, 힘쓴 후에 도에 맞을 수 있었습니다. 하지만 안자와 성인의 차이는 아주 작습니다. 안자가 성인이 되지 못했던 것은, 진리를 지키기만 하고 그것으로 동화될 수 없었기 때문입니다. 그와 같이 배움을 좋아하는 마음을 가지고 조금만 더 살 수 있었다면, 오래지 않아 진리와 하나가 되어 성인이 될 수 있었을 것입니다.

후세의 사람들은 이러한 이치를 모르고, 성인은 본래부터 진리를 알고 태어난 사람이며 배워서 될 수는 없다고 생각해서, 결국 배움을 이루는 방법이 없어지게 되었습니다. 그래서 진리를 자기 내면에서 구하지 않고 밖에서 구하며, 이것저것을 넓게 듣고 억지로 암기하고 문장을 화려하게 꾸미는 것에 힘을 쏟았습니다. 이와 같은 방법은 그 말을 화려하게 장식하는 것일 뿐 그렇게 해서 도에 다가갈 수 있는 사람은 거의 없습니다. 그러므로 오늘날의 학문은 안자가 좋아했던 것과 다르다고 하겠습니다."

── 주희·여조겸, 이기동 옮김, 『근사록』(홍익출판사, 1998), 61~63쪽.

◎ 위 글을 읽고 "고대인(안연)과 현대인의 학문관이 어떻게 다른가?"를 생각해보고 글을 써 보자.

02-10 [026]

공 선생님이 들려주었다. "우리가 만약 그 사람이 함께하는 사람을 찾아보고, 그 사람이 좇는 방법을 들여다보고, 그 사람이 편안해하는 상태를 살펴본다면, 그 사람이 어떻게 자신의 정체를 숨길 수 있겠는가? 사람이 어떻게 자신의 정체를 숨길 수 있겠는가?"

子曰: "視其所以, 觀其所由, 察其所安. 人焉廋哉? 人焉廋哉?"
자왈: "시기 소이, 관기 소유, 찰기 소안. 인언 수재? 인언 수재?"

상황 ● 사람을 알려면, 직관이 아니라 관찰에 의존하라. 먼저 당사자를 관찰하고 이어서 어울리는 사람들을 관찰하라.

걸림돌 ● 속담에 "열 길 물속은 알아도 한 길 사람 속은 모른다"는 말이 있다. 공 선생은 그렇지 않다며 사람을 관찰man-watching하는 방법, 즉 관인법 觀人法을 설명하고 있다.

공 선생은 사람의 모든 것, 특히 사적 영역의 비밀이 아니라 공적 영역으로 표출될 수밖에 없는 특성을 알고자 했다. 전자를 알고자 했다면 공 선생은 관음증 환자로 오해받을 것이다. 우리가 어떤 사람(정치인)의 정체를 알고자 한다면 어떻게 할까? 당연히 그 사람이 주장하는 정책을 확인하고, 또 구체적인 현실과 법안에서 그 정책과 일치하는 행위를 하는지 조사하면 알 수 있다. 공 선생의 설명도 결국 확인과 조사의 중요성을 강조하고 있는 것이다. 이렇게 한다면 어느 누구도 자신의 본모습을 숨길 수 없을 것이다. 검은색은 검은색으로, 하얀색은 하얀색으로 밝혀질 것이다. 04.07[073]에서 공 선생은 유유상종類類相從을 이야기하고 있다.

◎사람의 행동에 대한 이해를 돕으려면 데스몬드 모리스가 쓰고 김동광이 옮긴 『피플 위칭 : 보디 랭귀지 연구』(구판 『맨워칭 : 인간 행동을 관찰한다』)(까치, 2004)를 읽어보면 많은 도움이 된다.

02-11 [027]

공 선생님이 들려주었다. "옛것을 익혀서(갈고닦아서) 새것을 뽑아낸다면 시대의 스승이 될 만하다."

子曰 : "溫故而知新, 可以爲師矣."
자왈 : "온고이지신, 가이위사의."

상황
● 우리가 과거에서 미래의 길을 찾을 때, 과거를 오래된 미래라고 한다.

걸림돌
● 온溫의 번역어로 익히다는 말만큼 딱 들어맞는 말도 없다. 익히다는 배워서 몸에 배다는 뜻도 있고 열을 가해서 데우다는 뜻도 있다. 술(발효주)을 담글 때 재료를 항아리에 담고서 따뜻한 방구석에 두면, 전혀 다른 물건(술)이 나왔다. 새가 알을 품으면 새끼가 태어나는 것을 연상해봐도 좋겠다.

깊이 읽기

과거와 현재

전통 시대에 각급의 정치 영역에 포진한 지도자의 죽음은 태풍의 눈처럼 조용하면서도 격변을 일으킬 수 있는 자연적 주기였다. 이때 과거는 변화냐 계승이냐 하는 총체적 평가의 대상이 되곤 한다. 사실 이 평가는 지속적이며 항구적으로 진행되는 투쟁이 아니라 특정 시기에 날카롭게 진행되었다가 다시금 둘이 새롭게 통합되는 확산의 특성을 갖는다. 과거는 두 얼굴을 뜻하는 야누스에 어원을 둔 시작의 시점(January, 정월)을 통과하며 현재와 관계를 맺는다. 과거는 현재를 구속하여 운신의 폭을 좁히기도 하지만, 현재는 과거에 의존하지 않고 한 걸음도 나아가기가 어렵다. 앞의 경우 과거는 현재에 의해 타도와 개혁의 대상이 되고 뒤의 경우 과거는 현재의 자원과 기원이 된다. 한국에서는 한 가지의 특성만이 소리 높여 제창되는 바람이 과거와 현재의 대립이 지나치게 실체화되었다.

◎ 위 글을 읽고 "미래의 근원으로서의 과거와 현재의 질곡으로서의 과거가 어떻게 구분되는가?"를 생각해보자.

02-12 [028]

공 선생님이 들려주었다. "모범이 되는 자는 밥그릇과 같은 인물이 아니거늘."

子曰: "君子不器."
자왈: "군자불기."

● 사람의 역량을 저울로 정확하게 잴 수 있을까, 없을까?

상황

94

걸림돌 ── ◉ 그릇은 비유적인 의미로 쓰이는데, 특정한 용도로 쓰이는 물건을 가리킨다. 공 선생이 생각하기에 군자는 공동체의 전체적인 틀을 짜고 보편적인 기준을 제시하는 인물이므로 전문 분야의 능력이나 식견으로 한정지을 수 없다(05.04[096] '호련(예기) 비유' 참조). 우리가 사람을 평가하면서 그릇이 작다거나 크다는 말을 하는데, 그 출처가 바로 이 장이다. 이런 점 때문에『논어』가 동아시아 사회 문화의 근원으로 불리는 것이다.

02-13 [029]

자공이 자율적 인간의 길을 물었다. 공 선생님이 일러주었다. "누구보다 앞서 실행하라! 그런 다음에 자신의 말(약속)이 뒤따른다."

子貢問君子. 子曰 : "先行! 其言而後從之."
자공문군자. 자왈 : "선행! 기언이후종지."

상황 ── ◉ 말하기는 쉽고 행하기는 어렵다. 어려운 걸 먼저 하고 쉬운 걸 뒤에 하면, 언행일치가 될 것이다.

디딤돌 ── ◉ 여기서 말은 약속이나 주장 등에 해당된다. 우리는 흔히 담배를 끊겠다고 말을 해놓고도 계속 피우는 사람을 본다. 다음에 또 금연한다고 하면 먼저 끊고 나서 말하라며 타박을 준다. 이처럼 "……가 되겠다!", "……을 해야지!"라고 다짐하는 경우 ……을 위해 실제로 나아가고 상당한 실효가 나타난 뒤에 말해도 늦지 않다. 말만 하고 지키지 못해 주위 사람들에게 믿지 못할 사람으로 알려지는 것과 다르다.

또 말은 요구나 주장에도 해당된다. "……을 해달라!"고 하면서 자신은 그것에 상응하는 일을 하지 않을 수 있다. 이럴 때 우리는 "하라는 ……는 안 하고 해달라는 것은 많다"며 입방아 찧는다. 마찬가지로 이 사람은 불평분자가 될 수 있다.

02-14 [030]

공 선생님이 들려주었다. "자율적 인간은 보편의 관점에 서지 당파성을 지니지 않는다. 작은 사람들은 당파성을 지니지 보편의 관점에 서지 않는다."

子曰: "君子周而不比, 小人比而不周."
자왈: "군자주이불비, 소인 비이부주."

상황 ─● 사람은 저마다 다르기도 하지만 종합해보면 몇몇 유형으로 나눌 수 있다.

디딤돌 ─● 우리는 주위의 교제하는 사람들을, 이기성과 이타성을 기준으로 분류하곤 한다. 어린이는 자신에게 호의적인 사람과 적대적인 사람으로 나눈다. 군자와 소인은 공자 학파에서 사람을 나누는 대표적인 유형화이다.

군자와 소인은 나 또는 나의 집단을 위해서 판단하고 행동하느냐 아니면 전체를 위해서 판단하고 행동하느냐를 두고 나뉜다. 또 군자와 소인은 판단과 행위에서 이익을 반드시 집어넣느냐 아니면 이익으로부터 자유로운가에 따라 나뉜다.

이 분류는 경우에 따라 두 가지 어감을 전달한다. 하나는 관찰자의 시점으로 주위의 인간을 객관적으로 분류하는 것이다. 다른 하나는 가치 평가의 입장(인격)에서 우열을 나누고 군자로의 상승을 촉구하는 것이다. 같은 용어라고 해도 전자는 사회학의 용어에 해당되고 후자는 도덕 철학의 용어에 해당된다. 물론 두 가지가 확연하게 나뉘어 모두에게 분명히 적용되는 경우란 드물다.

02-15 [031]

공 선생님이 일러주었다. "배우기만(본받기만) 하고 스스로 생각하지 않으면 얻는 게 없다. 반면 스스로 생각하기만 하고 배우지 않으면 극단적으로 된다."

子曰 : "學而不思則罔, 思而不學則殆."
자왈 : "학이불사즉망, 사이불학즉태."

상황 ― ◉ 공 선생의 경우 학學과 사思의 문제는 닭과 달걀처럼 선후의 문제가 아니라 유기적인 결합의 문제이다. 이 말은 칸트의 "내용 없는 사상은 공허하고 개념 없는 직관은 맹목이다"에 비견되어 널리 쓰인다. 자신이 어느 상태에 있는지 자가 진단을 해보면 좋겠다.

디딤돌 ― ◉ 학과 사를 오늘날 어떤 용어로 바꾸어 이해하느냐에 따라 이 구절은 달리 풀이될 수 있다. 감성과 이성의 인식으로 보자. 우리가 감각으로 이러저러한 것들을 보고 들어 의식에 주워 담는다고 해서 무엇을 제대로 알았다고 할 수 없다. 이러저러한 것들을 이리저리 나누고 붙이는 틀 속에 넣어야 비로소 문장이 만들어지고 판단이 생긴다. 반대로 공상만 한다고 해서 우리가 몸으로 살아가는 세계를 이해할 수는 없다. 따라서 이 말은 감성 인식과 이성 인식의 결합을 말하는 것으로 읽힐 수 있다.

또 모방과 창조적 사고로 읽어낼 수 있다. 뭔가를 처음 배울 때는 선생님이 일러주는 대로 따라서 한다. 그러나 일정한 기본기를 완전히 익히고 난 뒤에는 모방이 한계를 드러낸다. 혼자 알아서 상황에 맞는 제 역할을 찾아 움직여야 한다. 예컨대 축구 선수가 운동장에서 공을 따라 뛰지 않고 벤치를 쳐다보며 감독의 지시만 기다린다면 어떻게 될까? 15.31[426] '사보다는 학'을 참조하라.

02-16 [032]

공 선생님이 일러주었다. "색다른 길을 갈고닦다 보면, 참으로 가야 할 길에 지장이 생길 뿐이다."

子曰:"攻乎異端, 斯害也已."
자왈 : "공호이단, 사해야이."

상황
● 익숙한 길과 색다른 길을 선택하라면, 공 선생은 앞의 길을 권한다. 공 선생과 다른 선택도 가능하리라. 또 두 갈래의 길이 선택이 아니라 종합의 방법도 있다. 19.04[492]에 나오는 '소도小道' 이야기를 비교하면 좋겠다.

걸림돌
● 공攻과 이已의 뜻을 어떻게 보느냐에 따라 원문 번역이 달라진다. '공'을 닦다, 연마하다가 아니라 치다, 공격하다로 풀이하고 '이'를 어조사가 아니라 그치다, 그만두다로 풀이할 수 있다. 그렇게 하면 이 장

은 "달라서 위험한 노선을 공격하면, 사회적 혼란이 그치게 된다"로 해석된다. 문법적으로 얼마든지 가능한 해석이다.

하지만 공 선생 시절의 '이단異端'은 한 제국 이후의 학술 상황이나 현대의 자유로운 학문 풍토와 비교해서 실체를 가지기 어렵다. 예컨대 이 이단은 유가와 다른 도가나 법가를 가리킬 수 없다. 다만 이 이단은 전통적으로 옳다는 것을 비딱하게 보고 태업을 일삼거나 다른 길을 모색하는 정도로 수위를 낮출 수밖에 없다. 그 결과 다른 곳을 기웃거리면 사회질서의 문제로까지 비화된다는 뜻이 아니라 개인적인 진로에 장애가 생긴다는 정도로 의미를 한정해야 할 듯하다.

02-17 [033]

공 선생님이 말을 건넸다. "자로야, 내가 너에게 (무엇을) 안다는 것을 가르쳐줄까! 무언가를 제대로 아는 것은 아는 것이고, 제대로 알지 못하는 것은 모르는 것이다. 이것이 자기 자신에 대한 앎이다."

子曰 : "由, 誨女知之乎! 知之爲知之, 不知爲不知, 是知也."
자왈 : "유, 회녀 지지호! 지지위지지, 부지위부지, 시지야."

상황 ● 앎 자체의 정의가 아니라 앎과 모름에 대한 태도를 말하고 있다. 자신의 무지를 숨기지 않고 그대로 맞서는 것이야말로 자신을 아는 첫걸음이다. 12.22[316]에서는 앎을 '지인知人'이란 맥락으로 풀이하고 있다.

걸림돌 ● '위爲'는 여기서 '이다'로 풀이됐다. 이 위를 말하다, 일컫는다는 謂로 본다면 이 구절은 "아는 것을 안다고 말하고 모르는 것을 모른다고 하는 것, 바로 이것을 제대로 아는 것이다"로 풀이될 수 있다.

● 학문적 배움을 자극하는 원천은 두 가지이다. 하나는 호기심이다. 이것은 알지 않고서는 그냥 넘어가지 못하고 꼭 알아야만 직성이 풀리는 성질을 가리킨다. 이 힘이 강렬할수록 혼자 해결하기 위해 책을 뒤지거나 도서관을 찾는다. 그래도 안 되면 알 만한 사람을 찾아가 끈덕지게 물고 늘어진다. 알게 되는 것 자체가 즐거움이지 다른 계산이 끼어들 여지가 없다. 다른 하나는 무지의 자각이다. 자신이 다 알고 있다고 생각하면 굳이 알려고 하지 않는다. 자신이 무지하다는 사실을 철저하고 뼈저리게 느끼면 앎을 향한 시동을 걸게 된다. 물론 이외에도 과시하기 위해서, 앞에 있는 문제를 풀기 위해서, 돈을 벌기 위해서, 승진하기 위해서, 시험에서 좋은 점수를 받기 위해서 알고자 할 수 있다. 이것은 학문적 앎이 아니라 생계와 사회적 삶을 위한 앎이다.

02-18 [034]

자장이 공 선생님에게 관직 생활을 하는 자세를 배우고 있었다.

　공 선생님이 일러주었다. "먼저 여러 소리를 들어보고서, 그중에서 미심쩍은 것은 옆에 제쳐두고 그 나머지를 아주 조심스레 말(주장)하라. 그렇게 하면 잘못을 덜 하리라. 여러 가지를 찾아보고서, 그중에서 문제가 될 만한 것은 옆에 제쳐두고 그 나머지를 매우 조심스레 실행하라. 그렇게 하면 뉘우치는 일을 덜 하리라. 말에서 잘못을 덜 하고 실행에서 뉘우치기를 덜하면 안정된 관직 생활이 그 가운데에 자리 잡게 될 것이다."

子張學干祿. 子曰: "多聞闕疑, 愼言其餘, 則寡尤. 多見闕殆, 愼行其餘, 則寡悔. 言寡尤,
자장학간록. 자왈: "다문궐의, 신언기여, 즉과우. 다견궐태, 신행기여, 즉과회. 언과우,

行寡悔, 祿在其中矣."
행과회, 녹재기중의."

상황
● 확실하지 않으면 말을 그치는 사람이 있는가 하면 말부터 하는 사람도 있다. 우리가 '……이다'와 '……하더라'만 구별해서 말하면, 많은 갈등과 오해를 줄일 수 있다.

디딤돌
● '다문궐의多聞闕疑'와 '다견궐태多見闕殆'는 앞으로 자주 쓰였으면 하는 구문이다. 한국에는 먼저 말하고 나서 근거를 찾거나 혐의와 의혹의 이름으로 개인의 명예를 먹칠해놓은 후에야 사과하고 어물쩍 넘어가는 이상한 풍토가 있다. 특히 확인되지 않는 사실에 대한 기자들의 추측성 보도, 개인과 주위의 일을 전체의 관점인 양 확대 해석하는 배운 분들의 글쓰기가 문제이다. 누가 뭐라고 하면 "근거가 있습니까?", "지금 말

하는 것이 확실한 것입니까?", "당신의 말에 책임질 수 있습니까?", "○○에 두고 맹세할 수 있습니까?" 등을 당당히 묻는 연습을 하자. 섣불리 한 말이 사람을 죽음으로 내몰거나 한 사람의 고귀한 인격을 짓밟을 수도 있다.

02-19 [035]

애공이 공 선생님에게 물었다. "어떻게 하면 백성들이 나의 정책에 복종할까요?"

공 선생님이 물음을 받고서 대꾸했다. "올곧은 인물을 뽑아서 굽은(휘둘리는) 사람 위에 두면 백성들이 당신에게 순종하겠지만, 굽은 사람을 뽑아서 올곧은 사람 위에 두면 백성들이 순종하지 않을 것입니다."

哀公問曰："何爲則民服?" 孔子對曰："擧直錯諸枉, 則民服. 擧枉錯諸直, 則民不服."
애공문왈 : "하위 즉민복?" 공자대왈 : "거직 조저왕, 즉민복. 거왕조저직, 즉민불복."

상황 ● 정부와 백성 사이의 정책 신뢰나 의사소통의 문제를 다루고 있다. 신뢰를 잃은 사람과 과거의 비리를 뉘우치지 않은 사람이 무슨 말을 하더라도, 듣는 사람은 곧이곧대로 받아들이기 힘들 것이다. 12.22[316]의 내용과 중복된다.

징검돌 ● 1) '공자대왈'은 애공과 공 선생 사이의 신분을 고려한 언어 배치이다. 제자들이나 당시 사람들과의 문답에서는 자왈子曰로 표현한다. 또 공 선생은 자신을 '구丘'로 나타내기도 한다. 이것은 신분 관계를 고려하거나 맹세하는 경우에 그렇게 한다. 맹세의 경우 자신이 하늘이나 조상신 등 신적 존재와 대면하는 상황이므로 평소에 꺼리는 이름을 드러낸다.

2) 錯은 보통 어긋나다, 틀리다, 섞이다 등으로 쓰일 때 '착'으로 읽는다. 여기서는 착을 내쫓다, 추방하다로 해석하기도 하고 두다, 놓다로 해석하기도 한다. 후자로 해석할 때는 '조'로 읽는다. 공 선생은 국가 질서의 전복, 사회 규범의 도전과 같은 극단적인 경우가 아니면 사람의 변화에 대한 가능성을 강조한다.

3) 諸는 여기서 '지어之於'를 합친 기능을 하므로 '제'로 읽지 않고 '저'로 읽는다.

02-20 [036]

계강자가 공 선생님에게 물었다. "인민들로 하여금 공경하고 충실하고 부지런하게 만들려면 어떻게 해야 할까요?"

공 선생님이 대꾸했다. "당신이 엄숙한 자세로 자리를 지키면 그들이 당신을 공경할 것이고, 당신이 앞서서 부모에게 효도하고 손길이 필요한 곳에 자비를 베풀면 그들이 충실해질 것이고, 당신이 나은 인물을 뽑아 쓰고 무능력한 사람을 지속적으로 다시 가르치면 그들이 부지런해질 것입니다."

季康子問, "使民敬忠以勸, 如之何?" 子曰 : "臨之以莊則敬, 孝慈則忠, 擧善而教不能則勸."
계강자문, "사민경충이권, 여지하?" 자왈 : "임지이장즉경, 효자즉충, 거선이교불능즉권."

● 지도자의 착각 중의 하나가 자신은 잘하고 있는데 사람들이 잘 따라

주지 않는다는 것이다. 자기는 변하지 않고 사람을 변화시키려고 한다면, 그 시도는 반응을 얻을 수 있을까?

걸림돌

◉ 계강자는 제후를 대신해서 노나라의 과두정치를 일삼던 집단의 사람이다.

02-21 [037]

정체불명의 사람이 공 선생님에게 속마음을 떠보았다. "당신은 [늘 세상을 바로잡아야 한다고 말하면서] 어찌하여 정치에 참여하지 않습니까?"

공 선생님이 [대수롭지 않다는 듯이] 변명했다. "『정부 공문서[서경]』에서 일러준다. '효도를 하라, 효도를 하라! 부모에게 효도하고 형제끼리 우애하라. 그러면 정치 영역으로 퍼져 나가리라.' 이러한 생활도 정치 활동이거늘 어찌 관직 임용만이 정치 참여라고 말하겠는가?"

或謂孔子曰:"子奚不爲政?"子曰:"書云, '孝乎惟孝, 友于兄弟, 施於有政.' 是亦爲政,
혹위공자왈 : "자해 불위정?" 자왈 : "서운, '효호유효, 우우형제, 시어유정.' 시역위정,

奚其爲爲政?"
해기위위정?"

상황

◉ 세상을 아름답고 살맛 나게 바꾸는 데에는 빠른 길도 있고 느리지만 확실한 길도 있다.

01.06[006] '일상의 충실'과 19.13[501] '학문과 정치의 연계'를 참조하라.

걸림돌
● 공 선생의 대답에는 궁색한 변명의 느낌도 있고 적실한 발견의 측면도 있다. 공 선생은 조국 노나라만이 아니라 외국을 찾아가서 정치할 기회를 얻으려고 했다. 이 사실을 잘 아는 사람이 집에 가만히 있는 공 선생을 이상하게 여기고 질문한 것이다. 이제 현실 참여의 기회를 찾던 과거에 대해 뭐라고 해명하지 않으니, 이 대답은 궁색하게 느껴질 수밖에 없다. 이와 달리 정치에서 하고자 하는 것과 지금 일상생활에서 하고 있는 것과의 유사성을 강조한 것으로 이해할 수도 있다. 한 걸음 한 걸음 앞으로 나아가서 다시는 뒤로 돌아설 수 없게끔 주위를 좋은 쪽으로 변화시키는 것도 정치인 것이다.

디딤돌
● 요즘 생활 정치라는 말이 있다. 이 말은 서민들이 생활에서 겪는 문제를 해결하는 데 초점을 두는 것을 말한다. 예를 들어 출산율 저하는 정부의 중요한 고민 중 하나이다. 한국의 열악한 육아 환경은 출산을 꺼리는 이유가 된다. 그런데도 직장(기업, 학교) 내 탁아 시설의 설치 등 문제를 풀 수 있는 실질적 방안이 현실화되지 않는다면 출산율은 높아지지 않을 것이다. 이런 문제를 푸는 것도 정치이다. 정치를 권력의 획득이란 관점에서 보지 않고 사람의 문제를 해결하는 관점에서 보자. 전자는 편이 갈리고 대립이 있을 수밖에 없어 정치를 혐오하는 사람이 생긴다. 하지만 후자는 모두의 문제이므로 정치를 특정한 사람에게 맡겨둘 것이 아니라 모두가 정치인이 되어야 하는 것이다. 후자로서 정치의 부활에 대해 진지하게 검토해볼 일이다.

02-22 [038]

공 선생님이 들려주었다. "사람인데도 믿음성(신뢰)이 없으면, 앞으로 무엇이 될지 모르겠다. 예를 들자면 소가 끄는 큰 수레에 끌채가 없고, 말이 끄는 작은 수레에 끌채 고리가 없다면 어떻게 굴러갈 수 있겠는가?"

子曰: "人而無信, 不知其可也. 大車無輗, 小車無軏, 其何以行之哉?"
자왈: "인이무신, 부지기가야. 대거무예, 소거무월, 기하이행지재?"

상황 ─● 사랑은 사랑하는 사람끼리 이어주지만 신뢰는 사랑하지 않은 사람까지도 묶어줄 수 있다. 사람이 서로 어울려서 지낼 수 있는 끈은 무엇일까? 12.07[301] '최후의 보루로서 신뢰'를 참조하라.

걸림돌 ─● '인이무신人而無信'은 공 선생의 언어학적 재능이 드러나는 구문이다. 우리도 누군가가 당연히 무엇을 하리라 기대했다가 그 기대가 무참하게 무너질 때 "너마저 그럴 수 있나?"라고 말한다. 공 선생도 그런 체험을 한 듯하다. 사람이면 당연히 이러리라 예상하는데 정반대를 목격할 때 그는 "人而無(不)……" 구문을 쓴다. 이를 통해서 "사람이면서 도대체 어떻게 그럴 수 있느냐?"는 어감을 전달하고자 했다. 공 선생은 그만큼 실망과 절망이 깊었던 모양이다. 그 덕택에 그이는 '……이면서' 구문의 창시자가 되긴 했지만. 이 표현의 간명함과 깊은 함축적인 울림을 장 선생(장자, 장주)도 차용했다. 『장자』「덕충부德充符」에 '인이무정人而無情'이 나오는데 그것은 "사람이면서 감정의 편향이 없다니"라는 뜻이다.

디딤돌
● 공 선생은 비유를 아주 적절하게 잘 사용한다. 인간관계에서 믿음이 차지하는 가치를 역설하기 위해 논증의 방법을 선택하지 않는다. 수레를 끌어들인다. 말과 마차가 이어져서 수레가 되는데, 둘을 이어주는 장치가 없으면 제아무리 뛰어난 마부라도 수레를 몰 수 없다. 사람과 사람 사이에도 믿음이 없으면 뿔뿔이 흩어질 뿐 모여 살 수 없다. 나를 해칠지 모르는 사람과 어떻게 함께 살 수 있겠는가?

02-23 [039]

자장이 물었다. "열 세대 뒤가 어떻게 될지 알 수 있는지요?"

공 선생님이 [당연하다는 듯이] 들려주었다. "은나라는 [기본적으로] 이전의 하나라의 문물제도(문명)를 이어받았으니 [비교해보면] 덜어내고 덧보탠 부분을 알 수 있다. [또] 주나라는 이전의 은나라 문물제도(문명)를 이어받았으니 [비교해보면] 덜어내고 덧보탠 부분을 알 수 있다. [마찬가지로] 주나라를 이어받은 나라가 있다면 [덜고 더한 것을 통해] 100세대가 지난 뒤라도 얼마든지 알아낼 수 있다."

子張問十世可知也. 子曰: "殷因於夏禮, 所損益, 可知也, 周因於殷禮, 所損益, 可知也. 其
자장 문십세가지야. 자왈 "은인어하례, 소손익, 가지야, 주인어은례, 소손익, 가지야. 기
或繼周者, 雖百世, 可知也."
혹계주자, 수백세, 가지야."

상황
● 미래는 사람의 호기심을 자극한다. 당신의 1초 뒤, 10일 뒤, 1년 뒤를 알려주겠다고 하면 그냥 지나갈 사람이 얼마나 될까! 특히 미래를 보고 투기를 했거나 결과를 기다리는 자에게 '미리 알려주겠다'는 말은 이성의 통제를 훌훌 벗어나 다른 영역으로 넘어가게 한다. 또 개인이

아니라 나라나 민족의 운명(역사)이 어떻게 될 것인지는 많은 사람들의 관심을 자극하는 일이기도 하다. 그러나 자신 있게 대답을 내놓기는 어려운 일이다. 공 선생의 역사관을 엿볼 수 있는 구절로 유명하다.

● 공 선생의 말 중에서 'ㄱ인因ㄴ' 형식과 '손익損益' 개념은 새겨볼 만하다. 전자를 통해서 공 선생은 왕조와 왕조 사이, 특정한 역사 시기와 시기 사이를 단절로 보지 않는다는 것을 알 수 있다. 그이는 왕조의 교체가 어떤 식으로 일어나든, 새 왕조는 전 왕조의 제도를 바탕으로 삼으므로 과거와 완전히 다른 세계의 도래를 예상하지 못했다. 또한 후자를 통해서 공 선생은 제도의 원형을 한 자도 바꾸지 않고 보존하자는 쪽이 아니라 상황의 전개에 따라 뺄 건 빼고 더할 건 더하는 변화를 용인한다는 것을 알 수 있다. 이를 보면 역사에는 변할 수 없는 본질(문명)이 살아 숨 쉬고 있지만, 그 본질이 현실과 교차할 때 사람은 재해석(이성)의 재량권을 행사하며 변화를 모색할 수 있는 것이다. 03.09[049] '자료 중시의 태도'와 09.03[213] '재해석'을 참조하라.

깊이 읽기

역사의 반복과 창조

"헤겔은 어디에선가, 모든 세계사적인 대사건이나 인물들은 말하자면 두 번 나타난다고 말했다. 그러나 그이는 다음과 같이 덧붙이는 것을 잊었다. 한 번은 비극으로, 다른 한 번은 소극笑劇으로…….

　인간은 자기 자신의 역사를 창조한다. 그러나 자기 마음대로, 즉 자신이 선택한 상황하에서 만드는 것이 아니라 이미 존재하는, 주어진, 물려받은 상황하에서 만든다. 모든 죽은 세대들의 전통은 마치 꿈속의 악마처럼, 살아 있는 세대의 머리를 악몽처럼 짓누른다. 그리고 살아 있는 세대들이 자기 자신과 주위의 사물들을 변혁시키고 지금까지 존재한 적이 없는 무언가를 만들어내는 데 몰두하고 있는 것처럼 보이는 바로 그때, 바로 이러한 혁명적 위기의 시기에, 그들은 노심초사하며 과거의 망령들을 주문으로 열심히 불러내어 자기들에게 봉사하게 하고, 그들에게서 이름과 전투 구호 및 의상들을 빌린다. 그러고는 이처럼 유서 깊은 분장과 차용한 대사로 세계사의 새로운 장면을 연출한다. 그리하여 루터는 사도 바울로 분장하였으며, 1789~1814년 혁명들은 각각 로마 공화제와 로마제정의 장식을 번갈아가며 몸에 걸쳤다. 그리고 1848년의 혁명은 때로는 1789년의 혁명 전통을 모방했고, 때로는 1793~1795년의 혁명 전통을 흉내 내는 것 이상을 할 줄 몰랐다. 이렇듯, 새로운 언어를 배운 초보자는 이 새로운 언어를 항상 자신의 모국어로 다시 옮긴다. 그러나 모국어를 상기하지 않고 이 새로운 언어를 사용할 때에만, 이 새 언어를 사용하면서 자신의 본연의 언어를 망각할 때에만, 이 초보자는 이 언어의 정신을 자기 것으로 할 수 있으며 그 언어를 자유자재로 구사할 수 있다."

── 칼 맑스, 「루이 보나빠르뜨의 브뤼메르 18일」, 박종철출판사 편집부 엮음, 김세균 감수, 『칼 맑스·프리드리히 엥겔스 저작 선집 2』(박종철출판사, 1997), 287~288쪽.

◎ 위 글을 읽고 "역사는 늘 반복되는가 아니면 새로운 것인가?"에 대해 생각해보고 글을 써보자.

02-24 [040]

공자가 들려주었다. "모셔야 할 자기 고유의 귀신이 아닌데도 제사를 드린다면, (바라는 게 있어서 하는) 아첨이다. 본분의 소재를 뻔히 알면서도 행동하지 않는다면, 용기가 없는 것이다.

子曰: "非其鬼而祭之, 諂也. 見義不爲, 無勇也."
자왈: "비기귀이제지, 첨야. 견의불위, 무용야."

상황
◉ 급하면 부처님, 예수님, 공자님 심지어 무함마드까지 찾는다. 약해지면 하면 좋겠지만 하지 못할 이유가 갑자기 많아진다. 인간이라면 누구나 내보일 수 있는 수치스러운 한 장면이다. 이런 모습을 보이지 않는다면, 그 사람의 삶은 숭고하리라.

디딤돌
◉ 1) 신을 믿는 것과 신들에게 아첨하는 것은 다르다. 믿는 것은 자신의 전부를 절대자에게 내맡기는 것이지만 아첨하는 것은 필요할 때 약한 모습을 보이다가 상황이 호전되면 언제 그랬냐는 듯이 빌었던 대상을 잊어버리는 것이다.

2) 용기만큼 어려운 것이 없다. 첫째, 용기는 사촌이 많지만 다 사이비이기 때문이다. 예컨대 우쭐거림, 거들먹거림, 젠체함 등이 모두 보통 사람이 많이 하는 짓이지만 용기는 아니다. 둘째, 용기는 머리로 이해하면 다 되는 것이 아니라 현장에서 발휘되어야 하기 때문이다. 사전적으로 용기는 씩씩하고 굳센 기운 또는 사물을 겁내지 아니하는 기개라는 뜻이다. 정작 이런 의미가 중요한 게 아니라 용기를 발휘해야 할 현장에서 떨리는 신체, 순간적으로 바뀌는 감정, 불안한 미래 등을 모두 넘어서야 하고 때로는 자신의 희생이 따르기도 하고 참혹한 장면을 지켜보면서도 묵묵히 나아가야 하기 때문이다.

3 篇

전통 의식의 편
예술의 편

● 전통 의식의 편
● 예술의 편

　제3편은 보통 '팔일'로 불린다. 이 편은 "공자위계씨, 팔일무어정孔子謂季氏, 八佾舞於庭"으로 시작한다. '공자'를 빼면 '계씨'를 제목으로 뽑을 수 있다. 그랬다면 이 편은 제16편과 제목이 같아진다. 어찌 된 사연인지 몰라도 '계씨'는 제16편의 제목이 되고 이 편은 그다음의 단어 '팔일'이 제목으로 선택되었다. 한 가지 궁색한 변명이 있다. 양梁나라의 유학자로 일찍이 『논어』에 주석을 달았던 황간皇侃(488~545)은 계씨를 제목으로 달지 않는 것은 그이가 한 짓이 얼마나 나쁜지를 호되게 질책하기 위해서라고 한다. 그렇다면 제16편 '계씨장벌전유季氏將伐顓臾'의 경우 계씨가 전유를 침략하는 것도 커다란 범죄이므로 제목이 '전유'가 되어야 한다. 그런데 '계씨'가 제목이 되었다. 이것을 황간은 설명해낼 수 없으니 그냥 넘어갈 수밖에 없다. 왜 '팔일무'가 아니고 '팔일'이 되었을까? 물어봄 직한 질문이지만 누구한테도 답변을 들을 수 없으니 각자의 상상에 맡겨야겠다.

　이 편은 모두 26장으로 되어 있다. 이 중에서 례禮와 관한 내용이 많다. 먼저 례는 3, 4, 8, 9, 15, 17, 18, 19, 22, 26장 등 모두 열 곳에서 다루고 있다. 또 직접적으로 '례'라는 글자가 없더라도 례를 다루는 곳이 있다. 예컨대 2, 6, 10, 11,

12, 13장 여섯 곳에서는 제사를 다루고 있다. 이렇게 보면 이 편은 례와 관련된 내용이 상당히 많은 셈이다. 이런 점에서 나는 이 편을 〈전통 의식의 편〉으로 명명하고자 한다.

그리고 공 선생이 음악-무용에 대한 관심과 조예를 엿볼 수 있는 곳이 많다. 예컨대 1, 2, 3, 20, 23, 25장 등 여섯 장에 걸쳐 음악-무용을 언급하고 있다. 사실 당시의 악樂은 오늘날로 치자면 음악, 무용, 시가 등이 결합된 악극에 해당한다. 이런 점에서 나는 이 편을 〈예술의 편〉으로 명명하고자 한다.

03-01 [041]

공 선생님이 계씨를 두고 한마디 했다. "8명씩 8줄, 즉 64명이 자기 사당의 뜰에서 춤을 추게 하다니. 이런 짓을 참고 넘긴다면, 앞으로 무슨 일인들 그냥 참고 넘기지 못하겠는가?"

孔子謂季氏, "八佾舞於庭, 是可忍也, 孰不可忍也?"
공자위계씨, "팔일 무어정, 시가인야, 숙불가인야?"

<u>상황</u>
● 지켜야 할 것이 아무런 제지 없이 무시되는 것을 바라보는 자의 슬픔을 생각해보자.

<u>걸림돌</u>
● 1) 일佾은 춤의 줄을 가리킨다. 팔일무는 무용수가 여덟 줄로 이루어 추는 춤을 가리킨다. 이 팔일무는 천자가 주재하는 행사에서만 거행되는 춤이었다. 원래 제후는 육일무를, 대부는 사일무를 공연하게 할 수 있었다. 노나라는 주공이 주나라의 안정에 기여한 공로로 팔일무를 공연할 수 있는 예외적 특권을 가지고 있었다. 이 특권을 대부인 계씨가 아무런 허가도 없이 공연한 것이다. 성균관대에서 봄과 가을에 석전釋奠 의식을 치를 때 팔일무를 공연하므로 오늘날 그 춤의 정체를 확인할 수 있다.

2) 신분 사회였던 고대에는 계급마다 각 분야에서 누릴 수 있는 특권이 달랐다. 그 규정을 위반하는 것은 사회질서의 뿌리를 뒤흔드는 일이었다. 이런 일이 제지나 처벌을 받지 않고 버젓이 실행되었으므로 공 선생이 탄식하고 있다.

<u>디딤돌</u>
● 전통 시대에는 민간 예술이 자생적인 공간을 가지고 있었지만 국가

가 예술의 가장 강력한 후원자였다. 18.09[486]에는 노나라 국정의 혼
란으로 악사들이 각자 살 길을 도모하기 위해 흩어졌던 일을 기록하고
있다. 이를 통해서 왕실 또는 공실의 음악이 민간으로 흘러나오고 예술
의 교류가 일어나게 된다. 질서라는 측면에서 보면 파괴지만, 교류라는
측면에서 보면 확대라고 할 수 있다. 오늘날의 국립국악원의 각종 공연
은 대부분 왕실의 연회나 제사 등에 공연되었던 예술이다. 왕조의 몰락
으로 일반 시민이 왕실의 전용 예술을 공개적으로 보게 된 것이다. 그
렇지만 무너지는 시대를 일으켜 세우려고 했던 공 선생의 아픔은 그런
문맥에서 이해할 만하다.

◎ 전통 시대의 예술과 현대 예술의 상호 침투에 대해서는 한명희 · 송혜진 · 윤중강, 『우리
국악 100년』(현암사, 2005); 이강숙 · 김춘미 · 민경찬, 『우리 양악 100년』(현암사,
2005); 김경애 · 김채현 · 이종호, 『우리 무용 100년』(현암사, 2005)을 읽어보라.

03-02 [042]

노나라의 힘쓰는 세 대부 집안이 [자신의 조상에게 제사를 드리며 하늘의 아
들이 사용할 수 있는] 『고대 시가집[시경]』의 「부드럽게[雍]」를 연주하면
서 제사상의 음식을 거두고 치웠다. 공 선생님이 한마디 했다. "[「부
드럽게」의 시에서 읊고 있다.] '제사를 돕는 이는 제후들이고 하늘의 아들
은 위엄스레 [제사를 주관하네.]' 이 가사가 도대체 어떻게 세 대부들의
사당에서 쓰일 수 있는가?"

三家者以雍徹. 子曰: "'相維辟公, 天子穆穆', 奚取於三家之堂?"
삼가자이옹철. 자왈: "'상유벽공, 천자목목', 해취어삼가지당?"

상황 ─◉ 어울리지 않은 짓을 하고도 뭐가 뭔지를 모르는 상황을 목격했다고 상상해보라. 실수나 풍자가 아니라 질서의 모독이라면 지키고자 하는 자의 슬픔이 전해질 것이다.

걸림돌 ─◉ 1) 「노나라의 종묘 제사의 가사」 「부드럽게」는 제사와 관련되므로 찬미와 질서 그리고 감사가 주조를 이룬다. 당시 제사를 지내고 제상을 물릴 때에도 신분마다 다른 노래(음악)를 사용했다. 삼가는 대부 신분으로 천자의 음악을 공연했던 것이다. 이 시는 현재 전해지고 있으므로 소개되지 않는 나머지는 김학주가 옮긴 『시경』, 510쪽을 보라.

   2) 여기서도 삼가는 제후를 대신해서 노나라의 실질적 지배자로 행세하고 있다는 것을 알 수 있다. 삼가에 대해서는 16.01[438]과 16.03[440]의 원문과 풀이를 참조하라.

03-03　[043]

공 선생님이 일러주었다. "사람인데도 사람답지(사람으로 동화되지) 않다면 전통 의식이 무슨 소용이 있겠는가? 사람인데도 동화되지 않는다면 예술(음악)이 무슨 소용이 있겠는가?"

子曰: "人而不仁, 如禮何? 人而不仁, 如樂何?"
자왈: "인이 불인, 여례 하? 인이 불인, 여악 하?"

상황 ─◉ 기본이 되어 있지 않은 사람은 늘 불안하다. 사랑이 없는 정의는 가혹하고, 신뢰가 없는 경쟁은 잔인하다.

디딤돌
● 내용과 형식은 공자 학파에서 가장 집중적으로 논의되는 주제 중의 하나이다. 이 주제는 질과 문으로 탐구되기도 하고 인과 례의 언어로 거론되기도 한다. 여기서 주의해야 할 점은 내용과 형식을 양자택일식으로, 어느 것이 더 중요한가의 문제로 읽지 말라는 것이다. 그러한 사유 방식은 현대인에게는 익숙할지 몰라도 공 선생에게는 낯설고 이해하기 어렵다. 그이는 두 가지의 이상적 조합 내지 배합을 강조하고 회복해야 하는 상태로 보지 어느 하나가 지배적으로 되는 것을 주장하지 않는다. 이런 점은 06.18[139]에서 여실히 드러난다.

03-04 [044]

림방이 [공 선생님에게] 전통 의식의 본바탕을 물었다. 공 선생님이 [만족해하면서] 일러주었다. "중요한 질문을 하는구나! 전통 의식은 호화니 사치를 부리기보다는 차라리 꾸밈없이 수수한 것이 낫다. 상사喪事는 매끈하게 진행하기보다는 차라리 참으로 슬퍼해야 한다."

林放問禮之本. 子曰: "大哉問! 禮, 與其奢也寧儉, 喪, 與其易也寧戚."
림방문례 지본. 자왈: "대재 문! 례, 여기 사야녕검, 상, 여기 이야녕척."

상황
● 갖출 것(사랑)은 갖추지 않고 온통 불필요한 것(혼수)으로 화제를 삼으면서 혼례를 잘 치렀다고 할 수 있을까? 속빈 강정, 빛 좋은 개살구란 말이 떠오른다.

걸림돌
● 1) 림방林放은 노나라 출신으로 공 선생과 한 번씩 생각을 주고받는 인물로 추정된다.

2) '여기與其ㄱ 녕寧ㄴ'은 "ㄱ이라기보다 차라리 ㄴ이 낫다"는 비교급을 나타내는 구문이다.

디딤돌

● 공 선생은 형식은 번듯하게 갖추었지만 참여자의 태도가 의식과 어울리지 않는 점을 지적하고 있다. 극단적인 예를 들면, 상갓집에 갔더니 고인을 애도하는 분위기는 찾아볼 수 없고 자식들이 재산을 두고 싸움을 하거나 경사라도 난 듯이 덕담을 주고받는 분위기를 생각해볼 수 있다. 상례의 초점이 죽은 자를 추도하는 데에 있지 않고 살아남은 자들끼리 욕망을 실현하고 기분을 푸는 데에 있는 것이다.

03-05 [045]

공 선생님이 일러주었다. "이민족(소수민족)의 국가에서 군주제를 갖추고 있더라도 중원 지역의 국가에서 군주제가 유명무실한 상황보다 못하다."

子曰 : "夷狄之有君, 不如諸夏之亡也."
자왈 : "이적 지유군, 불여 제하지망야."

상황

● 중원 지역의 무질서를 안타까워하면서도 넘볼 수 없는 중원 문화에 대한 자부심을 드러내고 다른 종족에 대한 배타 의식을 표출하고 있다. 중원 지역에 뒤섞여서 존재하거나 중원 지역의 외곽에 존재하던 민족에 대한 언급은 09.14[224]에도 보인다.

깊이 읽기

공 선생도 인종과 문화에 대한 편견이 있었는가?

공 선생은 고대사회의 지성인이지만 시대의 한계에 갇혀서 여성 차별적인 발언이나 인종에 대한 편견을 드러낼 수 있다. 왜 그이는 이러한 편견을 가지게 되었을까? 이에 대해 후대의 주석가들은 공 선생은 례禮의 유무로 중원 민족과 이민족을 구분했다고 본다. 중원 지역은 일시적으로 군주가 없더라도 례라는 문화를 보존하고 있다. 반면에 이민족은 겉으로 보면 그럴듯하게 군주를 가지고 있지만 례와 같은 문화가 없어 실제로 동물적 삶의 양식에 갇혀 있을 뿐이다. 이런 주장을 간명하게 요약하면 "군주가 있더라도 례가 없다면 그것은 례가 있고 군주가 없는 것만 못하다(有君無禮, 不如有禮無君)"로 정리할 수 있다. 이렇게 보면 공 선생도 중원 우월적 관점, 중화사상의 자장에서 한 발자국도 벗어나지 못한 채 그 속에 갇혀 있었다고 할 수 있다.

몇몇 연구자들은 이런 인종주의 색채를 지닌 해석에 못마땅해한다. 달리 해석을 시도하기 위해 그들은 이적夷狄과 제하諸夏가 현실의 종족을 지시하는 것이 아니라 이적과 제하로 상징되는 가치를 가리킨다고 본다. 이적은 동물적 세계를, 제하는 인간적(도덕적) 세계를 가리키는 것이다. 이렇게 되면 공 선생은 인종 자체보다 문화가 초점이 된다. 문화 수준이 낮으면 그럴듯한 제도를 가지고 있더라도 주목할 만한 가치가 없게 된다. 물론 이적과 제하는 고정된 대상을 지시하는 것이 아니고 공동체를 가꾸어가는 실태에 따라 가변적일 수 있다.

이유는 또 있다. 공 선생의 보편적 의도에 호소하는 것이다. "이적 그 자체가 천시의 대상은 아니다. 공 선생이 하물며 무슨 문제가 있는지 명시하지도 않은 채 아무런 까닭도 없이 이적을 배척하겠느냐!(夷狄非其所賤. 況罪累不明, 而無故斥之!)"고 한다. 이런 주장을 한 사람은 정약용(丁若鏞, 1762~1836)이다.

일본의 선승이었던 야마자키 안사이(山崎闇齋, 1618~1682)는 제자들에게 파격적인 질문을 한 적이 있다. "만약 지금 중국이 공자를 대장으로, 맹자를 부장으로 수만 기를 이끌고 우리 일본으로 쳐들어온다면, 우리는 공맹의 도를 배우는 사람으로서 도대체 어떻게 해야 좋다고 생각하느냐?" 제자들이 대답할 말을 못 찾고 안사이의 의견을 물었다. 그이는 대답했다. "만약 불행하게도 이러한 재난이 닥친다면, 우리 무리들은 견고한 갑옷을 입고 날카로운 칼을 손에 들고 공자와 맹자가 이끄는 군대와 싸워서, 두 사람을 사로잡아 일본을 위해 은혜를 갚자. 이것이 곧 공맹의 도의 참뜻이다."〔강창일·하종문,『일본사 101장면』(가람기획, 2003), 247쪽〕

정약용의 해석이 불가능한 것은 아니다. 그러나 숱한 중국의 학자들은 공 선생이 "중원 지역을 존중하고 이민족을 천시한다(重中國, 賤蠻夷)"고 말하는데 정약용이 그것이 틀렸다고 주장하는 내면의 풍경에는 무엇이 있었을까?

◎ 위 글을 읽고 "야마자키 안사이와 정약용의 차이점은 무엇인가?"에 대해 생각을 정리해서 글을 써보자.

03-06 [046]

계씨가 대부 신분으로 태산의 신에게 제사를 지내려고 했다.

공 선생님이 염유를 불러 나무랐다. "자네는 〔이런 일이 생기지 않도록〕 수습할 수 없었는가?"

염유가 질문을 받고서 대꾸했다. "할 수 없었습니다."

공 선생님이 한숨을 내쉬며 말했다. "아아! 태산의 신이 림방만도 못하다고 이야기를 하는 건지 모르겠구나!"

季氏旅於泰山. 子謂冉有曰 : "女弗能救與?" 對曰 : "不能." 子曰 : "嗚呼! 曾謂泰山不如
계씨 려어태산. 자위 염유왈 : "여불능구여?" 대왈 : "불능." 자왈 : "오호! 증위태산불여

林放乎?"
림방호?"

상황
◉ 불의를 저지르는 사람을 보면, 그만하도록 설득할까 아니면 역부족을 이유로 내버려둘까? 공 선생과 염유의 차이가 크게 느껴진다. 03.04[044]에서 전통 의식의 본바탕을 물었던 림방과 대부이면서 예 질서를 파괴하는 계씨 사이의 차이가 대비되고 있다.

디딤돌
◉ 고대사회는 공동체의 안정과 번영을 위해서 여러 가지 대상에 제사를 올렸다. 그래서 고대사회를 제사 공동체라고도 한다. 국가 차원에서는 하늘의 신과 대지의 신, 토지의 신과 곡식의 신, 건국의 영웅들이 고정적이며 연례적으로 제사를 받는 대상이었다. 아울러 그 시대는 신분마다 제사를 지낼 수 있는 대상이 제한되어 있었다. 당시의 관습법에 따르면 천자는 전국의 이름난 산과 강에 제사를 지낼 수 있지만, 제후는 자신의 봉지封地 안에 있는 산천에만 제사를 지낼 수 있었다. 대부는 산천에 제사를 지낼 수 없고 오사五祀(문·부엌·안방·대문·길)를 지냈다(『예기』「왕제」).

계씨는 대부의 신분이므로 태산 제사를 지낼 수 없다. 이 제사를 지낸다는 것은 단순히 개인의 어리석은 야망의 표출이 아니라 세계의 기존 질서를 근원적으로 인정하지 않는 것이었다. 태산은 세상을 통일하고 위대한 업적을 쌓은 천자가 흙단을 쌓아 하늘 신에 제사를 지내고, 땅을 깨끗이 쓸어 산천의 신에게 제사를 지내는 봉선封禪 의식을 치르는 명산이기 때문이다. 계씨가 태산 제사를 감행해도 누구도 말리지 않는 것을 보면 이 시대는 이미 제사 공동체의 규범이 완전히 상실된 상황이라고 할 수 있다. 즉 관습법이 금지와 억제의 역할을 전혀 하지 못하고 있는 것이다.

03-07 [047]

공 선생님이 일러주었다. "자율적 인간은 뺏고 빼앗기 위해 다투는 일이 없다. 그래도 '다툰다'고 한다면, 틀림없이 활쏘기 제전이리라! 차례가 되면 함께 쏘게 된 사람끼리 서로 읍(인사)을 하고 먼저 오르기를 사양하면서 사대에 오른다. 쏘기가 끝나면 사대에서 내려와 진 쪽이 벌주를 마신다. 이와 같은 경쟁이야말로 군자다운 것이리라."

子曰 : "君子無所爭. 必也射乎! 揖讓而升. 下而飮. 其爭也君子."
자왈 : "군자무소쟁. 필야사호! 읍양이승. 하이음. 기쟁야군자."

상황 ● 자신을 돌아보게 하는 경쟁이라면 아름다운 경쟁이지 않을까? 공 선생은 그것을 활쏘기에서 체험할 수 있다고 말한다. 이런 점에서 활쏘기는 공 선생이 선호하는 스포츠 중의 하나였다. 활쏘기의 의식은 03.16[056]에서도 강조되고 있다.

03-08 [048]

자하가 공 선생님에게 물었다. "[「높으신 님〔碩人〕」이란 시에서 읊는다.〕 '어여쁘게 웃음 짓는 얼굴에 생긴 보조개, 아름다운 눈매에 새까만 눈동자.' 〔다른 시에서 말한다.〕 '하얀 바탕에다 무늬를 곁들이는구나!' 무엇을 말하는지요?"

공 선생님이 일러주었다. "그림 그리는 작업은 바탕이 마련된 다음에 이루어진다."

자하가 〔시적 상상력을 펼쳐서〕 풀이했다. "전통 의식이 본바탕을 뒤따른다는 말인가요?"

공 선생님이 칭찬했다. "나의 사고를 자극하는 이가 다름 아니라 자하로구나! 비로소 네가 나와 더불어 『고대 시가집〔시경〕』을 논의할 만하구나!"

子夏問曰:"'巧笑倩兮, 美目盼兮, 素以爲絢兮.'何謂也?"子曰:"繪事後素."曰:"禮後
자하 문왈: "교소천혜, 미목반혜, 소이위현혜.' 하위 야?" 자왈: "회사후소." 왈: "례후
乎?"子曰:"起予者商也! 始可與言詩已矣."
호?" 자왈: "기여 자상야! 시가여언시이 의."

◉ 이 장면은 『고대 시가집』의 수업 시간으로 보인다. 시 구절의 함축된 의미를 두고 문답을 벌이면서 진리를 찾아가는 정경이 눈에 선하다. 어린아이가 막 말을 배울 때 하나를 가르쳐주면 금방 알던 것과 마찬가지로 새로운 말을 조합하는 경우를 생각해보라.

◉ 1) 첫 시는 예쁜 웃음(ㄱ)에다 보조개(ㄴ), 아름다운 눈매(ㄱ)에다 눈동자(ㄴ)로 되어 있다. 앞의 ㄱ으로도 볼만하지만 그것에다 ㄴ이 첨

가되어 둘이 결합됨으로써 ㄱ도 살아나고 ㄴ이 훨씬 더 돋보인다. 다음 시는 앞의 이야기를 하얀 바탕(ㄱ)에다 무늬(ㄴ)의 관계로 추상화시키고 있다. 공 선생은 이야기를 그림으로 바꾸어서 양자의 관계를 바탕(ㄱ)의 준비와 채색 작업(ㄴ)으로 연결시킨다. 자하는 이야기를 사람이 자신을 수양하는 일로 확장하여 예식에 따른 수양의 가치(ㄴ)를 찾아낸다. 여기서 생략된 것은 사람의 본바탕(ㄱ)이다. 두 사람의 이야기를 종합하면, 사물이든 사람이든 바탕만으로 충분하지 않고 그것에다 무늬·채색·예식과 같은 후천적 교육이 첨가될 때, 아름답게 탈바꿈될 수 있다는 것이다. 물론 후천적 작업이 가능하려면 그것을 받아들일 수 있는 본바탕의 구비도 중요함을 강조하고 있다.

2) 전국시대에는 보조개와 새까만 눈동자 이야기와 함께 얼굴을 찌푸리는 '빈축嚬蹙' 고사도 있다. 전국시대 초나라의 령왕靈王이 허리 가는 사람을 좋아했다. 그러자 너도나도 하루 식사를 한 끼로 줄이고 숨을 참아가며 허리끈을 졸라매고 어질어질하여 담장을 짚고서 일어서곤 했다. 이렇게 1년쯤 지나자 조정의 사람들 얼굴이 하나같이 파리하고 새카만 빛이 돌았다(『묵자』「겸애」). 이런 사람들은 고통을 이기느라 빈축, 즉 양 미간을 찌푸리게 되었던 것이다.

디딤돌

● 유명한 '회사후소繪事後素'라는 말이 처음으로 나오는 곳이다. 특히 미술을 전공할 사람은 꼭 기억해둘 말이다. 위에서 회사후소의 후소는 흰 바탕 다음에 한다, 즉 흰 바탕이 마련되고 나서 그리는 작업을 한다고 풀었다. 이와 다른 해석도 있다. 한 제국의 정현鄭玄은 회사후소의 후소를 나중에 소를 한다, 즉 먼저 여러 가지 색깔로 작업을 하고서 마지막으로 채색하지 않은 틈새를 흰색으로 마감 작업을 한다는 식으로

풀었다. 이렇게 되면 뒤에 하는 것의 내용(작업)이 서로 달라진다. 하나는 그림 작업이고 다른 하나는 흰색의 마무리 작업이다. 이런 차이에도 불구하고 후반 작업이 그림의 완성에서 중요하다. 따라서 인격의 수양에서 례가 중요하다는 주장을 끌어낼 수 있는 것이다.

03-09 [049]

공 선생님이 들려주었다. "하나라의 문물제도(문명)라면 내가 충분히 이야기할 수 있지만 [그 후예들의] 기나라의 경우는 입증할 자료가 부족하다. 은나라의 문물제도라면 내가 충분히 이야기할 수 있지만 [그 후예들의] 송나라의 경우도 입증할 자료가 부족하다. 기록 자료와 산 증인이 충분하지 않기 때문이다. 만약 그것들이 충분하다면 나는 해당 나라의 문물제도를 입증할 수 있다."

子曰: "夏禮吾能言之, 杞不足徵也, 殷禮吾能言之, 宋不足徵也, 文獻不足故也, 足則吾能
자왈 : "하례오능언지, 기부족징야, 은례오능언지, 송부족징야, 문헌부족고야, 족즉오능

徵之矣."
징지의."

상황 ◉ 공 선생이 자신은 근거 없이 상상을 사실로 말하는 이가 아니라 증거가 있어서 확실한 것을 말하는 이라는 점을 밝히고 있다. 02.23[039] '손익'과 비교하라.

걸림돌 ◉ 1) 주나라가 은나라를 멸망시키고 그 후예들로 하여금 조상의 제사를 지낼 수 있도록 작은 규모의 나라를 유지하게 해주었다. 그것이 송나라이다. 사회 통합을 이루려는 조처라고 할 수 있다. 은나라도 하나

라의 후손들에게 기나라를 세워주었다.

   2) 오늘날 문헌文獻은 옛날의 제도나 문물을 알 수 있는 자료나 기록물을 말한다. 옛날에는 문헌이 각기 다른 지식의 형태를 말하는데, '문'은 텍스트 형태의 자료를, '헌'은 증언과 구술을 통해서 얻을 수 있는 정보를 가리킨다.

깊이 읽기

역사는 역사가와 사실의 상호작용이며 현재와 과거의 대화

"역사상의 사실과 역사가의 관계를 검토해온 우리들은 두 개의 위험 지점 사이를 간신히 헤쳐 나오고 있는 매우 위태로운 상태에 도달하고 말았습니다. 즉 역사를 사실의 객관적 편찬이라고 보고 해석에 대한 사실의 무조건적인 우월성을 주장하는 타당하지 못한 역사 이론의 위험 지점과, 역사는 역사상의 사실을 설정해주고 해석 과정을 통해서 이를 지배하는 역사가 마음의 주관적인 산물이라고 보는 마찬가지로 타당하지 못한 역사 이론의 위험 지점과의 사이, 다시 말해서 중심을 과거에 두는 역사관과 중심을 현재에 두는 역사관의 중간 말입니다. …… 역사가와 그의 사실과는 평등의 관계에 있는 것이며 말하자면 기브 앤 테이크의 관계에 있는 것입니다. …… 역사가란 자기의 해석에 맞추어서 사실을 형성하고 자기의 사실에 맞추어서 해석을 형성하는 끊임없는 과정에 종사하고 있는 것입니다. 양자 중의 어느 한쪽만을 우위에 놓는다는 것은 불가능한 일입니다.

   역사가는 임시로 선택된 사실과, 그러한 사실 선택을 이끌어준 임시적인 해석 — 그것이 타인에 의한 것이든 자기 자신에 의한 것이든 — 과의 양자를 가지고 일을 시작하는 것입니다. 일이 진행됨에 따라 해석이나 사실의 선택 및 정리는 다 같이 쌍방의 상호작용을 통해 미묘한 반무의식적인 변화를 겪게 됩니다. 뿐만 아니라 역사가는 현재의 일부이고 사실은 과거에 속하는 것이기 때문에 이 상호작용에는 현재와 과거 사이의 상호 관계가 아울러 내포되는 것입니다. 역사가와 역사 상의 사실은 서로가 필요한 것입니다. 사실을 못 가진 역사가는 뿌리를 박지 못한 무능한 존재입니다. 역사가 없는 사실이란 생명 없는 무의미한 존재입니다. 이리하여 '역사는 무엇인가'라는 물음에 대한 나의 첫 번째 답은 결국 다음과 같은 것이 되겠습니다. 역사란 역사가와 사실 사이의 상호작용의 부단한 과정이며, 현재와 과거 사이의 끊임없는 대화입니다(History is a continuous process of interaction between the historian and facts, an unending dialogue between the present and the past)."

── E. H. 카, 길현모 옮김, 『역사란 무엇인가』(탐구당, 1983), 37~38쪽.

◎ 위 글을 읽고 "공 선생과 E. H. 카 역사관의 차이가 무엇인가?"에 대해 생각해보고 글을 구상해보자.

03-10 [050]

공 선생님이 안타까운 듯 한마디 했다. "체, 즉 건국 영웅의 제사에서 신이 내리게 울창주鬱鬯酒를 땅에 따르는 다음 절차부터 나는 쳐다보고 싶지 않다."

子曰: "禘自旣灌而往者, 吾不欲觀之矣."
자왈: "체자기관이왕자, 오불욕관지의."

● 제사 공동체에서 시조를 모시는 중대한 제사를 엉터리로 지내고 있다. 현충일에 공직자가 순국 영령의 희생을 깎아내리는 언행을 하는 것과 비슷하다. 지켜보는 자의 심정이 아련히 전해온다.

상황

걸림돌 ● 체 제사는 건국 영웅을 대상으로 지내는 제사를 말하는데, 여기서는 봄 제사를 가리킨다. 오늘날로 말하면 체 제사는 국가를 수호한다는 점에서 현충일 의식과 연결되고, 국법의 기원이라는 점에서 제헌절 의식과 상통한다.

03-11 [051]

정체불명의 인물이 공 선생님에게 체 제사의 이치를 물었다.
　　공 선생님이 대꾸했다. "나는 잘 모릅니다. 그 이치를 아는 인물이라면 세상을 [다스리더라도] 여기에다 뭘 얹어놓은 것처럼 [쉬울 것이요.]" [이렇게 말하면서 그는] 자신의 손을 펴 손바닥을 가리켰다.

或問禘之說. 子曰: "不知也, 知其說者之於天下也, 其如示諸斯乎!" 指其掌.
혹문체지설. 자왈: "부지야, 지기설자지어천하야, 기여시저사호!" 지기장.

상황 ● 핵심을 파악하면 인식도 응용도 간명해진다. 일 처리에서 공정을 기준으로 하면 충분하지만 공정하지 않으니 일 처리가 어려워진다.

디딤돌 ● 오늘날 국가의 기틀을 세우려면 법제를 가다듬어야 하겠지만 고대에는 제사와 관련된 각종 전례를 정비해야 했다. 고대인들은 살아 있는 사람의 힘만으로 이 세계의 질서가 세워지지도 지켜지지도 않는다고 생각했으므로 건국建國과 호국護國의 영령을 모시는 일을 소홀히 할 수 없었다. 오늘날에도 공직자나 정치인이 무슨 일을 시작할 때, 국립 현충원을 먼저 방문한다. 고대의 제사나 현대의 참배를 서로 비슷한 맥락에서 이해하면 된다. 이런 맥락에서 신의 의미를 이해하면 체禘 제사의 건국 영웅에 대한 제사도 공감할 수 있을 것이다.

03-12 [052]

조상의 제사를 지낼 때 살아 계실 때처럼 똑같이 하고, 귀신에게 제사를 올릴 때 귀신이 살아 있는 것처럼 똑같이 하라.

　　공 선생님이 들려주었다. "내가 제사에 참여하지 않았다면 [실제로 제사를 지냈더라도] 제사를 지내지 않은 것과 마찬가지이다."

祭如在. 祭神如神在. 子曰 : "吾不與祭, 如不祭."
제여재. 제신여신재. 자왈 : "오불여제, 여부제."

상황 ● 제사를 지내는 바람직한 태도를 말하고 있다. 살아 있는 사람은 반응을 보면서 모실 수 있으므로 조절이 가능하다. 하지만 죽은 사람은 반응을 확인할 수 없으므로 어떻게 해야 할지 확신이 들지 않는다.

걸림돌 ● 여如를 '⋯⋯하는 듯이 하라'고 해석하면 문법적으로는 얼마든지 가능하지만, 의미상으로 곤란한 문제가 생긴다. 그렇게 해석하면 귀신의 존재 여부를 명시적으로 주장하지 않았는데 있는 것처럼 보라고 제안하는 셈이다. 확실하지 않은데 있다고 생각하라는 것은, 결국 있는지 없는지 몰라도 있는 것처럼 착각하라는 주문이 된다. 이렇게 되면 공 선생은 이론적으로도 실천적으로도 무책임한 사람이 된다. 반면에 똑같이 하라고 해석하면 이론적으로 귀신의 실재 여부를 건드리지 않더라도 제사를 지낼 사람이 실천적으로 취할 태도의 지침을 제시하게 된다. 한 글자라도 대수롭게 넘어갈 일이 아니다.

깊이 읽기

의식은 참여한 자만이 느낄 수 있는 고유한 효과를 낳는다

예치禮治와 법치法治라는 말이 있다. 두 가지는 각각 우리의 생활 세계를 규제하고 질서를 형성시키는 원동력을 가리킨다. 당연히 현대인이라면 자신은 예치와 무관하고 법치의 세계를 살아간다고 말할 것이다. 사실은 그렇지 않다. 실제로 학창 시절 요일마다 조례를 하기도 하고 매일 종례를 한다. 또 경축일이나 기념일이 되면 어김없이 국민의례를 하고 의식(행사)을 치른다. 사람이 죽으면 상례를 치르고 결혼을 하면 혼례를 하고……. 물론 이런 예식은, 전통 시대처럼 삶에 질서를 부여하는 강제력이나 사람의 품위를 결정하는 인격의 힘을 나타내지 않는다. 하지만 예식은 아직도 법과 구별되는 독자적인 영역에서 엄연히 한국인의 삶을 특징 있게 채색하는 영향력을 발휘하고 있다.

의식의 참여는 월요일 교정이나 교실에서 이루어지는 따분하고 무미건조한 일이 아니다. 상례에 참석함으로써 우리는 상례만의 묘한 분위기에 젖어들게 된다. 참석하지 않으면 느끼지 못하는 것이다. 이 느낌은 누가 느끼라고 강요하는 것도 아니다. 웃고 떠들며 잡담을 하지 못하며 망자에게로 생각을 집중하게 하고, 또 인간의 유한성에 주목하게 하여 자신의 삶을 돌아보게 만든다. 이렇듯 의식의 참여는 현장성을 통해서 소극적으로 의무의 수행이 아니라 자발적인 애도, 반성 등등의 효과를 발휘한다. 이렇게 보면 의식은 놀이처럼 자발적이며 적극적으로 세계에 대한 이해와 의미를 구성하게 하는 활동이다. 다만 의식이더라도 특정한 목적을 주입하거나 거역할 수 없는 동일시를 기도하는 세뇌 교육의 현장이 되지 않아야 한다.

◎ 위 글을 읽고 "의식 참여의 긍정적 기능과 부정적 기능은 무엇일까?"에 대해 자신의 주장을 전개해보자.

03-13 [053]

왕손가가 공 선생님의 속마음을 슬쩍 떠보았다. "속담에 '방의 아랫목 귀신에게 잘 보이느니 차라리 부뚜막(주방) 귀신에게 잘 보이는 게 낫다'고 하는데 무슨 말일까요?"

공 선생님이 단호하게 말했다. "당치도 않는 일이요. 사람, 즉 나나 당신이나 하늘(하느님)에게 죄를 지으면 그 어디에도 빌 대상이 없어집니다."

王孫賈問曰: "與其媚於奧, 寧媚於竈, 何謂也?" 子曰: "不然, 獲罪於天, 無所禱也."
왕손가문왈 : "여기미어오, 영미어조, 하위야?" 자왈 : "불연, 획죄어천, 무소도야."

◉ 공 선생이 위나라를 방문했을 때 누구를 만나야 할지 말하고 있다.

◉ 1) 왕손가는 위衛나라 령공靈公 시절의 실력자로 자신의 힘을 과시하기 좋아했다. 당시 령공은 유명무실한 존재였고, 그이의 부인 남자南子와 대신인 왕손가가 실권을 장악하고 있었다. 왕손가가 공 선생 일행에게 괜스레 령공과 접촉하려고 하거나 자신을 제거할 방략을 령공에게 이야기하지 말라는 의사를 협박하듯이 내비치고 있다. 이어서 하고 싶은 말이 있으면 자신과 상의할 것을 요구하고 있다.

우리의 공 선생, 그이가 누구인가? 다소 현실적이며 은근한 제의를 단호하게 거절한다. 하느님을 들먹이면서 어림 반 푼 어치도 없다는 듯이 말하고 있다. 공 선생은 참으로 에돌아서 일할 줄 모르는 사람이다. 퇴짜를 맞을지언정 그이는 늘 곧은길을 가려고 한다.

2) 옛날의 부엌은 오늘날 주방으로 바뀌었다. 부뚜막도 싱크대와 가

스레인지로 바뀌어 주방에서 자취를 감추었다. 옛날에는 부엌이 음식이 만들어지는 공간이면서 불씨를 보관하는 중요한 곳이므로 민간신앙에서 부뚜막 귀신을 숭배했다. 왕손가는 민간신앙을 들먹이면서 귀신의 격식은 아랫목 귀신이 부뚜막 귀신보다 높지만 현실적인 힘은 반대라는 것을 비유하고 있다.

03-14 [054]

공 선생님이 일러주었다. "주나라는 [자기 앞의 하와 은] 두 나라를 거울로 삼았으므로 찬란히 빛나는구나, 그 제도가! 나는 [다른 나라보다도] 주나라의 제도를 기준으로 삼으리라."

子曰:"周監於二代, 郁郁乎文哉! 吾從周."
자왈 : "주감어이대, 욱욱호문재! 오종주."

● 공 선생은 주나라를 이전 왕조의 문화를 흡수해 덧보탰기 때문에 문화가 발달한 나라로 꼽고 있다. 그이는 문화의 종합화를 이룬 주의 제도를 이상적인 정치 원리로 삼을 것을 주장했다. 역사 발전의 관점이 엿보이기도 한다. 02.23[039]를 참조하라.

상황

03-15 [055]

공 선생님이 〔노나라의 시조를 모신〕 태묘太廟에 들어설 적마다 모든 의례를 하나하나 물어보았다.

정체불명의 사람이 비꼬았다. "누가 추 지역 사람의 아들, 즉 공 선생더러 전통 의식을 훤히 꿰뚫고 있다고 말하던가? 태묘에 들어설 적마다 모든 전통 의식을 하나하나 물어보았다고 하는데……."

공 선생님이 이 말을 전해 듣고서 해명했다. "하나하나 묻는 것이 바로 전통 의식에 들어맞기 때문이다."

子入太廟, 每事問. 或曰: "孰謂鄒人之子知禮乎? 入太廟, 每事問." 子聞之曰: "是禮也."
자입태묘, 매사문. 혹왈: "숙위 추인지자 지례호? 입태묘, 매사문." 자문지왈: "시례야."

상황

◉ 공 선생에 대한 그 당시 평판의 일단을 엿볼 수 있다. 아마 의식과 관련해서 의문이 있거나 문제가 생기면 "공 선생에게 가서 물어봅시다"라고 했을 듯하다. 그런 사람이 태묘에 들어가서 하나하나 꼬치꼬치 캐물었으니 그날 신문의 가십 기사가 될 만하다. "공 선생, 희대의 례 전문가 알고 보니 가짜"라는 타이틀로 말이다. 같은 내용이 10.21[262]에도 나온다.

다른 한편으로 공 선생은 자유인으로 나온다. 자신이 례 전문가로 소문이 나 있는데 례를 물어보면 어떤 말을 들을지 예상할 수 있다. 여기서 그이는 사회적 평판에 전혀 흔들리지도 신경 쓰지도 않는다. 그냥 자기 걸음걸이대로 갈 뿐이다. 우리도 체면 때문에 모르면서 아는 체하고, 없으면서 있는 체하지 않는가!

03-16 [056]

공 선생님이 들려주었다. "활쏘기 의례(경기)에서는 화살이 가죽의 과녁을 뚫고 지나는 것으로 우열을 가리지 않는다. 왜냐하면 사수의 힘(체급)이 똑같지 않기 때문인데, 이는 옛날의 규칙이다."

子曰: "射不主皮, 爲力不同科, 古之道也."
자왈: "사부주피, 위력부동과, 고지도야."

상황 ● 운동 경기를 누가 이기느냐 지느냐의 관점이 아니라 참여자의 단점을 찾아내고 고치고 장점을 키우는 관점에서 바라보자.

디딤돌 ● 1) 스포츠보다는 체육이란 말이 좋다. sports는 disport에서 파생된 말인데, dis는 떨어짐을 나타내고 port는 옮겨가다, 데리고 가다는 뜻을 나타낸다. 스포츠는 나를 일상의 공간으로 벗어나 다른 곳으로 가서 뭔가를 하여 기분을 전환시킨다는 뜻이다. 오락적 요소를 강조한다. 체육體育은 몸과 마음을 기른다는 뜻이다.

　　2) 농구에서 슛을 하면 결과는 들어가고 못 들어가는 것으로 압축된다. 노골일 경우 왜 그렇게 되었는지를 따지고 다음에 잘하려고 하다 보면 저절로 고쳐진다. 나아가 스스로 고치는 과정에서 자기 발전을 도모할 수 있다. 생활에서는 누가 왜 그렇게 하느냐고 따지면 짜증 낼 일도 스포츠에서는 뻔히 자신이 잘못했으므로 스스로 고치게 되는 것이다. 이 점에서 공 선생은 스포츠가 자기 수양이 된다고 말하는 것이다. 03.07[047] '군자식 경쟁'과 15.07[402] '화살의 직선 운동'을 참조하고, 영화 〈YMCA 야구단〉(2002)을 보라. 고전적인 수양식 체육에서 근대적인 개인적 오락으로 변모하는 과정에서 생겨나는 일화를 그리고 있다.

깊이 읽기

공 선생은 100미터 달리기 경기를 하지 않았다

맹자는 영혼의 평화를 활동적인 생명력으로 보고 있다. 만물은 인간에 의존한다. 그리고 맹자에 의하면 영혼의 평화는 낮은 수준에서도 가능하기 때문에 방법은 달라도 공통된 것 하나가 있다. 그것은 인간은 울화가 쌓이는 것을 참을 수 없다는 것이다. 매사가 언제나 그때그때 균형이 맞아야 한다. 균형을 잃은 긴장은—지속적인 재생 속에서 자유롭게 호흡하는 데 필수적인, 자연 속에 있는, 영혼이 힘의 에너지원에 닿을 수 없을 만큼 무의식 속의 장애물로서 작용하는—(억압된) 충동을 낳게 한다.

이것이 생명을 어떻게 연장시켜야 하는지에 대한 중국인들의 개념이다. 그 밖에도 신체 단련에 관한 특정한 규칙들이 있는데, 이 규칙들은 중국인들이 이 생명 연장에 관한 문제를 근본적으로 다르게 보지만 않는다면 서양의 현대 스포츠와 똑같다고 여길 수 있다. 중국인들은 신기록을 세우려고 신체 단련을 하지 않는다. 오히려 이와는 반대로 이런 식의 육체적 훈련은 생명을 낭비하는 것이라고 생각했다. 왜냐하면 육체에 뿌리박히지 않고 다른 사람들의 인기만을 노린 표면적 목적은 육체적, 정신적 에너지를 격에 맞지 않게 몽땅 다 써버리기 때문이다. 그러나 중국에서 이와는 별개의 목적으로 육체적 훈련법이 개발되었다. 그래서 이 훈련은 그 목적으로 물질적인 무엇이 아닌 '어떻게'를 강조했다. 조화가 최고의 목적이었으며, 성취의 정도를 자로 잴 수는 없었다. 궁술에서는 화살이 과녁의 가운데만 맞히면 되지 굳이 가죽으로 된 과녁을 뚫을 필요까지는 없었다. 왜냐하면 공자가 지적했듯이 화살을 쏠 때는 목표를 맞히는 것이 중요하지, 가죽이 뚫어지고 안 뚫어지고는 문제가 되지 않기 때문이다."

—— 리하르트 빌헬름, 진영준 옮김, 『주역 강의』(소나무, 1996), 250~251쪽.

◎ 위 글을 읽고 "공 선생의 고전적 체육과 현대의 프로 스포츠의 차이가 무엇일까?"를 비교해보자.

03-17 [057]

자공이 곡삭 의식, 즉 달마다 월력을 공포하기에 앞서 지내는 행사에 제물로 쓰이는 양羊을 〔낭비라고 생각해서〕 그만두려고 했다.
　　공 선생님이 안타까운 듯 한마디 했다. "자공, 자네는 의식에 쓰이는 양을 소중히 여기나 본데, 나는 전통 의식 자체를 소중히 여긴다네."

子貢欲去告朔之餼羊. 子曰 : "賜也! 爾愛其羊, 我愛其禮."
자공욕거곡삭지희양. 자왈 : "사야! 이애기양, 아애기례."

상황
● 실용성 없는 전통을 폐지할 것인지 보존시킬 것인지에 대한 이야기이다.

걸림돌
● 곡삭告朔―보통 告는 '고'로 읽지만 여기서는 '곡'으로 읽는다―은 상고시대에는 실행되었지만 춘추시대에 이르러 없어진 의식이다. 오늘날 우리는 개개인이 시간을 소유하고 관리한다. 오늘이 몇 월 며칠인지, 무슨 요일인지, 몇 시인지 알기 위해서 굳이 누구에게 물어보지 않아도 된다. 고대사회에서 시간은 모두가 일상적으로 알고 있는 것이 아니라 의식을 통해서 엄숙하게 반포되는 것이었다. 제후는 매월 초하루에 양을 바치는 의식을 치르고서 시간의 흐름〔계절〕을 분절하는 방식, 즉 책력을 조상의 사당에서 끄집어내 공표했다. 이것이 곡삭 의식이다. 이 의식을 통해 산 사람은 허락을 받아서 시간을 소유하게 되었고, 그 결과 시간이 가는 것이다.
　　하지만 선생이 생존할 당시에 시간을 공표하는 의식은 더 이상 신성성을 가지지 않는, 있으나마나 한 행사가 되어버렸다. 이에 자공은 실효성 없이 제물만 축나는 행사를 폐지하자고 주장하고 있다. 일종의 제도 개혁을 말하는 것이다. 공 선생은 옛 제도의 부활을 꿈꾸거나 행사를 진행함으로써 선전 효과를 거둘 수 있다고 보아 민속 행사로서 보존을 주장한다. 보수주의자라고 할 수 있다. 누가 맞느냐 틀렸느냐의 문제가 아니다. 한 사태를 두고 각기 나름의 이유를 가지고 다르게 생각할 뿐이다.

03-18 [058]

공 선생님이 슬픈 듯이 말했다. "[나를 포함해서 누구라도] 임금을 모실 때 [신하가 갖추어야 할] 전통 의식에 철두철미하면 할수록, 주위 사람(동료)들은 잘 보여서 뭔가를 챙기려고 한다고 생각했다."

子曰 : "事君盡禮, 人以爲諂也."
자왈 : "사군진례, 인이위첨야."

상황 ● 진의와 진정성조차도 색안경을 낀 사람에게는 다른 의미로 읽히기 마련이다.

걸림돌 ● 이 말 속에는 공 선생과 동시대인 사이에 화해할 수 없는 간극이 들어 있다. 공 선생이 규정대로 최선을 다하는 것이 액면 그대로 받아들여지지 않고 왜곡되어 수용되고 있다. 이것은 그만큼 사태를 바라보는 관점이 다르다는 것이고, 그 관점들을 중재시킬 공간이 없다는 말이기도 하다. 편이 나뉘어졌어도 공정하게 경쟁하는 풍토가 없으면, 음모와 오해 그리고 시기와 질투가 사회에 가득 차게 된다.

03-19 [059]

정공이 〔공 선생님에게〕 물었다. "군주(지도자)가 신하(부하)에게 임무를 잘 맡기고, 신하가 임금을 잘 도우려면, 어떻게 해야 할까요?"

공 선생님이 물음을 받고서 대꾸했다. "임금은 전통 의식에 따라 신하에게 임무를 맡기고, 신하는 충실하게 임금을 도우면 됩니다."

定公問, "君使臣, 臣事君, 如之何?" 孔子對曰 : "君使臣以禮, 臣事君以忠."
정공문, "군사신, 신사군, 여지하?" 공자대왈 : "군사신이례, 신사군이충."

상황 ——◉ 일방적 강제가 아니라 상호 존중이 지도력과 소통 그리고 통솔과 복종의 선순환을 낳는다.

디딤돌 ——◉ 현대사회에는 군주와 신하라는 관계가 없다. 이 구절은 오늘날 직업 윤리나 지도력(리더십)의 발휘라는 맥락에서 읽어볼 만하다.

03-20 [060]

공 선생님이 들려주었다. "〔『고대 시가집〔시경〕』의 첫 번째 시〕 「물수리〔關雎〕」는 〔여자와 남자 사이의 애틋한 그리움을 다루면서도〕 즐거움이 묻어나지만 결코 흐트러지지 않고(성적 자극을 주지 않고), 슬픔이 돋아나지만 감상으로 흐르지 않는다."

子曰 : "關雎, 樂而不淫, 哀而不傷."
자왈 : "관저, 락이불음, 애이불상."

◉ 『고대 시가집』의 첫 번째 시의 탁월함을 찬탄하고 있다. 오늘날 전해지는 『고대 시가집』에는 악곡이 없고 가사(시)만 남아 있지만 공 선생의 생존 당시에는 각종 공연에서 음악이 노래와 함께 연주되었다. 08.15[204]를 보면 공 선생이 「물수리」의 공연을 보았는지 진한 감동을 기록하고 있다.

상황

◉ 「주남 지역의 민요」「물수리」의 내용은 아래와 같다.

걸림돌

> 구욱구욱 물수리는 모래톱에 서 있네. 곱고 아리따운 임이여, 군자의 어울리는 짝이로다.
>
> 올망졸망 마름 이리저리 헤치며 찾노라니, 곱고 아리따운 임 자나 깨나 그리워하는구나.
> 그리워해도 찾지 못해 자나 깨나 임 생각, 그리움이 끝이 없고 이리 뒤척이고 저리 뒤척거리네.
>
> 올망졸망 마름 이리저리 헤치며 찾노라니, 고운 임은, 어울리는 한 쌍의 악기이리라.
> 올망졸망 마름 이리저리 헤치며 찾노라니, 고운 임이여, 종과 북 치며 놀아보세.
>
> ──김학주 옮김, 『시경』, 34~36쪽.

이 노래는 전통적으로 정숙한 왕후를 예찬하는 노래로 읽혔다. 그러나 오히려 젊은이의 끓어오르는 그리움이 절절하게 나타나 있는 것으로 보는 게 자연스럽다. 1연에서는 시적 화자가 물가에서 물수리를 보고 미래의 자기 짝을 연상하고 있다. 2연에서는 종묘의 제사에 쓸 마름을 찾으면서 그 과정을 임을 더듬어 찾는 것과 중복시키고 있다. 그리움은 낮을 지나 밤에도 지속되어 시적 화자에게 불면의 고통을 준다. 3연에서는 두 사람의 어울림을 금琴과 슬瑟, 종과 북이 합주되며 내는 소리나 그것으로 흥겹게 노는 장면을 그리고 있다. 여기서 사랑을 춘향과 이몽룡, 줄리엣과 로미오의 사랑과 견주어보라.

03-21 [061]

애공이 [공 선생의 제자] 재아에게 사수社樹, 즉 토지의 신과 곡식의 신을 모시는 사직단에 심는 나무에 대해 물었다.

재아가 물음을 받고서 대꾸했다. "하나라에서는 소나무를, 은나라에서는 측백나무를, 주나라에서는 밤나무를 심었다고 합니다. 특히 [비슷한 음운에 주목하면 밤나무에는] 인민들로 하여금 무서워서 덜덜 떨게 만들려는 속뜻이 있다고 합니다."

공 선생님이 이 이야기를 전해 듣고 안타까운 듯이 말했다. "다 이루어진 일에 해명하기 뭣하고, 다 매듭지어진 일에 다른 생각을 말하기 뭣하고, 이미 지나간 일에 잘잘못을 따지기 뭣하다더니!"

哀公問社於宰我. 宰我對曰: "夏后氏以松, 殷人以柏, 周人以栗. 曰: 使民戰栗." 子聞之
애공문사어재아. 재아대왈: "하후씨이송, 은인이백, 주인이률. 왈: 사민전율." 자문지
曰: "成事不說, 遂事不諫, 旣往不咎."
왈: "성사불설, 수사불간, 기왕불구."

● 옛 제도를 제멋대로 풀이해서 사람들을 오해하게끔 만들고 있다.

상황

전문가라도 모르면 모른다고 하는 것은 용기가 아니라 당연한 일이다. 02.17[033]과 02.18[034]를 참조하라.

걸림돌

● 1) 고대사회의 공동체 질서 형성의 한 축이었던 사직단, 즉 토지 신과 곡식 신의 제단이 있는 사당과 관련된 이야기이다. 하·은·주 세 나라는 사직단에 각각 다른 나무를 심었다. 애공이 나라마다 심었던 수종이 궁금하여 질문을 하자 재아가 나름대로 풀이를 했지만 공 선생은 그것이 아무런 근거가 없다는 것을 폭로하고 있다. 옛날에 종묘와 사직社稷은 국가와 동의어였지만 지금은 그렇게 생각하는 사람이 없다.

공 선생은 재아의 주장에 흥분했지만 이어서 제대로 된 의미를 제시하지 않는다. 세 나라는 건국의 기틀이 된 지역이 다르므로 토지에 맞는 나무가 다를 수밖에 없었다. 수종의 차이는 특별한 상징이 있는 것이 아니라 토질의 적합성에 따른 현실적 이유에 있을 것이다.

2) 율栗은 몹시 무섭거나 두려워 몸을 벌벌 떠는 전율戰慄과 발음이 같다. 현대 중국어에서 栗과 慄은 똑같이 '리'로 발음된다. 즉 우리가 밤(률)이라고 말하면, 같은 음에 의해 연상되는 의미의 환치를 경험하게 된다.

◎『논어』에 나오는 나무를 제대로 알고 싶으면 강판권이 쓴『어느 인문학자의 나무 세기』(지성사, 2002)를 읽어보면 많은 도움이 된다.

03-22 [062]

공 선생님이 한마디 했다. "관중이란 사람의 그릇이 참 작구나!"
정체불명의 사람이 물었다. "관중이 지위나 역할에 비교해서 지나치게 아낀다는 말인가요?"
공 선생님이 반대했다. "관씨는 시장세를 많이 거두었고 책임 소재를 분명히 한다면 관료로 하여금 직무를 겸직하지 못하게 했지요. 어떻게 지나치게 아낀다고 할 수 있겠습니까?"
"관중이 [크고 작은 일에서] 전통 의식을 꼬치꼬치 따진다는 말인가요?"
공 선생님이 반대했다. "한 나라의 임금이 [공간의 내외를 구별하기 위해] 가림 벽을 세우는데 관씨도 똑같은 것을 세웠지요. 한 나라의 임금이 다른 나라의 임금과 우호를 증진하기 위해 연회를 가질 때 술을 내려놓는 설비를 갖추는데 관씨도 똑같은 것을 두었지요. 이런 관씨더러 전통 의식을 안다고 할 것 같으면 도대체 누가 전통 의식을 모른다고 하겠습니까?"

子曰: "管仲之器小哉!" 或曰: "管仲儉乎?" 曰: "管氏有三歸, 官事不攝, 焉得儉?" "然
자왈: "관중지기소재!" 혹왈: "관중검호?" 왈: "관씨유삼귀, 관사불섭, 언득검?" "연
則管仲知禮乎?" 曰: "邦君樹塞門, 管氏亦樹塞門. 邦君爲兩君之好, 有反坫, 管氏亦有反
즉관중지례호?" 왈: "방군수색문, 관씨역수색문. 방군위량군지호, 유반점, 관씨역유반
坫. 管氏而知禮, 孰不知禮?"
점. 관씨이지례, 숙부지례?"

━━● 춘추시대 제나라의 명재상 관중에 대해 두 가지 측면의 어울리지 않
상황 는 형태를 폭로하고 있다. 공 선생은 14.18[366]에서 관중을 영웅으로
평가해서 이 장과 큰 대조를 보인다. 영웅에게도 어두운 면이 있기 마

련인가?

걸림돌

● 1) 겸직 논란은 각자 나름의 이유가 있다. 공 선생은 겸직하여 정부 예산을 절약하자고 주장한다. 반면에 관중은 한 사람이 하나의 직무를 맡아야만 그 사람에게 정확하게 책임을 물을 수 있다는 점을 강조한다. 서로의 입장 차이이다.

2) 수색문樹塞門은 외부의 시선을 막는 시설물이다. 우리가 병풍이나 파티션으로 공간을 분리시키는 것과 비슷하다.

3) 반점反坫은 군자가 다른 나라의 군주와 회합을 가질 때 다 마신 술잔을 내려놓도록 흙으로 쌓은 대이다.

디딤돌

● 기대가 많으면 실망도 큰 법이다. 공 선생은 관중이 조금만 더 갖추었으면 역사에 이상적인 재상으로 남았으리라고 아쉬움을 나타내고 있다. 또 군주(환공)가 절대적으로 자신을 신임했으므로 관중이 하기에 따라 환공을 춘추시대의 패자覇者보다 더 위대한 인물로 만들 수 있었으리라. 만약 그랬더라면 훗날 공 선생이 겪은 사회적 혼란도 생기지 않았을 것이다.

03-23 [063]

공 선생님이 노나라의 태사大師, 국립국악원 원장과 음악을 이야기하며 한마디를 남겼다. "음악, 그 묘미를 알 만합니다. 연주가 처음 시작되면 여러 악기가 제각각 소리를 냅니다. 곡이 진행되면 될수록 소리들이 조화(화음)를 이루기도 하고, 악기의 음색이 뚜렷하게 나눕니다. 그렇게 음이 쭉 진행되다가 한 악장을 마무리 짓습니다."

子語魯大師樂, 曰: "樂其可知也. 始作, 翕如也, 從之, 純如也, 皦如也, 繹如也, 以成."
자어 로대사악, 왈 : "악기 가지야, 시작, 흡여야, 종지, 순여야, 교여야, 역여야, 이성."

상황 ─● 공 선생이 음악 감상에 조예가 깊다는 것을 알 수 있다. 여기서 합주에서 여러 악기가 제각각의 소리를 내면서 선율을 이루어 나가는 과정을 약술하고 있다. 그 대상이 국립국악원 원장, 국립 오케스트라 단장처럼 음악계를 대표하는 인물이다. 07.14[165]에서도 공 선생의 음악적 열정을 확인할 수 있다.

03-24 [064]

의儀 지역의 국경 관리자가 그곳을 지나가던 공 선생님을 한 번 만나기를 요청했다. 그이는 말문을 열었다. "학식 있는 분이 이곳에 이르면 나는 한 번도 놓치지 않고 모든 분들을 만나보았습니다."

공 선생님을 수행하던 이가 공자더러 그 사람을 만나보도록 자리를 마련했다. [국경 관리자가 공자와 이야기를 마치고] 자리를 나와서 공자의 제자들에게 한마디 건넸다. "여러분 선생님께서 번번이 자리를 놓친다고 뭘 그렇게 걱정들 하오? 하늘 아래 모든 것/세상 사람들이 갈 길[도道]을 잃은 지 오래되었소. 하늘은 앞으로 그대의 선생님을 시대를 일깨우는 목탁으로 삼을 것이오."

儀封人請見. 曰:"君子之至於斯也. 吾未嘗不得見也." 從者見之. 出曰:"二三子何患於喪
의봉인청현. 왈: "군자지지어사야. 오미 상부득견야." 종자현지. 출왈: "이삼 자하환어 상
乎? 天下之無道也久矣. 天將以夫子爲木鐸."
호? 천하지무도야구의. 천장이부자위 목탁."

상황
● 누군가로 하여금 만나고 싶도록 만드는 매력을 갖는 것, 흥겨운 일이다. 칭찬은 말로 하는 동의이고, 방문은 몸으로 하는 동감의 표시이다.

걸림돌
● 1) 의儀는 춘추시대 위衛나라의 지명이고, 봉인封人은 국경을 지키는 관원이다.

2) 見은 발음이 둘이다. 하나는 '견'으로 읽고, 보다의 뜻이다. 다른 하나는 '현'으로 읽고 나타나다는 현現의 옛 글자, 윗사람을 찾아뵙다, 주선하다는 뜻이다. 오늘날 사람의 신분 차이가 없으므로 보다와 찾아뵙다를 모두 '견'으로 읽어도 무방하다.

3)·목탁은 종처럼 소리를 내서 사람들을 일깨우는 도구이다. 목탁은 의미상으로는「마태복음」5장 13~15절에 나오는 '소금과 빛'의 의미와 겹친다. "너희는 세상의 소금이니, 소금이 만일 그 맛을 잃으면 무엇으로 짜게 하리요? 후에는 아무 쓸데없어 다만 밖에 버려져 사람의 발에 밟힐 뿐이니라. 너희는 세상의 빛이라. 산 위에 있는 동네가 숨기우지 못할 것이요, 사람이 등불을 켜서 말 아래에 두지 아니하고 등경 위에 두나니, 이러므로 집 안 모든 사람에게 비치느니라."

4) 왜『논어』에 공 선생과 국경 관리자의 만남을 기록하고 있을까? 아마 노자가 함곡관函谷關을 넘어가면서 관리자 윤희尹喜를 만나 그에게 5000자의 텍스트를 구술해주었다는 전설과 비슷하다. 누가 먼저인지 누가 베낀 것인지 알 수는 없다. 노자의 전설과 관련해서 루쉰의『고사신편』(강계철·윤화중 옮김, 학원사, 1986) 중「관문을 나서며〔出關〕」를 읽어보면 좋겠다.

03-25 [065]

공 선생님이 소韶 음악에 대해 짧게 평가했다. "더 말할 나위 없이 가장 아름다울 뿐만 아니라 좋기까지 하다." 또 무武 음악에 대해 짧게 평가했다. "더 말할 나위 없이 가장 아름답지만 그만큼 좋지는 않다."

子謂韶, "盡美矣, 又盡善也." 謂武, "盡美矣, 未盡善也."
자위소, "진미의, 우진선야." 위무, "진미의, 미진선야."

상황 ──◉ 공 선생이 순임금과 무임금의 음악을 총평하고 있다.

● 1) 소와 무 음악은 한국의 애국가처럼 국가國歌로 생각하면 된다. 다만 이 국가는 건국 과정의 서사를 담은 대형 악극의 형태를 띤다. 즉 가사로 노래도 부르고 극 전개에 따라 춤을 추며, 다양한 무대장치가 있다(07.14[165] 참조).

『예기』「악기」의 설명에 따르면 소는 순임금이 자기 이전의 요임금의 사업을 계승한다는 뜻이다. 무는 무임금이 은나라의 마지막 주임금과 목牧 지역에서 결전을 벌이는 서사를 읊고 있다. 두 악극의 경우 그 내용이 전해지지 않아 옛 모습을 확인할 길이 없다. 다만 무 음악은 「악기」에 악곡은 없고 극의 전개가 간략하게 소개되어 있다[조남권,『동양의 음악 사상 악기』(민속원, 2001), 176~189쪽]. 약간의 해설을 보려면 양인리우가 쓰고 이창숙이 옮긴 『중국고대음악사』(솔출판사, 1999), 62~66쪽을 보라.

2) 두 음악에 대한 평가의 차이는 음악 내적 이유보다는 음악 외적 이유에 있다. 순임금은 요임금으로부터 평화적인 권력 교체를 했다. 반면 무임금은 정당하지만 은나라를 무력으로 정벌하고서야 건국할 수 있었다. 이런 차이를 음악의 평가에 반영한 듯하다.

03-26 [066]

공 선생님이 들려주었다. "윗자리, 즉 인사권을 가진 자리에 있으면서 너그럽지 않고, 전통 의식에 참여하면서 경건하지 않고, 상례를 치르며 슬퍼하지 않는다면……. 내가 무엇 하려고 그런 사람을 지켜볼까?"

子曰: "居上不寬, 爲禮不敬, 臨喪不哀, 吾何以觀之哉?"
자왈: "거상불관, 위례불경, 임상불애, 오하이관지재?"

| 상황 | ◉ 최소한의 인간미마저 잃은 사람더러 뭐라고 해야 할까? 함께 있다고 생각하니, 벌써 숨이 막히는 듯하다. |

| 디딤돌 | ◉ 현대의 한국인은 상례에 대한 부담을 느끼지 않는다. 의식은 간소해질 대로 간소해지고, 죽음의 의미는 사자死者와의 유대를 돌이켜보거나 자신을 되짚어보는 기회로 충분히 자리 매김되어 있지 않다. 조선시대까지만 해도 상례는 사람다움이 가장 진하게 묻어나는 삶의 현장이었다. 사라지는 것들에 대한 안타까움의 정서도 점점 희박해지고 있다. 너그러움과 경건함은 아직도 우리의 삶에서 둥지를 튼 채 위태롭게 자리를 지키고 있다. 결혼식이나 각종 행사에서의 경건성도 매스미디어의 중계와 재미 그리고 상업성으로 인해 엄청난 도전을 받고 있다. 공선생이 "세상에서 가장 답답한 사람이 누구일까요?"라고 퀴즈를 낸다면, 그 답은 위 구절에 나오는 사람일 것이다.

4篇

정의의 편
군자의 편

● 정의의 편
● 군자의 편

제4편은 보통 '리인'으로 불린다. 이 편이 "자왈 : 리인위미子曰: 里仁爲美"로 시작하고 있는데 '자왈'을 빼고 나면 '리인'이 가장 먼저 나오기 때문이다. 훗날 맹자는 이 '리인'이라는 말을 '거인居仁'이라는 말로 바꿔서, 사람이 인에서 결코 벗어날 수 없다는 점을 표현하고자 했다. 이 편에는 사람들에게 널리 알려진 "조문도, 석사가의朝聞道, 夕死可矣"(8장)라는 구절이 나온다.

이 편은 모두 26장으로 되어 있다. 이 편은 제12편과 마찬가지로 인仁에 대한 논의가 많다. 모두 1, 2, 3, 4, 5, 6, 7장 등에서 인을 논의하고 있으며, 사람이 잠시라도 떠날 수 없이 늘 함께해야 하는 것으로 설명한다. 그러나 인의 세계는 절대적 사랑만이 충만한 곳이 아니다. 그곳은 미워할 만한 사람은 미워하고 좋아할 만한 사람은 좋아해서 정의가 적용되는 곳이다. 이런 맥락에서 나는 이 편을 〈정의正義의 편〉으로 명명하고자 한다.

나머지는 한두 장에서 비슷한 주제가 논의되지만 전체적으로 잘 묶이지 않는다. 아주 느슨하게 기준을 정하면 군자가 소인과 대비되거나(11, 16장) 아니면 독자적으로 쓰이면서(10, 24장) 공동체의 질서를 지탱하는 모범적 기준으로 제시되고 있다. 주어가 생략된 몇몇 장의 주어를 '군자'로 보충할 만한 곳이 있다. 그렇게 하면 군자와 관련되는 구절이 꽤 늘어난다. 이런 점에서 나는 이 편을 〈군자의 편〉으로 명명하고자 한다.

04-01 [067]

공 선생님이 한마디 했다. "인정미 넘치는 곳에 터전을 꾸리는 것이 좋다. 이곳저곳을 가리면서 인정미 있는 곳에 살지 않는다면 어떻게 슬기롭다고 할 수 있겠는가?"

子曰: "里仁爲美. 擇不處仁, 焉得知?"
자왈: "이인위미. 택불처인, 언득지?"

상황

◉ 인생에서 좋은 이웃은 축복이다.

디딤돌

◉ 맹 선생(맹자)은 이 구절의 속화된 버전, 즉 맹모삼천지교의 주인공이 된다(유향劉向, 『열녀전列女傳』). 즉 맹 선생의 어머니가 자식 교육을 위해 집을 두 차례 옮겼다는 이야기이다. 한편 맹 선생 고사의 한층 더 속화된 버전이 한국의 강남 팔학군 이야기이다. 그러나 공 선생과 맹 선생의 이야기가 한국의 대입 열풍을 뒷받침하는 근거가 되지는 않을 것이다. 17.07[458] '물들여지지 않는 이' 비유를 참조하라.

깊이 읽기

사람은 물들이기에 따라 바뀐다

"묵자가 물들이는 사람을 보고 탄식하며 말하였다. '파란 물감으로 물들이면 파래지고 노란 물감으로 물들이면 노래지네. 물감이 바뀌면 드는 색깔도 변하네. 다섯 차례 물들이면 다섯 가지 색을 낼 수 있구나!' 그러니 물들이는 대상에 신중하지 않을 수 없는 것이다. 실을 물들이는 것만 그런 것이 아니라 나라(임금)도 마찬가지이다. …… 물든 것이 합당하므로 세상을 다스리게 되고 천자天子, 즉 하늘의 아들로 즉위하여 천지를 뒤덮을 만한 공로와 명성을 이루게 된다. …… 물든 것이 합당하지 못하였으므로 나라를 망치고 자신을 죽음으로 몰고 갔으며 온 세상의 죄인이 되었다. …… 나라(임금)에게만 물이 드는 일이 적용되는 것이 아니라 지식인-관료(士)에게도 마찬가지이다. 자신의 벗들이 도덕을 중시하고 순박하여 사회의 법령을 두려워하면 자신의 집안이 날로 흥성하고 자신도 날로 편안해지며 명성은 날로 영화로워지고 사회적 역할도 합리적으로 수행하게 된다. …… 자신의 벗들이 모두 오만하고 뽐내기를 좋아하며 자신의 뜻대로 무리를 짓다 보면, 집안이 날로 쇠퇴하고 자신도 날로 위태로워지며 명성은 날로 욕되게 되고 사회적 역할은 합리적으로 수행할 수 없다.

―― 박재범 옮김, 「물들이기에 따라(所染)」, 『묵자』(홍익출판사, 1999), 66~67쪽, 73쪽.

◎ 위 글을 읽고 "사람은 환경의 영향을 절대적으로 받는가?"에 대해 찬성 또는 반대의 의견을 논술하시오.

04-02 [068]

공 선생님이 일러주었다. "평화를 모르는 자는 궁핍한 삶을 오랫동안 버틸 수 없을 뿐만 아니라 즐거움마저 길게 누리지 못한다. 평화를 일구는 자는 평화의 상태에 편안해하고, 슬기로운 자는 평화의 가치를 더욱 잘 가꾼다."

子曰 : "不仁者不可以久處約, 不可以長處樂. 仁者安仁, 知者利仁."
자왈 : "불인자불가이구처약, 불가이장처락. 인자안인, 지자리인."

상황 ● 불안에 찌들면 오히려 평화를 이상으로 보고 불안을 정상으로 본다. 왜냐하면 불안 이외에 다른 것이 있다는 것을 상상할 수 없기 때문이다.

전쟁을 겪은 사람이라고 해서 반드시 평화를 예찬하지는 않는다. 오히려 복수와 보복을 내세우며 또다른 전쟁을 부추기기도 한다. 평화를 맛본 자는 그것의 소중함을 알고 지켜갈 수 있다.

> 디딤돌
>
> ● 이 장을 읽고 나서 박완서의 「도둑 맞은 가난」을 한번 읽어보시라. 내용은 얼추 이렇다. 여주인공의 가족은 아버지가 실직한 이후 생활이 극도로 어려워진다. 결국 가족은 그나마 남아 있던 모든 재산을 날리고 판자촌으로 이사를 한다. 주인공은 인형 옷을 만드는 일을 하지만 가족들은 가난을 껴안지 못해 연탄가스로 자살하고 그이는 홀로 남는다. 어느 날 그이는 도금 공장에 다니는 청년을 알게 된다. 주인공은 하룻밤에 연탄 반 장을 아낄 요량으로 청년과 동거를 시작한다. 그런데 알고보니 그 청년은 진짜 가난한 사람이 아니라 부잣집 대학생이었다. 아버지가 젊어서 고생은 사서도 한다며 아들을 빈민촌에 보내 가난을 경험하게 한 것뿐이었다. 나중에 이 사실을 알게 된 우리의 주인공은 이제 부자들이 가난마저 훔쳐간다고 울부짖는다.
>
> 이 소설 속에는 가난하지만 그 사실을 인정하지 않으려는 사람도 있고 부자이면서 가난의 경험마저 탐내는 사람도 있다. 이런 인간 군상은 악착같이 자신의 힘으로 건강(건전)하게 살려는 사람을 허무하게 무너뜨린다. 가난은 사람을 강인하고 너그럽게 담금질하는 용광로이다. 하지만 그것은 때로 사람을 비굴하게 만들기도 하고 조급하게 만들어 앞뒤를 돌아보지 못하게 한다. 물론 그만큼 절박하니까 그럴 것이다. 부유함은 꿈을 현실로 만들고 자유를 만끽하게 해준다. 하지만 그것은 다른 사람이 몸을 움직이는 고통에 고마워할 줄 모르고 우쭐대게 만든다. 이들은 평화의 세계에 다가설 수 있을까?

04-03 [069]

공 선생님이 일러주었다. "오직 평화를 일구고 공평한 사람만이 함께 하는 사람을 제대로 좋아할 수 있고, 함께하는 사람을 제대로 미워할 수 있다."

子曰 : "唯仁者能好人, 能惡人."
자왈 : "유인 자능호인, 능오인."

상황 ─ ● 사람을 공정하게 좋아하거나 싫어하는 일의 어려움을 말하고 있다. 보통 싫어하는 사람은 지나치게 싫어하고, 좋아하는 사람은 티 나게 좋아하기 마련이다.

걸림돌 ─ ● 惡은 악, 나쁘다의 뜻일 때 '악'으로 읽고 미워하다, 싫어하다, 어찌의 뜻일 때 '오'로 읽는다.

04-04 [070]

공 선생님이 일러주었다. "참으로 평화(화합)에 뜻을 두어야만 해악을 끼치려는 욕구에서 벗어날 수 있다."

子曰 : "苟志於仁矣, 無惡也."
자왈 : "구지어인의, 무악야."

상황 ─ ● 해악을 끼치지 않으려면, 결코 회의할 수 없는 평화의 세상에 서 있어야 한다.

디딤돌

● 해악을 하느냐 하지 않느냐의 문제는 개개인의 심약하거나 잔인한 심성으로만 돌릴 수 없다. 즉 천성적으로 그렇다면 사람마다 보이는 차이를 어찌할 수 없는 것이다. 공 선생은 우리가 평화에 눈을 돌리고 그 방향으로 삶을 정초할 때 비로소 해악을 저지르려는 욕망에서 벗어날 수 있다고 본다. 이것은 살인자의 자비나 악어의 눈물과는 다른 것이다.

흔히 동심이 평화의 상징으로 간주되지만 그것에는 양면성이 있다. 죽어가는 것이 뭐가 그렇게 재미 있는지 어린 시절의 나는 연신 개구리에게 돌멩이를 던진다. 만화영화 〈샤크 Shark Tale〉(2004)를 보면 상어의 본성이 의심스러울 정도로 마음이 여려서 육식을 하지 못하는 영원한 어린이 레니가 나온다.

04-05 [071]

공 선생님이 일러주었다. "부자와 출세의 삶, 이건 요즘 사람들이 모두 바라는 목표이다. 그러나 정당한 길로 그 목표에 이를 수 없다면, 그런 곳에 몸을 가까이하지 마라. 가난과 멸시의 삶, 이건 요즘 사람들이 모두 싫어하는 대상이다. 납득할 수 있는 이유로 그런 처지에 있게 된 것이 아니라면, 〔모험을 해가며 서둘러 그런 곳에서〕 벗어나려고 하지 마라. 자율적 인간이 평화의 가치를 내팽개치고서, 어떻게 이름값을 할 수 있겠는가? 자율적 인간이라면 밥을 먹는 순간에도 평화에서 벗어나서는 안 된다. 궁지에 몰려 다급한 상황에서도 반드시 이것을 돌봐야 하고, 넘어져 위험스런 상황에서도 반드시 이것을 돌봐야 한다."

子曰: "富與貴, 是人之所欲也, 不以其道得之, 不處也. 貧與賤, 是人之所惡也, 不以其道
자왈: "부여귀, 시인지소욕야, 불이기도득지, 불처야. 빈여천, 시인지소오야, 불이기도
得之, 不去也. 君子去仁, 惡乎成名? 君子無終食之間違仁, 造次必於是, 顚沛必於是."
득지, 불거야. 군자거인, 오호성명? 군자무종식지간위인, 조차필어시, 전패필어시."

상황 ─● 정도를 걸어가려는 자의 고집이 엿보인다. 편법은 편법일 뿐 결코 빠른 것도 효율적인 것도 아니다.

걸림돌 ─● 부귀와 도의 관계는 잘 이해되지만 빈천과 도의 관계는 잘 이해되지 않는다. 그래서 밑줄 친 부분을 "거지去之"로 고쳐서 "정당한 방법으로 그런 처지에서 벗어날 수 없다면 벗어나려고 하지 않는다"는 식으로 풀이한다. 일리 있는 주장이다. 나는 '득지'를 '거지'로 바꾸지 않아도 해석상으로 큰 문제가 없다고 생각한다. 같은 득지라도 부귀는 획득한 것이 되고, 빈천은 음모와 같은 비정상적인 상태에서 그렇게 된 것일 수

있다. 이때는 상황을 받아들이고 기다리는 것이 나름대로 슬기로운 길일 수 있다. 이것이 공 선생이 강조하는 명철보신明哲保身에 부합할 수 있기 때문이다.

> **깊이 읽기**
>
> ## 인(평화의 진리)이 없는 곳은 없다
>
> 『장자』「지북유」에 보면 동곽자東郭子와 장 선생(장자, 장주)의 대화가 있다. 동곽자가 진리(道)가 어디에 있느냐고 묻자 장자는 없는 곳이 없다고 대답했다. 그 뒤 이어서 도는 기왓장에도 있고 똥과 오줌에도 들어 있다고 한다. 동곽자의 황당해하는 얼굴을 상상해보라. 도가 지배하고 관철되지 않는 곳이 없다는 것이다.
>
> 공 선생은 인이 어디에 있느냐는 질문을 받지는 않았다. 하지만 그이는 장 선생과 말하는 방식은 다르지만 인이 없는(스며들지 않는) 곳은 없다고 말한다. 이 점을 말하기 위해서 세 가지 상황을 끌어들이고 있다. 하나는 밥을 먹는 시간이다. 식사는 너무나도 일상적이면서 사적인 시간이다. 그렇지만 먹을 것이 없어 굶고 있을 사람이나 이런저런 정치적 이유로 도망을 다니는 사람의 처지를 생각해보라. 다른 두 가지는 물리적으로 나 이외의 다른 사람을 생각하기 어려운 상황이다. 다급할 때는 내가 남을 돕는 것이 아니라 남이 나를 도울 때이다. 넘어질 때는 더더욱 다른 사람을 신경 쓸 겨를이 없다. 이처럼 내가 나 자신으로 관심을 집중해 들어갈 때조차도 공 선생은 긴장의 끈을 놓지 않고 인을 돌봐야 한다고 주문한다. 이와 달리 사정이 여유가 있고 공적인 상황이라면 사람이 어떻게 해야 할지 묻지 않아도 알 만하다.
>
> 이런 삶이 어떻게 보면 피곤할 것 같지만 따지고 보면 언행이 일치하는 삶이다. 또 자신을 부분이 아니라 전체적으로, 엉성하지 않고 꽉 조이게 지배하는 삶이다.
>
> ◎ 위 글을 읽고 "왜 우리는 평화를 주장하면서도 증오의 유혹에 솔깃할까?"에 대한 자신의 생각을 정리해보자.

04-06 [072]

공 선생님이 한마디 했다. "나는 공동체의 평화(화합)를 참으로 좋아하고 반평화, 즉 이간질(분쟁)을 참으로 싫어하는 그런 사람을 아직 본 적이 없다네. 평화를 참으로 좋아하는 사람이라면 더 바랄 나위가 없다. 이간질(분쟁)을 참으로 싫어하는 사람의 경우 자신이 평화를 일구려고 할 때, 이간질하는 이로 하여금 자신을 물들이지 못하도록 해야 한다. 누가 [짧지만 긴] 하루라도 자신의 온 힘을 공동체의 평화에 쏟아부을 수 있을까? 나는 [객관적으로] 힘 자체가 그러기에 모자란 사람을 본 적이 없다. [잠시 머뭇거리고 난 뒤] 아마 그런 인물이 있었겠지만, 내가 견문이 좁아서 아직 보지(듣지) 못했을 뿐이겠지."

子曰 : "我未見好仁者, 惡不仁者. 好仁者, 無以尙之. 惡不仁者, 其爲仁矣, 不使不仁者加
자왈 : "아미견호인자, 오불인자. 호인자, 무이상지. 오불인자, 기위인의, 불사불인자가
乎其身. 有能一日用其力於仁矣乎? 我未見力不足者. 蓋有之矣, 我未之見也."
호기신. 유능일일용기력어인의호? 아미견력부족자. 개유지의, 아미지견야."

― 상황 ― ● 참으로(제대로) 좋아하고 미워할 줄 알면, 미움은 사랑에서 나오는 미움이고 사랑은 미움을 깔고 있는 사랑이 된다. 즉 사랑과 미움이 함께 가는 것이다.

― 디딤돌 ― ● 호好는 그냥 좋아하기만 하는 것은 아니다. 그것은 그러한 가치를 긍정하기도 하면서 실제로 그렇게 살아가는 계기까지 포함한다. 말로는 평화를 외치면서 행동으로는 적대를 일삼는다면 그것은 평화를 좋아하는 것이 아니다. 또 불인不仁을 미워한다는 것은 어떤 것일까? 자칫 우리는 그것을 불인한 자에 대한 적대적인 조처를 용인하는 것으로 이해할 수 있다. 하지만 바로 이 지점에서 공 선생은 공 선생다운 발상을

보여준다. 불인한 이를 미워하는 것은 타자를 향한 어떤 태도가 아니라 나 자신을 향한 반성이면서도 나 자신에 대한 검사이다. 즉 내가 불인한 것을 하지 않는 것이 불인을 미워하는 것이다. 맞는 말이다. 미워한다고 해놓고 자신이 그렇게 한다면 말이 되지 않는다. 하지만 우리 주위에는 그런 인물이 많다. 참, 욕하면서 닮아간다는 말이 있지 않은가! 국가 폭력을 비난하면서 정작 자신은 언어폭력과 성추행을 저지르는 사람이 있다.

04-07 [073]

공 선생님이 한마디 했다. "사람이 잘못(실수)을 하더라도, 제각각 부류마다 [특성이 있다.] 따라서 사람들의 잘못을 잘 들여다보면, 사람의 유형(사람다움)을 식별할 수 있다."

子曰 : "人之過也, 各於其黨. 觀過, 斯知仁矣."
자왈 : "인지과야, 각어기당. 관과, 사지인의."

상황

● 어떤 사람을 알려면 그 사람이 어울리는 친구를 관찰해보면 알 수 있다. 그러면 당사자를 직접 관찰하는 것보다 더 정확히 알 수 있다. 친한 사람끼리는 사회적 통제를 덜 의식하고 자신의 본모습에 가까운 언행을 자연스럽게 할 수 있기 때문이다. 이렇게 보면 공 선생도 나름의 세태를 관찰하는 안목을 가지고 있는 것 같다. 위의 본문과 지금까지의 설명은 유유상종類類相從, 끼리끼리 또는 초록동색草綠同色 같은 말로 압축할 수 있다. 02.10[026]에서 공 선생은 사람을 관찰하는 관인법觀人法을 이야기하고 있다.

04-08 [074]

공 선생님이 일러주었다. "아침에 제 갈 길을 알아차렸다면, 저녁에 죽게 되더라도 괜찮다."

子曰:"朝聞道, 夕死可矣."
자왈 : "조문도, 석사가의."

상황
● 우리는 자나 깨나 바라던 일이 성취되기를 간절히 바랄 때 '죽음'이라는 말을 내걸며 결의를 다진다. 이루어지느냐 그렇지 않느냐는 살 가치가 있느냐 없느냐를 판가름하는 절대 기준이기 때문이다. 공 선생은 도를 목숨과 바꿀 만한 가치가 있는 것으로 보고 있다.

걸림돌
● 문聞은 글자 그대로 '듣다'라는 뜻이다. 나는 여기서 '알다'로 해석했다. 오늘날 우리는 듣는 것과 아는 것을 각각 다른 활동으로 간주한다. 또 내가 뭔가를 알고자 하면 도서관에서 책을 찾아보거나 각종 포털사이트에 들어가 '지식'을 검색할 수 있다. 이처럼 장소에 제한을 받지 않고 언제 어디서나 네트워크에 접속하여 지식을 검색할 수 있는 이 시대를 유비쿼터스Ubiquitous 시대라고 표현한다. 즉 굳이 알 만한 사람을 찾아서 가르침을 들어야 할(들을) 필요가 없다. 그러나 고대에는 사정이 달랐다. 혼자서 찾아볼 만한 책도 드물고 사이버 공간도 없었다. 뭔가를 알려고 하면 그것을 알 만한 사람을 찾아가서 물어보고 답을 들을 수밖에 없었다. 아무나 어디에서나 진리에 접근하는 것이 아니라 특정한 인물만이 진리를 알고 있었던 것이다. 여기서 듣는다는 것은 단순히 소리가 내 귀에 들리는 물리적인 운동에 국한되지 않고 모르던 것을 알게 되는 것까지 포괄한다. 이런 점에서 나는 문을 '듣다'가 아니라

'알다'로 해석했다. 이처럼 글자 하나의 해석에도 진리, 학문관의 차이가 끼어들어 있으니 함부로 번역할 수 없는 것이다.

깊이 읽기

도와 죽음

죽음이 나왔다고 해서 너무 과도한 경계심을 가질 필요는 없다. 프로이드에 의하면 사람은 사랑이나 자기 보존 충동인 에로스Eros와 파괴나 죽음의 충동인 타나토스Thanatos를 가지고 있다. 공 선생은 자신의 저술로 추정되는 『변화의 기록〔역경〕』에서 일찍이 낳고 낳는 끊임없는 생성이 바로 변화〔生生之謂易〕라거나 하늘과 대지의 위대한 힘은 바로 생성〔天地大德曰生〕이라고 말했으니 죽음의 충동을 긍정적으로 보지 않은 듯하다. 즉 그이는 사람이 자신을 파멸시키고자 하는 무의식적 의지가 있다는 것을 꿈에도 생각하지 못할 것이다.

그렇다면 이 죽음은 무슨 죽음을 말하는 것일까? 우리는 죽음 하면 싸늘한 시신, 흐느끼는 유족, 장례 행렬을 떠올린다. 즉 물리적 죽음을 연상한다. 여기서 죽음을 꼭 그렇게 볼 필요는 없다. 사람의 생명에는 목숨이라는 생물학적 의미 이외에도 정치적 생명, 예술적 생명 등 사회 각 영역의 활동(영향력)이라는 뜻도 있다. 구도자에게 도의 획득은 그 이전과 이후를 본질적으로 구분하는 엄청난 사건이다. 이전의 내가 가진 한계가 열려서 터져 나가고, 좁은 내가 타자를 포용하는 넓은 나로 바뀌는 것이다. 공 선생은 이런 존재의 변화를 죽음을 극화시켜서 말하고 있다. 따라서 우리가 이 죽음을 물리적 생명에 국한하여 읽어낸다면 참으로 빈약한 독해가 되고 말 것이다.

◎ 위 글을 읽고 "공 선생이 말하는 죽음의 진정한 의미는 무엇일까?"에 대해 자신의 생각을 정리해서 글을 써보자.

04-09 [075]

공 선생님이 한마디 했다. "공동체의 일꾼(지식인)이 큰길에 뜻을 두고서 거지 옷이니 싸구려 음식이니 불만을 늘어놓는다면, 더불어 나아갈 길을 이야기할 만하지 못하다."

子曰：" 士志於道, 而恥惡衣惡食者, 未足與議也."
자왈：" 사지어도, 이치악의악식 자, 미족여의야."

◉ 속물근성을 보이는 지식인을 상종하지 못할 인물로 배척하고 있다.

상황

깊이 읽기

바람직한 지식인상

"지식인은 비판과 창조를 그 생명으로 삼는다. 그렇다고 해서 그이가 관찰과 분석을 무시하는 것은 결코 아니다. 사물과 사건을 정확하게 관찰하고 면밀하게 분석한다. 그러나 그이는 이 같은 관찰과 분석에만 머무르지 않는다. 과학적 엄밀성과 객관성을 존중하되 한 걸음 더 나아간다. …… 첫째, 분석과 관찰을 주로 미시적인 지적 활동으로 본다면 지식인의 활동은 거시적 통찰을 그 핵으로 삼는다. 역사의식을 씨줄로 삼고 사회의식을 날줄로 삼아 거시적이고 종합적인 시각을 가지고 사건과 사물을 통찰하고 상상한다. …… 둘째, 지식인은 사물과 사건을 분석하고 관찰하며 나아가 그것을 거시적으로 통찰하는 데만 그치지 않는다. 그이는 의분과 공감의 정을 가지고 사건을 파악한다. 귀중한 이상과 생명이 상처 입게 될 때 그이는 과학적 객관성과 중립성을 빙자하여 냉혹하게 상처 입은 인간을 관찰하지 않는다. 그이는 아픔을 함께 나누어 가지려고 한다. …… 셋째, 지식인은 사실의 세계를 진실의 세계로 착각하지 않는다. …… 넷째, 일상성의 세계의 그 일상성을 그대로 받아들이지 않는다. …… 다섯째, 이렇게 일상성의 질서를 회의하려는

> 지식인은 자연스럽게 자기가 사는 세계를 지배하는 허위의식을 꿰뚫어볼 수 있다. …… 지나치게 현학적으로 현상을 기술하든지 아니면 과학적 입장을 앞세워 까다로운 낱말들을 지나치게 나열하여 현실태의 참 모습을 똑바로 보지 못하도록 한다. 이렇게 독자의 이해력을 둔감시켜서 결국 기존 이득의 질서를 옹호하고 변호한다. 이러한 사회과학자들은 한마디로 지식기사知識技士이다. 시인이나 작가들도 문학의 순수성을 앞세워, 현실 구조의 모순에서 애써 눈을 돌림으로써 적어도 간접적으로 그 현실 구조를 비호한다. 뿐만 아니라 특정 인물을 우상화하는 글을 씀으로써 기존 질서를 공고히 하기도 한다. 그들도 지식기사이다."
>
> ── 한완상, 『민중과 지식인』(정우사, 1989), 49~52쪽.
>
> ◎ 위 글을 읽고 "현대의 바람직한 지식인상은 무엇일까?"를 생각해보자.

04-10 [076]

공 선생님이 들려주었다. "자율적 인간이 하늘 아래[의 일을 검토하면서] 반드시 나아가야 하는 것도 없고, 절대로 해서 안 되는 것도 없다. 그이는 다만 상황 적절성을 좇을 뿐이다."

子曰:"君子之於天下也, 無適也, 無莫也, 義之與比."
자왈: "군자지어천하야, 무적야, 무막야, 의지여비."

상황

● 규범의 절대성과 상황 적절성 중 어느 것이 중요한지를 묻는다면, 공 선생은 후자의 손을 들어준다. 절대성은 규범의 보편성과 공평성을 강조하고, 상황 적절성은 규범의 자율적 재량권을 강조한다.

걸림돌

● 의義는 왜 상황 적절성으로 번역해야 할까? 공 선생은 도덕규범이 신의 절대적 명령처럼 모든 상황에서 예외 없이 관철되어야 한다는 식으로 말하지 않는다. 예를 들어 고대사회에서는 여자와 남자의 자유로운 교제가 금기시되었다. 그 결과 남자와 여자가 일곱 살이 되면 같은 공간에 있지 않는다〔男女七歲不同席〕는 말까지 나오게 되었다. 그렇지만 맹 선생(맹자)은 형수가 물에 빠져 허우적거리는데 시동생이 여자 손을 잡을 수 없다며 수수방관하면 사람이 아니라고 말했다. 여자와 남자의 접촉 금지는 철칙으로서 모든 현실에서 절대적으로 적용되는 것이 아니라 예외적인 상황을 허용한다. 이런 점에서 우리는 의를 절대적 기준이 아니라 상황의 특수성을 고려하는 적절성의 특성을 갖는다고 할 수 있다. 의의 상황 적절성을 강조하면, 황희黃喜의 양시론兩是論처럼 어떤 사태에 대해, 이래도 좋고 저래도 좋다는 식으로 모든 현실을 긍정하는 문제를 낳을 수 있다. 같은 내용이 18.08[485]에서 '무가무불가無可無不可'라는 표현으로 되풀이되고 있다.

◎ 파란만장한 지식인의 삶을 만나려면 도나미 마모루가 쓰고 허부문과 임대희가 옮긴 『풍도의 길: 나라가 임금보다 소중하니』(소나무, 2003)를 읽어보라. 중국의 역사에서 당 제국과 송 제국 사이의 왕조를 오대십국五代十國이라 부른다. 풍도(馮道, 882~954)는 다섯 왕조의 11명의 군주를 거치면서 정치적 생명을 이어갔던 인물이다. 흔히 그이를 변절의 귀재로 평가하기도 한다. 『풍도의 길』 270쪽에 04.10[076]을 그대로 인용하고서 풍도가 주관적인 감정을 드러내지 않고 공평무사한 태도로 사람을 대우했다고 풀이하고 있다.

04-11 [077]

공 선생님이 한마디 했다. "자율적 인간이라면 자기 고양(나눔)에 골몰하지만, 작은 사람들은 제 살 곳에 골몰한다. 군자는 솔선수범에 관심을 두지만, 작은 사람들은 개인적 행운에 관심을 둔다."

子曰:"君子懷德, 小人懷土, 君子懷刑, 小人懷惠."
자왈 : "군자회덕, 소인회토, 군자회형, 소인회혜."

상황 ─ ● 공 선생이 즐겨 분류하는 군자와 소인의 특징이 한층 더 선명해지고 있다.

04-12 [078]

공 선생님이 한마디 했다. "혼자만의 이익을 좇아 달려가면 [예컨대 손해 보는 사람들로부터] 이런저런 원망의 소리를 많이 듣게 된다."

子曰:"放於利而行, 多怨."
자왈 : "방어 리이행, 다원."

상황 ─ ● 이익의 추구가 국가 경제의 발전과 개인의 삶의 질을 향상시키는 것이 아니라 시민의 최소한의 안정적인 삶을 박탈하게 되는 점을 이야기하고 있다. 독과점, 양극화가 낳는 폐해는 오늘만의 문제가 아닌 모양이다.

디딤돌 ─ ● 잉여 생산이 가능하면 이익 추구는 자본의 형성을 가능하게 한다. 반면에 낮은 생산력의 사회에서 한 사람 또는 집단이 이익을 독점 또는 과점하게 되면, 다른 사람 또는 집단의 빈곤은 더욱더 심화된다. 왜냐하면 한쪽으로의 부의 집중은 다른 한쪽으로부터의 약탈 내지 이동에 불과하기 때문이다. 예를 들어보자. 한 상인이 한 공동체의 잉여 생산물을 국외의 시장에 판매하여 이윤을 남기게 되면 개인의 경제력이 증가할 뿐만 아니라 국부도 축적된다. 반면에 박지원 소설『허생전』의 허생처럼 매점매석으로 판매 이윤을 챙기면, 결국 소비자가 싼값에 구입할 물건을 비싼 값에 사게 된다. 시간이 가면 갈수록 소비자는 점점 가난해지고 화폐는 허생에게 집중된다. 이 상황이 지속되면 소농 경제의 기반이 무너지게 된다. 이런 맥락에서 전통 시대의 상인은 누구에게도 환영받지 못하는 존재였다. 상인은 소농에게는 폭리를 취하는 집단으로, 국가에게는 사회질서를 무너뜨리는 위험 집단으로 간주되었다.

04-13 [079]

공 선생님이 일러주었다. "누가 문명의 의식과 겸양으로 나라를 다스릴 수 있을까? 그렇다면 무슨 문제가 있겠는가? 만약 문명의 의식과 겸양으로 나라를 다스릴 수 없다면 도대체 그런 문명의 의식은 어디에다 쓸 것인가?"

子曰: "能以禮讓爲國乎? 何有? 不能以禮讓爲國, 如禮何?"
자왈: "능이례양위국호? 하유? 불능이례양위국, 여례하?"

● 공 선생은 공동체를 폭력과 투쟁이 아니라 문명과 겸양의 힘으로 운용하여 구성원을 통합할 것을 말하고 있다. 오늘날 우리는 바라는 것을 주장(요구)하고 그것이 관철되지 않으면, 집단의 힘으로 투쟁하여 원하던 것을 이루려고 한다. 하지만 최근에는 이런 과정에도 절차적 합리성

과 고도의 자기 절제 그리고 상대에 대한 존중의 필요성 등이 점차 높은 관심을 받고 있다. 양보의 가치에 대해서는 08.01[190]의 원문과 '깊이 읽기'를 보라. 양보는 자기 것을 뒤로 놓는 것이어서 어렵다. 어려운 만큼 결정적인 순간의 양보는 위대해 보인다.

걸림돌

◉ 하유何有는 글자 그대로 "무엇이 있으랴?"는 뜻이지만 의미가 불안정하다. '하' 다음에 난難을 보충하면 의미가 한층 더 분명해진다. 이에 하유는 무슨 어려움 또는 문제가 있겠느냐, 즉 아무런 문제가 없다는 뜻을 나타낸다.

04-14 [080]

공 선생님이 타일렀다. "자리(기회)가 주어지지 않는 것을 걱정하지 말고, 제대로 자리를 지킬 수 있는지를 걱정하라. 주위에서 자신의 존재를 알아주지 않는다고 걱정하지 말고, 알려질 만한 진가를 갖추도록 노력하라."

子曰:"不患無位, 患所以立. 不患莫己知, 求爲可知也."
자왈: "불환무위, 환소이립. 불환막기지, 구위가지야."

상황

◉ 01.01[001]에서 보았듯이 사회적 인정은 공자 학파에서 즐겨 논의되는 주제이다. 공 선생이 인정 자체에 매몰되지 말고 인정받을 자격을 갖추라고 아무리 힘주어 말하더라도, 제자들도 사람인 한 자신들을 알아주지 않는 주위 사람과 공동체를 원망하기 쉽다. 인생에서는 자격을 갖추는 것만큼이나 기회를 느긋하게 기다리는 자세도 중요하다.

04-15 [081]

공 선생님이 일러주었다. "증삼아, 나의 나아갈 길은 한곳으로 이어져 있다."
　증 선생님이 대꾸했다. "예, [무슨 말인지] 알겠습니다."
　공 선생님이 자리에서 일어나 밖으로 나갔다.
　동학들이 그이에게 물었다. "무슨 뜻이지요?"
　증 선생님이 풀이했다. "선생님의 나아가는 길이란 진실과 관용일 뿐입니다."

子曰: "參乎! 吾道一以貫之." 曾子曰: "唯." 子出, 門人問曰: "何謂也?" 曾子曰: "夫子
자왈: "삼호! 오도일이관지." 증자왈: "유." 자출, 문인 문왈: "하위야?" 증자왈: "부자
之道, 忠恕而已矣."
지도, 충서이이의."

상황 ● 자기 삶의 중심을 말하고 있다. 중심이 서면 뭘 어떻게 할지 분명하지만 중심이 없으면 한없이 일에 끌려다닌다. 공 선생은 그 중심으로서 진실과 관용을 내세운다.

걸림돌 ● 1) 일이관지一以貫之는 줄여서 일관一貫으로 쓰인다. 오늘날 우리가 쓰는 일관이라는 말의 최초 출처이다. 여기서 일이관지의 '일一'에 너무 과도하게 주목할 필요는 없다. 일을 글자 그대로 하나로만 이해하여 일관을 공 선생 사유 체계의 토대나 형이상학적 사유의 근원으로까지 볼 필요는 없다. 즉 그이의 모든 사유가 일이관지의 일에 의존해 있다는 식으로 독해할 이유는 없다. 다만 공 선생이 사유의 종합화를 시도하려고 했다는 정도로 보면 된다. 이렇게 보면 일이관지는 나의 세계에는

나름대로 중심이 있다는 말로 보면 충분하다. 15.03[398] '다학과 일관'을 참조하라.

 2) 공 선생은 일관이 있다는 말을 던져놓고 아무런 부가 설명을 하지 않았다. 증삼이 궁금해하는 동학들을 위해 그것을 해설했다. 그이의 해설도 툭 던져놓는 식이지 자세한 해명이 없다. 『논어』에서 충忠은 신信과 함께 쓰이는데, 실제로 두 말의 의미가 겹치는 점이 많다. 이 충은 왕에 대한 절대 복종으로서의 충성과는 상관이 없다. 그것은 오히려 자기 충성에 가까워서 진실, 진정의 뜻으로 쓰인다. 서恕는 『논어』에 단 두 차례밖에 쓰이지 않아 의미를 구성하기 어려워 보이지만 몇몇 구절에서 그 의미를 전달하는 구문이 있다. 예컨대 15.24[419], 05.13[105], 12.02[296] 등을 보면 서는 타자를 나와 마찬가지로 욕망과 존엄을 지닌 존재로 받아들이는 관용의 태도와 관련이 있음을 알 수 있다.

◎ 『논어』에서 현대적으로 재해석할 만한 사유를 꼽으라면 나는 주저 없이 서恕라고 할 것이다. 이와 관련한 풍부한 논의는 신정근이 쓴 『논어의 숲, 공자의 그늘』(심산, 2006), 177~211쪽을 참조하라.

04-16 [082]

공 선생님이 한마디 했다. "자율적 인간은 정의(본분)에 투철하고 작은 사람들은 혼자만의 이익에 투철하다."

子曰:"君子喩於義, 小人喩於利."
자왈 : "군자유어 의, 소인유어 리."

◉ 군자와 소인의 결정적인 차이가 제시되고 있다.

디딤돌 ● 공자 학파의 지속적인 탐구 주제의 하나가 인간 군상을 군자와 소인으로 나누어 고찰하는 일이다. 물론 이 세상에는 순도 100퍼센트의 군자와 순도 100퍼센트의 소인은 없다. 각자 얼마간의 비율로 뒤섞여 있다. 다만 여기서 군자와 소인은 막스 베버의 용어인 이념형Ideal Typus으로 생각하면 된다. 즉 우리가 현실(현상)의 일정한 부분을 이해하기 위한 학문적 방법으로서 하나의 이상 또는 원형을 설정하는 것이다. 그래야 우리 자신을 이념형으로서의 군자와 소인에 비추어 보고 나의 함량을 정확하게 잴 수 있다. 여기서는 정의와 이익을 대비시키고 있다.

04-17 [083]

공 선생님이 들려주었다. "뛰어난 인물을 만나서는 [어떻게든 본받아서] 그이와 같아지도록 바라고, 모자라는 사람(즉 반면교사)을 만나서는 교훈을 받아들여서 스스로 단속한다."

子曰: "見賢思齊焉, 見不賢而內自省也."
자왈: "견현사제언, 견불현이내자성야."

상황 ● 세상 사람들은 모두 나의 스승이고, 사회는 모든 곳이 학교이다. 뛰어난 사람은 내가 나아갈 바를 제시해주고, 문제가 있는 사람은 내가 가지 말아야 할 바를 제시해준다. 내가 나를 잘 보지 못할 경우 타인을 보라. 그이는 나를 비추는 거울이다. 나 자신이기에 너그럽게 넘어가는 문제도 남이기에 쉽게 집어낼 수 있다. 예수도 남의 눈의 티끌을 말하지 말고 네 눈의 들보를 빼라고 했다. 선생을 너무 좁게 교실이나 교과서 속에서만 찾지 않아야겠다. 이 구절은 07.22[173]의 세 사람이 같이

가면 반드시 나의 스승이 있다거나 19.22[510]의 '학무상사學無常師'와
같이 읽으면 의미의 울림이 커진다.

04-18 [084]

공 선생님이 들려주었다. "부모를 모실 때는 [부모에게 잘못이 있더라도]
부드럽게 반대 의견을 내비친다. 부모의 속뜻이 자신의 생각대로 따
라주지 않더라도 더욱 존중하며 부모의 뜻을 꺾으려고 하지 말고 힘
에 버겁더라도 원망의 소리를 내지 마라."

子曰:"事父母幾諫, 見志不從, 又敬不違, 勞而不怨."
자왈 : "사부모기간, 견지부종, 우경불위, 노이불원."

상황 ─● 자식과 부모의 의지가 충돌할 때, 부모의 권위를 존중하라는 말이
다. 자신의 생각을 접는다고 하더라도 완전히 포기하라는 말은 아니다.
기간幾諫은 완곡한 의견 제시, 부드러운 설득으로도 볼 수 있는데, 여기
서부터 유명해진 말이다.

걸림돌 ─● 고대의 가족과 현대의 가족은 그 위상이 현격하게 다르다. 고대의
경우 가족은 혈연 공동체 이외에도 자족적인 경제, 정치 기능과 군사
기능까지 겸비한 사회집단이었다. 그 결과 가장과 자식의 관계는 친밀
한 애정으로 설명되지 않는 측면이 있었다. 예컨대 자식의 진로 결정,
혼사 문제, 가족경제의 운영 등은 감정을 배제한 채 결정해야 하는 중
대한 사안이었다.

따라서 원문만 보면 자식이 부모의 의사를 존중하라는 뜻이다. 하지

만 사회적 맥락을 고려하면 자식이 군주와도 같은 부모의 의견을 받아들여야 하는 처지에 있음을 상기시키고 있다. 한 번 보고 다시 만날 사이가 아니라면 자신의 주장을 극단적으로 내세우더라도 상관이 없다. 반면에 늘 만나는 사람끼리 근원적으로 다른 생각을 가지고 같은 공간에서 지내기란 쉽지 않다. 그리고 가족 간의 이야기는 학문적 토론처럼 합리성이 지배하는 관계가 아니므로 이견이 생기면 더더욱 조정이 어렵다. 당장 그 자리에서 결판을 내기보다는 시간을 두고 조정을 하는 것이 차선의 방법일 터이다.

04-19 [085]

공 선생님이 들려주었다. "부모가 살아 계신다면, 자식은 사는 곳에서 멀리 나다니지 마라. 만약 나다닐 일이 있으면, 반드시 부모에게 가는 곳을 밝히도록 하라."

子曰 : "父母在, 不遠遊, 遊必有方."
자왈 : "부모재, 불원유, 유필유방."

상황
● 전화도 휴대전화도 없던 시절, 연락이 닿지 않는다는 것은 엄청난 공포였으리라. 부모가 자식 걱정을 하지 않게 하고, 부모에게 무슨 일이 생길 때 자식이 빨리 집으로 돌아올 수 있으려면, 먼저 소재 파악이 되어야 할 것이다.

디딤돌
● 이 말은 농업에 기반을 둔 사회가 아닌 산업사회나 세계화의 시대에는 들어맞지 않는 말로 보인다. 이 말을 곧이곧대로 받아들이면 오대양

육대주를 누벼야 하는데 공 선생은 자식을 집 안에 가둬두려는 혐의를 받을 만하다. 그러나 이 말을 절대적 진리가 아니라 부모와 효에 대한 기본적인 자세에 대한 격언으로 생각하라면 얼마든지 일리가 있는 말이다. 예컨대 부모님이 병을 앓고 계신다든지 연세가 많아서 건강이 어떻게 될지 모르는 상황이라면, 이 말은 너무나도 가슴에 와 닿는다. 이처럼 같은 말이라도 상황에 따라 느낌이 다르게 전달되는 법이다.

04-20 [086]

공 선생님이 일러주었다. "자식이 아버지가 걸으신 길 중 합리적인 측면을 오랫동안 뜯어고치지 않는다면 그런 인물을 효자라고 말할 만하다."

子曰: "三年無改於父之道, 可謂孝矣."
자왈: "삼년 무개어부 지도, 가위 효의."

상황 ● 아버지가 지나온 길은 세월을 통해 검증된 측면이 있다. 그 점에 유의하라는 주문으로 보면 좋겠다. 내용이 01.11[011]과 중복된다.

04-21 [087]

공 선생님이 들려주었다. "자식이 부모의 나이를 잊어서는 안 된다. 〔늘 기억하고 있어도〕 한편으로는 〔이만큼 많이 사셨으니〕 참으로 기쁘지만, 다른 한편으로 〔언제 돌아가실지 모르니〕 참으로 겁이 난다."

子曰 : "父母之年, 不可不知也. 一則以喜, 一則以懼."
자왈 : "부모지년, 불가부지야. 일즉이희, 일즉이구."

상황
● 자기 나이도 그렇지만 부모의 나이는 양가감정이 더 심하다. 이만큼 사셨으니 참으로 다행이라고 생각되기도 하고, 벌써 이렇게 되셨으니 언제라도 돌아가실지 모른다는 생각이 들어 슬프기도 한다. 이것은 사상이라기보다 관찰이고 일기장의 한 페이지에 가깝다.

04-22 [088]

공 선생님이 들려주었다. "옛적에 사람들이 다짐의 말을 쉽게 내놓지 못했는데, 그것은 몸의 움직임이 제대로 뒤받쳐주지 못하는 것을 부끄러워했기 때문이다."

子曰 : "古者言之不出, 恥躬之不逮也."
자왈 : "고자언지불출, 치궁지불체야."

상황
● 공 선생은 실천을 강조하므로 표현을 달리하면서 비슷한 말을 자주 한다. 그이의 생각에 따르면 인생은 명사가 아니라 동사이다. 즉 인생은 1초 1초 쉬지 않고 한 땀 한 땀 수를 놓아가며 걸어가는 여정이다. 우리는 지금까지 살아오면서 스스로 한 다짐의 몇 퍼센트가 실현되었을

까? 실현하지 못했다면 부끄러워하며 실현을 위해 결의를 다져야겠다. 04.24[090]도 비슷한 내용이다.

04-23 [089]

공 선생님이 일러주었다. "스스로 엄격하게 규제하는데도 잘못을 하는 일은 아주 드물다."

子曰:"以約失之者鮮矣."
자왈 : "이약실지자선의."

상황 ── ● 상대에게 요구하는 만큼 스스로 엄격하게 요구한다면, 자신이 저지르는 과오를 절반 이상 줄일 수 있을 것이다.

걸림돌 ── ● 약속이란 말은 따져보면 재미있다. 이 말은 사전적으로 "다른 사람과 앞으로의 일을 어떻게 할 것인가를 미리 정해두거나 그렇게 정한 내용"이란 뜻이다. 약속은 한자로 '約束'이라고 쓴다. 둘 다 묶는다는 뜻으로 약속의 의미를 아주 잘 나타낸다. 시간 약속이라면 어떤 날의 시간과 어떤 장소에서 만난다는 것을 그 사람과 묶는 것이다. 약속을 바꾸려면 묶은 것을 풀어야 한다. 약속을 잘 지킨다는 것은 한번 묶으면 절대로 풀지 않는다는 뜻이다.

규제한다든지 절제한다든지 하는 말도 행위자가 자신을 규범이나 원칙에다 묶는다는 것이다. 묶은 것이 느슨해지거나 풀려버리면 원칙을 어기는 것이다. 이렇게 보면 묶는다는 것이 약속이나 원칙과 관련해서 왜 쓰이게 되는지를 파악할 수 있다.

04-24 [090]

공 선생님이 들려주었다. "자율적 인간은 다짐할 때는 더듬거리지만 실행할 때는 재빨리 한다."

子曰 : "君子欲訥於言而敏於行."
자왈 : "군자욕눌어언이민어행."

상황
◉ 이 말은 위로 한 장 건너뛰어서 04.22[088]에서 한 말과 비슷하다. 도대체 이 시대에는 얼마나 많은 사람들이 공 선생을 실망시켰을까!

04-25 [091]

공 선생님이 들려주었다. "고상함(흡인력)의 길은 결코 외롭지 않다. 반드시 함께하려는 이웃이 있기 마련이다."

子曰 : "德不孤, 必有鄰."
자왈 : "덕불고, 필유린."

상황
◉ 세상이 망한다고 하는데도 망하지 않는다. 나와 조금 떨어진 곳에서 세상을 아름답게 가꾸는 이웃이 있기 때문이다.

걸림돌
◉ 좋은 일을 함께하고 있다고 생각하지만 문득 돌아보면 자기 혼자밖에 없다. 같은 일이라도 흉내 내듯 하는 이가 있고, 다른 일이 생기면 언제든지 그만둘 수 있는 사람도 있고, 약간의 어려움만 있어도 짐을 내려놓는 이도 있으니까 말이다. 반대로 눈앞에는 없지만, 다른 곳에서 나와 같은 생각을 가지고 준비하는 사람이 있기 마련이다. 길을 바꾸지

않고 쭉 가다 보면 만날 사람은 만나게 된다. 그런 사람이 찾아오는 즐거움을 01.01[001]에서 공 선생은 이미 노래했다. 뜻이 같은 사람이 있다는 것, 그들로 인해 공동체가 따뜻해질 수 있다는 생각은 어려운 상황에서도 희망을 찾게 만든다.

04-26 [092]

자유가 한마디 했다. "〔신하(참모)가〕 번거로울 정도로 자주 임금(지도자)에게 왈가왈부하면 〔반대로 까닭 없이〕 모욕을 당하게 된다. 지나칠 정도로 자주 친구끼리도 왈가왈부하면 사이가 뜸해진다."

子游曰 : "事君數, 斯辱矣, 朋友數, 斯疏矣."
자유왈 : "사군삭, 사욕의, 붕우삭, 사소의."

상황 ── ◉ 반대 의견에 익숙한 사람이라도 "당신이 잘못이야!"는 말을 아무런 감정의 거슬림 없이 듣기란 쉽지 않다. 사람마다 차이가 있으므로 "도대체 몇 번이 적절한 거야?"라는 질문에 "두 번이야"라는 식의 대답으로 일반화할 수는 없다. 그래서 나온 말이 "자주 하지 마라"이다. 자주라는 것도 분명하지 않다. 결국 우리는 자신이 속한 관계에서 재량을 발휘할 수밖에 없다. 아울러 횟수만큼 타이밍도 중요하다. 같은 말이라도 때에 따라 거둘 수 있는 조건이 다르다. 이에 "때를 가려서 하라"는 조항을 추가할 수 있다. 물론 이 말도 언제가 적절한지는 행위 당사자의 판단에 맡겨져 있다.

걸림돌 ── ◉ 數는 수, 수학, 세다, 계산하다의 뜻으로 쓰이면 '수'라고 읽지만 자주의 뜻으로 쓰이면 '삭'이 된다.

5篇

교육의 편

● 교육의 편

보통 제5편은 '공야장'으로 불린다. 이 편은 "자위공야장子謂公冶長"으로 시작되는데 '공야장'이 표제어로 채택되었다. 제3편이 "공자위계씨孔子謂季氏"로 시작하는데, 제5편의 작명 방식을 보면 제3편도 얼마든지 '계씨'라고 작명할 수 있다. 제16편과 겹쳐서 피했다고 할 수 있다. 그렇다 해도 제16편의 이름을 바꾸지 왜 제3편을 바꾸었느냐는 반박에는 할 말이 없어진다. 결국 편명은 어떤 필연적인 이유가 없다는 것을 여기서도 확인할 수 있다.

이 편은 모두 29장으로 되어 있다. 『논어』에는 공 선생의 가족, 집안과 같은 개인적 이야기가 아주 드물게 나오는데, 우리는 이 편에서 몇 가지 정보를 얻을 수 있다. 1, 2장을 통해 공 선생에게 형과 과년한 조카딸이 있었을 뿐만 아니라 그 자신도 과년한 딸의 혼사를 걱정하는 아버지였음을 알 수 있다.

전체적으로 보면 공 선생이 제자(학생)와 춘추시대의 인물을 긍정적으로 평가하는 내용이 많다. 먼저 제자의 경우 1장에서는 공야장을, 2장에서는 남용을, 3장에서는 자천을, 4장에서는 자공을, 5장에서는 염옹을, 6장에서는 칠조개를, 7장에서는 자로를, 8장에서는 자로·염구·공서화를, 9장에서는 자공와 안연을,

10장에서는 재아를, 12장에서는 신정을 주인공으로 삼아 장점을 끌어낸다. 드물게 10장에서는 재아를 호되게 비판하고 있다.

춘추시대의 인물로는 16장에서 위나라의 공문자를, 17장에서 정나라의 자산을, 18장에서 제나라의 안평중을, 19장에서 노나라의 장평중을, 20장에서 초나라의 자문과 제나라의 진문자를, 21장에서 노나라의 계문자를, 22장에서 위나라의 녕무자를, 24장에서 백이와 숙제를, 25장에서 미생고를, 26장에서 좌구명을 다루고 있다. 공 선생은 개별 인물들에서 당사자만이 아니라 사람들이 키워야 할 긍정의 자원을 끌어내고 간혹 우리가 반성해야 할 부정의 자원을 지적한다. 이런 점에서 나는 이 편을 〈교육의 편〉으로 명명하고자 한다.

05-01 [093]

공 선생님이 제자 공야장을 두고 한마디 했다. "딸을 맡길 만하다. 그이가 비록 교도소에 들어가더라도 자신이 지은 죄로 그렇게 된 것은 아닐 것이다. 자신의 딸을 그이에게 아내로 주었다(그이와 자기 딸의 혼사를 추진했다)."

子謂公冶長, "可妻也. 雖在縲絏之中, 非其罪也." 以其子妻之.
자위공야장, "가처야. 수재류설지중, 비기죄야." 이기자처지.

상황
◉ 공 선생은 공야장이 어떠한 상황에 빠지더라도 그에 대한 신뢰를 거두지 않겠다고 말한다. 절대적으로 신뢰하는 관계라고 할 수 있다.

걸림돌
◉ 1) 자子하면 우리는 아들을 연상하지만 여기서는 문맥상 딸을 가리킨다. 16.13[450]에 공 선생의 아들로 백어가 나온다. 여기에 이름이 나오지 않지만 딸이 소개되고 있다. 결국 공 선생은 1녀 1남 또는 그 이상의 자식을 두었다고 볼 수 있다.

2) "아내로 주다"라는 표현은 문법상 문제가 없지만 아무래도 성 차별적 어감을 지울 수가 없다. 그래서 대안으로 ( )안의 중립적 표현을 병기한다.

3) 공 선생이 어떤 계기로 공야장을 전폭적으로 믿게 되었는지는 알 수 없다. 그래도 그런 사람을 가지게 된 것은 분명 행복한 일일 것이다. 『전국책』「진책」에 보면 이와 다른 맥락의 이야기가 있다. 어떤 사람이 증 선생(증삼)이 사람을 죽였다고 그이의 어머니에게 말했다. 처음과 두 번째까지 그런 말을 듣고서도 어머니는 믿지 않았다가, 세 번째 사람으로부터 같은 소리를 듣고 나니 드디어 아들이 사람을 혹시 죽이지

않았을까 의심하게 되었다고 한다. 어머니도 자식을 절대적으로 신뢰할 수 없다는 말이다. 실제로는 증 선생이 살인을 한 것이 아니라 어느 동명이인이 한 일이었다.

05-02 [094]

공 선생님이 제자 남용을 두고 한마디 했다. "국가가 제 갈 길을 가면, 그이는 내버려지지 않을 것이다. 국가가 제 갈 길을 완전히 잃어버리더라도, 그이는 형벌, 아니 극단적으로 죽음의 상황에서 벗어날 수 있을 것이다." 자기 형의 딸을 그이에게 아내로 주었다(그이와 자기 형님 여식의 혼사를 추진했다).

子謂南容, "邦有道, 不廢. 邦無道, 免於刑戮." 以其兄之子妻之
자위 남용, "방유도, 불폐. 방무도, 면어 형륙." 이기형지자처지.

상황 ― ● 걱정거리를 일으키지 않아 절대적으로 안심할 수 있는 사람을 말하고 있다. 딸 가진 부모로서는 가장 완벽한 사윗감이 될 듯하다. 버려지지 않으므로 사회적으로 고립되지도 않을 것이고 경제적으로 곤란을 겪지도 않을 것이다. 또 극단의 삶을 살지 않으므로 천수를 누릴 수 있다. 조카사위의 이야기는 11.06[274]에도 보인다.

디딤돌 ― ● 이 장은 위의 장과 함께 공 선생의 가족 관계가 드러나 있다. 사실 『논어』는 공 선생이 주연을 하는 무대인 것은 분명하지만, 그이와 관련된 사적인 정보는 많지 않다. 이를 알려면 『사기』「공자세가孔子世家」와 『공자가어孔子家語』(이민수 옮김, 을유문화사, 2003)를 참조하면 된다. 이 구절을 통해서 공 선생에게는 형이 있고 조카가 있었다는 것을 알 수 있다. 아울러 그이는 삼촌 또는 작은아버지로서 조카의 배우자를 찾고 있는데 여기서는 여느 사람과 똑같은 모습을 보여준다.

05-03 [095]

공 선생님이 자천을 두고 촌평을 했다. "모범적인 인물이로구나, 저 사람과 같으면! 만약 노나라에 커다란 선생(인도자)이 없었더라면 저런 사람이 어디에서 저런 (인격을) 갖추었을까?"

子謂子賤. "君子哉若人! 魯無君子者, 斯焉取斯?"
자위 자천. "군자재약인! 노무군자자, 사언취사?"

상황

● 공 선생은 자신이 노나라에 태어나 살게 된 것을 자랑으로 여기고 있는 듯하다. 다른 곳이라면 이런 축복을 받지 못했을 텐데 그것이 노나라라서 가능하다고 말하고 있으니 말이다. 인생에서 환경이 전부는 아니지만 중요한 요소임에는 틀림없다. 04.01[067]에서 주장한 것에 대해 예증을 하고 있는 셈이다.

05-04 [096]

자공이 공 선생님에게 물었다. "저는 어떻습니까?"
공 선생님이 대꾸했다. "자네는 그릇이지."
또 물었다. "어떤 종류의 그릇입니까?"
또 대꾸했다. "귀중한 제기(호련)일 게다."

子貢問曰: "賜也何如?" 子曰: "女, 器也." 曰: "何器也?" 曰: "瑚璉也."
자공 문왈: "사야하여?" 자왈: "여, 기야." 왈: "하기야?" 왈: "호련야."

상황 ● 존경하는 이에게 성취를 공인 받고 싶어하는 바람과 그 바람을 풀어 주는 내용이다.

걸림돌 ● 1) 호련瑚璉은 종묘 제사에서 곡식(기장)을 담는 그릇이다. 모두 옥으로 장식하여 그릇 중에서도 귀중하고 화려했다. 같은 제기인데 하나라 때는 '호'라 부르고 은나라 때는 '련'이라 불러서 하나의 합성어가 되었다. 주나라 때는 보궤簠簋라고 불렀다.

    2) 처음에 "그릇이다"라는 말을 들었을 때 자공은 눈앞이 캄캄했을 것이다. 왜냐하면 공 선생은 늘 제자들에게 그릇이 되지 말라고 말했기 때문이다(02.12[028] '군자불기' 참조). 따라서 그릇이라면 자신이 선생님의 주문을 저버린 인물이 된다. 두뇌 회전이 빠른 자공답게 그이는 재빨리 무슨 그릇이냐고 질문을 해 위기를 벗어나려고 했다. 호련은 제사에 쓰이는 예식용 그릇이다. 이것은 실용적으로 늘 쓰이는 것이 아니라 실용의 세계에 질서와 축복을 가져다주는 그릇이다. 이로써 자공은 그릇이면서 그릇이 아닌 존재가 된다.

◎ 실용적 그릇과 예식용 그릇의 차이에 대한 깊이 있는 분석을 원하면 핑가레트의 『공자의 철학: 서양에서 바라본 예에 대한 새로운 이해』를 읽어보라.

05-05 [097]

정체불명의 사람이 물었다. "염옹은 평화(화해)에 힘쓰지만 말재주가 변변찮습니다."

공 선생님이 한마디 했다. "말재주를 어디에다 쓸까요? 그런 사람은 끊임없는 입심으로 상대의 말문을 막곤 하여 주위 사람들에게 자주 원성을 듣습니다. 그이가 평화에 힘쓰는지 어떤지 잘 모르겠습니다만 말재주를 어디에다 쓸까요?"

或曰: "雍也仁而不佞." 子曰: "焉用佞? 禦人以口給, 屢憎於人. 不知其仁, 焉用佞?"
혹왈: "옹야인이불녕." 자왈: "언용녕? 어인이구급, 누증어인. 부지기인, 언용녕?"

상황 ─● 염옹은 당시 사람들이나 공 선생에게 좋은 평가를 받은 모양이다. 06.01[122]에는 공 선생이 염옹을 임금 노릇을 할 만하다고 칭찬했다.

디딤돌 ─● 혹자와 공 선생은 '녕'에 대해 전혀 다른 관점을 가지고 있다. 혹자는 불녕을 갖추어야 할 자격을 빠뜨린 것으로 본다. 반면에 공 선생은 녕을 흉기나 무기처럼 주위 사람을 공격해 다치게 하는 것으로 본다. 여기서는 언어 능력이 두 사람에게 극단적으로 다른 평가를 받고 있다. 15.11[406] '등석'을 참조하라.

깊이 읽기

동족 언어의 엇갈린 운명

공 선생 이후로 仁(인)은 사랑과 평화(화해)를 일구는 긍정의 사람다움을 나타냈고, 佞(녕)은 날카롭게 상대의 약점을 공격하거나 상대의 입맛에 맞는 말을 골라 아첨하는 부정의 사람다움을 대변하게 되었다. 잘 들여다보면 두 글자는 닮았다. 아니 닮은 것이 아니라 녕은 인을 모태로 해서 女(녀)를 첨가한 글꼴이다. 또 두 글자는 모두 人(인)을 공통분모로 한다. 여기서 우리는 두 글자가 인에서 분화된 글자이면서 왜 공 선생에게 전혀 상반된 평가를 받을까 하는 의문을 품을 수 있다. 하나는 사람이 갖추어야 할 것이며 바람직한 사태를 낳는 반면, 다른 하나는 가지지 말아야 할 것이며 불행을 낳는 것이다.

　이 의문을 풀기 위해 사람다움이 무엇인가라는 문제에서 출발해보자. 사람마다 다를 수 있겠지만, 예의 바르고 자신의 세계에만 매몰되지 않고 약자의 고통에 관심을 기울이는 것을 사람답다고 여긴다고 가정해보자. 시간을 과거로 소급해서 고대인들 아니면 신석기시대의 사람들도 그렇게 생각했을까? 그렇지 않다. 종족 단위로 생활하던 고대인들은 주위의 다른 종족으로부터 자신의 집단을 보호할 수 있는 사람을 사람답다고 여겼다. 싸움에서 뒤로 물러나지 않고 용감하게 싸워서 승리를 거두는 사람이야말로 용기 있는 사람이자 사람다운 사람이었다. 즉 사람답다는 것은 남자답다는 말과 거의 겹치거나 일치되는 말이었다. 이런 문맥에서 초기의 인仁은 공동체를 수호하는 능력 또는 그런 능력을 가진 사람을 가리켰다. 녕은 없던 것을 만들어내는 기술 또는 일을 원만하게 진행해서 좋은 결과를 낳는 능력을 가리켰다. 이때 녕과 인은 의미에서 별다른 차이가 없었다.

　칼(무기)의 존재는 나를 지켜주기도 하지만 살상을 낳은 원인이 되기도 한다는 점에서 양가적인 능력과 연결된다. 이처럼 공동체를 지키는 능력이 공동체를 파괴하는 원인으로도 작용한다. 역사적으로 보면 국민의 재산과 생명을 지키는 군대가 특정 집단의 이익을 방비하는 무력으로 둔갑한다. 군부가 쿠데타를 일으켜 헌정을 중단시키고 공포 분위기를 조성해 집권한 다음 독재를 휘둘렀던 우리 현대사를 떠올려보면 쉽게 알 수 있을 것이다. 이로써 무엇이 참으로 공동체를 지탱하게 하는가가 뜨거운 관심사가 되었다. 여기서 공 선생은 인을 그 이전의 의미와 완전히 달리 평화 애호나 공동체의 화해로 해석하였던 것이다. 반면에 녕은 공동체보다는 특정 집단의 이익을 창출하고 방어하는 언어적 능력으로 간주되기에 이르렀다.

◎ 위 글을 읽고 "한국인이 말 잘하는 사람을 꺼리는 문화의 연원은 어디에 있을까?"에 대해 각자의 생각을 토론해보자.

05-06 [098]

공 선생님이 칠조개더러 이제 벼슬살이를 한번 해보라고 권했다.
　그이가 대꾸했다. "저는 벼슬살이에 대해 아직 스스로 믿음이 가지 않습니다." 공 선생님도 납득을 했다.

子使漆彫開仕. 對曰："吾斯之未能信." 子說.
자사칠조개사. 대왈 : "오사지미능신." 자열.

상황

● 배울 만큼 배웠으니 세상에 나가 기량을 펼치도록 권유하는 선생과 아직 멀었다며 섣불리 나서지 않는 학생의 대화이다. 칠조개는 08.12 [201]에서 보이듯 3년 정도 배우면 하나같이 벼슬자리를 기웃거리는 당시의 분위기와 확실히 다른 삶의 자세를 보이고 있다. 그이는 학업이 정치 참여의 발판이라거나 정치 참여로 완성된다고 생각하지 않고, 정치를 하려면 반드시 학업을 해야 한다고 생각한 듯하다. 즉 그이는 정치보다 학업의 우위를 주장한 것이다.

05-07 [099]

공 선생님이 맥이 빠진 듯 내뱉었다. "내가 갈 길이 보이지 않는구나! 뗏목을 타고 저 멀리 바다로 갈까 보다. 그때 아마 나를 따르는 이는 틀림없이 자로일 게다!"

자로가 그 말을 듣고 기뻐서 싱글벙글했다.

공 선생님이 한마디 덧붙였다. "자로는 용기를 앞세우는 점에서 나보다 훨씬 낫지만 골라서 쓸 곳이 없다."

子曰: "道不行, 乘桴浮于海. 從我者, 其有與!" 子路聞之喜. 子曰: "由也好勇過我, 無所
자왈: "도불행, 승부부우해. 종아자, 기유여!" 자로문지희. 자왈: "유야호용과아, 무소
取材."
취재."

상황
● 거절을 당하다 보면 슬픔이 깊어지고 슬픔이 깊어지다 보면 떠나고 (버리고) 싶어진다. 공 선생의 뗏목 이야기가 추진하려는 강한 의지가 있는 것인지 그냥 해본 소리인지 확실하지는 않다. 아마 누가 시킨 일이 아니라 자신이 떠맡은 일인지라 그이는 결코 지금의 이곳을 벗어나지는 못할 것이다. 하지만 세상을 바라보다 지친 영혼의 가녀린 흐느낌 소리가 또렷이 들린다.

걸림돌
● 1) '기其 …… 여與'는 그 자체로는 의미가 없지만 다양한 어감을 나타낸다. "틀림없이 ……일 것이다"라면 확신의 어감을, "아마 ……이겠지"라면 추측의 어감을 나타낼 수 있다. 이것을 판정하는 데는 전문적인 식견이 필요하지만 이런 어기사語氣辭를 보고서 그에 맞는 어감을 생각해보는 재미가 쏠쏠하다.

2) 공 선생은 자로의 용기를 처음에 환대하지만 주도면밀함의 부족을 이유로 그이와 동행을 거절하고 있다. 07.11[162]에서처럼 공 선생과 자로는 어긋나고 있다. 두 사람이 만나서 손바닥이 짝 부닥치며 화음을 내는 경우는 드물다. 자로가 혼자 신나서 박수를 치고 즐거워하면 공 선생은 찬물을 끼얹는 역할을 한다.

05-08 [100]

맹무백이 자로가 공동체의 평화(화해) 만들기에 어울리는 인물인지 물었다.

공 선생님이 대꾸했다. "잘 모르겠습니다."

다시 한 번 물었다.

공 선생님이 마지못해 대꾸했다. "자로 정도라면, 전차(탱크) 천 대를 동원할 수 있는 나라에서 그이에게 군사와 군정을 맡길 수 있을 겁니다. 하지만 그이가 평화에 어울리는지 잘 모르겠습니다."

〔조금 뜸을 들인 뒤에 맹무백이 또 물었다.〕 "염구는 어떻습니까?"

공 선생님이 대꾸했다. "천 가구가 되는 행정 단위 또는 전차(탱크) 백 대를 동원할 수 있는 대부의 봉지라면 그이에게 현장(군수)이나 집사를 맡아보게 할 수 있습니다. 하지만 그이가 평화(화해) 만들기에 어울리는지 잘 모르겠습니다."

〔눈치 없이 조금 뜸을 들인 뒤에 맹무백이 또 물었다.〕 "공서화는 어떻습니까?"

공 선생님이 대꾸했다. "예복을 차려입고서 조정에 서서 외국 사절을 접대하고 현안을 논의할 만합니다. 하지만 그이가 평화(화해) 만들기에 어울리는지 잘 모르겠습니다."

孟武伯問子路仁乎? 子曰: "不知也." 又問. 子曰: "由也, 千乘之國, 可使治其賦也, 不知
맹무백문자로인호? 자왈: "부지야." 우문. 자왈: "유야, 천승지국, 가사치기부야, 부지
其仁也." "求也何如?" 子曰: "求也, 千室之邑, 百乘之家, 可使爲之宰也, 不知其仁也."
기인야." "구야하여?" 자왈: "구야, 천실지읍, 백승지가, 가사위지재야, 부지기인야."
"赤也何如?" 子曰: "赤也, 束帶立於朝, 可使與賓客言也, 不知其仁也."
"적야하여?" 자왈: "적야, 속대립어조, 가사여빈객언야, 부지기인야."

● 외부 집단이 공 선생의 학파에 갖는 관심의 일단을 엿볼 수 있다. 학

파는 당시 정치인들에게 인재가 모여 있는 곳으로 간주되었음을 알 수 있다. 학파는 오늘날 같은 전문대학이나 일반 대학에 해당된다고 할 수 있다. 공 선생은 먼저 말하지는 않지만 누가 물으면 늘 학생 한 사람 한 사람에 대한 그릇을 파악하고 있다가 말해준다. 어찌 보면 공 선생은 교육과정에서 수행 평가를 통해 학생을 끊임없이 평가하여 그들이 잘할 수 있는 일과 지금까지 도달한 수준을 냉정하게 분류하고 있었는지 모른다. 비슷한 관심이 06.07[128]에도 보인다.

걸림돌

◉ 부지不知는 글자처럼 "자로가 인자인지 나로서 결코 확신할 수 없다"는 뜻이 아니다. 그것은 말하는 이의 부정적인 의사를 완곡하게 표현하는 방법이다. 즉 부정이라기보다 부족하다는 측면에 초점이 있다. 05.20[112]의 경우에도 이런 용례가 보인다. 우리도 처음부터 강한 부정적인 의사를 밝히기보다는 "지금으로서는 잘 모르겠습니다", "좀 더 두고 봐야겠습니다"라고 거절을 우회적으로 표현한다.

05-09 [101]

공 선생님이 자공에게 말을 건넸다. "자네와 안연 두 사람 가운데 누가 더 나아 보이는가?"

자공이 대꾸했다. "제가 어떻게 주제넘게 안연과 견주겠습니까? 안연은 한 가지 이야기를 들으면 그것으로 열 가지 이야기를 풀어낼 수 있습니다만, 저는 한 가지 이야기를 들으면 그것으로 겨우 두 가지 이야기를 풀어낼 뿐입니다."

공 선생님이 멋쩍은 듯이 맞장구쳤다. "〔그래 맞아. 자네가 그이보다〕 못할 것이야. 〔아니지 아니지.〕 너랑 나랑 둘 다 그이보다 못하지."

子謂子貢曰: "女與回也孰愈?" 對曰: "賜也何敢望回? 回也聞一以知十, 賜也聞一以知二." 子曰: "弗如也, 吾與女弗如也."
자위자공왈 : "여여회야숙유?" 대왈 : "사야하감망회? 회야문일이지십, 사야문일이지이." 자왈 : "불여야, 오여녀불여야."

상황
● 비교를 통해 비교 대상과의 차이만이 아니라 자신의 성취도 동시에 드러난다.

걸림돌
● 1) 비교는 잘못 쓰면 자존심에 상처를 주지만, 잘 쓰면 자기 계발의 동력이 될 수도 있다. 공 선생은 잔인하게(?) 자공더러 자신과 동학 안연의 능력을 비교해보라고 주문했다. 뒤에 공 선생이 스스로도 안연보다 못하다고 인정함으로써 상처받은 자공의 마음을 헤아리고 있다. 즉 두 사람이 안연의 뛰어남을 합창하는 것이다. 마지막 말은 『장자』에서 다시 나온다. 안연이 몇 차례 공 선생에게 수양의 진전을 보고했다. 드디어 안연이 "앉아서 잊음〔坐忘〕"을 이야기하자 공 선생이 "내가 자네를

따라다니며 뒤에 서야겠다〔丘也請從而後也〕"면서 그이의 탁월성을 흔쾌히 인정했다. 〔안동림 역주, 『장자』(현암사, 2001), 215쪽 참조〕

2) 문일이지십聞一以知十은 문일지십聞一知十으로도 쓰인다. 문일지이聞一知二와 더불어 한국어의 "하나를 들으면 열을 안다", "하나를 알면 열을 안다", "하나를 가르치면 열을 깨우친다"라는 속담과 비슷하다. 언어 습득 능력을 예로 들어 설명해보자. 천川, 천千을 배워서 그 둘을 각각 산천山川이나 삼천三千으로 구별하여 사용할 줄 안다면, 이것도 하나를 듣고서 하나 이상을 아는 것이라고 할 수 있다. 이러한 추론, 비교, 종합 능력에서 안연이 독보적인 실력을 보였나 보다. 당시 강의실 장면을 볼 수 없으니 확인할 길은 없다.

05-10 [102]

재아가 낮잠을 잤다(또는 침실을 화려하게 꾸몄다). 〔이를 알고 나서〕 공 선생님이 한마디 했다. "썩은 나무는 아로새길 수가 없고 찰기가 없는 거름흙은 흙손질할 수 없다. 저런 재아에게 무엇하러 꾸짖을꼬? 〔해봤자, 말이 아깝지!〕"

宰予晝寢. 子曰: "朽木不可雕也, 糞土之牆不可杇也, 於予與何誅?"
재여 주침. 자왈: "후목불가 조야, 분토지장불가 오야, 어여 여하주?"

● 낮잠을 잔 것 자체보다 낮잠을 자게 된 동인을 문제 삼고 있다. 자기계발에 눈을 떴다면 낮잠 잘 생각조차 하지 않을 것이다.

● 주침晝寢을 화침畵寢으로 보기도 한다. 글자의 생김새가 비슷하기

때문이다. 나아가 낮잠 잔 것을 가지고 이렇게 호통을 치는 것이 이상하므로 좀 더 그럴듯한 '잘못'을 만들어야 하기 때문이다. 주침보다는 방에 조각을 하는 등 화려하게 장식하는 화침이 더 큰 잘못으로 보일 수 있다. 주침이든 화침이든 둘 다 개인적인 일이므로 우리는 공 선생이 뭘 그렇게 대단하게 생각할까 의구심을 품을 수 있다. 그러나 잠을 자거나 조각을 하는 등의 행위가 공 선생과 함께 걸어가는 이상理想에 더 이상 매력을 느끼지 못하고 다른 일로 관심을 옮겨가는 신호일 수도 있다. 공 선생이 그걸 예감했는지 꽤나 흥분해 있다는 느낌이 전해온다. 이곳은 11.17[285]의 염구에 대한 질책처럼 공 선생이 제자에게 엄청난 실망감을 표시한 장으로 유명하다.

디딤돌

● 공 선생은 후대의 성선性善과 성악性惡 논의처럼 사람을 일정한 특성을 지닌 존재로 파악하지 않았다. 그이는 사람을 개인의 노력에 따라 끊임없이 자신의 영역을 확장할 수도 있고 축소시킬 수도 있는 가변적 존재로 파악했다. 그런데 공 선생의 썩은 나무와 거름흙의 비유는 근원적으로 변화가 불가능한 사람을 상정하고 있는 것이 아닌가라는 인상을 준다. 더 나아가 치유 불가능한 악인을 상상하고 있지는 않은가 하는 생각마저 들 정도이다. 이러한 인상과 생각이 잘못되었다고 할 수는 없을 듯하다. 충분히 그런 맥락으로 독해할 수도 있기 때문이다. 그러나 『논어』의 다른 곳에서 이런 사유 방식이 등장하지 않는 점을 고려하면, 이곳을 예외적으로 봐야 할 듯하다. 아니면 공 선생이 재아에게 느낀 실망이 너무나도 커서 이런 표현을 했을 수도 있다. 우리도 아끼던 사람에 대한 분노가 극에 달하면 "다시는 안 본다"고 했다가 감정이 가라앉으면 다른 말을 하지 않던가!

05-11 [103]

공 선생님이 한마디 했다. "나는 처음에(지금까지) 주위 사람과 어울리며 어떤 사람의 [……을 하겠다는] 다짐을 들으면 말대로 실행되리라는 것을 믿어왔다. 이제야 비로소 나는 어떤 사람의 [……을 하겠다는] 다짐을 들어도 그 말대로 실행하는지 살펴보게 되었구나! 재아의 일로 인해서 나는 삶의 관행을 고치게 되었네."

子曰: "始吾於人也, 聽其言而信其行, 今吾於人也, 聽其言而觀其行. 於予與改是."
자왈: "시오어인야, 청기언이신기행, 금오어인야, 청기언이관기행. 어여여개시."

상황 ● 05.10[102]와 연결시켜보는 쪽이 좋겠다. 초점은 말(언어)의 기능에 대한 재아와 공 선생의 차이가 드러나 있다. 공 선생은 말이 곧 행동이거나 행동으로 진행된다고 생각하여 수행적 발화, 즉 언행일치言行一致를 의심치 않았다. 재아는 말을 의사 전달의 측면에서 사용하고 있다. 즉 말(언어)과 행동이 독립적인 것이다. 이에 대한 공 선생의 발견은 기쁨이 아니라 충격이었다. [신정근, 『사람다움의 발견』(이학사, 2005), 396쪽 참조]

깊 이 읽 기

말이 곧 행동이다

"(E. c) '나는 이 시계를 나의 형제에게 주며 또 유증한다' —유언장에서 나타나는 것으로서. (E. d) '나는 내일 비가 올 것에 대해 6펜스를 내기한다'. 위의 예문들에서 (물론 적절한 사정하에) 문장을 발화發話하는 것은 그렇게 발화하는 가운데 내가 행위하고 있다고 일컬어지는 것을 내가 행하고 있음을 기술하거나 그것을 내가 하고 있다는 것을 진술하는 것이 아니다. 문장을 발화하는 것이 바로 그와 같은 행위를 하는 것이다. 위의 발화 가운데 眞이거나 僞인 것은 아무것도 없다. 나는 이것이 명백obvious하다고 주장하는 것이지 논의하는 것이 아니다. ……

　이러한 유형의 문장이나 발화를 무엇이라 불러야 할까? 나는 이것을 수행적 문장performative sentence 또는 수행적 발화performative utterance 또는 간단히 '수행문performative'이라고 부를 것을 제안하는 바이다. '수행문'이라는 용어는 '명령문imperative'이라는 용어와 거의 같은 계통의 방식과 구문에서 다양하게 사용될 것이다. 이 이름은 물론 '행동action'이라는 명사와 함께 일상적인 동사인 '수행하다perform'라는 말에서 유래되었다. 이것은 발화를 표출하는 것이 곧 어떤 행동을 수행하는 것이라는 사실을 지적하고 있다."

── J. L. 오스틴, 김영진 옮김, 『말과 행위』(서광사, 2005), 26~27쪽.

◎ 위 글을 읽고 "언어의 수행적 기능은 특수한 것일까 아니면 일반적인 것일까?"를 따져보고 생각을 정리해보자.

05-12 [104]

　공 선생님이 속마음을 드러냈다. "나는 여태껏 굳건하여 꺾이지 않는 인물을 보지 못했네."

　정체불명의 사람이 대꾸했다. "[선생님 혹시] 신정이라는 사람이 ……."

　공 선생님이 [조금 생각한 뒤] 대꾸했다. "신정이란 사람은, 제 욕심이 많지요. 어찌 굳건하여 꺾이지 않겠습니까?"

子曰:"吾未見剛者." 或對曰:"申棖." 子曰:"棖也慾, 焉得剛?"
자왈: "오미견강자." 혹대왈: "신정." 자왈: "정야욕, 언득강?"

◉ 의지가 굳건한 것과 욕심이 많은(강한) 것의 차이를 말하고 있다. 둘 다 하나를 추구하면 그것을 중도에 그만두거나 다른 것으로 바꾸지 않는다. 즉 끈질기다는 점에서는 둘이 서로 비슷하다. 굳건함은 바람직한 가치나 이상을 실현하는 과정에서 의지가 꺾이지 않는 측면을 가리킨다. 반면 욕심은 정당화되지 않는 대상을 끈질기게 소유하려는 계기를 가리킨다.

05-13 [105]

자공이 〔깨달은 듯이〕 한마디 했다. "저는 상대가 제게 못살게 구는 것을 바라지 않고, 마찬가지로 저도 상대에게 못살게 굴고 싶지 않습니다."

〔그 말을 듣고서〕 공 선생님이 웃으면서 한마디 했다. "자공아, 방금 한 그 말은 지금의 네가 다가설 수 있는 경지가 아니구나!"

子貢曰: "我不欲人之加諸我也, 吾亦欲無加諸人" 子曰: "賜也, 非爾所及也."
자공왈: "아불욕인지가저아야, 오역욕무가저인." 자왈: "사야, 비이소급야."

◉ 자공이 오랜 고심 끝에 좋은 세상을 만들기 위한 도덕 원칙을 내놓고 있다. 우리가 자신을 희생하면서까지 타인을 위해 살지 않더라도 적어도 타인을 부당하게 괴롭히지 않는다면 올바른 세상이 도래할 것이다. 비슷한 주장을 공 선생은 서恕로 정식화했다. '서'와 관련해서는 12.02[296]과 15.24[419]를 참조하라.

◉ 왜 공 선생은 자공의 말에 격려를 하거나 박수를 치지 않고 딴죽을 걸고 있을까? 도덕적 관점과 도덕적 삶의 차이이다. 전자는 도덕적 관점으로 바람직하거나 좋은 행위와 그렇지 않은 행위를 나누는 기준을

찾는다. 후자는 이론이 아니라 현실에서 도덕적으로 살아가는 것이다. 전자가 이론과 기준의 문제라면 후자는 현실과 실천의 문제이다. 여기서 우리는 공 선생이 바로 수사적 표현과 실제의 삶, 목표와 현실 사이의 불일치를 지적하고 있다는 것을 눈치챌 수 있다. 자공이 말한 '서'의 정식화가 잘못되었다는 것이 아니라 과연 자공이 자신의 말대로 인생을 살아갈 수 있는지 의문을 표시하고 있다. 공부를 잘하겠다고 하는 사람은 많아도 실제로 그런 사람은 많지 않고, 좋은 부모가 되겠다고 맹세하는 이는 적지 않아도 실제로 그렇게 하기는 쉽지 않다. 말(다짐)에는 어떠한 제한이 있을 수 없지만, 현실에서의 실천은 숱한 방해를 넘고 차츰 약해지는 의지를 늘 굳세게 만들어야 한다. 이게 쉬운 일인가?

05-14 [106]

자공이 〔아쉬운 듯〕 이야기했다. "선생님의 〔『고대 시가집〔시경〕』, 『정부 공문서〔서경〕』, 『의식의 기록〔예기〕』 등〕 고대 문헌에 대한 이야기를 나는 듣고 배울 수 있었다. 하지만 〔요즘 학계에서 막 논의되고 있는 새로운 주제, 즉〕 '사람의 일반적 경향성'이니 '하늘의 길'이니 하는 논의를, 나는 들을 수 없었는걸!"

子貢曰 : "夫子之文章, 可得而聞也, 夫子之言性與天道, 不可得而聞也."
자공왈 : "부자지문장, 가득이문야, 부자지언성여천도, 불가득이문야."

상황 ── ◉ 자공의 개인적 진술을 통해 공 선생의 학문적 특징이 드러나 있다. 추상적이기보다는 구체적이며, 이론적이기보다는 실천적 측면이 부각되고 있다.

걸림돌

● 사람의 일반적 경향성과 하늘의 길이라는 형이상학적 주제는 공 선생 이후의 전국시대 사상가들이 즐겨 탐구했다. 인간의 일반적 경향성은 성선과 성악 그리고 유선유악으로 논의가 활발하게 진행되었다. 하늘의 길은 사람의 길과 같은지 다른지, 즉 천도와 인도의 동이同異가 맹자와 장자를 중심으로 활발하게 논의되었다. 맹자는 둘의 일치를, 장자는 둘의 분리를 주장했다. 또 하늘의 길은 제도나 도덕의 궁극적 근거로서 간주되기도 했다. 공 선생은 09.01[211]에서 나타나듯 형이상학적 주제를 적극적으로 다루지 않으려고 했다.

05-15 [107]

자로라는 사람은 [좋은 말씀을] 듣고서 아직 스스로 만족할 만큼 실행해보지 못했으면 [그사이에 또] 좋은 말씀을 듣게 될까 봐 걱정했다.

子路有聞, 未之能行, 唯恐有聞.
자로유문, 미지능행, 유공유문.

상황

● 자로의 인간적 특성이 아주 잘 드러나 있다. 이런 자세는 12.12[306]에도 보인다. 좋은 노래를 듣고 "아, 좋다!" 하고 넘어가는 사람도 있지만 제대로 될 때까지 자신이 직접 부르려고 애쓰는 사람도 있다. 좋은 것을 귀로 듣고, 다시 그것을 자신의 몸과 정신이 완전히 흡수하여 자기 것으로 만드는 일은 절대적으로 시간이 걸린다. "왜 잘 안 되지?" 하며 안달하고 다른 이야기로 관심을 옮기면 그것이 자신에게 제대로 깃들지 않는다. 도대체 하는 척하고 대충 넘어가는 일이 없는 자로의 인간미가 여실하게 느껴진다. 이런 점이 독자로 하여금 자로를 좋아하게 만든다.

디딤돌
● 도대체 자로가 들었던 것은 무엇일까? 대부분의 사람들은 듣는 것 자체에만 열심일 뿐 말할 수 없고 들을 수 없는 것을 혼자서 알아내려고 하지는 않는다. 아무리 자세하게 일러주어도 결국 말로 전달할 수 없는 것이 남기 마련이므로 들은 사람이 그것을 혼자서 메워야만 한다. 따라서 듣는 것과 해내는 것 사이에는 근원적으로 지체가 생길 수밖에 없다. 그렇다면 우리는 이야기를 안 들어서 문제가 아니라 들었어도 제대로 하지 않기 때문에 문제가 생기는 것이다.

05-16 [108]

자공이 공 선생님에게 궁금한 듯이 물었다. "위衛나라에 공문자라는 사람이 있는데 그이는 무슨 까닭으로 '문文'이라는 시호로 불리게 되었는지요?"
공 선생님이 대꾸했다. "[시호 규정에 보면] 이해력이 뛰어나고 학문을 사랑하며, 아랫사람에게 모르는 것을 물어보면서도 전혀 부끄러워하지 않았기 때문에 '문'이라고 할 만하다."

子貢問曰: "孔文子何以謂之文也?" 子曰: "敏而好學, 不恥下問, 是以謂之文也."
자공 문왈: "공문 자하이위 지문야?" 자왈: "민이 호학, 불치하문, 시이위지문야."

상황
● 문文이라는 시호의 의미를 설명하고 있다. 조선시대에 문성文成의 시호는 문인 사대부에게 최고의 영예로 여겨졌다.

걸림돌
● 1) 고대사회에서 사람은 삶의 국면마다 새로운 이름을 부여받았다. 어렸을 때는 초명이나 아명으로 불리고, 성인식을 치르고서는 자로 불

리고, 그 이후는 또 스스로 짓거나 다른 사람이 지은 호로 불리고, 죽어서는 시호를 받았다.

2) 이 구절의 발언 시기는 어느 정도 추정이 가능하다. 공문자는 위나라 대부 공어孔圉이다. 그이는 노나라 애공 15년(기원전 480)에 사망했거나 아니면 이보다 조금 앞에 사망했다. 공 선생은 애공 16년에 사망했다. 이에 따르면 이 대화는 애공 15년과 16년 사이에 있었다. 〔楊伯峻, 『論語譯注』(北京: 中華書局, 1980), 47쪽 참조〕

3) '불치하문不恥下問'은 고대사회에서 개방적인 삶의 태도라고 할 수 있다. 오늘날에도 이 하下를 고정적인 역할을 가리키는 것이 아니라 가변적인 역할이라 간주하면, 불치하문은 여전히 훌륭한 태도이다. 학생과 선생도 고정된 것이 아니라 상황에 따라 가변적인 관계가 될 수 있기 때문이다. 『예기』「학기學記」에 "교학상장教學相長"이라는 말이 있다. 가르치고 배우다 보면 선생과 학생이 서로 학문적으로 성장한다는 뜻이다. 가르치기만 하는 일은 없는 것이다. 또『정부 공문서〔서경〕』「열명」하에 보면 "효학반斅學半"이라는 말이 있다. 가르치는 것은 곧 절반의 배움이라는 뜻이다.

05-17 [109]

공 선생님이 〔정鄭나라의 뛰어난 정치가〕 자산을 두고 〔교훈을〕 이야기했다. "그이는 공직자가 걸어갈 길의 네 가지를 갖추었네. 첫째, 재상의 신분에도 몸가짐이 겸손하기 그지없었고, 둘째, 〔20여 년간 집정執政으로 지내며〕 윗사람을 모시는 태도가 공경으로 일관했고, 셋째, 인민의 생계를 책임질 때는 사랑이 넘쳤고, 넷째, 인민을 동원할 때는 기준을 지켰다."

子謂子産, "有君子之道四焉. 其行己也恭, 其事上也敬, 其養民也惠, 其使民也義."
자위 자산, "유군자지도사언. 기행기야공, 기사상야경, 기양민야혜, 기사민야의."

● 아마 『춘추』, 역사학 수업 시간에 주제로 등장한 자산을 종합적으로 평가하고 있는 구절로 보인다. 공직자로서 자산이 보인 탁월한 점을 네 가지 영역으로 나누어 설명하고 있다. 인민의 동원과 관련해서는 01.05 [005]에 소개된 「왕제」의 규정을 참조하라.

[상황]

05-18 [110]

공 선생님이 이야기했다. "제齊나라의 안평중 같은 분은 주위 사람들과 참으로 잘 사귀었다. 사귐이 오래될수록 서로 존경하는 태도를 잃지 않았다."

子曰 : "晏平仲善與人交, 久而敬之."
자왈 : "안평중선여인교, 구이경지."

● 오래 사귀더라도 상대를 존경했던 안평중의 교제를 칭찬하는 내용

[상황]

이다. 그렇게 할 수 있었던 비밀이나 방법에 대한 설명은 없고 그랬다는 지적만 있다. 사람이 오래 사귀다 보면 서로 지켜야 할 예의나 배려를 돌보지 않을 수 있다. 이것이 절친함의 상징처럼 여겨진다. 하지만 친구 사이일수록 지켜야 할 것을 지킨다면 말 못할 오해나 불필요한 자극을 피할 수 있어 사귐이 오랫동안 지속된다. 안평중은 정나라의 자산처럼 제나라의 유명한 재상인 안영晏嬰을 말한다.

05-19 [111]

공 선생님이 이야기했다. "노나라의 대부 장문중이 채蔡나라에서 잡은 커다란 거북을 위해 집을 지어주었다. 기둥머리의 끝을 산 모양으로 새기고 동자기둥에다 물풀의 문양을 단청으로 그렸다. [사람들이 말하는 그런 인물의] 슬기로움은 어찌하여 이와 같은지?"

子曰 : "臧文仲居蔡, 山節藻梲, 何如其知也?"
자왈 : "장문중거채, 산절조절, 하여기지아?"

상황
◉ 슬기롭다고 소문난 사람이 실제로 슬기롭게 행동하는 것은 아니다. 소문만 믿고 그러려니 하고 제대로 검증을 하지 않으면 나중에 후회하는 일이 생긴다.

걸림돌
◉ 1) 장문중은 노나라 대부로 이름은 장손진(臧孫辰, ?~기원전 617)이고, 공 선생 이전 시대에 현자로 알려졌다. 장문중에 대한 이야기는 15.14[409]에도 보인다.

2) 채蔡는 원래 아주 커다란 거북이 나는 지명으로 널리 알려진 곳이

다. 훗날 지명이 산출되는 거북과 동의어가 되었다. 고대인들은 앞으로 할 일의 결과를 알아보기 위해서 거북점을 많이 이용했기 때문에 장문중도 자신의 집에 거북을 키웠던 것이다. 커다란 거북 이야기는 『회남자』「설산훈說山訓」(안길환 옮김, 명문당, 2001)에도 보인다.

05-20 [112]

자장이 공 선생님에게 물었다. "초나라의 영윤(재상) 자문은 세 차례나 영윤에 임명되었지만 그때마다 기뻐하는 빛이 전혀 없었습니다. 반대로 세 차례나 영윤을 그만두게 되었지만 그때마다 성내는 기색이 전혀 없었다고 합니다. 교체될 때마다 그이는 전임 영윤으로서 수행하는 직무 사항을 신임 영윤에게 반드시 알려주었다고 합니다. 이 정도면 어떤 인물일까요?"

공 선생님이 대꾸했다. "맡은 바의 일에 '착실하다'고 할 만하다."

자장이 [바라는 대답을 못 들어서] 다시 물었다. "평화(공동체의 통합)를 일군 인물로 볼 수 없습니까?"

공 선생님이 대꾸했다. "잘 모르겠는데……. 어찌 평화(통합)에 힘썼다고 할 수 있을까?"

[자장이 대상을 바꾸어 다시 공 선생님에게 물었다.] "제나라의 대부 최자가 [개인적인 일로] 자신의 군주를 죽였습니다. 같은 대부 진문자는 그 당시 말 40필을 소유하고 있었지만 살인 사건이 터지자 그 모든 것을 내버려두고 조국을 떠났습니다. 그이가 다른 나라에 머물면서 국정을 보고서 '여기도 우리나라의 최자와 하는 짓이 똑같구나!' 하면서 망명지를 떠났습니다. 그리고 또 다른 곳으로 가서도 그때마다 국정을 보고서 '여기도 우리나라의 최자와 하는 짓이 똑같구나!' 하면서

망명지를 떠났습니다. 이 정도면 어떤 인물일까요?"

공 선생님이 대꾸했다. "몸가짐이 '깨끗하다' 또는 '고결하다'고 할 만하다."

자장이 [바라는 대답을 못 들어서] 다시 물었다. "평화(통합)를 일군 인물이라고 볼 수 없습니까?"

공 선생님이 대꾸했다. "잘 모르겠는데……. 어찌 평화(통합)에 힘썼다고 할 수 있을까?"

子張問曰: "令尹子文三仕爲令尹, 無喜色. 三已之, 無慍色. 舊令尹之政, 必以告新令尹.
자장문왈 : "영윤자문삼사위령윤, 무희색. 삼이지, 무온색. 구령윤지정, 필이고신령윤.
何如?" 子曰: "忠矣." 曰: "仁矣乎?" 曰: "未知. 焉得仁?" "崔子弑齊君, 陳文子有馬十
하여?" 자왈: "충의." 왈: "인의 호?" 왈: "미지, 언득인?" "최자시제군, 진문자유마십
乘, 棄而違之. 至於他邦, 則曰: '猶吾大夫崔子也.' 違之. 之一邦, 則又曰: '猶吾大夫崔
승, 기이위지. 지어 타방, 즉왈: '유오대부최자야.' 위지. 지일방, 즉우왈: '유오대부최
子也.' 違之. 何如?" 子曰: "淸矣." 曰: "仁矣乎?" 曰: "未知. 焉得仁?"
자야.' 위지. 하여?" 자왈: "청의." 왈: "인의 호?" 왈: "미지, 언득인?"

상황 ─● 역사적 인물의 언행에 대한 평가를 두고 이야기하고 있다. 이 이야기는 한 인간의 행위를 둘러싼 잡담이 아니라 윤리와 정치 및 역사적 탐구와 관련이 있다. 당사자들의 행동이 바람직한지를 따지는 것은 윤리학의 과제이다. 무슨 목적으로 어떤 과정을 거쳐서 행동을 하게 되었는지를 따지는 것은 정치학의 탐구이다. 또 사태의 정확한 사실이며 발생과 원인 등을 찾는 것은 역사학의 일이다. 하나의 질문을 통해서 몇 가지 학문이 연계된 평가를 풀어내고 있다.

걸림돌 ─● 1) 영윤은 재상의 딴 이름이다. 중원 지역 국가는 행정의 최고 책임자를 재상으로 불렀으나 남부 지역에 위치한 초나라는 영윤으로 불렀다.

2) 자문은 초나라의 영윤이었던 투구오도鬪穀於菟의 시호이다. 『좌씨전』에 따르면 그이는 노나라 장공 30년(기원전 664)에 처음으로 영윤이 되었다가 희공 23년(기원전 637)에 자옥子玉에게 자리를 넘겼다. 그이는 28년이라는 장기간 동안 초나라 국정을 맡으면서 정치적 상황에 따라 파직과 임용을 반복했다. 세 차례라는 것은 정확한 횟수라기보다 여러 차례라는 의미로 보는 편이 좋을 듯하다.

3) 최자는 제나라의 대부 최저崔杼를 가리킨다. 그이가 살해한 군주는 제나라 장공莊公이다. 이 일의 전말은 『좌전』 양공 25년(기원전 548년)에 소개되어 있다.

4) 진문자는 제나라의 대부로 진수무陳須無이다. 『좌씨전』을 보면 그이는 이곳의 언행처럼 제나라를 완전히 떠난 기록은 없다. 아마도 일시적으로 잠깐 몸을 피했다가 곧바로 귀국을 한 듯하다.

● 충忠과 청淸은 인仁과 어떻게 다를까? 자문의 이야기는 그이가 영윤으로서 한 일보다는 임용과 파직을 받아들이는 자세에 초점을 두고 있다. 임명되었다고 해서 기뻐 날뛰지도 않고 파직되었다고 해서 분에 못 이겨 흥분하지도 않는다. 그이는 기회가 주어지면 맡은 바를 수행하고, 그렇지 않으면 다른 사람에게 있었던 일을 그대로 인계한다. 이것은 그이가 자신이 맡은 일을 빠짐없이 수행할 뿐이지 임용과 파직을 정치적 사건으로 확대시켜 해석하지 않았음을 뜻한다. 이런 점에서 충은 맡은 일을 성실하게 한다는 뜻이지 공동체(조직)의 갈등이나 대립을 화해시킨다는 맥락과는 다르다.

진문자의 경우는 군주를 살해한 최자를 처단하지도 않고 외국에 가서 징벌을 위한 군사적 원조를 요청하지도 않는다. 다만 주위에 나쁜 일이 벌어지면 자신에게 영향이 미치지 않도록 몸을 피할 뿐이다. 즉 악에 가담하지도 않고 악을 정벌하지도 않은 채 자기 한 몸이 더럽혀지는 것을 예방하고 있을 뿐이다. 그이는 깨끗해지려고는 해도 이미 발생한 공동체의 위기를 구원하려고는 하지 않는다. 이런 점에서 그이는 인과 무관하다고 할 수 있다.

05-21 [113]

계문자는 하나의 사안을 서너 차례나 검토한 뒤에 비로소 실행에 옮겼다.

　공 선생님이 그런 이야기를 전해 듣고 한마디 했다. "두 차례 정도 해도 괜찮을 텐데……."

季文子三思而後行. 子聞之曰: "再, 斯可矣."
계문자삼사이 후행. 자문 지왈: "재, 사가의."

상황 ─●　신중하게 일을 처리해야 하지만 너무 신중하면 때를 놓치고 사태 해결의 주도권을 잃게 된다.

걸림돌 ─● 1) 계문자는 노나라의 대부 계손행보季孫行父를 가리킨다. 그이는 노나라의 문공, 선공, 성공, 양공의 재위 기간 내내 집정執政을 맡았다. 계문자는 노나라 양공 5년(기원전 568년)에 사망했고 공 선생은 양공 22년(기원전 551년)에 태어났다. 이 말은 계문자가 죽고서 상당한 시간이 흐른 뒤에 한 발언인 셈이다. 즉 발언 당시 계문자는 시사의 인물이 아니라 역사의 인물이었다.

2) 계문자에게 무슨 이유가 있어서 두 번으로 충분하다고 말하는지 그 내막을 알 길이 없다. 그저 계문자가 미적거리고 주저하여 결단력이 부족한 인물이 아니었을까 짐작해본다. 검토의 횟수가 세 번이냐 두 번이냐가 절대적으로 중요한 것은 아니다. 예컨대 공 선생은 11.22[290]을 보면 "옳은 일을 들으면(알게 되면) 곧바로 그대로 행동해야 할까요?"라는 같은 질문에 대해 사람마다 달리 대답했다. 염유에게는 즉시 그대로 하라고 하고, 자로에게는 그렇게 하지 말라고 말했다. 이것은 두 사람의 성격이나 버릇 등을 종합적으로 고려한 결과이다.

05-22 [114]

공 선생님이 이야기했다. "〔위衛나라의〕녕무자라는 사람은 말이야, 나라가 제 길로 나아갈 때 지혜를 발휘했고, 나라가 제 길을 잃었을 때 참으로 어수룩하게 굴었어. 나라면 그이의 지혜는 좇아갈 수 있겠지만 그이의 어수룩함은 도무지 따라갈 수 없는걸."

子曰: "甯武子, 邦有道則知, 邦無道則愚. 其知可及也, 其愚不可及也."
자왈: "녕무자, 방유도즉지, 방무도즉우. 기지가급야, 기우불가급야."

상황 ● 지혜에는 뒤따를 수 있는 발자국이 있지만 어수룩함에는 그런 자취가 없다는 말이다. 여기서 어리석음은 정신적 능력이 떨어지는 것이 아니라 자신의 몫을 제대로 챙기지 못하는 사람을 가리키기도 한다.

걸림돌 ● 녕무자는 위나라의 대부 녕유甯兪를 가리킨다. 무는 사후死後에 불린 시호이다. 어수룩함의 정체를 알려면 몇 가지 역사적 사실을 알아볼 필요가 있다. 첫 번째 일이 어수룩함에 해당되고 두 번째 일이 지혜에 해당될 듯하다.

첫째, 노나라 희공 28년(기원전 632년)에 진晉나라는 조曹나라를 치려고 위나라에게 자국 군대의 이동을 위해 길을 빌려달라고 요청했다. 위나라는 진만이 아니라 초나라의 동향도 고려해야 했으므로 이 요청을 거절했다. 이 일로 위나라는 날로 세력이 강성해지던 진나라와 외교적으로 고립되면서 내정이 혼란스러워졌고, 정변에 휩싸인 위나라 성공成公은 국외를 떠도느라 정상적인 통치권을 행사하지 못했다. 녕무자는 성공을 수행했다. 진나라와 교섭이 잘되어 성공이 위나라로 복귀하자 조정은 다시 국내 잔류파와 국외 동행파로 나뉘어 분란의 조짐을 보였다. 이때 녕무자는 완복宛濮에서 맹세 의식을 치르며 대타협을 주도했다. "국내에 머무르는 사람이 없었더라면 누가 사직을 수호했을 것이며, 성공을 수행하지 않았더라면 누가 군주의 신변을 보호했을 것인가? …… 수행했던 자도 자신의 노고를 뽐내지 말고, 남았던 자도 자신이 벌을 받으리라 두려워하지 말자. 이 맹세를 어기고 서로 반목을 일삼는다면 밝으신 신명과 선군께서 그자를 잡아 죽이리라."

둘째, 노나라 희공 31년(기원전 629년)에 적족狄族이 위나라를 포위했다. 위나라 성공이 수도를 옮기고서 점을 치니 국운이 300년이 갈 것이라는 점괘가 나왔다. 이 일로 성공은 안심하고 있는데 위나라의 시조 강숙康叔이 꿈에 나타나 "하나라의 계啓 임금의 손자 상相이 자신의 제사를 빼앗아 먹으려고 한다"고 일러주었다. 성공은 상에게 별도로 제사를 지내라고 했다. 이에 녕무자는 "귀신은 자신의 동족이 지내는 제사가 아니면 제사를 받아먹지 않는다"며 새로운 제사를 반대했다. 〔좌구명, 신동준 옮김, 『춘추좌전 1』(한길사, 2006), 320쪽, 332~333쪽〕

05-23 [115]

공 선생님이 〔세상을 바꿀 기회를 찾아 돌아다니던 중〕 진나라에 머물렀을 때 절망한 듯이 독백처럼 말했다. "그만 돌아가자! 그만 돌아가자! 내가 살던 곳의 젊은이들은 포부가 멀고 크지만 현실에 어둡고 눈에 띄게 학문적 성취를 이루었을 텐데. 내가 그들을 어떻게 가다듬어야 할지 모르겠는데……"

子在陳, 曰: "歸與! 歸與! 吾黨之小子狂簡, 斐然成章, 不知所以裁之."
자재 진, 왈: "귀여! 귀여! 오당지소자광간, 비연 성장, 부지 소이재지."

상황 ● 공 선생이 현실의 주역들과 시대를 이끌지 못하게 되자 미래의 주역들로 눈을 돌리고 있다.

걸림돌 ● 광狂은 천자문식 글자 풀이인 '미친 사람'으로 보면 틀린 번역이 된다. 광자狂者는 포부가 크고 의지력도 강하지만 세상 경험이 적은 유형의 사람을 가리킨다. 결국 광자란 현실을 고려하지 않고 이상에 사로잡힌 젊은이의 특성이기도 하다. 이런 점에서 보면 광은 다른 것을 고려하지 않고 이상에 매달린다는 점에서 미치다는 의미와 상통할 수도 있겠다.
　　광자와 대비해서 견자獧者가 있다. 견은 목표에 대한 지향은 뚜렷하지만 실천력이 부족해서 주저주저하는 사람을 가리킨다.

디딤돌 ● 세상의 구원을 목표로 했을 때 처음에는 성인成人을 대상으로 삼는다. 그러나 성인의 타락과 부패로 인해 그들에게 더 이상 희망을 느낄 수 없을 때 '청년'을 찾는다. 물론 청년이 정치적 변혁의 중심을 차지한 것은 근대 이후이다. 그렇지만 기성세대의 타락에 신물 난 이들은 일찍부터 청년과 어린이에게서 미래를 보았다. 공 선생도 예외는 아니다. 조국을 떠나서 기회를 찾았지만 참담하게 실패하고 발길을 돌리면서 소자小子, 즉 청년을 찾고 있다.

일찍이 천두슈陳獨秀도 『신청년新青年』을 출간하면서 1915년 9월에 「청년에게 삼가 고함[敬告青年]」이라는 글에서 청년들의 각성을 촉구하며 이렇게 외쳤다. "1. 노예적이지 말고 자주적으로 되어라. 2. 보수적이지 말고 진보적으로 되어라. 3. 은둔적이지 말고 진취적으로 되어라. 4. 쇄국적이지 말고 세계적으로 되어라. 5. 허식적이지 말고 실리적으로 되어라. 6. 공상적이지 말고 과학적으로 되어라." 이 여섯 가지는 『논어』의 광자와 부분적으로 겹치는 점이 많다. 『논어』에는 광자와 견자가 함께 몇 차례 나온다. 한꺼번에 검토해보라. 08.16[205], 13.21[339], 17.08[459], 17.16[467], 18.05[482]를 참조하라.

깊이 읽기

청년이여, 탄식은 해결 방안이 아니다

"신진대사의 과정에서 진부하고 노후한 것은 모두 끊임없이 자연도태의 길을 따라 신선하고 활발한 것에게 공간적 위치와 시간적 생명을 양보한다. …… 만일 사회 안에서 신진대사가 잘되면 그 사회는 융성할 것이고, 낡고 썩은 요소들이 사회에 가득하면 그 사회는 망할 것이다. 이 기준에서 볼 때 우리 사회는 융성하려는가 혹은 멸망하려는가? 나로서는 도저히 단언할 수가 없다. 낡고 썩은 분자들은 단지 자연도태에 맡겨두겠다. …… 이 병폐를 구제하기 위해서는 탄식하는 것만으로는 아무런 해결 방법도 얻을 수 없다. 명민하게 자각하고 용감하게 분투하는 한두 청년이 인간 고유의 좋은 지식과 훌륭한 능력을 발휘해서 여러 가지 사상을 음미하고 선택해서, 예리한 칼날이 무쇠를 끊고 쾌도가 난마를 자르듯 우유부단한 태도를 버리고 스스로를 구제하고 남을 구제해야만 맑고 평안한 날이 오리라 기약할 수 있을 것이다."

─ 천두슈, 「청년에게 삼가 고함」, 송영배, 『중국사회사상사』, 298~299쪽.

청년이여, 도덕·윤리로 돌아가라

"이 세계는 청년의 무대라 청년은 이 세계를 부담해야 하겠고, 세계는 청년을 고대하는지라 지금 세계의 세찬 바람과 사나운 파도가 시시각각으로 더욱더 변화하여, 어제가 까마득한 옛날이고 오늘이 새로운 모습인지라 내일은 어떤 모양이 될지 예측하기 어렵다. …… 우리 민족성은 원래 도덕과 윤리 중에서 생활하고 자라 왔으므로 타자를 침략하거나 타자를 살해하자는 독악심이 없었소. 다만 힘세고 포악한 자에게 경시를 당하여 자연히 힘없고 약한 모습이 드러나 오늘날 [일제에] 함락된 것이 사실이오. 후진 청년은 이를 거울로 삼아 우리의 무기력과 쇠약함이 도덕과 윤리로 비롯되지 않았는가 오해하여 줄을 뜯어고치고 바퀴를 바꾸는 데에 거문고와 수레의 본체를 망각하기 쉽소. 거문고와 수레의 본체가 없고서야 어찌 줄만을 켤 수 있고 바퀴로만 다닐 수 있겠는가? 도덕과 윤리는, 즉 우리 인류에게 하늘(하느님)이 부여하신 본질적인 것이요. …… 정의와 인도는, 즉 도덕과 윤리이니라. 미래의 일을 다른 데에서 찾지 말고 과거의 일에서 찾을 것이다."

─ 이상재, 「청년이여」(1925년경), 최석채 엮음, 『일제하의 명논설집』(서문당, 1981), 152쪽, 155~156쪽.

◎ 위 글을 읽고 "천두슈와 이상재의 청년관의 차이점이 무엇인가?"를 친구와 이야기해보고 그것을 글로 정리해보자.

05-24 [116]

공 선생님이 이야기했다. "백이와 숙제는 과거의 좋지 않은 일을 마음에 담아두지 않았다. 이에 따라 두 사람에 대한 원성이 드물어〔없는 것과 마찬가지였다.〕"

子曰:"伯夷叔齊不念舊惡, 怨是用希."
자왈 : "백이 숙제불념 구악, 원시용희."

상황 ── ◉ 공 선생이 용서와 화해의 삶을 살았던 백이와 숙제의 인생을 이야기하고 있다.

디딤돌 ── ◉ 백이와 숙제는 공 선생으로 인해 도덕 영웅으로 추앙된 인물이다. 그렇지 않았으면 민간 전설로 떠돌며 잊혀진 인물이 되었을 것이다〔사마천, 정범진 외 옮김, 『사기열전―상』(까치, 1995), 9~20쪽 참조〕. 자신보다 공동체의 평화를 더 사랑했고, 고된 삶을 살면서 과거의 선택을 조금도 후회하지 않았다. 어찌 보면 그들은 자발적으로 손해를 본 삶을 살아간 바보이기도 하다. 이런 바보는 되기가 쉽지 않다. 그러니 누구도 두 사람을 미워할 수 없는 것이다. 용서를 구하는 것은 아름답고 그것에 평화의 손길을 내미는 것은 숭고하다. 한국 사회에는 용서를 구하지 않으면서 먼저 용서하라고 바라는 사람이 있다. 그들의 이야기는 07.15[166]과 6.12[449]에도 나오며, 그곳에서 자세히 다루고 있다.

05-25 [117]

공 선생님이 한마디 했다. "누가 미생고더러 '솔직하다'고 말하는가? 신원 미상의 사람이 미생고의 집으로 식초를 얻으러 갔다. 〔마침 자신의 집에 식초가 떨어지자〕 미생고는 이웃집에 가서 식초를 얻어다 그 사람에게 주었다."

子曰: "孰謂微生高直? 或乞醯焉, 乞諸其鄰而與之."
자왈: "숙위미생고직? 흑걸혜언, 걸저기린이여지."

상황 ── ● 사회적 평판에 사로잡혀서 영혼이 자유롭지 못한 사람을 이야기하고 있다.

걸림돌 ── ● 미생고微生高는 노나라의 사람으로 성이 미생이고 고가 이름이다. 그이는 『장자』「도척盜跖」, 『사기』「소진열전」, 『회남자』「설림훈」 등에 다양한 고사의 주인공으로 나온다. 대표적인 것은 미생지신尾生之信이다. 미생고가 한 여인과 다리 아래에서 만나기로 약속을 했다. 마침 비가 내리는데 약속한 사람은 오지 않았다. 그이는 물이 차오르자 다리의 기둥을 붙들고 그 자리를 떠나지 않다가 결국 물에 빠져 죽었다. 그 시대 사람들은 미생고를 고지식한 사람으로 보기도 하고 약속을 철두철미하게 지키는 사람으로 보기도 했다.

디딤돌 ── ● 식초를 구하는 것은 혹자의 일이므로 미생고는 자신에게 식초가 없으면 없다고 하면 된다. 그렇지 않고 남이 할 일까지 나서는 것은, 어떻게 해서라도 적극적으로 도움을 주겠다는 것보다는 도움을 주지 못했다는 소문이 날까 봐 두려웠던 것으로 보인다. 즉 진정으로 남을 위한 것이 아니라 자신의 이름을 의식하고 행동한 것이다. 미생고는 소문으로 덧씌워진 사회적 자아를 자신의 진정한 자아로 착각하고 있다. 아니면 당시나 지금이나 소문의 위력이 너무나도 엄청나서 사람을 죽일 수도 살릴 수도 있다는 것을 방증하는 것일 수도 있다.

05-26 [118]

공 선생님이 이야기했다. "듣기에 솔깃한 말이나 유들유들 웃는 얼굴이나 지나친 공손을 좌구명도 부끄러워했다. 구도 마찬가지로 부끄럽다. 원망을 마음속에 감추고 어떤 사람과 친구로 지내는 것을 좌구명도 부끄러워했다. 구도 마찬가지로 부끄럽다."

子曰: "巧言令色足恭, 左丘明恥之, 丘亦恥之. 匿怨而友其人, 左丘明恥之, 丘亦恥之."
자왈: "교언영색주공, 좌구명치지, 구역치지. 익원이우기인, 좌구명치지, 구역치지."

상황 ── ● 싫어도 싫다고 하지 않고 오히려 웃는 사람을 비난하고 있다. 이를 간단하게 줄이면 교언영색巧言令色이 된다. 공 선생이나 좌구명은 참으로 영혼이 투명한 사람이다. 두 사람에게는 쓸데없는 질문이겠지만 한 사람만 투명하고 만 사람이 불투명하다고 할 경우 나는 투명하게 살아갈 수 있을까? 같은 내용이 01.03[003]과 17.17[468]에 나온다. 풀이는 후자를 보라.

걸림돌 ── ● 足은 발, 달리다, 넉넉하다의 뜻으로 쓰이면 '족'으로 읽고, 과하다, 지나치다의 뜻으로 쓰이면 '주'로 읽는다.

05-27 [119]

안연과 자로가 공 선생님의 옆에 있었다. 공 선생님이 운을 뗐다. "두 사람은 각자 자신의 뜻을 말해보지 않겠는가?"

자로가 [기다렸다는 듯이 냅다] 선수를 쳤다. "바라건대 저는 수레와 말 그리고 가벼운 갖옷이 있더라도 그것을 친구들과 함께 쓰다가 그것이 낡아서 망가지더라도 별로 안타까워하고 싶지 않습니다."

안연이 [빙그레 웃으며] 대꾸했다. "바라건대 잘한 것을 자랑하지 않고 성과를 내세우고 싶지 않습니다."

자로가 [궁금한 듯이] 물었다. "바라건대 [저희에게 묻지만 마시고] 선생님의 뜻이 무엇인지 듣고 싶습니다."

공 선생님이 대꾸했다. "늙은이는 불편한 게 없고, 친구들은 서로서로 믿음을 가지고, 청소년은 따뜻한 보살핌을 받았으면 좋겠다."

顏淵季路 侍. 子曰: "盍各言爾志?" 子路曰: "願車馬衣輕裘, 與朋友共, 敝之而無憾" 顏淵
안연계로시. 자왈: "합각언이지?" 자로왈: "원차마의경구, 여붕우공, 폐지이무감." 안연
曰: "願無伐善, 無施勞." 子路曰: "願聞子之志." 子曰: "老者安之, 朋友信之, 少者懷之."
왈: "원무벌선, 무시로." 자로왈: "원문자지지." 자왈: "노자안지, 붕우신지, 소자회지."

상황 ● 공 선생은 자주 제자들의 포부를 물어본다. 처해 있는 현재와 다가올 미래 사이의 연계를 계속 검토해보라는 주문으로 보인다. 미래가 분명하면 목적의식을 가지고 현재에서 더 알차고 더 절실하게 준비를 할 수 있다. 또 서로 상대의 이야기를 들어서 자신의 것과 대조하여 보충할 수도 있다. 11.26[294] '삶의 돛대'와 함께 읽어보라.

걸림돌 ● 세 사람은 문학적 전형성을 보일 정도로 뚜렷하게 구분된다. 자로는 소유욕이 희박하고 가정보다는 동지와 유대를 강조한다. 안연은 조용히

맡은 바를 착실하게 추진하여 성과를 내면서도 절대로 외부에 알리지 않는다. 공 선생은 공동체의 모든 성원이 그 나이에 필요한 보호와 관심을 받아서 행복하게 생활하는 복지국가를 구상하고 있다. 나는 혼자 잘 사는 것이 전제되고 나면 무엇을 위해 산다고 할까? 자로의 사고방식을 철학사에서는 임협任俠 집단이나 묵가墨家와 연결 짓기도 한다. 10.22 [263]에 보면 공 선생도 친구 사이의 각별한 우정을 품고 있었다.

05-28 [120]

공 선생님이 한마디 했다. "끝인가 보다, 나는 여태까지 어느 누구도 자신의 시행착오를 시인하고, 교훈을 받아들여서 자기 스스로 따져 보는 사람을 본 적이 없구나!"

子曰: "已矣乎, 吾未見能見其過而內自訟者也."
자왈 : "이의호, 오미견능견기과이내자송자야."

상황
● 현실적이건 도덕적이건 실패에서 배우는 사람을 만나면 정갈한 느낌을 받는다. 성공한 사람을 만나면 부러울 수는 있지만 인간미가 덜 풍긴다.

디딤돌
● 명령과 외부 상황의 변화는 나를 어쩔 수 없이 바꾼다. 성찰과 반성은 나 자신의 힘으로 스스로를 바꾸는 길이다. 반성이 철저하면 철저할수록 한 번 저지른 잘못을 되풀이하지 않는다. 반성하지 않고 잘못을 되풀이하면 후회는 할지언정 바뀐 자신을 만나지 못한다. 자신이 살아온 삶을 지성의 저울에 올리는 일은 하기 힘들더라도 적어도 며칠 사이

에 있었던 일은 저울 위에 놓고 제대로 달아봐야 하지 않을까! 반성을 거부하려고 해서 거부한 것이 아니라 하지 않아서 거부하면 죽음에 이르러서야 딱 한 번 하게 된다. 그때 하는 반성은 일종의 종교적 회개로서 깨끗해 보일 수 있지만 도덕적 삶을 너무 초라하게 만든다. '미안하다'는 말을 좀 더 빨리했더라면, 불필요한 고통을 줄일 수 있었을 텐데. 06.03[124]에서 안연의 '불이과不貳過'를 보라.

05-29 [121]

공 선생님이 [자신한 듯] 이야기했다. "열 가구만이 사는 작은 마을이라도 반드시 구(나)만큼 충실하고 믿음성이 있는 사람이 있을 것이다. [하지만] 구만큼 학문을 사랑하는 이는 없을 텐데."

子曰 : "十室之邑, 必有忠信如丘者焉, 不如丘之好學也."
자왈 : "십실지읍, 필유충신여구자언, 불여구지호학야."

상황
● 공 선생은 다른 것은 다 사양해도 호학은 자처한다. 배움은 자신을 작은 세계에 가두지 않고 더 큰 세계로 열어가는 열쇠이기 때문이다.

걸림돌
● 주 5일 근무로 인해 나들이할 기회가 많아졌다. 시골에 가서 민박을 해보면 그곳의 사람들이 서울이나 도시 사람들과 조금 다르게 느껴진다. 그 느낌을 우리는 "순박하다"고 말한다. 그 말은 여기서 충실하고 믿음성이 있다는 것과 많이 겹치는 공통된 의미를 가지고 있다.
　　공 선생은 07.19[170]에서 무지의 분노나 발견의 기쁨으로 식사를 건너뛰는 모습을 그리고 있다. 그이는 왜 그토록 배움에 대한 열정, 아니 숭배를 강조하고 있을까? 오늘날 배움은 돈벌이나 생업과 깊게 결합되어 있다. 하지만 배움은 그 속성상 해방과 자유를 향한 강력한 안내자 역할을 한다. 나아가 지속적인 배움은 자신을 끊임없이 넘어서게 하며 절대적 앎에 무한히 겸손하게 만든다. 이렇게 보면 배움은 영구 혁명이다. 오늘과 다른 내일을 맞이하는 기쁨, 오늘에 비해 왜소해지는 과거의 치기……. 배움은 중독성이다. 공 선생은 단단히 그 중독성에 매료되어 "배우는 곳에 길이 있다"고 외치는 것이다.

6篇

전형의 편
경계의 편

◉ 전형의 편
◉ 경계의 편

　제6편은 보통 '옹야'로 불린다. 이 편이 "자왈: 옹야가사남면子曰: 雍也可使南面"으로 시작하는데 '자왈'을 빼고 '옹야'가 표제어로 채택된 것이다. 옹은 공 선생의 제자 염옹이다. 첫 구절의 내용에서 보이듯이 공 선생은 그의 정치적 자질을 최상으로 평가한다. 아니면 동시대 현실의 정치 지도자에 대한 극단적인 실망감을 우회적으로 표현한 것인지도 모르겠다. 이 편 11장에는 훗날 가난한 삶에서 학문적 구도의 삶을 살았던 안연을 묘사하며 일컬은 "일단사, 일표음一簞食, 一瓢飮"이라는 유명한 구절이 나온다.

　이 편은 모두 30장으로 되어 있다. 한편으로 이 편은 제5편과 마찬가지로 제자와 춘추시대의 인물에 대한 애정 어린 관찰을 이야기하고 있다. 제자로는 1, 6장에서 중궁(염옹)을, 3장에서 안연을, 5장에서 원사를, 7, 11장에서 안연을, 8장에서 자로·자공·염구를, 9장에서 민자건을, 10장에서 백우(염경)를, 13장에서 자하를, 14장에서 자유를 대상으로 따뜻한 이야기를 건네고 있다. 다만 12장에서 염구의 좌절에 대해 안타까움을 토로하고 있다. 춘추시대의 일반 인물에 대해서는 2장에서 자상백자를, 15장에서 노나라의 맹지반을, 16장에서 위나라의 축타와 송나라의 송조를 다루고 있다. 여기서도 개별 인물의 언행을 통해 그들 각각에서 장점을 끌어내고 있다. 되풀이해서 읽다 보면 우리는 이들 인물들에서 문학적 전형성을 찾을 수 있다. 이런 점에서 나는 이 편을 〈전형典型의 편〉으로 명명하고자 한다.

다른 경우로는 느슨하게 보아 인仁과 지知가 동시에 거론되는 장이 눈에 띈다. 예를 들면 20, 22, 23, 26, 30장 등이 그런 경우이다. 공 선생도 선의지나 평화를 향한 의지가 충만하지만 '교활한 사기꾼'에게 당하는 '어설프고 멍청한 인자仁者'의 문제에 빠지지 않도록 경계할 것을 요구하고 있는 듯하다. 예컨대 우리 주위에도 착하기에 가끔 놀림의 대상이 되는 사람이 있지 않은가! 이런 점에 나는 이 편을 〈경계의 편〉으로 명명하고자 한다. 공 선생도 위衛나라 령공의 부인 남자南子를 만났다가 자로에게 아무런 불미스런 일이 없었다는 것을 맹세까지 해야 했다.

06-01 [122]

공 선생님이 이야기했다. "중궁(염옹)은 시선을 남쪽으로 두는 자리〔南面〕, 즉 책임자(의사 결정권자) 역을 맡을 만하다."

子曰: "雍也可使南面."
자왈: "옹야가사남면."

상황
● 공 선생이 제자 염옹이 공동체의 책임자가 될 만한 품성을 가진 것으로 높이 평가하고 있다. 05.05[097]에 보면 일각에서는 염옹을 인자仁者로 평가하려는 움직임이 있었다. 물론 공 선생은 그 평가에 동의하지 않았다. 이유와 맥락은 모두 사라지고 결론만 달랑 던져놓은 꼴이다.

걸림돌
● 지금은 사어死語이지만 전통 사회에서는 남면南面과 북면北面이 각별한 의미로 쓰였다. 얼굴을 남쪽 또는 북쪽으로 둔다는 뜻이다. 고대사회는 신분 사회였던 만큼 각종 행사에서 차지하는 위치나 이동 방식에 각별한 절차와 의미가 있었다. 조정 의례에서 군주는 시선을 남쪽으로 두지만 신하는 북쪽으로 두어야 했다. 그 뒤 남면과 북면이라는 말 자체가 군주와 신하를 나타내는 말로 쓰이게 되었다. 한편 옛날의 가옥 구조에서 방도 평등한 공간이 아니라 출입구와 먼 안쪽이 상석으로 어린이와 젊은이는 그곳에 자리를 잡지 못했다. 근대 이후에야 비로소 공간은 위치만 다르고 모두 균질적인 곳으로 여겨졌다. 이전에는 선으로 표시하지는 않았지만 장소에도 침범할 수 없는 높낮이가 있었다.

06-02 [123]

중궁(염옹)이 자상백자라는 인물에 대해 물었다.

공 선생님이 대꾸했다. "괜찮지, 대범하지(까다롭지 않지)!"

중궁이 (좀 더 자세하게) 물었다. "일상적으로 늘 긴장을 유지한 채 외적 행동을 대범하게 하면서 인민의 앞에 선다면 괜찮지 않겠습니까? 일상적으로도 대범하고 외적 행동도 대범하게 군다면, 너무 지나치게 대범한 게 아닐까요?"

공 선생님이 맞장구를 쳤다. "중궁의 주장에 일리가 있다."

仲弓問子桑伯子. 子曰: "可也簡." 仲弓曰: "居敬而行簡, 以臨其民, 不亦可乎? 居簡而行
중궁 문자상백자. 자왈: "가야간." 중궁왈: "거경이행간, 이림기민, 불역가호? 거간이행
簡, 無乃大簡乎?" 子曰: "雍之言然."
간, 무내대간호?" 자왈: "옹지언연."

상황 ― ● 대범할 때는 대범하게 굴어야 하지만 긴장할 때는 또 긴장해야 한다는 점을 말하고 있다. 고등학교 3학년이 되면 모의고사며 중간고사며 기말고사며 여러 가지 시험을 자주 치른다. 그때그때의 점수에 자신의 운명을 맡긴다면 1년을 버틸 사람이 없을 것이다. 좋지 않게 나온 경우라도 대범하게 이번 시험 점수는 별거 아니라고 생각하고 다음에 만회하자는 식으로 넘기는 게 좋다. 지나간 성적에 매달리면 공부를 해도 머리에 들어오지 않는다. 그렇다고 모든 시험을 대수롭지 않게 취급하면, 시험에 대한 긴장이 없어진다.

걸림돌 ― ● 자상백자는 신분이 추적되지 않는 미지의 인물이다. 자상백자가 『장자』「대종사」와 「산목山木」에 나오는 자상호子桑戶와 동일 인물로 간

주되기도 하지만 확실한 것은 아니다.

디딤돌 ● 거경居敬은 세상의 이치를 탐구하는 궁리窮理와 함께 11세기 북송시대에서 시작되어 12세기 주희朱熹에 의해 체계화된 신유학에서 강조하는 수양 공부의 핵심이다. 우리가 손에 보물을 들고 있다고 생각해보라. 까딱 잘못하다가 놓칠까, 누가 지나가다가 부닥칠까, 잠깐 한눈파는 사이에 누가 가져갈까, 조심하고 또 조심한다. 그 보물이 내 마음속에 있다고 생각해보라. 그러면 내 마음의 보물이 없어지지 않도록, 훼손되지 않도록, 경건하게 지킬 것이다. 이처럼 경건한 상태를 유지하는 것이 거경이다.

06-03 [124]

애공이 공 선생님에게 물었다. "당신의 제자들 중에 누가 학문을 사랑합니까?"

공 선생님이 물음을 받고서 대꾸했다. "안연이라는 이가 참으로 학문을 사랑했지요. 그이는 어떤 일로 생긴 성을 다른 사람에게 화풀이하지 않고, 한 번 한 잘못을 되풀이하지 않았지요. 참 불행하게도 수명이 짧아서 죽었습니다. 지금은 이와 같은 사람이 없고, 아직 누가 학문을 사랑한다는 소리를 들은 적이 없습니다."

哀公問, "弟子孰爲好學?" 孔子對曰: "有顔回者好學. 不遷怒, 不貳過. 不幸短命死矣. 今也則亡, 未聞好學者也."
애공문, "제자숙위호학?" 공자대왈: "유안회자호학. 불천노, 불이과. 불행단명사의. 금야즉망, 미문호학자야."

|상황| ● 공 선생이 자신의 상표와 같은 호학好學을 제자 안연과 공유하고 있다.

|디딤돌| ● 1) 공 선생은 05.29[121]에서 자신의 호학을 강조했다. 공 선생은 다른 제자에게 인정하지 않던 호학의 평가를 안연에게는 아무런 주저 없이 내리고 있다. 이로써 두 사람은 정신적, 학문적 동지이거나 쌍둥이로 볼 수 있을 정도로 상호 일치도가 높다. 『논어』에서 공 선생과 안연이 함께 나오거나 따로 나오는 글을 모아서 읽어보면 두 사람은 단순히 스승과 제자 사이가 아니라 동성애적 관계가 아닐까 의심스러울 정도이다. 공 선생이 배움을 강조했으므로 제자라면 누구라도 배움에 일가견이 있을 것이다. 하지만 여기서 공 선생은 자신과 안연의 공통점에 누구도 끼어드는 것을 허락하지 않고 있다. 배움에 대한 배타적 사랑은 확실히 두 사람을 이어주는 결정적인 끈이었다. 이 동성애는 고대 그리스의 남성 사상가들 사이에서도 나타나는 현상이었다. 당시 그들은 여성을 '지성이 떨어지거나 보편에 무지한' 인물이라는 편견을 갖고 있었다. 11.07[275]에서는 같은 질문을 계강자가 던지고 있다.

    2) 불천노不遷怒의 '천노'는 우리 속담 중 "종로에서 뺨 맞고 한강에서 눈 흘긴다"와 같은 뜻이다. 안연이 자신의 감정을 제대로 통제할 줄 아는 인물이라는 걸 알 수 있다. 또 불이과不貳過를 보면 안연이 얼마나 자기반성에 철저한 인물이었는지를 엿볼 수 있다. 이를 통해 우리는 안연에게, 바늘을 찔러도 피 한 방울 안 흘릴 것 같은 수도승의 모습을 연상할지도 모르겠다. 어찌 보면 너무나 나약했기에 자신을 겨우 붙들고 있는 가녀린 이미지를 느낄 수도 있지 않을까? 이것이 그의 단명과 연결시키기에 무난할 것이다.

06-04 [125]

자화가 제 나라에 사신으로 가게 되었다. 〔학파의 살림꾼〕 염구가 공 선생님에게 자화의 어머니를 위해서 곡식을 보내주자고 말했다.

공 선생님이 허락했다. "부釜 정도 보내드리지."

염 선생님이 좀 더 주자고 말했다.

공 선생님이 허락했다. "〔그래. 정 그렇다면〕 유庾 정도로 보태드리지."

염 선생님은 〔공 선생님의 말과 달리〕 다섯 병秉을 보내주었다.

공 선생님이 〔이 일을 나중에 알고서〕 한마디 했다. "자화가 제나라로 갈 적에 살찐 말을 타고 가벼운 갖옷을 입었다는데……. 내가 듣건대, '자율적 인간은 딱한 사람을 도와주지 넉넉한 사람에게 더 보태주지 않는다'고 하던데."

子華使於齊, 冉子爲其母請粟. 子曰: "與之釜." 請益. 曰: "與之庾." 冉子與之粟五秉.
자화사어제, 염자위기모청속. 자왈: "여지부." 청익. 왈: "여지유." 염자여지속오병.

子曰: "赤之適齊也, 乘肥馬, 衣輕裘. 吾聞之也, 君子周急不繼富."
자왈: "적지적제야, 승비마, 의경구. 오문지야, 군자주급불계부."

상황 ◉ 상호부조의 관행과 관련해서 염구와 공 선생의 이견이 드러나 있다. 염구는 '다다익선多多益善'을 말하고, 공 선생은 '부족한 자에게 더 많이'라는 원칙을 내놓는다.

걸림돌 ◉ 1) 부·유·병은 모두 도량형의 단위이다.

2) 이 구절은 전체적으로 상호부조의 관행을 기록한 것으로 보인다. 공 선생의 마지막 말을 보면 관행상 선물을 할 필요는 있지만 자화는 부

자이므로 도움을 주는 지원은 불필요하다는 것을 말하는 듯하다. 정치인의 후원금과 알려지지 않는 복지시설의 기부금 중 어디에 돈이 더 몰릴까?

◎ 고대의 도량형에 대해서는 박흥수가 쓴 『한·중 도량형 제도사』(성균관대학교출판부, 1999)를 읽어보라.

06-05 [126]

원사가 공 선생님의 가신을 맡게 되었다. 공 선생님이 봉급으로 그이에게 곡식 900단위를 주었다. 원사가 많다고 사양했다.
　　공 선생님이 설득했다. "그러지 마시게. 많다면 당신의 이웃이나 마을 사람들 중 필요한 이들과 함께 나누게!"

原思爲之宰. 與之粟九百. 辭. 子曰 : "毋! 以與爾鄰里鄉黨乎!"
원사위지재. 여지속구백. 사. 자왈 : "무! 이여이린리향당호!"

상황 ── ● 공 선생과 원사가 적정한 급료의 책정을 두고 입장 차이를 보이고 있다. 원사는 많고 적음으로 생각하고, 공 선생은 소득의 재분배까지 고려하고 있다. 오늘날로 보면 두 사람은 연봉 협상을 벌이고 있는데 좀 색다르다. 고용주는 더 주려고 하고, 피고용자는 덜 받으려고 하니 말이다.

걸림돌 ── ● 원사는 공 선생의 제자로 자가 자사子思이다.

06-06 [127]

공 선생님이 중궁을 두고 한마디 했다. "털빛이 붉고 뿔이 가지런하더라도 얼룩소의 새끼라면, 〔일반 사람이나 제관祭官이야〕 그 녀석을 제물로 쓰려고 하지 않겠지만, 산과 강의 귀신이야 어찌 그 녀석을 내버려두겠느냐?"

子謂仲弓曰 : "犁牛之子, 騂且角, 雖欲勿用, 山川其舍諸?"
자위중궁왈 : "이우지자, 성차각, 수욕물용, 산천기사저?"

상황 ● 제물祭物이 규정에는 일부 맞지 않지만 품질이 뛰어난 경우가 있다는 비유를 들어 비천한 출신의 인재 등용 문제를 다루고 있다.

걸림돌 ● 1) 제물은 나라마다 규정이 있었다. 주나라의 경우 나라의 상징 색이 붉은색이므로 얼룩소라면 불가능하다. 뿔은 휘어지지 않고 곧아야 요건에 들어맞는다. 그리고 고대사회에는 제사의 격에 따라 제물이 달랐는데, 격이 높은 하늘 제사에서는 제물로 소를 썼고, 그 밖에는 돼지와 양 등을 썼다.

2) 글 속에 든 비유를 알아채야 의미를 이해할 수 있다. 제물은 중궁을, 얼룩소는 중궁의 비천한 출신을, 산천의 귀신은 군주를 각각 비유하고 있다. 공 선생은 중궁이 출신이 좋지 않더라도 후천적 노력으로 훌륭한 학적 성취를 거둔 만큼 좋은 기회가 주어지리라는 것이다. 사회가 출신에 사로잡혀서 변화를 보이지 않아도 공 선생은 능력에 주목하겠다고 선언하고 있다. 아마 공 선생 자신이 아버지의 사망으로 성장기를 어렵게 보냈던 체험에서 우러나온 생각이리라. 여기서 공 선생이 시대를 앞서간 인물이라는 것을 엿볼 수 있다. 09.07[217]에 나타난 공 선

생의 과거와 함께 읽어보라.

> 깊이 읽기
>
> ## 귀속지위ascribed status와 성취지위achieved status
>
> 공 선생은 중궁이 상류계급 태생이 아님에도 그가 개인적으로 이룬 고귀한 성취를 높이 평가하고 있다. 즉 공 선생은 신분 사회 안에서도 완전히 신분으로 환원되지 않는 인간의 탁월성에 주목한다. 우리는 공 선생이 발견해낸 이 틈새를 좀 더 분명하게 하기 위해 인류학자 린튼R. Linton의 용어를 차용하고자 한다.
>
> "지위status와 역할role의 구별이다. 지위는 어느 개인이 특정한 체계에서 차지하고 있는 개인의 위치를 가리킨다. 역할은 특정한 지위에 연관된 문화 유형들의 총체를 가리킨다. 한 사람의 지위는 연령과 성, 출생과 혼인 등에 기초하여 좌우된다. 이에 비해 역할은, 현재 그이가 차지한 지위 혹은 앞으로 차지할 지위에 근거하여 학습된다. 역할은 밖으로 드러나는 행위를 가리키는, 지위의 역동적인 측면이다. 즉 역할은 자신의 지위에 어울리게 행동하기 위해서 마땅히 해야 할 바를 말한다."〔랠프 린튼, 전경수 옮김, 『문화와 인성』(현음사, 1984), 83~84쪽 요약〕
>
> 여기서 우리는 지위와 역할 수행 사이의 불일치 가능성을 찾아낼 수 있다. 중궁은 지위는 낮지만 지위에 따르는 역할을 넘어서 궁극적으로 지위를 넘어서는 인간 일반의 역할에 탁월했다고 할 수 있다.
>
> 다른 하나는 귀속지위와 성취지위의 구분이다. 성별, 인종, 연령 등 타고나거나 개인이 선택하거나 관여할 수 없는 특징으로 얻어지는 지위가 귀속지위이다. 이와 달리 지식이나 기능, 능력 등에 따라서 노력해 얻는 지위를 성취지위라고 한다. 전자는 계승된 지위에 의해 얻게 되는 혈연과 계급 등을 말하고, 후자는 개인의 재능과 노력에 의해 얻은 직업 등을 뜻한다. 여기서 우리는 공 선생의 진보성을 엿볼 수 있다. 그이는 중궁이 비천한 지위임에도 학문을 통해 지니게 된 능력과 품성을 긍정한다. 나아가 그러한 능력과 품성에 어울리는 사회적 역할이 창출

되어야 한다는 점을 말하고 있다.

일반적으로 근대 이후, 성취지위가 갖는 비중이 전적으로 또는 상당히 중시되고 있다. 우리 사회는 어떨까? '2004년 사회통계조사'에 따르면 대졸 이상 가구주의 월평균 사교육비 지출액은 32만 2000원으로 초졸 이하 가구주의 4.1배에 달했다. 이를 통해서 우리는 학력과 소득이 대물림될 가능성이 높아지고 있다고 판단할 수 있다.

◎ 위 글을 읽고 "취업과 임용 등에서 우리 사회의 인재관이 진보와 보수 중 어디에 치우쳐 있을까?"에 대해 이야기해보라.

06-07 [128]

공 선생님이 술회했다. "안연은 마음 씀씀이가 꽤 오랫동안 사람다움(평화의 길)에 어긋나지 않지만, 나머지 사람들은 짧은 기간 동안 아니면 우연히 사람다움(평화의 길)에 미칠 뿐이다."

子曰:"回也, 其心三月不違仁, 其餘則日月至焉而已矣."
자왈: "회야, 기심 삼월 불위 인, 기여 즉일월지언이이의."

상황 ─● 무엇이 옳은지를 아는 것, 그렇게 안 것을 실천하겠다고 결의를 다지는 것, 결의를 다진 대로 몸소 움직이는 것이 물 흐르듯이 쭉 이어지기가 어렵다. 간단히 말하면 인식, 의지, 실천은 각 단계 자체도 어렵거니와 다음 단계로 이어지기도 어렵다. 테레사 수녀는 언제쯤 인간으로서의 사소한 욕망에서 해방되었을까? 아니면 평생 욕망과 신성의 갈등 속에서 겨우 버텨갔을까?

06-08 [129]

계강자가 물었다. "자로는 행정 업무를 맡아보게 할 수 있을까요?"

공 선생님이 대꾸했다. "자로는 맺고 끊는 능력(결단력)이 있으므로 행정 업무를 돌보는 데 무슨 어려움이 있겠습니까?"

[그렇다면] "자공은 행정 업무를 맡아보게 할 수 있을까요?"

공 선생님이 대꾸했다. "자공은 사리(사태 파악 능력)에 밝으므로 행정 업무를 돌보는 데 무슨 어려움이 있겠습니까?"

[마지막으로] "염유는 행정 업무를 맡아보게 할 수 있을까요?"

공 선생님이 대꾸했다. "염구는 다재다능하므로 행정 업무를 돌보는 데 무슨 어려움이 있겠습니까?"

季康子問. "仲由可使從政也與?" 子曰: "由也果, 於從政乎何有?" 曰: "賜也可使從政也與?"
계강자문. "중유가사종정야여?" 자왈: "유야과, 어종정호하유?" 왈: "사야가사종정야여?"

曰: "賜也達, 於從政乎何有?" 曰: "求也可使從政也與?" 曰: "求也藝, 於從政乎何有?"
왈: "사야달, 어종정호하유?" 왈: "구야가사종정야여?" 왈: "구야예, 어종정호하유?"

상황 ● 유력자가 제자들의 능력을 묻고 공 선생이 그것에 답변을 하고 있다. 덧보태지도 빼지도 않고 있는 그대로 말하려는 공 선생의 마음 씀씀이가 엿보인다. 05.08[100]처럼 외부에서는 공자 학파를 인재 풀pool로 보고 있다. 그래도 그들은 쓸 만한 사람이 있으면 미리 알아두었다가 공 선생을 찾아와 자질을 하나하나 물어보았다. 13.14[332]처럼 염유는 계씨에게 고용된다. 16.01[438]에 보면 염유와 자로가 계씨를 위해 일하고 있다. 이를 통해 당시의 정치인들이 사람의 어떤 능력을 높이 샀는지 알 수 있다.

06-09 [130]

계씨가 민자건을 비 지역의 현장으로 임명하려고 했다. 민자건이 〔펄쩍 뛰며 사자에게 손사래를 쳤다.〕 "당신이 나를 대신해서 거절의 뜻을 잘 전해주세요. 만약 또다시 나를 부른다면 나는 반드시 〔우리나라와 제나라의 국경에 있는〕 문강汶江의 북쪽, 즉 제나라에 있을 것이오."

季氏使閔子騫爲費宰. 閔子騫曰: "善爲我辭焉! 如有復我者, 則吾必在汶上矣."
계씨 사민자건 위비재. 민자건왈: "선위아사언! 여유복아자, 즉오필재문상의."

● 민자건은 노나라의 과두정파(삼가三家)로부터 임용 제의를 받고 결연히 거부하고 있다.

● 1) 비費는 오늘날 산동성 비현 서북 지역으로 고성이 남아 있다.

2) 문강은 강 이름으로 오늘날 산둥의 대문하大汶河를 가리킨다. 문강의 비유가 낯설다면 오늘날 남북 사이를 흐르는 한탄강, 삼국시대에 서울 지역을 두고 경쟁할 당시의 한강으로 바꾸어 생각해보라. 그래도 이해가 잘 되지 않으면 한국과 일본 사이의 현해탄을 떠올려보라. 이처럼 문강은 한 국가 영역의 끝을 뜻하므로 그의 강력한 거부 의사를 표현한다.

3) 민자건은 왜 이렇게 강력하게 거절할까? 자신의 능력으로는 도저히 현장을 맡을 수 없다고 판단했을 수도 있고, 계씨의 과두정치에 대한 원초적인 증오감을 가졌기 때문일 수도 있고, 현장을 맡으면 지금 누리는 학문의 즐거움을 포기해야 하기 때문일 수도 있다. 요즘 같아서는 너도나도 정치나 행정에 참여하려 할 텐데, 최소한 자신의 기준을 고수하려고 한다는 맥락으로 이해하면 좋겠다.

06-10 [131]

백우가 몹쓸 병에 걸렸다. 공 선생님이 그이를 위해 병문안을 갔다. 창문 너머로 백우의 손을 잡았다. 〔공 선생님은 안타까움을〕 내뱉었다. "어찌 할 길이 없구나, 이게 바로 운명인가 보다! 아, 이 사람에게 이런 병이 찾아오다니, 이 사람에게 이런 병이 찾아오다니!"

伯牛有疾, 子問之, 自牖執其手, 曰: "亡之, 命矣夫! 斯人也而有斯疾也! 斯人也而有斯疾也!"
백우유질, 자문지, 자유집기수, 왈: "망지, 명의부! 사인야이유사질야! 사인야이유사질야!"

상황
● 공 선생이 불치병에 걸린 제자를 병문안 갔다. 사람으로서 무기력을 가장 심하게 느낄 때는 사랑하는 사람이 죽어가는 데 아무 일도 할 수 없을 때이다. 공 선생도 운명 이외에는 달리 할 말이 없었을 터. 우리 주위에도 착하디착한 사람이 일찍 죽는 경우가 많다. 염백우는 나병, 즉 한센병에 걸린 것으로 추정된다.

걸림돌
● 1) 백우는 공 선생의 제자로 이름은 염경冉耕이다.
2) 명命은 운명이란 뜻으로 보통 미리 결정되어 있어서 인간의 노력으로 어찌할 수 없는 삶의 조건을 나타낸다. 여기서는 피할 수 없는 숙명으로 볼 수밖에 없겠다.

깊이 읽기

세 가지 운명

"명命이란 무엇인가? 사람의 목숨, 즉 하느님이 명령해서 살도록 한 길이다. 명에는 세 가지가 있는데 문헌에서 각각의 근거를 찾을 수 있다. 예를 들자면 사람에 따라 수명壽命을 받아서 한도를 지키며 살고, 조명遭命을 받아서 억울한 불행을 당하게 되고, 수명隨命을 받아서 자신이 한 만큼 상응한 대가를 받는다.

수명壽命이 제일 좋은 명이다. 예를 들면 주나라의 문文임금은 중년의 나이에 하늘의 명령을 받았고, 50년 동안 왕위를 누렸다. 이것이 바로 수명에 해당된다.

수명隨命은 개인의 행실에 따라 받는 명이다. 예를 들어 유호씨有扈氏가 해야 할 일을 게을리 하고 내버려두니 하느님이 이로 인해 국운 또는 개인의 운명을 단절시켜버렸다. …… 조명은 누군가가 닥치는 대로 죽이고 빼앗는 시대를 만날 경우 위로는 혼란을 일삼는 군주가 있고 아래로는 재앙과 이변이 꼭 일어나는 명이다. 통제할 수 없는 일이 일어나 숱한 사람의 생명을 죽음으로 내몬다. 예컨대 황하가 범람하여 도시를 습격해 사록沙鹿 지역이 흔적도 없이 사라졌다. 이것이 조명의 사례이다. 또 백우가 올곧게 행동하고 옳은 말을 했지만 혐오시하는 질병에 걸렸다. 공 선생이 탄식했다. '이게 바로 운명인가 보다! 아, 이 사람에게 이런 병이 찾아오다니, 이 사람에게 이런 병이 찾아오다니.' 이것도 조명의 사례이다."

── 반고, 신정근 옮김, 『백호통의』, 327~328쪽.

◎ 위 글을 읽고 "운명론이 체념의 삶이 아니라 진취적 삶을 견인할 수 있을까?"에 대한 생각을 이야기해보라.

06-11 [132]

공 선생님이 감탄했다. "참으로 훌륭하구나, 안연은! 대그릇에 담은 밥 한 그릇을 먹고 표주박에 담긴 물 한 모금을 마시면서 달동네(빈민가)에 살고 있구나. 아마 내로라하는 사람들도 그런 생활의 고통을 참고 견디지 못할 터인데 오히려 안연은 그 생활의 즐거움을 바꾸려 들지 않는구나. 참으로 훌륭하구나, 안연이여!"

子曰: "賢哉, 回也! 一簞食, 一瓢飮, 在陋巷, 人不堪其憂, 回也不改其樂. 賢哉, 回也!"
자왈: "현재, 회야! 일단사, 일표음, 재루항. 인불감기우, 회야불개기락. 현재, 회야!"

상황 ● 공 선생이 아끼는 제자 안연의 삶에 대해 경탄하고 있다. 어떤 정파이든 평생에 걸쳐서 무너지지 않고 고귀한 신념을 지켜 나가는 삶은 숭고해 보인다. 주워들은 것이 아니라 공 선생이 직접 안연의 집을 방문해 보고 한 말로 여겨진다.

걸림돌 ● 박지원(朴趾源, 1737~1805)의 소설 『허생전許生傳』을 보면 허생은 책 읽기를 좋아하여 벌이에 신경을 쓰지 않았고, 아내가 주위의 바느질품을 팔아서 겨우 입에 풀칠을 하고 지냈다. 그는 아내의 잔소리에 견디다 못해 "아깝다. 내가 당초 글 읽기로 10년을 기약했는데, 인제 7년인걸……" 하고 책을 덮었다.

허생은 그 생활을 버티지 못했다. 이와 달리 안연은 끝까지 포기하지 않았는데, 그에게 특별한 비법이 있었을까? 안연이 아무리 강심장이라도 흔들리지 않는 철의 심장을 가지고 있지는 않았을 것이다. 결국 다른 어떤 것의 유혹과 방해에도 꿈쩍하지 않을 수 있는 확고한 자기 세계가 있었던 것이다. 누가 뭐래도 움직이지 않는 그런 세계 말이다.

기억해두자. '일단사, 일표음'은 가난한 삶을 표현하는 말로 널리 쓰인다. 지금은 뭐라 표현할까? "라면으로 끼니를 때우고 수돗물로 허기를 채운다"고 해야 할까 보다. 11.19[287]에 묘사된 안연의 곤궁을 참조하라.

06-12 [133]

염구가 [굳은 얼굴로] 이야기를 꺼냈다. "제가 선생님의 길을 이해하지 못하는 것은 아니지만 힘이 모자라서 좇아갈 수 없습니다."

공 선생님이 [실망스러운 얼굴로] 한마디 했다. "힘이 모자란 경우는 반쯤 가다가 엎어지고 쓰러진다. 지금 자네는 ['이만큼만 해야지!'라며] 선을 긋고 있는 걸세."

冉求曰 : "非不說子之道, 力不足也." 子曰 : "力不足者, 中道而廢. 今女畫."
염구왈 : "비불열자지도, 역부족야." 자왈 : "역부족자, 중도이폐, 금녀획."

상황 ─◉ 배움의 길에서 힘들어서 그만두겠다는 제자를 다시 일으켜 세우기 위해, 공 선생이 냉혹한 진단을 내리고 있다.

걸림돌 ─◉ 우르르 몰려다니며 하는 것과 해야 한다고 생각하기에 하는 것은 다르다. 전자는 충분한 자기 점검도 없이 남들이 하니까 따라 하거나 하면 좋을 듯해서 시작부터 하는 배움이다. 후자는 현재의 나에 대한 자기 점검을 기초로 해서 성취해야 할 미래의 나에 대한 확실한 신뢰를 깔고 있는 배움이다. 한계가 닥쳐오면 달라진다. 전자는 한계를 넘어서야 할 동인이 없으므로 그 자리에 주저앉아버린다. 즉 포기한다. 후자는 한계에 좌절할 수는 있지만 다시 도전해서 초월하고자 노력한다. 지금 염구는 "왜 배우고 있는가?"에 대한 물음을 던지는 셈이다. 공 선생은 지금 부딪친 것이 넘어서야 할 한계상황이지 돌아서는 포기상황이 아니라는 점을 일깨워주고 있다.

〈말아톤〉(2005)에서 김미숙(초원 엄마 경숙 역)과 이기영(코치 정욱 역)의 도움으로 다섯 살 지능의 스무 살 청년 조승우(윤초원 역)가 서브스리Sub three(마라톤에서 풀코스를 3시간 이내에 완주하는 일)에 도전하는 이야기가 나온다. 염구처럼 왜 뛰어야 하는지 몰라 좌절하기도 하고 포기하려고도 하다가, 끝내 한계를 넘어서고야 만다. 09.19[229]에도 비슷한 내용이 나온다.

06-13 [134]

공 선생님이 자하를 불러 당부했다. "자네는 자율적 인간의 유(지식인)가 되어야지 작은 사람들의 유가 되지 마시게."

子謂子夏曰 : "女爲君子儒, 無爲小人儒!"
자위 자하왈 : "여위 군자유, 무위 소인유!"

상황 ─● 공 선생이 제자에게 바람직한 목표 또는 역할 모델을 제시하고 있다. 결국 시대의 계몽자가 되기를 희망하고 있다.

걸림돌 ─● 1) 無는 보통 '없다'는 뜻으로 쓰이지만 여기서는 '……마라'는 뜻으로 쓰인다. 이때 勿과 바꿔 쓸 수 있다.
2) 공 선생이 창시한 학파를 유가儒家라고 한다. 유儒는 원래 공 선

생이 활약하기 이전부터 상례나 장례 등 각종 의식의 진행을 도와주던 사회적 집단을 가리키는 말이었다. 오늘날 결혼식이나 상례와 장례식에서 도움을 주는 사람들을 떠올리면 된다. 공 선생은 기원으로 보면 이런 유 집단에서 출발했지만, 발전 과정을 통해 기존 유 집단의 특성을 완전히 뛰어넘어 새로운 학문 집단을 개척해냈다. 즉 공 선생은 유 집단이 담당하는 의례를 기능만이 아니라 사회질서나 인간다움의 특성과 연계시켜 사고했다. 바로 이 연계의 지점이 그 당시 춘추시대에 활약했던 숱한 사상가들보다 공 선생을 돋보이게 하는 지점이다. 공 선생은 제자를 앞에 두고 다시금 자신이 평생 일군 여정에 동행할 것을 당부하고 있다.

◎ 유교에 대한 개념을 정리하려면 가지 노부유키가 쓰고 김태준이 옮긴 『유교란 무엇인가』(지영사, 1996)를 읽어보라.

깊이 읽기

유교의 종교성 논쟁

"유교는 종교이다/아니다라고 주장하는 이들은 '유교'에 대해서, 또는 '종교'라는 것에 대해서 어떤 생각을 하고 있는지 그 물음의 의미에 대해서 한번 물을 필요가 있을 것이다. …… '종교로서의 유교'를 주장하는 캉유웨이康有爲 진영의 논리는 대체로 다음과 같습니다. 그이는 종교를 인도人道와 신도神道가 모두 포괄되는 것으로 이해했습니다. 이를 전제로 해서 유교가 종교가 아니라는 주장은 종교를 신도의 관점에서만 보는 것이라고 비판하였습니다. 즉 공자를 철학가나 정치가, 도덕가, 교육가로 파악하는 것은 기독교적 편견에 치우쳐 있는 것이라고 공박하였습니다. 그이는 더 나아가 신도의 교教, 혹은 신교神教는 원시적인 몽매 상태에서만 우세할 뿐이며, 근세 문명사회에서는 귀신을 숭상하기보다는 인간을 존중하므로 인도의 교가 중시된다고 하면서 결국 신도의 교인 기독교보다 '인도의 교'인 유교가 진보적이라는 주장으로까지 나아갔습니다.

이에 대해서 유교의 국교화에 반대하는 천두슈陳獨秀를 중심으로 하는 진영은 …… '유교는 종교가 아니다'라고 주장했습니다. 그이는 종교의 필수 요소를 신과 사후의 생활, 종교 의식으로 규정하고, 이를 근거로 해서 유교에는 이러한 요소들이 결여되어 있기 때문에 종교가 아니며, 단지 윤리적 덕목일 뿐이라고 주장하였던 것입니다.

이러한 비판에 대해 역시 공교孔教 운동가였던 장동쑨張東蓀은 유교가 종교인 이유로 다음의 여섯 가지를 제시하였습니다. 유교는 천天 혹은 상제上帝에 대한 신앙으로, 천으로부터 사명을 받았다는 확신과 귀신의 위력에 대한 신앙을 지니고 있으며, 심성을 규율하는 제사·기도·권선징악의 서원誓願을 가지고 있기 때문에 종교라는 주장이었습니다. ……

유교와 기독교가 전적으로 같은 종교가 아닌 이상 드러날 수밖에 없는 차이점은 '차이점'이 아니라 어느 한쪽이 '불완전한 종교'이거나 '결여된 종교' 아니면 '종교 아닌 것'으로 규정될 수밖에 없을 것입니다. '종교는 이러저러한 것인데, 유교는 이런 것을 지니고 있지 않거나, 있다고 하더라도 함량이 크게 미달되기 때문에 종교가 아니며, 백 번 양보하더라도 덜 된 종교이다'라는 주장과 '이러저러한 것이 종교인데 유교는 이런 것이 있으므로 종교이다'라는 주장은 똑같은 함정에 빠져 있는 것이지요."

── 한국종교연구회, 『종교 다시 읽기』(청년사, 1999), 107쪽, 109쪽, 117쪽.

◎ 위 글을 읽고 "유교에 대한 종교성 논쟁의 허실은 무엇일까?"를 논의해보라.

06-14 [135]

자유가 무성 지역의 현장이 되었다. 〔그이가 인사차 공 선생님을 방문했다.〕
〔이러저러한 이야기를 한 끝에〕 공 선생님이 물었다. "자네는 믿을 만한 사람을 찾았는가?"
자유가 대꾸했다. "예, 담대멸명이라는 이가 있습니다. 그이는 길을 가며 지름길로 질러가지 않고, 공적인 업무가 아니면 저의 집무실을 찾은 적이 없습니다."

子游爲武城宰. 子曰: "女得人焉耳乎?" 曰: "有澹臺滅明者. 行不由徑, 非公事, 未嘗至於
자유위무성재. 자왈: "여득인언이호?" 왈: "유담대멸명자. 행불유경, 비공사, 미상지어

偃之室也."
언지 실야."

상황
● 정치에서 인재를 찾는 것이 중요한데, 물론 이전에 인재를 볼 줄 아는 안목을 갖추어야겠다. 자유는 원칙주의자를 선호하는 듯하다.

걸림돌
● 1) 무성武城은 오늘날 산동성 비현費縣 서남쪽에 있다.
2) 담대멸명澹臺滅明은 자가 자우子羽인데, 『사기』「중니제자열전」에서는 공 선생의 제자로 취급되었지만, 본문을 보면 공 선생과 면식이 없는 듯 객관적으로 소개되어 있다.
3) 자유는 담대멸명을 통해 인재의 자질을 두 가지로 제시하고 있다. 하나는 샛길이나 지름길을 찾지 않는 것이다. 이 말은 편법과 불법의 유혹에 흔들리지 않고 정당한 절차와 합당한 원칙대로 행정을 처리하는 것을 일컫는다. 다른 하나는 공公과 사私를 명확하게 구분하는 것이다. 이 두 가지는 오늘날에도 여전히 유효하다.

06-15 [136]

공 선생님이 들려주었다. "우리나라의 맹지반은 제 자랑을 늘어놓지 않았다. [제나라의 군대와 맞서 싸우다 우익의 군대가 무너지자] 그이는 대열의 맨 뒤에서 노나라의 군대를 엄호하며 성문으로 들어섰다. 그러던 중 자신의 말에 채찍을 휘두르며 '일부러 뒤에 서려고 했던 것이 아니라 말이 앞으로 달려가지 않았구려!'라고 멋쩍은 듯이 말했다."

子曰: "孟之反不伐, 奔而殿, 將入門, 策其馬曰: '非敢後也, 馬不進也.'"
자왈: "맹지반불벌, 분이전, 장입문, 책기마왈: '비감후야, 마부진야.'"

상황
● 장군을 예로 들어 세운 공적을 우연으로 돌리며 겸손해하는 처신을 소개하고 있다. 조그마한 일도 부풀리고 남의 것을 가로채서 자신의 업적으로 삼는 사람과 너무나 대조된다.

걸림돌
● 1) 『좌씨전』에 따르면 노와 제 두 나라의 전쟁은 노나라 애공 11년(기원전 484년)에 일어났다. 제나라는 전년에 있었던 노의 공격에 보복하기 위해 전쟁을 일으켰다. 그곳에서 맹지반은 맹지측孟之側으로 표기되어 있다. [좌구명, 신동준 옮김, 『춘추좌전 3』(한길사, 2006), 481~485쪽]

2) 전殿은 보통 궁궐, 큰 집, 절의 뜻으로 쓰인다. 여기서는 뒤쪽이라는 방향을 나타내고 아군의 안전한 퇴로를 보장하기 위해 군진의 후미에서 추격하는 적을 견제하는 역할을 가리킨다. 전장에서 스스로 뒤로 빠져 방어를 한다는 것은 용기만으로는 불가능하다. 예컨대 헌신과 같은 다른 계기(품성)가 곁들여져야 가능한 일이다.

06-16 [137]

공 선생님이 〔난감한 표정으로〕 한마디 했다. "위나라의 축타와 같은 말재주나 송나라의 송조와 같은 미모를 갖추지 못한다면 요즘 세상에 불행(재앙)을 벗어나기 어렵구나!

子曰: "不有祝鮀之佞, 而有宋朝之美, 難乎免於今之世矣."
자왈: "불유축타지녕, 이유송조지미, 난호면어금지세의."

상황
◉ 개인의 육체적, 언어적 능력이 자신을 위기에서 보호하는 유력한 수단으로 변해가는 세상사를 말하고 있다. 이념과 신념이 존중되지 못하고 물질적, 감각적 가치가 사람들의 관심을 사로잡고 있는 현실을 안타까워하는 공 선생의 탄식이 들린다.

걸림돌
◉ 축타祝鮀는 자가 자어子魚이고 위나라의 대부로서 종묘의 제사 업무를 관장했다. 송조宋朝는 송나라 제후 가문의 일원 또는 공족公族으로 희대의 미남으로 유명했다. 두 인물의 경우 축은 관직이고 송은 국명인데 사람의 성으로 쓰이기도 한다. 『사기』를 지은 사마천司馬遷의 사마도 관직 명칭이다.

◎ 고대사회의 언어 금기에 대한 상식을 넓히려면 리중성李中生이 쓰고 임채우가 옮긴 『언어의 금기로 읽는 중국문화』(동과서, 1999)를 읽어보라.

06-17 [138]

공 선생님이 이해할 수 없다는 듯이 말했다. "누구라도 방을 나서려면 문을 거치지 않을 수 있는가? 그런데 도대체 사람들은 왜 이 길을 지나가지 않는가?"

子曰 : "誰能出不由戶? 何莫由斯道也?"
자왈 : "수능출불유호? 하막유사도야?"

상황
● 뻔히 보이는 '해답으로서의 올바른 길'을 모르고 있는 세상 사람들에 대한 안타까움을 말하고 있다. 공 선생은 "내 눈에는 어떻게 살아야 할지 너무나도 분명한데 왜 사람들은 저렇게 모르는지!"라는 탄식을 위의 말처럼 우회적으로 표현하고 있다.

걸림돌
● 길은 구체적이기도 하고 추상적이기도 하다. 호戶를 열고 닫는 문으로 본다면, 도道는 사람이 걸어다니는 길을 가리킨다.

◎ 도의 의미를 분명하게 이해하려면 신정근이 쓴『동양철학의 유혹』(이학사, 2002)을 읽어 보라.

06-18 [139]

공 선생님이 일러주었다. "본바탕이 꾸밈새를 압도해버리면 촌스러워지고, 꾸밈새가 본바탕을 압도해버리면 지저분해 보인다. 꾸밈새와 본바탕이 유기적으로 결합한 다음에 참으로 모범적인 인물이라고 할 것이다."

子曰 : "質勝文則野, 文勝質則史. 文質彬彬, 然後君子."
자왈 : "질승문즉야, 문승질즉사. 문질빈빈, 연후군자."

|상황| ● 본바탕과 꾸밈새(장식)가 유기적으로 배합된 것을 이상적인 인격으로 말하고 있다.

|걸림돌| ● 문文과 질質은 외면과 내면, 현상과 본질, 문화와 자연 등 대조적인 세계를 가리키는 개념으로 널리 쓰인다. 훗날 한 제국의 동중서董仲舒는 문과 질을 행정조직, 정책 방향의 특성을 가리키는 역사학의 용어로 확장시켜 사용했다. 12.08[302]에도 문과 질의 이야기가 나온다.

깊이 읽기

문文과 질質의 의미

문과 질은 역사, 사상, 문예 등에 걸쳐 널리 쓰이는 개념이다. 발생으로 따지면 '문'자가 먼저 생기고 '질'자가 조금 뒤에 생겼다. 문은 사람 몸의 가슴 부위에 × 자 표시를 한 모양이다. 아마도 고대인들이 시신에다 생명의 영혼(정령)이 빠져나갈 수 있도록 길을 만든 것일 수 있다. 문은 어떤 본바탕이나 재료에다 표시를 덧보탬으로써 그 이전과 달라지는 계기를 나타낸다. 이런 점에서 문은 무늬를 놓다, 표시한다는 첨가와 장식의 의미를 갖는다.

    문의 초기 글꼴이 갑골문자에 보이는 반면 질의 초기 글꼴은 갑골문자에는 보이지 않고 그 뒤의 금석문金石文 단계에 와서야 모습을 나타낸다. 이 글자의 자형은 두 자루의 도끼〔斤〕와 조개〔貝〕로 되어 있다. 조개가 고대사회에서 화폐 기능을 했다는 점을 감안하면 질은 처음에 교환을 가능하게 하는 귀중한 물품이라는 뜻을 나타내는 셈이다. 하지만 질의 아랫부분이 조개가 아니라 솥〔鼎〕의 생략형으로 보면 질은 화폐의 의미와 무관해지고 쇠로 만든 그릇에 뭔가를 새긴다는 뜻을 원의原意로 가지게 된다. 종합해보면 문은 무늬, 문신에서 후대의 형식미나 장식미로 전개되었다. 질은 새기는 작업이 일어나는 곳에서 새김을 받아들이는 재

> 료 또는 바탕을 의미했고, 훗날 외적인 첨부가 있기 이전의 소박미와 자연미로 전개되었다. 그리고 질과 문은 역사와 정치 영역에서도 쓰이면서 각각 단순한 조직으로 이루어진 사회와 복합적 조직으로 이루어진 사회를 가리켰다.
>
> ◎ 위 글을 읽고 "인격과 예술에서 소박미와 형식미의 차이는 무엇일까?"를 따져보고 글을 써보자.

06-19 [140]

공 선생님이 한마디 했다. "제대로 된 사람이 살아가는 것은 바로 올바름(올곧음)에 바탕이 있다. 속이는 사람이 살아가는 것은 [외줄 타기처럼] 아찔아찔하게 불행(재앙)을 피해가고 있다."

子曰: "人之生也直. 罔之生也幸而免."
자왈: "인지생야직. 망지생야행이면."

상황
● 영어의 "정직이 최선의 정책이다 Honesty is the best policy"라는 격언을 연상시킨다. 정직하게 살기가 쉽지 않다고들 한다. 그러나 "정직하지 않은 사람과 함께 일할 것인가?"라고 물으면, 다들 "아니요!"라고 대답할 것이다.

06-20 [141]

공 선생님이 일러주었다. "무엇을 아는 것은 좋아하는 것만 못하고, 좋아하는 것은 즐기는 것만 못하다."

子曰:"知之者不如好之者, 好之者不如樂之者."
자왈: "지지 자불여호지자, 호지 자불여락 지자."

상황 ● 사람이 어떤 대상을 향해 지칠 줄 모르고 꺼지지 않는 열정을 보일 수 있는 힘을 말하고 있다. 즐기면서 하다 보면 나와 하는 일이 분리되지 않는다.

디딤돌 ● 호기심을 가지고 하나라도 놓칠세라 온 신경을 집중해서 알려고 한다. 하지만 알고 나면 그 엄청난 집중이 어디에 갔는지 관심이 시큰둥해진다. 어떤 대상의 매력이 있는 한 정열을 불태운다. 그렇게 좋아했고 너 아니면 죽겠다던 사람들도 헤어지지 않던가! 그럼 뭐가 남았을까? 하나는 즐기는 것이고 다른 하나는 헌신이다. 헌신은 특히 종교적인 무한 열정으로 이어진다. 즐기는 것은 대상이 주는 강렬한 호기심이나 화려한 매력과 무관하다. 즐거움은 자극으로 보면 밋밋하여 특별한 맛이 없다. 그렇지만 즐거움은 다른 것으로 대체가 불가능하며 생활 속에 들어와 나를 완전히 휘감는 열정이다. 즐거움의 대상이 바뀌었다면 그 사람에게 뭔가 큰 일이 일어난 것이 분명하다.

06-21 [142]

공 선생님이 일러주었다. "사람이 중간 정도는 돼야, 그런 사람에게 위로 올라설 만한 이야기를 들려줄 수 있다. 그 이하의 사람에게는 위로 올라설 수 있는 이야기를 건넬 만하지 않다."

子曰 : "中人以上, 可以語上也. 中人以下, 不可以語上也."
자왈 : "중인이상, 가이어상야. 중인이하, 불가이어상야."

상황 ─◉ 일이든 교육이든 함께할 수 있는 최소한의 요건을 말하고 있다. 사람에 대한 선을 긋는 것을 보니, 한편으로 공 선생도 "인간이구나!" 하는 생각도 들고, 다른 한편으로 통하지 않은 세계에 대해 버거움을 느끼고 있구나 하는 느낌도 든다.

디딤돌 ─◉ 여기서 중인은 특정한 사람을 가리키지 않고 기본이 되어 있는 사람 정도로 이해하면 좋겠다. 예를 들어 영어를 배우려면 먼저 알파벳을 외워야 하고, 한국의 고전문학을 공부하려면 한문을 알아야 하고, 사회조사를 하려면 통계를 알아야 하고, 노래를 잘 부르려면 음감이 있어야 한다. 사실 이 모든 것의 기본은 언어 능력이다. 언어를 습득하고 성공적으로 대화를 할 수 있다면 이미 기본은 갖춰진 것이다. 09.08[218] '양단'을 참조하라.

06-22 [143]

번지가 공 선생님에게 '지혜(슬기)'에 대해 물었다. "인민(사람)으로서 해야 할 본분에 힘을 쏟고, 귀신을 우러러 받들지만 멀리하라. 이런 사람이면 '슬기롭다'고 할 만하다."

그이는 이어서 공동선(평화)에 대해 물었다. "인자라면 다른 사람보다 어려운 일을 앞서 하고 이익 문제는 뒤로 제쳐놓는다. 이런 사람이라면 '공동선에 힘쓴다'고 할 만하다."

樊遲問知. 子曰: "務民之義, 敬鬼神而遠之, 可謂知矣." 問仁. 曰: "仁者先難而後獲, 可
번지문지. 자왈: "무민지의, 경귀신이원지, 가위지의." 문인. 왈: "인자선난이후획, 가
謂仁矣."
위인의."

상황
◉ 지知와 인仁의 의미를 묻고 풀이하고 있다. 귀신의 세계보다는 현실 세계를 돌보는 것이 지이고, 개인의 이익보다는 공동선에 관심을 두는 것이 인이다. 여기서 공 선생은 지식의 대상을 초월적 존재에서 인간의 본분으로 방향(초점)을 전환하고 있다.

걸림돌
◉ 1) '경(귀신)이원지敬(鬼神)而遠之'는 경이원지나 경원敬遠으로 줄인다. 이곳이 오늘날 우리가 쓰는 '경원'이라는 말의 최초 출전이다. 야구에서 투수가 타자와 정면 승부를 꺼려서 고의로 네 개의 볼을 던져 타자를 1루로 보내는 일을 경원이라고도 하고 경원사구라고도 한다.

2) 유교에서 귀신 문제는 아킬레스건과 같다. 공 선생도 귀신의 존재에 대해서는 긍정이나 부정을 분명하게 하지 않고 모호하게 처리했다. 이것은 훗날 비판자들로부터 귀신의 존재를 그렇게 애매하게 말해 놓고 왜 죽은 조상들에게 제사를 지내야 한다고 주장했느냐며 강한 의

혹을 받았다. 그렇지만 선진시대의 유교에서는 귀신의 존재를 암묵적으로 긍정했다. 반면 송 제국에 이르러 신유학은 귀신을 아예 존재론적 실체가 아니라 기능적 양상으로 설명했다. 세상의 개별적 존재자는 모두 기氣의 결합으로 형체를 지닌다. 죽으면 그 기가 해체되는 것이다. 여기서 기가 해체되어 돌아가고 결합해 펼쳐지는 작용을 각각 귀歸와 신伸으로 설명한다. 이렇게 함으로써 신유학자들은 세상의 질서가 형성된 원리를 초월적 존재의 개입이 아니라 사람의 도덕적 의지로 설명했다. 이로써 귀신의 존재 여부와 제사의 실행 사이의 연관성이 더욱더 결합되기 어려워졌다. 이 문제는 유교 안에서 이론적으로 말끔하게 정리되지 않고 모호한 채로 방치되면서 많은 사람들에게 영향을 주었다.

3) '선난이후획先難而後獲'은 나중에 선난후획으로 줄여서 이타적인 사람을 가리키는 말로 많이 쓰였다. 이말은 멸사봉공滅私奉公처럼 과도한 국가주의 색체를 드러내지 않으면서도 개인을 넘어서 공동선에 관심을 기울일 수 있도록 주의를 환기시켜준다. 기억할 만하다.

06-23 [144]

공 선생님이 일러주었다. "슬기로운 이는 흘러가는 물을 좋아하고, 평화에 힘쓰는 이는 듬직하면서 만물을 길러내는 산을 좋아한다. 슬기로운 이는 오고 가느라 동적이며, 평화에 힘쓰는 이는 중심이므로 정적이다. 슬기로운 이는 [발견으로 인해] 즐거움을 누리고, 평화에 힘쓰는 이는 [편안함으로 인해] 장수를 누린다."

子曰: "知者樂水. 仁者樂山. 知者動. 仁者靜. 知者樂. 仁者壽."
자왈: "지자요수. 인자요산. 지자동. 인자정. 지자락. 인자수."

상황
걸림돌

◉ 지자와 인자를 각각 강(물)과 산에 비유하고 있다.

◉ 1) 공 선생은 09.17[227]에서도 '끊임없이 흘러가는' 물에 주목하여 비유를 펼친다. 앎이란 게 끊임없이 새로운 대상을 만나서 분류하고 인식하는 작업이므로 흐르는 물과 연결시킨 듯하다. 또한 인이란 무한한 생명력을 산출하면서도 각자의 영역을 침범하지 않는 안정성을 가지고 있으므로 듬직한 산과 연결시킨 듯하다. 새롭게 알게 되고 앎을 통일시킨다면 즐거움이 몇 배로 늘고, 평화가 깃든 곳에는 생명이 손상되어 갑작스레 중단되는 일이 드물다.

　　2) 붓글씨로 액자에 쓴 글씨 중에 '요산요수樂山樂水'라는 말이 있다. 바로 이곳이 그 말의 출처가 되는 곳이다. 樂의 '락', '악', '요'의 세 가지 발음 중 '요'로 발언되어 시험에 자주 출제되는 대목이다.

◎ 동양철학의 '물'에 대해 더 알고 싶으면 사라 알란이 쓰고 오만종이 옮긴 『공자와 노자, 그들은 물에서 무엇을 보았는가』(예문서원, 1999)를 참고하라.

06-24 [145]

공 선생님이 한마디 했다. "우리 이웃인 제나라의 기풍이 한 번 새로워지면 노나라의 상태에 이를 것이다. 우리 노나라의 기풍이 한 번 새로워지면 모두가 나아갈 길에 이를 것이다."

子曰："齊一變, 至於魯. 魯一變, 至於道."
자왈："제일 변, 지어로. 노일 변, 지어도."

상황

◉ 현실에는 비교적 나은 것이 있지만, 그것도 이상에 비하면 턱없이

부족하다. 공 선생이 꿈꾸는 문명국가의 이상이 엿보인다.

걸림돌

● 제나라는 힘의 우위를 통해 국제 사회의 질서를 유지하는 패도 정치를 대변하고 있는 나라이다. 노나라는 주나라의 건국 영웅 주공周公을 시조로 하는 나라로 춘추시대의 상황에서 어느 나라보다도 이상 국가인 주의 문물제도를 가장 잘 보존하고 있었다. 하지만 노나라의 제도도 결국 공 선생이 이상 국가의 원리로 간주하는 도에는 훨씬 미치지 못했던 것이다. 한편으로 이상 국가를 일구려는 굳건한 의지가 엿보이고 다른 한편으로는 이상과 현실 사이의 차이에 낙담하는 한숨 소리가 들리는 듯하다. 덧붙여 조국 노나라에 대한 공 선생의 자긍심이 엿보인다(05.03 [095] '조국애' 참조). 오늘날 우리는 후진국, 중진국, 선진국으로 국가의 발전 단계를 구분한다. 이와 공 선생의 분류와의 동이同異를 생각해 봄 직하다.

06-25 [146]

공 선생님이 〔술잔을 들여다보고〕 한마디 했다. "원래 모난 술잔이었던 것이 모나지 않다면, 그게 모난 술잔인가, 모난 술잔인가?"

子曰: "觚不觚, 觚哉! 觚哉!"
자왈: "고불고, 고재! 고재!"

상황

● 명실名實 불일치, 즉 이름과 실제가 일치하지 않는 사태를 두고 무거운 의미를 부여하고 있다. 즉 어떤 대상이나 사람이 각자의 본분과 역할에 어긋나 있는 현실이 큰 문제 상황이라는 점을 빗대어 말하고 있다.

그래서 이 구절은 정명론正名論과 연계되어 논의된다. 바로 아래 장으로 내려가지 말고 12.11[305]로 곧바로 눈을 옮겨서 읽어보면 좋겠다.

걸림돌

◉ 고觚는 주둥이가 모가 난 꼴의 술잔을 말한다. 공 선생에게 전해 내려오는 문물에 따르면 고는 8각으로 된 술잔이다. 이름은 여전히 '고'라고 부르지만 당시의 그것은 주둥이 모양이 실제로 둥근 것으로 바뀌었던 모양이다. 언어에 예민한 공 선생이 그것을 놓칠 리 없다. 공 선생이 일상과 부분의 현상에 주목해서 이상과 전체를 포착해 언어적으로 형상화시키는 솜씨는 참으로 뛰어나다.

06-26 [147]

재아가 [어려운 질문을] 공 선생님에게 던졌다. "평화(화해)의 전도사라면 말입니다. 누군가가 '우물에 사람이 빠졌습니다'라고 [거짓말로] 알려주면, 그이도 [사람을 구하느라 다른 사람을] 따라서 우물로 들어갈까요?"

공 선생님이 대꾸했다. "무엇 때문에 꼭 그렇게 할까? 모범적 인물을 가보게 할 수 있지만, 아마 따라 뛰어들게 할 수는 없을 게다. 또 속일 수는 있지만, 바보로 놀릴 수는 없을 게다."

宰我問曰: "仁者, 雖告之曰: '井有仁焉.' 其從之也?" 子曰: "何爲其然也? 君子可逝也,
재아문왈: "인자, 수고지왈: '정유인언.' 기종지야?" 자왈: "하위기연야? 군자가서야,
不可陷也. 可欺也, 不可罔也."
불가함야. 가기야, 불가망야."

상황

◉ 신은 거짓말에 속지 않는다. 그런데 성인이나 평화의 전도사는 거짓

말에 속아 넘어갈까? 평화를 기치로 내걸다 보면 현실 세계의 간지奸智
에 놀아날 수 있다. 여기서 우물은 평화를 깨뜨리는 위기에 비유할 수
있다. 위기를 막아야겠다는 일념으로 앞뒤 돌아보지 않아 고통을 겪을
수 있다. 재아는 자신이 상상하는 이러한 염려를 말함으로써 인仁만으
로는 부족하므로 인仁과 지知가 결합해야 한다는 것을 넌지시 비치고 있
다. 공 선생은 군자, 즉 인자가 냉정한 사태 파악을 중시할 뿐만 아니라
일시적으로 속을지라도 분위기를 파악하는 지적 능력을 구비하고 있다
는 점을 강조한다.

06-27 [148]

공 선생님이 일러주었다. "자율적 인간이라면 옛 문헌(인문학)을 두루
두루 배우고 전통 규범으로 자신을 규율할 터이므로 공동체를 혼란
시키지 않을 것이다."

子曰: "君子博學於文, 約之以禮, 亦可以弗畔矣夫!"
자왈: "군자박학어문, 약지이례, 역가이불반의부!"

상황 ◉ 자율적 인간의 두 가지 요건을 이야기하고 있다. 폭넓은 인문학적
소양 그리고 전통 규범의 준수가 그것이다.

디딤돌 ◉ 군자는 특정 분야의 전문가가 아니라 세계의 질서 형성에 관여하므
로 포괄적인 분야에 관심을 가진다. 그이의 관심은 자연히 어떤 분야에
한정되지 않고 넓은 분야를 포괄할 수밖에 없다. 이것만으로 완전하지
않다. 다양한 분야의 지식을 전통 규범과 연계시켜서 살펴볼 수 있으며

동시에 그것으로 자기 규제를 할 수 있어야 한다. 그렇지 않으면 그이는 많이 알 뿐 핵심을 장악하지도 못하고, 아는 것과 하는 것이 따로 노는 상황을 맞이하게 될 것이다. 이 구절의 내용을 '박문약례博文約禮'로 줄여서 많이 사용한다. 12.15[309]와 중복된다.

06-28 [149]

공 선생님이 위나라 령공의 부인 남자南子를 만나게 되었다. 자로는 선생님의 처사를 도무지 납득할 수 없었다. [만나고 난 뒤] 공 선생님이 하늘에 두고 맹세를 하면서 이야기했다. "내가 만약 몹쓸 짓을 했다면 하늘(하느님)이 나를 버리리라, 하늘(하느님)이 나를 내버리리라!"

子見南子. 子路不說. 夫子矢之曰 : "予所否者, 天厭之! 天厭之!"
자견 남자. 자로불설. 부자시지왈 : "여소부자, 천염지! 천염지!"

상황 ——● 불미스런 소문을 걱정하는 자로와 소문에 개의치 않고 자유로운 행보를 하는 공 선생의 차이가 그림처럼 떠온다.

걸림돌 ——● 남자는 위나라 령공의 부인으로 당시 국정에 커다란 영향력을 행사하고 있었다. 아울러 그이는 성性에 개방적인 태도를 지닌 탓에 국제적으로 스캔들을 일으킨 인물로 유명했다. 두 사람의 만남과 관련해서는 『사기』「공자세가」를 보라. [사마천, 정범진 외 옮김, 『사기 4』(까치, 1995), 432~433쪽]

디딤돌 ——● 자로는 공 선생과 남자의 만남이 불미스러운 소문을 만들까 염려하고 공 선생은 맹세까지 해가며 자신의 결백을 주장하고 있다. 우리나라 속담에 "구더기 무서워 장 못 담글까"라는 말이 있다. 소문을 걱정했으면 아예 자신의 이상을 실현하려고 조국을 떠나 세상을 돌아다니지 않으면 된다. 일을 하다 보면 모든 조건이 갖추어지고 모든 사람이 환영하는 그런 순백한 공간만이 있는 것은 아니다. 다소 방해되는 것이 있다 하더라도 마땅히 할 일은 해야 한다. 아울러 자신이 스스로 결백하다면 일시적인 뜬소문이야 못 들은 척하고 넘어가면 충분하다. 어찌 모두가 손뼉 치기만을 기다릴 것인가! 새삼 공 선생이 작은 일에 가슴 졸이는 꽁생원이 아니라 이상 실현을 위해 소문에 신경 쓰지 않고 거침없는 행보를 하는 자유로운 영혼으로 돋보인다.

06-29 [150]

공 선생님이 들려주었다. "중도와 평범성의 진리는 참으로 더 말할 나위가 없구나! 인민들이 이에 등한히 한 게 오래되었구나!"

子曰: "中庸之爲德也, 其至矣乎! 民鮮久矣."
자왈: "중용지위덕야, 기지의호! 민선구의."

상황
● 극단과 모험의 시대에 중도와 평범성의 진리가 위대하다는 점을 일깨우고 있다.

디딤돌
● 『극단의 시대 The Age of Extremes』는 에릭 홉스봄Eric Hobsbawm이 지은 책 이름이다. 그이는 이 책에서 1차 세계대전에서 시작해서 옛 소련의 붕괴에 이르는 20세기 인류의 역사를 통사적通史的으로 다루었다.

20세기를 세 단계로 나누었는데 첫째 '파국의 시대(1914~1945)'는 세계대전의 격동기를, '황금시대(1945~1973)'는 전후 경제부흥기를, '산사태의 시대(1973~1991)'는 석유파동 이후의 경제 침체기를 각각 가리켰다.

공 선생이 중도와 평범의 가치를 역설하는 것은 자신의 시대도 극단이 몰고 간 역사의 상흔이 진하다는 것을 보여준다. 극단은 발견과 해방이 아닌 파괴로 이어지곤 한다. 여기서 중도는 초라하지만 생명과 활력이 숨 쉬는 언덕일 수 있다. 한국 사람만큼 특별한 것을 좋아하는 사람이 있을까? 특별한 것은 예외적이며 일시적인 것으로 재현이 보장되지 않아 불안하다. 예컨대 1년 가운데 생일이라는 특별한 날도 있지만 그렇지 않은 364일이 있다. 바로 여기서 공 선생은 하루를 위한 삶이 아니라 그 나머지의 나날을 위한 삶에 주목한다. 삶에서 축제는 짧고 일상은 길다.

06-30 [151]

자공이 [작심을 한 듯이] 물었다. "예컨대 누군가가 백성들에게 널리 은혜를 베풀고 많은 사람들을 구제한다면 어떻습니까? 그 사람을 평화의 사도라고 일컬을 수 있습니까?"

공 선생님이 대꾸했다. "어찌 평화 차원에서 일삼겠는가! 반드시 세계 질서의 산출자일 게다! 요임금이나 순임금과 같은 위대한 제왕들도 그런 면에서는 오히려 부족하다고 생각했을 터이다. 무릇 평화란 자기가 서고 싶은 대로 주위 사람을 세우고, 자기가 이르고 싶은 대로 주위 사람을 이르게끔 한다. 가까운(친숙한) 일상에서 유추를 끌어낼 수 있으면 그것이 평화로 가는 방향이라고 일컬을 수 있다."

子貢曰: "如有博施於民而能濟衆, 何如? 可謂仁乎?" 子曰: "何事於仁! 必也聖乎! 堯舜其
자공왈: "여유박시어민이능제중, 하여? 가위인호?"   자왈: "하사어인! 필야성호! 요순기
猶病諸! 夫仁者, 己欲立而立人, 己欲達而達人. 能近取譬, 可謂仁之方也已."
유병저! 부인자, 기욕립이립인, 기욕달이달인. 능근취비, 가위인지방야이."

상황 ─● 인자仁者와 성자聖者가 책임지는 경계가 어떻게 차이 나는지를 밝히고 있다.

걸림돌 ─● 자공은 '박시제중博施濟衆'이 인이냐 아니냐를 물었다. 공 선생이 평소에 인을 사랑, 평화, 구원, 공동선의 맥락으로 사용해왔으므로 가능한 질문이다. 자공의 종합 능력이 탁월하다고 여길 수밖에 없다. 이처럼 얼마든지 가능한 연결을 공 선생은 부정한다. 나아가 그이는 박시제중과 일찍이 말한 적이 없는 성聖을 끄집어내서 연결 짓는다. 07.34[185] '성과 인의 거부'를 참조하라.

깊이 읽기

인자仁者와 성자聖者는 어떻게 다른가?

여기서 우리는 성聖이 인仁보다 더 높은 가치의 덕목이라고 생각할 수 있다. 나아가 둘은 상당히 다른 층차의 의미 영역을 가지고 있지 않나 추측된다. 결론부터 말하면 인과 성은 의미상으로 겹치는 계기가 많다. 다만 둘은 비슷한데도 각자 고유한 의미 영역을 가지고 있어서 차이가 날 뿐이다. 그 차이를 따져보면 다음과 같다.

인은 반드시 사람 사이의 단절, 대립, 반목을 전제로 하는 말이다. 인은 반목이 있는 곳에 사랑을, 대립이 있는 곳에 평화를, 단절이 있는 곳에 연대를 가능하게 한다. 인은 어떠한 상황에 관계없이 평화를 심고 창출하는 그런 힘이 아니다. 반면에 성은 대립적 상황을 전제하지 않고 사람들에게 질서와 혜택을 주는 일이다. 농기구나 공구의 창작은 모든 사람에게 똑같이 혜택을 준다. 예를 들어 호미가 생기면 막대기로 땅을 일궈 씨를 뿌려야 하는 사람들에게 엄청난 도움을 준다. 적은 힘으로 땅을 팔 수 있고 혼자서도 일을 할 수 있게 되어 작업 능률이 오를 뿐만 아니라 더 많은 면적을 경작할 수 있게 된다. 이처럼 성은 불편하고 고통스럽고 막막한 상황을 비추는 빛과 같이 모든 사람에게 구원과 희망을 가져다준다.

요약하면 인은 사람을 바람직하지 않은 상태에서 바람직한 상태로 변화시키는 것에 기준과 노선을 두고 있다. 반면에 성은 사람을 분류하지 않은 채 모두를 동질적인 상태에 놓고 공동체를 한 단계 상승시키는 활동과 관련이 있다. 그렇지만 둘 다 세상에 질서를 부여하고 고통과 궁지에 빠진 사람을 구원하는 계기를 공통으로 지닌다.

◎ 위 글을 읽고 "인仁과 성聖의 구원이 가지는 차이는 어디에 있을까?"를 따져보자.

7篇

피사체의 편
자술의 편

● 피사체의 편
● 자술의 편

 제7편은 보통 '술이'로 불린다. 이 편이 "자왈: 술이부작子曰: 述而不作"으로 시작하는데 '자왈'을 빼고 '술이'를 표제어로 골랐던 것이다. 이 경우는 제1편 "자왈: 학이시습지子曰: 學而時習之"의 사례와 비슷하다. 첫 구절은 공 선생이 자신의 시대적 역할을 뚜렷하게 한정하는 말이다. 그 시대 지식인의 삶은 술자述者 아니면 작자作者였다. 작자는 무에서 유를 창조하는 세계의 생성자를 가리킨다. 다른 말로 성인聖人인 것이다. 공 선생은 이 칭호가 자신에게 어울리지 않는다며 스스로 술자의 자리에 서고 있다. 자신은 성인이 제시한 말씀과 길의 의미를 터득했고, 그것이 차갑게 잊혀지지 않고 다음 세대에 전달될 수 있게끔 교육하는 역할을 맡겠다는 것이다.
 이 편은 모두 38장으로 되어 있다. 이 편에는 제10편처럼 공 선생의 일상이나 형태를 그림처럼 보여주는 대목이 들어 있다. 즉 공 선생은 적극적인 발언자의 신분이 아니라 자신이 촬영되고 있는지도 모른 채 자연스럽게 움직이고 있는 대상으로 나온다. 예를 들어 4, 9, 10, 13, 18, 21, 25, 27, 32, 38장 등이 여기에 해당한다. 관찰자들은 많은 기교를 부리지 않고 내뱉듯이 툭 던지는 한마디로 공 선생의 이미지가 곧바로 생성된다. 이 이미지는 이상을 전파하고 설득하기 위해서 펼치는 주장의 언어들과 중화되어 공 선생의 아우라를 보여준다. 관찰자의 눈으로 기록되기 이전에 공 선생이 직접적으로 취한 행위가 실연되었기 때문이리라. 이런 점에서 나는 이 편을 〈피사체의 편〉으로 명명하고자 한다.

또 이 편에서 공 선생은 여전히 적극적인 대화자로 나온다. 하지만 그이는 여기서 설명하거나 주장하기보다는 자기 자신의 인생, 학문, 한계에 대해서 진술한다. 어떤 경우에는 담담한 진술을 넘어서서 섬뜩할 정도로 차디찬 고백을 하기도 한다. 1, 2, 3, 5, 7, 8, 12, 14, 16, 17, 19, 20, 22, 23, 24, 26, 28, 30, 33, 34장 등이 여기에 해당된다. 이 편을 가을에 읽는다면 너무나도 큰 슬픔이 당신의 가슴 언저리에서 치고 올라올 것이다. 동아시아에서 문화의 제왕으로 군림했다고 하지만 정작 당사자는 얼마나 큰 슬픔을 안고 시대를 살아갔는지 여실히 느낄 수 있다. 공 선생에 대한 부정적인 선입견을 가진 이라면 이 편을 먼저 읽어보면 좋다. 이런 점에 나는 이 편을 〈자술自述의 편〉으로 명명하고자 한다.

07-01 [152]

공 선생님이 [굳은 얼굴로] 말을 꺼냈다. "[나를 어떻게 생각하는지 모르지만] 나는 풀어서 건네주지 없던 것을 새로 만들지 못하고, 옛것을 믿고 좋아할 뿐이다. 개인적으로 나 자신을 우리의 노팽 선생님에게 견주곤 한다."

子曰: "述而不作, 信而好古. 竊比於我老彭."
자왈: "술이부작, 신이 호고. 절비 어아노팽."

상황
● 공 선생이 자신이 처한 시대에서 스스로 하게 된 역할의 특성을 분명히 하고 있다. 이런 경우를 생각해보자. 우리가 신설 학교의 1회로 입학하는 경우와 역사와 전통이 100년이 넘은 학교로 진학하는 경우를 말이다. 1회라면 새롭게 전통을 만들어가야겠고, 101회라면 기존의 전통을 계승해 발전시켜야 할 것이다. 이런 두 가지 경우는 그 속의 사람들로 하여금 각각 자기 역할을 달리 자각하도록 만든다. 공 선생도 새로운 전통의 창조자가 아니라 면면히 이어진 전통의 전수자로 자신의 역할을 규정하고 있다. 이렇게 보면 공 선생은 자신을 역사가 오래된 문화 학교에 입학한 사람으로 생각하고 있는 것이다.

걸림돌
● 노팽老彭이 노자냐 노자가 아니냐를 두고 설이 나뉜다. 이외에도 노팽을 두 사람으로 보는 견해가 있는데, 한 사람은 노자로 간주되고 다른 사람은 오래 산 인물로 유명한 팽조彭祖로 간주된다. 이들 주장을 뒷받침할 만한 결정적인 증거는 없다.

디딤돌
● 1) 역사적으로 특정 세계의 구현을 위해 나타났던 위인들은 각자 자

신의 위상을 다양하게 설정했다. 어떤 경우는 신의 대리인이나 사자로 자처했고, 어떤 경우는 인간의 모습을 빌린 신으로 자처했다. 이외에도 선지자나 예언자, 구도자로서 일반 사람과 다른 위격을 내세웠다. 여기서 공 선생은 자신이 창조자가 아니라 전승자라는 점을 분명히 하고 있다. 둘의 차이를 나타내는 말로 '술이부작述而不作'이 잘 쓰이므로 기억해둘 만하다.

   2) 오늘날 우리는 소설가나 시인처럼 문학 활동을 하거나 만화와 영상물을 제작하는 사람을 작자作者나 작가作家라고 부른다. 이것은 그들이 이전에 없던 작품을 처음으로 새롭게 만들어냈다는 측면을 부각시키는 표현이다. 그러나 공 선생이 살았던 당시에는 지식인들이라도 자신이 완전히 새로운 것을 만든다는 사고를 가지지 않았다. 자신은 기껏해야 이미 있던 것을 풀이하거나 몇몇 사례를 엮어서 전달하는 존재라고 생각했다. 따라서 그들은 자신을 풀이하는 자〔述者〕, 엮는 자〔編者〕, 묶는 자〔撰者〕로 생각했다. 그러면 그들은 완전히 새로운 것을 창조하는 존재를 뭐라고 말했을까? 바로 성인聖人이다. 『예기』「악기」에 보면 "새롭게 만드는 자를 성인이라 일컫고, 풀이하는 자를 밝은 자라 일컫는다"라는 구절이 있다. 사정이 이러하니 과연 누가 자신을 쉽게 성인이라고 할 수 있겠는가?

07-02 [153]

공 선생님이 일러주었다. "〔아는 것을 떠벌리지 않고〕 조용히 마음에 새기고, 모방하면서(배우면서) 싫증 내지 않고, 필요로 하는 이에게 일러주면서 게으름을 피우지 않아야 하는데……, 이 중 어떤 것이 나에게 해당될까?"

子曰 : "默而識之, 學而不厭, 誨人不倦. 何有於我哉?"
자왈 : "묵이식지, 학이불염, 회인불권, 하유어아재?"

상황

◉ 활동하는 영역이야 다르겠지만 배움의 길에는 끝이 없다. "끝이다!"라고 생각하는 순간이 학문의 죽음을 선언하는 시간이다. 만족을 모르고 오로지 계속 나아가는 길. 이 길은 아무리 가도 결국 제대로 가지 못했다는 회한이 짙게 남는다. 시험에 떨어지면 처음에는 결과를 받아들일 수 없어 분통을 터뜨리고 흥분을 감추지 못한다. 시간이 지나면 나보다 더 노력한 사람을 보게 되고 나의 부족한 점이 눈에 들어온다. 그리고 말한다. "그때 딴 짓 하지 말고 좀 더 집중해서 공부했어야 했는데……." 배움도 하다 보면 새로운 과제가 생기고 그것을 풀었다 싶으면 어느새 새로운 숙제가 슬그머니 찾아온다. 끝내 '과제가 남고 내가 남을 수 없는' 상황에 직면하니 어떻게 만족할 수 있겠는가!

07-03 [154]

공 선생님이 [약간 힘겨운 듯이] 속마음을 터놓았다. "고상함을 기르지 못하고, 학문을 풀어내지 못하고, 정의가 어디에 있다는 걸 듣고서도 달려가지 못하고, 단점이 눈에 보여도 고치지 못한다면 어떻게 될까? 이게 바로 나의 걱정거리인 걸."

子曰: "德之不修, 學之不講, 聞義不能徙, 不善不能改, 是吾憂也."
자왈: "덕 지불수, 학지불강, 문의불능사, 불선불능개, 시오우야."

● 인생을 스스로 점검해보니, 잘한 것이 눈에 띄지 않는다는 슬픈 자화상을 공 선생이 고백하고 있다.

● 인생을 전체적으로 보면 성장 시기, 학습 시기, 활동 시기, 은퇴 시기 등으로 나눌 수 있다. 성장과 학습의 시기는 이후를 위한 준비 시간에 해당된다. 자기 능력을 발휘하기보다는 과거의 성취를 흡수하는 수동적 기간이다. 앞으로 달려가기 바쁜 시기라 뒤를 돌아볼 틈이 없다. 서른 살 언저리에 들어 취업, 개업 등으로 사회 활동에 참여한 뒤 문득 뒤를 돌아보라. 그리고 물어보라. "내가 한 것은 무엇인가? 그리고 할 것은 또 무엇인가?" 목적지를 가려면 도중에 있는 터널을 지나가야 하듯이 쉼 없이 이어지는 물음과 해답 찾기는 우리를 아프게 하지만 다른 한편 우리를 더욱 담금질하게 한다.

공 선생도 사람인 한 예외일 수 없다. 개인적으로 통제할 수 있는 영역과 그렇지 못한 영역이 있다. 후자의 경우는 운명으로 돌린다고 하더라도 전자의 경우는 자신을 무척 고통스럽게 만든다. "걱정을 사서 한다"며 비껴갈 수도 있다. 그러나 잘 들여다보면 보이는 문제를 외면하고 "여기가 천국이다"라고 소리 높일 수는 없지 않은가!

07-04 [155]

공 선생님이 일정이 없어 집에 편안하게 계실 적에는 행동이 느긋했고 표정이 환했다.

子之燕居, 申申如也, 夭夭如也.
자지연거, 신신여야, 요요여야.

상황 — ● 공 선생의 잔잔하고 평온한 일상을 사진을 찍듯이 영상을 담듯이 기록하고 있다. 공 선생이 집에서 정복을 입고 입을 다문 채 굳은 자세로 눈 하나 꿈쩍하지 않고 있으리라고 생각하지 말자. 그이도 인간인 한 스스로 조일 때도 있고 풀어놓을 때도 있었을 테니까.

07-05 [156]

공 선생님이 깊이 한탄했다. "심하다 심하다, 내가 이렇게까지 늙었구나! 얼마나 오래되었을까, 내가 꿈속에서 주공을 다시 뵙지 못한 지 말이다."

子曰 : "甚矣吾衰也! 久矣吾不復夢見周公!"
자왈 : "심의오쇠야! 구의오불부몽견주공!"

상황 — ● 우리는 가장 가지고 싶거나 바라는 것을 표현할 때 꿈을 꿀 정도라고 한다. "꿈에 그린"이라는 말은 최고, 최상의 대상에 드리운 말이다.

공 선생도 마찬가지인가 보다. 그이는 활동 시간대의 차이로 만나지 못했던 주공, 즉 주나라의 건국 영웅이자 문물제도의 입안자인 노나라의 시조를 늘 그리워했고, 꿈속에서나마 시간의 제약을 초월해서 회우했던 모양이다. 그런데 어느 날부터 꿈속에서 주공을 만나지 못해 다음에는 만나겠지 하고 겨우 자신을 위로하며 넘긴 날이 오래되었는데, 이제는 희망을 접어야 할 때가 된 것이다. 슬프기도 하지만 안심이 되기도 한다. 왜냐하면 홀로됨으로써 공 선생은 주공과 다른 인물이 될 수 있는 입지를 마련했기 때문이다.

디딤돌

● 고대인들에게는 꿈과 현실이 구분되지 않았다. 아니 꿈은 현실의 연장이었다. 고대인들은 꿈에서 ㄱ으로부터 맞았다면 깨어나서 ㄱ을 때릴 수 있다. 왜 꿈속에서 가만히 있는 나를 때렸느냐고 하면서. 그리고 고대인들은 꿈을 현실 욕망의 투영이라기보다는 시공간의 지배를 벗어나 신의 세계에 들어가서 계시를 받는 특별한 영역으로 생각했다. 즉 이들에게 꿈은 기분이 나쁘고 좋다기보다는 생각과 판단의 믿을 만한 근원이었던 것이다. 우리는 이런 사유를 장자의 호접몽胡蝶夢에서도 확인할 수 있다.

07-06 [157]

공 선생님이 들려주었다. "사람이 나아갈 길에 뜻을 두고, 고상함에 진을 치고, 평화에 목을 걸고, 풍부한 소양에 온몸을 길들여라."

子曰: "志於道, 據於德, 依於仁, 遊於藝."
자왈: "지어도, 거어덕, 의어인, 유어예."

상황 ─● 공자 학파가 널찍한 벽면이나 기둥에 큰 글씨로 써놓음 직한 말이다. 이 열두 글자는 공 선생이 학파를 이끌면서 내건 교육목표라고 할 수 있다. 공 선생이 이끌었던 학파는 오늘날 대학 교육에 해당되므로 구체적인 과제보다 추상적인 목표를 제시하고 있다. 전체적으로 보면 철학, 사상, 문화, 정치 등의 인문이 강조되고 있지만 소양으로서 예술과 체육 등도 중요하게 간주되고 있다.

07-07 [158]

공 선생님이 일러주었다. "마른 고기 이상으로 입학 의식을 차리면 나는 그 누구에게도 배움의 기회를 거절한 적이 없다."

子曰 : "自行束脩以上, 吾未嘗無誨焉."
자왈 : "자행 속수이상, 오미상무회언."

상황 ─● 입학을 위한 성의 표시, 즉 최소한의 의식을 말하고 있다. 오늘날 우리가 수업료를 내는 것은 의식이라기보다는 경제적 행위에 가깝다. 공 선생은 학생과 선생 당사자가 직접 의식을 치르는 계기를 강조했다. 이처럼 고대에는 삶의 국면이 모두 의식으로 진행되었다.

걸림돌 ─● 속수束脩는 오늘날의 등록금이나 수업료를 가리킨다. 자행속수自行束脩는 그것을 예물로 선생님에게 건네는 의식을 실행하는 계기를 나타낸다. 약간 오래된 말로 월사금月謝金이 있다. 이 말은 글자 그대로 다달이 사례를 한다는 뜻도 있지만 수업료의 뜻으로도 쓰였다. 교육비의 경우 직접 '돈'이라는 말을 사용하기 꺼려서 가급적이면 '돈' 냄새가 나지 않는 말로 표현하려고 했다.

수脩는 말린 고기를 나타내는데 어류와 육류 모두가 해당된다. 공 선생은 바다에서 떨어진 내륙 지방에 살았고 오래 보관하려면 자연히 고기류를 말려서 보관해야 했다. 냉장고가 없던 시절이라는 것을 염두에 두라. 속束은 말린 고기를 하나씩 묶어서 하나의 단위를 이루는 것으로 오늘날 말로는 꾸러미나 상자에 해당된다. 이 비용이 많았는지 적었는지에 관해서는 관점이 나뉜다. 비쌌다고 하면 공 선생이 학업을 위한 경제적 비용을 학생에게 요구했다는 것이 되고, 쌌다고 하면 배우기를 희망하는 사람이라면 누구에게나 교육의 기회를 주었다는 말이 된다.

07-08 [159]

공 선생님이 일러주었다. "무지에 분노하지 않으면 갈 길을 터주지 않고, 표현에 안달하지 않으면 퉁겨주지 않았다. 또 사물의 한 면을 제시해주어 그것으로 나머지 세 면을 추론하지 못하는 이에게는 되풀이해서 지도하지 않았다."

子曰: "不憤不啓, 不悱不發. 擧一隅, 不以三隅反, 則不復也."
자왈: "불분불계, 불비불발. 거일우, 불이삼우반, 즉불복야."

상황 ◉ 배우는 것의 자기화와 관련해서 학습자의 능동적인 참여를 강조하고 있다. 우리는 보통 전자 제품을 구입하고 나서 그 제품의 사용 설명서를 잘 보지 않는다. 고장이 나야만 비로소 설명서를 보며 어떻게 해결해야 할지 궁리하며 이리저리 머리를 굴리지만 해결의 실마리가 쉽게 보이지 않는다. 바로 이때 잘 아는 사람이 "이렇게 한번 해봐요"라는 조언을 해서 그대로 따라하면 신통하게 문제가 풀린다. 이런 경험은 다음의 유사한 고장을 혼자 해결할 수 있게 해준다. 공 선생의 가르침 방식도 이와 같았다. 자기 주도적 학습이 아니라 암기식 위주로 진행되는 오늘날 교육 현장과의 차이가 크게 느껴진다. 07.24[175] '비전秘傳 부정'을 참조하라.

07-09 [160]

공 선생님은 근래에 상을 당한 이 곁에서 음식을 들 때, 배를 채우려고 한 적이 없었다.

子食於有喪者之側, 未嘗飽也.
자식 어유상자 지측, 미상포야.

상황 ─● 이웃을 배려하는 모습, 아름다움이 느껴진다. 나의 배고픔만큼이나 이웃의 슬픔도 중요하다.

디딤돌 ─● 대합실의 한 장면을 떠올려보라. 한 사람은 탁자에 엎드려 숨죽이며 울고 있고, 한 사람은 그 옆에서 걸신들린 듯이 음식을 먹고 있다. 이 장면에 우리는 인상을 찌푸릴 테고 공 선생도 마찬가지였으리라. 10여 년이 지난 사건이 있다. 사진기자 케빈 카터Kevin Carter는 아프리카 수단에서 야위고 굶주린 소녀가 혼자서 먹을 것을 구하러 아요드의 식량 센터로 가다 지쳐서 길바닥에 주저앉아 있고 그 뒤로 소녀가 죽기만을 기다리는 독수리가 꿈쩍 않고 서 있는 장면을 〈수단의 굶주린 소녀〉에 담았다. 그 사진은 1993년 3월 26일 「뉴욕 타임스」를 통해 세계에 알려졌고, 카터는 1994년 5월 퓰리처상을 수상했다. 그러나 사진의 보도 이후 그리고 수상 이후에 그이는 비난의 표적이 되었다. 사진을 찍기 이전에 독수리를 쫓아야 했고, 또 그 아이를 식량 센터까지 동행했어야 했다고. 물론 케빈은 사진을 찍고 나서 독수리를 쫓았고 그 아이는 걸음을 움직였다고 한다. 그 이후 사진 속의 주인공의 행방은 밝혀지지 않았다. 케빈은 퓰리처상을 수상한 지 두 달 후인 7월 27일에 자살함으로써 긴 고통의 시간을 마감했다.

07-10 [161]

공 선생님은 (조문을 가서) 곡을 한 날이면 (집으로 돌아와서) 노래를 하지 않았다.

子於是日哭, 則不歌
자어 시일곡, 즉불가.

상황

● 07.09[160]과 비슷한 맥락이다. 사람의 감정은 엇갈리기 마련이다. 내가 슬프므로 너도 슬퍼해야 한다는 것은 독재자의 발상이다. 그러나 남의 지극한 슬픔에 초를 치는 행위는, 같이 살아가는 사람으로서 피해야 할 일이다. 죽은 이를 보내는 것은 한 번이지만 노래를 부를 기회는 많다. 이것은 법으로 규제할 수는 없지만 도덕으로 요구할 수 있는 영역이다. 이처럼 도덕이 용도 폐기되지 않는 자생 공간이 발견된다.

07-11 [162]

공 선생님이 안연을 두고 한마디 했다. "자신을 써주면(자신에게 기회가 주어지면) 생각하던 이상을 실행하고, 세상이 내버려두면 자신의 존재를 묻어두면 된다. 오직 나랑 너랑 이럴 수 있겠지!"

자로가 대뜸 끼어들어 물었다. "선생님이〔삼군 참모총장이 되어〕전군全軍을 지휘한다면, 누구랑 함께하시겠습니까?"

공 선생님이 대꾸했다. "맨손으로 호랑이를 때려잡으려다 물려 죽거나 맨몸으로 강을 건너려다 허무하게 빠져 죽어도 후회하지 않을 사람과, 나는 함께하고 싶지 않다. 반드시 할 일을 앞에 두고 두려워하고 미리 꾀(계획)를 내서 일을 잘하려는 이와 함께할 것이다."

子謂顔淵曰: "用之則行, 舍之則藏, 唯我與爾有是夫!" 子路曰: "子行三軍, 則誰與?"
자위 안연왈: "용지 즉행, 사지 즉장, 유아 여이유시 부!" 자로왈: "자행 삼군, 즉수여?"

子曰: "暴虎馮河, 死而無悔者, 吾不與也. 必也臨事而懼, 好謀而成者也."
자왈: "폭호빙하, 사이 무회자, 오불여야. 필야임사이구, 호모이성자야."

상황
● 용用·사舍는 진퇴와 같은 말로 『논어』에 흐르는 큰 강줄기 중의 하나이다. 공 선생과 안연은 시대와 긴장성을 유지하면서 현실에 끼어들기도 하고 물러나기도 하며 자신의 정체성을 지킬 수 있다고 한다. 우리의 정치인들을 두고 선거 유세와 당선 전후로 "바뀌었다", "변절했다"는 말이 많이 떠돈다.

걸림돌
● 1) 오늘날 삼군은 육·해·공 삼군을 말하지만, 당시는 육군으로만 편성된 세 군단을 가리킨다.

2) 자로는 두 사람의 대화에 갑자기 뛰어들지만 흐름을 정확하게 감지하지 못하고 있다. 그이는 용과 사의 자유로운 넘나들기를 용에 초점

을 두고서 자신과 공 선생과의 연결 지점을 찾고 있다. 자로가 용과 사에 모두 연결 지점이 마련된 안연과 공 선생의 사이를 질투하나 보다. 05.07[099] '뗏목 이야기'를 참조하라.

3) 폭호빙하暴虎憑河는 「소아」 「높은 하늘〔小旻〕」의 시구를 조합한 말이다. 이 시는 08.03[192]에도 인용된다. 이 말은 『변화의 기록〔역경〕』과 『고대 시가집〔시경〕』 「정풍」 「대숙이 사냥 나가다〔大叔于田〕」에도 보인다. 문맥에 따라 용맹함의 칭찬으로 읽히기도 하고 무모함의 비난으로 읽히기도 한다. 공 선생은 후자의 맥락으로 차용하고 있다.

07-12 [163]

공 선생님이 한마디 했다. "경제적 성공이란 걸, 만약 추구하는 것이 옳다면 시장에서 채찍을 잡는 문지기라도 나는 꼭 할 것이다. 만약 그것을 추구해서 안 된다면 나는 자신이 좋아하는 일을 좇아가리라."

子曰 : "富而可求也, 雖執鞭之士, 吾亦爲之. 如不可求, 從吾所好."
자왈 : "부이가구야, 수집편지사, 오역위지. 여불가구, 종오소호."

상황 ● "당신은 뭐 하면서 살 건가요?" 누가 우리에게 물어보는 말이기도 하고, 우리 자신이 스스로에게 물어보는 말이기도 하다.

디딤돌 ● '종오소호從吾所好'는 한 번쯤 외워둘 말이다. 이 말은 "나의 길을 가련다" 정도로 바꾸어도 무방하다. 이렇게 놓고 보면 공 선생은 꽤 자유분방하고 도전적이며 쾌활한 성격의 소유자로 보인다. 문학과 영화 등 예술의 세계에서는 "나의 길을 가련다"를 노래하지 않을 수 없다. 실제로 1944년에 제작되어 한국에는 1954년에 개봉된 〈나의 길을 가련다 Going my way〉라는 영화가 있다. 그룹 할리퀸의 앨범에도 〈나의 길을 가련다〉라는 제목의 노래가 있다. 그 가사를 보면 공 선생의 말과 별반 다를 것이 없다. 1절 가사만 소개하면 다음과 같다.

모두가 걱정스런 모습으로 나에게 이런 말을 하곤 하지.
내가 걷고 있는 이 길이 너무 불안해 보인다고.
힘들어 보일지는 모르지만 한 번도 후회한 적은 없어.
나에겐 절대 포기할 수 없는 나만의 꿈이 있기에
너무 철없이 살아간다고 욕해도 난 상관없어.
이런 나의 마음 나의 꿈을 어느 누가 알겠어.
먼 훗날 나를 되돌아보는 날
하늘 아래 후회 없는 삶을 위해 난 이 길을 걸어갈 거야.
그냥 날 내버려둬.
언젠가 때론 유혹이 밀려와 이 세상이 나의 앞을 막을지라도 난 흔들리지 않아.
그 누가 뭐라 해도 내 길을 떠날 거야.

07-13 [164]

공 선생님이 마음을 졸이며 조심하는 일이 세 가지 있다. 첫 번째가 제사에 앞서 하는 목욕재계이고, 두 번째가 전쟁이고, 세 번째가 질병이다.

子之所愼. 齊·戰·疾.
자지 소신. 제·전·질.

상황 ─── ◉ 인간인 한 미래를 알 수 없을뿐더러 지금 내리는 판단이 초래할 결과를 전부 다 예상해볼 수도 없다. 이처럼 우리는 전지전능하지 않으므로 자신의 지성으로 파악 불가능한 세계에 대해 쉽게 주사위를 던지지 못한다. 공 선생은 그런 경우를 세 가지로 들었다. 모두 생명과 직접적으로 관련이 된다.

걸림돌 ─── ◉ 여기서 제齊는 재齋의 뜻으로 쓰인다. 앞의 것은 가지런하다, 같다, 모두 등의 뜻으로 쓰이고 뒤의 것은 엄숙하다, 재계하다, 공경하다 등으로 쓰인다.

07-14 [165]

공 선생님이 제나라에 머무를 때 순임금의 소 음악(공연)을 보고 들을 기회가 있었다. [선생님이 얼마나 열중했는지] 세 달 동안(꽤 오랫동안) 고기 맛을 몰랐다. 그러고는 문득 한마디 했다. "음악을 감상하다가 이렇게 될 줄은 전혀 몰랐네."

子在齊聞韶. 三月不知肉味. 曰 : "不圖爲樂之至於斯也."
자재제문소 삼월부지육미. 왈 : "부도위악지지어사야."

상황 ● 공 선생의 여러 가지 모습 중 음악 애호가로서의 특징이 남김없이 드러난 구절이다. 하나의 세계에 그렇게 빠질 수 있다는 것은 그만큼 그 세계가 주는 아름다움을 음미할 수 있다는 말이다. 음악은 기분을 풀어주는 효과만이 아니라 영혼을 정화시키고 궁극적으로 망아忘我의 경지에 이르는 강력한 체험을 가능하게 해준다. 03.25[065] '소 음악 평가'를 참조하라.

걸림돌 ● 소韶는 잇는다, 계승한다는 뜻이다. 요임금의 음악 명칭은 대장大章으로, 밝게 빛난다는 뜻이다. 순임금은 자기 이전의 요임금이 보인 모범적인 역할 수행을 계속 이어갔으므로 그렇게 작명한 것이다(『예기』「악기」).

◎ 공자의 음악 세계를 초월의 관점을 이해하려면 이마미치 도모노부가 쓰고 조선미가 옮긴 『동양의 미학』(다할미디어, 2005)을 참조하라.

깊이 읽기

수표교, 한밤의 음악 연주회 무대

"아버지(박지원)는 음률을 잘 분별하셨고 담헌공(홍대용)은 악률樂律에 대단히 밝으셨다. 하루는 아버지께서 담헌공의 방에 계시다가 들보 위에 양금洋琴 여러 개가 걸려 있는 것을 보셨다. 중국에 간 사신이 귀국하면서 해마다 가지고 온 것인데, 당시 사람들 중에는 그것을 연주할 줄 아는 자가 아무도 없었다. 아버지는 시중드는 사람에게 그것을 내려 풀어보라고 하셨다.

담헌이 웃으며 말했다. '곡조를 모르는데 어떻게 하시게요?'

아버지는 작은 나뭇조각으로 쳐보면서 말했다. '거문고를 가져와 보세요. 줄을 따라 대조해가며 쳐보아 음이 어울리는지 확인해봅시다.'

몇 차례 해보자 가락이 과연 들어맞아 어긋나지 않았다. 이로부터 양금이 비로소 세상에 성행하게 되었다. …… 새로 조율한 양금을 즐기기 위해 이 사람, 즉 김억金檍과 함께 담헌의 집에 모였다. 고요한 밤에 음악이 연주되었다. 마침 효효재 김용겸金用謙이 달빛을 받으며 우연히 왔다가 생황과 양금이 번갈아 연주되는 걸 들었다. 김용겸은 마음이 몹시 즐거워 책상 위의 구리쟁반을 두드리며 가락을 맞추어 『고대 시가집』에 나오는 「나무를 베다〔伐木〕」를 읊었는데 흥취가 도도했다. 잠시 후 김용겸이 일어나 나가더니 한참 있어도 돌아오지 않았다. 나가서 찾아봤지만 김용겸은 보이지 않았다. ……

두 분〔아버지와 담헌공〕은 함께 달빛을 받으며 김공의 댁을 향해 걸었다. 수표교水標橋●에 이르렀을 때이다. 바야흐로 큰눈이 막 그쳐 달이 더욱 밝았다. 김용겸이 무릎에 거문고 하나를 비낀 채 갓도 쓰지 않고 다리 위에 앉아 달을 바라보고 계신 게 아닌가? 그래서 다들 몹시 기뻐하며 술상과 악기를 그곳으로 옮겨와 김공을 모시고 놀다가 흥이 다한 뒤에야 헤어졌다."

── 박종채, 박희병 옮김, 『나의 아버지 박지원〔過庭錄〕』(돌베개, 1998), 36~37쪽.

◎ 위 글을 읽고 "음악의 사회적 기능과 철학적 의의는 무엇일까?"를 함께 이야기해보자.

● 수표교: 청계천에 있던 다리로 수위를 재던 곳이다. 지금은 동국대학교 앞의 장충공원에 옮겨져 있다. 2005년 청계천 사업에서 복원을 이야기하다가 무산되었다. 조선 후기 음악 문화를 확인하려면 전통예술원에서 펴낸 『조선후기 문집의 음악사료』(민속원, 2002)를 보라. 그리고 『과정록』이란 이름은 『논어』(16.13[450] '과정過庭' 참조)에 나오는 구절을 참조하여 지은 책 이름이다.

07-15 [166]

염유가 물었다. "선생님께서 위나라의 군주, 즉 출공 첩을 도울까요?"

자공이 맞장구쳤다. "그래요. 내가 나중에 이 일을 한번 물어보지요." 자공이 입실하여 물었다. "백이와 숙제는 어떤 사람입니까?"

공 선생님이 대꾸했다. "옛날의 현자들이다."

자공이 물었다. "자신의 신세를 원망했을까요?"

공 선생님이 대꾸했다. "공동체의 통합을 추구해서 공동체의 통합을 일구어냈는데 무엇 때문에 원망을 했겠는가?"

자공이 밖으로 나와서 말했다. "선생님께서는 출공 첩을 돕지 않을 것 같네."

冉有曰: "夫子爲衛君乎?" 子貢曰: "諾, 吾將問之." 入曰: "伯夷叔齊何人也?" 曰: "古之
염유왈: "부지위위 군호?"   자공왈: "낙, 오장문지."   입왈: "백이숙제 하인야?"   왈: "고지
賢人也." 曰: "怨乎?" 曰: "求仁而得仁, 又何怨? 出曰: "夫子不爲也."
현인야."   왈: "원호?"   왈: "구인이득인, 우하원?   출왈: "부자불위야."

상황 ── ◉ 위나라의 경우 아버지와 아들이 제후의 자리를 두고 내전 상태로 갔다(11.11[281] '공자의 예언'과 13.03[321] '정명' 참조). 백이와 숙제는 아무 조건 없이 군주 자리를 동생에게 양보하고서 정치적 분쟁을 염려해 조국을 떠난 인물이었다. 『논어』에는 이보다 더 극명한 대조가 없다. 이상을 구현한 백이·숙제와 현실에 갇힌 괴외·출공 첩의 사이는 깊고

멀다. 비슷한 내용이 05.24[116]에도 보인다.

걸림돌

◉ 1) 위나라의 정치 상황에 대해 약간의 지식이 필요하다. 령공은 후사를 위해 아들 괴외蒯聵를 세자로 정해두었다. 령공은 좋지 않는 소문을 달고 다니는 남자南子라는 부인을 열렬히 아끼게 되었다. 괴외는 남자를 견제하려다 실패하고 망명을 떠났다. 령공은 임종을 앞두고 괴외의 아들, 즉 자신의 손자 첩輒을 후계자로 지목했다. 첩은 령공을 이어 위나라의 제후가 되었지만, 괴외는 자신이 후계자가 되어야 한다고 주장했다. 이에 위나라는 괴외의 입국을 막느냐 아니면 그의 입국을 도와서 제후로 추대하느냐를 두고 내분이 일어났다. 괴외가 군사적 승리를 거두어 제후가 되고 첩은 망명을 떠남으로써 사건이 일단락되었다.

2) 위爲는 일반적으로 영어의 do 동사처럼 '하다'는 뜻으로 쓰인다. 이 이외에 '……위하다, 대신하다, 되다'의 뜻으로도 쓰인다. 여기서는 특수하게 돕다, 보좌하다[助]는 뜻이다.

3) 자공의 마지막 판단은 어떻게 나오는 것일까? 백이와 숙제가 자신의 행동을 후회했다면 맏아들 또는 형으로서 정당한 권리를 행사하여 군주의 자리를 양보하지 않았어야 했다는 말이다. 후회하지 않는다는 것은 자신들의 삶이 고난을 겪더라도 군주의 자리를 양보해 공동체를 내전 상태로 몰아넣지 않은 것을 옳게 여긴다는 말이다. 그러니 위나라의 경우 아버지와 아들이 군주 자리를 두고 전쟁을 벌였는데 공 선생이 어떻게 둘 중의 한쪽에 가담하거나 외교적 지지를 표명할 수 있겠는가?

07-16 [167]

공 선생님이 한마디 했다. "싸구려 음식을 먹고 맹물을 마시며 팔뚝을 꺾어 베개로 삼을지라도 즐거움이 바로 그런 생활 속에 있다네. 정의롭지 않으며(비리와 부패로 얼룩진 채) 재산을 모으고 출세한다고 하더라도 그런 일은 나에게 흘러가는 뜬구름처럼 보이네."

子曰: "飯疏食飲水, 曲肱而枕之, 樂亦在其中矣. 不義而富且貴, 於我如浮雲."
자왈: "반소식음수, 곡굉이침지, 낙역재기중의, 불의이부차귀, 어아여부운."

상황 ● 예속된 풍요와 자유로운 가난, 사람이 살아가면서 시계의 추처럼 왔다 갔다 하는 정거장들이다. 가난하다 보면 어떤 희생을 치르더라도 풍요를 쟁취하고 싶고, 그 반대가 되면 또 모든 것을 잊고 훌훌 떠나고 싶어진다.

공 선생은 보통 사람이 하는 저울질을 끝내고 이미 한쪽으로 인생의 가닥을 잡았나 보다. 이렇게 생각하고 고개를 들어 보니 구름이 시시각각으로 모습을 바꾸고 있었던가 보다. 두 곳을 왔다 갔다 하지 않고 한 곳에 정착하려면 그 한곳이 다른 어떤 곳과 비교할 수 없는 매력이 있을 것이다. 오늘도 남들이 알아주지 않는 분야를 개척하기 위해 땀 흘리는 사람이 있다면 그 사람이 바로 공 선생과 같은 마음일 게다. 06.11[132]에서 안연의 "일단사—簞食, 일표음—瓢飮"은 바로 이런 공 선생의 마음을 실천한 삶이지 않았을까? 이러니 두 사람의 사이를 여느 사제 관계로만 한정시킬 수 없는 것이다.

디딤돌 ● '팔베개', '뜬구름'이란 말은 후대 동아시아의 문학, 문화, 사상, 예

술의 세계에서 이곳저곳에 차용되었다. 공 선생의 언어적 형상화 솜씨
가 뛰어나다는 것을 보여준다. 일례로 김수철의 〈나도야 간다〉는 노래
에 '팔베개'가 나온다. 여러분이 아는 시나 노랫말 중에서도 그 말이 들
어 있을 것이다. 말이란 이렇게 누군가가 언어로 형상화하고, 그것이
다른 이의 마음을 사로잡으면 두고두고 쓰이게 된다.

07-17 [168]

공 선생님이 (뭔가를 예감한 듯) 이야기했다. "나에게 (연구할 수 있는) 몇
년의 시간이 주어져서 50대에 『변화의 기록(역경)』을 공부할 수 있다
면 심각한 잘못을 하지는 않을 텐데."

子曰: "加我數年, 五十以學易, 可以無大過矣."
자왈: "가아 수년, 오십이학역, 가이 무대과의."

상황 ● 지금 하는 일 또는 하려는 일이 어떻게 될지 안다면, 사람들은 큰 잘
못에서 벗어날 수 있을 것이다. 하긴 안 좋은 결과를 뻔히 알면서도 그
걸 하는 사람은 없을 테니까.

걸림돌 ● 판본에 따라 글자가 다르게 된 곳이 있다. 예컨대 가加는 가假로, 오
십五十은 졸卒로 된 경우가 있다. 앞의 가는 있는 것에 덧보탠다는 뜻이
고 뒤의 가는 빌리다, 겨를이나 여유가 있다는 것을 나타낸다. 이 중에
서 후자가 더 많은 시간을 누구(하느님, 생명을 관장하는 신 등)에게 받
는다는 어감을 더 잘 나타낸다. 오와 십의 두 글자를 합치면 그 모양이 졸
과 비슷해진다. 졸이 되면 마침내, 비로소라는 뜻이 된다.

디딤돌

● 『변화의 기록〔역경〕』과 관련된 공 선생의 고사가 있다. 『사기』「공자세가」에 보면 공 선생이 『변화의 기록』을 하도 많이 읽어서 책을 묶어놓은 가죽 끈이 세 차례나 끊어졌다고 한다. 이로부터 '위편삼절韋編三絶'이라는 말이 나왔다. 공 선생은 왜 그렇게 『변화의 기록』을 탐독했던 것일까? 그것은 『변화의 기록』이 현재가 미래에 어떤 식으로 귀결될지 예측해주고 있기 때문이다. 즉 인간의 근원적 불안인 불투명한 미래를 극복할 수 있다는 지혜를 가져다준다. 이런 점에서 『변화의 기록』은 무신론 전통에서 전지전능한 신적 존재의 역할을 했다고 할 수 있겠다.

깊이 읽기

인간이 스스로 무력함을 느낄 때

"일상에서 흔히 일어나지만 우리가 잘 모른 채 그냥 지나치는 예를 들어보자. 오늘 날씨는 어떨까? 일기예보에는 오늘 비가 온다지만 요즘의 예보는 빗나가기 일쑤이다. …… 〔동전을 던져〕 앞면이면 우산을 가져가고, 뒷면이면 안 가져간다. 누구나 이런 식의 결단을 시도한 경험이 있을 것이다. 그런데 이것은 다만 하나의 게임에 지나지 않는다. 어느 쪽으로 결정되든 대수롭지 않기 때문에 기분도 즐겁다. …… 그러나 결국 어떤 식으로든 결정하기 어렵고, 더구나 어느 쪽으로든 행동할 수밖에 없을 때에는 역시 결단의 단초로 삼을 만한 무엇인가를 찾게 된다. …… 인간 자신의 능력으로는 어떻게 할 수 없는 막다른 골목으로 몰리는 경우도 생길 수 있다. 이럴 때 인간은 좀 더 분명하게 '타력'에 의지하는 모습을 보이기도 한다. …… 인간으로서는 어찌할 수 없는 것, 즉 인간의 현재의 능력을 초월해 있는 것들도 적지 않다. 인간에게 불가능은 없다는 따위의 위세 좋은 말은 현실을 있는 그대로 설명하는 것이 아니다. 구체적인 한 개인에 대해 생각해보면, 그 능력의 한계는 더욱 분명해질 것이다. 이것은 인간 역시 하나의 생물로서 언젠가는 죽을 수밖에 없는 존재임을 생각하는 것만으로도 명백하다. 우리는 미처 예상하지 못한 뜻밖의 불행에 빠지기도 하고, 이유 없이 건강에 대한 불안에 시달리기도 한다. 그리고 이럴 때면 으레 '운명'이라는 말을 떠올리게 된다.

　점서占筮는 이와 같이 유한한 인간의 한계상황 아래에서 인간의 존재 의미를 분명히 해준다. 그래서 인간은 합리주의적인 사고와는 어울리지 않게 신비한 것에도 이끌리게 되는 것이다. 문명이 발달한 오늘날의 사회에서도 점占을 믿는 사람이 없어지지 않는 것은 바로 이 때문이리라."

──카나야 오사무, 김상래 옮김, 『주역의 세계』(한울, 1999), 23~25쪽.

◎ 위 글을 읽고 "오늘날 점을 치는 사람의 심리는 어떻게 설명할 수 있을까?"에 대해 가벼운 마음으로 이야기를 나눠보자.

07-18 [169]

공 선생님은 공용어를 쓰곤 했다. 특히 『고대 시가집〔시경〕』과 『정부 공문서〔서경〕』를 논의하거나 전통 의식을 실행 또는 실습할 때 모두 공용어로 진행했다.

子所雅言, 詩·書·執禮, 皆雅言也.
자소아언, 시·서·집례, 개아언야.

● 『고대 시가집』과 『정부 공문서』는 문화의 정체성을 형성하고 유지하는 진리의 보고이다. 사람들이 그것을 각기 다른 언어로 읽는다면, 그 속에 담긴 진리가 읽는 사람들에 따라 달리 해석되는 운명을 피할 수 없게 된다. 즉 진리의 복수라는 재앙이 초래되는 것이다. 공 선생은 이 점

을 날카롭게 포착하여 한 가지 표준어로 수업을 진행했다. 각기 다른 지역 출신의 제자들도 그 시간에는 자신의 모국어를 버리고 공용어를 썼을 것이다. 물론 공 선생도 다른 경우에는 노나라 지역 표준어를 썼을 것이다.

    이 문화의 정체성은 당나라의 『오경정의』, 명나라의 『영락대전永樂大典』과 『사서대전』·『오경대전』·『성리대전』, 청나라의 『사고전서四庫全書』 등으로 더욱 공고하고 풍부해졌다. 근대에 이르러 중국이 지켜온 문화적 정체성이 외부의 침입과 내부의 변혁으로 여지없이 무너졌다. 조선의 지식인들은 그것이 한반도로 옮겨져 보존되고 있다면서 소중화小中華를 내걸었다. 이 때문에 조선인은 한글보다는 한문으로 자신의 사고를 표현하고 토론해야 했다. 현재 동아시아는 공용어나 표준적 언어가 없다. 다시 타락과 오만이 아니라 공존과 생명이라는 새로운 보편성을 만들어가는 노력을 해야겠다.

07-19 [170]

섭공이 자로에게 공 선생님의 특성을 물었다. 자로가 어찌할 줄 몰라 미처 대꾸를 못했다.

　공 선생님이 〔대수롭지 않게 웃으며〕 일러주었다. "자네는 왜 이렇게 이야기하지 않았소. 그 사람의 됨됨이는 말입니다. 한 가지 주제에 깊이 열중하다 보면 밥 먹는 것도 잊어버리고, 나아가는 길에 즐거워 하며 삶의 시름마저 잊어버려서 앞으로 황혼이 찾아오는 것조차 의식하지 못한 채 〔늘 젊음을 유지하고 있습니다.〕"

葉公問孔子於子路, 子路不對. 子曰:"女奚不曰 : 其爲人也, 發憤忘食, 樂以忘憂, 不知老
섭공문공자어자로. 자로부대. 자왈 : "여해불왈 : 기위인야, 발분망식, 낙이망우, 부지로
之將至云爾."
지장지운이."

상황 ● 공 선생이 자신을 사진으로 찍듯이 자신의 사람됨을 표현하고 있다. 무지에 분노를 느끼면 밥조차 잊고, 하나씩 터득한 세계의 즐거움으로 현실의 시름을 잊은 채 시간의 지배를 벗어날 지경이라고. 자신이 지금 걸어가는 길에 대해 충만한 행복감을 느끼고 있음이 엿보인다. 07.27 [178]에서 다른 사람이 관찰한 또 다른 공 선생의 모습을 보라. 이 모습은 05.29[121]에서 '호학好學'으로 자처하는 곳과도 잘 이어진다.

걸림돌 ● 1) 섭공葉公은 성이 심沈이고 이름이 제량諸梁으로 춘추시대 초나라의 대부이다. 섭은 오늘날 하남성 섭현 남쪽에 있다. 그의 봉지가 섭 지역이어서 섭공으로 불리었다. 葉은 나뭇잎을 가리킬 때는 '엽'으로 읽고, 지명으로 쓰일 때는 '섭'으로 읽는다.

2) 14.26[374]에 보면 거백옥의 사자는 공 선생에게 거백옥의 일상을 표현해야 하는 상황에서 "자신의 허물을 적게 지으려고 한다"고 대답했다. 공 선생은 사자의 대답에 찬탄을 금하지 못했다. 자로는 비슷한 상황을 맞이했지만 기대되는 역할을 하지 못했다. 아마 자로가 아무 것도 하지 못한 것이 아니라 공 선생의 사람 됨됨이를 한정된 언어로 포착하려고 힘겹게 노력했지만 실패했기 때문에 말을 하지 못했으리라.

07-20 [171]

공 선생님이 털어놓았다. "나는 나면서부터 모든 것을 다 아는 사람이 아니다. 〔옆에서 봐왔듯이〕 고대 문화(옛것)를 사랑하여 부지런히 이 사람 저 사람(또는 이곳저곳)을 쫓아다니며 의미를 깨달은 사람일뿐이다."

子曰: "我非生而知之者. 好古敏以求之者也."
자왈: "아비 생이지지 자. 호고민이구지 자야."

상황 ● 공 선생의 학문적 성취에 대하여 주위에서 천재라고 말하지만 자신은 노력의 결과일 뿐이라고 해명하고 있다.

걸림돌 ● 당시 공 선생의 학식과 관련해서 신화와 전설 같은 이야기가 떠돌아다닌 듯하다. "태어나기 전에 특별한 예지가 없었다면 어떻게 저렇게 많이 알까? 물어보면 막히는 것이 없어!" 이런 말들이 쉬쉬하며 오고 갔으리라. 축적과 성찰 그리고 종합화의 길을 걷다 보면 전에는 낱낱이 떨어져 있던 지식의 조각이 모여서 거대한 학學이 된다. 이것을 체험하지 못한 이로서는 자신의 부족함과 미달을 자기 탓으로 돌리기에 앞서 선생의 탁월함을 예외로 간주하려고 한다. 그러면 마음이 편하지 않은가! 공 선생이 그 이야기를 듣고 가만히 있을 수 없어 지적 자극을 주기 위해서 한마디 하고 있다. 16.09[446] '배움의 동기'를 참조하라. 참, '생이지지生而知之'는 오늘날 천재를 가리키는 말로 고전 문헌에서 자주 쓰인다.

07-21 [172]

공 선생님은 [학생들에게] 이상한 일, 힘을 앞세우는 일, 사회질서를 무너뜨리는 일, 귀신과 관련되는 일을 들려주지 않았다.

子不語怪·力·亂·神.
자불어괴·력·란·신.

상황 —— ◉ 공 선생의 사고가 신화적 세계관을 넘어서 이성주의로 향하고 있다는 방향 설정을 엿볼 수 있다. 달리 말하면 신화의 역사화, 인문주의 해석이라고 할 수 있다. 그럼 공 선생은 무엇을 이야기했을까? 위와 반대로 생각해보면 공 선생은 통상적인(정상적인) 일, 덕德을 내세우는 일, 사회질서를 다지는 일, 산 사람이 해야 할 일을 학생들에게 들려주려고 했을 것이다. 10.11[252]에 고수레를 한 공 선생의 이야기가 있다.

디딤돌 —— ◉ 이 구절은 내용이 간략한 것과 달리 지성사에 커다란 영향을 끼쳤다. 하나는 공 선생이 신화적 사고, 주술적 사고 등을 벗어나 이성주의와 합리주의의 길을 열었다는 것이다. 이런 평가는 서세동점의 시대에 동아시아가 주술의 정원에 빠져 있었다는 주장의 반증이 되고, 일찍이 이성이 존중되어왔다는 주장의 증거로 부각된 점을 부인할 수 없다. 다른 하나는 그이가 합리주의를 강조하는 바람에 상상이나 환상 또는 허구에 기초하는 소설 문학의 자립성을 부정하게 되었다는 것이다. 그로 인해 동아시아의 문학 중 소설 장르가 일찍 개화하지 못하고 명 제국에 이르러서야 꽃피우게 되었다고 말한다.

공 선생이 이성적 사고를 강조하기는 했지만 그 '이성'은 시대의 조건과 연동되어 있다. 그이가 이성적이라고 하더라도 그 속에는 오늘날의 기준으로 보면 여전히 영웅적이며 주술적 사고가 들어 있다. 즉 그이가 상대적으로 이성을 강조했다고 해도 이성주의나 이성 만능을 주창했다고 말할 수는 없다. 그리고 공 선생의 발언이 문학 발전에 부정적인 영향을 주었다고도 할 수 없다. 왜냐하면 이 발언이 동시대나 후대에 규범적 영향을 미쳤다는 것을 입증하기 어렵기 때문이다. 아울러 『초사』처럼 초나라를 중심으로 하는 남방 문학이나 역사와 문학이 분리되지 않는 전통 등을 고려하면 공 선생 때문에 문학이 늦게 발달했다는 지적은 그리 타당하지 않다.

◎ 근대 이전 주술magic적 사고에 대한 공정한 논의를 보려면 핑가레트의 『공자의 철학: 서양에서 바라본 예에 대한 새로운 이해』를 읽어보라.

07-22 [173]

공 선생님이 이야기했다. "경험을 해보니 적어도 세 사람 정도 함께 길을 가다 보면 그 속에 반드시 우리가 보고 배울 스승이 있기 마련이다. [구체적으로 말하자면] 나는 그 사람들의 뛰어난 점을 골라서 따라 해보고, 반대로 모자라는 점을 찾으면 [나에게 있는 그런 점을] 고칠 수 있다."

子曰: "三人行, 必有我師焉. 擇其善者而從之, 其不善者而改之."
자왈: "삼인 행, 필유아사언. 택기 선자이종지, 기불 선자이개 지."

상황 ● 오늘날 학문에서는 배우는 이가 학교든 학원이든 '특정한 자격을 갖춘' 선생의 도움에 많이 의존한다. 인생을 살다 보면 길 위에 구르는 돌이 나에게 많은 것을 건네줄 수도 있고, 동물원의 우리에 갇힌 맹수가 나에게 생각거리를 던져줄 수도 있다. 이렇게 보면 선생은 나의 주위에 널려 있는 셈이다. 19.22[510] '학무상사'를 참조하라. 앞의 여덟 글자는 외워두면 좋겠다.

걸림돌 ● 왜 최소한 세 명이어야 하는지 설명이 필요하다. 흔히 스승 하면 자기보다 뛰어난 경우를 생각한다. 공 선생은 이 상식을 뒤집는다. 오히려 자신이 할 수 없는 것을 하는 이도 나의 스승이라는 것이다. 이렇게 타자는 나와 무관한 인물이 아니라 나 자신을 비춰볼 수 있는 제2의 나 또는 확장된 또 하나의 나가 된다. 사실 우리는 끊임없이 행위를 한다. 이렇게 하게 된 행위는 사전에 하고 싶었던 숱한 경우의 수들 중의 하나이다. 우리가 사람인 한 한꺼번에 두 가지를 하지 못하므로 지금과 다르게 되었을 때의 경우를 직접 체험하기 어렵다. 우리가 길을 함께 간다면 같은 일에 대해 다르게 반응하는 세 가지를 경험할 수 있다. 이로써 나는 나의 행위를 상대화시켜 다른 두 가지와 비교해볼 수 있게 된다. 나보다 나은 사람은 위를 향해 나아가도록 자극할 것이고 나보다 못한 사람은 아래로 내려가지 않게끔 경계하도록 할 것이다. 이렇게 되면 최소한 세 명이 있어야 하는 것이다. 자기가 자신을 들여다보는 것이 바로 반성이다. 또 나는 타자를 통해 또 다른 나를 볼 수 있다. 외국 여행을 가면 나와 확실하게 다른 사람과 그의 습관을 봄으로써 내가 어떤 사람인지를 더 또렷하게 알게 되는 경우와 비슷하다. 『성경』의 말처럼 사람은 자신의 눈의 들보는 못 보아도 남의 눈에 든 티끌은 보지 않던가?

07-23 [174]

공 선생님이 굳게 다짐했다. "하늘(하느님)이 나에게 소명 의식(초월적 힘)을 심어주었는데 환퇴라는 작자가 나를 어찌하겠는가?"

子曰 : "天生德於予, 桓魋其如予何?"
자왈 : "천생덕어 여, 환퇴기여여하?"

상황
● 공 선생이 위기 상황에서 자신의 수호자로 하느님을 찾고 있다. 우리가 급할 때 '어머니'를 찾는 경우와 비슷하다.

걸림돌
● 1) 환퇴桓魋는 송나라의 군정(司馬)을 맡았던 인물이다. 일설에는 12.05[299]에서 나오는 공 선생의 제자 사마우司馬牛의 형이라고도 한다.

2) 이 구절은 『사기』「공자세가」에 그 전말이 좀 더 자세하게 소개되

어 있다. 공 선생이 조曹나라를 떠나 송宋나라로 이동 중이었다. 공 선생 일행이 도중에 수업의 일환인지 앞으로 치를 행사의 예행연습인지 큰 나무 아래에서 의식을 연습했다. 송나라의 환퇴는 이 소식을 전해 듣고서 공 선생을 살해하고자 나무를 뽑아 넘어뜨리려고 했다. 상황이 위급해지자 제자들이 공 선생더러 빨리 대피하라고 했을 때, 그이는 바로 위의 말을 했던 것이다.

3) 이 덕德은 사람과 사람의 일상적인 관계에서 생기는 행위와 관련이 없다. 그것은 하느님과 공 선생 사이의 특별한 관계를 암시한다. 물론 우리는 종교적 믿음이 아니라 문화적 차이에서 "하느님이 보고 있는데……"라고 말할 수 있다. 이 말은 사느냐 죽느냐 하는 위기 상황에서 주위 사람들을 안심시키기 위해서 한 말로도 볼 수 있다. 하지만 가장 위기의 순간에 찾는(나타나는) 존재라면 평소에 공 선생의 의식 밑바탕에도 깔려 있었다고 볼 수 있다. 이렇게 보면 덕은 세속적, 물질적 욕망과 대비되는 고상한 가치가 아니라 일종의 소명 의식으로 볼 수 있다.

07-24 [175]

공 선생님이 터놓고 이야기했다. "야 이 사람들아, 내가 뭔가를 숨긴다고 생각하는가? 나는 자네들에게 숨기는 게 하나도 없다네. 내가 진리의 길을 걸어오면서 자네들과 함께하지(공개하지) 않은 것이 없다네. 이게 바로 구라는 사람일세."

子曰: "二三子以我爲隱乎? 吾無隱乎爾. 吾無行而不與二三子者, 是丘也."
자왈: "이삼자이아위은호? 오무은호이. 오무행이불여이삼자자, 시구야."

상황 ● 제자들에게 공 선생은 모르는 것이 없는 또는 모든 것을 아는 사람으로 여겨졌을 것이다. 하지만 공 선생은 어떤 경우에는 물어보는 대로 속 시원하게 궁금증을 풀어주지만 어떤 경우에는 가타부타 말하지 않기도 했다. 후자의 경우 제자들은 공 선생이 자신들에게 뭔가를 감추고 있다는 느낌을 받았을 수 있다. 달리 생각해보면 공 선생과 제자 사이에 이해를 넘어선 지적 간극이 생겨났다는 것을 알 수 있다. 07.08[159] '무지의 분노'와 16.13[450] '과정過庭'을 참조하라.

깊이 읽기

근대 전후 진리 전수(교육) 방법의 차이

스승과 제자, 교사와 학생은 어감이 약간 다르다. 전자는 좀 개인적이며 각별한 사이에서 가능한 말인 듯하고 후자는 집단적이며 행정적인 관계를 나타내는 듯하다. 이런 차이는 학습 방식을 고려하면 좀 더 커졌으면 커졌지 결코 작아지지 않는다.

이러한 차이를 근대 이전과 이후의 교육, 즉 진리 전수의 방법으로 바꾸어 생각해보자. 각각의 방법을 사적인 비전秘傳과 공적인 거래(학습)로 구분할 수 있다. 근대 이전에는 보통(의무)교육이 아니므로 스승과 제자는 사적인 관계를 맺었고 스승은 제자에 비해 인격적으로 학문적으로 절대적 높이를 가지고 있어서 일방적이며 비밀스럽게 학습이 이루어졌다. 그 결과 누구를 스승으로 하느냐에 따라 학습자는 전혀 다른 세계관이나 학문적 특징을 습득할 수 있었다.

예를 들어보자. 인도의 우파니샤드Upanishad는 '바가바드기타', '베다'와 함께 힌두교 3대 경전으로 여겨진다. 이 우파니샤드라는 말은 Upa(옆에, 가까이)와 nisad(앉는다)라는 두 단어의 합성어로서, 스승이 제자에게 비밀스런 가르침을 전수하는 것을 의미한다. 진리는 결코 아무에게나 전수할 수 없는 것이다. 이러한 길은 오늘날 예술 분야의 경우에 아직도 남아 있다.

반면에 근대 이후에는 모든 사람이 보통교육의 대상자가 되어서 절대 무지의 공포에서 해방되었다. 학습자는 모두에게 공통된 과정을 거치면 일정 정도의 문제 해결 능력을 갖게 된다. 이 과정에는 누구나 교사가 전달하는 학습 내용을 모방하여 재연할 수 있는 공적 거래의 특성이 드러난다. 만약 어떤 학습자에게는 교육 효과가 나타나고 다른 학습자에게는 비슷한 효과가 나타나지 않는다면 학생만큼이나 교사도 교육 방법을 반성해야 한다. 아울러 전수의 내용은 과거의 지성에 의해서 밝혀져서 옳은 것으로 검증된 것, 즉 교과서적인 지식이다. 과거처럼 그 스승만이 알고 있던 그런 특수한 앎이 아니다. 오늘날 그것은 개인 연구자가 밝혀내야 하는 것이지만 일단 밝혀져서 공인되면 교과서의 내용으로 편입된다. 따라서 교과서는 모험적이며 실험적인 내용이 아니라 검증되어 안정된 학설로 구성되게 되었다. 그만큼 교육 과정에는 긴장과 전율이 없어지고 이해와 응용이 주류를 이루게 되었다. 여기서 제자들은 공 선생이 모두에게 알리지 않고 특별한 이에게만 가르치는 뭔가가 있지 않나 의심하고 있다. 물론 공 선생은 그것을 강력하게 부정하고 있다.

◎ 위 글을 읽고 "공 선생의 교육법과 현대적 교육법의 장단점은 무엇인가?"에 대해 이야기해보자.

07-25 [176]

공 선생님은 네 가지 교과목(학업 분야)으로 교육을 강조했다. 첫째는 고대의 문헌이고, 둘째는 공동체 생활의 몸가짐이고, 셋째는 자기 충실이고, 넷째는 타자와의 신뢰였다.

子以四教, 文·行·忠·信.
자이 사교, 문·행·충·신.

> 상황

● 펼쳐놓으면 배우는 것이 이것저것 많아 보이지만 한데 모아서 줄이면 네 가지로 정리될 수 있음을 말하고 있다. 우리도 학교에서 열 가지가 넘는 교과목을 배우지만 따지고 보면 사람 사는 법을 배우는 것이다. 종종 점수에 너무 신경을 쏟다 보면 정작 중요한 목표를 잃어버릴 수 있다. 11.03[271] '공문 사과四科'를 참조하라.

07-26 [177]

공 선생님이 〔간절한 소망을〕 이야기했다. "〔세계를 만드는〕 성스러운 분을, 나는 아직 만나 뵙지 못했네, 자율적 인간이라도 만날 수 있다면 참 좋을 텐데."

〔이어서〕 공 선생님이 이야기했다. "선으로 가득 찬 사람을, 나는 아직 만나 뵙지 못했네, 한결같은 분이라도 만날 수 있다면 참 좋을 텐데. 〔그런데〕 든 게 없으면서 모두 가진 체하고, 텅 비어 있으면서 가득 찬 체하고, 끼니 걱정을 하면서 넘치는 듯 젠체한다면 아마 한결같기 어려울 텐데."

子曰: "聖人, 吾不得而見之矣. 得見君子者, 斯可矣." 子曰: "善人, 吾不得而見之矣. 得
자왈: "성인, 오부득이견지의. 득견군자자, 사가의." 자왈: "선인, 오부득이견지의. 득
見有恒者, 斯可矣. 亡而爲有, 虛而爲盈, 約而爲泰, 難乎有恒矣."
견유항자, 사가의. 망이위유, 허이위영, 약이위태, 난호유항의."

> 상황

● 살기가 힘겹고 앞날이 불투명할 때 자신에게 한 줄기 빛과 희망을 던져주는 이를 만나고 싶다는 바람을 말하고 있다. 우리도 시험 문제를 풀다가 생각이 날 듯 말 듯한데 시간이 얼마 남지 않으면 자신을 궁지에서 건져줄 사람을 찾곤 한다. 그 심정은 공 선생의 경우와 크게 다르지

않다. 공 선생은 희망의 수위를 차츰 낮춰 잡아간다. 성인이란 세상에 질서를 불어넣는 존재이다. 군자는 모범을 창출하여 백성들에게 삶의 답을 제시하는 인물이다. 선인은 타인에게 악행을 저지르는 않는 위인이다. 유항자는 자신이 하기로 한 방향대로 스스로를 쭉 끌어가는 사람이다. 이어서 유항자마저 만나기 어려운 세태를 한 편의 그림처럼 그리고 있다.

디딤돌 ● 유항자는 나중에 맹자가 항산恒産과 항심恒心의 상관성(「등문공」상 3)을 성찰하는 데에 단초를 제공했다〔박경환 옮김, 『맹자』(홍익출판사, 1999), 129쪽 참조〕. 이와 관련해서는 13.22[340]을 참조하라.

07-27 [178]

공 선생님은 낚시를 해도 그물로 고기의 씨를 말리지 않고, 주살로 새를 사냥해도 둥지에 든 새를 겨누지 않았다.

子釣而不綱, 弋不射宿.
자조이불망, 익불사숙.

상황 ● 여덟 글자로 공 선생의 사람 됨됨이를 그리고 있다. 컬러사진보다 흑백사진의 감흥과 닮았다. 표현에는 감정 하나 들어 있지 않지만 읽는 순간 공 선생의 생명 사랑의 열기가 뜨겁게 전해온다. 이런 표현 기법은 훗날 산수화의 예술 정신으로 승화한다.

디딤돌 ● 한 인간의 특성을 그림 그리듯 전체를 포착하기는 쉽지 않다. 공 선생은 간간히 자신의 모습을 스스로 그려낸다. 07.19[170]에서 자신을 스스로 '발분망식發憤忘食'으로 표현했다.. 공 선생을 천재로 생각하는 사람에게 이 소리는 엄청난 충격으로 다가올 것이다. 하지만 이 말을 곱씹어보면 무지에 분노를 느끼고 실마리가 풀릴 때까지 식사도 거들떠보지 않는 열정이 지금의 공 선생을 빚어냈구나 하는 공감을 불러일으킨다.

　사마천은 공 선생의 이런 인물 묘사를 계승해서 「사기열전」에서 숱한 인물의 상을 생생하게 빚어냈다. 즉 그이는 보통 사람들이 놓치는 평범한 일상을 떼어내서 그 사람의 전체를 구성하도록 한다. 예를 들어 진시황 시절 핵심 인재였던 이사李斯를 묘사하면서 뜬금없이 쥐 이야기부터 한다. 화장실의 쥐는 그이가 다가가면 바삐 도망을 치는데 곳간의 쥐는 그이를 보고도 겁을 내지 않았다고 한다. 이 관찰로 이사는 사람도 처한 조건에 따라 잘나기도 못나기도 한다며 군의 하급 관리 생활을 때려치우고 순 선생(순자, 순황)을 찾아가 공부를 하고 다시 순자의 문하를 떠나서 진시황을 찾아 나섰던 것이다. 사마천은 이사의 이런 여정을 쥐 이야기를 통해 암시하고 있다. (사마천, 정범진 외 옮김, 『사기열전—상』, 405쪽)

07-28 [179]

공 선생님은 터놓고 이야기했다. "〔세상을 살다 보면〕 제대로 알지 못하면서 〔정책이나 책 등을〕 만들어 내놓는 사람이 있지. 나는 이런 적이 한 번도 없다네. 나는 여러 소리를 들어보고 그중에서 뛰어난 것을 골라서 그것을 따른다네. 여러 가지를 찾아보고 마음에 새겨두지. 이게 앎에 이르는 순서라네."

子曰: "蓋有不知而作之者, 我無是也. 多聞, 擇其善者而從之, 多見而識之, 知之次也."
자왈: "개 유부지 이작지자, 아무시야. 다문, 택기선자이종지, 다견이식 지, 지지 차야."

상황

● 17.01[152]의 주석과도 같은 글이다. 사실 호칭 중에 '선생'만큼 이상하게 쓰이는 말도 없다. 선생은 글자 그대로 먼저 태어났다는 뜻이다. 태어나다가 꼭 생물학적 탄생이 아니라 정신적 각성을 가리키므로 선생은 선각자先覺者과 같은 뜻이다. 선생은 그 속성상 결코 영원히 선생일 수도 없다. 후생이 선생이 되고 어떤 점에서는 서로 역할이 뒤바뀔 수도 있다. 잘 모르고 새로운 것을 따라가지 못하는데도 먼저 태어났다고 해서 선생 노릇을 하려고 하면 서로 피곤해진다. 마찬가지로 자신이 완전히 내용을 장악하지 못하고 남이 쓴 것을 그대로 옮겨 적거나 베껴놓고 범죄인 줄 모른다면 더 큰 문제이다. 듣는 대로 덥석 받아들이지 않고 이것저것 따져보고 좋은 것을 좇고 많이 보고 차곡차곡 기억한 결과 어느 결에 비약적인 종합으로 전체의 세계에 이른다. 15.03[398] '다학과 일관의 대비'를 참조하라.

07-29 [180]

〔춘추시대에〕 호향 출신의 사람들은 함께 이야기를 나누기 어려운 걸로 소문이 나 있었다. 그 지역의 젊은이가 〔곡부曲阜로 찾아와〕 공 선생님을 만나고자 했다. 〔익히 호향의 소문을 들어서 알고 있던〕 문인들이 〔아연 긴장을 해서〕 어찌할 줄을 몰랐다.

공 선생님이 〔차분하게〕 이야기했다. "〔현재의 상태에서〕 앞으로 나아가는 것을 돕고, 뒤로 물러나는 것을 관계치 않으면 될 걸, 뭘 그리 심각하게 생각하는지? 자고로 사람이 자신을 깨끗하게 하고(과거와 결별하고) 새 출발하려고 할 때 그이가 과거와 결별하도록 도우면 되지 그이의 얼룩진 과거를 기억해서 무얼 하겠느냐?"

互鄕難與言, 童子見, 門人惑. 子曰: "與其進也, 不與其退也, 唯何甚? 人潔己以進, 與其
호향난여언, 동자현, 문인혹. 자왈: "여기진야, 불여기퇴야, 유하심? 인결기이진, 여기

潔也, 不保其往也."
결야, 불보기왕야."

상황 ● 사회적으로 만나기를 꺼리는 사람을 만나는 상황인데도 공 선생은 주저함이 없다. 오히려 제자들이 어쩔 줄 몰라 쩔쩔맨다. 공 선생의 태도가 젊은이들보다 전향적이고 진보적이다. 이 구절을 읽다 보면 『성경』의 이야기가 생각난다. 모세의 율법을 들먹이며 간음한 여성에게 돌을 던지려고 하자, 예수가 "너희 중 죄 없는 사람이 먼저 이 여자에게 돌을 던지라"고 했다. 이 구절과 『성경』의 이야기는 겹치기도 하고 엇나가기도 한다. 둘 다 한 사람의 과거에 매여 현재를 거부하지 않는다는 점에서 비슷하다. 하지만 공 선생은 그 젊은이와 스스럼없이 이야기를 나누었지만 그 사람이 걷게 될 앞날을 전폭적으로 수용하지는 않는다.

걸림돌

● 호향互鄕 관련 이야기는 추측은 가능하나 증거를 찾기가 쉽지 않다. 백정과 같은 천민들의 주거지역으로 볼 수도 있다. 오늘날 우리는 혐오시설 또는 기피 시설이 자신들의 주거지역에 세워지는 것을 막는다. 만약 우여곡절 끝에 그런 시설이 들어섰다고 하더라도 부모들은 자녀들에게 그곳의 아이들과 어울려 지내지 말라고 한다. 육지 속의 섬이 생기는 것이다.

07-30 [181]

평화(화합)는 높고 멀리 있는가? 내가 평화를 일구려고 하자마자 곧 평화의 상황이 찾아온다.

子曰 : "仁遠乎哉? 我欲仁, 斯仁至矣."
자왈 : "인원 호재? 아욕인, 사인 지의."

상황

● 그렇게 어렵다던 인仁이 사실 너무나도 쉽고 가깝다는 이야기를 하고 있다. 05.08[100]에서 보이듯 공 선생은 어떤 사람이 인한가 물으면 선뜻 그렇다고 호응하지 않는다. 이 둘은 모순이 아니라 초점의 차이라고 할 수 있다. 인색한 것은 당사자가 인의 요건에 충족되지 않기 때문이다. 손쉬운 것은 인의 길을 향한 결단과 관련이 있다. "앞으로 인하겠다!"고 결단을 내리면 적어도 인과 호응될 만한 일이 뒤따라야지 반대되는 일이 따라올 수는 없다. 따라서 "앞으로 인하겠다!"고 결단을 내리면 인을 향한 걸음이 시작된다는 점에서 인의 상황이 생겨난다고 말하고 있는 것이다.

걸림돌 ● 사斯는 "ㄱ하자마자, ㄴ이 되다"거나 "ㄱ을 하면, ㄴ이 되다"라는 두 가지 구문으로 해석이 가능하다. 전자는 동시성을, 후자는 조건성을 강조한다. 여기서는 동시성으로 번역해둔다. 이와 관련해서 자세한 독서를 원한다면 신정근의 『논어의 숲, 공자의 그늘』, 331~351쪽을 참조하라.

깊이 읽기

지행(언행)의 합일과 도덕적 결단

동양철학에서는 지행합일知行合一을 주장한다. 아는 것과 행하는 것은 완전히 별개인데 그것들을 하나라고 하니 선뜻 이해가 되지 않는다. 예컨대 우리는 거짓말하는 것이 나쁜 줄 알지만 참말하기가 어려운 상황이 되면 거짓말을 하게 된다. 그러면 지행합일이란 불가능한 일이 된다. 하지만 지행합일을 사람이 지속적으로 추구해야 할 과제로 보면 거짓말하는 현실과 지행합일이란 과제가 함께 존재할 수 있다. 이런 맥락에서 지행합일은 아는 것과 행하는 것이 하나로 되어야 한다는 당위當爲를 말하는 셈이다.

지행합일을 다르게 생각해볼 수도 있다. 언어는 사람끼리 의사소통을 하고, 감정을 나타내기도 한다. 또 언어는 자신의 약속 등을 나타낸다. 예를 들어 "나는 당신을 사랑합니다"라고 하거나 "나는 이 일을 3일 뒤에 끝내겠습니다"라고 말한다. 이때 고백과 약속은 말이지만 실제로 사랑을 하고 일을 완수하는 과정이 시작되었음을 나타낸다. 사랑한다와 끝낸다는 말의 뜻을 모르고 한 말이 아니라면 그 사람은 사랑한다고 말하는 것 자체와 끝내겠다고 말하는 것 자체가 곧 사랑과 완수가 진행되는 사건인 셈이다.

바로 여기서 공 선생도 욕인欲仁을 이런 방식으로 사용하고 있다. "나는 평화를 좋아한다"고 공개적으로 말했다면, 그 말과 더불어 평화에 적대적인 행위나 주장을 하지도 않고 반평화에 반대할 것이다. 물론 평화라는 말 자체만으로는 궁극적인 사태, 예컨대 우주나 세계의 평화를 낳지 못한다. 그렇지만 나는 말과 더불어 평화를 일구는 발걸음을 옮기는 것이고, 나를 둘러싼 세계가 평화로 물들어가는 것이다. 공 선생은 여기서 마술을 부려 이 세계에 평화를 가져오겠다고 큰소리를 치는 것이 아니다. 왜냐하면 세상이 바뀌는 데에는 순간이 아니라 여러 세대나 100여 년이라는 긴 시간이 필요하다고 역설하고 있기 때문이다.

◎ 위 글을 읽고 "지행합일을 도덕적 결단과 관련지어 그 가능성을 어떻게 설명할 수 있을까?"를 생각해보자.

07-31 [182]

진사패가 공 선생님과 이야기하다 〔노나라의 정국을 이야기하다가〕 소공이 전통 의식의 전문가인지 물었다.

공 선생님이 대꾸했다. "〔외교계에 널리 알려져 있듯이〕 소공은 전통 의식에 뛰어나십니다."

공 선생님이 자리에서 일어났다.

사패가 〔미심쩍은 듯이〕 무마기에게 읍을 하고(인사를 하고) 앞으로 다가와서 불만을 꺼냈다. "내가 듣기로는 자율적 인간은 무리를 지어 편을 들지 않는다고 합니다. 〔조금 전의 대답을 보니〕 군자도 편을 드는 일이 있습니까? 노나라의 소공은 말입니다. 오나라에서 아내를 맞이했으나 자신과 동성인 탓으로 〔동성 혼인을 감추기 위해 '오희吳姬'로 부르지 않고〕 '오맹자吳孟子'로 불렀다지요! 이런 소공과 같은 군주더러 전통 의식에 뛰어나다고 한다면 도대체 누가 전통 의식을 모른다고 할 수 있겠습니까?"

무마기는 〔사패와 헤어지고서〕 그이의 항의를 그대로 공 선생님에게 전달했다.

공 선생님이 〔멋쩍은 듯이〕 한마디 했다. "구는 참으로 행복한 사람이다. 만약 잘못을 저지르면 주위 사람들이 반드시 지적을 해주니 말이다."

陳司敗問昭公知禮乎? 孔子曰: 知禮. 孔子退, 揖巫馬期而進之, 曰: 吾聞君子不黨, 君子
진사패문소공지례호? 공자왈: 지례. 공자퇴, 읍무마기이진지, 왈: 오문군자부당, 군자
亦黨乎? 君取於吳爲同姓, 謂之吳孟子. 君而知禮, 孰不知禮? 巫馬期以告. 子曰: 丘也幸,
역당호? 군취어오위동성, 위지오맹자. 군이지례, 숙부지례? 무마기이고. 자왈: 구야행,
苟有過, 人必知之.
구유과, 인필지지.

상황
● 거짓말을 할 수밖에 없어 거짓말을 했는데, 그 사실을 곧바로 지적하는 사람에게 고마워하는 경우이다. 우리는 공개적으로 자신의 단점을 시인하거나 자신과 관련된 사람을 좋지 않게 말하기를 꺼린다. 그 결과 부득이하게 변호 아닌 변호를 하는 경우가 생긴다. 이에 비해 지금은 언론, 집회, 결사의 자유가 보장되므로 비위나 혐의 사실이 분명하다면, 우리는 사회 각 영역의 의사 결정권자만이 아니라 국정의 최고 책임자에 이르기까지 무제한의 비판이 가능하다. 즉 우리는 공 선생보다 훨씬 좋은 세상에 살고 있는 것이다.

걸림돌
● 1) 진사패陳司敗는 인명으로도 보고 진은 국명, 사패는 관직 이름으로 보기도 한다. 어떤 사람인지 알려진 바가 없다. 무마기巫馬期는 공 선생의 제자로 성은 무마巫馬이고 이름은 시施이고 자가 자기子期이다. 소공昭公은 노나라의 제후로 당시 예제에 밝아서 국제 행사가 있으면 집례자 역할을 하곤 했다. 이 점은 진사패의 발언에서 확인되고 있다.

 2) 외국의 경우 여성이 결혼을 하면 호칭이 달라진다. 한국은 예외적인 나라 중의 하나로 결혼 전이나 후나 호칭이 달라지지 않는다. 물론 현실에서는 "○○이 엄마"나 "○○댁"처럼 아이의 이름을 따거나 택호를 사용하기는 하지만 법이나 관습에 따라 이름이 바뀌지는 않는다. 반면 고대 중국에서는 신분의 변화에 따라 여성의 호칭이 달라졌다.

 노나라의 소공은 오나라에서 아내를 맞아들였다. 관행[禮]에 따르면 군주의 부인은 '출신국명+성'으로 불린다. 이에 따르면 소공의 부인은 오吳나라+희姬성으로서 오희가 된다. 여기에는 해결되지 않는 문제가 남아 있다. 오나라와 노나라는 동성의 관계에 있었다. 즉 두 사람은 결혼할 수 없는 결혼을 한 셈이었다. 소공의 부인이 '오희'로 불린다면 두 사람이 동성동본이라는 것이 되풀이해서 거론되는 것이다. 이런 상황을 벗어나기 위해서 소공은 부인의 호칭을 오희가 아니라 '오맹자'로 지었던 것이다. 사패는 이와 같은 소공의 거듭된 비례非禮를 염두에 두면서 공 선생에게 질문을 던졌다. 공 선생은 군주의 비례 사실을 차마 공개적으로 인정할 수 없어서 거짓말을 했던 것이다.

동성동본의 결혼이 허용되지 않는 금기는 현재 우리나라의 민법에도 일부 남아 있다. 즉 아버지 쪽 또는 어머니 쪽의 8촌 이내 혈족까지는 혼인할 수 없다. 그러나 현재 과거와 같이 촌수와 무관하게 동성동본 혼인을 금지했던 관습법적인 법 적용은 금지되었다.

07-32 [183]

공 선생님은 사귀는 사람과 함께 노래를 부르다 상대가 노래를 잘하면, 꼭 그들에게 재창 삼창을 하게 한 뒤에 자신도 답례로 노래를 불렀다.

子與人歌而善, 必使反之, 而後和之.
자여인가이선, 필사반지, 이후화지.

상황
● 공 선생이 가수로 등장하고 있다. 공 선생이 즐긴 노래와 대중가요는 달랐으리라 생각된다. 하지만 그이가 한국의 노래방 문화를 알았더라면 가기를 거부하지 않았을 테고, 대중 가수를 딴따라로 폄하하지도 않았을 것이다. 여기서 보이듯 공 선생은 뭐든지 배우려고 했고, 배우면 스펀지처럼 잘 흡수했다.

07-33 [184]

공 선생님이 털어놓았다. "고전(인문학) 공부라면 나도 같은 분야의 사람에게 뒤지지 않을 게다. 그러나 몸소 자율적 인간의 삶을 충실하게 살아가는 일이라면, 나는 아직 자신할 만하지 않다."

子曰 : "文莫吾猶人也. 躬行君子, 則吾未之有得."
자왈 : "문막오유인야. 궁행군자, 즉오미지유득."

상황

◉ 아는 것과 모르는 것은 경계가 선명하게 나뉜다. 반면에 행위가 들어가는 실천적 덕목은 한 번의 실행으로 끝나지 않고 쉼 없이 추진해야 하는 것이다. 이런 점에서 윤리적 행위는 축구와 같은 운동, 가야금 연주와 같은 예술과 상통하는 점이 있다.

07-34 [185]

공 선생님이 터놓고 이야기했다. "예컨대 성스러운 자(거룩한 자)나 평화를 일군 자라는 말을 내가 어찌 주제넘게 자처할 수 있겠느냐? 나는 다만 그렇게 되려고 노력하며 싫증 내지 않고, 필요한 이를 가르치며 게으름 피우지 않는 일 정도라면 그럴 만하겠지만."

공서화가 [옆에서 듣고 있다가] 한마디 거들었다. "진짜로 그것도 제자들이 온전히 따라 하기 어렵습니다."

子曰 : "若聖與仁, 則吾豈敢? 抑爲之不厭, 誨人不倦, 則可謂云爾已矣." 公西華曰 : "正唯
자왈 : "약성여인, 즉오개감? 억위지불염, 회인불권, 즉가위운이이의." 공서화왈 : "정유

弟子不能學也."
제자불능학야."

> ◉ 이 앞에는 분명 누가 성인聖人 또는 인인仁人인가라는 논의가 있었거나 성과 인의 의미를 문답하는 내용이 있었을 것으로 추측된다. 너무도 갑작스레 공 선생이 정색을 하고 자신은 성과 인의 사람으로 자처할 수 없다고 말을 하고 있으니 말이다. 많은 영역에 걸쳐서 사람이 싫증을 내지 않고 게으르지 않는다면, 그 사람은 열정이 아주 풍부한 사람이다. 또 그 열정이 누군가에게 자극을 받는 것이 아니라 스스로 끊임없이 길어내는 것이다. 매일 먹던 밥도 매일 하는 공부도 사람이라면 싫증을 내기 마련인데 말이다. 06.30[151] '성과 인의 구별'을 참조하라.

상황

07-35 [186]

공 선생님이 큰 병에 걸렸다. 자로가 (일종의 푸닥거리처럼) 치유를 비는 기도 의식을 하려고 했다.

　공 선생님이 (의식이 돌아오자) 물었다. "그런 일이 있는가?"

　자로가 물음을 받고 대꾸했다. "있습니다. 보고 들은 뇌사誄詞에 보면 '당신을 위해 위의 하늘 신과 아래의 땅 신에게 기도를 드립니다'라고 하던데요."

　공 선생님이 (다 듣고 나서 엷게 웃으며) 말했다. "자네가 말한 그런 거라면, 구는 이미 오래전부터 기도를 했느니라."

子疾病, 子路請禱. 子曰: "有諸?" 子路對曰: "有之. 誄曰: '禱爾于上下神祇.'" 子曰:
자질병. 자로청도. 자왈: "유저?" 자로대왈: "유지. 뇌왈: '도이우상하신기.'" 자왈:
"丘之禱久矣."
"구지도구의."

> ◉ 세상에서 가장 고통스러운 일 중의 하나가 사랑하는 사람이 아파하

상황

는 모습을 그냥 지켜봐야만 하는 것이다. 그러다가 그 사람이 죽을지 모른다는 생각에 미치면 당신은 범죄만 아니라면 할 수 있는 모든 것을 다하리라. 지금 자로가 그런 상황에 놓여 있다. 09.12[222] '자로의 공자 장례 준비'를 참조하라.

걸림돌

● 1) 뇌誄는 죽은 자를 애도하면서 살아생전의 행적을 적는 글을 말한다.

2) 자로와 공 선생 두 사람이 도禱자를 쓰지만 뜻이 서로 다르다. 자로는 무당이 굿을 벌여서 병을 낫게 하는 푸닥거리, 즉 도를 지내려고 했다. 자로가 공 선생의 병세를 절박하게 생각했기 때문에 그렇게라도 하려고 한 것이다. 아울러 그이는 어떤 초자연적 존재(신령)가 공 선생에게 병을 일으킨 것으로 보고 푸닥거리를 통해 신령의 분노를 풀려고 했다. 반면에 공 선생은 도를 죽은 사람의 생전의 공덕을 칭송하며 애도하는 의식으로 본다. 여기서 그이는 도를 천지신명이나 조상신들에게 드리는 제사의 일종으로 본다.

자로는 공 선생보다 제사의 범위를 넓게 잡고 있는 것이다. 즉 두 사람은 다신론자이지만 자로는 질병을 다스리는 신, 수명을 관장하는 신 등을 인정하는 반면 공 선생은 조상신과 천지신명 이외에 별도의 기능신을 믿지 않는다. 공 선생의 다소 합리적인 측면이 엿보인다. 두 사람의 차이를 극단적으로 검토하면, 자로는 신적 존재가 인간의 길흉에 관여한다는 묵자墨子식 유신론자로 귀결될 것이다. 반면에 공 선생은 사람의 일과 신적 존재의 영역을 구분하여 인간의 주체성을 강조하는 법가식 무신론으로 귀결될 수 있을 것이다.

07-36 [187]

공 선생님이 이야기했다. "〔사람이 말이야〕 사치를 하다 보면 어느새 겸손을 잃어버리고(거만해지고), 일마다 절약을 내세우다 보면 쫀쫀해진다. 〔둘 중에 하나를 선택하라면〕 거만하기보다는 쫀쫀한 게 낫다."

子曰 : "奢則不孫, 儉則固. 與其不孫也, 寧固."
자왈 : "사즉불손, 검즉고. 여기불손야, 영고."

상황
◉ 돈을 잘 쓰면 모든 사람들이 자신을 위해 존재하고 자신에게 시중을 들기 위해 있는 듯이 보인다. 이러다 보면 손톱 발톱 하나 까딱하지 않고 모든 일을 하려고 한다. 즉 거만해지는 것이다. 거만하면 주위의 사람이 하나둘 떠나기 시작한다. 절약을 하다 보면 써야 할 데조차도 돈을 아끼게 된다. 남에게 받으려고 할 뿐 줄 줄을 모른다. 쫀쫀하면 주위 사람들이 함께 어울리려고 하지 않는다. 하지만 쫀쫀한 게 거만한 것보다 사람들에게 피해를 덜 준다.

걸림돌
◉ 'ㄱ則ㄴ' 구문은 ㄱ하면 ㄴ이 일어나리라는 경향성을 나타내지 ㄱ의 조건이 충족되면 반드시 또는 거의 ㄴ이 일어난다는 것을 말하지는 않는다.

07-37 [188]

공 선생님이 이야기했다. "자율적 인간은 넓고 거침이 없어 늘 여유가 있고, 작은 사람들은 뭘 그리 걱정거리가 많은지 늘 우거지상이다."

子曰:"君子坦蕩蕩, 小人長戚戚."
자왈 : "군자 탄탕탕, 소인장척척."

◉ 미래를 모르는 인간이 어찌 불안하지 않고 걱정이 없겠는가? 여기서 미래가 나에게 더 유리한 방식으로 굴러가야 한다고 생각하면, 걱정이 걱정을 낳는다. 걱정할 것만 걱정하면 걱정이 줄어든다. 걱정하지 않아도 될 것을 걱정하다 보니 자고 나면 걱정이 배로 불어나 있게 된다. 자신을 신뢰하고, 낙관적으로 세상을 바라보자. 그러면 걱정이 반으로 줄어들 것이다. 12.04[298]에 보면 두려움이나 공포로부터 해방된 군자가 나온다.

07-38 [189]

공 선생님[이 만나는 사람을 대접하는 방식]을 관찰해보면 때로는 따뜻하면서도 때때로 딱딱하고, 위엄이 넘치지만 매섭지 않고, 공손해하면서도 상대를 편안하게 해주었다.

子溫而厲, 威而不猛, 恭而安.
자온이려, 위이불맹, 공이안.

◉ 공 선생이 중용과 배려의 자세로 사람들과 어울리는 광경을 묘사하고 있다. 책임과 지위가 높으면 사람이 그것 자체에 짓눌려서 자유롭지

못하다. 아울러 권위로 둘러싸여 있으면, 점차 신비화되어 주위 사람들은 그이가 여느 사람과 다를 거라고 생각하게 된다. 그러나 그이도 사람인 한 때에 따라 슬퍼하기도 하고 기뻐하기도 한다.

8篇

증자의 편
성화의 편

● 증자의 편
● 성화의 편

제8편은 보통 '태백'으로 불린다. 이 편은 "자왈: 태백子曰: 泰伯"으로 시작하는데 '자왈'을 빼고 '태백'을 표제어로 삼은 것이다.

이 편은 모두 21장으로 되어 있다. 이 편에는 증자가 주인공으로 나오는 장이 많다. 이어서 5개의 장이 증자의 발언으로 되어 있다. 3장은 그이의 임종, 4장은 그이의 유훈, 5장은 안연에 대한 회고, 6장은 국가의 운명을 맡을 만한 사람, 7장은 지식인의 책무를 다루고 있다. 전체 중 25퍼센트 가량이 증자와 관련되므로 이 편의 편집은 증자 또는 그이의 제자 그룹과 관련이 있을 듯하다. 이런 점에서 나는 이 편을 〈증자曾子의 편〉으로 명명하고자 한다.

다음으로 공 선생은 고대사회의 정치적 영웅과 선왕을 이상 사회를 위한 모델로 제시하고 있다. 1장에는 왕위를 양보한 태백이 나온다. 그리고 증자의 발언과 중간 부분을 건너뛰면, 마지막 4장에 걸쳐 성왕을 다루고 있다. 18장에서는 순임금과 우임금의 무위 정치를 다루고, 19장에서는 요임금의 하늘 본받기가 나오고, 20장에서는 순임금과 우임금 시절에 인재가 많이 출현한 것을 다루고, 21장에서는 우임금의 검소한 생활과 치수 사업 및 조상 제사를 극진하게 돌본 이야기를 하고 있다. 이 네 장에 걸쳐 제20편의 제1장처럼 성왕의 자취가 소개되고 있어 함께 읽으면 좋겠다. 이런 점에서 나는 이 편을 〈성화聖化의 편〉으로 명명하고자 한다.

08-01 [190]

공 선생님이 감탄했다. "태백이라는 분은 더 말할 나위 없는 고상함을 지녔다고 할 만하다. [자신이 맏이이면서] 세(여러) 차례나 하늘 아래(정당한 통치권)를 막내에게 양보해 [나라를 혼란의 소용돌이에 빠지게 하지 않았다.] 인민들이 그이의 공덕을 기리고자 하나 말을 찾을 수 없었네."

子曰: "泰伯, 其可謂至德也已矣. 三以天下讓. 民無得而稱焉."
자왈: "태백, 기가위지덕야이의. 삼이천하양. 민무득이칭언."

상황
● 자신의 당연한 권리를 양보하여 공동체의 분열을 막고 평화를 다지는 역할을 했던 태백泰伯을 예찬한 글이다. 여러 명이 하나뿐인 후계자의 지위를 바란다면 그들 사이의 내분은 형제나 가문 안의 문제가 아니라 한 나라의 운명을 좌우하는 내란으로 비화될 수 있다. 조선도 초기에 두 차례의 왕자의 난을 겪었다. 갈등과 대립이 더 이상 물러날 수 없는 상황으로 전개되지 않도록 후보자가 모든 권리를 포기하고 조국을 떠난다면 문제 자체가 사라진다. 태백이 바로 그런 결정을 내렸던 인물이다.

걸림돌
● 이 구절의 의미를 파악하려면 주나라의 계보를 잠시 살펴보아야 한다. 주나라의 건국 영웅은 문임금(姬昌)과 무임금이다. 이들의 할아버지는 고공단보(태왕)였는데, 그이에게 세 아들이 있었다. 맏이 태백, 둘째 중옹仲雍, 막내 계력季歷이다. 태백은 당연히 아버지 고공단보에게 왕위를 물려받을 자격이 있었지만 아버지가 막내 계력을 후계자로 염두에 두고 있다는 것을 알았다. 그이는 계승권을 포기하고 조국을 떠났으며 자신을 찾지 못하게 문신을 했다. 둘째 중옹도 형의 길을 따랐다. 이로써 주나라는 태공→계력→문임금으로 이어지면서 은나라를

대신하여 중원 지역의 맹주가 될 수 있었다. 이처럼 태백은 자신이 방해물이 되는 상황을 만들지 않았으며 오늘날의 상하이로 가서 오나라의 군주가 되어 중원 문화를 확산시키는 역할을 했다.

> 깊이 읽기
>
> ## 역사, 양보와 투쟁
>
> 우리는 일상생활에서 싸움은 나쁘고, 사이좋게 지내라는 말을 자주 듣는다. 싸움은 파괴, 충돌, 붕괴 같은 부정적인 이미지를 지니므로 더더욱 그런 생각을 하게 된다. 그러나 하나의 사안에 대해 공동체의 두 진영이 참으로 화해할 수 없는 다른 판단을 하고 있을 뿐만 아니라 절충의 가능성은 없고 오직 한쪽으로 결정을 내려야 한다면 어떻게 해야 할까?
>
> 　전통 시대에는 이해 당사자 개인의 인격에 호소해서 한쪽이 양보하는 것이 더 바람직하다고 생각했다. 태백의 경우도 마찬가지이다. 그이는 자신의 합당한 계승권을 끝까지 고집하여 선친을 비롯한 계력의 진영과 갈등을 일으키려고 하지 않았다. 그이는 자신의 모든 것을 양보함으로써 공동체에 평화와 번영을 가져오게 했다. 그러나 공 선생의 시대는 사실 이런 아름다운 양보보다는 처절한 투쟁이 벌어지던 시대였다. 공 선생은 투쟁의 시대에 그것과 상반되는 언행을 했던 태백 그리고 백이와 숙제라는 인물을 발굴하여 양보가 주는 미덕의 가치를 높이 치켜세웠다.
>
> 　근대에 이르러 사정이 달라진다. 특히 역사 발전을 신봉하던 측에서는 신질서의 세력이 무력으로 구체제를 전복하고 사회를 변혁하는 것이 선이며 옳다고 생각했다. 구질서의 체제가 순순히 무대에서 퇴장하지 않을 경우 투쟁은 피할 수 없는 것이었다. 물론 이때 투쟁은 분명히 호전성과는 다르다. 이로써 투쟁은 어떻게든 피해야 할 사태이거나 죄악이라는 사고에서 역사 발전을 추진하는 새로운 동력으

로 간주되기에 이르렀던 것이다.

　현대에도 양보와 투쟁은 대립의 상황에 놓였을 때 마지막으로 호소할 수 있는 방안임에 틀림없다. 하지만 현대는 정보의 공개, 문자의 해독, 집회와 결사의 조건 등이 과거와 비교해서 현격한 차이를 보이고 있으므로, 최종 단계 이전에 토론과 심의 절차를 통해 더 나은 결론을 찾을 가능성이 높아졌다.

◎ 위 글을 읽고 "역사를 투쟁 또는 사회적 타협으로 보게 될 때, 그 차이점이 무엇일까?"를 생각해보고 글을 구상해보자.

08-02 [191]

공 선생님이 일러주었다. "사람이 공손하지만 전통 의식을 차리지 않으면 힘만 들이게 되고, 조심스럽지만 전통 의식을 차리지 않으면 두려워하게 되고, 용맹스럽지만 전통 의식을 차리지 않으면 혼란스러워지고, 정직하지만 전통 의식을 차리지 않으면 다그치게 된다. 군자(지도자)가 친척을 후대하면 인민들은 평화(화합)의 길로 나아간다. 옛 친구를 버리지 않으면 인민들은 차갑게 굴지 않게 된다."

子曰:"恭而無禮則勞, 慎而無禮則葸, 勇而無禮則亂, 直而無禮則絞. 君子篤於親, 則民興
자왈 : "공이무례즉로, 신이무례즉사, 용이무례즉란, 직이무례즉교. 군자독어친, 즉민흥

於仁. 故舊不遺, 則民不偸."
어인. 고구불유, 즉민불투."

상황 ● 예식이 단순히 일의 원활한 진행을 가리키는 형식을 넘어서서 중용에 따른 품성을 기를 수 있다는 통찰을 내놓고 있다.

걸림돌

● 사람에 대한 공손한 대우는 권장할 만한 태도이다. 하지만 어디까지 표현해야 하는지 규정이 없으면 공손하게 행동한다는 것이 무한한 고통으로 다가올 수 있다. 예컨대 눈인사의 경우 고개를 가볍게 한번 숙이는 것으로 충분한데, 이런 규정이 없어 몇 차례나 허리까지 굽힌다면 공손하게 보이겠지만 행위자는 너무 피곤해진다. 오늘날의 경우 결혼식이 번거롭고 힘들다고 해도, 예식을 통해 결혼의 신성함과 엄숙함을 체득하게 된다. 이렇게 따지고 보면 의례는 행위자가 일방적으로 어떻게 하는 것이 아니라 늘 상대를 존중해 처신하면 이를 통해 사람 사이가 부드러워지고 개개인이 세련되어지는 윤활유와 같은 역할을 한다.

08-03 [192]

증 선생님은 병이 깊어지자 문하의 제자들을 불러서 부탁했다. "내 발을 한번 봐주게, 내 손을 한번 봐주게! 『고대 시가집〔시경〕』에서 읊고 있지. '가슴 졸이고 조심하네. 깊은 연못에 서 있는 듯하고 얇은 얼음을 밟은 듯하다.' 아, 지금부터 조심스런 삶에서 벗어나나 보다, 제자들아!"

曾子有疾, 召門弟子曰: "啓予足! 啓予手! 詩云, '戰戰兢兢, 如臨深淵, 如履薄氷.' 而今而
증자유질, 소문제자왈: "계여 족! 계여수! 시운, '전전긍긍, 여림심연, 여리박빙.' 이금이

後, 吾知免夫, 小子!"
후, 오지면부, 소자!"

상황

● 한평생 제 몸을 다치거나 손상하지 않은 채 온전히 보존한 채로 죽음을 맞기가 쉬운 일일까? 그렇게 하지 못할까 평생 염려하다 몸이 무사한 것을 확인했으니, 증 선생의 안도감이 전해진다.

● 1) 이 구절은 "신체발부身體髮膚, 수지부모受之父母, 불감훼손不敢毀損, 효지시야孝之始也〔몸과 머리카락과 피부는 모두 부모에게 물려받았으니 하나도 다치거나 잘리지 않는 것이 효도의 시작이다〕"라는 『효경』 「효행」의 구절을 떠올려야만 그 의미를 온전히 이해할 수 있다.

2) 어째서 증 선생은 몸의 온전한 보존에 그토록 조심했을까? 사후 세계에 대한 문화적 이해와 관련이 있는 듯하다. 지상에서 삶이 끝나면 사람은 지상의 가족을 떠나 혼들의 세상으로 간다. 혼들은 그곳에서 재회하며 천상의 가족을 꾸리는데 몸의 일부가 다치거나 잘리면 서로 알아보지 못하게 된다. 사정이 이러하니 몸의 온전한 간수를 위해 얼마나 긴장하며 살아야 했을까! 한국의 성형 열풍이 대단한데, 증 선생의 세계관에서는 결코 일어날 수도 일어나서도 안 될 일이다.

3) 인용된 시는 현행 「소아」 「높은 하늘〔小旻〕」의 일부분이다(김학주 옮김, 『시경』, 327~329쪽 참조). 이 시는 07.11[162]에도 인용되고 있다.

08-04 [193]

증 선생님의 병이 깊어지자 맹경자가 병문안을 왔다.
　　증 선생님이 입을 뗐다. "〔이런 속담이 있습니다.〕 '새가 죽을 즈음에 그 울음소리가 구슬프고, 사람이 죽음을 앞두면 그이의 말도 순수하다.' 자율적 인간(지도자)이 소중히 여겨야 할 길이 세 가지가 있습니다. 첫째, 엄숙하게 채비를 차리고 몸을 거두어서 상대가 사납고 거만하게 구는 일을 피하도록 하세요. 둘째, 얼굴빛을 진지하게 하여 상대가 믿음을 가지고 싶도록 하세요. 셋째, 〔이야기를 나누면서〕 단어나 어세를 잘 골라서 너절하거나 〔품위를〕 손상시키는 일을 멀리할 일입니다. 제기를 다루고 제상을 차리는 일, 즉 사소한 일이야 담당자가 있으니 〔맡겨두면 됩니다.〕"

曾子有疾, 孟敬子問之. 曾子言曰: "鳥之將死, 其鳴也哀, 人之將死, 其言也善. 君子所貴乎
증자유질, 맹경자문지. 증자언왈: "조지장사, 기명야애, 인지장사, 기언야선. 군자소귀호
道者三. 動容貌, 斯遠暴慢矣. 正顔色, 斯近信矣. 出辭氣, 斯遠鄙倍矣. 籩豆之事, 則有司存."
도자삼. 동용모, 사원폭만의. 정안색, 사근신의. 출사기, 사원비배의. 변두지사, 즉유사존."

상황 ● 증 선생이 병문안을 온 사람에게 세 가지 소통의 리더십을 해명하고 있다. 표정과 말투 등 미시적인 지적이지만 하나씩 곱씹으면 수긍이 간다.

걸림돌 ● 1) 증 선생이 속담을 빌려 자기 말의 진실성을 강조했다. 이로써 이 속담은 동아시아 문화에서 오랜 기원을 갖고 널리 쓰이게 되었다. 한 사람의 언어 채록은 그 생명력을 무한히 연장시킨다. 사실 사람 사이에 많은 말이 오고 가도 의사소통의 성공률은 40퍼센트를 넘지 않는다. 나아가 사람을 설득해 변화시킨다는 것이 얼마나 어렵겠는가? 증 선생의 충고가 유명하지만 가장 극적인 것을 들라면 사어시간史魚尸諫이 있다.

15.07[402]에 나오는 사어는 위衛나라 대부였는데 령공에게 총애하는 신하 미자하를 내치고 현신 거백옥을 등용하라고 했지만 받아들여지지 않았다. 그이는 자식들에게 자신이 군주의 잘못을 바로잡아야 하는 신하 된 도리를 다하지 못했으므로 자신이 죽으면 통상적인 장례 절차대로 빈소를 사당에 마련하지 말고 건물 바깥에 마련할 것을 지시했다. 문상을 온 령공이 이 사실을 알고서 자신의 잘못을 고쳤다고 하는 데에서 죽은 사어의 시신이 간언을 했다는 고사가 생겨났다(『공자가어』「곤서困誓」참조).

2) 몇 가지를 열거하는 데에 쓰이는 "……자삼者三"의 구문은 『논어』의 제17편 무렵에 많이 보인다. 증 선생도 공 선생의 후기 제자인 탓에 비슷한 어투를 사용하는 듯하다.

3) 누구나 처음으로 일의 책임을 맡으면 자신이 모든 것을 처리하려고 한다. 그러나 그렇게 하면 일이 느려지고 자신도 피곤해진다. 일을 나누는 것은 주위 사람을 믿고 함께한다는 의식을 심어줄 수 있다.

4) 동아시아 철학에서 기氣는 중요한 철학 개념이다. 여기에 쓰인 사기辭氣를 보면 기가 일상적인 의미로 쓰이지 아직 철학적으로 쓰이지 않는다는 것을 알 수 있다.

08-05 [194]

증 선생님이 옛일을 떠올렸다. "능력이 있으면서도 능력이 없어 보이는 이에게 물어보고, 많이 있으면서도 적어 보이는 이에게 물어보곤 했다. 또 있으면서도 없는 듯이 보이고, 가득 차 있으면서도 텅 비어 있는 듯이 보이고, 달려들어도 잘잘못을 따지지 않았다. 옛날에 나의 친구 중의 한 명이 일찍이 이렇게 살았는데……."

曾子曰: 以能問於不能, 以多問於寡. 有若無, 實若虛, 犯而不校. 昔者吾友嘗從事於斯矣.
증자왈: 이능문어불능, 이다문어과, 유약무, 실약허, 범이불교, 석자오우상종사어사의.

● 남들이 없을 것 같은 사소한 물건을 가지고 있으면 자랑하지 못해 입이 간질거리듯이 가진 것을 의식하지 않기란 쉽지 않다. 나아가 가진 것을 권력과 지배를 향한 자산으로 간주하지 않는다. 오우吾友는 보통 안연으로 추정된다. 『논어』에서 이 말에 가장 어울리는 사람이 안연밖에 없을 듯하기 때문이다. 증 선생이 동학이지만 존경하는 안연에게 바치는 헌사라고 할 수 있다.

08-06 [195]

증 선생님이 일러주었다. "140센티미터가 될까 말까 하는 어린 임금의 정치적 생명을 믿고 맡길 수 있고, 사방 100리가 되는 국가의 운명을 책임질 수 있으며, 큰 선택의 상황(위기)에서도 그이의 뜻을 빼앗을 수 없다면 어떨까? 자율적 인간인가? 물론이지. 당연히 자율적 인간이지."

曾子曰: "可以託六尺之孤, 可以寄百里之命, 臨大節而不可奪也. 君子人與? 君子人也."
증자왈: "가이 탁육척지고, 가이 기백리지명, 임대절이불가탈야. 군자인여? 군자인야."

상황
● 산 사람끼리의 약속을 지키기도 어려운데, 죽을(죽은) 사람과 약속을 지킨다면 믿지 못할 것이 없을 것이다.

걸림돌
● 전통 사회의 질서가 일거에 무너질 수 있는 요인은 여럿 있다. 예를 들면 외부의 군사적 침입, 내부의 정치적 도전, 자연재해나 기상이변의 발생 등이다. 이외에 수명의 한계로 찾아오는 군권의 이양 또는 계승 문제가 있다. 이상적으로는 선왕이 죽으면 예정된 세자가 왕위를 계승하면 된다. 현실적으로는 너무 오래 사는 선왕, 오랜 후보자 세월을 보내는 세자, 연로한 선왕, 나이 어린 세자, 야심만만한 삼촌, 기회를 엿보는 왕후, 막강한 권한을 가진 권신 등등이 어울리면 계승의 시기는 늘 폭풍의 현장이다. 텔레비전 사극에서 가장 자주 다루는 이야깃거리이기도 하다. 단종에서 세조로 이어지는 조선의 정국은 바로 이러한 요소들이 딱 맞아떨어진다.

　군자는 임금이 임종 때에 신임하는 신하에게 뒷일을 부탁하여 남기는 말을 듣고 집행하는 고명대신顧命大臣을 말한다. 단종과 관련해서는 김종서(金宗瑞, 1390~1453)와 황보인(皇甫仁, ?~1453)이 이처럼 막중한 역할을 맡았다. 군자는 맡게 된 권한으로 자신의 이권을 도모하지 않고 도전 세력을 막아서 불안한 새 군주를 보호하여 안정된 통치권을 확립하도록 해야 한다. 맡은 일은 막중하지만 제대로 잘하기는 어려운 법이다.

08-07 [196]

증 선생님이 일러주었다. "공동체의 일꾼은 [뜻이] 넓고 굳건하지 않으면 안 된다. 짊어진 짐이 무겁고 갈 길이 멀기 때문이다. 평화의 도래(화합)를 자신의 사명으로 여긴다면 짐이 무겁지 아니한가? 죽어서야 그만두게 되니 [길이] 멀지 아니한가?"

曾子曰: "士不可以不弘毅 任重而道遠. 仁以爲己任, 不亦重乎? 死而後已, 不亦遠乎?"
증자왈: "사불가이불홍의, 임중이도원. 인이위기임, 불역중호? 사이후이, 불역원호?"

상황 ● 한 세계를 책임졌을 때 느끼는 의무감을 말하고 있다. 늘 누군가 이끄는 대로 따라가다가 어느 날 자신이 이끌어가야 하는 처지에 놓였을 때 책임감으로 어깨가 아주 무거워짐을 느낄 수 있다.

깊이 읽기

두 가지 책임 의식

"그[전근대인 또는 고대인]는 무한한 책임을—예를 들면 코스모스의 창조에 협력한다든가, 그 자신의 세계를 창조한다든가, 식물과 동물의 삶을 보증한다든가 하는 책임을 용감하게 수락하고 있다. 그러나 그것은 근대인들이 진정으로 가치 있는 유일의 책임이라고 생각하는 것들과는 다른 종류에 속하는 책임이다. 그것은 근대 문명에 있어서 가치 있는 유일의 존재로 간주되는 도덕적·사회적 혹은 역사적 책임과는 대립되는, 우주적 차원에서의 책임인 것이다.

세속적 존재의 시각에서 볼 때 인간은 그 자신과 그의 사회에 대한 책임 이외에는 어떠한 책임도 느끼지 않는다. 그에게 있어서 우주는 진정으로 코스모스—즉 살아 있고 분명한 단위를 구성하는 것이 아니다. 그것은 단지 이 혹성의 물질적 자원과 물질적 에너지의 총계에 불과하며, 근대인의 큰 관심사는 지구의 경제적 자원을 어리석게 고갈시키는 것을 피하는 데 쏠려 있다. 그러나 실존적으로 원시인은 언제나 그 자신을 우주적 맥락 속에 던진다. 그의 개인적 경험은 진정성도, 깊이도 결여하고 있지는 않다. 다만 그것을 표현하는 언어가 우리에게 친숙한 것이 아니기 때문에 근대인의 눈에는 거짓되고 유치한 것처럼 여겨지는 것이다."

—— 미르치아 엘리아데, 이동하 옮김, 『성과 속: 종교의 본질』(학민사, 1983), 83쪽.

◎ 위 글을 읽고 "우주적 책임과 역사적 책임의 차이점은 무엇일까?"에 대해 생각을 정리해 보자.

08-08 [197]

공 선생님이 이야기했다. "시가로 [나의] 흥취를 돋우고, 전통 의식으로 제자리를 지키고, 예술 일반으로 [나의 품격을] 일군다."

子曰: "興於詩, 立於禮, 成於樂."
자왈: "흥어시, 입어례, 성어악."

상황
● 밥만 있고 반찬이 없는 밥상을 상상하기 어렵듯이 례만 있고 악이 없다면 꽤나 빡빡했을 세상을 누그러뜨리는 말이다. 시와 례 그리고 악의 세 박자가 어우러지면 일정한 형식(틀)이 내용을 제약하지 않고 둘이 서로 더 큰 자유를 낳는 세계를 열어갈 수 있다. 공 선생이 그리는 세계를 숨이 막힐 듯 답답하게 느낀다면 그것은 그 사람의 한계일 뿐이다.

◎ 이 장에 대한 최고의 현대적 해설은 이마미치 도모노부가 쓴 「공자의 예술철학」, 『동양의 미학』을 참조하라.

08-09 [198]

공 선생님이 이야기했다. "인민들은 [어떤 길로] 따라오게 할 수 있지만 [왜 그렇게 가는지] 하나하나 알게 할 수 없다."

子曰: "民可使由之, 不可使知之."
자왈: "민가사유지, 불가사지지."

상황 ● 공 선생이 귀족주의적(엘리트) 정치관을 드러내고 있는데, 물론 그의 관점은 오늘날의 민주주의와 부합되지 않는다. 이런 관점은 공 선생만이 아니라 당시의 사상가들이 공통적으로 가졌던 시대적 한계였다. 공 선생은 일반 백성과 정치인(군자) 사이에 엄연히 존재하는 지적 이해 능력이나 관심 대상의 차이를 주목하므로 정치적 평등을 생각할 수 없다. 이로써 인민은 정치적 파트너가 아니라 인도하고 보호해야 할 대상으로 고려되었다.

디딤돌 ● 1) 오늘날에도 더 완전한 민주주의를 요구하는 시민의 목소리와 국익을 내세운 비밀주의를 고수하려는 정부의 입장이 자주 충돌을 일으킨다. 세계의 여러 행정부는 아직도 국방과 외교를 이유로 정책 결정과 추진 과정의 기밀을 공개하지 않고 비밀로 분류한 채 정보의 접근, 이용에 제한을 두려고 한다. 그것으로 시민의 알 권리right to know가 심각하게 침해당하고 있다.

2) 한때 이 구절로 공 선생의 반민주성이 부각되자 그런 점을 완화시키려는 다른 독해가 시도되었다. "民可使, 由之; 不可使, 知之", 즉 "인민을 부릴 수 있으면 그 길을 따라오게 하고 부릴 수 없으면 알게 하라"고 해석되었다. 문법상으로 불가능한 해석은 아니지만 『논어』의 전

체 세계와 호응되지는 않는다.

08-10 [199]

공 선생님이 한마디 했다. "걸핏하면 용맹을 들먹이고 어려운 삶(가난)을 병처럼 여긴다면, 그런 사람은 아마 큰일을 낼 것이다. 책임 있는 사람이면서 평화(화합)에 힘쓰지 않는 이를 병처럼 여기고 끔찍하게 싫어한다면, 그런 사람도 역시 큰일을 낼 것이다.

子曰: "好勇疾貧, 亂也. 人而不仁, 疾之已甚, 亂也."
자왈: "호용질빈, 난야. 인이불인, 질지이심, 난야."

상황 ● 공 선생이 정치적 극단주의, 모험주의에 대한 경계 의식을 표출하고 있다. 아마 조선시대의 학자들은 이 장이 『홍길동전』의 저자 허균(許筠, 1569~1618)의 인생 역정을 예언한 것으로 보았을 것이다.

디딤돌 ● 1) 가난을 병으로 여기는데 무슨 큰일이 날까? 우리가 병이 걸리면 빨리 나으려고 하듯이 가난에서 벗어나려고 움직이게 된다. 하지만 가난은 개인적인 노력으로 극복할 수 없는 사회적 제도의 특성을 갖고 있다. 이 경우 가난에 대한 적대적 사고가 깊으면 깊을수록 사회제도 자체를 뜯어고치려는 극단적인 혁명적 방법에 의존하게 될 것이다. 이런 추론의 가능성을 공 선생은 예상하고서 미리 경고하고 있다. 그렇지 않고 가난을 운명의 문제로 본다면, 현 조건의 개선을 위한 적극적인 노력보다 체념으로 현실을 수용하게 된다.

2) 무관심하면 누가 무엇을 하든지 신경 쓰지 않는다. 또 누군가가

자신과 같아지기를 요구하지도 않는다. 사랑과 미움처럼 관심을 두면, 상대가 나와 같아지기를 요구하고 그렇지 않으면 증오의 정도가 심해진다. 증오가 절제되지 않으면 상대와 한 공간에 있는 것을 용인하지 못하게 되고 이어서 폭력적 대응이 나타나게 된다. 한국인의 성숙하지 못한 반일 감정에 의하면, 일본 정부와 일본 시민이 구별되지도 않은 채 '일본'과 관련되기만 하면 모두 나쁜 것이 되어버린다.

08-11 [200]

공 선생님이 이야기했다. "만약 누군가가 [주나라의 기틀을 다진] 주공과 같은 아름다운(감탄할 만한) 재능을 가졌더라도, 가령 뽐내고 건방지며 자기 것을 지나치게 아낀다면, 그 나머지는 볼만한 게 없다."

子曰 : "如有周公之才之美, 使驕且吝, 其餘不足觀也已."
자왈 : "여 유주공 지재지미, 사교 차린, 기여 부족관야이."

상황 ◉ 재능을 갖도록 해야겠지만, 재능을 갖추고 나면 어떻게 처신해야 할까를 이야기하고 있다. 공 선생은 강한 자기주장과 교만 등이 주위 사람과 충돌을 일으키므로 겸손하고 조화를 이뤄야 한다고 본다. 하지만 조화의 논리로 개인성의 발현을 억제하면, 결국 기성 체제와 현존의 권력에 순응하는 인간형을 옹호하는 논리가 될 것이다.

08-12 [201]

공 선생님이 한마디 했다. "(요즘 학생 치고) 3년 정도 학업을 닦다가 관직(취직)의 문을 기웃거리지 않기란 여간해서 찾아보기 어렵다."

子曰: "三年學, 不至於穀, 不易得也."
자왈: "삼년학, 부지어곡, 불이득야."

상황 ─● 학문 연마를 한 뒤 경쟁적으로 정치 참여를 하는 사회현상을 말하고 있다. 원래 공 선생과 유학에서는 '선 학문, 후 정치(사회) 참여'를 결코 부정적으로 보지 않는다. 하지만 학문의 성취와 인격의 수양이라는 선결 과제가 충족되지 않는 상태에서 너도나도 정치에 뛰어드는 것을 무조건적으로 찬성할 수는 없을 것이다. 오늘날 한국도 선거철이 되면 지식인, 특히 주로 대학 교원의 정계 진출, 즉 폴리페서 문제가 사회적 의제가 되곤 한다. 대학 교원의 정계 진출이 신념에 따른 또 다른 인생의 선택이 아니라 추세에 따른 지배 욕구의 충족이라면, 지식인의 정치 참여가 긍정적이라고는 할 수 없을 것이다. 찾아보기 어려운 사람은 05.06[098]의 칠조개이고, 06.09[130]의 민자건이라고 할 수 있다.

◎ 대학의 역사와 이념을 알려면 이광주가 쓴 『대학의 역사』(살림, 2008) ; 이석우가 쓴 『대학의 역사』(한길사, 1998) ; 크리스토프 샤를이 쓰고 김정인이 옮긴 『대학의 역사』(한길사, 1999) ; 칼 야스퍼스가 쓰고 이수동이 옮긴 『대학의 이념』(학지사, 1997) 등을 읽어보면 충분하다. 대학에 가려면 그것이 무엇인지 정체를 알아야 하지 않을까?

08-13 [202]

공 선생님이 한마디 했다. "자신이 가는 길을 굳게 믿고 학문을 사랑하며(본받기를 좋아하며) 위협이 닥치면 죽음을 각오로 자기 세계를 선양해야 한다. 위험한 국가에는 입국하지 않고 혼란스런 국가에는 체류하지 않는다. 국가가 제 갈 길을 가면 사회 활동을 하고, 국가가 제 갈 길을 완전히 잃어버리면 은거의 삶을 산다. 국가가 제 갈 길을 가고 있는데도 [배운 사람이 저 혼자] 가난하고 무명으로 지낸다면 그것은 부끄러워할 일이다. 또 국가가 제 갈 길을 완전히 잃었는데도 [배운 사람이 저 혼자] 재산을 모으고 떵떵거리며 산다면 그것도 부끄러운 일이다."

子曰 : "篤信好學, 守死善道. 危邦不入, 亂邦不居. 天下有道則見, 無道則隱. 邦有道, 貧且
자왈 : "독신호학, 수사선도. 위방불입, 난방불거. 천하유도즉견, 무도즉은. 방유도, 빈차
賤焉, 恥也. 邦無道 富且貴焉, 恥也."
천언, 치야. 방무도 부차귀언, 치야."

상황
● 전통 시대 지식인은 진퇴進退나 출입出入이라는 말로 현 정세나 왕조(정부)에 참여할 것인지 거리를 둘 것인지를 두고 고민했다. 공 선생은 이런 문제에 대한 해답을 제시하고 있다. 내용이 14.10[349]나 16.02[439]와 중복된다.

08-14 [203]

공 선생님이 꾸짖었다. "[공직에 있더라도 자신이] 그 자리(의사 결정의 라인)에 있지 않으면, 그곳에서 다루는 행정을 어떻게 처리할지 섣불리 논의해서는 안 된다."

子曰: "不在其位, 不謀其政."
자왈 : "부재기위, 불모기정."

● 자신이 관여할 업무가 아니면, 섣불리 끼어들거나 영향력을 행사하려고 해서는 안 된다는 복무규정을 말하고 있다. 책임 소재와 관련되기 때문이다. 특히 상급자가 주의해야 할 사항이다. 14.27[375]와 중복된다.

08-15 [204]

공 선생님이 감동을 이야기했다. "태사 지가 연주의 도입부를 장식할 때와 마지막으로 『고대 시가집〔시경〕』의 첫 시인 「물수리〔關雎〕」라는 곡을 연주할 때 〔그 감동의 소리가〕 아직도 귀에 남아 울려 퍼지는구나!"

子曰: "師摯之始, 關雎之亂, 洋洋乎, 盈耳哉!"
자왈 : "사지 지시, 관저지란, 양양호, 영이재!"

● 영화를 보고 나서도 눈앞에 인상적인 장면이 펼쳐지고, 마음에 드는 음악을 듣고 나서 귓가에 맴도는 경험을 해보면 말이 필요 없다. 끝났는데도 끝나지 않은 느낌, 즉 긴 여운이 남아 큰 울림을 주는 예술 공연은 자주 보는 것이 좋다. 공연이 끝나면 부리나케 자리를 박차고 일어나 부산을 떨 것이 아니라 잔상殘像과 잔향殘響을 즐기는 여유를 가졌으

면 좋겠다. 하여간 공 선생은 못 말리는 음악광이다. 03.20[060]의 '「물수리」감상 비평'을 참조하라.

08-16 [205]

공 선생님이 한마디 했다. "턱없이 포부가 크지만 진솔하지 않고, 까닭 없이 미련하지만 끈기가 없고, 제 손으로 무엇 하나 하지 못하면서 믿음도 주지 못하다면 어떨까? 나로서도 정말 그런 인물을 어찌 해야 할 줄 모르겠다."

子曰：狂而不直, 侗而不愿, 悾悾而不信, 吾不知之矣.
자왈 : 광이부직, 동이불원, 공공이불신, 오부지지의.

◉ 거창하게 이념이나 목표까지 가지 않더라도 두 손 두 발 다 들게 만드는 사람이 있다. 공 선생에게도 그런 사람이 있나 보다. 쉽게 포기할 것 같지 않은 공 선생이 왜 포기할까? 사람이 사람으로서 갖추어야 할 능력이랄까, 기량은 없고 불만은 많으면서 무엇 하나 제대로 처리하지 못하면서도 책임은 절대로 지지 않으려고 하는 사람이기 때문이다. 피곤한 사람임에 틀림없다. 이런 인물로 인해 인간관계도 틀어지기 마련이다.

상황

08-17 [206]

공 선생님이 이야기했다. "배우는(모방하는) 것은 다가서지 못할까 안타까워하고, 이러다 놓쳐버리지 않을까 동동거리게 된다네."

子曰:"學如不及, 猶恐失之."
자왈 : "학여불급, 유공실지."

상황 ● 뭐든 간절하고 절실하면 자세부터 달라진다. 하나라도 놓치지 않으려고 하고 배운 것을 완전하게 소화하려고 한다면, 뚫지 못할 무지의 장벽은 없을 것이다. 공 선생이 어느 정도 학문적 성취를 거둔 뒤에 자기 이야기를 하고 있는 듯하다.

08-18 [207]

공 선생님이 감탄해 마지않았다. "우뚝 솟아 있구나, 우뚝 솟아 있구나! 순임금과 우임금은 하늘 아래, 실제로는 중원 지대를 다스리면서도 전면에서 지시하지 않았다네."

子曰:"巍巍乎, 舜禹之有天下也而不與焉!"
자왈 : "외외호, 순우지유천하야이불여언!"

상황 ● 이 구절은 고대사를 다루는 역사학 입문이나 이상 군주론을 다룬 정치학 시간의 내용으로 보인다. 공 선생은 20.01[514]의 성왕 계보도처럼 18, 19, 20, 21 네 장에서 고대 성군의 탁월함을 예찬하고 있다.

걸림돌 ● 1) 사실 자기의 위대함을 과시하려고 할 때, 가장 기본적인 술어처럼 간명하면서 호소력이 있는 것도 없다. 강이 길어야 한다면 '장강長江', 산이 높아야 한다면 '태산太山'·'숭산崇山'이면 된다. 순임금과 우임금도 크기는 큰 데 우뚝 솟은 산처럼 크다는 말로 찬탄을 표시하고 있다.

2) 천하天下는 글자 그대로 하늘 아래라는 뜻이다. 하늘 아래라고 하면 해당되지 않는 곳이 어디에 있는가? 그러나 동아시아 사람들은 18~19세기에 이르러서야 자신과 같은 문명국의 소재를 어렴풋하게 알게 되었다. 그러니 이 천하가 오늘날 오대양 육대주를 가리킨다고 할 수 없다. 고대에는 각각의 인종과 민족이 자신의 소재를 중심에 두고 세계를 인식했다. 이렇게 보면 천하는 황하의 중·하류 지역 또는 중원 지역을 가리킨다고 할 수 있다.

◎ 동아시아 사람들의 세계 질서와 관련해서 김한규가 쓴 『천하국가: 전통 시대 동아시아 세계 질서』(소나무, 2005)를 참조하라.

08-19 [208]

공 선생님이 감탄해 마지않았다. "거룩하구나, 요임금이 자기 역할을 하는 것이! 우뚝 솟아 있구나, 우뚝 솟아 있구나! 하늘(하느님)이 거룩한데 요임금이 본을 받는구나. 넓고도 넓구나, 인민들이 그이를 기릴 이름을 찾지 못하는구나! 우뚝 솟아 있구나, 우뚝 솟아 있구나, 그이가 세운 공적! 환히 빛나는구나, 그이가 만든 문물과 제도여!"

子曰: "大哉堯之爲君也! 巍巍乎! 唯天爲大, 唯堯則之. 蕩蕩乎, 民無能名焉! 巍巍乎, 其有
자왈: "대재요지위군야! 외외호! 유천위대, 유요칙지. 탕탕호, 민무능명언! 외외호, 기유
成功也! 煥乎其有文章!"
성공야! 환호기유문장!"

상황 ● 앞 글의 대상이 순임금과 우임금이었다면 여기는 요임금이 주인공이다. 그이도 마찬가지로 크고 우뚝 솟은 인물이다. 이외에 추가되는 것이 있다. '넓다'는 말이다. 그이가 미친 영향력의 범위는 넓다는 말로 표현할 수밖에 없다. 순임금과 우임금이 활약할 수 있는 밑바탕을 다 깔아놓았으므로 큰 것 중에서도 가장 넓다고 할 수 있다. 범위에서는 넓다는 말이 가장 기본이니까.

08-20 [209]

순임금이 다섯 신하의 도움을 받으니 하늘 아래가 안정되었다. 무임금이 터놓고 말했다. "나에게 세상을 평정할 열 명의 신하가 있다네."
 공 선생님이 이야기했다. "인재를 얻기 참으로 어렵다더니 [두 가지 사례를 보더라도] 실제로 그렇지 않은가? 요임금과 순임금 사이의 교체기[와 무임금이 말하던 시기]에 이처럼 인재가 많았다. [그러나 무임금이 말한] 열 명 중에 부인이 끼어 있으니 남성은 모두 아홉 명뿐이다. 하늘 아래 삼분의 이를 차지했지만 [문임금은] 은나라에게 칭신稱臣하며 섬겼다. 주나라 [건국 집단]의 고상함은 더 말할 나위가 없는 고상함이라고 할 만하다."

舜有臣五人而天下治. 武王曰: "予有亂臣十人." 孔子曰: "才難, 不其然乎? 唐虞之際, 於
순유신오인이천하치. 무왕왈: "여유란신십인." 공자왈: "재난, 불기연호? 당우지제, 어
斯爲盛. 有婦人焉, 九人而已. 三分天下有其二, 以服事殷. 周之德, 其可謂至德也已矣."
사위 성. 유부인언, 구인이이. 삼분천하유기이, 이복사은. 주지덕, 기가위지덕야이의."

상황 ● 이번의 주인공에는 주나라의 무임금이 추가되었다. 왕조의 교체 시기에 인물이 많이 났다는 말이다. 평화로운 시기보다 인재의 교체가 빨

라지고 할 일도 많아서 그럴 것이다. 이 부분은 또 다른 커다란 이야기가 온전하게 전해지지 않아서 그런지 내용이 분명하지 않다.

08-21 [210]

공 선생님이 감탄해 마지않았다. "우임금은, 내가 비집고 들어가 할 말이 없다네. [자신은] 싸구려 음식을 먹으면서 귀신에게 온갖 정성을 다 쏟았고(정갈한 제물을 풍성하게 차렸고), [자신은] 변변찮은 옷을 입으면서 의례용 의복과 모자를 가장 아름답게 꾸몄네. 또 머무는 거처를 허름하게 지으면서 [인민의 생존을 위해] 치수(수리) 사업에 온 힘을 쏟았다네. 우임금은, 내가 비집고 들어가 할 말이 없다네."

子曰 : "禹, 吾無間然矣. 菲飮食, 而致孝乎鬼神, 惡衣服, 而致美乎黻冕! 卑宮室, 而盡力乎
자왈 : "우, 오무간연의. 비음식, 이치효호귀신, 악의복, 이치미호불면! 비궁실, 이진력호
溝洫. 禹, 吾無間然矣!"
구혁. 우, 오무간연의!"

상황 ─● 다시 주인공이 우임금으로 돌아왔다. 우임금은 홍수 또는 치수 설화와 관련되어 적대적인 공간을 친숙한 생활공간으로 만든 영웅이다. 그이는 왕이면서도 권좌에 앉아 지시를 한 게 아니라 홍수 문제를 해결하기 위해 직접 노동을 한 인물이다. 선진시대의 여러 학파 중 유가와 묵자는 똑같이 우임금을 모범적인 제왕으로 인정한다.

걸림돌 ─● 효孝라도 시대마다 그것이 쓰이는 맥락과 의미가 조금씩 다르다. 공선생 이후에 효는 친족보다 가족 관계의 자연스런 유대감을 강조하는 사회윤리가 되었다. 그 이전에 효는 친족 관계에서 제사 등 규범을 적

절하게 수행하는 것과 관련되었다. 그래서 여기서도 부모와 자녀 사이의 애정이 아니라 후손(종족 관리인)과 죽은 조상 사이의 제사와 관련해서 효가 이야기되고 있다.

디딤돌

● 중국 역사의 기원을 어디에 두느냐는 학계의 논란거리이다. 근대적 역사학 이전에는 『사기』「오제본기」처럼 요·순·우임금과 관련 사항을 모두 역사로 취급했다. 하지만 근대 역사학으로 중국사를 연구할 때, 이런 상고시대를 어떻게 처리해야 하느냐와 관련해서 다양한 입장이 제기되었다. 첫째, 신고파信古派로 상고사를 전통 시대와 마찬가지로 역사적 사실로 믿는 것을 말한다. 둘째, 의고파疑古派로 신화·전설의 이야기와 역사적 사실을 구분하고서 삼황과 오제 등 기존 역사의 대상을 모두 신화·전설의 영역으로 돌려보냈다. 이들은 서양의 학문 방법을 원용해 기존의 역사적 사실을 회의함으로써 과학으로서의 역사학을 정립하고자 했다. 셋째, 석고파釋古派로 의고파와 같이 서양의 방법론을 원용하지만 기존 역사학의 대상을 회의해서 부정하는 것이 아니라 과학적 설명의 가능성을 모색했다. 루쉰은 이 중 '의고파'의 입장에서 기존의 역사화된 신화·전설을 다시 신화·전설로 되돌리고자 『고사신편故事新編』을 통해 시도했다. 예컨대 우임금은 전통적으로 중국 전역을 사람이 살 수 있는 활동 공간, 즉 구주九州로 편성했다. 아울러 물길을 조정해서 주기적으로 범람하던 황하의 홍수를 막은 문화 영웅이기도 했다. 하지만 이 우는 루쉰의 손을 거치면서 '벌레'가 되어 역사의 무대에서 쫓겨나게 되었던 것이다. 궈모뤄(郭沫若, 1892~1978)의 『족발』도 루쉰의 『고사신편』과 비슷한 성격의 작업을 수행한 것이다.

이처럼 의고파 또는 의고파에 부응하는 문인들의 활약으로 중국의 역사학이 엄밀한 학으로서 성립할 수 있는 토대를 갖게 되었다. 1980년 이래로 중국 각지에서 그동안 땅속에서 잠자던 자료들이 속속 출토되면서 한갓 신화와 전설로 매도되었던 주제와 영역이 역사의 대상으로 지위를 회복하는 현상이 부분적으로 나타나고 있다. 이를 주도하는 쪽은 석고파라고 할 수 있다. 20세기 초반 의고파의 대표적 인물은 구제강(顧頡剛, 1893~1981)이고 그들이 주도했던 공간은 『고사변古史辯』이었다. 최근 들어 석고파를 주도하는 인물은 칭화대학의 교수 리쉐친(李學勤, 1933~)이다. 좀 더 자세한 지식을 원한다면 구제강이 쓰고 김병준이 옮긴 『고사변 자서』(소명출판, 2006)와 리쉐친이 쓰고 임형석이 옮긴 『잃어버린 고리: 신출토문헌과 중국고대사상사』(학연문화사, 1996)를 참조하라.

◎ 『고사신편』과 아울러 궈모뤄가 쓰고 신진호가 옮긴 『족발』(사회평론, 1999)을 읽어보면 당신은 찬동과 반감 둘 중 하나를 표시할 것이다.

깊이 읽기

우임금은 원래 원숭이였다?

"사실은 우禹라는 인물은 결코 존재하지 않습니다. '우禹'라고 하는 것은 한 마리의 벌레입니다. 벌, 벌, 벌레가 치수를 할 수 있단 말입니까? …… 먹다 남긴 빵 조각을 갈아서 풀을 만들고 거기에 숯가루를 섞어, 나무 몸통에 아주 작은 과두문자로 '우를 말살하는 고증'을 쓰는 데에 모두 3927일을 보냈다." …… "인간 중에 우禹라고 부른 자가 있습니다." 시골 사람이 말했다. "더구나 '우'란 벌레가 아닙니다. 이는 우리들 동네에 사는 사람 이름의 약자이며, 영감들은 모두 '우'(禹, 꼬리가 긴 원숭이)라고 쓰고 있고, 이는 큰 원숭이라는 뜻이지요." …… "이것은 먼저 상인들에게 큰 공포심을 안겨주었다. 그러나 다행히도 우 어르신네의 태도가 서울로 돌아온 이후로는 조금 변하여, 식사는 무엇이든 가리지 않았으나 제사나 전통적인 행사를 치를 때의 옷만은 상당히 화려했다. 그이의 옷들은 모두 지극히 간편했으나 조정에 나아갈 때나 손님을 맞을 때 입는 옷은 훌륭한 것이었다. 그래서 시장은 여전히 별다른 영향을 입지 않았다."

―― 루쉰, 「리수理水」, 강계철·윤화중 옮김, 『고사신편』, 290~291쪽, 305쪽.

◎ 위 글을 읽고 "역사의 소설화 작업에는 아무런 제한이 있을 수 없는가?"에 대해 각자의 생각을 자유롭게 나눠보자.

9篇

천명의 편

● 천명의 편

제9편은 보통 '자한'으로 일컬어진다. 이 편이 "자한언리子罕言利……"로 시작하기 때문에 '자한'을 표제어로 삼았다. 그러나 '자한'은 말이 안 된다. 자는 공 선생을 가리키고, 한은 부정부사이다. 차라리 '한언'으로 제목을 삼았더라면 말이라도 성립되었을 텐데, 아쉽다.

이 편은 모두 31장으로 되어 있다. 이 편도 내용의 통일성은 약하지만 한 가지 뚜렷한 특징이 눈에 띈다. 그것은 다름 아니라 바로 많은 편이 공 선생 개인을 향해 있는 점이다. 여기에서 다시 두 종류로 나눌 수 있다. 하나는 공 선생이 평소에 생활하던 일상과 하던 말을 객관적으로 기록한 것이다. 1장은 부정하고 긍정한 것, 2장은 명예욕에서 자유로움, 3장은 대중문화의 수용과 거부, 4장은 금기 사항, 8장은 양단의 산파술, 10장은 상주를 위한 배려, 15장은 『고대 시가집〔시경〕』의 정리, 16장은 일상의 원칙, 18장은 도덕의 자연화, 24장은 언어의 기능 분석, 25장은 교제 등을 이야기하고 있다. 여기서 공 선생의 모습이 형상화되고 있다.

다른 하나는 공 선생이 일상의 세계를 벗어나서 하늘의 명령을 받아 새로운 국가를 건설하고자 하는 꿈을 강력하게 표출하는 것이다. 5장은 중원 지역 문화의 전승자, 6장은 성인과 다재다능 사이의 우연적 결합, 7장 불우한 과거, 9장은 출현하지 않는 봉황과 하도河圖에 대한 실망, 11장은 안연의 사사곡思師曲, 12장은 위독한 공 선생, 13장은 상인을 기다리는 공 선생, 14장은 중원을 탈출하고자 하는 마음, 17장은 흘러가는 물에 대한 탄식, 19장은 자기 결정권, 22장은 피우지 못한 열매, 26장은 침해 불가능한 기개의 강조, 28장은 소나무와 측백나무의 후조後彫 예찬, 29장은 인간적 한계의 초월, 30장은 홀로서기의 과정, 31장은 공간적·시간적 거리를 초월한 사랑을 말하고 있다. 이런 공 선생의 모습은 우리가 알고 있는 책상물림의 나약한 인물이 아니다. 그이는 주나라의 문임금처럼 하늘로부터 천명을 받아서 이 세상을 바로잡고자 하는 혁명가로 등장한다. 이런 점에서 나는 이 편을 〈천명天命의 편〉으로 명명하고자 한다.

이외에도 20, 21장은 안연에 대한 칭찬, 23장은 후배에 대한 두려움, 27장은 자로에 대한 칭찬과 질책이 나오고 있다. 다른 제자들이 등장하지 않는 점도 특이할 만하다.

09-01 [211]

공 선생님은 [공동체 생활과 관련해서] 이익(돈 버는 일)을 잘 다루려고 하지 않았고, 운명과 평화(화해)의 가치는 인정했다.

子罕言利, 與命與仁.
자한언리, 여명여인.

상황
● 이 구절은 제자들이 공 선생에게 강의를 들으며 느꼈던 인상기에 해당한다. 자신의 학파를 다른 집단과 비교하면서 내세우는 특성으로 보인다. 어쨌든 공 선생 강학의 특성을 종합하는 색채를 띠고 있다. 05.14[106]을 참조하라.

걸림돌
● 1) 이 장에 대한 해석은 여러 갈래로 나뉜다. 한罕이 빈도 부사로서 거의 부정에 가깝다. 이 한이 어디까지 걸리느냐가 논쟁의 초점이다. 한이 리利·명命·인仁에 다 걸리면 이 구절은 공 선생이 모두 잘 다루려고 하지 않았다는 뜻이 된다. 이때 여與는 열거를 나타내는 접속사이다. 이와 달리 한이 리에만 걸리고 나머지는 안 걸린다고 보면 위의 번역처럼 된다. 이때 여는 주다, 인정하다라는 동사가 된다.

    2) 이런 다의성으로 인해 『논어』 해석이 어렵다고들 한다. 달리 생각하면 다의성이야말로 『논어』를 다양하게 읽어내는 원천이다. 어느 해석이 맞느냐 틀리느냐로 접근하기보다 일관된 틀로 해석하는 방법론을 가지는 게 더 중요하다. 문법적으로도 위의 두 가지 해석이 가능하다. 아울러 공 선생이 『논어』에서 명命과 인仁을 자주 언급하고 있을 뿐만 아니라 그 가치를 긍정하므로 나는 후자대로 해석한다.

09-02 [212]

달達 동네의 사람이 예찬했다. "위대하구나, 공 선생님은! 다방면으로 학식을 쌓았지만 어느 분야에서도 이름을 내세울 게 없구나!"

공 선생님이 이 말을 전해 듣고 문하의 제자들에게 솔직하게 이야기했다. "내가 무슨 일을 할까? 말고삐를 잡을까 아니면 활을 잡을까? [둘 중에 하나를 고른다면] 나는 그래도 말고삐를 잡겠다."

達巷黨人曰: "大哉孔子! 博學而無所成名!" 子聞之, 謂門弟子曰: "吾何執? 執御乎? 執
달항당인왈: "대재공자! 박학이무소성명!" 자문지, 위문제자왈: "오하집? 집어호? 집
射乎? 吾執御矣."
사호? 오집어의."

● 공 선생이 자신을 평가하는 말을 듣고서 자신이 딱 부러지게 할 수 있는 일이 무엇일까 생각해보고 있다. 가벼운 질문에 너무나 무겁게 반응하는 것으로 보인다.

● 1) 달항당인達巷黨人에서, 달은 지명이나 거리의 이름이고 항당은 동네를 뜻한다.

2) 달항당인의 말은 긍정이나 부정 어느 쪽으로 읽어도 가능하다. 긍정이라면 위의 평가를 02.12[028]의 '군자불기君子不器'처럼 공 선생을 특정한 분야로 한정할 수 없는 종합적 능력을 가진 것으로 해석하는 것이다. 부정이라면 그렇게 박학다식하면서도 뭔가 대표할 만한 성취를 이루지 못했다는 맥락이 된다. 하지만 듣는 사람, 즉 공 선생의 입장에서는 양가적인 말로 들릴 수 있다. 여기서는 양가적 맥락으로 번역했다.

3) 수레 끌기와 활 사이에 우열을 가리는 기준은 없다. 다만 수레를

끄는 것은 방향을 정해 수레를 이리저리 끌고 간다는 점에서 방향을 정하는 자, 즉 정치적 삶의 은유를 감추고 있는 것으로 보인다.

09-03 [213]

공 선생님이 똑 부러지게 말했다. "삼베로 만든 모자(관)가 전통문화에 맞다. 오늘날 시속에서는 그 대신에 명주로 만든 걸 쓴다. 후자가 더 검소하므로 나는 시속(대중문화)을 따라가겠다.

그러나 [아랫사람이 윗사람을 만날 때] 정청政廳 아래에서 먼저 인사를 하고 [정청에 올라와서 다시 인사를 하는 게] 전통 규범에 맞다. 오늘날 시속에서는 [정청 아래에서 하는 인사를 생략하고] 정청에 올라와서만 인사를 한다. 이것은 너무 거만한 짓이다. 비록 나의 생각이 시속(대중문화)과 다르더라도 나는 정청 아래에서 하는 인사를 고수하겠다."

子曰: "麻冕, 禮也. 今也純, 儉, 吾從衆. 拜下, 禮也. 今拜乎上, 泰也. 雖違衆, 吾從下."
자왈: "마면, 례야. 금야순, 검, 오종중. 배하, 례야. 금배호상, 태야. 수위중, 오종하."

상황 ● 전통문화가 시대 상황에 변화에 따라 보존이 필요한 것과 변화가 요구되는 것으로 나뉜다. 공 선생은 검소함과 규범에 근거해서 취사선택할 것을 주장하고 있다.

디딤돌 ● 우리 사회에서 새로운 제도를 만들 때면 우리 상황에 맞는 제도를 자유롭게 만들기보다 외국의 사례를 수집해서 그것을 반영하려고 애쓴다. 이것은 자신의 일을 스스로 결정하려는 의지가 없는 천박한 행태이다. 공 선생도 스스로 기준을 설정해서 전통문화와 시대의 변화를 함께 조율하고 있다.

여기서 보면 공 선생도 례를 절대로 손대지 못한다는 입장을 지닌 보수주의자는 아니다. 그이의 생각에 의하면 례는 사람살이를 아름답게 만드는 것인데 예식 자체에 많은 비용이 들어간다면, 그 예식은 수정되어야 한다. 적어도 공 선생은 예식을 위해 삶이 감옥처럼 되는 상황을 용인하지 않는다. 마찬가지로 인사는 상호 존중을 나타내는 것인데 번거롭더라도 그것을 살리는 방식을 따라야 한다. 이렇게 보면 공 선생은 정치적으로 가운데 길을 걷는다고 할 수 있다. 대화를 거부하며 무조건 내가 옳다는 홀로서기보다 정당화가 가능한 원칙을 갖도록 하고, 그런 소유자끼리 서로의 다름을 용인하는 방식으로 사고와 행동을 지녀보자.

09-04 [214]

공 선생님은 네 가지 행동 또는 말을 절대로 하지 않았다. 첫째, 근거 없이 추측을 일삼지 않았다. 둘째, '반드시 ······해야 한다'고 말하지 않았다. 셋째, '어떠한 일은 안 돼'라고 말하지 않았다. 넷째, (나 살자고) 상대를 공격하지 않았다.

子絶四. 毋意. 毋必. 毋固. 毋我.
자절사. 무의. 무필. 무고. 무아.

상황 ─◉ 이 구절은 함께 지내는 이들에게 상처를 덜 주고 서로 건강하게 지내는 비결이다. 아울러 한 가지를 더 보태고 싶다. "무간毋間", 남의 일에 지나친 관심을 가지면서 요청이 없는데도 끼어들려고 하지 마라.

걸
림
돌
◉ 보통 '아我'를 이기심으로 해석하지만 나는 어원과 용례 분석을 통해 적대적인 성향으로 풀이했다. (신정근, 『사람다움의 발견』, 275~282쪽 참조)

09-05 [215]

공 선생님이 광 지역의 군중들에게 억류를 당했다. 둘러싸인 채 하늘에 대고 맹세했다. "문임금이 이미 돌아가셨다, 〔그분이 일구었던〕 문화유산이 여기(나)에 있지 않은가? 하늘(하느님)이 이 땅에서 앞으로 이 문화를 없애버린다면 문임금보다 뒤에 죽을 사람(나)은 처음부터 이 문화의 〔계승 작업〕에 참여할 필요가 없었다. 하늘(하느님)이 이 땅에서 앞으로 이 문화를 없애버리지 않는다면, 광 지역 사람들이 도대체 나를 어떻게 하겠는가?"

子畏於匡. 曰: "文王旣沒. 文不在玆乎? 天之將喪斯文也. 後死者不得與於斯文也. 天之未
자외어광. 왈: "문왕기몰. 문부재자호? 천지장상사문야. 후사자부득여어사문야. 천지미
喪斯文也. 匡人其如予何?"
상사문야. 광인기여여하?"

상
황
◉ 공 선생이 오해를 받아 억류되었을 때 자신이 결코 가치 없는 죽음을 당하지 않으리라는 확신을 드러내고 있다. 이 과정에서 공 선생은 자신을 주나라의 건국 영웅 문임금의 후계자로 설정하고 있다.

걸
림
돌
◉ 1) 광匡은 오늘날 하남성河南省 장원현長垣縣에서 서남쪽으로 15리 떨어진 광성匡城 일대에 해당한다.

2) 15.01[396]을 보면 공 선생은 위나라를 방문했다. 공 선생은 위의

령공으로부터 별다른 제의를 받지 못하자 행선지를 진陳나라로 정했다. 진나라를 가려면 문제의 광 지역을 통과해야 했다. 여기서 17.01[452]처럼 공 선생과 양화의 숙연이 재연된다. 양화는 일찍이 이 지역을 침략하여 약탈과 만행을 저지른 적이 있었다. 이에 광 지역인들은 공 선생의 일행을 양화로 착각하여 옛날의 치욕을 씻기 위해 보복 공격하려고 한 것이다. 자세한 사항은 사마천이 쓴 『사기』의 「공자세가」 부분을 참조하라.

● 디딤돌

우리는 궁지에 몰리면 평소의 침착함과 차분함을 잃고 허둥거리기 일쑤이다. 공 선생은 그렇게 허둥지둥하지 않는다. 그이는 자신의 소명 의식을 절대적으로 뒷받침해주는 든든한 후원자를 찾는다. 지금 자신에게 닥친 이 위기가 진짜 위기가 아니라 주나라가 세운 문명이 사라지느냐 이어지느냐가 진정한 위기였다. 이 문명의 진로가 정해지지 않았는데 문명의 수호자가 결코 허무하게 사라질 수 없다는 것이다. 이러한 소명의 자각은 어디에 기원을 둘까? 공 선생은 자임自任, 즉 자기 스스로 짊어지는 것이다. 혼자 역사의 수레바퀴를 굴리겠다는 책임 의식은 후대의 지식인들로 하여금 부정의와 탄압에 맞서 싸우게 하는 원동력이 되었다.

예를 들어 범중엄(范仲淹, 989~1052)은 지식인 관료가 천하 문제를 누구보다도 먼저 걱정하고 정치적 결실을 가장 뒤에 누린다는 선우후락先憂後樂을 주장했다. 이어서 고염무(顧炎武, 1613~1682)는 천하의 흥망성쇠가 필부, 즉 관직에 있지 않은 보통 사람에게도 책임이 있다는 "천하흥망, 필부유책天下興亡, 匹夫有責"이라는 주장으로 진전되었다. 현대에 이르러 중국 정부는 환경보호나 교통질서 등 세상의 모든 일에 사람마다 각자 책임이 있다는 인인유책人人有責을 만병통치약처럼 써먹고 있다. 이러한 책임 의식은, 국난과 같은 국가적 위기 상황에서 정부의 공식 대응이 무기력해지더라도 의병 등과 같은 자발적 대항군이 형성되는 강한 부채의식을 낳았다. 그것이 동아시아 사회가 빠른 시간 안에 민주주의를 정착화시켰던 원동력의 하나였다고 할 수 있다.

09-06 [216]

태재가 자공에게 물었다. "공 선생님은 성스러운 사람인 게 맞나요? 그렇다면 왜 그토록 재능이 많은가요?"

자공이 대꾸했다. "본래 하늘(하느님)이 그분을 큰 성인으로 내신 것이요. 또 여러 가지 재능을 주었지요."

공 선생님이 두 사람의 이야기를 전해 듣고 자신의 생각을 이야기했다. "태재가 나를 제대로 평가하는구나! 나는 젊은 시절에 보잘것없는 집안에서 과부이신 어머니와 가난했기 때문에 생존을 위해 남들이 하기 싫어하는 일을 닥치는 대로 하게 되었지. 자율적 인간이 재주가 많을 필요가 있을까? 〔아니지.〕 많을 필요가 없지."

大宰問於子貢曰: "夫子聖者與? 何其多能也?" 子貢曰: "固天縱之將聖. 又多能也." 子聞
대재 문어자공 왈: "부자 성자여? 하기다능야?" 자공왈: "고천 종지장성. 우다 능야." 자문
之曰: "大宰知我乎! 吾少也賤, 故多能鄙事. 君子多乎哉? 不多也."
지왈: "대재 지아호! 오소야천, 고다능비 사. 군자다호재? 부다야."

● 성인은 어떤 사람일까? 성인은 다재다능해야 한다, 아니다 그럴 필요 없다는 두 가지 주장이 상충되고 있다. 이에 대해 공 선생은 자신의 불우한 환경으로 다재다능하게 되었는지, 군자가 재주까지 갖출 필요

는 없다고 주장한다.

걸림돌

● 1) 태재는 대부에 해당하는 고위 관직명이다. 어떤 사람인지는 알 수 없다.

2) 자공과 태재 사이의 불일치는 무엇일까? 두 사람은 서로 다른 성인관을 펼치고 있다. 하나는 다능, 즉 탁월한 기능인이다. 이 사람은 못하는 일이 없고 관계하지 않는 곳이 없다. 자공이 이런 관점을 가지고 있다. 다른 하나는 여기서 정체가 드러나지 않았지만 『의식의 기록〔예기〕』 중 「악기」에 나타나는 작자作者, 즉 문명(왕조)의 건설자이다. 이 사람은 어떤 분야의 전문가나 기술자가 아니라 고장 난 세계를 새롭게 만들어 일으켜 세우는 인물이다(조남권, 『동양의 음악 사상 악기』 참조).

태재는 공 선생이 기능인이 아니라 건설자이기를 바랐지만 그러한 모습이 나타나지 않는 것을 안타까워하고 있다. 이러한 안타까움과 간절함을 아는지 모르는지 자공은 지금의 공 선생의 상태에 만족을 표명하고 있다. 그러나 공 선생은 말미에 자신의 처지를 설명한다. 가난하여 이것저것 해먹고 살려다 보니 여러 가지 기술을 익히게 된 것이다. 이 기술이 성인이 되기 위해 반드시 거쳐야 하는 길은 아니다. 자신의 환경 탓으로 그렇게 되었을 뿐이라고 말한다. 아울러 이런 관점은 장 선생(장자, 장주)이 기술을 통해 자유에 이르는 길을 그리는 것과 대조된다. 19.04[492]에 소개한 '포정해우'를 참조하라.

09-07 [217]

뢰가 들려주었다. "공 선생님이 일찍이 '내가 능력을 쓸 기회를 가지지 못했기 때문에 이러저러한 기예를 닦게 되었다'라고 말한 적이 있다."

牢曰: "子云, '吾不試, 故藝.'"
뢰왈: "자운, '오불시, 고예.'"

상황
● 위 구절의 연장선상에 있는 글이다. 06.06[127]에서 보이듯 그는 불리한 출신의 고통을 알기에 중궁에 대해 따뜻한 애정을 가질 수 있었다.

걸림돌
● 뢰는 공자의 제자라고 하지만 『사기』「중니제자열전」에는 나오지 않는다. 이름이 금장琴張 또는 금뢰琴牢이고 자가 자개子開 또는 자장子張으로 알려졌다. 그러나 어느 쪽이 정확한지 알 수 없을 정도로 모두 불확실하다.

09-08 [218]

공 선생님이 솔직히 이야기했다. "내가 많이 아는 사람으로 보이는가? 믿기 어렵겠지만 나는 참으로 아는 게 없다. 못된 사람이 〔어떤 의도를 가지든지〕 나에게 뭔가를 물어보면 나는 순간 어떻게 해야 할지 몰라 멍해진다. 〔조금 뒤에 정신을 차려서〕 나는 물음이 갈 수 있는 두 갈래를 하나하나 캐물어서 의문을 다 풀어줄 뿐이다."

子曰: "吾有知乎哉? 無知也. 有鄙夫問於我, 空空如也. 我叩其兩端而竭焉."
자왈: "오유지호재? 무지야. 유비부문어아. 공공여야. 아고기양단이갈언."

상황 ● 사람들이 공 선생에게 이것저것 질문을 할 때 응답하는 방법에 대해 설명하고 있다. 물을 때마다 줄줄 대답을 하니, 사람들이 공 선생에게 특별한 지식을 가지고 있는 게 아닌가 의구심을 가진 모양이다. 공 선생은 자신이 결코 모든 질문에 대해 잘 알고 있지 못하다며 무지를 고백한다. 아울러 응답하는 비결은, 질문자의 질문을 이쪽저쪽 극단적으로 추론한 뒤에 자기모순을 깨닫게 하는 데에 있다고 말한다. 여기서 공 선생은 대화자의 자격을 문제 삼지 않는데 06.21[142]에서 대화의 조건으로 '중인 이상'을 제시하고 있다.

걸림돌 ● 1) '고기양단叩其兩端'은 소크라테스의 산파술maieutikē과 비슷하다. 공 선생이 질문자에게 정답을 설명해주는 것이 아니다. 질문자가 물으면 그 질문이 함축하고 있는 두 방향의 극단을 그냥 제시한다. 그러면 질문자는 스스로 자기 물음의 난점을 제거하는 교정을 하게 되는 것이다. 이런 방법을 반복함으로써 질문자는 스스로의 힘으로 진리에 이를 수 있다. 예를 들어 누가 공 선생에게 "사회질서를 수립하기 위해 사형 제도를 강화하면 어떨까요?"라고 물었다고 치자. 그러면 공 선생은 "먼저 범죄를 저지르게 만드는 사회적 맥락을 생각해보세요"라고 답할 수 있다. 만약 사회가 범죄를 저지르게 한다면 개인보다는 사회에 더 큰 책임이 있을 것이다. 또 공 선생은 사형의 공포가 얼마나 범죄를 예방할 수 있을지 묻는다. 이런 과정을 통해서 질문자는 사형이 만능이라는 생각을 교정할 수 있다.

2) "아는 만큼 보인다"고들 말한다. 그러면 "모르면 아무것도 모르게 된다"는 말일까? 그렇지 않다. 그래서 나는 "아는 만큼 보인다"가 부분적인 진리를 담고 있지만 그리 좋은 말이라고는 생각하지 않는다. 이

에 대해 나는 "묻는 만큼 알게 된다"고 말한다. 그러면 "뭐라도 알아야 묻지요"라고 항변한다. 그렇지 않다. 모른다고 하면 "이게 뭐냐?"는 지시성만 가지고도 물어볼 수 있는 것이다. 사실 무엇을 모르고 무엇을 아는지, 결국 자신이 무엇을 모르는지 자각하고 이어서 모르는 것을 묻게 하는 방향으로 앎을 향한 운동이 시작되는 것이다.

09-09 [219]

공 선생님이 탄식했다. "〔우리의 생활 세계로〕 암수의 봉새가 날아들지 않고, 황하에서 〔내 미래의 운명을 예시하는〕 도판〔河圖〕이 나오지 않는구나. 나의 삶도 끝났나 보다!"

子曰 : "鳳鳥 不至, 河不出圖, 吾已矣夫!"
자왈 : "봉조 부지, 하불출도, 오이의부!"

상황
● 공 선생은 세상을 구원할 역할을 자임했고, 그에 상응할 만한 학덕을 갖추었다. 하지만 그에게 결정적으로 세상을 변화시킬 정치적 지위가 보장되지 않았다. 이 상황을 일거에 역전시키려면 어떻게 해야 할까? 한국시리즈 마지막 경기의 9회말 공격에서 투 아웃 투 스트라이크인 상황을 생각해보자.

걸림돌
● 공 선생의 역할과 봉새와 출현이나 도판이 무슨 상관이 있을까? 오늘날 정치 영역에서 행정부의 수장인 대통령과 수상은 선거에서 자신이나 자신이 소속한 당이 다수의 표를 획득함으로써 누구도 이의를 제기할 수 없는 정당성을 확보한다. 공 선생 당시만이 아니라 조선의 개국

에 이르기까지 전통 시대에는 정치권력의 정당성이 하늘(하느님)의 명령과 깊게 연관되어 있었다. 하지만 하늘이 특정 개인에게 명령을 내렸다는 것을 어떻게 확증할 수 있을까? 이러한 필요성에 따라 새가 칼을 물어다 주었다거나 상상의 동물 기린이 출현했다거나 하는 초자연적 현상, 특정 인물의 출현을 알리는 도판의 출현은, 명령을 주고받는 일종의 의식이었다. 여기서 공 선생도 세상으로부터 자신을 찾는 목소리를 듣지 못하자 하늘이 자신을 성왕으로 임명하는 신물이 나타나기를 기다리고 있다가 실망하는 소리를 하고 있다.

여기서는 직접적인 행동이나 실천이 드러나 있지 않지만 이상향을 동경하고 현실을 탄식한다는 점에서 우리는 공 선생에게서 책만 읽는 책상물림이 아니라 극적인 반전을 노리는 혁명가의 모습을 보게 된다. 조선 후기 동학의 최제우(崔濟愚, 1824~1864)나 전봉준(全琫準, 1855~1895) 등이 제폭구민除暴救民과 보국안민輔國安民의 기치를 내건 모습도 공 선생의 포부나 동선과 크게 다를 바 없다. 공 선생을 고리타분한 서생에 불과하다고 보는 것은 『논어』를 제대로 읽지 않거나 보고 싶은 쪽으로만 보는 편협한 관점에서 비롯된 것일 뿐 참 모습이 아니다.

◎ 이 장에 나타난 공 선생의 이미지는 혁명가에 가깝다. 공 선생의 이런 이미지를 가장 잘 포착한 이가 한 제국의 동중서(董仲舒, 기원전 176~기원전 104)와 청말민국 초의 캉유웨이(康有爲, 1858~1927)이다. 공 선생을 교주, 혁명가로 재해석한 관점을 확인하려면 아사노 유이치가 쓰고 신정근 등이 옮긴 『공자신화 — 종교로서 유교형성 과정』(태학사, 2008)을 보라.

09-10 [220]

공 선생님이 상복을 입은 사람, 예식용 모자와 옷을 입은 사람, 시각 장애인(장애우) 등을 만난 일이 있었다. 상견례를 할 때 그들이 비록 자신보다 나이가 적더라도 선생님은 반드시 자리에서 일어나서 맞이했다. 또 그 사람들 앞을 지날 때 반드시 [걸리거나 부닥치지 않게] 종종걸음을 걸었다.

子見齊衰者冕衣裳者與瞽者, 見之, 雖少必作, 過之必趨.
자견 자최자면의상자여고자, 견지, 수소필작, 과지필추.

- 상황 ─◉ 세상 사람들이 다 같이 기뻐하고 다 같이 슬퍼하는 일은 없다. 생활이 같지 않고 가치관이 다르므로 감정 상태의 통일은 일어날 수 없다. 내가 슬플 때 남은 기쁜 일이 있어서 기뻐하듯이 감정은 엇갈리게 마련이다. 그러나 타인이 상례로 슬픔에 젖어 있는 것처럼 근원적 감정 상태에 있을 때 그것에 동참은 못하더라도 존중은 할 수 있다. 이 구절은 그런 존중의 자세가 몸에 밴 공 선생을 보여준다. 한 폭의 그림으로 연상해보라.

- 걸림돌 ─◉ 齊衰는 각각 가지런하다와 쇠퇴하다로 쓰이면 '제쇠'로 읽는다. 상복을 나타내는 경우 '자최'라고 읽는다. 자최는 부모님 상례 때 입는 옷으로서 거친 생베로 만들고, 옷의 아랫단을 좁게 접어서 꿰맨다.

09-11 [221]

안연이 [평소와 달리] 한숨을 푹 내쉬며 길게 탄식했다. "[선생님을] 우러러 볼수록 더욱 높아만지고, 뚫고 들어갈수록 더욱 단단해 보인다. 바라보니 어느 틈에 앞에서 손짓하더니 문득 뒤에서 [채찍질하시네.] 선생님은 차근차근 배우는 사람을 이끌어가는구나. 각종 고전 자료로 나의 세계를 넓히고 전통 의식으로 나의 행위를 규제하게 하신다. [아, 이러니] 내가 그만두고 싶어도 차마 그럴 수 없네. 이미 나의 모든 재주를 다 쏟아부었지만 [나의 눈앞에] 우뚝 서 계시는 듯하다. [또 힘을 내서] 따라가고자 하지만 어찌 해볼 길이 보이지 않네."

顔淵喟然歎曰:"仰之彌高, 鑽之彌堅. 瞻之在前, 忽焉在後. 夫子循循然善誘人. 博我以文,
안연위연탄왈: "앙지미고, 찬지미견. 첨지재전, 홀언재후. 부자 순순연선유인.. 박아이문.
約我以禮. 欲罷不能. 旣竭吾才, 如有所立卓爾. 雖欲從之, 末由也已."
약아이례. 욕파불능. 기갈오재. 여유소립탁이. 수욕종지. 말유야이."

상황
◉ 한국인에게는 절절한 여러 가지 '사모곡思母曲'이 있다. 그리움의 대상으로 어머니처럼 큰 존재가 없나 보다. 이 장은 안연이 공 선생에게 바치는 '사사곡思師曲', 즉 스승에게 바치는 헌사에 해당한다. 그이는 단순히 선생님의 교육을 객관화시켜서 누군가에게 전달하기 위해 설명하는 것이 아니라 선생님으로 인해 무한한 자극과 성장을 겪는 자신의 그리움을 노래하고 있다. 〈스승의 은혜〉(강소천 작사, 권길상 작곡)라는 노래와 비교해보라. "우러러볼수록 높아만지네"가 바로 '앙지미고仰之彌高'를 번역한 것이 아닐까.

디딤돌
◉ 이 장은 안연과 공 선생 사제의 관계에서 안연이 공 선생에 대한 관

심을 가장 고조된 차원에서 표현하고 있는 대목이다. 처음에 안연은 공 선생을 숱한 고난을 이겨내고 무수한 장애를 넘어서야만 다가갈 수 있는 거대한 성벽으로 그리고 있다. 이 성벽은 그 웅장함으로 인해 다가서려는 안연을 밀어내는 것이 아니라 조금 다가서면 더 멀어지는 '메워지지 않는 간격'으로 작용한다. 다음으로 공 선생이 이제 성벽의 높이를 낮추고 성 속에 들어 있는 것을 하나하나 꺼내서 보여준다. 그것을 보면서 너무나 감탄한 나머지 그의 눈이 휘둥그레지고 입이 벌어질 뿐이다. 마지막으로 두 사람은 서로 헤어지려야 헤어질 수 없는, 결코 해체될 수 없는 단단한 끈으로 이어져 있는 것으로 묘사된다. 이 묘사는 연애 상태에 들뜬 연서에 다름 아니다. 물론 두 사람은 엄연히 스승과 제자라는 관계에 있어서 그 에로스가 살짝 감추어져 있을 뿐 들여다보면 쉽게 들통이 난다. 나는 공 선생과 안연이 지적 교합을 위해 서로가 서로를 끊임없이 끌어당기거나 밀어내고 있다는 점에서 동성애 관계로 보고자 한다.

09-12 [222]

공 선생님의 병이 위독해졌다. 자로는 문인을 시켜 장례를 주관할 가신 역을 맡게 했다. 병이 차도가 있자 [선생님이 깨어나 주위를 둘러보고] 한마디 했다. "얼마나 오래되었을까, 자로가 부정을 저지른 지가! 가신이 없는데도 무리해서 가신을 두었으니, 도대체 내가 누구를 속인다는 말인가? 하늘(하느님)을 속이라는 말이냐!

그리고 나는 가신들의 손으로 죽음의 길을 가느니 차라리 자네들의 손에서 죽음의 길을 가고 싶구나!

마지막으로 내가 설령 떠들썩한 사회의 장례를 받지 못하더라도 내가 길에서 쓸쓸히 죽음을 맞이하겠느냐?"

子疾病. 子路使門人爲臣. 病間, 曰: "久矣哉, 由之行詐也! 無臣而爲有臣. 吾誰欺? 欺天
자질 병. 자로 사문인위신. 병간, 왈: "구의재, 유지행사야! 무신 이위유신. 오수기? 기천
乎! 且予與其死於臣之手也, 無寧死於二三子之手乎! 且予縱不得大葬, 予死於道路乎?"
호! 차여 여기사어 신지수야, 무녕 사어이삼 자지수호! 차여 종부득대장, 여사어도로호?"

상황 ● 자로가 공 선생의 죽음을 예감하고서 성대한 장례 의식을 준비하는 장면이다. 공 선생이 깨어남으로써 해프닝으로 끝나버렸다. 영화를 찍어도 몇 장면은 되겠다.

걸림돌 ● 1) 간間의 표현이 재미있다. 간은 보통명사로서 사이, 틈, 방을 뜻하고 동사로 이간질하다, 엿보다로 쓰인다. 여기서는 병이 낫다, 차도가 있다는 뜻이다. 병세가 일정하게 지속되다가 틈이 생긴다는 것은 곧 나아간다는 뜻이리라. 공 선생의 절묘한 표현이라고 할 수 있다. 오늘날 이 뜻은 문어에서만 쓰이고, 구어로는 '하오둬러好多了(많이 낫다)', '하오이디얼好一点儿(조금 낫다)'로 쓰인다.

2) 고대사회는 의복, 수레, 행사, 의식마다 신분에 따라 차등을 두었다. 우리가 그 시대의 어떤 사람이 하고 다니는 모습을 보기만 해도 그 사람과 관련된 정보를 많이 알아낼 수 있다. 물론 오늘날은 제복이 사라진 시대이므로 보는 것만으로 사람에 대한 정보를 알 수 없다. 따라서 공 선생의 시대는 규정을 자기 방식대로 해석하여 각자 자신이 타자에게 보여지는 측면에 신경 쓸 수밖에 없었다. 이 길은 바로 자로가 움직여간 마음의 결이다.

당시 공 선생은 관직에 있지 않았으므로 장례를 치를 경우 사족士族 예식을 치러야 했다. 하지만 자로는 위대한 스승의 장례를 보통 사람처럼 치를 수 없다고 생각했다. 그이는 공 선생이 한때 대부였던 점에 주목하여 장례를 주관하는 가신家臣을 두어 일을 진행하게 했다. 그런데 자로의 생각이 지나쳤던 것이다. 깨어난 공 선생의 말을 들어보면 제자들의 손에 죽고 싶다는 소박한 꿈을 피력한다. 즉 공 선생은 보여지는 것보다는 규정 안에서 진정으로 하는 것을 강조한다. 화려하지 않고 쓸쓸해 보일지라도 마음이 오고 가는 자리를 공 선생은 바라고 있다. 07.35 [186] '자로의 공자를 위한 기도'를 참조하라.

09-13 [223]

자공이 공 선생님의 속내를 떠보려고 했다. "선생님, 여기에 아름다운 옥이 있다고 합시다. 그럼 선생님은 그것을 궤짝 속에 고이 감춰두겠습니까, 아니면 제값을 쳐주는 상인을 만나 파시겠습니까?"

공 선생님이 [지체 없이] 대꾸했다. "팔아야지, 암 팔아야 하고말고. 나는 상인을 기다리는 사람이다."

子貢曰: "有美玉於斯. 韞匵而藏諸? 求善賈而沽諸?" 子曰: "沽之哉! 沽之哉! 我待賈者也."
자공왈: "유미옥어사. 온독이장저? 구선가이고저?" 자왈: "고지재! 고지재! 아대가자야."

상황
● 자공이 공 선생에게 이상을 펼칠 기회를 찾으려는 노력을, 그만두었느냐 아직도 바라고 있느냐를 묻고 있다. 자공은 스승에게 상처를 주지 않으려고 비유를 통해서 조심스레 물어보고, 스승은 간단히 답한다. "지금도 기다리고 있다"고. 듣는 제자는 한편으로 흥분이 되었지만 다른 한편으로 슬픔을 느꼈을지도 모른다.

걸림돌
● 직접적으로 말하면 이 구절은 "선생님은 왜 관직을 얻기 위해 최대의 노력을 하지 않습니까?"로 바꿀 수 있다. 자공은 이 물음을 비유로 대신하고 있다. 아름다운 옥은 공 선생을, 궤짝은 은거 생활을, 상인은 군주를 각각 상징한다. 공 선생은 01.01[001]에서 인정해주지 않아도 원망하지 않는다고 했지만 그이만큼 세월을 기다린 이가 있을까! 흔히 세월을 낚는 이로 강태공(여상)을 말하지만 공 선생도 낚싯대를 드리우며 얼마나 오랫동안 입질을 기다렸을까? 이 오랜 기다림은 자공의 질문으로 인해 말할 틈을 얻게 되었고 "팔겠다!"는 말을 두 차례나 반복하게 만들었다.

09-14 [224]

공 선생님이 [회수 유역 또는 요녕 반도의] 구이에서 살고 싶다고 말했다. 정체불명의 사람이 말을 꺼냈다. "[그곳은] 낙후된 지역인데 어떻게 살 수 있겠습니까?"

공 선생님이 대꾸했다. "자율적 인간이 사는 곳이라면 낙후된 곳이 어디에 있단 말인가요?"

子欲居九夷. 或曰: "陋如之何? 子曰: "君子居之, 何陋之有?"
자욕거구이. 혹왈: "누여지하? 자왈: "군자거지, 하루지유?"

상황 ── ● 공 선생은 군자란 세상에 질서를 부여하는 존재이므로 그에게 낯선 곳이 있을 수 없다고 말하고 있다. 주나라의 일원으로서 공 선생은 구이로 표상된 이민족의 자율적 삶을 낮추어보는 편견을 드러내고 있다.

걸림돌 ── ● 1) 구이九夷는 상상의 산물이다. 상상이 거듭되면서 실체가 되고 그 실체가 다시 새로운 상상을 부채질하고 그것으로 인해 허구적 실체는 실재로 둔갑하게 되었다. 유럽인의 해외 진출로 생겨난 인류학이 태동하기 전, 고대의 어떤 인류학자가 탐험 의식으로 무장하고 이족夷族이 사는 지역을 샅샅이 돌아다니며 종족을 분류한 끝에 그들이 모두 9종족으로 되어 있다는 것을 밝혀냈다고 가정해보자. 이것은 학문과 상상이 곁들여진 이야기일뿐이다. 그냥 넘어가지 않고 구이를 실재하는 아홉 부족으로 보고 그 종족을 찾아 하나씩 이름을 붙인다면 무척 재미있는 상상 여행이 될 것이다. 중국에서 간혹 이런 상상을 '역사'의 영역으로 각색하곤 했다. 구이를 좀 더 자세하게 알려면 반고가 쓰고 신정근이 옮긴『백호통의』, 112쪽을 보라.

2) 공 선생도 시대에 갇힌 인간이다. 그렇기에 17.25[476]에서 그 시대의 여느 남성과 마찬가지로 여성에 대한 편견을 늘어놓고 있다. 또 여기서 인종과 종족에 대한 편견을 여과 없이 드러내고 있다.

깊이 읽기

만이와 융적, 이념에 의해 상상된 인문 지리

"도덕적·정치적 질서의 측면에서 보면 외부 세계에 관한 일종의 신화 및 이념적으로 표현된 지리 공간은 다음과 같은 인상을 형성하는 데 기여하였다. 즉 주나라의 영역을 의미하는 '중국中國'이라는 개념과 그 주민인 중국인을 의미하는 '화華' 또는 '하夏'라는 개념이 충분히 구체화된 나머지, 중국의 외부 세계가 다양한 정치 조직들로 이루어진 주나라 제후국 내부의 정치적·문화적 세계보다 더 이질적으로 느껴지게 된 것이다. …… 초기 중국의 이방인 개념에는 거주 지역에 따라 남쪽의 만蠻, 동쪽의 이夷, 서쪽의 융戎, 북쪽의 적狄으로 인식하는 것 이외에 또 다른 구조가 있었다. 바로 만과 이는 항상 연합하거나 동화할 수 있는 이방인의 범주에 넣는 반면, 융과 적은 국외자 또는 동화될 수 없는 적대적인 존재로 보는 것이었다. 이처럼 도식적으로 표현된 윤리적·정치적 위계 속에서, 북쪽과 서쪽에 거주하는 사람들은 중앙이 행사하는 도덕적 영향력에 더 반항적이며 따라서 도덕적으로 더 멀어진 존재로 간주되었다. 하지만 이러한 이방인들을 언급한 문헌들은 주위의 지리 영역과 '종족적' 실체를 체계적으로 조사하거나 경험적으로 묘사하지 않은 채 단지 지적 세계로 표현했을 뿐이다."

—— 니콜라 디코스모, 이재정 옮김, 『오랑캐의 탄생』(황금가지, 2005), 129쪽, 132쪽.

◎ 위 글을 읽고 "한국어 어휘 중에 인종주의가 투영된 용어는 어떤 것이 있는가?"를 찾아보고 그 대안을 생각해보자.

09-15 [225]

공 선생님이 한마디 했다. "내가 위나라에서 노나라로 돌아온 뒤로 악곡이 정비되었다. 그 결과 〔고대 시가집〔시경〕』의〕 아악과 송악이 모두 제자리를 잡게 되었다."

子曰: "吾自衛反魯, 然後樂正. 雅頌各得其所."
자왈: "오자위반로, 연후악정. 아송각득기소."

상황
● 공 선생도 다양한 갈래로 전해지던 시를 하나로 텍스트로 정리하고 있다. 이 구절은 공 선생이 중원 지역에서 전승되어온 문헌을 정리한 편집자였다는 주장의 증거로 널리 인용된다. 참, 그이가 기회를 찾아 계속 이 지역 저 지역을 끊임없이 돌아다녔더라면, 중원 지역의 문헌 자료는 다른 운명을 겪었을 텐데.

걸림돌
● 1) 오늘날 전해지지는 『시경』은 원래 『시』로 불리었다가 한나라 이후에 경經자가 덧보태졌다. 현행 『시』는 악보는 없고 가사(시)만 남아 있는 일종의 시집이다. 이 시집은 편제가 풍風 · 아雅 · 송頌으로 되어 있다. 풍은 다시 채집한 지역별로 이름이 나뉘는데 기본적으로 민요에 해당된다. 아는 축하 모임이나 잔치에 쓰이던 시인데 여기에는 소아小雅와 대아大雅로 구분된다. 송은 종묘나 사당에서 연주되는 특정 왕조나 인물을 찬송하는 시이다. 시의 형식은 주로 4언四言으로 되어 있고, 작시의 원칙 또는 표현 방법으로 부賦 · 비比 · 흥興이 있다. 부는 자세한 묘사, 비는 비유, 흥은 사물을 빌려 공감을 일으키는 수법이다. 『시경』은 운율의 형식과 작시의 원칙이라는 점에서 후대에 많은 영향을 끼쳤다.

2) '각득기소各得其所'는 안정된 편집 상태를 나타낸다. 훗날 이 말은 원래의 맥락과 상관없이 세계에 참여하는 사물들의 유기적 상호 관계를 나타내는 말로 즐겨 사용된다. 예컨대 모든 사람이 각자 능력에 따라 하고 싶은 일을 하는 것도 각득기소이다.

09-16 [226]

공 선생님이 한마디 했다. "사회에 나가서 공경(군주와 장관급, 상관)을 잘 모시고, 집 안으로 들어서서 웃어른을 잘 모시고, 사람이 죽으면 상례를 소홀히 하지 않고, 술로 인해 어려움을 겪지 않아야 한다. 이 가운데 어떤 것을 내가 잘할까?"

子曰:"出則事公卿, 入則事父兄, 喪事不敢不勉, 不爲酒困. 何有於我哉?"
자왈: "출즉 사공경, 입즉 사부형, 상사불감불면, 불위 주곤, 하유 어아재?"

상황 ● 사회생활을 하면서 준수해야 할 항목을 간단하게 지적하고 있다. 공 선생은 『논어』에서 음주 태도에 대해 두 번 언급한다. 이곳 이외에 10.08[249]에서는 "술만큼은 어떤 한도를 정해두지 않았지만(꽤 많이 즐겼지만) 취해서 몸을 가누지 못하거나 횡설수설할 정도는 되지 않았다(唯酒無量, 不及亂)"라고 말하고 있다. 그이는 술에 대해 꽤 온화하면서 너그러운 태도를 보이고 있다. 아마 기후나 식생활 그리고 위생의 문제로 술을 금지할 수 없는 사정이 있었을 것이다.

09-17 [227]

공 선생님이 냇가에 앉아서 물을 보고 한마디 했다. "흘러가는 것(변화하는 것)은 이와 같구나! 밤이나 낮이나 그치지 않네."

子在川上曰 : "逝者如斯夫! 不舍晝夜."
자재천상왈 : "서자여사부! 불사주야."

상황
● 공 선생도 여름날 피서를 간 모양이다. 우리도 여름에 계곡으로 놀러가서 널찍한 바위에 앉아서 흘러가는 물을 본 적이 있을 것이다. 하염없이 바라보면 물결 따라 생각이 일어난다. 내가 괴롭거나 즐겁거나 상관없는 듯이 물은 계속 흘러간다. 고대 그리스의 철학자 헤라클레이토스가 "우리는 동일한 강에 두 번 들어갈 수는 없다"(단편 91)고 한 말이 연상된다. 둘 다 변화를 강조하니까.

디딤돌
● 공 선생의 흐르는 물에 대한 관찰과 묘사 이후에 물은 인문학적 사고의 자양분이 되었다. 그이는 06.23[144]에서 물을 지혜 있는 사람과 연결시키기도 했다. 훗날 맹자는 「이루」 하 18에서, 순자는 「유좌宥坐」에서 이 부분에 대한 해설을 시도했다. 여러 가지 해설 중에서 육기(陸機, 260~303)의 시가 재미있다. 그이는 세월이 흘러가면 인생도 지나가서 되돌리지 못하는 것에 자극을 받아 「탄서부歎逝賦」를 지었다. 공 선생이 느낀 '흘러감'에 대한 풀이라고 할 수 있다. "강은 온갖 물을 모아서 물길을 이루고 그 물은 세차게 흘러 날마다 나아간다. 세상은 사람이 모여서 세대를 이루고, 사람들은 시간을 따라 점점 노년으로 다가간다. 사람에게 어느 세상인들 새롭지 않으며, 세상에는 어떤 사람이 오

래갈 수 있을까? 봄이 되면 들에 매번 꽃이 피겠지만 아침이 되면 풀엔 이슬이 남아 있지 않네(川闢水以成川, 水滔滔而日度. 世闢人而爲世, 人冉冉而行暮. 人何世而弗新, 世何人之能故? 野每春其必華, 草無朝而遺露)."

> **깊이 읽기**
>
> ### 강희안(姜希顔, 1417~1464), 〈고사관수도 高士觀水圖〉
>
>
>
> 15세기 중엽, 국립중앙박물관 소장.
>
> ◎ 위 그림을 보고 "동양철학에서 흐르는 물이 주는 인문학적 상상은 무엇일까?"를 생각해 보자.

◎ 동양철학이 물을 두고 하는 사유를 알고 싶으면 사라 알란이 쓰고 오만종이 옮긴 『공자와 노자, 그들은 물에서 무엇을 보았는가』를 읽어보라.

09-18 [228]

공 선생님이 이야기했다. "난 아직 본 적이 없다네, 미인이면 사족을 못 쓰는 것처럼 고상함을 좋아한다는 사람을 말일세."

子曰:"吾未見好德如好色者也."
자왈 : "오미견호덕여호색자야."

● 내용이 15.13[408]과 중복되므로 풀이는 그곳을 보라.

● 위의 글은 어순을 바꾸어서 번역을 했다. 어순을 바꾸지 않고 "고상함을 좋아하는데, 마치 미인을 좋아하듯이 그것을 좋아하는 사람을 말일세"라는 번역도 가능하다.

09-19 [229]

공 선생님이 들려주었다. "예컨대 흙을 쌓아 산 모양을 만든다고 가정해보세. 겨우 한 삼태기 분량의 흙을 채우지 못한 채 일을 그만둔다면 다름 아니라 바로 내가 그만둔 것일 뿐일세. 예컨대 땅을 평평하게 고르는 일을 생각해보세. 비록 겨우 한 삼태기의 흙을 갖다 부었을 뿐이더라도 일을 진척시켰다면 다름 아니라 바로 내가 앞으로 나아간 것일 뿐일세."

子曰:"譬如爲山. 未成一簣. 止. 吾止也. 譬如平地. 雖覆一簣. 進. 吾往也."
자왈 : "비여위산. 미성일궤. 지. 오지야. 비여평지. 수복일궤. 진. 오왕야"

● 직접 일을 하는 의의를 말하고 있다. 같은 일이라도 남을 시켜서 하

는 경우가 있고 자신이 몸으로 부대끼며 하는 경우가 있다. 전자는 남의 도움이 없으면 일을 진척시키지도 중단하지도 못한다. 후자는 내가 모든 일의 성취와 결과를 책임지는 것이다. 막 일을 시작할 때의 떨림과 하던 일을 그만둘 때의 안타까움은 여운이 오래간다. 그 여운은 언제든지 사람을 다시 일어서게 만든다. 06.12[133]에 나오는 염구의 경우를 함께 보라.

걸림돌

◉ 1) 어떤 사람이 나에게 찾아와 직업과 학업을 병행하는 것이 어렵다고 하소연한다. 여기까지는 아픔을 함께 나눌 수 있다. 하지만 융통성 있게 출석을 하겠다고 하면 나는 거절한다. 두 가지를 병행하겠다고 결정한 것은 그 사람이기 때문이다. 세상에 우리가 놀고 지내지 않는 한 어떤 일을 할 이유보다 하지 못할 이유가 훨씬 많다. 안 하면 그만인 걸 하겠다고 했으면 어려움을 빌미로 편의를 찾을 수 없는 것이다.

2) 여기서 공 선생을 비롯한 동아시아의 사유가 명사 위주가 아니라 동사 위주의 특성을 지니고 있다는 것이 드러난다. 발로 뛰고 손으로 만지고 직접 함으로써 머리만이 아니라 몸과 마음이 함께 교감하면서 깨우치는 것이다. 수학적으로 계산해서 몇 번의 작업이 필요하다고 말하는 것과, 거친 숨을 몰아쉬며 흙을 나르고서 얻게 되는 것이 같다고 할 수 없다.

09-20 [230]

공 선생님이 감탄했다. "뭐라고 일러주면 게을리(소홀히) 하지 않는 사람은 틀림없이 안연일 걸세!"

子曰 : "語之而不惰者, 其回也與!"
자왈 : "어지이불타자, 기회야여!"

상황
● 공 선생의 안연을 향한 애정이 느껴진다. 이제 다른 제자들의 반응은 신경 쓰이지도 않나 보다. 공 선생에게 끊임없이 다가오는 이로 묘사되는 안연은 위대하다고 할 수밖에 없다. 영원한 지속, 누가 뭐라고 할 수 있을까?

09-21 [231]

공 선생님이 [갑자기 죽은] 안연이 생각났는지 한마디 했다. "참으로 안타깝구나! 나는 그가 앞으로 나아가는 것을 보았지 제자리에 머물러 있는 것을 보지 못했는데."

子謂顔淵曰 : "惜乎! 吾見其進也, 未見其止也."
자위안연왈 : "석호! 오견기진야, 미견기지야."

상황
● 기량이나 학업이 급격히 향상되는 때도 있고 주춤하거나 오히려 퇴보하는 경우도 있다. 이런 경향의 예외자가 있으니 그 사람이 바로 안연이다. 그는 영원한 지속과 발전의 화신이다. 09.23[233]에 나오는 '후생가외後生可畏'는 바로 공 선생이 안연을 두고 한 말로 보인다.

디딤돌 ── ◉ 자기 향상을 위한 끊임없는 노력의 강조는 「대학」의 "일신, 우일신 日新, 又日新"으로 표현된다. 즉 날마다 새로워지고 또 날마다 거듭 새로워진다. 이 말은 원래 은나라의 탕임금이 대야에 새겨두고서 매일 자성으로 삼은 문구이다. 비슷한 말로 일취월장日就月將, 일진월보日進月步, 일적월루日積月累 등이 있다. 더 나아가 여기서의 '진進'은 역사나 세계관의 진보나 진화에 가까운 의미를 전달할 수 있다.

09-22 [232]

공 선생님이 들려주었다. "싹을 틔워도 꽃을 피우지 못한 일이 있고, 꽃을 피워도 열매를 맺지 못하는 일이 있다네."

子曰 : "苗而不秀者, 有矣夫, 秀而不實者, 有矣夫!"
자왈 : "묘이불수자, 유의부, 수이불실자, 유의부!"

상황 ── ◉ 물속에서 낳은 알이 전부 다 부화하지는 않는다. 그래야 물속의 생태계가 유지되니까 말이다. 여기서는 생태계의 균형이 초점이 아니다. 비유적으로 일찍 떨어지거나 좋은 끝을 보지 못하는 사람에 대한 애도이다. "피지도 못하고 진 꽃"이란 표현의 기원에 해당된다. 안연의 죽음을 애도하거나 암시하는 말인지도 모르겠다.

09-23 [233]

공 선생님이 들려주었다. "뒤에 태어난 사람(후배)이 무서운(두려운) 법이다. 그들의 앞날이 어찌 지금 사람들만 못하다고 단정할 수 있겠는가? 또 나이가 사오십이 되었건만 기리는 소리가 들리지 않는다면 이런 사람은 두려워할 만하지 않다."

子曰: "後生可畏. 焉知來者之不如今也? 四十五十而無聞焉, 斯亦不足畏也已."
자왈: "후생가외. 언지래자지불여금야? 사십오십이무문언, 사역부족외야이."

상황
◉ 후생과 선생의 차이는 절대적이지 않고 상대적이며 그 역할은 고정적이지 않고 가역적이다. 더 많은 절대량, 축적된 이전의 결실 그리고 성실한 노력이 뒷받침된다면 후생은 날개를 달고 앞으로 달려오는데 선생이 얼마나 버틸 수 있을까! 그리고 어느 지점에서는 후생과 선생의 구별이 없이 동료가 되는 것이다. 공 선생도 『논어』 곳곳에서 동료가 된 제자에 고마워하고 있다. 19.23[511] '선생보다 나은 제자의 평가'를 참조하라. 내용이 5.20[415]이나 17.26[477]과 중복된다. 그리고 09.21[231]을 함께 읽어보도록.

걸림돌
◉ 후생가외後生可畏는 기성세대를 위협하는 유망주라는 뜻으로 즐겨 사용되는 표현이다. 기억해둘 만하다.

09-24 [234]

공 선생님이 터놓고 말했다. "(우리가) 본받을 만한(올바른) 말씀을 수긍하지 않을 수 있겠는가? (그 말대로 자신을) 바꿔가는 것이 고귀하다. 부드러운 말씀을 이해하지 못할(기뻐하지 않을) 수 있겠는가? 속뜻을 풀어내는 것이 중요하다.

이해만(기뻐하기만) 하고 풀어내지 못하고, 수긍하기만 하고 바꿔가지 못한다면 말일세. 나도 어찌하면 좋을지 모르겠네."

子曰: "法語之言, 能無從乎? 改之爲貴. 巽與之言, 能無說乎? 繹之爲貴. 說而不繹, 從而
자왈: "법어 지언, 능무종호? 개지위귀. 손여 지언, 능무설호? 역지위귀. 설이불역, 종이
不改, 吾末如之何也已矣."
불개, 오말여지하야이의."

상황
● 사람의 말을 듣고 나서 그다음에 하는 일의 중요성을 말하고 있다. 말이라고 해도 다 같은 맥락으로 쓰이지 않는다. 예컨대 경구나 잠언의 경우 우리는 그 말을 보고 듣고 "아, 표현이 참 기가 막히네!" 하며 넘어갈 일이 아니라 그 속에 든 의미대로 살아가도록 노력하는 것이 더 중요하다. 또 협상이나 제안의 경우, 그 말을 듣고 자신에게 유리한 쪽으로 해석하며 웃고 넘어갈 게 아니라 그 속에 담긴 발언자의 의도며 미래에 끼치는 영향 등에 대해 치밀하게 분석하는 일이 더 중요하다.

절림돌
● 說은 발음이 세 가지가 있다. '설'이면 말하다, 이해하다는 뜻이고, '열'이면 기뻐하다, 좋아하다는 뜻이고, '세'면 유세하다는 뜻이다. 훗날 두 번째 의미는 열悅이란 단어로 분화되었다. 『논어』의 說은 맥락에서 따라 구분해서 번역하고 독음을 달아야 한다. 여기서는 열과 설 두 가지 모두 가능하다.

09-25 [235]

공 선생님이 일러주었다. "[군자는] 충실과 믿음을 [자기 행동의] 주인으로 삼고, 자기만 못한 자와 친구로 사귀지 말고, 잘못을 저지를 경우 [반성하고서] 고치는 일을 피하지도 싫어하지도 말라."

子曰: "主忠信, 毋友不如己者, 過則勿憚改."
자왈: "주충신, 무우불여기자, 과즉물탄개."

상황
● 내용이 01.08[008]과 완전히 중복되고 12.10[315]와 부분적으로 중복된다. 삶을 충실과 믿음에다 돛대를 세우면 갑작스레 자신을 나락으로 떨어뜨리는 일이 생기지 않는다.

09-26 [236]

공 선생님이 단호하게 말했다. "세 부대로 편성된 군대의 장수를 포로로 잡을(죽일) 수 있지만, 별 볼일 없는 남정네(여편네)의 뜻(기개)을 꺾을 수는 없다네."

子曰: "三軍可奪帥也, 匹夫不可奪志也."
자왈: "삼군가탈수야, 필부불가탈지야."

상황
● 사람이 살아 있는 한 빼앗길 수 없는 최후의 보루를 말하고 있다. 우리가 인격을 가진 인간으로서의 삶을 지탱할 수 있는 힘은 자존심이다. 사전적으로 자존심은 남에게 굽힘이 없이 제 몸이나 품위를 스스로 높이 가지는 마음을 가리킨다. 그렇지만 이것은 자칫하면 우쭐거림, 거들먹거림, 위신, 체면, 자만, 허영, 질투 등과 뒤엉켜 구분이 되지 않을

수도 있다. 공 선생은 사람에게 빼앗을 수 없는 불가침의 영역을 지志로 표현했다.

걸림돌

● 필부匹夫는 제 아내만 건사하는 남정네를 가리킨다. 상대되는 말로 필부匹婦가 있다. 이제는 원문에 들어 있는 성적 차별을 기계적으로 번역할 필요는 없을 듯하다. 따라서 여기서 필부는 필부필부匹夫匹婦를 줄인 말로 본다. 이런 것이 고전을 새롭게 읽는 독법이다.

깊이 읽기

도덕적 기개, 질 수는 있으나 꺾이지 않는 힘

역사 영화나 드라마를 보면 경쟁하던 세력의 승패가 갈린 뒤 패자가 승자에게 붙잡혔을 때 고개를 빳빳하게 드는 인물이 있는가 하면 고개를 떨군 채 상대방의 자비에 호소하는 인물이 있다. 전쟁 영화를 보면 싸움에서 진 뒤 포로가 된 이가 적에게 어서 죽여달라고 당당하게 말하는 경우도 있고, 아군의 정보를 적에게 말해주며 살길을 도모하는 경우도 있다. 여기서 패했음에도 불구하고 자신의 존재감을 굳굳하게 유지하는 힘을 기개 또는 지志라고 한다. 힘이 달려 싸움에서 졌을 뿐이지 명분과 대의는 결코 잘못된 것도, 승부에 의해 진 것이 아니기 때문이다.

전쟁은 주관적인 측면도 중요하지만 객관적인 전력을 무시할 수 없다. 압도적인 전력 차이로 적에게 사로잡힐 수도 있고 그들의 판단에 따라 목숨이 처분될 수도 있다. 이 일들은 내가 어찌할 수 없는 힘 바깥의 영역이기 때문에 싸움에 졌다고 해서 내가 완전히 무너지는 것은 아니다. 또 내가 진 것은 내가 가진 것의 일부분이지 전부가 아니다. 또 졌다고 해서 전쟁을 한 모든 이유와 정당성이 부정되는 것도 아니다. 그냥 싸움에 졌을 뿐이다.

그렇다면 물리적 힘 이외의 기개의 존재를 어떻게 확인할 수 있는가? 몸이 한

걸음도 움직일 수 없는 한계상황에 이르더라도 무자비한 폭력과 명령이 아니더라도 우리는 움직인다. 우리가 자율적인 판단으로 옳은 것을 판단하고 그것을 실천하는 것이 사람다운 삶과 직결된다고 여길 때 판단과 실천을 방해하는 것에 대항할 수 있다. 이 옳은 것을 위한 맞섬은 모든 위험을 위험으로 보지 않고 위기에 꺾이지 않게 해준다. 이러한 힘이 도덕적 기개이다.

◎ 위 글을 읽고 "도덕적 기개로 연결하여 설명할 수 있는 생활의 체험에는 어떤 것이 있을까?"를 설명해보자.

09-27 [237]

공 선생님이 칭찬했다. "다 떨어진 솜 두루마기를 걸치고서 여우나 담비 털의 갖옷을 차려입은 사람과 나란히 서서 조금도 꿀리지(부끄러워하지) 않을 사람이 있다면 다름 아니라 바로 자로일 게다. 〔『고대 시가집〔시경〕』에서 읊고 있다.〕 '질투하지도 않고 탐내지도 않으면 어찌 착하지 않은가?'"

자로가 〔바로 이거다 싶어서〕 앉으나 서나 이 시구를 중얼거렸는데 죽을 때까지 그럴 요량이었다.

공 선생님이 〔자로의 행동을 보고〕 한마디 했다. "겨우 이까짓 말을 가지고 어찌 완전하다고 할 것인가?"

子曰:"衣敝縕袍, 與衣狐貉者立, 而不恥者, 其由也與? '不忮不求, 何用不臧?'" 子路終
자왈 : "의폐온포, 여의호맥자립, 이불치자, 기유야여? '불기불구, 하용부장?'" 자로종
身誦之. 子曰:"是道也, 何足以臧?"
신송지. 자왈 : "시도야, 하족이장?"

상황
● 주위의 말에 이리저리 흔들리지 않는 자로의 우직한 삶의 자세가 드러나 있다. 11.15[283]에서 자로는 먼저 꾸중을 받았다가 다음에 칭찬을 받는다. 함께 읽어보시길. 05.15[107]과 12.12[306]을 보면 행동 지향적인 자로의 특성이 여실히 드러난다.

걸림돌
● 공 선생은 왜 자로의 우쭐거림을 완전하지 않다고 했을까? 사람이 살아가는 어떤 사회도 소유, 영향력, 지위 등의 차이가 없는 곳이 없다. 어떤 의미에서 근대사회는 이런 차이가 신분이 아니라 노력에 의해서 좌우되는 사람살이이다. 아울러 법은 차이가 차별로 진행되지 않도록 하는 방어벽의 역할을 한다. 이런 방어벽이 없는 고대사회에서 차이는 쉽게 경제 외적 강제, 즉 지배계급이 경제적인 수단에 의존하지 않고 신분과 폭력에 의거해서 피지배계급을 마음대로 부리는 힘을 낳는 원인이 될 수 있었다. 자로는 눈에 보이는 의복의 현격한 차이에도 전혀 영향을 받지 않는 기개를 가지고 있다. 이 점은 차이 앞에 주눅 들어 이야기도 제대로 하지 못하고 고개만 끄덕이는 소시민의 심성과 비교해도 돋보인다. 문제는 그다음이다. 그러한 기개로 무엇을 할까? 즉 기개는 사람이 차이에 위축되고 않고 다른 조건의 사람들과 어울려 지내게 하는 전제로는 충분하지만 적극적으로 무엇을 만들어가야 하는지의 목표로는 부족한 점이 있다.

09-28 [238]

공 선생님이 한마디를 툭 던졌다. "[저기 저 숲을 보게나.] 날씨가 추워진 다음에야 소나무와 측백나무가 나중에 시들어 떨어지는 걸 안다네."

子曰: "歲寒然後, 知松柏之後凋也."
자왈: "세한연후, 지송백지후조야."

상황 ● 예리한 시인의 눈으로 자연의 현상을 관찰한 것이다. 여기서는 날씨와 나무가 모두 비유적인 맥락으로 쓰이고 있다. 많은 사람들이 소나무나 측백나무를 보았겠지만 이처럼 의미의 울림을 주는 이가 드물었다.

김정희(金正喜, 1786~1856), 〈세한도歲寒圖〉, 23.3×108.3㎝, 국보 제180호, 손창근 소장.

걸림돌 ● 1) 추운 날씨는 '겨울'이나 '동토凍土'와 같은 혹독한 시련을 나타낸다. 이 시련이 무엇과 관련되는지는 분명하지 않다. 그 결과 이 구절은 변화하는 인심과 세태를 꼬집는 말로도 읽히고 국가의 위기 상황에서 군자와 소인이 뚜렷하게 나뉜다는 문맥으로도 읽힌다. 어떤 것이 맞고 틀렸다기보다는 시련이 오면 진짜와 가짜, 진정과 가식이 구분된다는 정도로만 읽어내면 좋겠다.

2) 후後의 의미에 너무 집착하지 말자. 글자 자체에만 주목하면 뒤

를 뜻하는 후가 앞을 뜻하는 선에 대비된다. 하지만 앞에 지든 뒤에 지든 떨어진다는 점에서 동일하다. 이로써 선조와 후조 사이의 구별이 그다지 중요하지 않게 된다. 후는 모든 잎이 다 떨어진 뒤에도 남아 있는 그 상태를 가리킨다. 여기에 초점을 두면 후를 부정의 뜻으로 보는 편이 더 좋을 듯하다. 지는 것과 지지 않는 것의 차이는 너무나 현격하여 확실하게 구별되기 때문이다.

3) 장 선생(장자, 장주)도 소나무와 측백나무에 주목했다. 하지만 그이는 후조의 돋보임에 주목하지 않고 그것의 정기에 주목한다. "다른 나무와 달리 소나무와 측백나무는 정기를 지니고 있어서 겨울이나 여름이나(결국 사시사철) 늘 푸르고 푸르다"(안동림 역주, 「덕충부德充府」, 『장자』, 150쪽 참조).

◎ 『논어』에 나오는 나무를 확실하게 알려면 강판권이 쓴 『어느 인문학자의 나무 세기』와 『공자가 사랑한 나무 장자가 사랑한 나무』(민음사, 2003)를 읽도록 한다.

09-29 [239]

공 선생님이 일러주었다. "슬기로운 자는 헷갈리지 않고, 평화를 위해 사는 이는 속을 태우지 않고, 용기 있는 자는 두려워하지 않는다."

子曰: "知者不惑, 仁者不憂, 勇者不懼."
자왈: "지자불혹, 인자불우, 용자불구."

● 인간적 나약함을 벗어날 수 있는 길을 말하고 있다. 어려운 게 아니다. 되새겨보면 의미가 마음에서 일어난다. 인의 경우 당신의 마음속에서 과도하게 높게 잡은 목표와 심하게 저주하는 적 또는 편견으로 색칠

해놓은 경쟁자를 지워라. 그러면 걱정과 불안의 절반은 줄일 수 있다. 인간인 한 부분과 한계 속에 살아가지만 전체와 보편을 지향하는 해방의 계기를 가져야 한다. 그렇지 않으면 부분은 영원히 부분으로 고립될 뿐이다. 14.30[378]과 내용이 중복된다.

09-30 [240]

공 선생님이 이야기했다. "함께 공부할 수는 있지만 더불어 길(목표)로 나아갈 수 없다. 더불어 길(목표)로 나아갈 수는 있지만 자리(기회)를 함께할 수 없다. 자리를 함께할 수는 있지만 일시적 상황 판단[권權]을 공유할 수는 없다."

子曰: "可與共學, 未可與適道. 可與適道, 未可與立. 可與立, 未可與權."
자왈: "가여공학, 미가여적도. 가여적도, 미가여립. 가여립, 미가여권."

상황

◉ 왼쪽으로 이동하면 함께할 여유가 늘어나고, 오른쪽으로 이동하면 혼자서 고독하게 설 가능성이 늘어난다. 어디까지가 부담 없이 함께할 수 있는 일이고, 어디서부터가 첨예하게 갈려서 함께할 수 없는 지점인가를 말하고 있다. 친구끼리는 사업을 같이하지 말라고 하고, 정치 이야기를 하지 말라고 한다. 이 경우 끊임없이 순간순간 판단을 내려야 하거나 제한된 후보 중에서 불가피한 선택을 해야 하므로 아무리 친한 친구라도 생각이 엇갈릴 수밖에 없다. 몇 번의 다름은 그냥 넘어가겠지만 되풀이되는 엇갈림은 친구 아닌 사이보다도 더 깊은 상처를 주고 헤어질 수 있다. 우리도 '권權'에 이르러서는 결국 영원히 혼자일 수밖에 없다. 다르다고 미워할 일이 아니라 다름이 다채로움으로 이어지도록

각자 자신의 길을 아름답게 가꿀 일이다.

09-31 [241]

〔『고대 시가집〔시경〕』에서 시를 읊는다.〕 "산앵두나무의 예쁜 꽃이여, 바람에 날리다 오므리는구나. 어찌 그대를 생각하지 않으리오. 다만 집이 멀리 떨어져 있네."

공 선생님이 비평했다. "아직 참으로 생각하지 않는 거다. 참으로 생각한다면 과연 극복할 수 없는 먼 거리가 있겠는가?"

"唐棣之華, 偏其反而. 豈不爾思? 室是遠而." 子曰 : "未之思也, 夫何遠之有?"
"당체 지화, 편기 반이. 개불이사? 실시 원이." 자왈 : "미지 사야, 부하 원지 유?"

상황 ― ◉ 연인끼리 서로 보고 싶어하면서도 멀리 떨어진 거리를 안타까워하는 시를 공 선생이 비평하고 있다. 원래의 시는 "눈에서 멀어지면 마음에서 멀어진다Out of sight, out of mind"는 속담의 고대판이다. 그러나 공 선생은 물리적 거리가 극복될 수 없는 치명적인 장애가 되지는 않는다고 말한다.

걸림돌 ― ◉ 왜 객관적 거리가 문제가 되지 않을까? 진정으로 한 사람을 그리워하면 눈으로 담을 수도 있지만 마음으로도 담을 수 있다. 그리고 공간적·시간적 거리가 사람 사이를 멀게 하는 요인이라면, 우리에게 역사적 사건과 인물은 아무런 의미가 없어진다. 우리가 그것에 다가가 의미를 캐내는 한 역사는 우리에게 도움을 줄 것이다. 따라서 거리에 좌절한다면 사랑도 배움도 불가능해지므로 공 선생이 흥분할 수밖에 없다.

10篇

일상생활의 편
문명화의 편

● 일상생활의 편
● 문명화의 편

제10편은 보통 '향당'으로 불린다. 이 편은 "공자어향당孔子於鄕黨"으로 시작하는데 네 번째와 다섯 번째 낱말을 표제어로 삼은 것이다. 편집자가 생각하기에 '공자'를 제목으로 삼기에는 좀 그렇고, '공자어향당' 하면 너무 길고, '어향당' 하려니 전례가 없어서 아마 고민하다 다른 제목과 중복이 되지 않는 '향당'으로 정했을 것이다. 다른 편과 달리 '향당'은 이 편에서 서술하는 내용의 일부분을 포괄할 수는 있다. 그러나 많은 부분이 향당이 아니라 조정에서 보이는 공 선생의 처신을 다루고 있다. 이에 향당이 전체의 내용을 포괄한다고는 할 수 없다.

제삼자가 공 선생을 밀착하며 그이의 일거수일투족을 취재하고 있다. 취재자는 공 선생이 가는 모든 곳을 동행하므로 친족의 일원이면서도 학파의 일원으로 보인다. 제5편의 1장에 공 선생의 사위로 나오는 공야장이 아니면 같은 편의 2장에 조카사위로 나오는 남용이 아닐까 추측된다. 물론 여러 사람들이 공 선생을 관찰한 것을 편집한 것일 수 있다. 그이의 눈에 비친 공 선생의 모습은 사실 나머지 19편에 발언자로 등장하는 공 선생의 밑그림이다. 이 편은 원래 전체가 한 장으로 간주된다. 그렇지만 내용이 하나로 통일되지 않아 분절했는데 그 방식이 똑같지 않다. 여기서 비슷한 항목끼리 묶어서 하나의 단위로 처리했다.

공 선생의 행동이 관찰되는 공간은 향당, 조정, 종묘, 사절로 간 외국의 조정 등 광범위하다. 결국 그이가 갈 수 있는 모든 공간이 관찰의 대상이 된 것이다. 관찰의 내용은 말하는 자세, 몸을 놀리는 태도, 상황에 따른 표정의 변화, 의복이나 음식 생활의 습관, 수면 태도 등 일상생활을 다루고 있다. 이런 점에서 나는 이 편을 〈일상생활의 편〉으로 명명하고자 한다. 곳곳에서 음식에 대한 까다로운 주문이 나온다. 이것은 공 선생의 식생활 습관이 귀족적이어서가 아니라 위생에 대한 고려에서 나온 것이라고 볼 수 있다. 고대사회에서 식중독이 급사의 원인이 되는 경우가 많았기 때문이다.

이 장은 사람 사이를 부드럽게 하면서 품위를 유지하는 일종의 삶의 규칙을 담고 있는데, 이 규칙을 수행하다 보면 사람 자체가 한결 고양된 존재로 바뀌게 된다. 이런 점에서 나는 이 편을 〈문명화의 편〉으로 명명하고자 한다. 이 편을 제대로 감상하려면 노르베르트 엘리아스Norbert Elias의 『매너의 역사』, 『문명화과정 I, II』, 『궁정사회』 등을 함께 읽으면 좋다. 따분하고 지겹다고 연구 대상에서 제쳐놓았지만 엘리아스는 궁정 사회에서 서양의 역사에 내재한 문명화의 흐름을 읽어냈다.

10-01 [242]

공 선생님이 씨족(생활) 공동체에서는 [어른을 모시므로] 다소곳하게 굴어서 마치 말할 줄 모르는 사람처럼 보였다.

그러나 종묘나 조정에서는 [예법이나 정사는 꼼꼼하게 따져야 하므로] 유창하게 줄줄 이야기하곤 했지만 결코 함부로 나서지 않았다.

孔子於鄕黨, 恂恂如也, 似不能言者. 其在宗廟朝廷, 便便言, 唯謹爾.
공자어향당, 순순여야, 사불능언자. 기재종묘조정, 편편언, 유근이.

상황 —— ● 사적인 생활공간과 공적인 정치 공간에서 다르게 행동하는 맥락을 말하고 있다. 정치의 장에서는 의사 결정 과정에 참여하여 합리적이며 최선의 결론을 도출해야 하므로 할 말을 해야 한다. 반면에 생활공간에서는 이성보다는 경험이 중시되므로 자신이 나설 일이 없으면 조용히 일의 진행을 지켜보았다.

10-02 [243]

공 선생님이 조정에서 [임금이 아직 오지 않았을 때] 하대부와 이야기하면서 부드럽게 꼬치꼬치 캐물었다. 상대부와 이야기할 때 깍듯하되 할 말은 했다. 반면에 임금이 조회에 나오면 다소곳하며 머뭇거렸다.

朝, 與下大夫言, 侃侃如也. 與上大夫言, 誾誾如也. 君在, 踧踖如也, 與與如也.
조, 여하대부언, 간간여야. 여상대부언, 은은여야. 군재, 축적여야, 여여여야.

상황 —— ● 앞 장과 마찬가지로 조정에서의 몸가짐을 말하고 있다. 임금이 있을 때는 태도가 한결 조심스러웠다. 분위기를 나타내는 말이 11.13[281]

에도 거의 같이 중복되고 있다.

10-03 [244]

임금(제후)이 공 선생님을 불러서 외국의 사절을 접대하게 하면 표정은 상기되었고 발걸음은 빠릿빠릿했다.

양쪽으로 나란히 선 사절과 인사(읍)할 때 왼편 사절에게는 왼손을 위에 얹고 오른편 사절에게는 오른손을 위에 얹었으며 몸을 구부렸다 폈다 해도 옷의 주름이 헝클어지지 않고 가지런했다.

빠르게 앞쪽으로 나아갈 때 나는 듯 사뿐히 움직였다. 사절과 작별을 한 뒤에 반드시 임금에게 보고했다. "사절이 뒤돌아보지 않았습니다."

君召使擯, 色勃如也, 足躩如也, 揖所與立, 左右手, 衣前後, 襜如也, 趨進, 翼如也, 賓退,
군소사빈, 색발여야, 족곽여야, 읍소여립, 좌우수, 의전후, 첨여야, 추진, 익여야, 빈퇴,

必復命曰: "賓不顧矣."
필복명왈: "빈불고의."

상황 ◉ 외교 사절을 접대하는 장면을 그림 그리듯 묘사하고 있다. 마지막의 말은 일을 잘 끝냈음을 비유적으로 표현한 것이다. 뭔가 빠진 것이 있다 싶으면 뒤를 돌아보게 되는 인간의 행태를 전제로 말하고 있다.

10-04 [245]

공 선생님이 궁문을 들어갈 때는 활처럼 몸을 굽혀서 비좁은 곳을 지나가듯이 했다.

〔걸음을 멈출 일이 있어도〕 대문 한가운데에 멈춰 서지 않았고, 문지방을 밟고서 넘어가지 않았다.

〔안쪽 문에 이르러 임금의〕 자리를 지날 때 표정은 상기되었고 발걸음은 빠릿빠릿했으며 말수가 적어졌다.

옷자락을 손으로 여미고서 정청政廳을 오를 때 활처럼 몸을 굽히고 숨을 죽여 마치 숨을 쉬지 않는 듯했다.

〔그이는 조정을〕 나와 계단을 한 층 내려선 다음에야 긴장을 풀고 얼굴색이 편해졌다. 계단을 다 내려와서 빠르게 앞쪽으로 나아갈 때 나는 듯 사뿐히 움직였다.

〔그이는〕 자신의 자리로 돌아와서는 다소곳하게 있었다.

入公門, 鞠躬如也, 如不容. 立不中門, 行不履閾. 過位, 色勃如也, 足躩如也, 其言似不足
입공문, 국궁여야, 여불용. 입불중문, 행불리역. 과위, 색발여야, 족곽여야, 기언 사부족

者. 攝齊升堂, 鞠躬如也, 屛氣似不息者. 出, 降一等, 逞顏色, 怡怡如也. 沒階, 趨進, 翼如
자. 섭자승당, 국궁여야, 병기 사불식자. 출, 강일등, 영안색, 이이여야. 몰계, 추진, 익여

也. 復其位, 踧踖如也.
야. 복기위, 축적여야

상황

● 임금과 있을 때 극도로 조심하는 모습을 그리고 있다. 우리에게 이런 장면은 꽤 낯설어 보이고 갑갑하게 느껴질 수 있다.

조정은 최고이자 최종의 의사 결정 기구이다. 어떤 정책이 한 번 결정되면 국민의 생활에 직간접으로 영향을 끼친다. 현실화되지 않은 미래의 결과까지 고려한 판단을 내려야 하므로 그 속성상 진지하고 엄숙

할 수밖에 없다. 공 선생도 사람인지라 조정을 빠져나오자마자 얼굴색이 화사해지고 걸음걸이가 사뿐사뿐해진다.

걸림돌 ● 승당升堂의 풀이는 주의를 필요로 한다. 자칫하면 '오른다'는 뜻의 '승升'과 '마루'라는 뜻의 '당堂'에 사로잡혀서 그것을 낮은 지면에서 높은 마루로 올라선다고 볼 수 있다. 하지만 이 풀이는 맞지 않다. 중국은 우리나라와 달리 신을 신은 채 실내에서 생활하므로 신발을 벗고 오르는 마루가 없기 때문이다. 또 당은 군주가 신하들과 함께 정무를 논의하는 장소, 즉 정청政廳을 가리킨다. 그래서 승당은 정청에 들어선다, 조회에 참여하다, 출근하다는 뜻으로 쓰인다. 이때 승은 아래에서 위라는 공간적 이동이 아니라 민간인의 집에서 군주가 있는 장소로 옮긴다는 신분(역할)의 변화에 초점이 있다.

10-05 [246]

〔공 선생님이 외국에 사신으로 가서 신분을 증명하는〕 규를 쥘 때 〔뻣뻣하게 서지 않고 사안의 무게로 인해〕 활처럼 몸을 굽혀 힘에 버거운 듯했다.

〔의식을 치르며〕 그것을 쳐들더라도 읍(인사)하듯 했고 내리더라도 뭔가를 건네주는 듯했다.

표정은 전장에 있는 듯 상기되었고 앞의 옷자락을 든 채 종종걸음을 쳤다.

〔방문국의 제후에게 예물을 주는〕 향례를 치를 때 〔임무가 진행되었으므로〕 긴장이 풀리고 표정이 부드러워졌다.

〔과거의 인연을 빌려 사적으로〕 예방국의 인사를 만날 때 웃음을 잃지 않았다.

執圭, 鞠躬如也, 如不勝. 上如揖, 下如授. 勃如戰色. 足蹜蹜如有循. 享禮, 有容色. 私覿,
집규, 국궁여야, 여불승. 상여읍, 하여수. 발여전색. 족축축여유순. 향례, 유용색. 사적,

愉愉如也.
유유여야.

● 사신으로 나가서 공적인 일을 할 때와 사적인 교제를 할 때의 풍경을 그리고 있다. 사신으로 가면 최초의 회합에서 일의 진행까지는 초긴장이다. 사소한 실수나 결례로 일이 틀어지면 양국의 우호에 치명적인 영향을 주기 때문이다. 이러한 막중한 책임은 공 선생을 한층 더 신중하고 조심하게 만들었을 것이다.

상황

10-06 [247]

군자는 짙은 파랑색과 진보라색으로 옷깃을 두르지 않았고, 붉은색과 자주색으로 평상복을 짓지 않았다.

더울 때 홑겹의 칡옷을 입지만 [먼저 속옷을 입고 몸이 보이지 않게] 반드시 겉에 받쳐 입었다.

[추울 때] 검은색의 옷에는 새끼 염소의 [검은] 갖옷(외투)을 맞춰 입고, 흰색의 옷에는 새끼 사슴 갖옷을 맞춰 입고, 누른색의 옷에는 여우 갖옷을 맞춰 입었다.

집에서 자주 입는 갖옷은 기장이 길었지만 [주로 사용하는] 오른 소매를 조금 짧게 했다.

반드시 [활동복과 별도로] 잠옷을 갖추었는데 기장이 몸길이의 1.5배가 되었다.

[실내에서는] 여우나 담비의 두꺼운 털가죽을 깔고 생활했다.

상복을 벗은 뒤에는 다시 빠뜨리지 않고 패물을 몸에 찼다.

조회용이나 제사용 옷(치마)이 아니라면 반드시 옷에 주름을 잡았다.

새끼 염소의 검은 갖옷과 검은 관 차림으로 조문을 가지 않았다.

매달 초하루에는 반드시 조회용 의복을 차려입고 조회에 참가했다.

君子不以紺緅飾, 紅紫不以爲褻服. 當暑, 袗絺綌, 必表而出之. 緇衣羔裘, 素衣麑裘, 黃衣
군자불이감추식, 홍자불이위설복. 당서, 진치격, 필표이출지. 치의고구, 소의예구, 황의

狐裘. 褻裘長, 短右袂. 必有寢衣, 長一身有半. 狐貉之厚以居. 去喪, 無所不佩, 非帷裳, 必
호구. 설구장, 단우몌. 필유침의, 장일신유반. 호맥지후이거. 거상, 무소불패. 비유상, 필

殺之. 羔裘玄冠不以弔. 吉月, 必朝服而朝.
쇄지. 고구현관불이조. 길월, 필조복이조.

상황

● 다양한 상황에 따라 맞춰 입는 복식을 묘사하고 있다. 아울러 공 선생이 입는 옷으로 우리는 그 당시의 생활상(문화)과 풍속을 엿볼 수 있다.

깊이 읽기

남자는 패물로 옥을 차고 다녔다

"옛날의 군자, 즉 사士 이상의 남자는 반드시 옥玉을 찼다. [옥은 사람의 동작에 따라 소리를 내므로 그 소리에 따라 동작의 완급을 짐작하고 알맞게 조절하는 것이다.] 허리의 오른쪽에 차는 옥의 소리는 치徵와 각角의 음을 내고, 왼쪽에 찬 옥의 소리는 궁宮과 우羽의 음을 낸다. 그래서 급하게 갈 때는 [좌우의 옥 소리를 들으면서] 채제采齊●의 시를 노래하며 걸음을 늦추고, 또 천천히 걸을 때에는 사하肆夏●의 곡을 노래하며 다소 빠르게 하는 것이다.

군자는 옥을 차고 있으므로 몸을 되돌릴 때는 둥근 원을 그리는 것 같고, 좌우로 구부릴 때는 직각을 그리는 것 같다. 또 앞으로 나갈 때는 [패옥이 흔들려서 소리가 나기 쉬우므로] 손으로 누르고, 뒤로 물러날 때 [패옥의 소리가 잘 나지 않으므로] 가볍게 움직임으로써 옥이 아름다운 음향을 울리게 한다. 그러므로 군자는 수레 위에 있으면 난화鸞和, 즉 방울의 소리를 듣고, 걸어갈 때에는 패옥의 소리를 들으며, 항상 침착하게 평화로운 기분으로 있기 때문에 사악한 마음이 들어오지 못한다.

세자는 임금의 곁에 있을 때는 옥을 차[서 소리나]지 않는다. 왼쪽 허리에 옥을 차고는 있으나 꼭지를 짧게 잡아매어 소리가 나지 않도록 하고, 오른쪽에는 송곳과 부싯돌을 찬다. 항상 좌우에 옥을 차지만 임금 앞에 나아갈 때에는 서로 묶어 놓는 것이다.……

큰 허리띠에는 반드시 옥을 찬다. 다만 상중에 있는 동안에는 옥을 차지 않는다. 패옥에는 충아衝牙라는 부분이 있는데 여기에서 소리가 생긴다. 군자는 별일이 없는 한 옥이 몸에서 떠나지 않는다. 군자와 옥은 서로 특징이 비슷하기 때문이다."

—— 이상옥 옮김, 「옥조玉藻」, 『예기禮記 —중』(명문당, 1991), 114~115쪽.

◎ 위 글을 읽고 "고대의 패옥과 현대의 장신구가 어떻게 다른 기능을 할까?"에 대해 이야기해보자.

● 채제와 사하는 오늘날 가사와 곡이 알려지지 않지만 연회에서 손님을 맞이하면서 사용하는 악곡이다. 채제는 주인과 손이 문밖에 있을 때, 사하는 당堂에 오를 때 읊었다.

10-07 [248]

〔제사가 다가와〕공 선생님이 목욕재계를 할 경우 반드시 베로 만든 깨끗한 옷을 준비해두었다 입었다. 재계를 할 동안에 반드시 향이 강하고 양념이 많은 평소 음식을 덜 자극적인 걸로 바꾸어 들었고, 거처(잠자리)를 평소 아내와 같이 쓰던 곳에서 다른 곳으로 바꾸었다.

齊必有明衣, 布. 齊必變食, 居必遷坐.
제필유명의, 포. 제필변식, 거필천좌.

● 제사를 지내기까지 엄숙하게 준비하고 몸을 정갈하게 유지하는 과정을 그리고 있다. 오늘날은 이와 같이 제사 지내는 분위기를 쉽게 볼 수 없게 되었다. 내가 있는(존재하는) 것이 내가 잘나서 그런 것이 아니라 나를 있게 한 근원으로부터 끊임없이 이어져온 기원과 유대로부터 비롯되었다고 생각하면 '나'는 조상에 대해 다른 정서적 반응을 드러낼 수 있을 것이다. 지금은 회복하기 어려운 느낌이다.

10-08 [249]

　공 선생님은 곱게 찧은 하얀 쌀밥을 싫어하지 않았고, 얇게 썬 회(아마 생선회보다는 육회)를 싫어하지 않았다.

　공 선생님은 [특히 여름에] 쉬어서 맛이 변한 밥이나 물러터진 생선과 상한 고기를 먹지 않았다.

　공 선생님은 [음식의] 때깔이 나빠도 먹지 않았고 냄새가 고약해도 먹지 않았다.

　제대로 익히지(삶지) 않은 것을 먹지 않았고, 제때 나는 것이 아니면 먹지 않았다.

　공 선생님은 칼질이 반듯하지 않으면 집지 않았고, 간이 맞지 않은 국은 뜨지 않았다.

　공 선생님은 차린 상에 고기가 많아서 [다른 때보다 더 먹더라도] 곡기(밥맛)를 잃을 만큼 먹지 않았다.

　공 선생님이 술만큼은 어떤 한도를 정해두지 않았지만(꽤 많이 즐겼지만) 취해서 몸을 가누지 못하거나 횡설수설할 정도는 되지 않았다.

　공 선생님은 [아마 위생 탓인지] 시장에서 사온 술이나 포(안주)는 집지 않았다.

　공 선생님은 [각성용이나 입가심으로] 생강 먹는 것을 거르지 않았지만 그렇다고 많이 씹지는 않았다.

食不厭精, 膾不厭細. 食饐而餲, 魚餒而肉敗, 不食. 色惡, 不食. 臭惡, 不食. 失飪, 不食.
식불염정, 회불염세. 식의이애, 어뇌이육패, 불식. 색악, 불식. 취악, 불식. 실임, 불식.

不時, 不食. 割不正, 不食. 不得其醬, 不食. 肉雖多, 不使勝食氣. 唯酒無量, 不及亂. 沽酒
불시, 불식. 할부정, 불식. 부득기장, 불식. 육수다, 불사승식기. 유주무량, 불급란. 고주

市脯不食. 不撤薑食. 不多食.
시포불식. 불철강식. 부다식.

상황
◉ 공 선생의 식생활을 기록하고 있다. 아울러 공 선생이 미식가라는 점이 엿보이기도 한다. 그렇지만 이 장은 특히 무엇을 잘 먹는가보다 어떤 경우에 먹지 않는가에 초점이 있다. 공 선생의 식성이 까다롭다고 볼 이유는 없다. 물론 몇 군데에는 품위와 관련된 내용이 있다. 고대사회의 질병은 전염병으로 생기기도 하지만 불철저한 위생으로 발병하기도 했다. 석가모니는 80이 넘은 고령 때문이기도 했겠으나 상한 돼지고기로 인해 식중독에 걸려 사망했다고 한다. 고대에는 냉장고도 없고, 방부 처리 기술도 발달하지 않고, 음식이 풍족하지 않았으므로 상한 음식을 먹는 것은 치명적인 질병의 원인이 되곤 했다. 원문을 찬찬히 읽어보면 공 선생이 음식의 부패에 민감하다는 것을 엿볼 수 있다.

디딤돌
◉ 공 선생은 어떤 음식을 먹었고 어떻게 요리를 했을까? 위의 글을 보면 공 선생은 도덕 교사라기보다 미식가로서 우리에게 퍽 친근하게 느껴진다. 공 선생의 시대에 식재료와 조미료 그리고 조리법에 대한 일단의 정보를 알아보면 다음과 같다.

"당시의 동물성 식품은 소, 말, 양, 돼지, 개와 토끼, 사슴, 산돼지 등이며 조류로는 사냥한 기러기, 고니, 꿩, 비둘기, 참새와 집에서 기르는 오리, 닭 등이 있었고 어류에는 잉어, 붕어, 장어 등이 사용되었다.

식물성 식품으로는 조, 차조, 메기장, 찰기장, 보리, 밀이 이용되었고, 화산華山 근처에서 생산되는 벼와 대두는 춘추시대 초기에 동북 지역에서 전래되었다고 한다. 채소 중에는 부추와 오이, 생강 등이 이미 재배되고 있었으며 죽순, 고사리, 여뀌, 냉이, 가지 등도 있었다. 과일로는 복숭아, 자두, 배, 밤, 대추 등이 있었고 그중 밤은 빈민의 음식이었다고 한다.

조미료로는 혜醯로 불린 식초와 젓갈인 해醢 등이 있었고, 곡물을 일주일 정도 물에 담가서 만든 장漿이라는 유산 음료도 있었다.

이들 재료를 이용한 다양한 조리법이 일찍부터 발달했는데, 육류를 얇게 썰어서 식초로 버무린 것이 회膾이고, 야채를 소금에 절인 것을 저菹라고 하였다. 또한 불에 직접 굽는 것을 번燔이라 하고, 꼬치에 꿰어 굽는 것을 적炙, 점토 등으로 싸서 굽는 것을 포炮라 하였다. 찌는 것을 증蒸, 삶는 것을 팽烹 혹은 자煮라 하였고, 푹 삶는 것을 외煨, 약한 불에서 오랫동안 달이는 것을 민燜, 부글부글 끓이는 것을 오熬라 하였다.”〔진순신·오자키 호츠키 엮음, 이언숙 옮김, 『영웅의 역사 7: 대제국의 황제』(솔출판사, 2000), 5~7쪽〕

◎ 고대사회의 음식 문화를 자세하게 알고 싶으면 장징이 쓰고, 박해순이 옮긴 『공자의 식탁』(뿌리와이파리, 2002)을, 전염병이 인간에게 미친 영향을 확인하려면 윌리엄 H. 맥닐이 쓰고 허정이 옮긴 『전염병과 인류의 역사』(한울, 1998)를 읽어보면 좋다.

10-09 [250]

종묘와 같은 국가 차원의 전례에 참여하고 〔나눠 받은〕 고기는 하룻밤을 넘기지 않았다.

〔자기 또는 다른〕 집에서 지낸 제사의 고기는 길어도 사흘을 넘기지 않았다.

사흘을 넘기면 〔상했을까 봐〕 먹지 못하게 했다.

祭於公, 不宿肉. 祭肉, 不出三日. 出三日, 不食之矣.
제어공, 불숙육. 제육, 불출삼일. 출삼일, 불식지의.

● 제사 지낸 음식에 대한 위생을 말하고 있다. 국가적인 제례의 경우

제사를 올리고 나서 제물, 특히 고기를 군주가 관료들에게 나누어주는 풍습이 있다. 국가의 수호신이 흠향歆饗하신 음식을 나누어 먹음으로써 운명 공동체의 소속감을 높였다고 할 수 있다.

10-10 [251]

공 선생님은 식사 중에 이래라저래라 말을 건네지 않았고, 잠자리에 들어서는 (부인과) 베갯밑송사를 나누지 않았다.

食不語, 寢不言.
식불어, 침불언.

상황
● 일상의 예절을 소개하고 있다. 나는 자라면서 밥상머리에서 말하지 말라는 주의를 들었다. 이것이 공 선생의 말씀에 뿌리를 두고 있는 것인지 모르겠다.

10-11 [252]

공 선생님은 푸석푸석한 밥과 멀건 나물국을 들 때라도 꼭 (감사의 뜻을 표시하는) 고수레를 했는데, 그 모습이 진지했다.

雖疏食菜羹, 瓜祭, 必齊如也.
수소식채갱, 과제, 필제여야.

상황
● 공 선생은 고수레도 진지하게 했다. 고수레는 사람들이 들이나 산으로 놀이를 가거나 뱃놀이 갔을 때 음식을 먹기 전에 자리 밖으로 "고수

레" 하며 음식을 조금 떼어 던지는 의식을 말한다. 땅이나 산, 물의 신에게 무사 안녕을 비는 민속 의식의 일종이다. 고수레는 소작의 처지를 동정하던 후덕한 지주 고씨를 기리는 일〔고씨례高氏禮〕에서 널리 퍼졌다는 설화가 있다. 이런 점을 보면 공 선생이 07.21[172]에서 귀신을 숭배하지 않았다고 말하지만 그것은 모든 귀신을 말하는 것이 아님을 알 수 있다.

10-12 [253]

공 선생님은 깔개(자리)가 제대로 놓여 있지 않으면 그곳에 앉지 않았다.

席不正, 不坐.
석부정, 부좌.

상황 ● 자리에 앉는 예절을 말하고 있다. 공 선생의 생활 태도는 흐트러짐이 없는 단정함으로 정리될 듯하다. 여기에는 고대인들의 생각이 있다. 비딱한 자세 자체가 문제라기보다는 그런 자세로 인해 비딱한 마음이 자신에게로 들어선다는 것이다. 단정한 자세를 하면 그 사람에게 비딱한 마음이 들어설 구석이 없다는 것이다.

10-13 [254]

공 선생님은 향음주례, 즉 마을 사람들이 모여서 음식과 술을 먹으며 질서를 확인하고 우의를 다지는 의식에서 [먼저 자리를 뜨지 않고] 지팡이를 짚은 어른이 나가면 바로 따라 나갔다.

鄕人飮酒, 杖者出, 斯出矣.
향인음주, 장자출, 사출의.

상황 ● 모임이나 회식 자리에서 빠져나오는 예절을 말하고 있다. 어른을 배려하는 장유유서가 드러나 있다.

10-14 [255]

마을 사람들이 [연말에 역귀를 몰아내는 떠들썩한 축제성 의례], 즉 **나례를** 거행하면 [참여하지 않고] 공 선생님은 조복을 차려입고 [사당의] 동쪽 섬돌에 서서 [조상의 영령이 놀라지 않을까] 염려했다.

鄕人儺, 朝服而立於阼階.
향인나, 조복이립어조계.

상황 ● 음력 섣달 그믐날 밤에 민가와 궁중에서 마귀와 사신邪神을 쫓아내기 위해 거행했던 민간 의례(풍속)를 기록하고 있다. 당시 사람들은 집안 구석구석을 다니며 땅을 밟으면 악귀를 몰아내고 복을 불러들인다고 생각했다. 오늘날 기준으로 보면 나례儺禮도 생활 공간을 위생 소독하는 것과 같은 기능을 했다. 『고려사』를 보면 1040년(고려 정종 6년)에 세밀 나례를 행하였다는 기록이 있다. 나례의 중심 역할은 방상씨方相氏

가 맡았는데, 그이는 가면을 쓰고 오른손에는 창을, 왼손에는 방망이를 들고, 황금으로 된 눈이 네 개 달린 곰 가죽을 뒤집어썼다. 한편 나례 가운데 귀신을 내모는 의식만이 아니라 유흥 놀이도 함께 있다. 이 중 처용무는 악공과 기녀가 맡았고, 곡예·희학지사戲謔之事 등은 재인才人이 담당했는데 여악女樂까지 동원되었다. 이것을 잡희·백희·나희라 하였다. 묵은 해를 보내며 그간의 애환을 위로하면서 서로 즐기는 일종의 송년 행사라고 할 수 있다.

공 선생은 나례에 참여하거나 따라다니며 즐기지 않았던 듯하다. 그이는 자신의 조상 사당에 가서 무슨 일이 생기지 않나 경계를 서고 있다. 이런 점에서 알 수 있듯이 공 선생은 민간 풍속이나 의식에 대해 그다지 적대적인 태도를 나타내지 않았다.

◎ 나례와 잡희에 대해 자세히 알고 싶으면 김학주가 쓴 『한중 두 나라의 가무와 잡희』(서울대학교출판부, 1994)와 『중국 고대의 가무희』(명문당, 2001)를 참고하라.

10-15 [256]

공 선생님은 심부름꾼을 시켜서 다른 나라에 있는 친구에게 안부를 묻고 [정리로 예물을 전할 때] 두 차례나 절을 하고 나서 사람을 출발시켰다.

問人於他邦, 再拜而送之.
문인어타방, 재배이송지.

상황 ─● 어릴 때 방학이 되면 나는 강을 건너고 먼 길을 걸어서 외갓집에 다녀오곤 했다. 며칠 있다가 집에 돌아가는 날이 되면 외할머니는 동구 밖으로 배웅을 나오셔서 내 모습이 보이지 않을 때까지 손을 흔들어주셨다. 요즘 아파트에 살 경우 손님이 오거나 갈 때 보통 현관에서 "어서 오세요", "잘 가라"는 인사를 하는 게 흔한 풍경이다. 공 선생의 배웅 장면을 보면 사람이 사람을 대하는 정성이 진하게 묻어난다.

걸림돌

● 두 번 절하는 것은 전달하기만 하면 되는 것이 아니라 자신의 마음을 잘 전달해달라는 당부를 표현한 것이다.

10-16 [257]

〔당시 노나라 정국의 실력자〕계강자가 공 선생님에게 약을 보냈다. 그이는 절(인사)을 하고서 그것을 받았다. 그러고는 답사를 했다. "구(제)가 〔약이 뭔지〕잘 몰라서 함부로 맛을 보지 못하겠사오니 〔헤아려주시기 바랍니다.〕"

康子饋藥, 拜而受之. 曰: "丘未達, 不敢嘗."
강자궤약, 배이수지. 왈: "구미달, 불감상."

상황

● 음식물을 보내면 맛을 보고 답례를 하지만 약을 맛보지 못해 양해를 구하는 장면을 그리고 있다. 지금도 우리는 누가 선물을 보내서 받으면 먼저 전화로 고마움을 전하고 나중에 답례를 하곤 한다. 계강자가 무슨 약을 왜 보냈는지, 공 선생은 왜 맛을 보지 못하는지는 알 수가 없다.

10-17 [258]

마구간(차고)에 화재가 났다. 공 선생님이 퇴근해서 이 사실을 본 뒤 걱정스레 물었다. "어디 다친 사람이 없는지?" [그러고는 다시] 말에 대해서 묻지 않았다.

廏焚. 子退朝曰: "傷人乎?" 不問馬.
구분. 자퇴조왈: "상인호?" 불문마.

상황
● 무슨 일이 있어도 사람의 생명을 우선시하는 태도를 그리고 있다. 고대사회의 도시는 유독 불에 약했다. 예를 들어 경복궁 앞의 해태상을 둔 것도 화마에 대한 불안감을 줄이고자 했던 것이다.

디딤돌
● 이 장의 끊어 읽기를 달리하여 읽을 수도 있다. '불'을 앞의 '구'에 붙여서 선택 의문문을 만드는 것이다. 즉 "傷人乎不? 問馬"라는 식이 된다. 이렇게 되면 이 구절은 "불이 사람을 다치게 했는지 않았는지를 묻고 말의 피해에 대해서도 물어봤다"는 식으로 번역된다. 이 독법은 문법적으로 가능하며, 공 선생이 사람만큼이나 물질을 아꼈다는 정치적 주장을 입증하는 데에 이바지했다. 이것은 주로 유물주의 계급사관으로 중국 철학사를 해석하려는 시도에서 행해졌다.

10-18 [259]

임금이 공 선생님에게 음식물을 내려주면 꼭 자리를 정돈하고서 먼저 맛을 보았다.

또 임금이 날고기를 보내주면 꼭 익혀서 〔사당에〕 바쳐 조상의 영령이 드시게 했다.

또 임금이 생물을 보내주시면 〔잡아서 음식물로 쓰지 않고〕 꼭 길렀다.

공 선생님이 임금을 모시어 식사를 할 때, 임금이 고수레를 하면 자신이 먼저 음식을 먹어봤다.

君賜食, 必正席先嘗之. 君賜腥, 必熟而薦之. 君賜生, 必畜之. 侍食於君, 君祭, 先飯.
군사식, 필정석선상지. 군사성, 필숙이천지. 군사생, 필휵지. 시식어군, 군제, 선반.

상황 ─● 군주가 음식을 선물로 보내면 각각의 경우 합당하게 처리하는 장면이다. 군주는 왜 공 선생에게 선물을 줄까? 선물을 받은 공 선생은 어떻게 해야 할까? 공 선생은 받은 것을 고마워하며 가만히 있을 수는 없다. 그렇다고 임금에게 자신이 받은 등가물을 되돌리는 것도 예에 어긋나는 짓이다. 여기서 선물을 받은 이는 자신의 능력으로 군주에게 되갚을 수 없다면, 평생 언젠가는 갚아야 하는 부채 의식을 갖게 된다. 등가물에 상응하게 갚으려면, 자신에게 있는 것 중에서 할 수 있는 최대한의 것을 바치면 된다. 즉 국난과 위기의 상황에서 신하는 군주를 위해서 목숨을 초개처럼 버리는 것이다. 이로써 부채 의식은 종료된다. 선물의 하사(증여)로 시작되었지만, 주는 자와 받는 자 사이에는 은혜, 보답, 응분의 책임, 총체적 질서 등 다양한 관념이 생겨난다.

깊이 읽기

선물의 이동은 사회질서의 형성을 낳는다

"'하우hau에 대해 말씀드리겠습니다. '하우'는 부는 바람이 아닙니다. 그러한 것이 결코 아닙니다. 예를 들어 당신이 어떤 특정한 물품(타옹가)을 갖고 있어 그것을 나에게 준다고 가정합시다. 또 당신이 그것을 일정한 대가도 받지 않고 나에게 준다고 합시다. 우리는 그것을 매매하지 않습니다. 하지만 내가 이 물품을 제삼자에게 주면, 일정한 시간이 지난 다음 그이는 나에게 '대가utu'로서 무엇인가를 주려고 마음먹고, 나에게 무엇인가(타옹가)를 선물합니다. 그런데 그이가 나에게 주는 이 타옹가는 내가 당신한테서 받았으며 또 내가 그이에게 넘겨준 '타옹가'의 영/정령hau입니다. 나는 당신한테서 온 '타옹가' 때문에 내가 받은 '타옹가'를 당신에게 돌려주지 않으면 안 됩니다. 나로서는 그 '타옹가'가 '탐나는 것rawe'이든 '불쾌한 것kino'이든 간에 그것을 간직하는 것은 '옳지tika' 않습니다. 나는 그것을 당신에게 돌려주지 않으면 안 됩니다. 왜냐하면 그것은 당신이 나에게 준 타옹가의 '하우'이기 때문입니다. 만일 내가 이 두 번째의 '타옹가'를 갖는다면, 나는 병에 걸리거나 심지어는 죽게 될지도 모릅니다. 이러한 것이 '하우', 즉 개인 소유물의 '하우', 타옹가의 '하우', 숲의 '하우'입니다. 이 문제에 관해서는 이제 그만하겠습니다.'

이 중요한 원문에는 약간의 주석이 필요하다. …… '타옹가'와 엄밀한 의미에서의 모든 개인 소유물은 '하우', 즉 영적인 힘을 지니고 있다. 당신이 나에게 '타옹가'를 주면, 나는 그것을 제삼자에게 준다. 그러면 제삼자는 나에게 다른 '타옹가'를 준다. 왜냐하면 그이는 나의 선물의 '하우'에 의해서 그렇게 하지 않으면 안 되기 때문이다. 또한 나 자신도 당신에게 이 물건을 줄 의무가 있다. 실제로 나는 당신 타옹가의 하우의 선물을 당신에게 돌려주지 않으면 안 되기 때문이다."

── 마르셀 모스, 이상률 옮김, 『증여론』(한길사, 2002), 66~68쪽.

◎ 위 글을 읽고 "선물의 증여가 어떤 기제로 사회질서의 의식을 낳는가?"를 생각해보자.

10-19 [260]

공 선생님이 몸져누웠을 때 임금이 문병을 오면, 자신의 머리를 동쪽으로 두고, 몸 위에 조복을 올려놓고, 다시 그 위에 띠를 걸쳐서 [마치 공식적으로 조회를 하는 것처럼] 예식을 차렸다.

疾, 君視之, 東首, 加朝服, 拖紳.
질, 군시지, 동수, 가조복, 타신.

상황 ● 몸을 가눌 수 없는 상황이라도 군주와 신하의 질서를 관철시키려고 하고 있다. 자기 세계에 철저한 사람이라고 할 수밖에 없다.

10-20 [261]

임금이 [급한 일로] 공 선생님더러 '입궐하라!'는 명령을 내리면 수레에 멍에를 멜 때까지 가만히 방 안에서 기다리고 있지 않았다.

君命召, 不俟駕行矣.
군명소, 불사가행 의.

상황 ● 소중하고 한시라도 소홀히 할 수 없는 일에 대한 애정의 표현을 나타내고 있다. 옛날에는 친구가 방문했다는 전갈을 받으면 신발을 앞뒤 맞춰 신지도 못한 채로 또는 버선발로 뛰어나가 맞았다. 가만히 방에 앉아 있다가 "어서 오시게!" 하는 것과는 그림도 정리情理도 다르다.

　　친구나 애인이 찾아왔다는 소리(전화)를 듣고 헐레벌떡 자리를 박차고 나간 적이 있는 사람은 공 선생의 심정을 충분히 이해하리라.

10-21 [262]

공 선생님이 (노나라의 시조를 모신) 태묘에 들어설 적마다 모든 의례를 하나하나 물어보았다.

入太廟, 每事問.
입태묘, 매사문.

상황
● 공 선생과 같은 예식 전문가가 묻는다는 것이 사람들에게 신기하기도 하고 의아하기도 한 모양이다. 같은 내용이 03.15[055]에 좀 더 자세하게 나온다.

10-22 [263]

서로 잘 알고 지내던 친구가 (별안간) 죽어서 시신을 안치하고 장례를 치를 사람이 없는 경우가 있었다. 공 선생님이 지시했다. "우리 집에 빈소를 마련하지요."

朋友死, 無所歸, 曰: "於我殯."
붕우사, 무소귀, 왈: "어아빈."

상황
● 공 선생도 05.27[119]에 나오는 자로처럼 친구의 일을 남의 일처럼 여기지 않고 있다. 오늘날 같으면 불가능한 일이다. 공 선생의 지극한 우정, 따뜻한 배려가 전해진다.

10-23 [264]

친구가 〔정리로〕 보내주는 선물은, 그것이 때로는 값비싼 수레나 말이라고 할지라도 절하지 않는다. 다만 제사를 지낸 고기는 예외이다.

朋友之饋, 雖車馬, 非祭肉, 不拜.
붕우지궤, 수차마, 비제육, 불배.

● 친구 사이는 고가품일지라도 예의를 차리지 않는다. 이렇게 보면 례를 그렇게 강조하는 공 선생도 친구 사이에서는 례를 따지지 않고 있다. 그러나 조상이나 제사에 관련된 문제라면 사정이 달라진다. 례의 상황으로 돌아간다.

10-24 [265]

공 선생님은 잠(휴식이나 선잠)을 자더라도 시체처럼 축 늘어져 있지 않고, 평소 생활을 할 때 손님처럼 뻣뻣하게 굴지 않았다.

寢不尸, 居不容.
침불시, 거불용.

● 오늘날 시신을 입관할 때 배는 하늘을 향하고 등은 땅을 향한다. 그 당시도 오늘날과 같다면 공 선생은 평생 옆으로 누워서 잠을 잔 셈이다. 그리고 공 선생은 집에 있을 때는 채비를 차리지 않았다. 우리가 어떤 사람에 대해 특정한 이미지를 가지고 있으면 그 사람을 있는 대로 보지 못하고 색안경을 끼고 본다. 알고 보면 공 선생도 자유인인데.

10-25 [266]

공 선생님은 [언제 어디서든지] 상복 입은 사람을 만나면, 그 사람이 자신과 터놓고 지내는 사이라고 할지라도 반드시 얼굴빛을 [엄숙하게] 고쳤다.

또 예모를 쓴 이나 시각장애인(또는 악사)을 만나면 늘 보고 지내는 사이라도 반드시 예의를 차렸다.

공 선생님이 수레를 타고 [어디를 가고 있다가] 상복 입은 자를 보면 수레 안의 횡목, 즉 오늘날 손잡이를 잡고서 몸을 앞으로 숙여 인사를 했다.

또 국가의 호구, 지도, 세금과 관련된 중요 문서를 짊어지고 옮기는 사람을 보면 앞과 마찬가지로 인사를 했다.

공 선생님은 [식사 대접을 받을 때 생각지도 않게] 진수성찬이 나오면 반드시 얼굴색을 바꾸고 일어나셨다.

천둥 번개가 요란하게 울리고 바람이 거세게 몰아치면 공 선생님은 꼭 얼굴색을 바꾸었다.

見齊衰者. 雖狎. 必變. 見冕者與瞽者. 雖褻. 必以貌. 凶服者式之. 式負版者. 有盛饌. 必變
견자최자. 수압. 필변. 견면자여고자. 수설. 필이모. 흉복자식지. 식부판자. 유성찬. 필변
色而作. 迅雷風烈必變.
색이작. 신뢰풍렬필변.

상황 ── ● 통상적이지 않은 상황, 즉 상례·악사·국가·기상(천둥)과 관련되면 태도가 달라졌다. 모두 가볍지 않고 무거운 의미를 실어 나르는 일들이기 때문이다. 마지막의 반응을 보면 공 선생은 천둥 번개를 단순히 자연현상으로 보지 않고 하늘이 분노한 것처럼 생각하는 듯하다. 그리

스신화에서 제우스는 하늘을 지배하는 신으로 천둥과 번개를 뜻대로 부릴 수 있다. 호메로스의 서사시에서 제우스는 '구름을 모으는 자'나 '번갯불을 던지는 자' 등으로 묘사되어 있다. 공 선생의 사고에는 천天이 중원 지역의 하늘 신이면서 천둥 번개를 부리는 존재로 간주된 것이 아니었을까?

10-26 [267]

공 선생님은 수레에 오를 때 반드시 똑바로 선 채 손잡이를 잡았다.
　또 수레를 타고 그 안에서는 다른 곳을 쭉 둘러보지 않았고, 흔들리는 탓에 말을 빨리 하지 않았고, 손가락으로 무엇을 가리키지 않았다.

升車, 必正立, 執綏. 車中, 不內顧, 不疾言, 不親指.
승차, 필정립, 집수. 차중, 불내고, 부질언, 불친지.

상황 ● 오늘날 승용차, 자동 승강기, 대중교통 차량을 이용할 때 지켜야 하는 예절에 적용할 수 있을 것이다.

10-27 [268]

〔공 선생님과 자로가 산길을 걸었다.〕〔꿩이〕 인기척을 느끼자 푸드덕 날아올라 공중을 선회하다가 나무에 내려앉았다.

　　공 선생님이 〔이 광경을 보고〕 한마디 했다. "산속 계곡의 돌다리에 있던 까투리들, 때를 아는구나, 때를 아는구나!"

　　자로가 손을 모을 자세를 취하자 까투리가 세 차례 날갯짓 하더니 날아가버렸다.

色斯擧矣, 翔而後集. "山梁雌雉, 時哉時哉!" 子路共之, 三嗅而作.
색사거의, 상이후집. "산량자치, 시재 시재!" 자로공지, 삼후이작.

● 공 선생과 자로가 산행을 하다가 까투리를 만났던 일을 기록하고 있다. 까투리는 인기척이 나니까 날아올랐다가 위험이 없는 듯하자 나무에 내려앉았다. 자로가 다시 움직임을 취하자 까투리는 멀리 날아가버린다.

● 1) '색色'은 오늘날 색채色彩, 색깔의 뜻으로 쓰인다. 『논어』에서 색은 주로 여색女色처럼 미인을 가리킨다. 여기서는 사람이 나타났다는 것을 느끼게 하는 소리나 기색으로서 인기척을 가리킨다. 『논어』가 쓰여진 당시에는 색色이 아니라 채采가 색깔의 뜻을 나타냈다.

　　2) '공共'을 공양하다, 음식을 올리다로 풀이하면 삼후이작三嗅而作의 행위자는 공 선생이 된다. 이에 따라 문제의 구절은 "자로가 꿩고기를 갖다 드리자 공 선생님이 세 번 냄새를 맡고서는 자리에서 일어섰다"는 식으로도 번역된다.

11 篇

평가의 편
절망의 편

- 평가의 편
- 절망의 편

제11편은 보통 '선진'으로 불린다. 이 편이 "자왈"로 시작하고 그다음에 "선진先進"이라는 말이 나오기 때문이다. '자왈'을 편명으로 하면 똑같이 시작되는 다른 편과 중복되므로 '자왈' 다음 말로 편명을 삼게 된 것이다. 이 편에서 민자건이 3, 5, 13, 14장에서 덕행, 효자 등으로 등장한다. 특이하게 13장에서 민자건은 다른 세 명의 동학과 함께 언급되면서 혼자 민자閔子, 즉 민 선생님으로 소개되고 있다. 이 편의 편집이나 전승에서 민자건 그룹의 입김이 작용한 것으로 보인다.

이 편은 모두 26장으로 되어 있다. 다른 편과 마찬가지로 이 편은 내용의 통일성이 강하지 않지만 전체적으로 두 가지 흐름이 드러난다. 하나는 공 선생이 제자들의 특징·성격이나 학력의 성취를 평가하는 구절이 많다는 것이다.

이런 점에서 나는 이 편을 〈평가의 편〉으로 명명하고자 한다. 1장에서는 제자를 선진과 후진으로 구분한다. 3장에서는 공자 학파의 전공을 네 분야로 설명하고 각각에 뛰어난 사람을 열거하고 있다. 13장, 18장에서는 학생들의 성격을 관찰한 이야기를 하고 있다.

다른 하나는 많은 제자들이 거론되는 가운데 안연과 자로의 인생이 묘하게 비교되는 내용이 전개되고 있다. 안연의 죽음이 8, 9, 10, 11장 네 장에 걸쳐 다뤄지고 있다. 공 선생에게 그이의 죽음은 마치 가느다란 희망의 불꽃이 꺼지는 것과 같았다. 공 선생은 감정을 통제하지 못할 정도로 슬피 울었고, 하느님마저 원망해 마지않았다. 두 사람의 관계는 단순히 선생과 학생이라기보다 학문적 분신이자 사랑이었다. 이런 점에서 나는 이 편을 〈절망의 편〉으로 명명하고자 한다. 반면에 공 선생은 자로의 불행한 죽음을 점치고(13장), 그의 슬픈 연주를 나무라고 있다(15장). 여기서 공 선생의 안연과 자로에 대한 태도는 '애도(사랑)를 받는 안연, 질책을 받는 자로'의 구도로 묘하게 비교된다. 공자 학파의 노선과 관련해서 공 선생이 안연을 확실하게 후계자로 지목하고 자로를 견제하는 듯한 인상을 준다. 이 두 사람은 제12편과 제13편의 편명으로 등장한다.

11-01 [269]

공 선생님이 이야기했다. "[벼슬하기 전에] 먼저 전통문화·예술 일반을 갈고닦은 이는 세련되지 않고 수수한 인물이다. [벼슬한] 다음에 전통문화·예술 일반을 갈고닦은 이는 말쑥하고 번지르르하다. 만약 [골라서] 쓴다면 나는 먼저 전통문화·예술 일반을 배운 이과 함께하겠다."

子曰: "先進於禮樂, 野人也. 後進於禮樂, 君子也. 如用之, 則吾從先進."
자왈: "선진어예악, 야인야. 후진어예악, 군자야. 여용지, 즉오종선진."

상황 ── ◉ 제자들의 학문적 동기를 두 가지로 구분하고 있다. 공 선생은 관직 경험보다 예악의 소양을 높이 치고 있다.

걸림돌 ── ◉ 1) 선진과 후진의 선후는 다양하게 해석될 수 있다. 여기서는 청나라 때 뛰어난 『논어』 연구자였던 유보남(劉寶楠, 1791~1855)의 풀이에 따라 선후를 관직 경험과 관련해서 해석한다. 유보남의 아들 유공면劉恭冕이 대를 이어서 『논어정의論語正義』 24권을 완성한 것으로 유명하다. 선진과 후진을 오늘날 선배와 후배의 의미로 풀이하기도 한다. 이 장은 동아시아 사회가 공용으로 사용하는 '선진'과 '후진'이라는 용어의 최초 출처이다.

2) 『논어』에서 대부분은 군자 하면 소인이 연상되거나 함께 쓰인다. 여기서는 예외적으로 야인野人과 함께 쓰인다. 여기서 군자는 소인과 연결되는 맥락이 아니라 번듯하게 꾸민 인물로 오늘날 신사의 뜻에 가깝다. 야인은 군자와 달리 수수하고 어수룩한 사람을 가리킨다.

11-02 [270]

[기회를 찾아다니던 중] 진나라와 채나라에서 나와 동행하던 이들은, 지금 모두 학파에 없구나.

子曰 : "從我於陳蔡者, 皆不及門也."
자왈 : "종아어진채자, 개불급문야."

상황 ● 비 내리는 날, 지난날의 사진첩을 꺼내들고 한 장 한 장씩 넘겨보라. 빛바랜 사진 너머로 추억이 광속으로 넘어 들어올 것이다. 특히 어려운 시절을 함께 보낸 이들과 찍은 사진이라면. 이날은 공 선생도 술 한잔쯤 했을 것이다. 15.02[397] '진나라에서의 곤경'을 참조하라.

11-03 [271]

고상한 품행으로는 안연, 민자건, 염백우, 중궁이 뛰어났다. 언변과 수사술은 재아, 자공이 뛰어났다. 정치(행정) 업무는 염유, 자로가 돋보였다. 고전학에는 자유, 자하가 돋보였다.

德行. 顔淵·閔子騫·冉伯牛·仲弓. 言語. 宰我·子貢. 政事. 冉有·季路. 文學. 子游·子夏.
덕행. 안연·민자건·염백우·중궁. 언어. 재아·자공. 정사. 염유·계로. 문학. 자유·자하.

상황 ● 공 선생이 학파(문하)에서 중점적으로 가르친 교과목이다. 이 부분은 훗날 '공문사과孔門四科'로 불리게 된 유명한 구절이다. 오늘날의 교과 과정에 대비하면 덕행은 도덕에, 언어는 국어와 영어 그리고 제2외국어에, 정사는 정치 경제나 사회 문화에, 문학은 고전문학과 현대문학 등에 해당된다고 할 수 있다. 또 여기에 열거된 인물을 '공문십철孔門十

哲', 즉 십대 제자라고 한다. 공문사과와 공문십철의 두 가지 용어는 교양으로 기억해둘 만하다. 이 말은 제자들이 각기 특정 분야에서 두각을 드러낸 후에 했을 법한 말이므로 상당히 후대에 한 말로 추정할 수 있다. 07.25[176] '공문사교'를 참조하라.

11-04 [272]

공 선생님이 감탄했다. "안연은 [따지고 보면] 나에게 지적 자극을 준 사람이 아니다. 내가 무슨 말이라도 하면 하나같이 이해하지 못하는 (좋아하지 않는) 것이 없었다."

子曰:"回也非助我者也, 於吾言無所不說."
자왈 : "회야비조아자야, 어오언무소불열."

상황 ─● 안연의 이해력(흡수력)이 스펀지처럼 뛰어나다는 것을 말하고 있다. 여기서는 02.09[025] '어리석은 안연'에 보일락 말락 드러난 우려보다는 09.23[233] '후생가외'에 나타난 제자에 대한 안도와 연모의 감정이 엿보인다. 공 선생의 세계가 안연을 통해 사라지지 않고 이어질 수 있기 때문이다. 아래 11.07[275]와 함께 읽으면, 공 선생이 느꼈을 안도와 상실이라는 감정의 극적 변화에 공감할 수 있으리라.

11-05 [273]

공 선생님이 감탄했다. "참으로 효자로구나, 민자건은! 그이의 부모 형제들이 [자식이자 동생을 자랑하고 다녀도] 주위 사람들이 아무 말을 하지 않는구나!"

子曰: "孝哉閔子騫! 人不間於其父母昆弟之言."
자왈: "효재민자건! 인불간어기부모곤제지언."

상황
● 민자건이 공동체 사람들의 전폭적인 신뢰를 받는 인물이라는 점을 말하고 있다. 부모가 하는 자식 자랑은 과장이 있기 마련이므로 보통은 그대로 다 듣지 않고 얼마쯤 깎아서 받아들인다. 민자건은 예외적인 인물이므로 말한 대로 받아들여도 좋다는 것이다.

걸림돌
● 민자건은 전통 시대에 효자로 유명한 인물이어서 중국 역대 24명의 효자에도 포함된다. 그이의 효도는 갈대 옷을 입고서도 어머니(계모)를 잘 따랐다는 '노의순모蘆衣順母'라는 고사로 『이십사효二十四孝』에 수록되었다. 다음의 이야기를 들으면 원문의 내용을 이해하는 데 큰 도움이 될 것이다. 『예문류취藝文類聚』에 나오는 이야기를 살펴보자. 민자건의 어머니가 아들과 남편을 남겨둔 채 일찍 세상을 뜨자 아버지는 재혼을 했다. 새어머니는 두 동생을 낳았는데, 자신이 낳은 자식만 애지중지했다. 새어머니는 민자건에게는 갈대로 만든 누비옷을 입혔다. 추운 겨울날에 민자건이 아버지의 수레를 몰다가 추위를 이기지 못하고 말고삐를 놓쳤다. 아버지가 자식의 얼음같이 찬 손을 만져보고 나서야 옷이 매우 얇은 것을 알게 되었다. 아버지는 부리나케 집으로 돌아와 새로 낳은 두 자식의 손을 만져보니 옷이 두껍고 따스했다. 이에 아버지는 아내를

불러 따졌다.

"내가 당신을 맞아들인 것은 내 자식 놈을 위해서였소. 그런데 당신은 지금 나를 속였소. 떠나시오, 잠시도 지체하지 말고. (吾所以娶汝, 乃爲吾子. 今汝欺我, 去無留.)"

이에 깜짝 놀란 민자건이 아버지를 만류하며 말했다. "어머니가 계시면 한 명의 자식이 추위에 떨지만 어머니가 떠나면 세 명의 자식이 추위에 떨게 됩니다." 아버지는 자건의 이 말을 받아들였다고 한다.

천샤오메이(陳少梅, 1909~1954), 〈노의순모蘆衣順母〉. 전통 시대의 대표적인 효자 24명을 가려 뽑아서 그림과 함께 일화를 소개한 연작 〈이십사효도二十四孝圖〉 가운데 한 편이다.

11-06 [274]

남용이 세 차례나 ["하얀 홀의 흠은 갈아서 없앨 수 있지만 한 번 한 말의 흠은 그럴 수 없네!"라는] 「빈틈없이[抑]」에 나오는] 흰 홀[白圭]의 시구를 중얼거렸다. [이를 알게 된] 공 선생님은 자기 형의 딸을 그이에게 아내로 주었다(그이와 자기 형님의 여식의 혼사를 추진했다).

南容三復白圭, 孔子以其兄之子妻之.
남용삼복백규, 공자이기형지자처지.

상황 ● 남용이 인간관계에서 말조심의 가치를 높이 치는 이야기를 담고 있다. 말 한 번 잘못했다가 손발이 닳도록 사과를 해본 사람은 이 말의 의의를 느낄 수 있다. 특히 공직자의 경우 말이 일파만파로 퍼져서 개인적으로 큰 불행을 가져오고 국가적으로 위기를 가져올 수도 있다. 예컨대 조지 부시 미국 대통령은 김정일 국방위원장더러 '미스터'라고 했다가 '폭군'이라고 했다가 반복反覆이 죽 끓듯 했다. 이에 따라 동북아시아의 긴장이 불필요하게 커지기도 했다. 조카사위의 이야기는 05.02[094]에도 보인다.

걸림돌 ● 「빈틈없이[抑]」는 모두 12구로 된 장시이다. 흰 홀은 다섯 번째 구에 나온다. 이 구의 내용은 다음과 같다.

> 네 인민을 안정시키고 제후의 법도에 삼가하며
> 뜻하지 않은 일을 대비하고 입 밖에 내는 말을 조심하며
> 위의를 진중히 갖춰서 어디 하나 부드럽고 훌륭하지 않은 곳이 없게끔 하도록.

흰 구슬의 흠은 오히려 갈아서 없앨 수 있지만

내뱉은 말의 흠은 돌이킬 수가 없다네!

―김학주 옮김, 『시경』, 459~464쪽.

전체적으로 군주가 조심하고 조심하며 앞길을 걸어가라는 주문을 하고 있다. 그중에서도 시인은 특히 몸가짐과 말을 신중하게 하도록 노래하고 있다.

11-07 [275]

계강자가 공 선생님에게 물었다. "당신의 제자들 중에 누가 학문을 사랑합니까?"

공 선생님이 물음을 받고서 대꾸했다. "안연이라는 이가 참으로 학문을 사랑했지요. 그이는 참 불행하게도 수명이 짧아서 죽었습니다. 지금 이와 같은 사람이 없습니다."

季康子問: "弟子孰爲好學?" 孔子對曰: "有顏回者好學. 不幸短命死矣. 今也則亡."
계강자문: "제자숙위호학?" 공자대왈: "유안회자호학. 불행단명사의. 금야즉망."

상황 ● 06.03[124]에서도 애공이 같은 물음을 던지고 있다. "지금 없다"는 말은 깊은 울림을 가져온다. 일찍 죽은 안연에 대한 그리움, 이제 그와 같은 이를 찾아볼 수 없다는 초조함과 안타까움이 느껴진다.

11-08 [276]

〔공 선생님이 그렇게 애지중지하던〕 안연이 32세의 젊은 나이로 죽었다. 그이의 아버지 안로가 공 선생님에게 당신의 수레를 팔아서 연의 덧널을 만들면 어떨지 물었다.

공 선생님이 반대했다. "재주가 있건 없건 아비라면 제각각 제 자식을 위해 말을 하지요. 내 아들 리가 죽었을 때도 관만 하고 덧널은 하지 않았습니다. 게다가 내가 걸어다니면서까지 그이를 위해 덧널을 마련해줄 수 없습니다. 왜냐하면 나는 전직 대부로서 현직 대부의 뒤를 수행할 경우 걸어다닐 수 없기 때문입니다."

顔淵死. 顔路請子之車以爲之槨. 子曰: "才不才, 亦各言其子也. 鯉也死, 有棺而無槨. 吾
안연사. 안로청자지차이위지곽. 자왈: "재부재, 역각언기자야. 리야사, 유관이무곽. 오
不徒行以爲之槨. 以吾從大夫之後, 不可徒行也."
부도행이위지곽. 이오종대부지후, 불가도행야."

상황 ● "사정은 충분히 이해가 됩니다만 규정상 어쩔 수 없습니다"는 말을 하거나 듣게 될 경우가 있다. 규정의 비인간성, 즉 사람을 위해 규정이 있는 것인지 규정을 위해 사람이 있는 것인지 분통을 터뜨리기 쉽다. 하지만 하지 말아야 할 짓을 억제하기 위해서는 규정이 필요하다. 법이 없어서 보호를 받지 못할 수도 있기 때문이다. 규정과 현실, 규정과 개인적 처지 사이는 추상과 구체의 문제로 완벽하게 대응될 수 없으므로 불일치되는 만큼 사람은 고통을 겪는다.

걸림돌 ● 공 선생의 궁색한 거절 이유만큼이나 안로의 과도한 부탁도 문제일 수 있다. 부모는 죽은 자식을 가슴에 묻는다고 한다. 장례는 있는 처지

대로 치르면 되지 무리를 할 필요가 있을까? 그런데 공 선생은 왜 거절 했나? 그이는 한때나마 노나라의 대사구大司寇를 지냈다. 만약 다시 임용이 된다거나 원로로서 입궐해야 할 때 도보로 갈 수는 없지 않은가! 이 말을 하면서 공 선생은 자신이 아직도 버리지 못한 희망에 뜨끔했을 수 있다. 하지만 이 희망이 개인적인 성공이 아니라 조국의 구원인 만큼 안연을 향한 쓰라린 마음을 접을 수 있었을 것이다.

11-09 [277]

〔공 선생님의 분신이었던〕 안연이 32세의 젊은 나이로 죽었다.
공 선생님이 통곡했다. "어어! 하늘이 나의 뒤를 끊어버리는구나, 하늘이 나의 뒤를 끊어버리는구나!"

顏淵死. 子曰: "噫! 天喪予! 天喪予!"
안연 사. 자왈: "희! 천상여! 천상여!"

상황 ─● 공 선생은 자신이 살아서 꿈을 이루지 못한다면, 안연이 자신에 이어 가녀린 희망의 끈을 잡고 있으리라 생각했다. 근데 자신도 서서히 인생의 종착역을 향해 나아가는데 믿었던 끈이 끊어지며 툭 땅에 떨어지니, 이때 느낀 소리는 천지를 뒤흔드는 굉음이었으리라. 이보다 더한 완전한 절망감이 어디에 있겠는가! 장자는 죽음을 노래한다(19.14 [502]의 인용문 참조). 생과 사는 인간의 감정이 끼어들 게 없는 저절로 그러한 변화의 궤적일 뿐이다.

깊이 읽기

갑자기, 슬픔이 치밀어 오르다

"울고 있는 아이의 모습은 우리를 슬프게 한다. 정원의 한 모퉁이에서 발견된 작은 새의 시체 위에 초가을의 따사로운 햇빛이 떨어져 있을 때. 대체로 가을은 우리를 슬프게 한다. 게다가 가을비는 쓸쓸히 내리는데 사랑하는 이의 발길은 끊어져 거의 한 주일이나 혼자 있게 될 때. …… 동물원의 우리 안에 갇혀 초조하게 서성이는 한 마리 호랑이의 모습 또한 우리를 슬프게 한다. 언제 보아도 철책 주위를 왔다 갔다 하는 그 동물의 번쩍이는 눈, 무서운 분노, 괴로움에 찬 포효, 앞발에 서린 끝없는 절망감, 미친 듯한 순환, 이 모든 것은 우리를 더없이 슬프게 한다. …… 공동묘지를 지나갈 때. 그리하여 문득 '여기 열다섯의 어린 나이로 세상을 떠난 소녀 클라라 잠들다'라는 묘비명을 읽을 때. 아, 어린 시절 나의 단짝 친구였지. …… 초행의 낯선 어느 시골 주막에서의 하룻밤. 시냇물이 졸졸 흐르는 소리. 곁 방문이 열리고 소곤거리는 음성과 함께 낡아빠진 헌 시계가 새벽 한 시를 둔탁하게 치는 소리가 들릴 때. 그때 당신은 불현듯 일말의 애수를 느끼게 되리라. …… 하지만 우리를 슬프게 하는 것들이 어찌 이것뿐이랴. 오뉴월의 장례 행렬. 가난한 노파의 눈물. 거만한 인간. …… 세 번째 줄에서 떨어진 어릿광대. 지붕 위로 떨어지는 빗소리. 휴가의 마지막 날. …… 무성한 나뭇가지 위로 내려앉은 하얀 눈송이 ─ 이 모든 것 또한 우리의 마음을 슬프게 하는 것이다." 추가한다면 슬퍼할 줄 모르는 사람, 슬픔을 모독하는 사람도 마르지 않는 슬픔의 샘을 자극한다.

── 안톤 슈낙, 차경아 옮김, 『우리를 슬프게 하는 것들』(문예출판사, 1996), 9~12쪽.

◎ 슬픔은 사람의 보편적 감정이지만 슬픔은 사람마다 각기 다른 대상과 사유로부터 일어난다. 상실은 사람으로 하여금 단절과 유한성의 깊이를 느끼게 하고, 비애는 한계와 운명을 만나게 하고, 절망은 고독과 초월을 느끼게 한다. 공 선생의 슬픔은 상실에서 오는 것으로 보인다. 위의 글을 읽고 "내가 슬픔을 체험하게 되는 대상과 그로 인해 촉발되는 사고의 내용은 무엇일까?"를 생각해보고 자유롭게 이야기를 나눠보자.

11-10 [278]

안연이 죽었다. 공 선생님의 울음소리가 애간장이 녹는 듯했다.

곁에 따르던 제자들이 만류했다. "선생님, 너무 비통해하십니다!"

공 선생님이 〔잠시 울음을 그치며〕 이야기했다. "내가 그렇게 비통해했는가? 〔하지만〕 저 못난 사람을 위해 비통해하지 않으면, 도대체 누구를 위해 그렇게 할꼬?"

顔淵死, 子哭之慟. 從者曰: "子慟矣!" 曰: "有慟乎? 非夫人之爲慟而誰爲?"
안연 사, 자곡지통. 종자 왈: "자통의!" 왈: "유통호? 비부인지위통이수위?"

상황

● 우리도 살다 보면 '통제'의 끈을 풀어놓곤 한다. 슬퍼서 울지 않으면 안 될 때, 기뻐서 즐거워하지 않으면 안 될 때, 무기력해져서 아무것도 할 수 없을 때……. 공 선생도 사람이다. 사람이면 죽게 마련이지만 막상 그 죽음의 도래를 눈치채지 못했다가 당했으니, 그이는 미래를 내다보는 예지력을 가지고 있지 않았다. 또 드물게 일어나는 순서가 뒤바뀐 죽음에 진저리를 칠 정도로 목 놓아 울고 있으니, 그이는 완벽한 통제력을 지니고 있지는 않은 듯하다. 왜 그토록 절제와 조화를 이야기하던 공 선생이 목 놓아 울게 되었을까? 이것은 스승과 제자라는 관계로 이야기하기엔 부족하다. 이것은 가까이 있으려고 해도 있을 수 없고 보려고 해도 더 이상 볼 수 없고 내면의 세계를 나누려고 해도 더 이상 나눌 수 없는 생명의 힘으로, 에로스의 상실일 것이다.

이 슬픔은 장지연(張志淵, 1864~1920)도 「이 날에 소리 놓아 크게 울부짖다〔是日也放聲大哭〕」를 쓰면서 느꼈을 것이다(『황성신문』 1905년 11월 20일자). 말미는 다음과 같다. "단군檀君과 기자箕子 이래 4천 년 국민 정신이 하룻밤 사이에 갑자기 없어져버렸느냐? 가슴이 아프구나,

가슴이 아프구나! 동포야, 동포야!"

11-11 [279]

안연이 죽었다. 문인들이 공 선생님의 애정을 고려해서 장례를 섭섭지 않게 치르려고 했다.

　공 선생님이 말렸다. "그럴 필요 없다. [검소하게 지내도록 해라.]"

　[공 선생님의 만류에도 불구하고] 문인들이 안연의 장례를 호화롭게 지냈다.

　공 선생님이 [이 사실을 알고서] 화를 냈다. "안연은 나를 제 아비처럼 여겼는데 나는 그이를 자식처럼 여기지 못하고 말았구나. [안연아!] 이 일은 내가 그런 것이 아니라 너의 동료들이 그런 것이라네."

顏淵死, 門人欲厚葬之. 子曰 : "不可." 門人厚葬之. 子曰 : "回也視予猶父也, 予不得視猶
안연 사, 문인욕후장지. 자왈 : "불가." 문인후장지. 자왈 : "회야시여유부야, 여부득시유
子也. 非我也, 夫二三子也."
자야. 비아야, 부이 삼자야."

상황
● 사람이 죽으면 대부분 가족장으로 장례를 치른다. 가끔 사회의 각 분야에서 기억할 만한 자취를 남긴 이들은 가족장을 넘어서 단체가 주관하는 장례를 치른다. 안연도 가족장이 아니라 공 선생 학파가 주관하는 장례를 치른 듯하다. 선생님이 그렇게 애통해하는데 동료들이 안연의 장례를 간소하게 치를 수 없었을 것이다. 이렇게 되면 안연은 살아서 대접을 받지 못하다가 죽어서 대접을 받은 셈이다. 바로 이 점 때문에 공 선생은 후장을 바람직하지 않다고 생각했던 것 같다.

깊이 읽기

공 선생이 자신이 세운 규범을 스스로 어기다?

공자 학파나 공 선생은 평소 검소한 행정이나 절약하는 생활을 강조했다. 이런 흐름에서 보면 안연의 장례도 마땅히 간소하게 치러야 할 듯하다. 실제로는 평소에 내거는 기치와 달리 후장으로 안연의 장례를 치렀다. 여기서 규범이 우리 삶의 어느 영역까지 침투할 수 있고 규제가 가능한 것인지 물음이 생긴다. 아마 공자 학파는 안연이 아니라 주위 사람들이 후장을 치렀다면 호화 장례라고 비판했을지도 모른다. 그렇다면 검소의 가치가 타인에게는 적용되고 나에게는 예외라고 취급되어야 하는 것일까? 일찍이 공 선생도 안연이 죽었을 때 문상을 가서 목 놓아 통곡해 제자들을 놀라게 한 적이 있다. 곡읍의 규정이 있는데 공 선생 자신이 그것을 어기고 있으니 말이다.

여기서 우리는 규범의 특성을 나누어볼 수 있다. 하나는 철칙鐵則의 특성이다. 여기에는 그 어떠한 예외도 인정할 수 있다. 이에 따르면 공 선생의 과도한 슬픔은 변명의 여지없이 비난의 대상이 될 것이다. 둘째는 재량권의 특성이다. 허용치가 있어서 사람에게 일정한 재량권을 부여하는 특성이다. 지켜야 하는 경계 안에서 정도의 차이를 인정하는 것이다. 이에 따르더라도 공 선생의 행위는 지나친 것으로 보일 수 있다. 훗날 누군가가 공 선생의 과도한 슬픔을 실례로 제시하면서 감정의 절제가 가능한가라고 주장한다면, 궁색한 변명을 늘어놓게 될 것이다. 셋째는 상황의 고유성을 허용하는 것이다. 상식의 관점에서 누구나 그럴 만한 경우 획일적이고 경직되게 판단하지 않고 예외로 인정하는 여백을 설정하는 것이다. 행위자에게 규범을 해석하고 구체적으로 적용할 수 있는 재량권을 부여하는 것이다. 이에 따르면 공 선생의 행위는 문제 삼지 않을 수 있다. 공 선생의 지나친 울음과 안연의 후장은 이 중 어떠한 규범의 특성과 연결되어 논의되어야 할까?

◎ 위 글을 읽고 "한국인이 생각하는 규범의 주도적 특성은 무엇일까?"를 생각해보자.

11-12 [280]

자로가 귀신을 모시는(제사 지내는) 방법을 물었다.

공 선생님이 〔뚫어지게 쳐다보며〕 한마디 했다. "산 사람도 아직 제대로 모시지 못하는데 어찌 귀신인들 제대로 모실 수 있겠느냐?"

자로가 〔기가 한풀 꺾였지만 다시 용기를 내서〕 물어봤다. "주제넘는지 모르겠지만 죽음 또는 사후 문제를 알고 싶습니다."

공 선생님이 호통을 쳤다. "네가 아직 삶의 길도 모르면서 어떻게 죽음 또는 사후 문제를 알려고 하는가?"

季路問事鬼神. 子曰: "未能事人, 焉能事鬼?" 曰: "敢問死." 曰: "未知生, 焉知死?"
계로문사귀신. 자왈: "미능사인, 언능사귀?" 왈: "감문사." 왈: "미지생, 언지사?"

상황 ● 귀신과 사후 세계의 문제를 질문 받고서 공 선생은 정면으로 대응하지 않은 채 논의 자체를 거부하고 있다. 달리 생각하면 공 선생은 이 질문들의 번쇄함과 해결 불가능성을 알고서 질문 자체가 성립되지 않는다는 것을 말하고 있는지도 모르겠다.

디딤돌 ● 공 선생은 대답하지 않았지만 이 문제는 후대 지속적으로 탐구하는 주제가 되었다. 전국시대 이후 사물의 생성을 기氣의 이합집산으로 설명했다. 즉 기가 모여서 합쳐지면 생명이 유지되고, 기가 떨어져서 흩어지면 죽게 되는 것이다. 사람의 경우 기의 육체적 요소〔魄〕는 땅으로 돌아가서 해체되고 정신적 요소〔魂〕는 하늘로 가게 된다. 하지만 하늘로 돌아간 혼이 존재하는 특별한 세계가 있는지 없는지, 있다면 어디에 있는지와 관련해서 논의가 정치하게 진행되지 않았다. 즉 사후 세계에

대해 유가는 태허太虛와 같은 것을 모색하기도 했지만 대부분 불교의 천
당과 지옥의 이론에 논의의 주도권을 넘겨주었다. 공 선생 시대까지는
귀신을 신적 존재로 보았지만 신유학의 수립 이후 귀신을 발산과 수렴
이라는 기의 운동 양태로 설명하여 인격적 계기를 배제시켰다.

◎ 성리학에서 다루는 귀신의 정의와 제사 의식의 정당화에 관해서는 박성규가 쓴『주희철
학의 귀신론』(한국학술정보, 2005)을 보라.

11-13 [281]

선생님의 옆에서 시중을 들더라도 [분위기가 각각 달랐다.] 민자건은 부
드러웠고, 자로는 드셌고, 염유와 자공은 깍듯했다. 공 선생님은 [이
런 제자들과 어울리며] 즐거워했다(시름을 잊었다).

　[갑자기 무슨 생각이 들었는지 공 선생님이 나직하게 말했다.] "자로 같은
사람이면 천수를 누리지 못할 텐데(비참하게 죽을지 모르겠네)."

閔子侍側, 誾誾如也, 子路, 行行如也, 冉有子貢, 侃侃如也. 子樂. "若由也, 不得其死然."
민자시측, 은은여야. 자로, 행행여야. 염유자공, 간간여야. 자락. "약유야, 부득기사연."

상황　● 공 선생이 제자들과 어울릴 때 사람마다 조금씩 다른 분위기를 전하
고 이어서 자로의 불행한 죽음을 예언하고 있다. 07.15[166] 자공의 빗
댄 질문을 참조하라. 아마 자로의 불의를 참지 못하는 직선적 성격과
옳다고 생각한 것을 우직하게 밀고 나가며 생각보다 행동이 앞서는 성
향 등을 종합적으로 고려해서 한 말이리라. 이곳의 분위기를 나타내는
말이 공 선생이 조정에서 대신들과 어울리는 정경을 묘사한 10.02[243]
에서도 거의 비슷하게 나와 있다.

11-14 [282]

노나라의 집권자들이 세금 창고(은행)인 장부를 새로 지었다.
　민자건이 〔이 소식을 듣고서〕 한마디 했다. "옛것 그대로 쓰면 무슨 문제가 있는가? 무엇 때문에 뜯고 새로 짓는가?"
　공 선생님이 〔이 이야기를 듣고〕 거들었다. "저 미련한 사람은 평소 입도 벙긋하지 않는데 뭐라고 입을 떼면 쓸 말만 하는구나!"

魯人爲長府. 閔子騫曰: "仍舊貫, 如之何? 何必改作?" 子曰: "夫人不言, 言必有中."
노인위장부. 민자건왈: "잉구관, 여지하? 하필개작?" 자왈: "부인불언, 언필유중."

상황
● 기존 건물을 증축해도 될 일을 뜯고 새로 건물을 세우는 것을 비판하고 있다. 반대하는 이유는 예산 낭비에 있는 듯하다. 새로 건물을 지으려면, 백성들의 노동력을 동원하게 되고 세금이 가중되는 등 백성들에 대한 수탈이 늘어나므로, 민자건이 이후에 일어날 일들을 염려하고 있는 듯하다. 물론 민자건이 계씨 등 노나라의 과두정파에 강한 거부감을 지니고 있지만 건물 하나 짓는다고 민자건이 너무 예민하게 반응하는 것은 아니리라. 사회적 재화의 올바른 사용은, 자원을 적절하게 분배하느냐는 정의의 문제이기도 하고 쓸 곳에 써서 백성들의 어려운 생활을 해결하는 복지의 문제이기도 하기 때문이다.

걸림돌
● 위爲는 만들다, 짓다는 뜻이다. 중中은 보통 속, 가운데, 중앙의 장소나 위치를 나타내지만 여기서는 적중하다, 들어맞다, 적실하다는 동사로 쓰인다.

11-15 [283]

공 선생님이 〔넌지시〕 비꼬았다. "자로의 슬이 어째서 구(내 집)의 문 안에서 들리는가?" 문인들이 이후로 자로를 존중하지 않는 분위기가 생겼다.

공 선생님이 〔이 사실을 알고서 모두 들으란 듯이 큰 소리로〕 말했다. "자로는 말이야, 이미 정청政廳에 올라섰어, 물론 아직 방 안에 들어서지는 못했지만."

子曰:"由之瑟, 奚爲於丘之門?" 門人不敬子路. 子曰 : "由也升堂矣, 未入於室也."
자왈 : "유지슬, 해위어구지문?" 문인불경 자로. 자왈 : "유야승당의, 미입어실야."

상황 ● 공 선생이 자로를 질책했다가 칭찬하는 이야기이다. 선생의 한마디 평가에 술렁거리는 교실이 눈에 선하다. 09.27[237]에는 선생님의 칭찬에 우쭐했다가 제지를 당하는 자로의 모습이 나온다.

걸림돌 ● 1) 슬瑟은 금琴과 함께 각각 비파와 거문고로 잘못 번역되곤 한다. 생김새와 연주법을 봐도 슬과 비파, 금과 거문고는 완전히 다른 악기이다. 슬은 고려 예종 11년(1116)에 송나라로부터 들여온 중국 고대의 악기이다. 슬의 줄은 모두 25현이고 악기 전체가 구름과 학으로 화려하게 장식되어 있다. 비파는 5현의 향비파와 4현의 당비파가 있는데, 무릎에 세워서 연주한다. 금은 슬과 함께 고려 예종 때 들여온 중국 악기로 주로 7현금으로 연주된다. 거문고는 고구려 왕산악이 중국의 7현금을 6현으로 개조한 악기이다(악기 모양은 국립국악원 누리집 www.ncktpa.go.kr 국악 자료를 검색하면 확인할 수 있다).

2) 위爲는 영어의 do 동사처럼 탄彈이나 고鼓의 대동사이다. 여기서 위는 '하다'라는 뜻이 아니라 '타다'라는 뜻이다. 11.26[294]에도 고슬鼓瑟이라는 표현이 나온다.

3) 여기서 그리는 학파의 분위기는 11.26[294]이나 다른 곳에서 그리는 자유롭고 부드러운 경우와 다르다. 선생님의 말 한마디에 이쪽에서 저쪽으로 우르르 몰려가는 모습이 보이기 때문이다. 공자의 말이 없다면 학파에서 자로의 입지가 아주 불안해졌을 것이다.

4) 예술, 특히 회화를 할 사람은 이 말들을 기억하시라. 입문入門 → 승당升堂 → 입실入室의 순서를. 예술은 실기 지도가 주가 되므로 선생과 학생 사이의 관계가 도제식처럼 상명하복의 양상을 띤다. 이 과정에서 선생이 제자 집단의 성취도에 따라 등급을 부여하는 것이 바로 여기 나오는 '승당'이나 '입실'이다. 입문은 문하에 제자로 들어왔다는 뜻이다. 그다음은 정청에 들어서서 선생님과 이야기를 나누는 수준이고, 마지막으로 방에 들어가서 선생님에게 좀 더 밀도 높은 가르침을 얻게 된다(10.04[245] '승당'의 뜻풀이 참조).

11-16 [284]

자공이 공 선생님에게 물었다. "자장과 자하 두 사람 중 누가 더 뛰어납니까?"

공 선생님이 대꾸했다. "자장은 좀 지나쳐서 문제고, 자하는 좀 미치지 못해서 문제지."

자공이 (궁금한 듯이) 다시 물어봤다. "그렇다면 자장이 더 낫다는 말입니까?"

공 선생님이 대꾸했다. "(그게 아니지, 말을 글자 그대로 알아듣지 말게.) 지나치다는 것은 결국 미치지 못하는 것과 같은 것일세."

子貢問, "師與商也孰賢?" 子曰: "師也過, 商也不及." 曰: "然則師愈與?" 子曰: "過猶不及."
자공문, "사여 상야숙현?" 자왈: "사야과, 상야불급." 왈: "연즉사유여?" 자왈: "과유불급."

상황 ── ● 자공의 물음에 공 선생이 자장과 자하의 특징을 일러주고 있다. 옛날이나 지금이나 선생님이 동학들을 어떻게 평가할까 하는 것은 궁금증을 자아내는 문제이다. 특히 선의의 경쟁이 살아 있는 곳이라면 더더욱 궁금해진다.

디딤돌 ── ● 재미있다. 같은 말이라도 서로 이해하는 것이 다르다. 자공은 과過와 불급不及을 공이 지면에서 튕겨서 올라간 높이처럼 생각했다. 그래서 자장이 뛰어나다고 생각한 것이다. 이와 달리 공 선생은 중용이라는 틀로 생각했다. 지나친 것이나 미치지 못한 것은 재량치가 허용되는 일정한 경계 안에 들지 못한 점에서 둘 다 적절하지 않은 것이다. 두 사람의 평가 기준이 서로 달라 보인다. 자공은 높이와 같은 하나의 절대적 기준을 가지고 사태를 바라본 반면, 공 선생은 어떤 극단으로 치닫지 않는 중도를 기준으로 삼고 있다. 이곳이 바로 '불편불의不偏不倚'와 함께 중용의 의미를 가장 잘 대변하는 '과유불급過猶不及'이라는 말이 나오는 출처이다.

11-17 [285]

계씨가 주공보다 재물이 더 많았다. 그런데도 염구는 그런 자를 위해서 세금을 싹싹 거두어들여서 재물을 한층 더 불려주었다.
　　공 선생님이 [더 이상 참지 못하고] 불호령을 내렸다. "저런 사람은 우리와 같은 무리가 아니다. 제자들이여, 북을 쳐서 [사람을 불러 모아놓고] 그이의 죄상을 공격하더라도 괜찮으리라."

李氏富於周公, 而求也爲之聚斂而附益之. 子曰: "非吾徒也. 小子, 鳴鼓而攻之, 可也."
계씨부어 주공, 이구야위지취렴이부익지. 자왈: "비오도야. 소자, 명고이공지, 가야."

상황 ● 공 선생이 불의에 앞장서는 제자를 성토하고 있다. 공 선생은 지식인-관료가 기본적으로 사회적 약자의 권리를 보호해야지 지배 집단의 착취에 동조 내지 방조하는 것을 반대했다. 그렇게 부드럽고 엄숙하던 공 선생도 여기서는 불같은 분노를 폭발시키고 있다. 이것은 작은 일에 너무 크게 반응한 것이 아니라 04.03[069]에서 말하듯 미워할 일에 제대로 미워하는 것에 해당된다. 미워하는 것에는 제자(학생)라고 예외일 수 없는 것이다. 05.10[102]에도 재아가 낮잠을 잔 것을 두고 공 선생이 흥분했다. 이 두 가지는 『논어』에서 제자들을 상대로 표출한 두 가지 분노라고 할 수 있다.

11-18 [286]

〔공 선생님이 제자들의 성향과 기질에 대해 한마디 했다〕 자고는 어수룩하고, 증삼은 느리고, 자장은 한쪽으로 치우치고(극단적이고), 자로는 거칠다.

柴也愚, 參也魯, 師也辟, 由也喭.
시야우, 삼야로, 사야벽, 유야언.

상황
● 요즘 선생님들도 학기마다 학생의 학력 등의 결과를 수치화하고 언어화해서 집으로 보낸다. 공 선생 당시에는 우편배달 제도가 없어서 그렇게 하지는 않았으리라. 그러나 학생 개개인의 성격(성향)이나 특성에 대해 하나하나 파악하고 있다. 몸으로 부대끼며 하는 교육, 개인의 관찰이 가능한 소수 교육 등 오늘날에도 고려해볼 만한 틀이다.

걸림돌
● 자고子羔는 공 선생의 제자인 고시高柴의 자이다.

11-19 [287]

공 선생님이 〔묘한 표정을 지으며〕 이야기했다. "안연은 〔학문적 성취가〕 거의 상당한 수준에 이르렀는데, 〔한두 번도 아니고〕 저렇게 자주 살길이 막막하다니 말이야. 자공은 주어진 분수(운명)를 받아들이지 않고 시세 차익으로 재산을 모았지. 그리고 〔그 사람이 시세를〕 예측하면 자주 맞아떨어졌단 말이야."

子曰: "回也其庶乎, 屢空. 賜不受命, 而貨殖焉, 億則屢中."
자왈: "회야기서호, 누공. 사불수명, 이화식언, 억즉루중."

● 공 선생이 아끼는 두 제자의 엇갈린 운명을 비교하고 있다. 안연의 경제적 곤궁은 06.11[132]에 "일단사, 일표음"으로 묘사된 적이 있다. 무기력한 가장, 학문적 정열이 넘치는 학자, 악화되는 건강을 돌보지 못하는 인간 등의 모습이 안연에게 겹쳐 있다. 그이는 동아시아에서 '돈 안 되는 공부하는' 사람들의 첫 테이프를 끊은 셈이다. 이 때문에 송나라의 유학 부흥 운동을 주도한 지식인들은 자신을 안연에다 감정이입을 시켜서 고단한 생애를 지켜내려고 했다.

자공은 사마천이 부자들을 다룬 『사기』 「화식열전」에 등재될 정도로 당시 국제 무역상으로 성장했다. 아마 그이는 매점과 유통 관리를 통해서 엄청난 시세 차익을 남긴 듯하다. 그이는 영역을 노나라 국내에 한정하지 않고 인근의 위衛나라와 조曹나라를 상권에 포함한 국제 상인의 면모를 떨쳤다. 사마천은 공 선생의 인지도가 노나라를 넘어서 국제적인 명성을 거둔 데에는 자공의 유통망과 관련이 있다고 본다. [사마천, 정범진 외 옮김, 『사기열전 —하』(까치, 1995), 1177쪽 참조]

11-20 [288]

자장이 착한 사람이 되는 길을 물었다. 공 선생님이 대꾸했다. "옛사람들의 자취, 즉 본을 받지 않으면 입실(높은 경지)에 이르지 못할 것이다."

子張問善人之道. 子曰: "不踐迹, 亦不入於室."
자장문선인지도. 자왈: "불천적, 역불입어실."

● 도덕적 성공을 바라면 우선 선배의 성취를 챙기는 데에서 시작하

라고 말한다. 그렇다고 주체적 사고를 부정하는 것은 아니다.

디딤돌

● 사춘기가 되면 부모의 충고도 들으려 하지 않고 "혼자 알아서 할 테니 내버려두세요!"라고 말한다. 알아서 하는 것은 분명 당사자이겠지만 알아서 가게 될 길은 이미 숱한 사람이 걸어왔던 길일 수 있다. 한 번씩 "이렇게 생각한 것은 내가 처음일 거야!" 하며 뿌듯했는데 우연히 그것이 이미 누군가 해놓은 것임을 알게 될 때가 있다. 이 경험을 통해 "사람은 모두 다르지만 완전히 다르지는 않고 어느 측면에서는 비슷하게 생각하는구나!" 하고 깨닫게 된다. 완전히 다른 자기 세계를 창조하기 이전에 이미 있었던 것을 몇 번이고 되풀이해서 완전히 자기 것으로 만드는 과정이 중요하다. 한적한 산을 가다가 혹시 이 길이 아닌가 싶은 생각이 드는데 우연히 한쪽으로 쭉 나 있는 발자국을 보면 엄청 반가운 느낌이 들지 않겠는가?

김구(1876~1949)가 애송했던 한시가 있다. 지금까지 서산대사가 지은이로 알려졌으나 실제로는 이량연(李亮淵, 1771~1853)이 작자이다. "눈 덮인 광야를 걸어가며 발길을 어지럽히지 마라. 오늘 내가 가는 이 발자취가 뒷사람의 이정표가 되리니(踏雪野中去, 不須胡亂行, 今日我行跡, 遂作後人程)." 이 곳의 '행적'은 이 장에서의 '천적踐迹'과 의미가 거의 겹친다. 이렇기 때문에 우리는 과거의 성취와 위인을 만나려고 하는 것이다. 그들이 이미 밝혀놓은 것을 흡수해서 그다음부터 내가 걸어야 하니까.

11-21 [289]

공 선생님이 한마디 했다. "자기주장이 뚜렷한 이를 괜찮다고 한다면, 그이가 자율적 인간이라서 그런가 아니면 화려한 겉모양이 있어서 그런가?"

子曰 : "論篤是與, 君子者乎? 色莊者乎?"
자왈 : "논독시여, 군자자호? 색장자호?"

상황

◉ 말을 잘하는 것은 좋은 능력이다. 그러나 이 능력이 어떤 사람에게 있느냐에 따라 좋은 결과를 낳기도 하고 나쁜 결과를 낳기도 한다. 이 능력의 소유자를 따져보지도 않고 매료되어 찬미하는 세태를 공 선생은 못마땅해하고 있다. 여기서 논독論篤은 『논어』에 몇 차례 나오는 '녕자佞者', 즉 궤변론자의 그림과 겹친다. 논독의 이미지가 그려지지 않으면 말끔한 옷차림과 미끈한 얼굴을 한 변호사가 부패한 정치가의 유죄를 화려한 변론을 통해 무죄로 끌어내는 법정 영화를 생각해보라.

11-22 [290]

자로가 물었다. "〔옳은 일을〕 듣자마자(알자마자) 곧바로 그대로 행동해야 할까요?"

공 선생님이 대꾸했다. "집안에 어른들이 살아 계시는데 어떻게 듣자마자 곧바로 행동할 수 있겠는가?"

염유가 〔같은 것을〕 물었다. "옳은 일을 듣자마자(알자마자) 곧바로 그대로 행동해야 할까요?"

공 선생님이 대꾸했다. "〔그래, 자네라면〕 듣자마자 곧바로 행동해야지."

공서화가 〔옆에서 문답을 다 듣고 있다가 뭔가 이상해서〕 물었다. "자로가 '옳은 일을 듣자마자(알자마자) 곧바로 그대로 행동해야 할까요?'라고 물으니 선생님이 '집안에 어른들이 계시는데……'라고 하시더니, 염유가 〔옳은 일을〕 듣자마자(알자마자) 곧바로 그대로 행동해야 할까요?'라고 물으니 선생님이 '듣자마자 곧바로 행동해야지!'라고 말씀하지 않았습니까? 저는 헷갈립니다. 왜 그렇게 달리 대꾸하시는지 여쭤보고 싶습니다."

공 선생님이 〔얼굴에 웃음을 띠면서〕 대꾸했다. "〔내가 관찰한 바로는〕 염유는 머뭇머뭇하곤 하므로 앞으로 쑥 나아가도록 했고, 자로는 상대의 몫까지 가로채려고 하므로 한 걸음 뒤로 빠지도록 했다."

子路問: "聞斯行諸?" 子曰: "有父兄在, 如之何其聞斯行之?" 冉有問, "聞斯行諸?" 子曰:
자로문: "문사행저?" 자왈: "유부형재, 여지하기문사행지?" 염유문, "문사행저?" 자왈:

"聞斯行之." 公西華曰: "由也問聞斯行諸, 子曰: '有父兄在', 求也問聞斯行諸, 子曰: '聞
"문사행지." 공서화왈: "유야문문사행저, 자왈: '유부형재', 구야문문사행저, 자왈: '문

斯行之'. 赤也惑, 敢問." 子曰: "求也退, 故進之, 由也兼人, 故退之."
사행지'. 적야혹, 감문." 자왈: "구야퇴, 고진지, 유야겸인, 고퇴지."

상황 ─◉ 같은 물음에 대한 다른 답변. 이것은 공 선생의 독특한 교육관이다. 그이는 학생에게 일률적인 내용을 전달하지 않고 사람마다 부족하고 넘치는 부분을 고려하여 각기 다르게 처방〔因材施敎〕을 했다. 그이는 교육을 모자라는 지식의 전달과 습득으로만 보는 것이 아니라 개별적 조건에 따라 생긴 '질병'을 치유하는 과정으로 간주하고 있다. 이로써 교육이나 사상이 일종의 치료 행위therapy가 되는 것이다. 결국 공 선생은 제자마다 완급을 조절하는 가속 페달과 제동 페달을 달리 밟고 있는 셈이다. 05.21[113]에서는 두 번만 고려하라고 한다.

걸림돌 ─◉ 1) 유부형재有父兄在에서도 공 선생의 언어 감각이 돋보인다. 11.23[291]의 '자재子在'처럼 유有가 없어도 충분한데 공 선생은 추가하고 있다. 이것은 부형이 살아 계시는데 마음대로 처신할 수 없다는 점을 강조하기 때문이리라.

    2) 겸인兼人은 일종의 호승심好勝心처럼 이기기를 좋아하는 성향을 가리킨다. 『논어』를 문학 작품으로 볼 때 겸인은 자로의 인물상을 가장 잘 표현한 말이다.

11-23 [291]

공 선생님이 광 지역에서 〔한때나마〕 억류를 당했다. 〔이런 급박한 상황에서〕 안연이 일행에서 뒤쳐졌다. 〔공 선생님이 다시 안연과 만나니 반가워서〕 한마디 했다. "나는 네게 무슨 안 좋은 일이 있는 줄 알았다."

안연이 대꾸했다. "〔별 말씀을 다하십니다.〕 선생님이 살아 계시는데 안연이 어떻게 함부로 죽을 수 있겠습니까?"

子畏於匡, 顔淵後. 子曰 : "吾以女爲死矣." 曰 : "子在, 回何敢死?"
자외어광, 안연후. 자왈 : "오이녀위사의." 왈 : "자재, 회하감사?"

상황 ● 공 선생과 안연 일행이 이동 중 변고를 당해 서로 헤어지게 된다. 서로가 서로를 향한 불안과 염려로 두 사람의 감정이 극도로 고조되고 있다. 공 선생은 안연이 와야 하는데 제때 오지 않아서, 안연은 자신이 빨리 가서 스승과 함께 있어야 하는데 자꾸 지체되는 걸로 인해 두 사람은 애간장이 다 녹았을 것이다.

감격의 해후를 하고 난 뒤 안연이 하는 말이 걸작이다. "선생님이 살아 계시는데 안회가 어떻게 함부로 죽을 수 있겠습니까?" 생사를 함께 하지 결코 한시도 떨어질 수 없다는 저 결연한 의지는 도대체 어디에서 나오는 말일까? 서로가 서로에게 생명 에너지가 솟아나도록 하는 매력을 지니고 있었기 때문이다.

11-24 [292]

　계자연이 [어렵게 자리를 마련해서 공 선생님에게] 뭔가를 물어보고자 했다. [그이는 좀 뜸을 들이다가] 말을 꺼냈다. "자로와 염유는 대신大臣의 자질이 있을까요?"

　공 선생님이 [실망한 듯이] 대꾸했다. "나는 당신이 뭔가 남다른(중요한) 문제를 의논할까 생각했는데, 고작 자로와 염구의 일이었군요. [당신은 어떻게 생각하는지 모르겠지만] 이른바 대신이란 국가가 나아갈 길로 군주를 이끌어가고, 하다가 도저히 안 된다 싶으면(불가능하면) 그만둡니다. 지금 자로와 염유는 말입니다. [대신이라기보다] 구신, 즉 자리만 채우고 꼬박꼬박 월급을 축내는 신하일 뿐입니다."

　계자연이 [기분이 상해서] 말을 건넸다. "그렇다면 그들은 시키면 시키는 대로 한다는 말입니까?"

　공 선생님이 대꾸했다. [물론 그건 아닙니다.] 두 사람은 아비와 군주를 죽이는 일 따위는 절대 따라 하지 않을 겁니다."

季子然問: "仲由冉求可謂大臣與?" 子曰: "吾以子爲異之問, 曾由與求之問. 所謂大臣者,
계자연문: "중유 염구 가위 대신여?" 자왈: "오이자위이지문, 증유여구지문. 소위 대신자,
以道事君, 不可則止. 今由與求也, 可謂具臣矣." 曰: "然則從之者與?" 子曰: "弑父與君,
이도사군, 불가즉지. 금유여구야, 가위 구신의." 왈: "연즉종지자여?" 자왈: "시부여군,
亦不從也."
역부종야."

상황　● 이 구절은 질문과 대답이 엇갈리면서 불꽃 튀는 영화의 한 장면과 같다. 말 속에는 기대 뒤에 실망 그리고 약간 비꼬기, 슬쩍 떠보기와 속셈 감추기 그리고 너무 뻔한 질문에 묻혀 복잡한 심리적 동선이 펼쳐지고 있다. 이들의 대화에 세 가지 핵심이 담겨 있다. 탁월한 능력을 가진

대신大臣과 한갓 머릿수만 채우는 구신具臣의 차이, 다시 구신과 의와 불의를 따지지 않고 시키면 시키는 대로 하는 종지자從之者의 차이 말이다. 도대체 계자연은 자로와 염구에게 무슨 일을 맡기려고 했을까?

디딤돌 ── ● 계자연은 노나라 과두정파의 일원인 계씨 가문의 인물이다.

11-25 [293]

자로가 자고에게 비현의 현장을 맡겼다.
　공 선생님이 〔이 일을 알고서〕 나무랐다. "〔아니, 저 사람이〕 애매한 사람의 자식을 해치려고 하는구나!"
　자로는 〔선생님의 말을 전해 듣고〕 불끈했다. "〔뭘 그렇게 심한 말은 하시는지.〕 인민이 있고, 대지와 곡식 신의 사당이 있으면 됐지. 〔아이고, 그놈의 책, 책책책!〕 책만 읽는다고 학문을 일삼는다고 할 수 있는지요?"
　공 선생님이 〔약간 흥분해서〕 큰소리쳤다. "내가 저래서 〔원래〕 녕자佞者, 즉 말 잘하는 녀석(궤변론자)들을 싫어한단 말이야."

子路使子羔爲費宰. 子曰："賊夫人之子!" 子路曰："有民人焉, 有社稷焉, 何必讀書, 然後
자로사자고위비재. 자왈: "적부인지자!" 자로왈: "유민인언, 유사직언, 하필독서, 연후

爲學?" 子曰："是故惡夫佞者."
위학?" 자왈: "시고오부녕자."

상황 ── ● 공자 학파에서는 평소 정치와 학문의 교류를 역설했지만(19.13[501] 참조) 자고의 사례를 두고 공 선생과 자로가 갈등을 보이고 있다. 두 사람 사이에 근원적 불일치는 없다. 둘은 자고의 현재 상태를 어떻게 보느냐를 두고 입장의 차이가 있다. 공 선생은 자고가 아직 좀 더 학문을

연마해야 한다고 본 반면 자로는 정치 일선에 뛰어들어 기량을 펼칠 만한 자격이 있다고 보는 것이다. 자로의 항변이 거세지자 공 선생은 자로를 궤변론자로 몰아붙이고 있다. 공 선생이 다른 사람에게 내야 할 성을 자로에게 내고 있지 않나 하는 생각이 든다.

11-26 [294]

자로, 증석, 염유, 공서화가 공 선생님을 모시고 〔강당에〕 앉아 있었다.
  〔같이 고전을 논의하고서 막간을 이용해〕 공 선생님이 운을 뗐다. "내가 여러분들보다 며칠 더 살았지만(나이가 좀 많지만) 나를 나이 먹은 사람으로 보지 마시게(친구로 생각해라). 여러분들은 평소에 늘 '세상이 날 알아주지 않는구나!' 하고 푸념을 하지. 〔그래서 말인데〕 만약 누군가가 여러분 개개인을 알아준다면 자신을 어디에다 쓰고 싶은가?"
  자로가 〔선생님의 말이 끝나자마자〕 불쑥 나서서 대꾸했다. "가령 어떤 전차(탱크) 천 대를 동원할 수 있는 국가가 큰 나라들 사이에 끼여서 전쟁으로 피해를 당하고 게다가 식량 부족마저 겪는다고 칩시다. 제가 그런 국가를 다스린다면 3년 정도 지나서 〔백성들로 하여금〕 용맹을 떨치게 하고 나아갈 길을 깨치도록 할 수 있습니다."
  공 선생님이 〔이야기를 다 듣고서〕 허허 하며 웃었다.
  〔조금 뒤에 공 선생님이 염유 쪽을 바라보며 말을 건넸다.〕 "염유, 자네는 어떻게 하겠는가?"
  염유가 질문을 받자와 대꾸했다. "사방 6, 70리 아니면 사방 5, 60리를 말입니다, 제가 맡아서 다스린다면 3년 정도 지나면 인민들의 생활을 풍족하게 할 수 있습니다. 〔그렇지만 선생님이 늘 강조하시는 것, 예컨대) 전통 의식이나 예술 일반은 (저보다 뛰어난) 자율적 인간을 기다리겠습니다."

(조금 뒤에 공 선생님이 이번에는 공서화 쪽을 바라보며 말을 건넸다.) "공서화, 자네는 어떻게 하겠는가?"

공서화가 질문을 받자와 대꾸했다. "저는 '무엇을 할 수 있다(해내겠다)!'고 말하기보다 좀 더 제대로 배우고 싶습니다. 예컨대 (역대 군주의 영령을 모셔놓은) 종묘 제례의 일, 아니면 (조약을 맺거나 우호를 강화하는) 제후들의 회동 현장에서 의례용 복식과 모자를 갖춰 입고서 회담을 돕는 작은(눈에 띄지 않는) 진행 요원이 되고 싶습니다."

(조금 뒤에 공 선생님이 이번에는 증석 쪽을 바라보며 말을 건넸다.) "증석, 자네는 어떻게 하겠는가?"

증석이 (잠시 머뭇거린 뒤) 슬을 켜는 소리를 줄이더니 (갑자기 대답이 생각난 듯 무릎 위의 슬을) "쨍!" 하고 내려놓으며 벌떡 일어섰다. (이윽고 그이는 선생님의) 질문을 받자와 대꾸했다. "저는 말입니다, 앞의 세 사람이 품은 것과 다릅니다."

공 선생님이 (대답을 기다리는 듯) 다그쳤다. "무슨 상관이 있는가? 각자 자신의 품은 뜻을 말하는 것인데."

증석이 (용기를 얻고서) 말을 꺼냈다. "늦은 봄이 되면 말입니다, 곱게 봄옷을 지어 입고서 어른 대여섯, 어린이 예닐곱과 무리 지어 (저쪽에 있는) 기수沂水에 가 목욕을 하고, (기우제를 지내는) 무대 근처에서 바람을 쐰 뒤 노래를 흥얼거리며 집으로 돌아오고 싶습니다."

공 선생님이 (이야기를 다 듣고서) 깊게 '아!' 신음 소리를 낸 뒤 "(네 사람의 이야기 중에서) 나는 증석과 뜻을 같이하련다!"

세 사람이 자리를 뜬 뒤 증석이 홀로 남았다. 증석이 (왠지 미적거리다가) 물었다. "방금 전에 세 사람의 한 말이 어떤가요?"

공 선생님이 대꾸했다. "(아까 그 물음에 어디에 정답이 있는 건가?) 그냥 각자 자신의 품은 뜻을 말하는 것인데."

증석이 (이게 아니다 싶은 듯) 물었다. "(그런데 말입니다, 아까) 선생님은 자로의 말에 '허허' 하며 웃으셨잖아요?"

공 선생님이 (그제야 생각났다는 듯이) 대꾸했다. "(맞아. 그 웃음은 별 뜻이 없다네.) (다만 자로의 포부대로) 국가를 다스리려면 전통 의식에 근거해야 하는데, (자네도 보았듯이) 자로의 말하는 자세가 (례의 기본인) 양보와 거리가 멀지 않던가. 그래서 무의식중에 '허허' 하고 웃게 된 듯하네."

증석이 (확인하고 싶은지) 물었다. "염유가 말한 것은 (경제 문제에 해당하는데) 그것은 국가의 중요한 일이 아닌지요?"

공 선생님이 대꾸했다. "어떻게 사방 6, 70리나 아니면 사방 5, 60리의 영토를 두고 국가의 중요한 일이 아니라고 하겠느냐?"

증석이 (확인하고 싶은지) 물었다. "공서화가 말한 것은 (외교 전례에 해당하는데) 그것은 국가의 중요한 일이 아닌지요?"

공 선생님이 대꾸했다. "종묘나 회합이 제후의 중요한 일이 아니고 무엇인가? 공서화가 (말로나마) '작은' 일이라고 했지만 그게 큰일이 아니라면 도대체 무엇을 큰일이라 할 수 있겠는가?(그이가 말한 것은 결코 작은 일이 아니다.)"

子路曾皙冉有公西華侍坐. 子曰:"以吾一日長乎爾, 毋吾以也. 居則曰:'不吾知也!'如或
자로증석염유공서화시좌. 자왈: "이오일일장호이, 무오이야. 거즉왈: '불오지야!' 여혹
知爾, 則何以哉?"子路率爾而對曰:"千乘之國, 攝乎大國之間, 加之以師旅, 因之以饑饉,
지이, 즉하이재?" 자로솔이이대왈: "천승지국, 섭호대국지간, 가지이사려, 인지이기근,
由也爲之, 比及三年, 可使有勇, 且知方也." 夫子哂之 "求, 爾何如?" 對曰:"方六七十, 如
유야위지, 비급삼년, 가사유용, 차지방야." 부자신지. "구, 이하여?" 대왈: "방육칠십, 여
五六十, 求也爲之, 比及三年, 可使足民. 如其禮樂, 以俟君子." "赤, 爾何如?" 對曰:"非曰
오륙십, 구야위지, 비급삼년, 가사족민. 여기예악, 이사군자." "적, 이하여?" 대왈: "비왈

能之, 願學焉. 宗廟之事, 如會同, 端章甫, 願爲小相焉." "點, 爾何如?" 鼓瑟希, 鏗爾, 舍瑟
능지, 원학언. 종묘지사, 여회동, 단장보, 원위소상언." "점, 이하여?" 고슬희, 갱이, 사슬
而作, 對曰: "異乎三子者之撰." 子曰: "何傷乎? 亦各言其志也." 曰: "莫春者, 春服旣成,
이작, 대왈: "이호삼자자지찬." 자왈: "하상호? 역각언기지야." 왈: "막춘자, 춘복기성,
冠者五六人, 童子六七人, 浴乎沂, 風乎舞雩, 詠而歸." 夫子喟然歎曰: "吾與點也!" 三子者
관자오륙인, 동자육칠인, 욕호기, 풍호무우, 영이귀." 부자위연탄왈: "오여점야!" 삼자자
出, 曾晳後. 曾晳曰: "夫三子者之言何如?" 子曰: "亦各言其志也已矣." 曰: "夫子何哂由
출, 증석후. 증석왈: "부삼자자지언하여?" 자왈: "역각언기지야이의." 왈: "부자하신유
也?" 曰: "爲國以禮, 其言不讓, 是故哂之." "唯求則非邦也與?" "安見方六七十如五六十而
야?" 왈: "위국이례, 기언불양, 시고신지." "유구즉비방야여?" "안견방육칠십여오륙십이
非邦也者?" "唯赤則非邦也與?" "宗廟會同, 非諸侯而何? 赤也爲之小, 孰能爲之大?"
비방야자?" "유적즉비방야여?" "종묘회동, 비제후이하? 적야위지소, 숙능위지대?"

상황 ● 공 선생과 네 명의 제자(학생)가 모여서 서로 인생의 포부를 말하고 있다. 사람은 언제 어른이 될까? 미래를 이야기할 때 머뭇거리거나 별 희한한 질문을 던지느냐는 식으로 말하면 그때 그 사람은 어른이다. 어린 시절이나 학창 시절에는 자신을 끊임없이 이 자리나 저 자리에 갖다 놓아본다. 그래서 꿈이 하루에도 열두 번이나 바뀐다. 이걸 들으면 이게 좋아 보이고 저걸 들으면 저게 좋아 보이고. 남들은 그렇게 자주 바뀌느냐고 타박하겠지만 그때는 그게 좋은 걸 어찌할 수 없다. 네 사람은 아직 어른이 아닌가 보다. 아니면 영원히 어른이 되지 않을지도 모르겠다.

깊이 읽기

목욕하고 바람 쐬기가 평생의 과업이 될 수 있는가?

"공자께서 증석의 주장에 동의를 표시했는데 이것은 자신의 뜻과 같기 때문이요 위대한 요임금과 순임금의 기상이기 때문이다. 진실로 증석은 자로, 염유, 공서화 세 사람이 갖고 있는 뜻과는 다르다. 다만 증석의 경우 행실이 말을 가리지 못하는 점이 있으므로 광자狂者라고 하는 것이다. 자로 등 세 사람의 소견은 작았다. 자로는 다만 나라를 다스리겠다고 하면서도 례로 하는 도리를 통달하지 못했다. 이 때문에 공 선생이 그이의 말을 듣고서 웃었던 것이다. …… 세 사람은 모두 나라를 얻어 다스리고자 했다. 그러므로 공 선생이 찬동하지 않았던 것이다. 증석은 광자이니 반드시 성인聖人의 일을 하지는 못하더라도 공 선생의 뜻을 헤아릴 수는 있었다. 그러므로 기수에서 목욕하고 기우대에서 바람 쐬고 노래하면서 돌아오겠다고 말한 것이다."〔주희, 성백효 역주, 『논어집주』(전통문화연구회, 1991), 226쪽〕

"기수에서 목욕하는 일은 물론 즐거운 일이요, 또 군자가 때때로 할 수 있는 바이다. 그러나 평생의 뜻을 들어 여기에 있을 뿐이라 하면 증석의 광성狂性이 또한 너무 심하다. 공 선생이 동의했다고 하지만 그이는 과연 무엇을 공감했을까? 공 선생의 뜻은 늙은이를 편안히 하고 젊은이를 품어주고 붕우를 믿게 하는 데에 있다. 이것은 모두 실질적인 사안〔實事〕이고 곧 위대한 요임금과 순임금의 기상이다. 지금 증석이 구세救世할 마음이 없고 무실務實할 뜻이 적고 현실을 내버리고 마음을 바람 쐬고 노래 부르는 일에 두고 있으므로 광자의 뜻만 크고 일에는 소홀한 것이 이런 까닭이리라. 공 선생은 마땅히 잘못을 지적하고 억제시켜 뉘우치게 해야 할 터인데 도리어 감탄하고 깊이 인정하니 어찌 된 일인가? 또 이를 통해 어떤 이는 '가슴이 천지天地와 더불어 같이 흐른다' 하고 또는 '요임금과 순임금의 기상이다'고 하면서 도리어 자로, 염유, 공서화 세 사람이 사무事務에만 급급하다고 나무란다. 참으로 더더욱 알 수 없는 일이다."〔홍대용, 민족문화추진회 옮김, 『담헌서 I』(민족문화추진회, 1989), 89~90쪽〕

◎ 위 글을 읽고 "『논어집주』와 『담헌서』의 『논어』 해석에 대한 차이점은 어디에 있는가?"를 생각해보고 글로 써보자.

12篇

평화 만들기의 편
신뢰와 모방의 편

● 평화 만들기의 편
● 신뢰와 모방의 편

　제12편은 보통 '안연'으로 불린다. 이 편이 "안연문인顔淵問仁"으로 시작하는데 편집자가 제일 첫 단어 안연을 표제어로 삼은 것이다. 이 편은 『논어』 전체에서 가장 유명한 세 장을 포함하고 있다. 하나는 1장으로 그곳에는 '극기복례克己復禮'가 나오는 곳이다. 두 번째는 11장으로 그곳에는 '군군신신君君臣臣'의 정명이 나오는 곳이다. 세 번째는 17장으로 그곳에는 모범과 모방의 논의가 이루어지는 '정자정야政者正也'이다. 이 세 장의 해석은 공 선생이나 『논어』의 사상을 어떻게 규정하느냐와 관련해서 늘 논란의 대상이 되었다. 나는 이 구절을 사회질서의 창출, 즉 평화 만들기의 문맥으로 해석한다. 이것은 기존의 도덕 수양론이나 보수주의적 정치론과 명확하게 구분되는 특성을 갖는다.

　이 편은 모두 24장으로 되어 있다. 다른 편과 마찬가지로 전체적인 통일성은 없다. 많이 나오는 내용에 따라 이 편을 재구성하면 두 가지 줄기가 보인다. 하나는 인仁에 대한 질문이 많다는 것이다. 1장에서는 안연이, 2장에서는 중궁이, 3장에서는 사마우가, 22장에서는 번지가 각각 질문자가 되어 인의 의미를 묻는다. 이 이외에 20, 24장에서도 인을 다루고 있다. 이 인은 이기적 욕망이 완전히 거세된 순결한 정신 상태가 아니다. 그것은 물질적 이익으로부터 자유로운 영혼만이 아니라 현실에서 실질적인 평화를 구현하여 사회적 갈등을 해결해낸 성취를 가리킨다. 이런 맥락에서 나는 이 편을 〈평화 만들기의 편〉으로 명명하고자 한다. 이 평화 만들기가 곧 공 선생이 생각하고 실천하고자 했던 사람다움의 결정체였다.

　다음으로 정치를 묻는 질문이 많다. 문답 중에서 7, 9장에서 정치적 지도자와 인민 사이의 신뢰를 강조하고 있다. 11, 17, 18, 19장에서는 정명의 논의를 중심으로 지도자가 모범을 보이면 인민이 모방하여 사회질서가 창출된다는 점을 강조하고 있다. 이런 맥락에서 나는 이 편을 〈신뢰와 모방의 편〉으로 명명하고자 한다.

12-01 [295]

안연이 공 선생님에게 평화에 대해 물었다.

공 선생님이 대꾸했다. "스스로 반성(숙련)하여 소통의 절차(전통문화)를 밟아가면 평화의 세계를 창출하게 된다. 하루라도 스스로 반성(숙련)하여 소통의 절차로 돌아가면 온 세상 사람들이 평화의 길로 돌아온다. 사람이 평화(화해)롭게 되는 것은 자기로부터 시작하지 주위 사람들(타자)로부터 시작하겠는가?"

안연이 [더 알고 싶어서] 이야기했다. "선생님, 좀 더 구체적인 세칙을 묻고 싶습니다."

공 선생님이 대꾸했다. "이게 소통의 절차와 어긋난다(다르다) 싶으면 그쪽을 아예 쳐다보지 말고, 들으려고 하지 말고, 말조차 건네지 말고, 맞대응하지 말라."

안연이 [만족한 듯이 웃으며] 말했다. "선생님, 제가 비록 똑똑하지는 못해도 일러주신 이야기를 일로 삼도록 하겠습니다."

顏淵問仁. 子曰: "克己復禮爲仁. 一日克己復禮, 天下歸仁焉. 爲仁由己, 而由人乎哉?" 顏
안연문인. 자왈: "극기복례위인. 일일극기복례, 천하귀인언. 위인유기, 이유인호재?" 안
淵曰: "請問其目." 子曰: "非禮勿視, 非禮勿聽, 非禮勿言, 非禮勿動." 顏淵曰: "回雖不
연왈: "청문기목." 자왈: "비례물시, 비례물청, 비례물언, 비례물동." 안연 왈: "회수불
敏, 請事斯語矣."
민, 청사사어의."

상황 ─● 사람이 자발적이고 반성적 태도로 소통의 행위를 반복하다 보면 공동체의 구원, 즉 평화로운 사회질서를 창출하게 된다고 말하고 있다.

걸림돌 ─● 1) 후대 철학사에서 두고두고 논란이 된 곳이다. 『논어』를 인 중심

으로 해석하느냐 례 중심으로 해석하느냐도 이 장의 해석 여하에 달려 있다. 또 인간을 욕망과 도덕률 사이에서 갈등하는 존재로 보느냐 아니면 끊임없는 모방과 숙련 그리고 자각을 통해 영원한 자기 계발의 과정을 가는 존재로 보느냐도 이 장의 해석 여하에 달려 있다.

2) 보통 극기복례克己復禮는 "이기적 존재로서의 나를 극복하여 례로 돌아간다"는 식으로 해석된다. 이런 해석은 『논어』의 세계가 전제하고 있는 자아에 대한 관점과 일치하지 않으므로 채택하지 않는다(다음 쪽의 '깊이 읽기' 지문을 참조하라).

● 례는 사람과 신적 존재를 소통시키는 행위, 즉 제사에 기원을 두고 있다. 점차 례가 사람과 사람의 관계를 조절하고 규율하는 틀로 확대되기에 이르렀다. 그 결과 례가 규범의 특성을 강하게 지니게 됨으로써 제도나 법제와 같은 의미를 나타내게 되었다. 즉 결혼 의례는 결혼을 할 때 꼭 그렇게 해야 하는 규범처럼 여겨지게 되었다. 하지만 의례는 역할의 상대끼리 호의적인 방식으로 접근하고 대면함으로써 상호 소통을 이루는 데에 목적이 있다. 따라서 례를 차리지 않으면, 무시받고 대접받지 못했다고 생각하고 상대와 불통의 상태에 놓이게 된다. 반면 례를 제대로 차리면, 서로 합당한 대우를 받았다고 생각하고 서로 우의가 증대되고 상호 이해에 도달하게 되었다고 한다. 이런 맥락에서 례를 소통의 절차로 해석하고자 한다.

◎ 이 장에 대한 전문적인 논의를 검토하려면 신정근이 쓴 『사람다움의 발견』을 참조하라.

깊이 읽기

무엇이 나로 하여금 잘못을 범하게 하는가?

한국에서 읽히는 번역본의 거의 전부가 이 구절을 "나(사욕)를 극복하여 례(천리)로 돌아간다"는 식으로 번역한다. 이 번역은 인간을 두 부분으로 구분하고 있다. 하나는 사욕을 일으키는 이기적 존재를 극복해야 하는 측면이고, 다른 하나는 극복의 과정을 주도하며 나를 규범적 존재로 확고하게 세우는 도덕적 행위자의 측면이다. 이런 해석은 공 선생 이후의 사상가들이 사회적 범죄나 비행을 낳는 원인을 끈질기게 찾아온 노력의 성과이다.

예컨대 형제자매 사이의 유산 싸움, 운동경기에서 심판을 매수하여 승리를 챙기는 짓, 부부가 이혼한 뒤 자녀의 양육을 미루거나 포기하는 일, 부정행위로 좋은 성적을 받으려는 시도 등의 원인을 생각해보자. 물론 행위자 개개인의 사연과 이유가 있을 것이다. 인간학이나 심리학이나 철학의 학문 영역에서는 이런 범죄 현상을 묶어서 설명할 수 있는 큰 틀을 찾으려고 한다. 흔히 우리는 이런 패륜적이며 반인간적 사건을 개개인의 이기심에서 찾는다. 신유학자들은 오늘날 이기심이라는 말 대신에 사욕私慾이라는 말을 썼다.

이런 해석에 대해 일찍이 반발이 있었다. 왜 같은 장에서 먼저 극기복례克己復禮라고 해놓고 나중에 위인유기爲仁由己라고 하느냐? 즉 앞에서 나를 부정의 대상으로 설정하고 뒤에서 나를 긍정의 근원으로 규정하여 앞뒤가 맞지 않는다는 것이다. 문헌 해석의 일관성에서 보면 타당성 있는 문제 제기이다. 하지만 기己가 한 문장에서 다른 뜻으로 얼마든지 쓰일 수 있으므로 그 자체로만으로 완벽한 반증이 되지 못한다.

내가 보기에 사욕과 천리의 구도로 이 장을 해석할 수는 없다. 공 선생이 인간을 이원(이중)적으로 보는 시각은 소인小人에게 적용되지 군자君子에게 적용되지 않는다. 소인은 속마음을 숨긴 채 주위 사람과 친구로 지내기도 하고, 자신의 과오를 변명했으면 했지 시인하거나 반성하려고 하지 않는다. 반면 군자는 투명한 존재이므로 주위 사람들이 그이의 모든 것을 속속들이 투시할 수 있다. 이 '인仁'

은 소인이 아니라 군자와 관련된다. 따라서 공 선생은 인을 이원적 존재가 아니라 일원적 존재와 연결해서 논의를 진행한다.

나는 이런 점에서 극기가, 내가 나를 상대로 전투를 치르듯이 나를 극복한다는 것으로 해석하는 방식에 동의할 수 없다. 극기는 내가 나를 넓혀서 주위 사람들을 자기 세계로 받아들이며 전통문화를 통해 나와 주위 세계 사이의 소통하는 힘을 넓히는 지속적 학습의 맥락을 말한다. 수영을 배우다 보면 처음에는 자꾸 가라앉던 몸이 점차 자유롭게 헤엄칠 수 있다. 이를 물과 노닐게 되었다고 한다. 사람도 처음에 만나 어찌할 줄 모르다가 격식을 갖춰 호의로 환대하고, 원칙을 침해하지 않으면 서로 친밀해진다. 친밀해진다는 것은 소통의 관계가 성립되었다는 것이다. 이때 례가 바로 사람과 사람 사이를 부드럽게 하고 소통성을 확대시켜준다. 그 결과 하나의 공동체는 자유의 세계가 되고, 평화의 분위기가 고조된다.

◎ 위 글을 읽고 "사람이 도덕적 삶을 살지 못하는 이유는 어디에 있을까?"를 숙고해보고 이야기해보자.

12-02 [296]

중궁이 공 선생님에게 평화(화해)의 길에 대해 물었다.

공 선생님이 대꾸했다. "〔옛말에 보면〕 문 나서기는 중요한 손님 만나는 것과 비슷하고, 인민을 부리기는 중대한 제사를 지내는 것과 비슷하다. 네가 바라지 않는 대접을 상대에게 베풀지 마라. 〔그렇게 상대를 잘 대접하면〕 국가에서 서로 원성이 없어지고 가문에서도 원성이 없어질 게다."

중궁이 〔만족한 듯 웃으며〕 말했다. 제가 비록 민첩하지 못하지만 이 말씀을 일로 삼겠습니다.

仲弓問仁. 子曰: "出門如見大賓, 使民如承大祭. 己所不欲, 勿施於人. 在邦無怨, 在家無
중궁문인. 자왈: "출문여견대빈, 사민여승대제. 기소불욕, 물시어인. 재방무원, 재가무
怨." 仲弓曰: "雍雖不敏, 請事斯語矣."
원." 중궁왈: "옹수불민, 청사사어의."

상황
● 인仁을 개념적으로 정의하지 않고 일상의 상황을 비유로 들어 그림을 그리듯 말하고 있다. 분석적으로 정의하면 간명하고 산뜻하지만 나의 삶에 와 닿기란 쉽지 않다. 그러나 비유로 그림을 그리면, 물론 서로 교감이 없으면 뜬금없어 어리둥절해할 수 있지만, 나의 삶으로 쉽게 끌어올 수 있는 장점이 있다. 이 장은 05.13[105]에서 자공이 서恕를 말하는 내용과 부분적으로 중복된다.

걸림돌
● 중궁과 공 선생의 문답은 선문답처럼 애매할 수 있다. 들여다보자. 공 선생은 인을 세 가지 계기로 나누어서 설명하고 있다. 고대사회에서 손님맞이와 제사는 소홀히 할 수 없고 정성을 다해야 하는 어려운 행사

이다. 여기서 우리는 인이 주위 사람에게 정중하면서 그들을 존경하는 의미를 포함한다는 것을 알 수 있다.

다음으로 공 선생은 인을 서恕와 연관시킨다. 서는 주위 사람을 나와 같은 인격체로 대우하는 것을 말한다. 서는 내가 좋아하거나 싫어하는 것이 나를 이루는 실체적 반응이듯이 주위 사람도 그와 같이 반응한다는 것을 인정하는 것을 말한다. 여기서 우리는 인이 사람 사이의 관용과 평화를 함축하고 있음을 알 수 있다.

마지막으로 그이는 국가의 단위나 가문의 단위에서 사람이 사람에 대한 불만과 대립의 소리가 없는 상황을 그리고 있다. 여기서 인은 개인의 내면으로 결코 환원될 수 없으며 공동체의 질서 창출과 연계되어 있음을 알 수 있다. 종합하면 인은 정신적 계기와 실천적 계기가 연결되어 현실에서 바람직한 상태를 창출하는 것이고, 그것이 바로 평화의 상태인 것이다.

● 공 선생은 즐겨 은유나 비유를 들어 설명하곤 한다. 비유는 근원적으로 애매하다거나 불명확하다는 지적을 받아왔다. 반대로 과학적 언어는 모두에게 동일한 의미로 전달되고 이해되는 명료한 언어로 간주되었다. 대표적인 과학적 언어가 바로 수학적 언어이다. 그렇다면 우리의 삶과 가치가 이런 수학적 언어로 완전한 번역이 가능하고 또 유의미할까? 유의미하다고 할 수 있겠지만 가능하지는 않을 것이다.

은유는 애매하다고 하지만 문화적, 시대적, 사회적으로 상당히 안정된 구조를 가지고 있다. 침묵이 금이라고 해서 우리는 침묵했다가 상대에게 금을 요구하지 않는다. 또 은유는 과학적 언어와 달리 다의적이기에 언어 사용자로 하여금 의미 구성을 위해 창조적 작업을 요구한다.

청자는 화자의 말을 듣고 무슨 맥락일까, 독자는 문자의 의미가 무엇일까를 두고 해석하면서 의미를 구성하게 된다. 이 작업은 청자와 화자, 독자와 작자가 해석학적 지평에서 나누는 대화를 말한다.

12-03 [297]

사마우가 평화에 대해 물었다.

공 선생님이 대꾸했다. "평화를 돌보는 사람은 자신의 말을 참는다(아낀다)."

사마우가 [뭔가 생각난 듯] 다시 물었다. "그럼 역으로 자신의 말을 참는다면 곧 평화(화해)라고 할 수 있습니까?"

공 선생님이 [초점을 잡지 못하는 사마우를 지긋이 쳐다보며] 대꾸했다. "[단순히 말이 많으냐 적으냐가 초점이 아니지. 앞서 '……을 해야지!'라고 다짐했으면 그대로] 함(실천)이 어려운데 [어느 틈에 또 새로이 '……을 해야지!'라고 결심하기 어렵지 않은가? 사정이 이와 같으니] 평화를 일구는 사람이 말하기를 참지 않을 수 있겠는가?"

司馬牛問仁. 子曰: "仁者, 其言也訒." 曰: "其言也訒, 斯謂之仁己乎?" 子曰: "爲之難,
사마우문인. 자왈: "인자, 기언야인." 왈: "기언야인, 사위지인이호?" 자왈: "위지난,
言之得無訒乎?"
언지득무인호?"

● **상황** "침묵은 금이고 웅변은 은이다"라는 격언처럼, 책임지지 못할 말을 억제하는 것이 미덕일 경우를 말하고 있다.

● **걸림돌** 사마우는 여기서나 아래에서나 공 선생에게 질문했다가 공 선생이

뭐라고 대답하면 금방 그 대답의 역을 만들어서 진리 여부를 묻고 있다. 그이는 논리의 규칙을 잘 모르는 듯하다. 왜냐하면 명제(p→q)와 그 대우 명제(~q→~p)는 진리치가 같지만 역인 명제(q→p)는 그렇지 않기 때문이다.

디딤돌

● 공 선생의 두 번째 말을 보면 인은 분명히 고매한 정신 상태인 것도 아니고 언어를 통해 찾아가는 진리인 것만도 아니고 행위를 통해 구현되는 실천의 계기를 함축하고 있다. 예컨대 다음 시험에서 석차를 10등 올리겠다고 약속했다고 해보자. 이는 시험 결과가 나와야 약속의 실현 여부를 판가름할 수 있다. 그 사이에는 묵묵히 다짐을 이루기 위해 준비해야 한다. 이처럼 말(다짐, 약속)과 그 귀결 사이에는 '실현'을 위한 시간과 노력이 절대적으로 필요하다. 그것이 따르지도 않았는데 "다음에는 뭐하고 다음에는 또 뭐하고……"라며 계획을 늘어놓는다면 우리는 그 사람의 진실성과 실천 가능성에 의구심을 가질 만하지 않은가!

12-04 [298]

사마우가 군자를 묻자 공 선생님이 일러주었다. "자율적 인간은 걱정하지 않고 두려워하지 않는다."

사마우가 〔이 말을 듣고〕 자신의 생각을 물었다. "그럼 역으로 걱정하지 않고 두려워하지 않는다면 그것만으로 '군자'라고 일컬을 수 있습니까?"

공 선생님이 〔역으로 말한 사마우의 단점을〕 지적했다. "사례들의 교훈을 내 문제로 받아들여 살펴보고 흠 잡을 데가 없다면, 대체 무엇을 걱정하고 두려워하겠는가?"

司馬牛問君子. 子曰: "君子不憂不懼." 曰: "不憂不懼, 斯謂之君子已乎?" 子曰: "內省
사마우문군자. 자왈: "군자불우불구." 왈: "불우불구, 사위지군자이호?" 자왈: "내성
不疚, 夫何憂何懼?"
불구, 부하우하구?"

상황

● 군자를 공포와 두려움에서 해방된 존재로 설명하고 있다. 보통 사람들은 아직 떨어질지 모르는 성적, 동료보다 뒤처질지 모르는 승진 등에 대한 무서움으로 하루를 두려움 속에 산다. 여기서 군자는 신神이라는 존재에 자신을 맡김으로써 공포로부터 벗어난 것이 아니다. 그이는 물질적 가치로 자신을 얽어매지 않으므로 물질에 대한 소유, 취득, 관리, 상실의 위험으로부터 자유롭다. 또 그이는 진리가 실현되지 않는 현실에 고통을 겪지만 정의와 진리가 자신의 편에 있다고 확신하므로 미래가 불투명하다고 해서 초조해하지 않는다. 07.37[188]에 보면 여유 있는 군자와 걱정에 싸인 소인으로 대비된다.

12-05 [299]

사마우가 [어깨를 축 늘어뜨리고 힘없는 소리로] 걱정했다. "주위의 사람들은 모두 형제가 있는데 나만 없단 말이야."

자하가 [사마우의 걱정을 듣고서 큰 소리로 웃으며] 위로했다. "자하가 전해들은 말에 따르면 '죽고 사는 것은 운명에 달려 있고, 부자가 되고 출세를 하는 것은 하늘(하느님)에 달려 있다.' 자율적 인간이라면 맡은 바를 조심조심 처리하며 잘못을 저지르지 않고, 주위 사람들에게 공손하며 전통 의식을 지킨다. 그렇다면 주위가 넓은 바다와 사막으로 뼁 둘러싸인 안쪽 세상은 모두가 형제이다. 군자가 무엇 때문에 형제가 없다고 울상을 짓고 걱정을 하겠는가?"

司馬牛憂日：*"人皆有兄弟, 我獨亡."* 子夏日：*"商聞之矣. 死生有命. 富貴在天. 君子敬而*
사마우우왈 : "인개 유형제, 아독 망." 자하왈 : "상문지의, 사생유명, 부귀재천, 군자경이
無失. 與人恭而有禮. 四海之內, 皆兄弟也, 君子何患乎無兄弟也?"
무실, 여인 공이유례, 사해 지내, 개형제야, 군자하환호무형제 야?"

상황
● 부모 형제 없는 이가 느끼는 절대 고독에 대해 우주 공동체를 상기시킴으로써 그 고독을 밀쳐내게 하고 있다.

걸림돌
● 1) 사마우는 07.23[174]에 나오는 환퇴桓魋의 동생이란 설이 있다. 그 환퇴가 반란을 일으켰다가 죽음을 당한 뒤에 사마우가 이런 말을 하게 되었다고 한다.

2) "사생유명死生有命, 부귀재천富貴在天" 중에서 오늘날 상황에서 수정이 필요한 글자가 있다. 무엇일까? 그 답은 사생유명의 '명'과 부귀재천의 '천'은 人(인)으로 바뀌어야 한다는 것이다. 사람이 근원적으로 죽음을 넘을 수는 없겠지만, 유전공학이나 복제기술의 발달로 사생에

대한 인간의 통제가 가능해지고 있다. 우리는 생가生家가 아니라 병원에서 태어나는데, 제왕절개를 선택할 경우 사정에 따라 출산 날짜를 조정하기도 한다. 뇌사 환자의 경우 치료나 간호의 중단이 죽음으로 이어지는데 이때에도 사람의 선택이 중요하다. 오늘날 경제적 성공과 사회적 지위는 사람의 노력 여하에 따라 이룰 수 있다고 생각한다. 학교 다닐 때 성적이 나의 노력이 아니라 하늘에 의해 결정된다면 누가 공부를 하겠는가! 이처럼 명과 천이 인자로 바뀐다고 하더라도 인간이 과연 이전보다 더 행복해졌느냐는 물음에 자신 있게 "그렇다"고 대답하는 사람도 늘어났을까?

● 디딤돌 "사해지내四海之內, 개형제야皆兄弟也"라는 구절은 코스모폴리타니즘cosmopolitanism, 즉 사해동포주의가 처음으로 나오는 곳이다.『논어』의 01.01[001]은 사람 사이의 환대로 시작된다. 이런 점은 04.25[091]의 '덕불고德不孤', 05.27[119]의 공산적共産的 생활 태도 등에도 나타난다. 우리는 특히 근대 시기에 일본과 역사적으로 불행한 경험을 갖고 있다. 이 체험을 통해 한일 양국은 증오와 혐오를 배웠을 뿐 여전히 평화와 사랑의 길을 외면하고 있다. 양국 시민들이 역사를 왜곡하고 서로의 존재를 부정하는 목소리에 귀 기울이지 않고 평화를 소중하게 여기고 그것을 위해 애쓰는 사람들의 올곧은 주장에 더 많은 관심을 갖게 된다면, 한일 양국의 사이가 훨씬 더 가까워질 수 있을 것이다. 나아가 전 세계에서 벌어지는 비극의 대부분도 이와 마찬가지로 서로를 진정으로 안다면 전쟁이 아닌 평화를 가꿀 수 있지 않을까. 그래서 나는 전쟁을 벌이고 있는 양국 국민들이 서로 만나서 전쟁을 어떻게 보는지 토론하는 자리를 만들면 어떨까라는 꿈을 꾼다.

12-06 [300]

자장이 〔판단의〕 밝음(투철함)에 대해 물었다.
　　공 선생님이 대꾸했다. "〔경쟁자들끼리〕 조금씩 스며드는(다가오는) 악의적 비방이나 살이 떨려서 덜컥 움직이게 만드는 하소연을 하더라도, 그것이 내게 통하지 않는다면 '꿰뚫어본다'고 할 수 있다. 조금씩 스며드는(다가오는) 악의적 비방이나 살이 떨려서 덜컥 움직이게 만드는 하소연을 하더라도, 그것이 내게 통하지 않는다면 '멀리 내다본다'(진실을 직시한다)고 할 수 있다."

子張問明. 子曰 : "浸潤之譖, 膚受之愬, 不行焉, 可謂明也已矣. 浸潤之譖, 膚受之愬, 不行
자장문명. 자왈 : "침윤지참, 부수지소, 불행언, 가위 명야이의. 침윤지참, 부수지소, 불행
焉, 可謂遠也已矣."
언, 가위 원야이의."

상황 ● 악의를 품고 접근하거나 악의를 선의로 가장하고 다가오는 유혹에서 벗어나는 지혜를 말하고 있다.

걸림돌 ● 공 선생은 상대의 계략을 일거에 무너뜨리거나 속셈을 간파하는 지혜를 말하지 않는다. 그냥 꿰뚫어보는 '명明'과 멀리 내다보는 '원遠'의 중요성을 슬쩍 언급할 뿐이다. 그런데 내다보는 것을 왜 '원'으로 표현할까? 누군가가 비방과 험담으로 혐의를 씌우려는 것은 늘 바로 내 앞에 있다. 내가 그것에 넘어가지 않고 진실의 저쪽을 보아야 하는데 그것은 늘 멀리 떨어져 있다. 진실이 원래 먼 것이 아니라 그사이에 너무 많은 허위가 끼어 있어서 다가가기에 어려울 뿐이다. 이렇게 허위를 밀어내고 진실에 다가서 보면 진실은 가깝고 허위는 자신에게서 멀어지게 된다.

12-07 [301]

자공이 정치의 우선적 과제에 대해 물었다.

공 선생님이 대꾸했다. "대내적으로 식량을 풍족하게 하고, 대외적으로 국방(안보)을 튼튼히 하고, 인민들이 정치 지도자를 믿도록 하면 된다."

자공이 주문했다. "만일에 말입니다. 어찌할 수 없어 어떤 것을 제쳐놓아야 한다면 셋 중에 어느 것을 먼저 검토할까요?"

공 선생님이 대꾸했다. "국방 문제를 제쳐놓아야지."

자공이 [깜짝 놀란 채] 또 주문했다. "만일에 말입니다. 어찌할 수 없어 어떤 것을 제쳐놓아야 한다면, 둘 중에 어느 것을 먼저 검토할까요?"

공 선생님이 대꾸했다. "식량 문제를 제쳐놓아야지."

[자공이 말문이 막혀 아무런 말을 못하는 사이에 공 선생님이 부연 설명을 했다.] "[아마 자네는 한 나라 군주의 안위를 생각하나 본데.] 예로부터 [어떠한 왕, 아니 누구나 한 번 태어나면] 모두 예외 없이 죽는다네. 그러나 인민들이 정부 또는 군주를 믿지 않으면 그 나라는 한 순간도 존립할 수 없는 것이라네."

子貢問政. 子曰: "足食, 足兵, 民信之矣." 子貢曰: "必不得已而去, 於斯三者何先?" 曰:
자공문정. 자왈: "족식, 족병, 민신지의." 자공왈: "필부득이이거, 어사삼자하선?" 왈:
"去兵." 子貢曰: "必不得已而去, 於斯二者何先?" 曰: "去食. 自古皆有死 民無信不立."
"거병." 자공왈: "필부득이이거, 어사이자하선?" 왈: "거식. 자고개유사, 민무신불립."

상황 ● 정치의 우선적인 과제에 대해 사고 실험thought experiment을 하고 있다. "무인도에 갈 때 딱 세 가지만 허용된다면 당신은 무엇을 가지고 가겠습니까?"라는 질문을 받곤 한다. 우리는 이 질문으로 나에게 중요한 것을 압축하는 사고 실험을 한다. 자로는 공 선생에게 '부득이'라는 말로 한층 더 사유의 압박을 가해서 하나만 말하라고 상황을 몰아간다. 이것은 세계에 대한 자신의 태도를 정립하는 데에 꽤 유효한 훈련이 될 수 있다. 여기는 공 선생이 '신뢰 공동체'를 구상하는 곳으로 유명하다.

● 공 선생이 마지막으로 신뢰를 남겨놓았다. 이것을 보고 우리가 "그럼 먹지도 않고 지키지 않고 믿기만 하면 되느냐?"는 식으로 물을 수 없다. 공 선생은 '부득이'라고 하는 극단적인 상황을 가정하고 한 말이지 평상시에 군대를 유지하지 않아도 좋고 식량을 비축할 필요가 없다는 것은 결코 아니다.

    '결사항전決死抗戰', '사수死守'라고 한다. 그리고 실제로 불리한 전투가 시작되면 도망자가 속출한다. 이런 행동의 배후에는 괜히 나만 이런다고 될 일이 아니라거나 함께 지키자고 해놓고 남이 먼저 도망가면 나만 개죽음을 당하게 될지 모른다는 불안감이 깔려 있다. 이승만 대통령은 한국전쟁이 나자 서울을 사수하자는 녹음 방송을 하고서 먼저 서울을 빠져나갔다. 이런 상황에서 목숨을 건 항쟁은 불가능하다. 그것이 가능하려면 공동체의 구성원들이 서로에 대한 절대적인 신뢰가 있어야 한다. 이처럼 공 선생은 공동체 구성원 사이에 믿음이 있을 때 그 어떠한 곤경도 해결할 수 있고 공존과 공영을 위해 노력하며 궁극적으로 평화를 일굴 수 있다고 보았다. 02.22[038]에서는 신뢰를 수레와 말이 이어지는 것에 비유하고 있다. 믿지 않는데 어떻게 함께 뭔가를 하는 것이 가능하겠는가?

12-08 [302]

위나라의 대부 극자성이〔공자 학파를 비판하는 투로〕이야기했다. "자율적 인간이 본바탕만 갖추면 되지 무엇 때문에 꾸미기(장식)를 할 필요가 있을까요?"

자공이〔깜짝 놀라며 큰 눈을 뜨고서〕대꾸했다. "참으로 안타깝습니다. 선생님이 '군자'를 그렇게 이야기(규정)하다니요! 속담에 '네 마리 말(馬)이 끄는 수레라도 이미 혀를 떠난 말(言)을 쫓아가지 못한다'고 말하지 않던가요. 꾸미기도 바탕처럼 중요하고, 바탕도 꾸미기처럼 중요합니다. 만약 당신 말대로라면 호랑이나 표범의 털을 뽑아서 무두질한 가죽이 개나 양의 털을 뽑아서 무두질한 가죽과 서로 같다는 말이 됩니다."

棘子成曰 : "君子質而已矣, 何以文爲?" 子貢曰 : "惜乎, 夫子之說君子也! 駟不及舌. 文猶
극자성왈 : "군자질이이의, 하이문위?" 자공왈 : "석호, 부자지설군자야! 사불급설. 문유
質也, 質猶文也. 虎豹之鞹猶犬羊之鞹."
질야, 질유문야. 호표지곽유견양지곽."

● 아름답고 올바른 사람이 되려면 무엇을 갖추어야 하는지에 대해 이야기하고 있다. 극자성은 소박한 바탕이 중요하다고 생각한다. 반면에 자공은 소박한 바탕과 아름다운 꾸밈이 이상적으로 결합되어야 한다고 주장한다. 이것은 문文과 질質의 관계를 둘러싼 논의로 『논어』에서 자주 이야기되는 것이다.

● "문유질야文猶質也, 질유문야質猶文也"는 누구의 주장과 연결될까? 극자성의 주장대로라면 질만 중요하고 문은 독자적 가치를 갖지 않는다.

즉 질만 있으면 충분하지 문은 있어도 그만 없어도 그만이다. 반면에 자공의 경우라면 문과 질은 역할이 다르지만 가치상으로는 동일하다. 이렇게 보면 이 구절은 자공의 주장으로 보는 쪽이 문맥이 더 부드럽게 이어진다. 하지만 이것을 극자성의 주장에 연결시키는 풀이도 있다.

디딤돌

◉ 관점이 다르면 비유도 달라진다. 장 선생(장자)은 '문'을 욕망을 일으키는 기호로 사용한다. "호랑이나 표범의 털 무늬는 사냥꾼을 불러들이고, 재빠르며 재주 많은 원숭이나 너구리를 잡는 개는 노끈에 매이게 된다〔虎豹之文來田, 猨狙之便, 執斄之狗來藉〕"(『장자』「응제왕」). 자공도 기본적으로 문을 무늬로 보고 있고 그것이 사람들의 관심을 끈다는 점을 인정한다. 하지만 그 관심이 물질적·과시적 욕망으로 환원되어 설명되지 않고, 각각의 아름다움을 유발하는 차이의 소재로 거론되고 있다.

12-09 [303]

노나라의 군주 애공이 유약에게 재정 문제에 관한 자문을 구했다. "[지방관들의 보고에 따르면] 올해 곡물의 작황이 너무 좋지 않습니다. [큰 일입니다.] 집행해야 할 예산도 부족합니다. 어떻게 하면 이 상황을 타개할 수 있을까요?"

유약이 질문을 받자와 대꾸했다. "[그렇다면 예로부터 있어온] 철법徹法, 즉 소출의 10분의 1을 징수하는 세법을 시행하지 그러십니까?"

애공이 [실망스럽다는 듯이] 한마디 했다. "선생님, 지금 10분의 2를 거두어도 모자란다고 생각하는데 어떻게 철법을 시행하라는 것입니까?"

유약이 반응을 받아서 대꾸했다. "[군주시여,] 백성들이 풍족하다면 군주가 어느 누구와 함께 부족으로 고통을 겪겠습니까? 반대로 백성들이 부족하다면 군주가 도대체 누구와 함께 풍족하게 생활하시겠습니까?"

[애공이 더 이상 말을 하지 않았다.]

哀公問於有若 曰: "年饑, 用不足, 如之何?" 有若對曰: "盍徹乎?" 曰: "二, 吾猶不足, 如
애 공문어 유약왈: "연기, 용부족, 여지하?" 유약대왈: "합철 호?" 왈: "이, 오유부족, 여
之何其徹也?" 對曰: "百姓足, 君孰與不足? 百姓不足, 君孰與足?"
지하기철야?" 대왈: "백성족, 군숙여부족? 백성부족, 군숙여족?"

상황

● 흉작으로 인해 초래될 세수 부족을 타개하기 위한 방안이 논의되고 있다. 군주는 증세를 해야 할지 아니면 무슨 묘안이 없는지 걱정이 태산 같다. 반면에 유약은 너무나도 느긋하다. 누구나 인정하는 흉작인 만큼 고통 분담을 해결 방안으로 제시하고 있다.

징검돌

1) 합盍은 '어찌 …… 하지 않는가'를 뜻한다.

2) 철徹은 주나라의 세법으로 알려져 있다. 『맹자』 「등문공」 상 3에 보면 맹자가 정전법을 예로 들며 유가의 경제학을 논의하고 있다. (박경환 옮김, 『맹자』, 129~133쪽 참조)

3) 현실에서 꼬이고 엉킨 실타래를 원론의 입장에서 보면 간단하게 풀린다. 반면 원론에서 제시하는 간명한 길은 현실의 입장에서 보면 무책임하게 들릴 수 있다. 애공이 현실에 서 있다면 유약은 원론에 바탕을 두고 있다. 흉년이 들면 세금이 잘 걷히지 않는 상황이 예견된다. 정부는 일정한 세수를 전제하고서 각종 사업을 입안하거나 정책(행사)을 구상했는데 세수가 부족하면 하려던 것을 못하게 된다. 이로써 정책의 안정성도 낮아지고 정부의 신뢰도도 떨어지게 된다. 애공으로서는 어떻게 해서든지 이러한 상황을 막아야 하기에 걱정이 이만저만이 아니다. 아마 그이는 구호의 명분으로 증세 방안을 검토하고 있었는지 모르겠다. 반면에 유약은 걱정할 필요가 없다는 투로 말한다. 자연재해와 기상이변 그리고 병충해로 흉작이 발생했다면, 사람으로서 피할 수 없는 천재天災인 셈이다. 애공이 말하는 문제는 문제가 되지 않는다. 아마도 먼저 왕실 재정을 대폭 축소하여 고통을 분담하는 모습을 보이고, 나아가 백성들에게 세수 부족으로 야기되는 고통을 함께 나눌 것을 제안했을 것이다.

12-10 [304]

자장이 고상함을 우뚝 솟게 하고, 헷갈리는 갈피를 잡는 길을 물었다.
 공 선생님이 대꾸했다. "〔자율적 인간은〕 충실과 믿음을 〔자기 행동의〕 주인으로 삼고, 정의(본분)를 좇는다면 고상함을 우뚝 솟게 할 것이다. 속담에 '사랑하면 그이가 오래 살기를 바라고, 미워하면 〔태도를 180도로 바꾸어〕 당장 죽기를 바란다'고 한다. 이처럼 앞서 오래 살기를 바랐다가 그다음 또 죽기를 바라니, 이것이 갈피를 못 잡는 것이다.
 〔『고대 시가집〔시경〕』에서 읊는다.〕 '참으로 재산 때문이 아니라 색다른 것 때문이리라.'"

子張問崇德辨惑. 子曰: "主忠信, 徙義, 崇德也. 愛之欲其生, 惡之欲其死. 旣欲其生, 又欲
자장문숭덕변혹. 자왈: "주충신, 사의, 숭덕야. 애지욕기생, 오지욕기사. 기욕기생, 우욕
其死, 是惑也. '誠不以富, 亦祇以異.'"
기사, 시혹야. '성불이부, 역지이이.'"

상황 ● 고상한 목표를 자신의 삶으로 밀착시키며 세상사에 줏대 없이 흔들리지 않는 방안을 이야기하고 있다. 사람은 자신이 흔들리지 않기를 그토록 바라건만 사람인 한 흔들릴 수밖에 없나 보다. 길이 없는 것은 아니다. 공 선생은 일단 대충하지 말고 자신의 전부를 던지고 또 자신을 믿을 것을 요구하고 있다. 자기 스스로 자신이 할 수 있다는 것을 믿지 않고서 일을 성취하기란 불가능하다. 그다음은 늘 그렇게 계속해서 나아가는 것이 중요하다.

걸림돌 ● 1) 충신은 01.08[008], 05.29[121], 09.25[235], 15.06[401] 등에 반복해서 쓰인다. 공 선생은 충신을 윤리적 삶이 시작되는 전제처럼 맨

밑바탕에 깔고 있다. 그 자체는 특정한 방향성과 폐쇄적으로 연결되는 것이 아니다. 인용된 시는 『고대 시가집』 「들판을 가다〔我行其野〕」(김학주 옮김, 『시경』, 305쪽)에 나온다.

2) 일부 주석가들은 마지막 시를 이곳이 아니라 16.12[449]로 옮겨야 한다고 주장한다. 나는 시가 위의 내용과 잘 연결되므로 옮길 필요가 없다고 생각한다.

12-11 [305]

제나라의 경공이 공 선생님에게 제대로 하는 정치에 대해 물었다.

공 선생님이 질문을 받아서 대꾸했다. "누구의 군주(지도자)라면 군주라는 이름에 걸맞게 살고, 누구의 신하(보조자 또는 대중)라면 신하라는 이름에 걸맞게 살고, 누구의 아버지라면 아버지라는 이름에 걸맞게 살고, 누구의 자식이라면 자식의 이름에 걸맞게 살아야 합니다."

경공이 감탄했다. "참, 절묘한 말이군요. 참으로 어떤 군주가 군주답지 않게 굴고, 어떤 신하가 신하답지 않게 굴고, 어떤 아버지가 아버지답지 않게 굴고, 어떤 자식이 자식답지 않게 군다고 칩시다. 비록 세금으로 거둬들인 곡식이 창고에 있다고 하더라도 내가 그 많은 곡식을 과연 먹을 수 있겠소?"

齊景公問政於孔子. 孔子對曰: "君君, 臣臣, 父父, 子子." 公曰: "善哉! 信如君不君, 臣
제경공문정어공자. 공자대왈: "군군, 신신, 부부, 자자." 공왈: "선재! 신여군불군, 신불
臣, 父不父, 子不子, 雖有粟, 吾得而食諸?"
신, 부불부, 자부자, 수유속, 오득이식저?"

상황
◉ 이 내용은 공 선생의 정명론正名論으로 유명한 구절이다. 특히 "군군, 신신" 등은 정명 사상을 간명하게 정식화한 표현으로 알려져 있다. 06.25[146]과 13.03[321]에 나오는 '정명'을 함께 읽어보면 좋겠다.

걸림돌
◉ 정명을 논하는 이 구절에는 "ㅌㅌ, ㅋㅋ, ㅍㅍ, ㅎㅎ"처럼 동일한 용어가 반복되고 있다. 여기에 쓰인 용어는 사람의 자연적·사회적 역할을 나타내는 명사이다. 여기서는 반복되는 형식에서 앞의 ㅌ과 뒤의 ㅌ이 각기 다른 역할을 수행한다. 앞의 ㅌ은 현실에 있는 이러저러한 구체적인 사람을 가리키고 뒤의 ㅌ은 개별적인 사람이 지켜야 하는 규칙이자 도달해야 하는 과제로서 이상(이념)을 가리킨다. 따라서 "ㅌㅌ"은 개별적인 누구의 ㅌ(현실의 어머니들)은 누구나 그렇게 되어야 하는 ㅌ(이상적인 어머니)이 되도록 해야 한다는 의미를 나타낸다.

　　현실과 이상이 완전히 일치하지 않고 일치를 위한 합리적 사회의 문법이 존재하지 않는다면, 즉 현실과 이상 사이에 깊은 틈이 벌어져 있다면 정명을 무기로 일치를 위한 노력을 촉구하거나 분열을 폭로하고 시정을 요구할 수 있다.

깊이 읽기

정명의 몇몇 독법들

정명 형식이 단순한 것과 달리 그것의 의미를 읽는 법은 다양하다. 첫째, 현실의 사람이 이상의 기준에 맞추어야 한다는 사실을 강조한다. 만약 그 이상이 시대의 진리를 담지 못하고 괴리가 크다면 결국 현실의 인간은 시대착오적인 이상에 의해 고통을 겪게 된다. 여성의 일방적인 정절 의무, 노예제도를 인정하는 신분제 등이 이런 사례에 해당한다. "여성이 과거부터 그래 왔던 규범을 지켜서 여성다워야 한다. 노예는 옛날부터 있었으므로 여전히 있어야 하며 노예로서 의무를 충실해야 한다"라는 추론이 나올 수 있다. 이런 식으로 정명을 읽으면 정치적 보수주의자가 된다. 둘째, 현실과 이상의 끊임없는 긴장성을 강조하는 독법이다. "이상이 현실을 규제하지 못하면 이상을 수정해야 하고, 현실이 이상과 완전히 동떨어져 있으면 현실을 교정해야 한다." 이런 식으로 읽으면 정명은 끊임없는 혁신을 가능하게 함으로써 영구 혁명의 관점을 내포한다.

◎ 위 글을 읽고 "정명이 현대인의 사회윤리로 어떻게 활용될 수 있을까?"를 생각해보자.

12-12 [306]

공 선생님이 칭찬했다. "〔쌍방의 진술이 아니라〕 한쪽의 주장만 듣고서도 똑 부러지게 소송을 매듭지을 사람이라면, 틀림없이 자로일 게다." 자로는 하기로 한 일(약속)을 묵혀두지 않는다네.

子曰 : "片言可以折獄者, 其由也與?" 子路無宿諾.
자왈 : "편언가이 절옥자, 기유야여?" 자로무숙낙.

상황 ─● 자로가 신속하고 공정한 소송 심리의 적임자로 평가되고 있다. 아마 이 말은 역사, 사법, 제도 등의 다양한 영역을 포괄하던 『춘추』 수업 시간에 일어난 대화로 보인다.

걸림돌 ─● 편언片言은 일방의 주장을 가리킨다. 소송이란 쌍방이 서로 엇갈리는 주장을 하는 건데, 한쪽 말만 들어봐도 시비를 판정할 수 있다면 자로는 특별한 능력이 있다는 것일까? 아마 나이가 많은 자로의 풍부한 인생 경험이 과단한 판단을 내리는 밑바탕이 되었을 것이다.

12-13 [307]

공 선생님이 [못마땅한 듯이] 이야기했다. "소송을 심리하는 일이라면 [그냥 규정대로 하면 되므로] 나라고 다른 사람보다 못할 바 없다. [내가 책임자라면] 아예 소송이 일어나지 않도록 할 텐데."

子曰: "聽訟, 吾猶人也. 必也使無訟乎!"
자왈: "청송, 오유인야. 필야사무송호!"

상황 ─● 공 선생이 소송의 발생에 대해 극단적인 불만을 표출하고 있다. 그이는 특별히 소송을 잘 심리하는 방법은 없다고 말한다. 하기야 법률 조문을 읽을 줄 알고 개별 사건의 범죄 유형을 식별할 줄 알고 그리고 조서를 작성할 수 있으면 그것으로 충분하다.

디딤돌 ─● 공 선생은 다툼, 분쟁, 갈등, 대립을 없앨 수 있다는 자신감을 피력하고 있다. 이런 사고방식이 사회 문화의 주류적인 특성을 이룬다면,

소송이 없는 상태를 이상적인 것으로 설정하게 된다. 즉 법 없이 잘 살 수 있는 사회를 만들려고 할 것이다. 오늘날의 관점에서 보면 이것은 전혀 현실성이 없는 낭만적인 희망일 뿐이다. 자칫하다가 명백하게 달라서 제삼자의 공정한 심판을 받아야 하는데도 소송 자체를 기피해서 갈등을 조용히 해결하자는 문화를 조장할 수도 있다. 즉 실제로 갈등이 없는 것이 아니라 있는 갈등을 없는 것처럼 만들 수 있는 것이다. 이런 점에서 나는 공 선생의 희망이 위험성을 내포하고 있다고 생각한다. 공 선생은 왜 소송 자체를 기피할까? 이런 사고는 법이나 소송을, 사회질서와 연관시켜서 사고하고 개인의 권리(권익) 보장이라는 측면에서 바라보지 않는 관점을 보여준다. 이런 점에서 공 선생이 당시 관습법 체제를 넘어서서 성문법 체제로 전환하는 사태에 부정적인 관점을 피력하게 된 이유를 이해할 수 있을 것이다.

◎ 소송에 대한 부정적인 관점을 이해하려면 훼이샤오퉁이 쓰고 이경규가 옮긴 『중국 사회의 기본 구조』(일조각, 1995), 75~82쪽을 읽어보라.

12-14 [308]

자장이 정무를 돌보는 태도에 대해 물었다.
　　공 선생님이 일러주었다. "무슨 자리에 있어도 절대로 게으르지 말고, 무슨 행정을 집행하더라도 충실성(한 마음)에 따라서 해야지."

子張問政. 子曰 : "居之無倦, 行之以忠."
자장문정. 자왈 : "거지무권, 행지이충."

● 관공서나 기업에서 행정 업무를 볼 때 결정을 자꾸 미루며 다음에

하자고 하고, 처음에 이렇게 말했다가 다음에 저렇게 말하는 경우가 있다. 그래서 요즘은 아예 전화를 받은 담당자의 이름을 적어두기까지 한다. 공무원들은 늘 자신이 누구를 위해 존재하고 누구에 의해 자리를 유지하는지를 숙지하고 있어야 한다. 따라서 신속하게 처리하고 확실하게 대답하는 것이 기본이다. 그럴 수 없는 경우에는 납득할 수 있게 설명하면 된다.

12-15 [309]

공 선생님이 일러주었다. "〔자율적 인간이라면〕 옛 문헌을 두루두루 배우고 전통문화로 자신을 규율할 터이므로 공동체를 혼란시키지 않을 것이다."

子曰 : "博學於文, 約之以禮, 亦可以弗畔矣夫!"
자왈 : "박학어문, 약지이례, 역가이불반의부!"

● 내용이 06.27[148]과 겹친다. 그만큼 공 선생이 박문博文과 약례約禮의 겸비를 강조했나 보다.

상황

12-16 [310]

공 선생님이 이야기했다. "자율적 인간은 주위 사람들의 아름다운(뛰어난) 점을 키워서 이루게 해주고, 나쁜 점을 부추기지 않고 〔없애도록 돕는다.〕 작은 사람들은 틀림없이 이와 반대로 하지."

子曰 : "君子成人之美, 不成人之惡, 小人反是."
자왈 : "군자성인지미, 불성인지악, 소인 반시."

상황
● 쉽지 않은 일이다. "사촌이 땅을 사면 배가 아프다"는 속담처럼 남이 잘되면 뭔가 이상한 것 같고, 조금이라도 냄새가 나면 일을 크게 벌이는 사람들을 드라마에서 흔히 본다. 이 악역은 인간 세계에서 영원히 추방할 수 없는 존재일 것이다. 어찌 보면 한 사람에게서 군자의 속성과 소인의 속성을 뚜렷하게 나눌 수 있는 것도 아니다. 각각 얼마씩 소인이 있고 군자가 있다. 어떤 속성이 그 사람의 특성을 규정지을 정도로 좀 더 부각되느냐의 차이가 있을 것이다. 오늘 당신은 군자였는가? 소인이었는가?

12-17 [311]

계강자가 공 선생님에게 정치의 핵심을 물었다.
    공 선생님이 질문을 받아서 대꾸했다. "정치는 [제 자신이] 올바로 서는 것입니다(정치는 자기 규제가 급선무입니다). 당신이 올바름(모범)으로 자신을 이끌어간다면, 도대체 누가 올바르게 행동하지 않겠습니까?"

季康子問政於孔子. 孔子對曰: "政者, 正也. 子帥以正, 孰敢不正?"
계강자문정어공자. 공자대왈: "정자, 정야. 자솔이정, 숙감부정?"

상황
● 사회의 평화가 정치 지도자의 솔선수범으로 달성된다는 점을 이야기하고 있다. 비슷한 말로 "윗물이 맑아야 아랫물이 맑다"가 있다. '정자정야政者正也'는 공 선생 정치사상의 핵심으로 취급되므로 기억해두면 좋겠다.

깊이 읽기

왜 윗물이 맑아야 하는가?

전통 시대에는 정치 지도자(공직자)와 백성의 관계는 신분적인 상하 관계로 간주되었다. 나아가 행위 방식과 관련해서 윗사람이 기준을 정하면, 아랫사람이 따라 해야 하는 것으로 여겨졌다. 윗사람은 늘 기준을 정하고 원칙을 마련하는 반면 아랫사람은 자신을 정해진 것에 일치시키거나 윗사람이 하는 대로 모방하면 충분했다. 이런 사회질서에서 지도자는 모든 판단을 전적으로 내리는 창조적 존재지만 백성은 모방과 복사만이 허용되는 수동적 존재였다. 따라서 백성들은 "내가 무엇을 어떻게 해야 하는가?"라는 물음을 제기하고 자신을 반성할 이유가 없다. 그 결과 윗사람이 제대로 하기만 하면 아랫사람들이 악을 저지를 일이 없는 것이다. 공 선생의 말은 바로 이런 논리를 전제하고 있다. 이러한 사회질서는 아랫사람이 윗사람의 판단을 따라 하지 않고, 스스로 생각을 하게 되면서부터 붕괴되기 시작한다.

근대의 민주주의 사회에서는 창조와 모방이라는 일방적 역할 방식이 존중될 기반이 없다. 공직자가 창조자의 역, 시민이 모방자의 역이란 식의 규정이 원천적으로 불가능하다. 전통 시대는 '나'는 군주를 부모이자 스승으로 생각했지만 오늘날 '나'는 그 어떤 공직자도 그런 식으로 생각하지 않는다. 오히려 공무원을 공복 公僕이라고 부른다. 공직자가 시민사회의 대립을 조정할 수는 있지만 시민 개개인의 바람직한 삶을 설계하고 안내하는 역할을 맡을 수 없다. 그것은 어디까지나 시민 개개인이 개별적 주체로서 자기 삶의 창조자이기 때문이다. 따라서 "윗물이 맑아야 아랫물이 맑다"는 말은 자연현상에는 여전히 사실이지만 사회현상에는 더 이상 진리가 아니다. 윗사람과 아랫사람의 계급적 구분이 없어지고 조직 운영상 윗사람과 아랫사람의 관계가 남아 있을 뿐이다. 또 그런 윗사람도 누구에게 보일 모범을 만들 필요와 의무가 없고 스스로 사회의 공통 규범에 적용을 받도록 해야 한다. 아직 우리 사회에는 소위 아랫사람이 범행을 하면 아무리 작은 범죄라도 반드시 법의 심판을 받는다. 반면에 소위 윗사람들이 범행 사실에 연루되면 막강한 영향력을 통해 혐의를 부인하고 실제로 법 적용의 예외자가 되는 경우가 많다. 그래서 이제 윗사람에게 모범을 보이라고 요구하지 않을 테니 스스로 법의 심판을 왜곡하지 말라고 요구하는 것이다.

◎ 위 글을 읽고 "한국 사회에서 윗사람과 아랫사람의 역할 구분이 어떻게 이루어지고 있는가?"에 대해 비판적으로 생각해보자.

12-18 [312]

계강자가 〔경제적인 사정의 악화 탓인지 사회문제가 된〕 도盜, 즉 백성들의 주거지 이탈과 유민화를 걱정하면서 공 선생님에게 〔해결책에 대해〕 자문을 구했다.

   공 선생님이 질문을 받아서 대꾸했다. "진실로 당신이 재물을 긁어모으려고 하지 않는다면, 상을 주고 그렇게 하라고 해도 그들은 유민이 되지 않을 겁니다."

季康子患盜, 問於孔子. 孔子對曰: "苟子之不欲, 雖賞之不竊."
계강자환도, 문어공자. 공자대왈: "구자지불욕, 수상지부절."

상황
● 범죄를 예방하기 위한 방안을 이야기하고 있다.

걸림돌
● 도盜는 오늘날 우리가 도둑질한다고 말하는 개인적 절도와 다르다. 『장자』「도척盜跖」을 보면 이런 사실을 확인할 수 있다. 「도척」에서는 민간과 떨어진 곳에서 집단 취락지를 구성하고서 집단적 약탈을 하고 동시에 생산노동을 하는 자치 조직을 이끄는 우두머리 척을 다루고 있다. 이와 달리 물건을 훔치는 개인적 범죄는 투偸라고 한다. 이외에 구寇가

있는데, 이는 종족 간의 대립을 바탕에 둔 채 집단적 약탈 행위를 일삼는 경우에 쓰이곤 한다.

디딤돌
◉ 공 선생은 범죄의 원인을 정치인(공직자)의 탐욕에서 찾고 있다. 범죄의 원인은 보통 완전히 개인의 책임으로 설명되기도 하고 사회구조의 탓으로 돌려지기도 한다. 세 가지 원인은 각각 다른 원인들을 완전히 배제할 정도로 절대성을 갖지는 못한다. 그러나 무엇이 어떤 범죄의 주요한 원인이었는지는 말할 수 있다. 만약 누군가가 노동할 의지도 있고 일자리를 구하기 위한 노력도 했지만 어린 자식에게 먹일 분유를 살 돈이 없어서 훔쳤다고 해보자. 이 경우 절도 범죄는 개인적인 습관이 원인이 아니라 최저생계비를 보장하지 못하는 사회에 많은 책임이 있다고 할 수 있다.

　공 선생의 말대로 공직자가 탐욕을 부리지 않으면 분명 그러한 사회 분위기가 생기지 않을 테고, 전체적으로 공동체의 이탈 현상이 줄어들 것이다. 또 권력형 비리가 일어나지 않을 테고 중대한 범죄가 생겨나지 않으리다. 그러나 공 선생처럼 공직자가 모범을 보이면 상을 주어도 유민이 발생하지 않으리라는 것은 추측일 뿐이다. 탐욕적인 지도자만이 아니라 바로 옆에 있는 가혹한 지주, 인간으로서 손 쓸 도리가 없는 자연재해 등도 유민화를 부추기는 원인이 될 수 있기 때문이다.

◎ 도盜의 사회·경제적 의미를 전문적으로 알려면 이성규가 쓴『중국고대제국성립사연구』
　(일조각, 1997)를 읽어보면 충분하다.

12-19 [313]

계강자가 새로운 정령을 구상하면서 공 선생님에게 자문을 구했다. "만약 정부가 〔요즘 변법가變法家들이 주장하는 것처럼〕 기본이 안 된 자들을 공개적으로 처형하여 인민들로 하여금 기본을 지키도록 하면 어떻겠습니까?"

공 선생님이 질문을 받아서 대꾸했다. "아니, 당신이 정치를 한다고 하면서 어떻게 사형제도(공포정치)에 의존하려고 합니까? 당신이 좋은 정치를 하려고 하면 인민들도 그것에 따라 점차 좋아질 겁니다. '자율적 인간의 특성은 바람과 같고, 작은 사람의 특성은 풀과 같다' 〔는 말을 들어보지 못했는지요?〕 〔당신도 아시다시피〕 풀 위로 바람이 지나가면, 풀은 반드시 따라 눕지 않던가요?"

季康子問政於孔子曰: "如殺無道, 以就有道, 何如?" 孔子對曰: "子爲政, 焉用殺? 子欲
계강자문정어공자왈: "여살무도, 이취유도, 하여?" 공자대왈: "자위정, 언용살? 자욕
善而民善矣. 君子之德風, 小人之德草. 草上之風, 必偃."
선이민선의. 군자지덕풍, 소인지덕초. 초상지풍, 필언."

상황
● 조직을 관리하다가 따라오지(따라 하지) 않는 자들을 보면, 극단적인 모험주의가 유일한 방안으로 눈에 들어온다. 아니 사태를 뒤집어놓고 냉정하게 따져보면 따라오지 않는 자가 문제가 아니라 이끄는 자가 문제 덩어리일 수 있다. 악화가 양화를 내쫓듯이 거악이 보통의 선량한 사람을 궁지로 내모는 상황 말이다.

디딤돌
● 요즘 사형제도에 대해 옹호론자와 폐지론자의 주장이 팽팽하게 맞서고 있다. "사형제가 범죄 방지에 이바지했다. 아니다. 범죄는 줄어들

지 않고 끊임없이 늘어나고 있다. 오심의 가능성, 사법 살인, 생명의 존중 등에 비추어볼 때 사형제는 마땅히 폐지되어야 한다. 아니다. 억울한 피해자와 배려되는 가해자의 상황은 정의에 부합되지 않는다." …… 등등. 공 선생은 사형제에 반대할 듯하다(13.29[347]참조, 13.30[348] 참조). 우리나라도 2007년 12월 29일자로 실질적인 사형폐지국의 대열에 들어섰다. 그동안 10년간 사형을 집행한 적이 없기 때문이다. 그러나 사형제에 대한 논의는 아직 본격적으로 진행되지 못했고, 폐지에 관해 실질적인 사회적인 합의가 이루어진 것도 아니다.

깊이 읽기

따라 눕는 풀과 빨리 누웠다가 먼저 일어나는 풀

풀이 눕는다
비를 몰아오는 동풍에 나부껴
풀은 눕고
드디어 울었다
날이 흐려서 더 울다가
다시 누웠다

풀이 눕는다
바람보다도 더 빨리 눕는다
바람보다도 더 빨리 울고
바람보다도 먼저 일어난다

날이 흐리고 풀이 눕는다
발목까지
발밑까지 눕는다
바람보다 늦게 누워도
바람보다 먼저 일어나고
바람보다 늦게 울어도
바람보다 먼저 웃는다
날이 흐리고 풀뿌리가 눕는다

──김수영, 「풀」(1968), 『거대한 뿌리』(민음사, 1996), 142쪽.

◎ 위 시를 읽고 "공 선생과 김수영의 풀의 심상이 어떻게 다른가?"를 이야기해보자.

12-20 [314]

자장이 〔평소 궁금하던 것을〕 물었다. "공동체의 일꾼이 어떻게 하면 '달達'했다고 할 만한가요?"

공 선생님이 〔뭔가 짚이는 게 있는지〕 되물었다. "무슨 뜻인지, 자네가 말하는 '달'이라는 말이."

자장이 질문을 받고서 대꾸했다. "〔누구라고 하면〕 나라 안에서 〔그이의 이름(명성)이〕 자자하고〔聞〕, 가문 안에서도 그이의 이름이 자자한 것이지요. 〔즉 '달'은 그이의 이름이 널리 퍼진다는 뜻입니다.〕"

공 선생님이 〔알아들었다는 듯이 고개를 끄덕이며〕 대꾸했다. "널리 퍼진다(인기 있다, 소문났다)는 것은 '달'의 제 뜻이 아니지. '달'(통달)이란 바탕이 순수하고 이치를 앞세우며, 상대의 이야기를 잘 가리고 표정(마음, 의도)까지 잘 살피며, 상대를 배려하고 자신을 낮추는 것이다. 그러면 나라 안에서 통달하지 않은 것이 없고, 가문에서도 통달하지 않은 것이 없지. 〔자네가 말한〕 저 '문'은 얼굴빛은 평화의 길에 참여하는 듯하지만 행실은 평화의 길과 전혀 딴판이고, 그런 생활에 안주한 채 조금도 회의하지 않는다. 그러니 〔누구라고 하면〕 나라 안에서 〔그이의 이름(명성)이〕 자자하고, 가문 안에서도 그이의 이름이 자자하기는 할 것이다."

子張問, "士何如斯可謂之達矣?" 子曰 : "何哉, 爾所謂達者?" 子張對曰 : "在邦必聞, 在
자장문, "사하여사가위지달의?" 자왈 : "하재, 이소위달자?" 자장대왈 : "재방필문, 재
家必聞." 子曰 : "是聞也, 非達也. 夫達也者, 質直而好義, 察言而觀色, 慮以下人. 在邦必
가필문." 자왈 : "시문야, 비달야. 부달야자, 질직이호의, 찰언이관색, 여이하인. 재방필
達, 在家必達. 夫聞也者, 色取仁而行違, 居之不疑. 在邦必聞, 在家必聞."
달, 재가필달. 부문야자, 색취인이행위, 거지불의. 재방필문, 재가필문."

상황 ──● 개인의 명성이 널리 퍼지는 것과, 원칙과 배려로 공동체를 따뜻하게 만드는 것이 어떻게 다른지 이야기하고 있다.

걸림돌 ──● 자장이 '달達'의 의미를 잘못 파악한 것이고 공 선생이 옳게 파악한 것은 아니다. 두 사람이 달을 각기 다른 맥락으로 쓰고 있을 뿐이다. 달이 멀리까지 미치다, 퍼지다는 뜻이 있으므로 그것을 자장은 특정 개인의 명성이나 소문이 널려 알려지다는 맥락으로 썼다. 반면에 공 선생은 그것을 꿰뚫다, 막힘없이 훤하게 알다라는 맥락으로 썼던 것이다. 오늘날에도 같은 말이라도 사용자마다 다른 뜻으로 사용할 수 있다. 민주民主라고 하더라도 어떤 이는 투표권 행사 정도로만 생각하는 사람이 있는 반면 주권자로서 자리 매김하는 것이라고 생각하는 사람도 있다. 같은 말을 어떻게 생각하느냐에 따라 사람의 행위 방식도 달라진다. 달을 소문으로 이해하는 사람은 보이는 세계와 보이지 않는 세계 사이에 엄청난 간극이 있다고 생각해 남들한테 보여지는 것에 신경 써서 사고하고 행동한다. 달을 통달로 이해하는 사람은 자신을 넘어선 공정한 기준을 앞세우고 타인을 자기처럼 존중하는 식으로 꿈꾸고 처신한다.

12-21 [315]

번지가 〔공 선생님과〕 무리 지어 〔기우제를 지내는〕 무우대 아래를 여유 있게 노닐었다. 〔그이는 갑자기 뭐가 생각났는지〕 물었다. "고상함을 우뚝 솟게 하고, 못된 버릇을 고치고, 헷갈리는 갈피를 잡는 길을 알고 싶습니다."

공 선생님이 대꾸했다. "참 좋은 질문이구나! 할 일을 먼저 하고 이득은 뒤로 제쳐둔다면 고상함을 우뚝 솟게 하지 않겠는가? 자신의 잘못을 매섭게 따지고 주위 사람의 잘못을 그렇게까지 하지 않는다면 못된 버릇을 고치지 않겠는가? 하루아침이면 삭을 억울한 생각 탓에 자신의 처지를 잊어버려서 〔안 좋은 일이〕 자신의 부친에게 미친다면 갈피를 못 잡는 것이 아니겠는가?"

樊遲從遊於舞雩之下, 曰: "敢問崇德, 修慝, 辨惑." 子曰: "善哉問! 先事後得, 非崇德與?
번지종유어무우지하, 왈: "감문숭덕, 수특, 변혹." 자왈: "선재문! 선사후득, 비숭덕여?

攻其惡, 無攻人之惡, 非修慝與? 一朝之忿, 忘其身以及其親, 非惑與?"
공기악, 무공인지악, 비수특여? 일조지분, 망기신이급기친, 비혹여?"

상황

● 거의 같은 질문이 12.10[304]에서 이미 나왔는데 대답은 다르다. 여기서는 고상함이 결국 이익이나 물질적 소득에 초연한 것과 관련이 있어 보인다. 헷갈리는 갈피를 잡는 것은, 우리가 흥분했다가도 금방 사그라지는 일시적인 관심이나 기분과, 손상될 수 없는 중요한 것의 가치를 제대로 식별할 줄 아는 능력과 관련되어 있다. 일시적인 감정을 변치 않을 일로 착각하거나 생명처럼 고귀한 것을 한때 기분에 따라 결정한다면, 그것은 모두 무엇이 중요하고 무엇이 사소한지 구분하지 못한 채 헷갈려하는 것이다. 여기서의 '못된 버릇'은 『논어』 전체에 반복되는

주제이다. 남의 작은 허물은 너무나도 뚜렷하게 보이고 자신의 커다란 허물은 그렇게 보이지 않나 보다. 우리는 먼저 자신을 객관화할 줄 알아야 한다.

걸림돌

◉ 1) 무우舞雩는 기우제를 지내는 제단이 있는 곳을 말한다. 근처에 제단도 있고 나무가 있어 한가로이 거닐기 제격이다. 이를 보면 공 선생 학파도 답답한 교실에서만 강의를 한 것이 아니라 전망 좋은 곳에 한가로이 거닐면서 야외 수업을 한 듯하다.
　2) 선사후득先事後得은 06.22[143]의 선난후획先難後獲과 같은 뜻이다.
　3) 일조지분一朝之忿은 오래 가지 못하고 금방 사그라지는 욱하는 성질을 가리키는 말로 많이 쓰인다.

12-22 [316]

번지가 이번에는 평화(화해)에 대해 물었다.
　공 선생님이 대꾸했다. "주위 사람들을 사랑하는(아끼는) 것이지."
　번지가 내친 김에 분별력에 대해 물었다.
　공 선생님이 대꾸했다. "주위 사람들의 잘잘못을 알아서 쓰는 것이지."
　번지가 [예상했던 답과 달랐는지] 무슨 뜻인지 못 알아들은 듯했다.
　공 선생님이 부연 설명을 했다. "올곧은 인물을 뽑아서 굽은(휘둘리는) 사람 위에 두면 굽은 사람을 올곧게 만들 수 있지."
　번지가 강당에서 빠져나와 [길을 가다가] 자하를 만나서 [선생님과 한 말을] 이야기했다. "좀 전에 나는 선생님을 만나서 분별력에 대해 물어봤지. 선생님이 '올곧은 인물을 뽑아서 굽은(휘둘리는) 사람 위에 두면 굽은 사람을 올곧게 만들 수 있지'라고 이야기하셨는데 도대체 무슨 말씀이실까?"

자하가 〔곰곰이 생각한 끝에 무릎을 딱 치며〕 입을 뗐다. "생각할수록 의미심장하구나, 선생님의 한마디가! 순임금이 하늘 아래, 즉 중원 지역을 다스릴 때 여러 인물 중에서 사람을 가리고 가려서 고요를 발탁했지. 그러자 사람 사이를 이간질하던 자들이 힘을 못 쓰게 되었다. 탕임금이 하늘 아래, 즉 중원 지역을 다스릴 때 여러 인물 중에서 사람을 가리고 가려서 이윤을 발탁했지. 그러자 사람 사이를 이간질하던 자들이 힘을 못 쓰게 되었지."

樊遲問仁. 子曰: "愛人." 問知. 子曰: "知人." 樊遲未達. 子曰: "擧直錯諸枉, 能使枉者直."
번지문인. 자왈: "애인." 문지. 자왈: "지인." 번지미달. 자왈: "거직조저왕, 능사왕자직."
樊遲退, 見子夏曰: "鄕也吾見於夫子而問知. 子曰: '擧直錯諸枉, 能使枉者直', 何謂也?" 子夏曰: "富哉言乎! 舜有天下, 選於衆, 擧皐陶. 不仁者遠矣. 湯有天下, 選於衆, 擧伊尹. 不仁者遠矣."
번지퇴, 견자하왈: "향야오견어부자이문지. 자왈: '거직조저왕, 능사왕자직', 하위야?" 자하왈: "부재언호! 순유천하, 선어중, 거고요. 불인자원의. 탕유천하, 선어중, 거이윤. 불인자원의."

상황 ● 주위 사람들과 평화롭게 지내고 그들의 특성을 제대로 분별하는 일의 중요성을 이야기하고 있다. 02.19[035]에도 올곧은 사람과 굽은 사람 사이의 관계를 말하고 있다.

걸림돌 ● 번지는 왜 공 선생의 말을 이해하지 못했을까? 두 사람은 '지知'를 서로 다른 의미로 받아들이고 있었기 때문이다. 번지는 13.04[322]에서 파종 등 농사짓는 기술이나 채소를 가꾸는 등 밭일하는 기술을 묻고 있듯이 기술적 지식에 관심을 두고 있다. 반면 공 선생은 사회를 조직하고 인류의 질서를 수립하는 방법에 초점을 두고 있었다. 사정이 이러하니 두 사람의 이야기는 전형적인 동문서답이 되어버렸다. 공 선생이 답변에 이어서 자신의 뜻을 부연 설명했지만 번지는 왜 그런 일을 지의 대상으로 삼아야 하는지 납득하지 못한다. 자하는 공 선생의 의중을 제대로 파악하고 있다.

깊이 읽기

우리는 왜 알려고 하는가?

"우리는 배우는 진리보다 진리의 획득 작업에 훨씬 큰 관심을 둔다. 실제로 우리가 지적인 탁월함이나 열등함을 문제 삼을 경우에조차, 우리는 이미 획득하여 소유하고 있는 축적된 진리들보다는 스스로 진리들을 찾아내고 그것들을 조직화하여 응용할 수 있는 능력에 관심을 집중한다. 가끔 우리가 어떤 사람에게 일부 사실에 대해 무지無知하다고 비난하는 이유도 따지고 보면 그 무지란 것이 사실은 [지식이 아니라 지혜 차원에서의] 어리석음의 결과이기 때문이다.

'방식how'을 아는 것과 '사실that'을 아는 것 사이에는 상이점들이 있지만 병행 관계도 있다. 우리는 하나의 도구를 사용하는 방식을 배우는 것에 대해 이야기하기도 하고, 때로는 어떤 것이 이러저러하다는 사실을 아는 것에 대해 이야기하기도 한다. 또 나무를 자르기 위해서는 어떻게 해야 하는지를 아는 것에 대해 이야기하기도 하고 때로는 로마군이 어떤 장소에 야영을 했다는 사실을 아는 것에 대해 이야기한다. 또 옭매듭을 어떻게how 묶는지를 잊어버린 것에 대해 이야기하기도 하고, 영어 knife에 해당하는 독일어가 Messer라는 사실을 잊어버린 것에 대해 이야기하기도 한다. 요컨대 우리는 '어떻게'에 대해 의문을 가질 수도 있고, '사실 여부whether'에 대해 의문을 가질 수도 있다.

그러나 우리는 어떤 사람이 방식을 믿는다든지 생각한다는 식의 말을 하지 않는다. 만일 어떤 사람이 한 명제를 받아들이는 근거나 이유에 대해 질문한다면 이는 적절한 것이지만, 같은 질문을 카드 치는 요령이나 투자에서의 신중함에 대해 던질 수는 없다."

───── 길버트 라일, 이한우 옮김, 『마음의 개념』(문예출판사, 1994), 34~35쪽.

◎ 위 글을 읽고 "공 선생의 앎은 방식과 사실 중 어느 것에 더 가까울까?"를 생각해서 글로 정리해보자.

12-23 [317]

자공이 친구의 사귐에 대해 물었다.
　　공 선생님이 대꾸했다. "진실하게 권해주고 착실하게 서로 이끌어준다. 그때〔생각하는 바와 달라〕'이게 아니다!' 싶으면 그만두어야지(더 이상 권하지 않아야지)〔강권하다가〕〔'네가 왜 그렇게 나서느냐?'는 식의〕모욕을 스스로 초래하지 말아야 한다."

子貢問友. 子曰: "忠告而善道之. 不可則止, 毋自辱焉."
자공문우. 자왈: "충고이선 도지. 불가즉지, 무자욕언."

상황
● 세상에는 턱없이 순진해서 손해나 오해를 당하는 사람이 많다. 순전히 선의에서 참지 못하고 충고하다가 쓸데없는 참견이나 부당한 간섭으로 오해를 받기도 한다. 특히 "당신이 뭔데, 남의 일에 끼어들어 이러쿵저러쿵하느냐?"는 핀잔을 받는다. 살다 보면 전략도 중요하지만 전술이 절실하게 느껴질 때가 있다. 진정한 우정이란 친구를 나의 틀에 맞추는 것이 아니라 각자의 개성을 인정하면서 장단점을 보완해주는 것이다.

12-24 [318]

증 선생님이 이야기했다. "자율적 인간이라면 (폭력이 아니라) 글(학문, 문학, 문장)로 친구를 불러 모으고, 친구와 어울리며 사람다움(평화)의 힘을 키운다."

曾子曰: "君子以文會友, 以友輔仁."
증자왈: "군자이문회우, 이우보인."

상황
● 사람을 불러 모으는 것이 무엇일까? 기업은 자본이, 정치는 권력이 답이겠지만 공 선생이 주목한 것은 학문의 힘이다. 도서관과 절대적 스승이 없는 상황이라면 각자가 가진 학식은 다른 사람에게 궁금증을 풀어주고 새것을 기획하는 등 지적 자극제 역할을 할 수 있다. 곧 학문은 자신을 넘어설 수 있는 유일한 통로였던 것이다. 아울러 뜻을 같이하는 사람들이 함께 모여 자유로운 공기를 누린다는 것은 그것 자체가 해방감을 가져다줄 수 있다. 이것이 결국 대학 또는 아카데미의 전신이지 않을까?

디딤돌
● 사람들은 『논어』에 나오는 말로 단체의 이름을 삼곤 한다. 많이 쓰이는 것 중에 03.08[048]에 나오는 '회사후소繪事後素'에서 딴 '후소회'가 있다. 김은호(金殷鎬, 1892~1979) 화백의 문하생을 중심으로 1936년 정식 창립된 단체이다. 이곳의 '이문회우以文會友'도 많이 쓰이는 이름이다. 한학자 노촌 이구영(老村 李九榮, 1920~2006) 선생은 이문학회를 열어 고전과 구한말 의병에 관심 있는 사람에게 한문과 초서를 가르쳤다. 선생은 월사 이정구(李廷龜, 1564~1635)의 후손으로 제천의 유학자 가문에서 태어나 사회주의 사상에 심취했다. 한국전쟁 때 월북한 뒤

1958년 공작원으로 남파됐다가 검거돼 22년간 장기수로 복역 후 1980년 출소했다. 무武가 창궐하는 시대에 문文의 기치를 내걸고 사람과 어울렸던 것이다.

13 篇

정치의 편
결실의 편

● 정치의 편
● 결실의 편

 제13편은 보통 '자로'로 불린다. 이 편이 "자로문정子路問政"으로 시작하는데 제일 첫 단어인 '자로'를 표제어로 삼은 것이다. 제12편의 제목이 '안연'이다. 호사가들은 편명이 안연이 먼저이고 자로가 뒤에 있는 것을 해명하려고 시도했다. 그들은 11.15[283]에 나오는 승당升堂과 입실入室이라는 용어를 생각해냈다. 안연은 입실의 단계이고 자로는 승당의 단계이므로 안연의 편이 앞에 있다는 것이다. 이렇게 되면 『논어』의 편제는 실로 단순하고 우연한 것이 아니라 위계와 서열이라는 내적 연관성으로 꽉 짜인 것이 된다. 나는 이러한 해명을 받아들이지는 않는다. 이런 설명은 한 번 정도 귀 기울일 필요가 있지만 그 이상은 아니다.
 이 편은 모두 30장으로 되어 있다. 이 편도 다른 편과 마찬가지로 중심 주제가 없다. 다만 되풀이하다 보면 다른 편보다 상호 연계성이 두드러지면서 몇 가지 주제가 부각된다. 하나는 '문정問政'이라는 말이다. 이 말은 1, 2, 17장에 보인다. 이외에 3장은 '위정爲政'을, 5장은 '수정授政'을, 7장은 '노위지정魯衛之政'을, 13장은 '종정從政'을, 14장은 '유정有政'을, 15장은 '흥방興邦'과 '상방喪邦'을, 20장은 '종정'을 말하고 있다. 느슨하게나마 많은 장이 정치나 행정의 원칙 또는 기술적인 문제를 다루고 있다. 이런 점에서 나는 이 편을 〈정치의 편〉으로 명명하고자 한다.

이 편에는 숫자가 많이 나온다. 이 숫자는 어떤 지도자가 등장하더라도 그에 따른 정치적 효과가 나오는 데에 걸리는 시간과 관련을 짓는다. 10장에서는 공 선생이 3년을 말하고, 11장에서는 선인이 100년을 필요로 하고, 12장에서는 철인 왕이 한 세대인 30년을 필요로 한다는 것을 말한다. 이외에도 정치적 효과는 8, 9, 16장에서 다루고 있다. 이런 점에서 나는 이 편을 〈결실의 편〉이라고 명명하고자 한다. 이 밖에도 이 편에는 제15편처럼 군자와 소인의 특성이 대조되고 있다(23, 25, 26장).

이 편은 전체적으로 군자와 소인 중에서 군자가 사회의 중심이 되어 정치 원칙을 지킨다면 바람직한 사회적, 정치적 효과를 거둘 수 있다는 점을 이야기하고 있다.

13-01 [319]

자로가 정치하는 이의 자세를 물었다.

 공 선생님이 대꾸했다. "[백성들보다] 자신이 먼저 하고서 다음에 백성(시민)들에게 수고롭게 하라."

 [자로가] 부연 설명을 요청했다.

 공 선생님이 대꾸했다. "늑장을 부리지 마라."

子路問政. 子曰: "先之勞之." 請益. 曰: "無倦."
자로문정. 자왈 : "선지로지." 청익. 왈 : "무권."

상황

● 언론에서 하도 자주 들어 당연한 말인 듯하지만 실제로는 전혀 실현되지 못할 먼 남의 나라 얘기 같다. 정치가나 행정가가 갖추어야 할 가장 기본적인 자세이다.

디딤돌

● 솔선수범은 두 가지 맥락이 있다. 하나는 군주와 같은 지도자가 모든 사안에 대해 기준을 제시한다는 맥락이다. 아무도 그 역할을 대신할 수는 없다. 다른 하나는 입법자들이 기준을 만들면 자기 스스로 기준의 지배를 받는다는 맥락이다. 보편적 기준이 동등하게 적용되기 때문에 예외적 존재가 있을 수 없다는 것이다.

 솔선수범의 두 가지 맥락 가운데 전자는 사회적 맥락을 상실했다. 모두가 자신의 삶의 최초 기획자이며 최종 판단자이다. 정치인을 나보다 더 나은 사람으로 상정할 아무런 이유가 없다. 후자는 좀 더 철저하고 완벽하게 실현되도록 감시와 견제가 더 강화되어야 한다. 시민이 뽑은 자가 시민 위에서 군림한다는 것은 어불성설이기 때문이다.

13-02 [320]

중궁이 계씨의 행정관이 되었다. 그이는 [인사차 들려서] 조직 관리에 대해 물었다.

공 선생님이 대꾸했다. "유사(실무자)에게 먼저 모범을 보이고, 작은 실수를 문제 삼지 않고, 뛰어난 인재를 발탁하라."

중궁이 [걱정이 된다는 듯이] 물었다. "[막 새롭게 부임해서] 어떻게 누가 뛰어난 인재인지를 알아서 발탁할 수 있습니까?"

공 선생님이 [예상했다는 듯이 고개를 끄덕이며] 이야기했다. "자네의 눈에 띄는 사람부터 발탁하시게. 자네가 알아차리지 못하는 인재가 있다면, 주위 사람(동료)들이 가만히 있지 않을 걸세."

仲弓爲季氏宰, 問政. 子曰: "先有司, 赦小過, 擧賢才." 曰: "焉知賢才而擧之?" 曰: "擧
중궁위계씨재, 문정. 자왈: "선유사, 사소과, 거현재." 왈: "언지현재이거지?" 왈: "거
爾所知. 爾所不知, 人其舍諸?"
이소지. 이소부지, 인기사저?"

상황
● 공 선생이 막 행정을 맡게 된 중궁에게 성공적인 직무 수행의 세 가지 원칙을 말하고 있다.

걸림돌
● 중궁이 세 가지 원칙을 듣고서 앞의 둘은 이해했지만 나머지 하나를 알아듣지 못하고 다시 질문했다. 중궁이 기존 조직의 구성원에 대해 어떠한 정보가 없는데 원칙론만으로 도움이 되지 않을 듯하여 구체적인 방법을 물은 것이다. 먼저 자신의 기준에 부합하는 사람을 발탁하면 그 다음에는 조직 내부에서 그와 같은 사람을 자연히 추천하게 될 것이다. 즉 새로운 행정관이 어떤 사람을 선택하면 조직 내부에서 그가 어떤 부

류의 사람을 앞세우는가를 알게 된다는 말이다. 이로써 처음 발탁이 기준을 제시하는 것이다. 우리나라의 정치는 전적으로 '코드 인사'에 따라 국정을 운영하려고 하는데, 한번쯤 되새겨볼 만한 내용이다.

13-03 [321]

자로가 [사뭇 긴장한 채 정색을 하고서] 질문을 던졌다. "만약에 위나라의 군주가 선생님을 모시고 정치를 한다면 선생님은 무엇을 가장 먼저 하겠습니까?"

공 선생님이 [질문이 끝나자마자] 운을 뗐다. "당연히 명명(분수의 규정)을 제대로 해서 사태를 바로잡아야지!"

자로가 [기대와 전혀 딴판이라 눈이 휘둥그레 뜨고] 한마디 했다. "[아니 진짜로] 그럴 셈입니까? 선생님 세상 물정에 어둡군요! 어째서 [불러준 사람과 정면으로 충돌해서] 사태를 바로잡으려고 하는지요?"

공 선생님이 [지지 않고 목소리를 약간 높이며] 한마디 했다. "[어둡다니 이 사람아.] 자네야말로 참으로 [사태의 본질에] 무지하구나! 자율적 인간은 자신이 확실하게 모르는 일에는 판단을 보류하는데 말이야."

[조금 쉬고 나서 호흡을 가다듬고 설명조로 이야기를 했다.]

"명명이 정확하지 않으면 오고 가는 말이 순조롭지 않게 되고, 오고 가는 말이 순조롭지 않으면 하는 일이 제대로 풀리지 않게 되고, 하는 일이 제대로 풀리지 않으면 전통문화가 제몫을 하지 못하게 되고, 전통문화가 제몫을 하지 못하면 형벌마저 공정하지 않게 되고, 형벌마저 공정하지 않으면 인민들이 손발을 어떻게 놀려야 할지 모르게 된다. (자칫하면 범죄자로 엮일 수 있으니까.)

따라서 군자는 '무엇이다'라고 명명한다면 반드시 정확하게 주창

(다짐, 약속)할 수 있어야 하고, 주창했으면 반드시 그대로 실행해야 한다. 군자는 자신이 뭐라고 다짐을 해놓고 [사태의 전개 방향에 따라] 어물어물 넘어가는 일이 결코 없다."

子路曰: "衛君待子而爲政, 子將奚先?" 子曰: "必也正名乎!" 子路曰: "有是哉? 子之迂
자로왈   "위군대자이위정, 자장해선?"   자왈   "필야정명호!"   자로왈   "유시재? 자지우
也! 奚其正?" 子曰: "野哉, 由也! 君子於其所不知, 蓋闕如也. 名不正, 則言不順, 言不順,
야! 해기정?"   자왈   "야재, 유야! 군자어기소부지,   개궐여야.   명부정,   즉언불순,   언불순,
則事不成, 事不成, 則禮樂不興, 禮樂不興, 則刑罰不中, 刑罰不中, 則民無所錯手足. 故君
즉사불성,   사불성,   즉례악불흥,   례악불흥,   즉형벌부중,   형벌부중,   즉민무소조수족. 고군
子名之必可言也, 言之必可行也. 君子於其言, 無所苟而已矣."
자명 지필가언야,   언지필가행야. 군자어기언,   무소구이이의."

상황 ― ● 공 선생의 정명론正名論이 나오는 유명한 구절이다. 위나라가 제후 계승을 놓고 괴외와 출공 첩이 전쟁을 벌이는 상황에서 자로는 누구를 지지할 것인지 물었는데 공 선생이 정명을 이야기하자 실망을 감추지 못하고 있다. 자로는 출공 첩을 돕다가 이 내란에서 목숨을 잃게 된다. 07.15[166] 자공의 빗댄 질문과 11.13[281] '공 선생의 예언'을 참조하라.

걸림돌 ― ● '명부정名不正'에서 '형벌부중刑罰不中'까지 문장이 꼬리를 물고 이어지고 있다. 이것을 연쇄법이라고 한다.

디딤돌 ― ● 왜 서로에 대해 세상 물정에 어둡다느니 무지하다느니 하며 비판하고 있을까? 자로는 지금 누구 편에서 칼을 들어야 하느냐에 관심의 초점이 있다. 반면 공 선생은 정치적 사태에 개입하기 위해서는 도덕적 기준이 필요하다는 데에 강조점을 두고 있다. 여기서 누가 맞고 누구는 틀렸다는 식으로 문제를 보지 말자. 둘 다 자신의 선택을 합리적으로

주장할 수 있고 그것의 정당성을 신념화해서 행동할 수 있다. 두 사람이 같은 길을 가면 좋겠지만 때로는 서로 다른 개인적 선택으로 인해 다른 길을 갈 수밖에 없기도 하니까. 자로의 길을 극단화시키면 무모하게 행동에 나서는 과격파나 급진파가 될 수 있다. 또 공 선생의 길을 극단화시키면 원칙이나 관념에만 매몰된 이상주의가 될 수 있다. 12.11[305] '정명의 표현 형식'을 참조하라.

13-04 [322]

번지가 [인생 경험이 풍부한] 공 선생님에게 파종 등 농사 기술에 대해 배우고자 했다.

공 선생님이 대꾸했다. "나라고 해서 [그런 일을 잘 알겠느냐?] 나이 지긋한 농부가 나보다 훨씬 나을 것이다."

번지가 [쉽게 물러나지 않고 말을 조금 바꾸어] 채소를 키우는 것 같은 밭일하는 기술을 배우고자 했다.

공 선생님이 [왜 이런 질문을 하나 의아해하면서] 대꾸했다. "그런 일이라면 나보다 나이 지긋한 밭 일꾼이 더 낫지."

번지가 강당을 빠져나갔다.

공 선생님은 [그이가 나가기를 기다렸다는 듯이] 한마디 했다. "[탐구하고 물어볼 것도 많을 텐데.] 작은 사람이구나, 번지는! 윗사람(정치 지도자)이 버릇(제2의 천성)처럼 전통문화를 앞세우면, 인민들이 그들을 존경하지 않을 수 없다. 윗사람이 버릇처럼 정의(도의)를 앞세우면, 인민들이 그들에게 복종하지 않을 수 없다. 윗사람이 버릇처럼 믿음을 앞세우면, 인민들이 마음을 열지 않을 수 없다.

만약 〔정치 상황이〕 이와 같다면 동서남북에 사는 모든 인민들이 제 자식을 포대기에 업고 세간을 머리에 이고 찾아올 텐데……. 〔군자가〕 스스로 농사짓는 기술을 물을까?"

樊遲請學稼. 子曰: "吾不如老農." 請學爲圃. 曰: "吾不如老圃." 樊遲出. 子曰: "小人哉, 번지청학가. 자왈: "오불여로농." 청학위포. 왈: "오불여로포." 번지출. 자왈: "소인재, 樊須也! 上好禮, 則民莫敢不敬. 上好義, 則民莫敢不服. 上好信, 則民莫敢不用情. 夫如是, 번수야! 상호례, 즉민막감불경. 상호의, 즉민막감불복. 상호신, 즉민막감불용정. 부여시, 則四方之民襁負其子而至矣. 焉用稼?" 즉사방지민강부기자이지의. 언용가?"

| 상황 |

● 지식인은 도대체 어디에 관심을 두어야 하는가? 관심을 두지 않아야 할 곳에 관심을 둔다면 인생의 정열과 시간을 다른 곳에 쏟게 될 테니까. 14.44[392] 내용 중복, 13.16[334] '통합의 정치'와 16.01[438] '문화의 정치'를 참조하라.

| 걸림돌 |

● 번지의 물음에 대답하면서 공 선생이 화가 난 듯하다. 왜 그랬을까? 하나는 번지가 공자 학파의 노선을 제대로 읽어내지 못하고 지엽적인 질문을 했기 때문이다. 공 선생으로서는 "자네는 아직도 우리 학파의 정체성을 모르는가?"라는 말을 하고 싶을 것이다. 다른 하나는 번지가 공자 학파의 주지를 파악하고 있으면서도 공 선생에게 논쟁을 거는 것이다. 공 선생은 번지가 자신을 이해했다고 하나 도대체 뭘 이해했는지 모르겠다는 답답함을 느꼈을 것이다.

| 디딤돌 |

● 공 선생은 농사일을 노농에게 떠맡겼지만 박제가(朴齊家, 1750~1805)는 다음과 같이 말했다. "늙은 농부는 믿을 수 없다. 이들은 아는 것 없

이 들에 나가 일만 하는 자들이다. 즉 체력에만 의존하는 어리석은 백성인 것이다. 오줌 그릇이 천 년이나 땅속에 묻혀 있어도 골동품이 되지 못하는 것과 같다." 이런 판단의 근거로 "그들은 정월 대보름에 달의 높낮이로 그 해의 풍작과 흉작을 점친다"는 미신적 관행을 제시하고 있다.
〔박제가, 박정주 옮김, 「늙은 농부」, 『북학의』(서해문집, 2003), 216쪽 참조〕

깊이 읽기

생산 노동의 천시

"지금 우리나라는 관리를 임용하는 데에 오로지 문벌만으로 따진다. 공경公卿의 아들이라야 공경이 되며 서민의 자식은 항상 서민이 된다. 모든 사람은 원래의 신분에서 한 발자국도 못 벗어난다. 이는 이미 오래전부터 그렇게 되어왔다. 높은 지위에 있는 사람은 이미 귀하고 또 부자여서 농사일을 직접 지을 일이 없으며, 가끔 심한 경우에는 콩과 보리도 분간하지 못한다. 반면 모든 서민은 눈을 뜨고도 글을 알지 못한다. 가르침을 받은 적이 없어 대체로 어리석고 무식하다. 그래서 오직 힘으로 일을 할 뿐이다.

세간에 '어리석은 자가 농사일을 한다'라는 말이 있다. 먼 옛날에는 이런 말을 하지 않았다. 또 오늘날은 씨 뿌리고 심는 방법과 써래를 쓰는 시기, 호미와 쟁기를 사용하는 방식과 관련해서 예전과 전혀 딴판이다. 사정이 이러하니, 비록 재주가 뛰어나고 지혜로워, 스스로 깨우쳐 아는 탁월한 사람이 있다고 하더라도 그 학식을 실제로 펼칠 수 없다."

"농사짓기를 부끄러워하는 사람들이 걸핏하면 공자의 제자 번지樊遲와 전국 시대의 농가農家 허행許行을 평계로 삼는다. 그러나 성인聖人, 즉 공 선생(공자)과 맹 선생(맹자)은 저 두 사람을 배척하였다. 그들은 농사일의 이면에는 중요한 더 큰 틀이 따로 존재한다는 것을 알지 못했기 때문이다. 그들은 지금 다시 살아난다

해도 지금의 역전과力田科에는 합격하지 못할 것이다. 또 인원이 부족한 수속도위收粟都尉의 자리에나 보충될 수 있을까?"

—— 박제가, 박정주 옮김, 「이희경의 농기도農器圖 서문」과 「번지와 허행」, 『북학의』(서해문집, 2003), 136~137쪽, 227쪽.

◎ 위 글을 읽고 "공 선생의 번지에 대한 비판은 생산 노동에 대한 천시로 독해될 수 있는가?"에 관해 입장을 선택해서 토론해보자.

13-05 [323]

공 선생님이 이야기했다. "『고대 시가집〔시경〕』에 실린 300편의 시를 달달 외우더라도 자신에게 정치적 임무를 맡기면 제대로 처리를 못한다고 치자. 또 이곳저곳에 사신으로 가게 되더라도 독립적으로 척척 대처를 하지 못한다고 치자. 그렇다면 이처럼 『고대 시가집』을 많이 읽었다고 하더라도 도대체 무슨 소용이 있는가?"

子曰: "誦詩三百, 授之以政, 不達. 使於四方, 不能專對. 雖多, 亦奚以爲?"
자왈: "송시삼백, 수지이정, 부달. 사어 사방, 불능전대. 수다, 역해이위?"

상황

● 문학(시)을 배우고서도 정사와 외교 분야에서 언어를 제대로 구사하지 못한다면 잘못 배운 것이다. 여기서 우리는 전통 시대 과거에서 문학 능력을 측정하는 시험을 왜 치렀는지 조금 이해할 수 있을 것이다. 우리는 수학을 왜 배울까? 수험생이라면 대학에 가기 위해서라고 대답할 것이다. 수학은 규칙에 따라 문제를 풀고 결론을 내리는 학문이다. 이렇게 문제를 풀다 보면 은연중에 우리의 사고방식이 규칙을 찾고 추론을 하고 검증을 하고 결론을 내리는 과정에 익숙해진다. 당신이 수학

을 잘하든 못하든 삶에는 수학이 녹아들어 있다.

디딤돌

● 지금은 물러난 중국의 장쩌민江澤民 전 주석은 국가 행사나 외교 행사를 할 때면 곧잘 이백(李白, 701~762)을 비롯한 옛 시인의 시를 인용하여 말을 건넸다. 그이는 공 선생의 의도를 잘 살린 사람이었다. 논리적이고 수학적인 언어가 요구되기도 하지만 시적 언어가 사람 사이를 부드럽게 만들고 새롭게 보게 만든다. 고대에는 시를 교양과목으로 반드시 배워야 했다. 협상을 할 때는 긍정과 부정을 명시적으로 말하지 않고 승낙과 거절을 읊은 시가 활용되기도 했다. 그것을 알아듣지 못하면 협상의 실무자나 책임자가 될 수 없을 것이다. 17.09[460] '시의 사회적 효용'을 참조하라.

13-06 [324]

공 선생님이 강조했다. "정치 지도자 자신이 올바르면(모범을 보이면) 이런저런 명령을 내리지 않아도 일이 척척 굴러간다. 자신이 올바르지 않으면 제 아무리 명령을 내린다고 하더라도 인민들이 따라오지 않는다."

子曰:"其身正, 不令而行. 其身不正, 雖令不從."
자왈: "기신정, 불령이행. 기신부정, 수령부종."

상황

● 공 선생이 사회질서의 창출을 위해서 상투적으로 말하는 결론이다. "지도자는 모범을, 인민은 모방을." 시민이 지도자를 선출하고 심판하는 오늘날과는 정치적 지형이 다르다. 비슷한 내용이 13.13[331]에도

나온다. 『논어』의 단골 주제 중의 하나이다.

13-07 [325]

공 선생님이 한마디 했다. "노나라와 위나라의 정치적 상황은 형과 동생 사이처럼 서로 엇비슷한 점이 있다."

子曰 : "魯衛之政, 兄弟也."
자왈 : "로위지정, 형제야."

상황 ● 노나라는 주나라 건국 영웅 주공周公의 봉지이고, 위나라는 그이의 동생 강숙姜叔의 분봉지였다. 원래 형제였던 나라가 엇비슷하게 정치적 상황마저 혼란스러워지자 공 선생이 안타까워서 한마디 하고 있다.

13-08 [326]

공 선생님이 위나라의 공자 형을 두고 칭찬해마지 않았다. "그이는 집안을 잘 건사한단 말이야. 재산이 처음에 조금 있을 때 '그렁저렁 있을 만큼 있네!'라고 했고, 좀 더 불어나자 '그렁저렁 갖출 만큼 있네!'라고 했고, 살림이 꽤 넉넉해지자 '그렁저렁 보기에 괜찮네!'라고 했다."

子謂衛公子荊, "善居室. 始有, 曰 : '苟合矣!' 少有, 曰 : '苟完矣!' 富有, 曰 : '苟美矣!'"
자위 위공자형, "선거실. 시유, 왈 : '구합의!' 소유, 왈 : '구완의!' 부유, 왈 : '구미의!'"

상황 ● 사람은 보통 자신의 경제적 상황에 의해 심리적 영향을 많이 받게 되는데 여기 나타난 공자 형은 이에 무관심한 태도를 보인다.

걸림돌

● 공 선생은 도대체 무엇 때문에 공자 형의 언행을 찬미하고 있을까? 그냥 누구나 할 수 있는 말처럼 보이기는 하는데 말이다. 경제적인 조건은 때로는 사람을 우울하게 만들고 때로는 사회를 저주하게 만들기도 한다. 그리고 모든 실패의 원인을 돈으로 돌리게도 한다. 물론 반례反例를 들 수도 있다. 여기서는 공자 형이 경제적 상황에 지배되어 일희일비하지 않고 있다. 즉 그이는 경제적 가치로부터 한 걸음 정도 떨어져 자기 세계를 조망할 수 있는 여유를 가지고 있다. 이렇게 생성된 여유는 바로 인문이 침투하여 자생할 수 있는 공간이다.

13-09 [327]

공 선생님이 위나라로 갈 때 마침 염유가 수레를 몰았다.
　〔공 선생님은 수레 안에서 위나라의 풍경과 사람들을 보고〕 한마디 했다. "사람(인구)이 참 많네!"
　염유가 〔이 말을 들은 김에〕 질문을 하나 했다. "이미 사람이 많아졌으면 다음에 무엇을 덧보태야 할까요?"
　공 선생님이 대꾸했다. "그들을 넉넉하게 해줘야지."
　염유가 〔다음에 무슨 말이 나올까 싶어〕 또 질문을 했다. "이미 살림이 넉넉해졌다면 다음에 무엇을 덧보태야 할까요?"
　공 선생님이 대꾸했다. "〔사람 구실을 하게끔〕 가르쳐야지."

子適衛, 冉有僕. 子曰: "庶矣哉!" 冉有 曰: "旣庶矣, 又何加焉?" 曰: "富之." 曰: "旣富
자적위, 염유복. 자왈: "서의재!" 염유왈: "기서의, 우하가언?" 왈: "부지." 왈: "기부

矣, 又何加焉?" 曰: "敎之."
의, 우하가언?" 왈: "교지."

상황 ── ◉ 앞글에 이어서 공 선생은 공동체 구성의 목표를 어디에 두는가를 말하고 있다. 적어도 여기서 그이는 근본주의자로 등장하지는 않는다. 즉 "다른 것은 없어도 괜찮지만 이것 아니면 안 돼!"라는 식으로 말하지 않는다. 그이는 현실적으로 접근을 해서 인구 증가 → 경제적 여건 보장 → 교육 기회의 제공이라는 순서를 주장하고 있다.

13-10 [328]

공 선생님이 속마음을 터놓고 말했다. "만약에 말인데 누가 나를 발탁해줄 경우 계절의 변화가 한 바퀴(한 해) 끝날 즈음 가능성이 보이고, 그렇게 세 차례를 되풀이하면 뭔가 눈에 띄는 성취를 이룰 텐데."

子曰 : "苟有用我者, 期月而已可也, 三年有成."
자왈 : "구유용아자, 기월이이가야, 삼년유성."

상황 ── ◉ 아래에서는 100년이나 한 세대를 내세웠는데 여기서 1년이나 3년을 말한다. 급해서 한 말일까? 아니면 이랬다저랬다 하는 것인가? 변화의 영역과 강도가 각각 다르다. 아래는 한 사회나 세계가 그 대상이고 전면적인 변화가 그 목적이다. 여기서는 하나의 부서나 지역처럼 작은 단위가 그 실험의 대상이고 눈으로 확인될 만한 정도가 그 목적이다. 물론 이렇게까지 맹세를 해야 하는 자신의 신세가 꽤 처량했을 듯하다. 이날 공 선생은 오랫동안 잠들지 못했으리라.

13-11 [329]

공 선생님이 한탄했다. "[속담에 보면] '선량한 사람들이 [쭉 이어져] 한 국가를 100년 정도 다스린다면 틀림없이 악랄한 사람을 변화시키고 극형에 처할 일이 없을 텐데'라고 하더니, 그 말이 참말이구나!"

子曰:"'善人爲邦百年, 亦可以勝殘去殺矣.' 誠哉是言也!"
자왈 : "'선인위방백년, 역가이승잔거살의.' 성재시언야!"

상황 ● 역사적 발전과 진보를 위해 급진적이고 단시간 내에 모순을 해결하려는 이들이 있었다. 반면에 15.01[396] '상앙과 효공의 만남' 관련 '깊이 읽기'를 참조하라. 아날학파는 역사에는 단기간에 걸친 변화에도 불구하고 장기 지속적인 구조가 있다고 본다. 공 선생은 후자에 가까워 보인다. 변화를 먼저 주창하는 이는 자신이 살아 있을 때에는 그 결실을 보지 못할 운명이다. 문장의 형식으로 보면 앞의 말은 인용된 것이다.

13-12 [330]

공 선생님이 이야기했다. "만약 철인 왕이 이 세상에 출현한다고 해도 반드시 30년이라는 한 세대가 지나가야 [갈등이 치유되어] 평화의 기풍이 일어날 것이다."

子曰:"如有王者, 必世而後仁."
자왈 : "여유왕자, 필세이후인."

상황 ● 혁명이든 개혁이든 변화가 공동체의 구석구석까지는 아니더라도 주도적인 흐름으로 정착하는 데에 많은 시간이 걸린다. 한 번 배운 담배는 끊으려고 해도 뚝딱 되지 않는다. 하나의 공동체가 완전히 체질을 개선하려면 권력 구조가 바뀌는 정치 혁명, 인간관계와 틀이 바뀌는 사회 혁명, 언어 습관의 수정과 연관되는 언어 혁명, 생활 습관과 폐습이 없어지는 문화 혁명 등 숱한 변화가 일어나야 한다. 헌법은 평등권을 인간의 기본권으로 규정하는 반면 일상 언어에는 때로 권위적이고 불필요한 대우법(존비법)이 엄연히 활개를 치고 있다. 어법이 헌법 위에 있다!

13-13 [331]

공 선생님이 일러주었다. "만일 〔정치 지도자가〕 자신의 몸가짐을 올바르게 한다면 국정 운영에 무슨 어려움이 있겠는가? 만약 자신을 올바르게 할 수 없으면서 어떻게 주위 사람들(또는 인민)을 올바르게 만들 수 있을까?"

子曰: "苟正其身矣, 於從政乎何有? 不能正其身, 如正人何?"
자왈: "구정기신의, 어종정호하유? 불능정기신, 여정인하?"

상황 ◉ 앞의 13.06[324]에서 했던 이야기이다. 왜 이렇게 모범과 모방을 강조하나 생각해보면, 한 사람의 잘못된 행위 중에서 군주가 미치는 파급 효과는 일반 백성의 경우와 비교할 수 없을 정도로 심각하고 심원하기 때문이다. 군주가 평균 이상 또는 모범적 존재라고 한다면, 그럴 위험성이 현격하게 줄어드는 것이다.

13-14 [332]

염 선생님이 〔계씨의 사무실에서〕 근무를 마치고 〔평소보다 늦게 공 선생님의 학파로〕 돌아왔다.

공 선생님은 〔퇴근하는 그이를 만나서 마치 기다리고 있었다는 듯이〕 물었다. "오늘 왜 그렇게 늦었는가?"

염 선생님이 질문을 받아서 대꾸했다. "〔긴급하게 처리해야 할〕 정무가 생겨서 늦었습니다."

공 선생님이 〔뭔가 숨기는 눈치를 채고 퉁명하게〕 쏘아붙였다. "자네가 한 일은 실제로 계씨 집안의 사적인 일이겠지. 그게 아니고 만약 정부의 공적인 일이었다면 내가 비록 현직에 있지는 않지만 국가 원로의 자격으로도 틀림없이 알게 되었을 것이다."

冉子退朝. 子曰: "何晏也?" 對曰: "有政." 子曰: "其事也. 如有政, 雖不吾以, 吾其與聞
염자퇴조. 자왈: "하안야?" 대왈: "유정." 자왈: "기사야. 여유정, 수불오이, 오기여문
之."
지."

상황

● 계씨는 대부로서 노나라의 국정에 커다란 영향력을 행사하던 가문이었다. 그이의 집단 자체는 노나라의 공무를 주관하기도 하고 자기 세력을 보호하는 이중적인 특성을 지니고 있었다. 공 선생은 염유가 국가(공실)의 공적인 업무를 수행하는 것이 아니라 계씨의 사적 이익에 봉사하는 것이 못마땅한 듯이 보인다.

13-15 [333]

　노나라의 정공이 물었다. "[마법의 주문처럼] 어떤 말(다짐) 한마디로 국가를 흥성하게 만들 그런 말이 있습니까?"
　공 선생님이 질문을 받고서 대꾸했다. "말만으로는 이와 같기를 바랄 수 없습니다. 옛사람들의 말씀이 있습니다. '군주(지도자) 노릇 하기가 어렵고, 신하 노릇 하기도 쉽지 않다.' 이처럼 만약 군주 노릇 하기가 어렵다는 것을 자각한다면, 어떤 말 한마디로 국가를 흥성하게 만들려는 바람에 가깝지 않겠습니까?"
　또 정공이 물었다. "[저주의 주문처럼] 어떤 말(다짐) 한마디로 국가를 멸망에 이르게 할 그런 말이 있습니까?"
　공 선생님이 질문을 받고서 대꾸했다. "말만으로는 이와 같기를 바랄 수 없습니다. 옛사람들의 말씀이 있습니다. '내가 군주 노릇을 해봤자 별다른 재미(즐거움)가 없어. 내가 무엇을 말해도 어느 누구 하나 나를 반대하는 일이 없었으면…….' 만약 하는 말이 좋은 일이 된다면, 그것을 반대한 사람이 없더라도 괜찮지 않겠습니까? [그러나] 하는 말이 나쁜 일로 이어지는데도 누구 하나 반대하지 않는다면, 어떤 말 한마디로 국가를 멸망에 이르게 하는 상황에 가깝지 않겠습니까?"

定公問, "一言而可以興邦, 有諸?" 孔子對曰: "言不可以若是其幾也. 人之言曰: '爲君難,
정공문, "일언이가이흥방, 유저?" 공자대왈: "언불가이약시기기야. 인지언왈: '위군난,

爲臣不易.' 如知爲君之難也, 不幾乎一言而興邦乎?" 曰: "一言而喪邦, 有諸?" 孔子對曰:
위신불이.' 여지위군지난야, 불기호일언이흥방호?" 왈: "일언이상방, 유저?" 공자대왈:

"言不可以若是其幾也. 人之言曰: '予無樂乎爲君, 唯其言而莫予違也.' 如其善而莫之違也,
"언불가이약시기기야. 인지언왈: '여무락호위군, 유기언이막여위야.' 여기선이막지위야,

不亦善乎? 如不善而莫之違也, 不幾乎一言而喪邦乎?"
불역선호? 여불선이막지위야, 불기호일언이상방호?"

상황
● 정공이 국가를 흥성시킬 수 있는 비결과 망칠 수 있는 원인을 묻자, 공 선생은 군주가 말을 앞세우기보다는 자신의 역할을 제대로 할 것을 요구하고 있다. 즉 군주가 자신의 권능으로 할 수 있는 것이 많은데도 그것은 하지 않고 비결부터 찾고 있는 셈이다. 아니면 정공이 왜 공 선생 자신을 등용하지 않는지 간접적으로 원망(질책)하는 것일 수도 있다.

디딤돌
● 잘하기 어려우므로 계속 더 나은 길을 찾아간다면 결국 차선을 넘어 최선의 세계로 들어설 수 있을 것이다. 이와 달리 반대자나 반대 의견을 인정하지 않으면, 즉 자신만이 옳다고 생각하면 검증 시스템을 무효화시키게 된다. 충분한 검토 없는 정책은 위험을 예비할 수 있는데도 따져보지 않아 예기치 않는 불행을 초래할 수 있다. 의사 결정이 한 사람에게 집중될수록 효율성은 증대하는 반면 위험성도 커진다. 한국 사회처럼 '반대와 함께 있기를 불편해하는 문화'가 강한 경우 한 번쯤 새겨볼 만한 내용이다.

13-16 [334]

섭공이 정치에 대해 물었다.

공 선생님이 이야기했다. "가까운 사람들은 만족해서 기뻐하고, 먼 사람들은 동경해서 살러 오게 하는 것이지요."

葉公問政. 子曰: "近者說 遠者來."
섭공문정. 자왈: "근자열, 원자래."

상황
● 살맛 나는 정치, 살고 싶은 나라를 이야기하고 있다. 한국은 정치

또는 정치인에 대해 만족도가 낮지만 정치를 없앨 수는 없다. 정치가 다른 영역과 달리 해야 하는 역할이 바로 공동체의 통합 기능이다. 사회가 계층, 집단, 계급 등으로 의견과 목표가 나뉘고 갈리더라도 정치는 최소한의 합의된 유대를 가능하게 하는 삶의 전제를 발굴해낸다. 이 통합은 지역, 인종 등으로 생긴 서로 간의 장벽을 걷어내는 데에서부터 시작된다. 13.04[322] '귀순 행렬 묘사'를 참조하라.

◎ 이 장의 폭넓은 인문학적 탐구를 보려면 신정근이 쓴 『사람다움의 발견』, 62~74쪽을 읽어보면 충분하다.

13-17 [335]

자하가 거보의 현장(군수)이 되었다. 그이는 (기회를 봐서 선생님을 방문하고서) 정치에 대해 물었다.

공 선생님이 일러주었다. "빨리빨리 진행하려고 하지 말며, 작은 이익에 눈독을 들이지 마시게. 왜냐하면 빨리 하려다 보면 오히려 제대로 끝매듭을 짓지 못하고, 작은 이익에 눈독을 들이면 오히려 큰일을 이루지 못할 수 있기 때문이지."

子夏爲莒父宰, 問政. 子曰: "無欲速, 無見小利. 欲速, 則不達, 見小利, 則大事不成."
자하위거보재, 문정. 자왈: "무욕속, 무견소리. 욕속, 즉부달, 견소리, 즉대사불성."

상황 ─● 빨리하려다 사고를 치거나 제대로 챙기지 못해 피해를 보았던 우리로서는 이 말의 울림이 아주 크게 들려온다. 이 말도 부분 진리이지 모든 상황에 들어맞는 것은 아니다. 늑장 행정이나 복지부동을 겪은 사람에게 '빨리빨리'는 구원의 소리일 수 있으니까 말이다. 우리가 질주하는 속도에 현기증을 느낄 즈음이면 이 구절을 음미해볼 만하다. 삶의 무한 질주에 브레이크를 거는 말로써.

걸림돌

● 1) 거보는 춘추시대 노나라의 지역 이름으로 오늘날 산동성 고밀현 高密縣 동남쪽 지역에 해당된다.

2) 욕속즉부달欲速則不達은 '욕속부달'로 줄여서 많이 쓰인다. 성미가 급한 사람은 마음에 새겨둘 만한 말이다. '견소리見小利' 부분은 소탐대실小貪大失과 같은 뜻이다.

◎ 동양철학과 '빨리빨리'의 연관성을 생각해보려면 신정근이 쓴『동양철학의 유혹』, 419~429쪽을 읽도록 한다.

13-18 [336]

섭공이 공 선생님에게 이야기를 건넸다. "우리 고을에 말입니다, 둘째 가라면 서러울 정도로 정직한 인물이 있습니다. 전번에 자신의 아버지가 이웃집의 양을 훔치자 그 아들이 관청에다 고발을 했지 뭡니까!"

공 선생님이 [이맛살을 약간 찌푸렸다가 펴며] 반박했다. "[참으로 드문 일이군요. 그러나] 우리 고을에서 말하는 '정직'은 당신의 마을과 다릅니다. 아버지는 자식을 위해서(대신해서) 비위 사실을 감추고, 마찬가지로 자식도 아버지를 위해서(대신해서) 비위 사실을 감추어줍니다. 정직은 서로 감추어주는 곳에 들어 있습니다."

葉公語孔子曰: "吾黨有直躬者. 其父攘羊, 而子證之!" 孔子曰: "吾黨之直者異於是. 父爲
섭공어공자왈: "오당유직궁자. 기부양양, 이자증지!" 공자왈: "오당지직자이어시. 부위
子隱, 子爲父隱. 直在其中矣."
자은, 자위부은. 직재기중의."

상황
● 아버지의 절도를 고발하느냐 숨기느냐를 두고 가벼운 설전을 벌이고 있다. 오늘날 기준으로 보면 도덕적 충돌 상황으로 보이지만 섭공과 공 선생은 충돌의 문제가 아니다. 섭공이 생각하기에 백성이라면 당연히 국가 질서에 복종해야 하는 것이다. 공 선생이 생각하기에 부자 관계가 다른 것에 의해 결코 침해되어서 안 되므로 가족 질서가 절대적으로 보호를 받아야 하는 것이다. 이것은 춘추시대의 정치·경제가, 가족 질서의 우위에서 가족 질서와 국가 질서의 혼융으로, 다시 국가 질서의 우위로 변해가는 과도기에 있다는 것을 보여준다.

걸림돌
● '직直'은 정직으로 번역될 수 있지만, 두 사람은 각각 다르게 사용하고 있다. 섭공은 직을 사실대로 말하다, 진실에 초점을 두고 있다. 공 선생은 부자 관계가 다른 어떤 것에 의해서 영향을 받지 않고 그대로 지속된다, 진심에 초점을 두고 있다(자세한 것은 신정근의 『논어의 숲, 공자의 그늘』, 315~316쪽 참조).

깊이 읽기

가족 질서와 국가 질서의 상충 지점

공 선생의 춘추시대에 이르러 국가가 온전한 형태로 모습을 드러냈다. 이로써 사람들은 향촌 공동체의 일원이면서 동시에 특정한 영토에 거주하는 백성이 되었다. 이로써 춘추시대의 사람은 마을 공동체 구성원으로서의 의무만이 아니라 조세, 부역, 국방 등의 국가 구성원으로서의 새로운 의무를 이중으로 져야 했다. 아울러 두 영역의 규범과 가치가 충돌할 가능성이 있었고 그것이 현실화되었을 때 어떻게 해야 하는지의 문제가 커다란 사회적 의제가 되었다.

위 글의 절도 사건에 대한 상이한 처리 방식은 당시 사람들이 겪은 곤혹스러움을 상징적으로 보여주는 것이다. 섭공은 새롭게 등장한 국가 질서의 충실한 집행자로 나타난다. 절도는 이제 당사자 간의 중재가 아니라 국가라는 초월적 기구에 의해 심리, 판결되어야 했다. 이때 고발자라는 새로운 역할이 생겨났고 사건 당사자끼리의 관계는 고려되지 않게 되었다. 이것은 향촌 공동체의 질서를 근원적으로 무너뜨리는 것이었다. 그 대신 국가는 공정한 재판을 보장한다고 주장했다.

반면에 공 선생은 국가가 이런 종류의 사건에 개입할 수 있느냐 없느냐에 대해 직접적으로 주장하지 않는다. 다만 공 선생은 자식이 아버지를 국가기관에 고발하는 행위 자체를 문제 삼는다. 자식이라면 아버지의 범죄 사실을 알았을 때 아버지가 범죄자라는 오명을 뒤집어쓰는 일을 막아야 한다는 생각이 가장 먼저 들었을 것이다. 다음으로 남의 물건을 훔쳤으니 그것을 어떻게 해결해야 하는가에 생각이 미칠 것이다. 여기서 제일 먼저 풀어야 한다고 생각하는 것대로 행동해야 한다. 그렇지 않고 이차적으로 생각한, 백성으로서 관청(국가)에 고발해야 하지 않을까라는 점을 고려해서 처음 생각난 것을 하지 못하게 할 수 있다. 즉 아버지가 물건을 훔쳤으니 응분의 벌을 받아야 한다는 것이다. 이렇게 되면 사람은 아버지보다 국가를 먼저 고려하는 새로운 인간이 된다. 바로 이 지점에서 공 선생은 아버지와 자식 사이는 범죄라도 서로 은폐해줘야 한다고 주장하는 것이다.

한국에서도 국가보안법과 관련해서 가족이 신고를 해야 하느냐를 두고 논란이 된 적이 있다. 2000년 전의 사건이 재연된 것이다. 이 사건의 상징성이 얼마나 컸던지 『한비자』「오두」, 『여씨춘추』「당무當務」〔김근 역주, 『여씨춘추: 제1권 십이기』(민음사, 1993), 484~485쪽〕에서도 논의되고 있다.

◎ 위 글을 읽고 "섭공과 공 선생의 입장 중 하나를 선택해서 다른 입장을 어떻게 비판할 수 있을까?"에 대하여 토론해보자.

13-19 [337]

번지가 평화 일구기(사람 구실)에 대해 물었다.

공 선생님이 대꾸했다. "몸가짐이 겸손하고 역할 수행이 신중하고 일을 함께하는 상대와의 사귐을 충실하게 하시게. 주위의 이민족(소수민족)의 땅으로 가더라도 [이런 행실을] 무시해서는 결코 안 되네."

樊遲問仁. 子曰 : "居處恭, 執事敬, 與人忠. 雖之夷狄, 不可棄也."
번지문인. 자왈 : "거처공, 집사경, 여인충. 수지이적, 불가기야."

상황

● 인仁의 의미를 당시 익숙한 덕목을 통해 설명하고 있다. 결국 인은 타인에게 공격적이지 않고 맡은 일을 신중하게 처리하는 것인데, 사람 사이가 조화(평화)를 유지한 것과 관련된다고 할 수 있다.

그리고 공 선생은 조화를 유지하는 인이 보편성을 지니고 있으므로 중원 지역이 아닌 어떤 곳에서도 통용될 수 있으리라 확신했다. 이처럼 공 선생은 사회를 조화 또는 안정의 관점에서 바라보았지만, 사회를 갈등 또는 발전으로 보는 것도 얼마든지 가능하다. 그런데 공 선생은 대뜸 조화론이 어디에 가더라도 환영을 받는다면서 다른 가능성을 일축하고 있다. 바로 여기서 자문화 중심주의 시각을 은연중에 드러내고 있는 것이다. 농경 사회가 아니라 유목 사회, 산업사회라면 전혀 다른 도덕이 성립될 수 있지 않은가? 만약 공 선생이 20대에 배낭을 메고 인도를 다녀오거나 중앙아시아 여행을 하면서 타자를 만났더라면 다른 말을 할 수도 있지 않았을까? 14.18[366] '구원자로서 관중 평가'를 참조하라.

자공이 〔일꾼에 대해〕 물었다. "어떻게 하면 공동체의 일꾼이라 일컬을 수 있을까요?"

공 선생님이 대꾸했다. "행동을 하고서 스스로 부끄러워할 줄 알고 이곳저곳에 사신으로 가서 부여받은 군주의 명령을 더럽히지 않는다면 공동체의 일꾼이라 일컬을 수 있지."

자공이 〔이건 아니다 싶은지〕 다시 물었다. "가능하다면 다음(다른) 경우를 알고 싶습니다."

공 선생님이 대꾸했다. "일가친척(종친)들이 효성스럽다고 칭찬이 자자하고, 마을 사람들이 공손하다(사람 됐다)고 칭찬이 자자하면 되겠지."

자공이 〔이건 아니다 싶은지〕 다시 물었다. "가능하다면 다음(다른) 경우를 알고 싶습니다."

공 선생님이 대꾸했다. "다짐(말)하면 반드시 믿음이 가고 행동하면 반드시 매듭을 지어 딱 부러지는 소리가 나니 작은 사람들이! 그래도 다음은 차지할 만하다."

자공이 〔기다리다 못해 자신이〕 물었다. "요즘 정치(행정)한다는 친구(사람)들은 어떻습니까?"

공 선생님이 〔갑자기 현실 이야기가 나오자 이맛살을 찌푸리며〕 대꾸했다. "아이쿠 맙소사, 한 말이나 닷 되밖에 담지 못하는 인간들 말인가. 따져볼 점이라도 어디 있기나 해야지?"

子貢問曰: "何如斯可謂之士矣?" 子曰: "行己有恥, 使於四方, 不辱君命, 可謂士矣." 曰:
자공문왈: "하여사가위지사의?" 자왈: "행기유치, 사어사방, 불욕군명, 가위사의." 왈:
"敢問其次." 曰: "宗族稱孝焉, 鄕黨稱弟焉." 曰: "敢問其次." 曰: "言必信, 行必果, 硜硜
"감문기차." 왈: "종족칭효언, 향당칭제언." 왈: "감문기차." 왈: "언필신, 행필과, 갱갱
然小人哉! 抑亦可以爲次矣." 曰: "今之從政者何如?" 子曰: "噫! 斗筲之人, 何足算也?"
연소인재! 억역가이위차의." 왈: "금지종정자하여?" 자왈: "희! 두소지인, 하족산야?"

상황
● 자공이 바람직한 사士의 상像에 대해 집요한 질문 공세를 펼치고 있다. 자공의 집념이 대단하다.『논어』는, 누군가 질문하면 공 선생이 한 번 대답하거나 그 문답이 한 번 정도 더 이어지는 구조를 갖는다. 여기서 자공은 '다음은' 하면서 세 차례나 더 질문한다.

걸림돌
● 여기서 '사士'는 오늘날의 지식인이나 조선시대의 선비 개념과는 다르다. 양자는 현재의 정부 또는 국가로부터 분리되어 독립적으로 존재하는 공간을 확보하고 있지만 이곳의 '사'는 체제 속에 들어 있다. 그러면서 각층의 '사'들은 임무를 수행하는 능력에서 차이를 보일 뿐 독립적 지식인으로서의 지위를 확보하려고 하지 않는다.

공 선생이 생각하는 '사'는 네 종류(단계)로 분류된다. 한 층의 차이가 그렇게 만만하지 않을뿐더러 특히 1층과 2층 사이에는 엄청난 간극이 있다. 이 중에서 나는 2층의 소인에 주목하고자 한다. 이들은 씨족공동체가 무너지고 국가 질서가 확립되지 않은 사각지대에서 광범위하게 활약한 유협遊俠을 가리킨다. 그들은 약자의 청부를 받아 개인 간의 채무 문제를 해결하거나 억울한 사건에 대해 복수하는 등 사적 형벌을 집행하기도 했다. 이들은 사마천의『사기』「유협열전」에 실림으로써 오욕汚辱 일변도의 평가에서 벗어날 수 있었다. 〔사마천, 정범진 외 옮김,『사기열전 —하』(까치, 1995), 1083~1093쪽 참조〕

◎ 유협에 대한 많은 정보를 얻고 싶으면 천산이 쓰고 강봉구가 옮긴『중국무협사』(동문선, 1997)를 읽어보면 좋다.

13-21 [339]

공 선생님이 [자신의 바람을] 터놓고 이야기했다. "가운데 길로 가는 사람과 어울릴 수 없다면 반드시 광자(앞만 보고 달려가는 사람)나 견자(돌다리도 두들겨 보고 지나는 신중한 사람)와 어울리리라! 광자는 진취적이고, 견자는 하지 않는(못하는) 일이 있다."

子曰:"不得中行而與之, 必也狂狷乎! 狂者進取, 狷者有所不爲也."
자왈: "부득중행이여 지, 필야광견호! 광자진취, 견자유소불위야."

상황

◉ 이상은 순백하고 결백한 세계에 있지만 현실적 존재는 그것에 일치되기 위해서 무한히 노력할 뿐이다. 현실과 이상의 완벽한 일치를 내세우면 그곳에는 금욕주의나 고행과 같은 극단주의가 싹튼다. 공 선생은 이상(최선)이 없으면 차선을 찾는 현실성을 수용한다. 그들이 바로 광자狂者와 견자狷者이다. 그들이 자신을 세상 속으로 몰아가기 위해서는 속도 조절이 필요하다. 공 선생이 11.22[290]에서 자로의 질주를 감속 페달을 밟게 하고 염유의 서행에 가속 페달을 밟게 했듯이 말이다. 각자 자신의 속도감에 도취하면 도로 위의 전체 교통 상황을 의식하지 못하게 되기 때문이다.

13-22 [340]

공 선생님이 [아마 제자들의 학습 태도에 열의가 없자] 한마디 했다. "남쪽 지역, 즉 회수淮水와 장강長江 유역의 사람들 사이에 회자되는 말이 있다. '뜻을 세운 사람이더라도 항심이 없으면(즉 변덕이 죽 끓듯 하면) 무당도 의사도 될 수 없다.' 참으로 좋은(옳은) 말이야!"

"[『변화의 기록[역경]』「항괘 효사」에 말이 있다.] '자신이 맡은 바를 꾸준히 하지 않으면 부끄러운 일을 당하리라.' 공 선생님이 한마디 했다. [그렇게 왔다 갔다 하면] 점을 칠 필요가 없을 것이다."

子曰: "南人有言曰: '人而無恒, 不可以作巫醫.' 善夫!" "不恒其德, 或承之羞." 子曰:
자왈: "남인유언 왈: '인이무항, 불가이작무의.' 선부!" "불항기덕, 혹승지수." 자왈:
"不占而已矣."
"부점이이의."

● 공 선생이 끈기 없는 제자들에게 한 소리를 하고 있다. "낙숫물이 바위를 뚫는다Many drops make a shower"는 말처럼 꾸준하게 한다면 안 되는 일이 드물 것이다. 할까 말까 재며 보내는 시간이 너무 길다. 가다가도 돌아보며 머뭇거리는 시간도 만만치 않다.

● 1) 점은 이것이냐 저것이냐를 결정하는 것이 아니다. 이것인지 저것인지는 이미 결정되었다. 다만 결정된 이것 또는 저것을 할까 말까(해도 좋으냐 안 해야 좋으냐)를 점친다. 즉 할까 말까 미적거리는 마음을 하나로 몰아서 결정한 것에 대해 고도의 집중력을 발휘하도록 결심을 굳히는 것이다. 그러니 한 번 점을 치고서 다시 치는 경우는 드물다. 요즘처럼 이곳에서 보고 저곳에서도 보아 점괘가 좋을 때까지 보는 것은 점에

모든 것을 걸었던 원래의 방식과는 다르다.

    2) 이 구절은 나중에 맹 선생(맹자, 맹가)이 항심恒心과 항산恒産의 주제를 파악하는 데에 무한한 자극을 주었다. "일정한 물적 기반이 없더라도 일관된 마음(지향)을 가질 수 있으려면 오직 지식인의 경우에만 가능하다. 일반 시민은 일정한 물적 기반이 없으면 일관된 마음을 지니지 못한다(無恒産而有恒心者, 惟士爲能. 若民, 則無恒産, 因無恒心)."(박경환 옮김, 「등문공」3, 『맹자』, 129쪽)

13-23 [341]

공 선생님이 일러주었다. "자율적 인간은 (투쟁을 외치기보다) 조화를 꾀하지만 이익을 향해 쏠려(몰려) 다니지 않는다. 작은 사람들은 이익을 향해 쏠려(몰려) 다니지만 조화를 꾀하지 않는다."

子曰: "君子和而不同. 小人同而不和."
자왈: "군자화이부동. 소인 동이불화."

상황 ● 군자와 소인의 대비는 『논어』에 흐르는 숱한 강 중의 하나이다. 일일이 열거할 수 없을 정도이다. 하나하나를 통해 그것의 의미와 이미지를 종합적으로 구성해볼 만하다. 군자는 이익에 무관심하므로 어디에도 소속되지 않고 도의를 강조하는 반면, 소인은 이익의 획득을 위해 당파를 짓는다.

13-24 [342]

자장이 공 선생님에게 물었다. "마을 사람들이 모두 어떤 사람을 좋아한다면 어떻습니까?"

공 선생님이 대꾸했다. "그 정도로는 안 되지."

자장이 [이번에는 반대로 물었다.] "마을 사람들이 모두 어떤 사람을 싫어한다면 어떻습니까?"

공 선생님이 대꾸했다. "그 정도로는 안 되지. [자네가 말하는 여론의 향배는] 마을 사람들 중에서 착한 이가 어떤 사람을 좋아하고, 착하지 않는 이가 어떤 사람을 싫어하는 것보다는 못하지."

子貢問曰: "鄕人皆好之, 何如?" 子曰: "未可也." "鄕人皆惡之, 何如?" 子曰: "未可也,
자공문왈: "향인개호지, 하여?" 자왈: "미가야." "향인개오지, 하여?" 자왈: "미가야,
不如鄕人之善者好之, 其不善者惡之."
불여 향인지선 자호지, 기불선자오지."

상황

● 모든 사람이 좋아하는 사람은 착한 사람이 좋아하는 사람 및 나쁜 사람이 미워하는 사람과 대립할 수도 있지만 공존할 수도 있다. 공 선생은 둘 중에 후자를 더 신뢰한다. 아마 모든 마을 사람이 선동과 인기에 놀아날 수 있는 위험을 염두에 두고 있는 듯하다. 15.28[423] '중우정치'를 참조하라.

깊이 읽기

여론과 공론은 다르다

"인심人心이 함께 옳다 하는 것을 '공론公論'이라 하며, 공론의 소재所在를 '국시國是'라 합니다. 국시란 한 나라의 사람들이 논의를 하지 않고서도 모두 함께 옳다 하는 것이니 이익으로 유혹하는 것도 아니며, 위엄으로 무섭게 하는 것도 아니면서 아직 철이 없는 어린아이도 그 옳은 것을 아는 것이 바로 국시입니다. 지금 이른바 국시라는 것은 이와 다릅니다. 그래서 다만 주장을 내세운 자가 스스로 옳다 생각해도, 듣는 자 중에는 그대로 좇아가기도 하고 어기기도 할 뿐만 아니라 충분한 정보를 가지지 못한 일반 백성들까지도 반은 옳다고 하고 반은 그르다고 생각하니 하나로 결론이 날 리가 없습니다. 어찌 집집마다 하나하나 타일러가며 억지로 매듭을 지을 수 있겠습니까? 더욱이 다른 패의 의심만 더하게 되어 도리어 화근을 만들 뿐입니다. 이 당론黨論을 만들어낸 이는 선비 집단의 의사가 모두 그래서 그런 것이 아니고, 그 사이에 박식하고 깊이 생각하는 선비가 없는 것은 아니라 중론衆論에 부대끼어 자기 의사를 주장하지 못해 그런 것입니다. 사론이 무너진 것을 언제 다시 바로잡아 세울 수 있겠습니까?

여항閭巷에 공론이 가득 차야 왕도정치王道政治가 이룩될 수 있으며, 만약 공론 아닌 '중론衆論'이 세상을 돌아다니면 나라가 망하게 됩니다. 공론은 '겸선兼善'과 '공선共善'으로 뒷받침된 올바른 의견이요, 중론은 '자선自善'만을 주장하는 잘못된 의견입니다.

마음으로는 옛날 법도法道를 사모하고 몸으로는 유가의 행실을 실천에 옮기고 입으로는 법언法言을 말함으로써 공론을 유지하는 자를 '사림士林'이라고 하옵니다. 사림이 조정朝廷에서 사업 수행에 참여하면 나라가 잘 다스려지고, 사림이 조정에 없어서 사업 수행이 '공언空言'에 좌우되면 나라가 어지러워지옵니다."

―― 이이, 「대사간을 사직하고 아울러 동서의 붕당을 타파하자는 건의문〔辭大司諫兼陳洗滌東西疏〕」, 『율곡전서』(한국정신문화연구원, 1984), 252~253쪽.

◎ 위 글을 읽고 "여론 정치의 폐단은 무엇일까?"에 대해 생각을 정리하고 글을 써보자.

13-25 [343]

공 선생님이 한마디 했다. "자율적 사람과 함께 있으면 일하기는 쉬워도 설득하기가 무지 어렵다. 올바른 길이 아니라면 제아무리 설득을 해도 결코 설득되지 않는다. 그런 인물이 직원(아랫사람)을 부릴 때 그릇을 헤아린다.

〔반면에〕 작은 사람들과 함께 있으면 일하기는 어려워도 납득시키기는 쉽다. 비록 올바른 길이 아니더라도(편법이라도) 설득을 잘하면 납득한다. 그런 인물이 직원(아랫사람)을 부릴 때 이런저런 책임을 다 따진다."

子曰:"君子易事而難說也. 說之不以道, 不說也. 及其使人也, 器之. 小人難事而易說也.
자왈 : "군자이사이난설야. 설지불이도, 불설야. 급기사인야, 기지. 소인난사이이설야.

說之雖不以道, 說也. 及其使人也, 求備焉."
설지수불이도, 설야. 급기사인야, 구비언."

상황

● 여기서도 역시 군자와 소인의 구분이 등장하고 있다. 군자와 소인을 조직 관리나 운영의 맥락에서 보면, 이 구분은 많은 곳에 적용이 가능할 듯하다. 많은 사람이 군자 유형의 리더와 일하기를 바라겠지만 현실 어딘가에는 소인 유형의 리더가 있기 마련이다. 나는 어떤 유형일까?

13-26 [344]

공 선생님이 한마디 했다. "자율적 인간은 여유가 있고 주위 사람에게 교만하지 않고, 작은 사람들은 주위 사람에게 교만하게 굴고 여유가 없다."

子曰: "君子泰而不驕, 小人驕而不泰."
자왈: "군자태이불교, 소인교이불태."

상황
● 여유가 있으면 상황에 지배되지 않으므로 당황하지 않는다. 아울러 자신의 지위를 주위 사람에게 내보이며 다그치지 않는다. 적어도 이와 같을 때 자기 자신을 스스로 통제하는 사람이라고 할 수 있다. 이게 군자이다. 사소한 직급의 차이가 나더라도 군림하려고 들고 조금의 실수라도 보이면 닦달같이 사람을 들볶는다. 이게 소인이다. 이들 유형은 우리 주위 곳곳에 포진해 있을 듯하다.

13-27 [345]

공 선생님이 일러주었다. "사람이 나아갈 길이 굳건하고, 한 번 품은 의지력이 흔들림 없이 굳세고, 나무처럼 소박하고, 실천의 부담으로 말을 더듬거린다면, 그이는 평화의 길로 가까워지고 있다고 할 만하다."

子曰: "剛·毅·木·訥, 近仁."
자왈: "강·의·목·눌, 근인."

상황
● 인仁의 의미를 이미 사람들이 익숙하게 알고 있는 덕목을 통해 제시하고 있다.

걸림돌 ● 다른 것은 몰라도 목木이 어렵다. 뜬금없이 나무가 일종의 비유로 쓰이면 도대체 어떤 맥락인지 의미를 가늠하기 쉽지 않다. 나무 중에서도 상록수를 생각한다면 늘 푸른 잎처럼 변함없는 측면이 부각된다. 유실수를 떠올린다면 아낌없이 주는 풍요로움이 전면에 나서게 된다. 또 눈 덮인 산하의 겨울나무, 폭풍우에 흔들리는 나무, 천년을 지켜온 당산나무, 절벽에 위태로이 자라는 나무, 넓게 그늘을 드리운 나무, 어린 나무……. 나무마다 다른 이미지와 의미를 실어 나르므로 하나로 확정하기가 어렵다. 여기서는 『노자』나 『장자』처럼 나무를 박樸 · 박朴과 같이 통나무, 가공되지 않는 본래의 상태, 소박하다는 맥락으로 해석한다.

13-28 [346]

자로가 물었다. "어떻게 하면 공동체의 일꾼이라 일컬을 수 있는지요?"

공 선생님이 대꾸했다. "때로는 절실하고 안타깝게 서로 다잡아주고, 때로는 큰 소리로 웃으며 즐겁게 지낸다면 공동체의 일꾼이라 일컬을 만하지. [이 중에서도] 친구 사이는 특히 서로 다잡아주는 [측면이 강하고], 형제자매 사이는 웃으며 즐겁게 지내는 [측면이 강하지.]"

子路問曰: "何如斯可謂之士矣?" 子曰: "切切偲偲, 怡怡如也, 可謂士矣. 朋友切切偲偲,
자로문왈: "하여사가위지사의?" 자왈: "절절 시시, 이이 여야, 가위 사의. 붕우절절 시시,

兄弟怡怡."
형제이이."

상황 ● 사의 얼굴을 두 가지로 나누어 설명하고 있다. 친구 사이의 사와 형제 사이의 사는 겹치는 점도 있지만 확연히 다른 점도 있다.

13-29 [347]

공 선생님이 한마디 했다. "선량한 지도자라도 백성들을 적어도 7년 정도 가르쳐야만(훈련시켜야만) 전쟁터에 나가게 할 수 있지."

子曰:"善人教民七年, 亦可以卽戎矣."
자왈: "선인교민칠년, 역가이즉융의."

상황

● 고대사회는 근대 이후처럼 국가의 안위를 위해 생산 노동에서 완전히 해방된 상비군을 유지할 수 없었다. 경제적인 잉여의 부족으로 상비군 제도를 뒷받침할 수 없었다. 이에 둔전병屯田兵 제도를 실시하여 군인이 주둔지에서 농사를 지어 군량을 자급자족하게 하였다. 향토에서는 농한기에 집단적으로 사냥을 실시하여 그것을 통해 개인 임무와 이동 요령, 대형의 유지 등을 익힐 수 있는 초보적인 군사훈련을 했다. 따라서 백성들은 짧은 시간에 전투 기술을 충분히 익힐 수 없었다. 만약 이들을 강제로 전쟁터로 내몬다면 화살받이(총알받이)가 되게 하는 것이다. 공 선생은 7년 정도를 훈련 기간으로 설정하여 그 기간 중에 자신을 보호할 수 있는 전투력을 가르치도록 희망했던 것이다.

13-30 [348]

공 선생님이 한마디 했다. "제대로 훈련받지 못한 백성들을 전쟁터로 내보내는데, 이것은 [사지로] 내다 버리는 것이나 마찬가지라고 할 수 있다."

子曰:"以不教民戰, 是謂棄之."
자왈: "이불교민전, 시위기지."

상황

● 사실 인해전술이 전술일 수 있는가? 공 선생은 그 전술에 동의할 것 같지 않다. 우리나라도 한국전쟁 당시 낙동강에 대치 전선이 형성되었을 때, 간단한 총기 조작을 배운 학도호국단이 전쟁터로 나섰다. 국난으로 모든 일이 정당화될 수 있을까? 우리나라의 공중파 방송에 방영된 전쟁 드라마를 보면, 국군이 포로가 되어서 혀를 깨물어 죽더라도 신원을 밝히지 않는 장면이 여과 없이 나왔다. 만약 그 장병이 고문에 못 이겨 신원을 밝혔다면, 개만도 못한 짓을 했다고 할 수 있을까?

깊이 읽기

포로는 싸움에 진 사람일 뿐인가, 아니면 죽어야 할 자인가?

"일본인의 병력 소모의 이론을 가장 극단으로 밀어올린 것이 그들의 무항복주의이다. 서양의 군인들은 최선의 노력을 다한 후에, 중과부적이란 점을 알면 항복을 한다. 그들은 항복한 뒤에도 여전히 자기들을 명예로운 군인이라 생각하며, 그 명단은 그들이 살았음을 가족에게 알리기 위해 본국으로 통지된다. 그들은 군인으로서도 국민으로서도 또 그들 자신의 가정에서도 모욕을 받지 않는다. 그렇지만 이 경우 일본인은 사태를 전혀 다른 식으로 규정한다. 일본인들에게 명예란, 즉 죽을 때까지 싸우는 것이었다. 절망적 상황에 몰렸을 때 일본군은 최후의 수류탄 하나로 자살하든가, 무기 없이 적진에 돌격을 감행하여 집단적 자살을 하든가 해야지 절대로 항복해서는 안 된다. 만일 부상을 당했거나 기절하여 포로가 된 경우조차도 그이는 '일본으로 돌아가면 얼굴을 들고 다닐 수 없다'고 여긴다. 그이는 명예를 잃었다. 그 이전의 생활에서 본다면 그이는 이미 '죽은' 자였다. …… 많은 미국인은 포로수용소에서 미국인이 웃는다는 것이 얼마나 위험하며, 또 그 웃음이 얼마나 간수를 자극했는지를 진술하고 있다. 일본인의 안목에서 보면, 포로란 치욕을 입은 자인데, 그것을 깨닫지 못한다는 것은 그들로서는 참기 어려운 일이었다."

—— 루스 베네딕트, 김윤식·오인석 옮김, 『국화와 칼』, 49~50쪽.

◎ 위 글을 읽고 "전투에서 항복은 인격의 치욕인가, 패배의 시인에 불과한가?"에 대해 이야기를 자유롭게 나눠보자.

14篇

역사의 편
운명애의 편

◉ 역사의 편
◉ 운명애의 편

　이 편은 보통 '헌문'으로 일컬어진다. 제14편이 "헌문憲問"으로 시작하는데 헌은 공 선생의 제자 원헌原憲을 가리킨다. 『논어』에서 신분이 낮은 이가 높은 이에게 대답할 때나 맹세를 할 때 자신의 이름을 들먹인다. 여기서도 다른 경우처럼 편집자는 원헌을 자사子思라는 자로 부르지 않고 선생님과 제자의 관계로 보아 이름을 쓰고 있다. 처음에 원헌이 나온다는 점에 착안해서 그이를 이 편의 기록자로 간주하기도 한다. 제14편의 1장은 원헌이 기록했겠지만 나머지 장도 모두 그이가 했다고 단정할 수는 없을 듯하다.

　이 편은 모두 47장으로 되어 있다. 『논어』에서 분량이 가장 많은 편으로 전체 내용이 하나의 주제로 엮여 있지는 않다. 읽기를 반복하다 보면 두 가지 중요한 흐름이 포착된다. 첫째, 예와 오라는 신화적 인물(6장)을 비롯하여 서주시대와 춘추시대의 인물에 대한 기록과 평가가 나온다. 예를 들어 9장에는 자산 등 정나라의 네 인물이 나오고, 10장에는 자산·자서·관중을 평가하고 있으며, 12장에는 맹공작을 언급한다. 이외에도 공숙문자, 장무중, 진나라의 문공과 제나라의 환공이 소개되고, 18장과 19장에서는 관중의 행적을 높이 평가하고 있다.

즉 이것은 공 선생이 춘추시대의 역사를 정리했다는 이야기와 관련이 있다. 이런 점에서 나는 이 편을 〈역사의 편〉으로 명명하고자 한다.

둘째, 말미에 이르러 은자들과 공 선생이 대면하고 그곳에서 운명애가 설파된다. 제18편의 전주곡이라고 할 수 있다. 37장에서 공 선생은 하느님을 찾고, 38장에서는 운명을 노래하고, 39장에서는 시대와의 불화를 말하고, 41장에서는 공 선생을 실패를 알고서도 제 길을 가는 이로 묘사하고, 42장에서는 우울한 심사를 경쇠로 달래고 있다. 여기서 공 선생은 자신의 삶에 던져진 과업과 책임을 결코 피하려 하지 않는다. 이런 점에서 나는 이 편을 〈운명애의 편〉으로 명명하고자 한다.

14-01 [349]

원헌이 부끄러움에 대해 물었다. "국가가 제 갈 길을 갈 때도 공직의 급료를 받고, 국가가 제 갈 길을 완전히 잃어버렸을 때도 급료를 꼬박꼬박 받는다면 그것은 부끄러운 짓이다."

憲問恥. 子曰: "邦有道, 穀, 邦無道, 穀, 恥也."
헌문치. 자왈: "방유도, 곡, 방무도, 곡, 치야."

상황
● 어느 사회, 어떤 상황에서도 살아남은 사람이 있다. 부끄러움이 없기 때문에 가능할 것이다.

걸림돌
● 문장에 '유有'와 '무無'가 나오면 한문을 좀 한다는 사람이나 초보자나 모두 '있다'와 '없다'로 해석한다. 천자문식으로 한자를 배우면서 "있을 유"와 "없을 무"로 외워서 그런지 모르겠다. 도는 있다, 없다와 관련되지 않고 실현이 되느냐 안 되느냐의 문제와 관련된다. 여기서도 국가가 도에 따라 운영되느냐 안 되느냐가 관건이지 그것이 있느냐 없느냐가 관건이 아니다. 따라서 번역을 하더라도 이러한 특성을 살리는 단어를 골라 써야겠다.

디딤돌
● 범죄나 비행의 원인을 염치의 상실로 설명하곤 한다. 예컨대 몰염치沒廉恥, 파렴치破廉恥 등이 그런 용례이다. 뻔뻔한 것을 대담한 것으로 몰아가면 부끄러움이 사람의 행위를 규제할 수 있는 힘을 점점 잃게 된다. 부끄러움 또는 수치심에는 두 가지 종류가 있다. 하나는 수줍음처럼 자신을 잘 드러내지 못하는 것이다. 이것은 주로 일시적이거나 타인에게 피해를 주지 않는 개인적 성향이다. 다른 하나는 잘못을 반복하지

않으려는 철저한 자기반성을 가리킨다. 이것은 세계와 단절을 선언할 정도로 혹독한 스스로의 가책과 관련된다.

원헌이 말하는 부끄러움은 두 번째를 말한다. 왜 사람이 부끄러움이 없겠는가! 다만 계면쩍은 상황에서 얼굴만 붉혔다가 그 상황이 끝나면 언제 그랬냐며 완전히 잊고서 당당하게 살아갈 뿐이지. 예를 들어 친일파 후손의 경쟁적인 땅 찾기 소송을 생각해보라. 해방 이후에는 남 보기 부끄러워 얼굴을 들고 다니지도 못하고, 땅 이야기는 꺼내지도 못했다. 50여 년이 지나자 후손들이 자신이 한 일이 아니었으므로 역사적 심판을 도외시하고 사법적 심판에 희망을 걸고 있는 것이다. 부끄러움이 이렇게 쉬 사라지는 것이라면 부끄러움은 도덕의 근원이 될 수 없다. 08.13[202]와 원헌이 궁금하면 06.05[126] '많은 월급' 이야기를 보라.

14-02 [350]

〔원헌이 사람다움에 대해서 물었다.〕 "뭐든 이기려고 하지도, 제 자랑을 벌이지도, 원망을 늘어놓지도, 이것저것 하고 싶어 하지도 않는다면, 평화를 일군다고 일컬을 수 있을까요?"

공 선생님이 대꾸했다. "그 네 가지는 참으로 하기 어려운 일이다. 그렇지만 그것이 바로 평화를 일구는 것인지는 잘 모르겠는걸."

"克伐怨欲不行焉, 可以爲仁矣?" 子曰 : "可以爲難矣. 仁則吾不知也."
"극벌 원욕불행 언, 가이위인의?" 자왈 : "가이위난의. 인즉오부지야."

상황 ● 사실 이 정도도 쉽지 않다. 질투, 선망, 부러움, 복수, 앙갚음, 보복, 치욕, 굴욕 등등의 말은 인간이 근원적으로 승부의 세계에 길들여져 있다는 것을 나타낸다. 네 가지를 지속하는 것이 어려울 뿐만 아니라 그것들이 함께 궁극적으로 이룩하려는 바가 빠져 있다. 즉 이 네 가지는 도달해야 할 이상의 지평이나 하나의 최종적인 결과를 낳지 못할 수 있다.

걸림돌 ── ● 『논어』에는 부사가 잘 쓰이지 않으므로 여기서도 말을 보충해서 이해해야 한다. '수단과 방법을 가리지 않고', '모든 경우'라는 말을 집어 넣고 보면, 어세가 좀 누그러질 것이다.

14-03 [351]

공 선생님이 한마디 했다. "시대의 일꾼(지식인)이면서 편안한 삶(생활)을 찾는다면, 그런 사람은 시대의 일꾼이 되기는 글러먹었다."

子曰: "士而懷居, 不足以爲士矣."
자왈: "사이회거, 부족이위 사의."

상황 ── ● 지식인은 근원적으로 세계의 부분이 아니라 전체에 관여하는 전 방위적인 인물이다. 언제 어떠한 일로 다른 사람과 생각이 갈리고 노선이 달라질지 모른다. 정서적으로나 현실적으로나 불편한 자리에 있을 수밖에 없다. 나를 포함해서 타자를 비판의 도마 위에 올려놓는다는 것이 어디 쉬운 일이던가! 요즘에는 남들이 가지 않는 새로운 길을 개척하는 이들을 현대판 '사士'라고 할 수 있다. 머릿속에 온통 코스닥 상장 여부와 수영장 딸린 집만을 생각한다면, 그 사람이 얼마나 자신의 길을 버텨낼 수 있을지 의문이다.

14-04 [352]

공 선생님이 일러주었다. "국가가 제 갈 길을 가고 있을 때, 올곧게 주장하고 올곧게 행동한다. 국가가 제 갈 길을 완전히 잃어버렸을 때, 올곧게 행동하더라도 제 주장은 공손하게 한다."

子曰 : "邦有道, 危言危行, 邦無道, 危行言孫."
자왈 : "방유도, 위언위행, 방무도, 위행언손."

상황 ─● 자칫하면 시절에 따라 처신을 따로 하는 얕은 술수로 읽힐 수도 있다. 인생에는 이것이다 싶으면 자신의 모든 것을 내걸어야 하는 국면이 있다. 또 어떻게 하는 것이 효율적일까 이리저리 따져봐야 하는 국면도 있다. 군사 용어로 말하면 앞은 전략이고 뒤는 전술이다. 공 선생의 말을, 전략을 고정시켜두고 전술을 달리 짜라는 말로 읽어보자.

14-05 [353]

공 선생님이 일러주었다. "고상한 사람은 반드시 명언을 남기지만 명언을 남긴다고 반드시 고상하지는 않다. [적이 없고] 평화에 힘 쏟는 이는 반드시 용기가 있지만 용기를 앞세우는 사람이 반드시 평화에 힘을 쏟지는 않는다."

子曰 : "有德者必有言, 有言者不必有德, 仁者必有勇, 勇者不必有仁."
자왈 : "유덕자필유언, 유언자불필유덕, 인자필유용, 용자불필유인."

상황 ─● 언어 능력과 용기는 교육에서도 인생에서도 도덕에서도 중요한 요소이다. 그렇다고 그것이 만능은 아니다. 만인을 위한, 평화를 위한 일에 헌신하다 보면, 그 바람이 깊고 그 열의가 뜨거운 만큼 말은 간명해져 듣는 이의 가슴을 뒤흔든다. 사랑이 깊으면 말도 깊어진다. 말 못한다고 사랑을 포기할 일이 아니다.

14-06 [354]

남궁괄이 공 선생님에게 〔평소에 가진 생각을〕 물었다. "〔신화 속 전설의 인물〕 예는 명사수였고, 마찬가지로 오도 육지에서 배를 끌 정도로 장사였습니다. 〔이처럼 무용이 뛰어났던〕 두 인물은 모두 아름다운 최후를 맞지 못했습니다. 하지만 우나 직은 몸소 씨를 뿌리며 농사를 짓다가 하늘 아래, 즉 중원 지역의 군주가 되었습니다. 〔이러한 대비된 인생을 어떻게 이해하면 될까요?〕"

공 선생님이 이렇다 저렇다 대꾸를 하지 않았다.

〔선생님의 별다른 말이 없자〕 남궁괄은 강당을 빠져나갔다. 공 선생님은 〔이를 기다리기라도 한 것처럼〕 칭찬을 했다. "군자구나, 저 같은 사람! 〔무용이 아니라〕 고상함을 높이 치는구나, 저 같은 사람은!"

南宮适問於孔子曰:"羿善射, 奡盪舟, 俱不得其死然. 禹稷躬稼而有天下." 夫子不答. 南宮
남궁괄문어공자왈: "예선사, 오탕주. 구부득기사연. 우직궁가이유천하." 부자부답. 남궁
适出. 子曰:"君子哉若人! 尚德哉若人!"
괄출. 자왈: "군자재약인! 상덕재약인!"

상황 ● 세상을 이끌고 사람을 움직이는 두 가지 힘, 즉 물리력과 고상함 가운데 어느 것을 좇아 사느냐에 따라 삶의 귀결이 판이하게 달라진다. "칼로 일어선 자, 칼로 망한다"는 말의 다른 판본이다.

걸림돌
● 1) 남궁괄은 남용南容의 본명으로 공 선생의 조카사위이다.
2) 예와 오는 신화 속의 인물이다. 예羿는 활쏘기의 실력이 출중했고, 오奡는 힘이 장사였다.

디딤돌
● 신화의 세계에서 싸움의 기술과 괴력 등의 힘은 부정의 대상이 아니다. 세계는 시간의 흐름과 더불어 늙어가며 활력을 잃는다. 이 세계가 늙지 않고 젊음을 유지하려면, 주기적으로 세계가 부서져서 다시 새롭게 태어나야 한다. 즉 파괴와 건설, 죽음과 탄생 어느 한쪽이 선호되고 다른 쪽이 배제되는 것이 아니다. 파괴가 있기에 건설이 가능하고 죽음이 있기에 탄생이 가능해지기 때문이다. 건설과 탄생만 있고 파괴와 죽음이 없다면, 세계는 새로워질 수 있는 에너지를 공급받지 못해 활력을 잃고 지속적으로 소멸 상태로 빠져들게 된다. 따라서 파괴 역을 맡은 신이나 악역은 영원히 그렇게 하도록 되어 있어서 그렇게 할 뿐이므로 좋은 역으로의 자기 변화가 불가능한 것이다.

문명화가 이루어지자 파괴는 영원한 젊음을 위한 필수 과정이 아니라 축적된 자원의 낭비로 간주되었다. 즉 파괴는 어디까지나 파괴일 뿐이고 건설은 건설일 뿐이다. 파괴와 건설이 세상에 생명력의 증대를 위해 더 이상 서로 순환적인 관계를 맺을 수 없게 된 것이다. 그렇게 되자 파괴와 죽음은 가급적이면 피해야 할 좋지 않으며 부도덕한 행위로 재해석되었다. 이런 재해석의 작업으로 예와 오 대對 우禹와 직稷의 역할이 극명하게 대조되고 있다. 이제 예와 오는 세계에 활력을 불어넣는 자가 아니라 그냥 파괴자일 뿐이다. 이에 맞서서 우와 직은 세계의 생명력이 줄어들지 않도록 끊임없이 수선하는 장인으로서 선한 이가 되는 것이다. 공 선생은 남궁괄의 대조를 빌려 물리력보다 고상함이 주도하는 세계가 바람직하다는 결론을 끌어내고 있다. 공 선생은 신화와 전설의 세계를 합리화하고 있다. 일종의 이성의 폭력이다.

◎ 중국의 신화와 전설을 좀 더 정확하게 알려면 위앤커가 쓰고 전인초와 김선자가 옮긴 『중국신화전설 1·2』(민음사, 1998)를 읽어보도록 한다.

14-07 [355]

공 선생님이 한마디 했다. "자율적 인간이면서 평화(사랑)에 어울리지 않는 경우가 있지만, 작은 사람이면서 평화(사랑)에 어울리는 경우는 없다."

子曰: "君子而不仁者有矣夫, 未有小人而仁者也."
자왈: "군자이불인자유의 부, 미유소인 이인자야."

상황 ● 군자는 원칙을 가진 사람으로 인의 실현을 목표로 한다. 인의 실현이 개인의 의지와 희망으로 가능한 것은 아니다. 인은 궁극적으로 세상을 아름답게 변화시키고 평화를 일구는 사업과 연계되어 있기 때문이다. 여기서 현실과 과제(이상) 사이에 불일치가 생겨난다. 이에 군자이더라도 반드시 인자仁者이지 못할 수 있는 것이다. 작은 사람은 출발점이 인과 대척 지점에 서 있다. 04.05[071] '군자의 과제로서 인'과 대조해보라.

14-08 [356]

공 선생님이 일러주었다. "누구를 참으로 사랑한다면(아낀다면) 그가 고통을 겪게 하지 않겠는가? 누구에게 진실하다면 가르침(경고)을 주지 않겠는가?"

子曰: "愛之, 能勿勞乎? 忠焉, 能勿誨乎?"
자왈: "애지, 능물로호? 충언, 능물회호?"

상황

● 사랑이 주기만 하는 거라면 사랑의 고통은 반 이상 줄어들 것이다. 사랑은 때로 빼앗기도 하고 때로 하지 못하게 하기도 하니 사랑으로 인한 고통이 더 큰 것이다. 부모가 아침에 일찍 깨워달라는 자녀의 부탁을 받았다고 치자. 열에 일곱은 깨우려고 하면 성을 내고 좀 더 잔다고 한다. 이때 부모는 안쓰러운 마음에 자게 내버려둘 수도 있고, 호되게 말하며 일어날 때까지 깨울 수도 있다. 뒤의 경우도 사랑이다.

요즘 빈민 구제 프로그램에는 자활 계획이 들어 있다. 예를 들어 종잣돈을 줘서 소를 사서 키우도록 하는 것이다. 당장 먹고 입고 자는 데에 쓰도록 현금을 주는 것도 방법이다. 전자는 오래 기다리고 잘될 수 있을지 염려하며 노력해야 하는 험난한 길이다.

14-09 [357]

공 선생님이 들려주었다. "[지정학적인 조건으로 외침에 시달리던 정나라가] 외교 현안의 사령을 작성할 때 비심이 초안을 잡고, 세숙이 초안의 장단점을 분석하고, 외교관 자우가 [결례나 금기어를 고려해서] 자구를 고치고, 동리에 사는 자산이 문장을 매끈하게 가다듬었다."

子曰: "爲命, 裨諶草創之, 世叔討論之, 行人子羽修飾之, 東里子産潤色之."
자왈: "위명, 비심초창지, 세숙토론지, 행인자우수식지, 동리자산윤색지."

상황
● 춘추시대의 정나라는 송나라와 함께 오늘날 한반도처럼 강대국으로 둘러싸여 있었다. 서남쪽에는 초나라, 서북쪽에는 진晉나라, 동북쪽에는 제나라로부터 괴롭힘을 받았다. 외교 정책 역시 "유강시종唯强是從", 오직 힘센 자에게만 복종한다는 지침을 채택할 정도였다. 우리나라 역시 근현대사에서 미국 등 강대국의 부당한 요구나 간섭에서 자유로울 수 없었다.

자산子産의 활약 당시 정나라는 군사적 간섭으로부터 어느 정도 자유로울 수 있었다. 유능한 외교관이 모든 것을 만들 수는 없지만 중요한 역할을 해낼 수 있다. 인재 만능론은 허구지만 인재론은 유효하다. 불안한 국제 정세를 헤쳐 나가는 네 사람의 협력이 눈에 아프게 들어온다. 한국의 외교 능력이 자주 의구심을 자아내는 상황에서는.

걸림돌
● 비심裨諶은 정나라의 대부이다. 세숙世叔은 『좌씨전』에 자태숙子太叔으로 나오고 이름이 유길游吉이다. 행인行人은 외교 업무를 맡은 관직 이름이고, 자우子羽는 공손휘公孫揮의 자이다. 동리東里는 자산이 살던 지명이고, 자산은 정나라의 국정에 큰 영향력을 행사하는 유서 깊은 가

문 출신으로 이름은 공손교公孫僑이다. 자산은 공 선생이 긍정적으로 평가하는 선배 사상가들 중의 한 명이다.

14-10 [358]

정체불명의 사람이 자산에 대해 물었다.

공 선생님이 대꾸했다. "은혜를 베푼 사람이지요."

또 자서에 대해 물었다.

공 선생님이 대꾸했다. "그런 사람은 뭐하게요, 그런 사람은 뭐하게요?"

또 관중에 대해 물었다.

공 선생님이 대꾸했다. "대단한 사람이지요. 그이가 백씨의 영지인 병읍 300호를 박탈했지요. 그런데도 백씨는 [몰락한 생활을 받아들여서] 변변치 않은 음식을 먹고 죽을 때까지 관중을 원망하는 말을 남기지 않았다지요."

或問子産. 子曰: "惠人也." 問子西. 曰: "彼哉! 彼哉!" 問管仲. 曰: "人也. 奪伯氏騈邑三
혹문자산. 자왈: "혜인야." 문자서. 왈: "피재! 피재!" 문관중. 왈: "인야. 탈백씨병읍삼
百. 飯疏食, 沒齒無怨言."
백. 반소식, 몰치무원언."

상황 ● 공 선생은 각국의 중요 정치 지도자에 대한 총평을 내리고 있다. 그이에게는 이 작업이 곧 역사가로서 임무였다.

걸림돌 ● 1) 자서는 정나라의 공손하公孫夏로 자산의 사촌형제이다. 그 이외에 춘추시대 자서란 인물이 더 있었다.

2) "피재피재彼哉彼哉"는 춘추시대의 욕설이다. 번역은 순화시킨 표현이고, 거칠게 하면 "그 새끼, 그 새끼" 정도가 된다.

3) 백씨는 제나라의 대부로 이름이 언偃으로 알려진다. 병읍騈邑은 지명으로 산동성 임구현臨朐縣 지역에 고성의 터가 있다.

14-11 [359]

공 선생님이 한마디 했다. "가난하더라도 [사회를] 원망하지 않기란 어렵지만, 부자더라도 [자기보다 못한 이에게] 교만하게 굴지 않기란 [상대적으로] 쉽다."

子曰:"貧而無怨, 難; 富而無驕, 易."
자왈: "빈이무원, 난; 부이무교, 이."

상황

◉ 가난하면 자신의 처지를 남의 탓으로 돌리기 쉽고, 부유하면 주위 사람들에게 과시하기 쉽다. '난이難易'를 다음처럼 바꿀 수도 있다. 가난하면 포기(체념)하기 쉽고 부자라면 겸손하기 어렵다. 01.15[015] '자공의 발언'을 참조하라.

14-12 [360]

공 선생님이 한마디 했다. "맹공작은 진나라의 세경 조씨와 위씨의 가신이 되기에는 능력이 남지만 등나라나 설나라와 같은 소국의 대부가 될 만한 능력은 없다네."

子曰:"孟公綽爲趙魏老則優, 不可以爲滕薛大夫."
자왈: "맹공작위조위로칙우, 불가이위등설대부."

상황
● 이 구절에 딱 어울리는 말이 있다. 적재적소適材適所, the right man in the right place. 사전적으로 이 말은 알맞은 인재를 알맞은 자리에 쓴다는 뜻이다. 세상에는 자리와 그릇의 크기가 맞아떨어지면 좋겠지만 어디 그런가? 그릇이 작으면서도 큰 자리를 원하니 문제가 생긴다. 공 선생의 판단으로 보면 맹공작은 상급자의 지시를 받아서 그것을 충실히 수행할 수는 있지만 자신이 주체적으로 판단해서 일을 책임질 수 있는 직책에 어울리지 않는 것으로 보인다.

걸림돌
● 1) 맹공작은 노나라의 대부로『좌씨전』양공 25년에 그와 관련된 기록이 있는데, 공 선생으로부터 존경을 받은 현인 중의 한 명이다.
2) '노老' 하면 우리는 나이든 사람을 연상한다. 전통 시대에는 노가 아주 광범위하게 호칭으로 쓰였다. 예를 들어 정부의 고위 관료(신하), 천자의 자칭, 남의 부모의 지칭만이 아니라 대부의 가신을 가리킨다.

14-13 [361]

자로가 완성된 사람에 대해 물었다.

공 선생님이 대꾸했다. "우리나라 장무중과 같은 지혜, 맹공작과 같이 욕심이 적음, 변장자와 같은 용기, 염구와 같은 기예를 모두 갖추고 거기에다 전통 의식과 종합 예술로 그이의 품격을 아름답게 가다듬는다면 완전한 사람이라 일컬을 수 있지."

[공 선생님이 잠시 뜸을 들인 뒤에 이어서] 이야기했다. "[자네는] 오늘날의 완전한 사람이 어떻게 그럴 수 있을까 [생각하겠지.] 오늘날의 완전한 사람이란 개인적인 이익(선물, 소득)이 생기면 정의(옳음)로 따져보

고, 공동체의 위기를 만나면 목숨을 바치고, 오랜 힘든 생활 뒤에도 평소에 했던 약속(다짐)을 헌신짝처럼 잊어버리지 않는다면 완전한 사람이라고 일컬을 만하겠지."

子路問成人. 子曰: "若臧武仲之知, 公綽之不欲, 卞莊子之勇, 冉求之藝, 文之以禮樂, 亦자로문성인. 자왈: "약장무중지지, 공작지불욕, 변장자지용, 염구지예, 문지이예악, 역可以爲成人矣." 曰: "今之成人者何必然? 見利思義, 見危授命, 久要不忘平生之言, 亦可가이위성인의." 왈: "금지성인자하필연? 견리사의, 견위수명, 구요불망평생지언, 역가以爲成人矣."
이위성인의."

상황 ● 자로가 완성된 사람을 묻자 공 선생은 특정 분야에 뛰어난 노나라의 네 인물을 열거하며 거기에다 례와 악이 곁들여져야 한다고 말한다. 결국 지금 노나라에 성인이 없다는 말이며, 성인이 되기가 얼마나 크고 어려운 일인지를 우회적으로 지적하고 있다. 이 이야기를 듣다 보면 여자 배우들의 얼굴 중에서 가장 뛰어난 부분만을 골라 합성하면 어떻게 될까 궁금증이 생긴다.

약간 뜸을 들인 뒤에 공 선생은 성인의 조건과 현실 사이의 거리를 좁히기 위해서 완화된 새로운 기준을 제시한다. 하지만 새로 제시한 기준도 하나하나가 결코 만만하지 않다. 이 세 기준을 정의, 헌신, 약속 정도로 번안한다면 성인은 오늘날의 시민의 덕목에 좀 더 가까워지는 듯하다. 19.01[489] 자장의 발언과 중복된다.

걸림돌 ● 장무중은 노나라의 대부로 당대의 현자로 칭송을 받았다. 공작은 위에 나온 맹공작이다. 변장자는 노나라의 용사勇士로 이름을 떨쳤다.

14-14 [362]

공 선생님이 위나라의 공명가[를 만나 이런저런 이야기를 나누다가 약간 신비화된 듯한] 공숙문자의 사람됨이 화제로 올랐다. [공 선생님이 평소 궁금해하던 것을] 물었다. "참말인지요, 선생님은 그다지 말이 없으시고, 웃지도 않으시고, 가지려고 하지 않으신다는 게."

공명가가 공 선생님의 질문을 받고서 대꾸했다. "그 이야기는 아마 전해주는 사람이 지나치게 부풀린 것입니다. 선생님(공숙문자)은 때를 맞춰서 한마디 하므로 주위 사람들이 그분의 말씀을 거북해하지 않습니다. 다들 즐거워한 뒤에 밝게 웃으니 주위 사람들이 그분의 웃음을 싫어하지 않습니다. 정의(분수)에 맞아야 자기 것으로 가지므로 주위 사람들이 그분의 소유를 신경 쓰지 않습니다."

공 선생님이 감탄했다. "정말 그런가요? 어떻게 그럴 수 있죠? [대단하십니다.]"

子問公叔文子於公明賈曰: "信乎, 夫子不言, 不笑, 不取乎?" 公明賈對曰: "以告者過也.
자문공숙문자어공명가왈: "신호, 부자불언, 불소, 불취호?" 공명가대왈: "이 고자과야.
夫子時然後言, 人不厭其言. 樂然後笑, 人不厭其笑. 義然後取, 人不厭其取." 子曰: "其
부자시연후언, 인불염기언. 락연후소, 인불염기소. 의연후취, 인불염기취." 자왈: "기
然? 豈其然乎?"
연? 기기연호?"

● 유명한 사람의 이야기는 전해지다 보면 부풀려지게 마련이다. 여기서 흥미롭게도 공 선생이 신비화된 인물의 진상을 확인하기 위해 기자가 되어 인터뷰를 하고 있다. 그런데 다 듣고 보니 화제가 된 인물의 밝혀진 모습이 여전히 대단해 보인다.

걸
림
돌

● 1) 공숙문자는 위나라 대부이다. 공명가公明賈는 위나라 사람으로 공명이 성이고 가가 이름이다.

2) 시時, 락樂, 의義는 오늘날에도 시의 적절한 지시, 기본적인 복지 시설, 투철한 정의감 등으로 번역될 수 있다. 현실에서 유의미한 기준이 될 만하다. 오늘날 선출직 공직자들이 봉사와 특권을 혼동할 경우 그 피해는 고스란히 시민에게로 돌아온다. 과거에는 그런 악순환 또는 비리를 폭로하고 시정을 요구할 때, 전적으로 행위자의 도덕의식과 명예에 호소했다. 이를 위해서 동아시아 사회는 유례가 없을 정도로 공직 진출자들에게 도덕의식의 무장을 강도 높게 요구했다. 그것이 동아시아 사회의 부패를 막아준 보루였다. 그렇다고 『춘향전』의 변 사또나 탐관오리가 전혀 없었다는 것은 결코 아니다. 지금은 언론과 법률이라는 훨씬 투명하며 강력한 견제 장치가 마련되어 있다.

3) 두 번째 "락연후소樂然後笑"는 맹자에 이르러 군주 혼자 즐거움을 누리는 독락獨樂과 구별되는 여민동락與民同樂의 정신으로 이어졌다. (박경환 옮김, 「양혜왕」 상 2, 『맹자』, 32쪽 참조)

14-15 [363]

공 선생님이 비꼬았다. "우리나라의 장무중이 [정변으로 망명을 갔다가 돌아와서] 자신의 채읍인 방 지역을 거점으로 삼고서 노나라의 양공에게 제 자식이 자신의 뒤를 잇게 해달라고 요구했다지. [오고 가는 말의 형식을 보면] 비록 [그이가] 제 군주를 강요(협박)하지 않았다고 하지만 내가 보기에는 그렇다고 믿기 어렵네."

子曰: "臧武仲以防求爲後於魯. 雖曰不要君, 吾不信也."
자왈: "장무중이 방구위후어로. 수왈불요군, 오불신야."

상황
◉ 한 사회의 유력자가 정의나 권리를 빙자해 자신이 가진 권한으로 세상을 자기중심으로 돌아가게 하려고 한다. 그런 사람은 공 선생의 나라에도 있고 우리나라에도 있다. 고문을 하고 인권을 유린했던 인물이 국회의원으로 당선된다면, 비리와 파렴치한 범죄를 저질렀던 인물이 자치단체의 의원이 된다면……. 안 될 것 같지만 되는 것이 우리 현실이다. 선거에 의한 심판, 사법적 심판, 역사적 심판, 정의의 심판이 모두 비슷한 방향으로 가지 않는다면, 그곳은 사람 사는 세상이라고 하기 어려울 것이다.

걸림돌
◉ 1) 방防은 장무중이 조세를 거두는 채읍으로 오늘날 산동성 비현費縣의 동북쪽으로 60리 떨어진 곳에 위치한 화성華城이라는 곳이다. 당시 제나라의 국경과 가까웠다.

2) 장무중은 노나라 양공 23년(기원전 550년)에 정변을 일으켰다가 실패한 뒤 주邾나라로 망명했다. 사태가 수습된 뒤 그이는 노나라로 돌아와서 자신의 채읍을 몰수하지 말고 자신의 아들에게 세습하여 조상들의 제사를 지내게 해달라며 양공에게 정치적 거래를 제안했다. 공 선생은 이 거래에 협박이 개재되어 있다고 지적한다.

3) 요要는 바라다, 하려고 하다, 요청하다는 뜻으로 쓰이지만 여기서는 요구의 강도가 한층 강해져서 위협하다, 협박하다, 강요하다의 뜻을 나타낸다. 문맥을 보면 식별할 수 있을 것이다. 이처럼 차이를 읽어내는 것이 섬세한 언어 능력을 기르는 방법이다.

14-16 [364]

공 선생님이 〔오래 진행된 논의를〕 매듭지었다. "〔『역사학〔춘추〕』에 나오는 패자들의 행적을 보면〕 진나라의 문공은 때로는 상대를 속이기도 하는 등 정당하지 못한 점이 있지만, 제나라의 환공은 줄곧 정당성을 앞세웠고 상대를 속이지 않았다."

子曰:"晉文公譎而不正, 齊桓公正而不譎."
자왈: "진문공휼이부정, 제환공정이불휼."

상황 ● 역사학 강의 시간에 춘추시대의 패자의 공과를 토론하면서 나온 말로 보인다. 제 환공과 진 문공은 춘추시대 오패五霸, 즉 다섯 패권국의 군주 중 두 사람이다. 논의 끝에 공 선생이 결론을 내린 것이리라. 우리나라라면 "박정희는 어떠했고(독재자였지만 경제개발을 이뤘고) 전두환은 어떠했다(독재자였고 부패했다)"와 같이 말할 수 있다. 공 선생은 환공에게 높은 점수를 주고, 문공에게는 낮은 점수를 주고 있다.

디딤돌 ● 여기서 잠깐 진 문공에 대해 알아보자. 그리스의 오디세우스를 기억하면서 진 문공을 모른다면 말이 안 된다. 문공은 제후 계승 과정에서 조국을 떠나 19년 동안 망명 생활을 한 끝에 진秦나라 목공의 군사 원조로 제후가 되었다. 그 뒤 내정 개혁을 통해 문공은 춘추시대 패자가 되어 9년 동안 재위한 후 세상을 떠났다. 그가 망명 기간에 겪은 모험과 위기 그리고 귀국과 패자에 오르기까지의 과정은 문학과 예술의 소재가 될 만하다. 관심이 있으면 『좌씨전』에서 문공 관련 사적을 검색해보면 된다.

14-17 [365]

자로가 〔『역사학〔춘추〕』 강의 시간에 관중이 화제로 떠오르자〕 질문을 했다. "제나라의 환공은 〔제후 자리를 두고 자신과 경쟁했던〕 자신의 형 공자 규를 죽게 했고, 규의 스승 소홀도 죽었는데 〔두 사람과 한패였던〕 관중은 〔비겁하게〕 죽지 않고 살았습니다. 사실이 이러하니 그더러 사람답다(의리의 준수)고 할 수 없겠지요?"

공 선생님이 대꾸했다. "환공은 아홉 차례나 제후들을 회동시키면서 무력에 의존하지 않았는데 그게 모두 관중의 역량이다. 이것은 곧 그이가 중원 지역을 구원한 셈이다. 이것이 곧 그이가 중원 지역을 구원한 셈이다."

子路曰: "桓公殺公子糾, 召忽死之, 管仲不死." 曰: "未仁乎?" 子曰: "桓公九合諸侯, 不
자로왈: "환공살공자규, 소홀사지, 관중불사." 왈: "미인호?" 자왈: "환공구합제후, 불
以兵車, 管仲之力也. 如其仁, 如其仁."
이병거, 관중지력야. 여기인, 여기인."

상황 ─◉ 공 선생이 14.16[364]에서 제 환공을 긍정적으로 평가하자, 자로가 이의를 제기하고 있다. 이어서 화제를, 환공을 도왔던 관중으로 옮기면서 그의 진정성을 회의하고 있다. 즉 죽어야 할 사람이 죽지 않고 한때 칼을 겨누었던 사람을 위해 봉사했으니, 인격 파탄자가 아닌가! 공 선생의 평가는 자로의 그것과 극을 달린다. 공 선생은 관중을, 패배 이후의 변신의 관점에서 보지 않고, 중원의 혼란과 위기를 극복한 영웅으로 본다.

깊이 읽기

도덕 원칙의 충돌: 약속의 준수와 공동체의 구원

박정희와 전두환은 혁명을 가장한 군사 쿠데타를 일으키고 난 뒤 자신의 행위를 정당화하기 위해 북한의 군사적 위협을 헌정 중단의 결정적 이유로 내세웠다. 대부분의 한국인은 한국전쟁의 상흔과 냉전 이데올로기에서 벗어나지 못했던 만큼, 북한의 침략을 억제한다는 두 사람의 주장은, 모든 정치적 절차와 정당화를 뛰어넘는 절대적인 과제로 받아들여졌다. 어떤 중요한 논의도 "전쟁이 일어난다는데 무슨 소리를 하는 거야?"라는 한마디에 중단되어야 했다. 최근 부시 정부의 이라크 공격은 '대량 살상 무기의 색출과 파괴'를 내걸고 시작되었다. 아직까지 그 결정적 증거가 포착되지 않아 전쟁의 정당성이 훼손된 실정이다. 박정희와 전두환의 쿠데타 역시 북한의 남침 위협에 대응한, 이른바 '구국의 결단'이 얼마나 사실에 입각한 것인지 밝혀지지 않고 있다. 이는 관련 연구자들의 책임 방기이다.

관중의 경우는 어떨까? 제나라는 누가 제후가 되느냐를 두고 일종의 내전 상태에 빠졌다. 관중과 친구 포숙은 각각 다른 정치 집단에 자신의 생명과 인생을 걸었다. '지면 역적(반란군)이고 이기면 영웅(해방군)'이 되는 상황이었다. 관중 측이 졌고, 그의 동료는 전부 죽었지만 혼자 살아남았다. 그는 나아가 적의 참모이자 재상이 되었고, 나중에는 제나라를 춘추시대의 패권국이라는 지위에 올려놓았을 뿐만 아니라 당시 중원 지역의 국가를 괴롭히던 이민족의 군사적 공격을 막아내기도 했다. 관중은 죽었어야 했을까? 이것은 춘추시대 최대의 역사적 질문이자 『춘추』와 『논어』 두 책에서 피할 수 없는, 어떻게든 짚고 넘어가야 할 문제였다.

관중이 살아남아 정치적으로 실패했더라면 상황이 간단했을 것이다. 살지 않고 죽었어야 했고 인간의 기본을 저버렸다고 비난받았을 것이다. 현실에서 그이는 누구도 따를 수 없는 구국의 영웅이 되어버렸다. 그이는 자신과 뜻을 같이하는 이들과의 맹세를 지키는 것이 중요했을까 아니면 중원 문명의 멸망을 막는 것이 우선이었을까? 이런 사태의 복잡성은 공 선생으로 하여금 엄청나게 고민하게 만들었다. 공 선생은 관중에 대한 평가를 둘로 나눈다. 03.22[062]에서 '검儉'과 '례

禮'에 대해서는 낙제점을 준다. 반면 14.17[365]와 14.17[365]에서 '인仁'에 대해서는 최고의 점수를 준다. 이처럼 공 선생은 원칙 또는 가치가 충돌할 때 규범의 서열에 따라 판단을 내린다. 인(仁, 공동체의 구원)은 량(諒, 약속의 준수)보다 상위에 있으므로 관중의 행위는 정당화되는 것이다. 이것이 공 선생이 말하는 '정명正名', 즉 언어의 운용을 통한 도덕적 가치판단의 핵심이다. 박정희와 전두환은 어떤 평가를 받을 수 있을까?

◎ 위 글을 읽고 우리가 공 선생과 같은 역사가의 입장에서 "한국 군사정권의 공과를 어떻게 평가할 수 있을까?"에 대해 이야기를 나눠보자.

14-18 [366]

자공도 [자로와 비슷한 생각이어서] 질문을 했다. "선생님, 관중은 사람다운 사람(도의의 준수)이 아니지요? 환공이 [내전에 패배한] 공자 규를 죽게 했지만, 관중은 함께 죽지 못하고 오히려 [정치적 경쟁자였던] 환공을 보필했으니까요!"

공 선생님이 대꾸했다. "[초점을 너무 개인적인 관계에 두지 말고 세계의 질서에 두고 생각해보시게.] 관중은 환공을 보좌하여 그이로 하여금 제후들의 어른이 되게 하여 세상의 질서를 바로잡도록 했으니, 백성들은 오늘날에도 관중의 혜택을 누리고 있다. 관중이 아니었다면 우리는 머리를 풀어 헤치고 옷섶을 왼쪽으로 여밀 뻔했다[이민족의 풍습을 따를 뻔했다]. 우리가 어찌 그이의 행적을 보통 사람들이 사소한 일에 신의를 지키는 것에다 견줄 수 있겠는가? 그들이 스스로 도랑에서 목매어 죽더라도 알아주는 이가 없지 않던가?'

子貢曰 : "管仲非仁者與? 桓公殺公子糾, 不能死, 又相之!" 子曰 : "管仲相桓公, 霸諸侯,
자공왈 : "관중비인자여? 환공살공자규, 불능사, 우상지!" 자왈 : "관중상환공, 패제후,
一匡天下, 民到于今受其賜. 微管仲, 吾其被髮左衽矣. 豈若匹夫匹婦之爲諒也, 自經於溝瀆
일광천하, 민도우금수기사. 미관중, 오기피발좌임의. 기약필부필부지위량야, 자경어구독
而莫之知也?"
이막지지야?"

상황 ● 이어지는『춘추』수업의 토론 내용이다. 03.22[062] '관중에 대한 혹평'과 13.19[337] '보편의 폭력성'을 참조하라.

걸림돌 ● 1) 자공과 공 선생은 사람다움으로서 인을 각기 다른 각도에서 이야기하고 있다. 자공은 사람이 지켜야 할 도의, 본문에 초점을 둔다면 공 선생은 사회질서, 문명의 구원이란 점에서 보고 있다.

2) 상相은 보통 서로, 재상의 뜻이지만 여기서는 돕다는 동사이다.

3) 미微는 보통 약하다, 희미하다는 뜻으로 쓰인다. 여기서는 '만약 …… 없다면'을 나타낸다.

4) 피발좌임被髮左衽은 이민족이 하던 머리 모양과 복식 제도이다. 이곳의 이민족은 머리를 풀어 헤친 모양을 한 것으로, 중원이 머리를 묶고 거기에 관을 써서 의관을 정제하는 것과 달랐다. 또 그들은 왼섶 위에서 고름을 매는 좌임이었지만 중원은 오른섶 위에서 고름을 매는 우임을 했다. 오늘날 기준으로 보면 머리나 복식은 풍토, 환경 및 개인의 기호에 관련되는 것으로 크게 문제 삼을 것이 아니지만 공 선생을 비롯한 당시 중원인은 피발과 좌임을 야만의 상징으로 보았던 것 같다. 1920년대 경성이나 1970년대 새마을운동 시기에도 전통적인 것은 후진이고 서양적인 것은 선진 문물로 여겨지지 않았던가? 공 선생도 문화적 편견에서 완전히 자유롭지 못했던 것이다.

깊이 읽기

상상의 지리에 따른 야만인과 문명인의 경계

"사물 가운데 정신에 의해 판별되고 객관적으로 존재하고 있는 것같이 보이면서도 실제로는 허구적인 실재밖에 갖지 못하는 것이 있다. 그것을 증명하는 것은 충분히 가능한 일이다. 몇 에이커의 토지에 사는 어떤 사람들은 자기의 토지나 그 주위와 상대방의 영역 사이에 경계선을 긋고 상대방의 토지를 '야만인의 땅'이라고 부른다. 달리 말하자면 친숙한 '자기들의' 공간과 그 공간 건너편에 있는 생경한 '그들의' 공간을 마음속에서 이름 붙여 구별한다고 하는, 이 보편적인 습관은 실제로 지리적 구분을 하는 하나의 방식이고, 그것은 완전히 자의적인 것일 수 있다. 내가 여기서 '자의적'이라는 말을 사용하는 것은, '우리들의 토지-야만인의 토지'와 같은 식의 상상의 지리imaginative geography에서 야만인 측이 이 구별을 인정할 필요가 전혀 없기 때문이다. '우리들'이란 자신의 마음속에서 멋대로 이러한 경계선을 긋는다면 그것으로 충분하고, 그 결과 '그들'은 자동적으로 '그들'이 되고 그들의 영역과 그들의 심리는 '우리들'의 그것과는 다른 것으로 나타나게 된다. 근대사회도 원시사회도 어느 정도까지는 이러한 소극적인 방식으로 자신들의 아이덴티티(정체성)의 감각을 끌어낸다. 예컨대 5세기경의 아테네 사람들이라면 자신을 적극적으로 아테네인이라는 느낌과 같은 정도로, 자신이 비야만인이라는 느낌을 가졌으리라. 지리적 경계선이 사회적, 민족적, 문화적 경계선에 수반되어 그어진다는 것은 예상되는 그대로이다. 그러나 자신이 외부인이 아니라고 느끼는 경우, 자주 자신의 영역을 넘은 '상대방'의 토지에 관하여 전혀 엄격하지 않은 관념에 근거하고 있다. 사람들은 자신이 속하는 공간의 외부에 있는 생경한 공간을, 있을 수 있는 모든 종류의 공상이나 연상associations 또는 꾸며낸 이야기로 가득 채우게 된다."

―― 에드워드 사이드, 박홍규 옮김, 『오리엔탈리즘』(교보문고, 2000), 98~99쪽.

◎ 위의 글을 읽고 "우리가 흑인과 이주 노동자에 대해 갖는 편견의 정체는 무엇일까?"에 대해 토론해보자.

14-19 [367]

한때 공숙문자의 가신이었던 대부 선이 문자의 추천을 받아 문자와 나란히 공소(조정, 국가)의 대신의 지위에 올랐다.

　　공 선생이 이 사실을 알고서 감탄했다. "〔시호가 공숙문자라더니〕 '문'으로 불릴 만하구나!"

公叔文子之臣大夫僎, 與文子同升諸公. 子聞之, 曰 : "可以爲文矣."
공숙문자지신대부선, 여문자동승저공. 자문지, 왈 : "가이위문의."

상황 ● 부하 직원이 자신의 동료가 되었을 때 아니 당신의 상관이 되었을 때 어떻게 해야 할까? 한국의 공직, 특히 검찰에서는 줄줄이 사표를 낸다. 후배가 불편할까 봐 그렇다고 한다. 나이나 서열, 권위가 지배적인 조직, 사회보다 능력에 따른 역할, 이러한 문화를 받아들이고 서로 성장할 수 있는 분위기가 되면 좋지 않을까? 공숙문자가 대부 선과 함께 나란히 서는 것을 보면 그이는 이미 현대인의 심성을 가졌나 보다.

14-20 [368]

〔공 선생님이 계강자와 만나 국제 정세를 이야기하다가 위나라의 정국이 화제가 되었다.〕 공 선생님이 령공의 제어되지 않는 폭력의 문제를 이야기했다.

〔이야기를 다 들은〕 계강자가 〔뭔가 미심쩍은 것이 있어〕 물었다. "사정이 이와 같은데도 어찌하여 령공은 멸망의 길을 걷지 않는지요?"

공 선생님이 대꾸했다. "그 나라의 중숙어 같은 이가 각국의 사절(외교)을 접대하고, 축타 같은 이가 종묘 등의 제례를 주관하고, 왕손가 같은 이가 군대를 통솔하고 있기 때문이지요. 〔세 사람이〕 이와 같이 떡 하니 버티고 있는데 어떻게 령공이 멸망의 길을 걷겠습니까?"

子言衛靈公之無道也. 康子曰: "夫如是, 奚而不喪?" 孔子曰: "仲叔圉治賓客, 祝鮀治宗
자언위령공지무도야. 강자왈: "부여시, 해이불상?" 공자왈: "중숙어치빈객, 축타치종
廟, 王孫賈治軍旅. 夫如是, 奚其喪?"
묘, 왕손가치군려. 부여시, 해기상?"

상황 ● 대통령이 재임 중 사망하면 어떻게 될까? 엄청난 혼란이나 멸망이 일어날 것처럼 말한다. 그러나 일시적인 정치 공백은 있을 수 있지만 그 충격은 얼마든지 사회에서 흡수될 수 있다. 이 사회는 대통령 혼자 힘으로 어찌할 수 있는 작은 공간이 아니다. 전통 시대는 오늘날보다 정치 지도자가 한 사회에 미치는 영향력이 컸다. 그래도 공 선생은 최고 권력자 외에도 다른 이들이 제 역할을 한다면 국가가 잘 돌아갈 수 있을 것이라고 말한다.

디딤돌 ● 텔레비전 뉴스 진행자와 신문 논설위원들은 "노동자와 학생들이 거리에서 데모를 하면 국가 경제에 안 좋은 영향을 미쳐 수출이 잘 안 되

고……"라며 판에 박힌 연쇄 추론을 해댄다. 현상과 현상, 사건과 사건 사이의 관계는 다양한 방식으로 설명이 가능하다. 전혀 별개의 문제나 직접적인 영향 관계가 확인되지 않았는데 그것을 원인과 결과로 붙여서 떠들어댄다면, 지성의 박약을 탓해야 할지 과도한 우국충정을 찬양해야 할지 헷갈린다.

14-21 [369]

공 선생님이 한마디 했다. "사람이 큰소리쳐놓고 부끄러워할 줄 모른다면, 그이가 말대로 실천하는 것은 쉽지 않은 일이지."

子曰: "其言之不怍, 則爲之也難."
자왈: "기언 지부작, 즉위 지야난."

상황

◉ 말하는 데에는 제약이 없다. "당신을 왕비처럼 만들어주겠소!" '왕비'의 뜻이 서로 달랐는지 모르지만 실제로 그렇게 해주는 사람은 없을 것이다. 실천으로는 많은 시간의 노력이 쌓여서 결과가 생기지만 말로는 1초 안에 하나의 행성을 만들 수도 있지 않은가! 달콤하고 현란한 말에 속지 않는다면, 한국의 선거 풍토가 많이 바뀔 것이다.

14-22 [370]

제나라의 진성자가 간공을 살해했다. 공 선생님은 〔있을 수 없고 있어서 안 되는 사건을 전해 듣고 경악을 금치 못한 채〕 정갈하게 목욕재계를 하고 조정에 들어가 애공을 만났다. 그이는 애공에게 자신이 들은 소식을 보고했다. "제나라의 진항이 자신의 군주를 살해했다고 합니다. 군주이시여, 〔이웃 나라의 공적을〕 토벌하시기 바랍니다."

애공이 대꾸했다. "〔내가 무슨 힘이 있어 군대를 출동시키겠소.〕 집정인 세 집안(대부)을 찾아가서 말해보구려."

공 선생님이 〔보고를 마치고 나오며〕 독백처럼 중얼거렸다. "내가 한때 대부 자리를 봉직했던 터라 〔첩보를〕 군주에게 보고하지 않을 수 없었는데 군주가 〔나 몰라라 하면서〕 나더러 '집정인 세 집안(대부)을 찾아가서 말해보구려'라고 하는구나!"

〔공 선생님은 어찌할 수 없어 애공의 지시대로〕 세 집안(대부)을 찾아가 보고를 하니 군사개입이 불가능하다고 했다.

공 선생님이 한탄했다. "내가 한때 대부 자리를 봉직했던 터라 〔첩보를〕 군주에게 보고하지 않을 수 없었는데."

陳成子弑簡公. 孔子沐浴而朝, 告於哀公曰: "陳恒弑其君, 請討之." 公曰: "告夫三子!" 孔
진성자시 간공. 공자목욕이조, 고어애공왈: "진항시기군, 청토지." 공왈: "고부삼자!" 공
子曰: "以吾從大夫之後, 不敢不告也, 君曰告夫三子者!" 之三子告. 不可. 孔子曰: "以吾
자왈: "이오종대부지후, 불감불고야, 군왈고부삼자자!" 지삼자고, 불가. 공자왈: "이오
從大夫之後, 不敢不告也."
종대부지후, 불감불고야."

● 공 선생이 이웃 나라의 반란을 응징하기 위한 출정을 요구하고 있다. 당시는 군신 관계의 파괴가 세계 질서의 기둥을 뽑는 지상 최대의 범죄였다. 이런 인류 공통의 범죄가 응징되지 않으면, 누군가가 앞으로

그것과 유사하거나 더한 범죄를 벌이려고 모의할 수도 있고 실행할 수도 있다. 범죄를 응징해야만 그러한 기도를 예방할 수 있다.

여기서 군신의 관계를 빼놓고 생각하면 공 선생의 요구는 오늘날 우리가 유엔군의 이름으로 인류의 분쟁 지역에 군대를 파견하는 것과 비슷하다. 인류가 공동으로 지켜야 할 정의와 평등을 보호하기 위해서 또는 막아야 할 살상과 테러를 저지하기 위해서 개전이 용인되고 있다.

걸림돌

● 1) 진성자는 제나라의 대부로 진항陳恒이다.

2) 목욕은 머리를 감는 목沐과 몸을 씻는 욕浴이 합쳐진 말이다. 여기서 목욕은 개인의 위생을 위해서 몸을 청결히 하는 것이 아니라 자신의 인격을 걸고 주장하기 위해 일종의 의식을 치르는 것이다. 목욕재계의 뜻과 같다.

14-23 [371]

자로가 군주(지도자)를 보좌하는 일에 대해 물었다.
　공 선생님이 대꾸했다. "속이지 말고(앞에서 그러리라 해놓고 뒤에서 딴말하지 말고) [경우에 따라] 얼굴을 붉혀가며 제 주장을 굽히지 마라."

子路問事君. 子曰: "勿欺也, 而犯之."
자로문사군. 자왈: "물기야, 이범지."

상황

● "다음에 해야지!" 했는데 다음이 오기 전에 그 일이 이미 범죄가 되어버렸다. 이성에는 주인이 따로 없다. 순간에 더 집중하고 사안에 더 몰두하다 보면 허점을 찾아내고 미래의 불확실성을 예측할 수 있다. 기

분과 감정보다는 위협 가능성을 제거하고 우발적 요인을 통제하며 더 합리적인 판단을 존중하는 분위기가 조성되었으면 한다.

걸림돌 ● 유교적 사회 또는 유교적 질서라고 하면 사람들은 신하가 군주의 명령에 절대 충성하는 것으로 안다. 공 선생은 할 말을 하지 않는 것을 기만이라 보고, 필요할 경우 예법을 뛰어넘어 반대할 것을 말하고 있다. 공 선생의 이런 주장이 『효경』「간쟁諫爭」의 다음과 같은 내용으로 이어진다. "천자에게 간쟁하는 신하 일곱 명이 있으면, 비록 사회정의가 사라진다고 하더라도 천하를 잃지는 않는다. …… 선비에게 간쟁하는 친구가 있으면, 자신에게서 좋은 명성이 떠나지 않는다. 부모에게 간쟁하는 자식이 있으면, 부모가 스스로 불의한 일에 빠지지 않는다."〔김덕균 역주, 『역주 고문효경』(문사철, 2008), 127쪽〕

14-24 [372]

공 선생님이 일러주었다. "자율적 인간은 위로 가는 길에 훤하고, 작은 사람은 아래로 가는 길에 훤하다."

子曰 : "君子上達, 小人下達."
자왈 : "군자상달, 소인하달."

상황 ● 사람의 두 가지 유형을 위와 아래의 움직임으로 나누어 설명하고 있다.

걸림돌 ● 주석서에서는 위를 인문학과 전체적 관점으로, 아래를 기예와 전문 분야의 식견으로 풀이한다. 또는 상을 도나 이치로, 하를 이익으로 보는 것도 무방할 듯하다. 능력과 인격의 수양과 관련해서, 자기 계발을 하는 것과 하지 않는 것으로 보아도 좋겠다. 1년에 책 1권은 읽고, 자식과 1시간은 진지하게 이야기하고, 여유가 있으면 과거를 돌이켜보고, 또 미래를 내다보며, 도움이 필요한 곳에 성금 1000원을 내며……. 이것보다 더 하면 위로 가는 길이고, 덜 하면 아래로 가는 길이다. 1시간과 1000원이 적다고 웃을 일이 아니다.

14-25 [373]

공 선생님이 일러주었다. "〔학문을 통해〕 옛날의 학자들은 자신을 돌보고자 했지만 오늘날의 학자들은 영향력(권세) 있는 사람에게 이바지하고자 한다."

子曰: "古之學者爲己, 今之學者爲人."
자왈: "고지학자위기, 금지학자위인."

● 공 선생이 자신이 생각하는 군자와 소인의 결정적인 차이를 이야기하고 있다.

상황

● 1) 위爲는 위하다, 돌보다는 뜻이다.
2) 한문 책에서 인人이 나오면 사람이 아니면 남으로 풀이한다. 사실 맥락마다 다르므로 세심하게 살펴보아야 한다. 자오지빈趙紀彬은 『논어』의 인人은 노예주, 민民은 노예를 가리킨다며 계급적 해석을 한 적이 있다〔조기빈, 조남호·신정근 옮김, 『반논어』(예문서원, 1996) 참조〕. 하지만 여기서 인은 나를 써줄 수 있는 사람, 나의 신병을 보호하면서

걸림돌

임무를 맡기는 사람을 나타내는 것으로 보는 편이 자연스럽다. 극단적으로 추론하면 이 인은 돈 또는 자리로 볼 수도 있다.

디딤돌

● 왜 공부하느냐고 물으면 좋은 점수를 받기 위해서라고, 왜 좋은 점수를 받으려고 하느냐고 물으면 대학을 가기 위해서라고, 왜 대학을 가느냐고 물으면 취직하기 위해서라고, 왜 취직하느냐고 물으면 자아실현을 위해서라고 또는 보란 듯이 살기 위해서라고 대답한다. '나'를 위해서 살자. 참으로 '나'를 위해서 살아간다면 나 아닌 사람에게로 관심을 넓혀갈 수밖에 없다. 나 아닌 나, 사회와 주위의 기대로 내 속에서 만들어진 것이 진정한 나인 것처럼 왕의 자리를 차지하게 하지 말자.

14-26 [374]

위나라의 거백옥이 공 선생님에게 사람을 보내 안부를 물었다. 공 선생님이 [호의에 감사를 표시하고] 사자와 앉아서 거백옥의 근황을 물었다. "선생님은 어떻게 지내시는지요?"

사자가 질문을 받고서 대꾸했다. "선생님은 자신의 허물을 적게 지으려고 합니다만 아직 잘 안 되는 것 같습니다."

사자가 [공 선생님과 이야기를 마치고] 방을 나섰다.

공 선생님이 감탄했다. "훌륭한 사자답구나, 훌륭한 사자답구나!"

蘧伯玉使人於孔子. 孔子與之坐而問焉. 曰: "夫子何爲?" 對曰: "夫子欲寡其過而未能也."
거백옥 사인어공자. 공자여지좌이문언. 왈: "부자하위?" 대왈: "부자욕과기과이미능야."

使者出. 子曰: "使乎, 使乎!"
사자출. 자왈: "사호, 사호!"

|상황| ● 대답하기 어려운 질문이 뭘까? 수학 미적분 문제가 아니라 정답이 없는 질문일 것이다. 위도 마찬가지이다. 그것은 자신의 상관에 대해 물어서 어렵다기보다 어떻게 말해도 정답이 없기에 어려운 것이다. 왜냐하면 자칫하면 아부가 되고 또 자칫하면 비하가 되니 언어 선택에 피가 마를 수밖에 없기 때문이다. 여기서의 사자는 둘 다를 만족시킬 만한 답을 찾은 것이다. 15.07[402] '거백옥의 출사'와 07.19[170] '공자의 발분망식'을 참조하라.

|걸림돌| ● 거백옥은 위나라의 대부로 이름이 원瑗이다. 공 선생이 정치 기회를 찾아서 세상을 돌아다닐 때 그이의 집에서 머문 적이 있다. 거백옥은 공 선생이 인정하는 당대의 현자 중 한 사람이다.

14-27 [375]

공 선생님이 꾸짖었다. "[자고로 공직에 몸을 담고서] 그 자리(의사 결정의 위치)에 있지 않으면 해당 부서에서 다루는 행정을 이래야 하느니 저래야 하느니 주장하지 않는다."

子曰:"不在其位, 不謀其政."
자왈: "부재기위, 불모기정."

|상황| ● 내용이 08.14[203]과 중복된다.

14-28 [376]

증 선생님이 풀이했다. "자율적 인간은 사고(염려)하는 것이 자신이 맡은 자리에서 다루는 일을 벗어나지 않는다."

曾子曰："君子思不出其位."
증자왈 : "군자 사불출기위."

상황
— ◉ 공 선생이 말한 14.27[375]와 이 구절은 글자만 다를 뿐 의미가 거의 겹친다.

14-29 [377]

공 선생님이 〔힘주어〕 말했다. "자율적 인간은 자신이 끄집어낸 말(다짐)이 〔실제로 하는〕 행동보다 넘어서는 것을 부끄러워한다."

子曰："君子恥其言而過其行."
자왈 : "군자 치기언 이과기행."

상황
— ◉ 공 선생이 하는 말 중에 거의 잔소리 수준에 해당하는 것이 "언행일치"이다. 공 선생도 불일치의 현실을 알고 있다. 불일치할 경우 부끄러워하라. 하지만 부끄러워하는 것에 그치지 말고 다시는 그런 일이 되풀이되지 않도록 경각심을 가질 일이다. 06.03[124]에 나오는 안연의 불이과不貳過가 돋보인다. 아니 우러러보인다.

디딤돌
— ◉ 우리가 사는 곳은 천국이 아니므로 세상살이가 쉽지 않다. 살기가 어렵다는 것은 고통을 겪는 사람들이 늘어나는 것이다. 이때 우리는 내

가 그 고통의 대상자가 되지 않기만을 기도하거나 그렇게 되지 않은 데 안도할 수도 있다. 하지만 이것만으로는 부족하고 아쉽다. 미래가 어떻게 될지 모르는 인간으로서, 주위 사람이 갑작스런 고통에 신음할 경우 나만 챙기는 것은 올바르지 않다. 자칫하면 스스로 남의 불행을 나의 기회로 여기는 얄팍한 술수의 희생자가 될 수도 있다. 어려운 처지의 이웃을 보고 "도와야지", "나눠야지", "함께해야지" 하면서도 쉽게 다가서지 못한다. 또 나서지 못하는 자신을 부끄럽게 여긴다. 우리가 자신을 부끄럽게 여긴다 하더라도 이웃들의 고통은 나아지지 않는다. 부끄러움이란 게 단순히 곤란한 상황을 피하는 것으로만 생각하고 기존의 자신을 부정하는 것으로 이어질 수 있다는 것을 알아차리지 못한다면, 지금의 나를 넘어설 수 없을 것이다.

깊이 읽기

고통은 추상이 아니라 구체이다

쌀은 이 아래 강가에 있네.
저 위의 시골에 사는 사람들은 쌀이 필요하네.
우리가 쌀을 창고에 쌓아두면
쌀은 그들에게 비싸게 될 것이네.
그러면 거룻배로 쌀을 실어 나르는 사람들은
쌀을 더욱 조금밖에 받지 못하고
나에게는 쌀이 더욱 싸게 될 것이네.
도대체 쌀이란 무엇인가?
쌀이 무엇인지 나는 아는가?
누가 그것을 아는지 내가 알게 무어람!

쌀이 무엇인지 나는 모르네.

나는 그저 쌀값만 알고 있을 뿐.

겨울이 되면, 사람들은 옷이 필요하네.

그러면 사람들은 솜을 사야만 하고

그 솜을 내놓으려 하지 않을 것이네.

추위가 오면, 그 옷은 점점 비싸지네.

방적 공장들은 임금을 너무 많이 지불하네.

이제는 어디를 가나 솜이 너무 많네.

도대체 솜이란 무엇인가?

솜이 무엇인지 나는 아는가?

누가 그것을 아는지 내가 알게 무어람!

솜이 무엇인지 나는 모르네.

나는 그저 솜값만 알고 있을 뿐.

—— 베르톨트 브레히트, 「상품의 노래」(1929), 김광규 옮김, 『살아남은 자의 슬픔』(한마당, 1987), 65~66쪽.

◎ 위 시를 읽고 "이웃의 고통을 추상적으로 이해하면서도 나누는 삶을 실천하지 못하는 이유가 무엇일까?"에 대해 논의해보자.

14-30 [378]

공 선생님은 일러주었다. "자율적 인간이 갈 길(지표)이 세 가지 있는데 나는 어느 것도 제대로 하는 것이 없다. 모두(평화)를 위해 사는 이는 속을 태우지 않고, 슬기로운 자는 헷갈리지 않고, 용기 있는 자는 두려워하지 않는다."

자공이 [생각한 뒤에] 말했다. "선생님이 스스로 채찍질(다짐)한 말이다."

子曰：″君子道者三, 我無能焉. 仁者不憂, 知者不惑, 勇者不懼.″ 子貢曰：″夫子自道也.″
자왈：″군자도자삼, 아무능언. 인자불우, 지자불혹, 용자불구.″ 자공왈：″부자자도야.″

상황 ● 내용이 09.29[239]와 중복된다. 되풀이되는 만큼 공 선생은 이 말을 되새김하고 있나 보다.

디딤돌 ● 인자仁者는 평화를 일구는 사람이므로 내 안과 밖에 적이 있을 수가 없다. 평화를 일구는 과정이 잘되고 못 되고, 빠르게 가고 느리게 가는 차이는 있을 수 있다. 인자는 그 차이에 안타까워할 수는 있지만, 근원적으로 되지 않을 것에 대해 불안해하지 않는다. 그러니 속 태울 이유가 뭐가 있겠는가? 지자知者는 지혜를 가지고 있다. 지혜가 있다는 것은, 시시각각으로 닥쳐오는 일에 난감해하거나 어리둥절할 것이 없다. 지혜로 모두 파악되고 정리되어서 뭘 어떻게 해야 할지 알고 있으니까. 그러니 헷갈릴 이유가 뭐가 있겠는가? 용자勇者는 어떤 상황에서도 흔들리지 않는 굳건한 심성을 가지고 있다. 눈앞의 크기나 위세에 결코 압도되어 벌벌 떨지 않는다. 그러니 두려워할 이유가 뭐가 있겠는가? 이를 보면 공 선생이 속 태우지도 헷갈리지도 두려워할 게 없는 절대 평화에 도달했다는 말로 볼 수 있을까? 그러나 보통 사람이라면 어떤 때는 평화에 이르렀다가도 어떤 때는 반대의 상태에서 헤매고 있을 것이다. 그게 인간이지 않을까?

14-31 [379]

자공은 주위 사람들의 됨됨이를 (즐겨) 품평하곤 했다.
　공 선생님은 (못마땅하게 여겨온 터라) 한마디 했다. "자공은 참으로 똑똑한가 보다! 나는 그럴 틈이 없는데."

子貢方人. 子曰 : "賜也賢乎哉! 夫我則不暇."
자공방인. 자왈 : "사야현호재! 부아즉불가."

상황　◉ 술집일 수도 있고, 학교의 강단일 수도 있다. 물론 주위에 듣는 사람이 있어야겠다. 학교나 직장 생활에서 남 얘기, 특히 연예인 이야기는 빠지지 않는 메뉴이다. 공정한 평가가 필요하다면 해야 한다. 그러나 연예인을 볼모로 잡아 서로가 서로에게 또는 자신이 자신에게 향하는 관심의 시간을 줄이지 않도록.

◎ 전통 시대의 사람 품평에 관심이 있으면 유소가 쓰고 이승환이 옮긴 『인물지』(홍익출판사, 1999)를 읽어보라.

14-32 [380]

공 선생님이 타일렀다. "주위 사람들이 나를 제대로 알아주지 않는다고 걱정하지 말고, 자신이 [무엇을] 제대로 해내지 못할까 걱정하라."

子曰: "不患人之不己知, 患其不能也."
자왈 : "불환인지불기지, 환기불능야."

● 내용이 01.16[016]이나 15.19[414]와 중복된다. 최근 들어 일자리는 단순히 자리가 아니라 목숨처럼 간주된다. 앞으로 한국에서 실업의 공포는 더 강하고 더 오래 사람들을 짓누르게 될 듯하다. 많은 사람들이 불안에 집단 감염되지 않도록 정치 영역에서 하나씩 준비를 해야 하는데 말이다.

14-33 [381]

공 선생님이 [돌이켜보듯이] 한마디 했다. "[사람과 어울려 지내면서] 나를 속일 것이라 넘겨짚지 않고, 나를 믿지 않으리라 까닭 없이 지레짐작하지 않도록 하자구나. 그렇더라도 먼저 깨달아 [어이없는 일을 당하지 않는다면] 이런 이는 현명한 사람일 게다!"

子曰: "不逆詐, 不億不信. 抑亦先覺者, 是賢乎!"
자왈 : "불역사, 불억불신. 억역선각자, 시현 호!"

● 우리는 사람을 직접 만나기 전에 만난다. 이야기를 통해 만남의 반복을 거쳐 하나씩 제대로 알아가기보다 미리 지레짐작한다. 그러고 나서 편을 가른다. 나중에 오판의 책임을 어떻게 지려고 그러는지? 왜들

그렇게 조급한지! 시간을 두고 알아가도 늦다고 생각하지 말자. 사람 빨리 파악하기 대회에 참가한 것도 아니지 않은가! 또 사람을 쉽게 믿고 자신과 같을 거라고 속단함으로써 오해가 생긴다. 한국의 텔레비전 드라마에서 이런 주제를 상투적으로 써먹는 것을 보면 '속기만 하는 착한 사람', 즉 바보가 한국에 많나 보다. 공 선생이 반전을 시도한다. 사람을 속단하지 말라고 해놓고, 속임수를 알아차려서 허망한 사기에 넘어가지 않도록 요구하고 있다. 속고 속이는 세태를 두고 한 말일까, 아니면 속은 적이 많은 자신의 심사를 표현한 것일까?

14-34 [382]

미생무가 공자(의 형태)를 두고 뼈 있게 한마디 했다. "공구는 무엇을 한다고 저렇게 이곳저곳 바삐 돌아다니시나? 달콤한 말로 (만나는 사람의) 관심을 끌려고 하는 것이 아닌가?"

공자가 (바삐 돌아다니는 까닭을) 밝혔다. "내가 주제넘게 달콤한 말로 누구의 관심을 끌려고 하는 게 아니지. 다만 꽉 막혀 있는 현실을 아파하다 보니까 그렇지."

微生畝謂孔子曰: "丘何爲是栖栖者與? 無乃爲佞乎?" 孔子曰: "非敢爲佞也. 疾固也."
미생무위 공자왈: "구 하위시 서서자여? 무내위녕 호?" 공자왈: "비 감위녕 야. 질고야."

● 미생무와 공 선생의 대화 상황으로 번역했다. 이와 달리 간접 대화로 구성해볼 수도 있다. 미생무의 말을 누군가가 공 선생에게 전달하고, 공 선생이 그것에 촌평을 하는 상황으로 말이다. 제18편에서 여실히 드러나듯이 공 선생은 전폭적인 지지를 받지 못했고 사회적으로 자

신들만의 섬에 고립되어 있었을 것이다. 우리의 인생이 어찌 늘 박수 소리에 묻혀 있고 이름이 현수막에 걸려 있을 수 있겠는가! 누가 알아줘서가 아니라 제 할 일을 하여 공동체를 좀 더 따뜻하게 만들며 묵묵히 살아가는 거지.

디딤돌

● 질고疾固는 14.41[389]의 "지기불가이위지자知其不可而爲之者", 안 되는 줄 뻔히 알면서도 무엇이든 해보려고 하는 자라는 말과 함께 공 선생이 세상을 구제하려는 열망이 얼마나 뜨거운지를 나타내는 말로 유명하다. 부조리한 현실을 개선하기 위해 노력하는 이라면 한번쯤 읊조렸을 말이다.

14-35 [383]

공자가 [이야기의 흐름을 바로잡으며] 한마디 했다. "하루에 천 리를 달릴 수 있는 말이라고 해서 [우리는] 그 말의 지칠 줄 모르는 힘을 높이 치는 것이 아니라 [조련을 통해] 그 말의 길들여진 고귀한 자질을 높이 치는 것이다."

子曰: "驥不稱其力, 稱其德也."
자왈: "기불칭기력, 칭기덕야."

상황

● 천리마가 천리마일 수 있는 이유를 힘이 아니라 자질에서 찾고 있다.

걸림돌

● 천리마가 다른 말보다 힘이 센 것은 사실이다. 높이 치는 것은 힘이 아니라 자질에 있다. 힘은 천리마가 가진 것으로 언제 발휘될지 모르는

통제 불가능한 것이다. 반면에 말과 부리는 자 사이의 교감을 통해서 억제될 때는 억제되고 발휘될 때는 발휘되는 방향성을 갖게 됨으로써 그 힘이 자질이 되는 것이다. 여기서 천리마는 다른 말과 결코 비교할 수 없는 초월적 역량을 가지게 된다. 즉 말의 타고난 힘은 사람의 조련을 받아들여서 자질로 탈바꿈되고, 사람은 말의 힘을 통제함으로써 하루에 천리를 이동하고 공간의 제약을 뛰어넘으려는 상상을 현실화시킨다. 이것은 채찍이 아니라 교감으로 가능한 것이다. 이로 인해 천리마의 자질은 누가 넘볼 수 없는 고귀한 것이 된다.

반면에 사람이 말에 내재된 힘을 알아차리지도 못하고 빨리 가야 한다는 필요성만 앞세운다면 어떻게 될까? 부리는 자는 말에 채찍을 휘두르며 자신의 의도를 폭력적으로 각인시킬 것이다. 그 결과 말은 채찍을 몸으로 받아들이면서 앞으로 나가고 채찍이 없으면 어찌할 줄을 모르게 된다. 역설적으로 말은 고통(채찍)을 피하기 위해서 달렸지만 고통이 없으면 제대로 달릴 수 없게 되는 것이다. 이런 상황이 지속되면 말은 자신에게 있는 힘도 제대로 쓰지 못하고 무능한 말로 지목받게 될 것이다.

이제 눈을 돌려 말뚝에 매인 말을 보라. 인간의 관심은 극진하여 때에 따라 먹이고 씻긴다. 하지만 과도한 보호를 받다 보면 말이 가진 자신의 성질마저 잃어버리게 된다. 쥐를 보고 깜짝 놀라는 말을 상상해보라. 일단 몸집의 대비만으로도 웃음이 나오지만 쩔쩔매는 장면에서는 서글픔이 느껴진다.

깊이 읽기

말뚝에 매인 말

당나라의 회화에는 말이 자주 등장한다. 현종은 서역에서 나는 각종 명마를 구해 탔다. 그림 속에 나오는 조야백은 옥화총玉花驄과 같은 명마로서 하얀색이 눈부시게 빛나는 털을 갖고 있다. 이 그림에 대한 풀이는 다음과 같다. "조야백은 당 현종이 탔던 명마의 하나인데 한간이 그린 「조야백」은 단지 수묵水墨만을 사용하여 그린 것으로 간결하며 힘이 넘친다. 이 말은 입을 벌리고 전신을 솟구치며, 네 발은 땅을 차올리면서 고개를 들고 울고 있는 것이 참으로 억압받기를 싫어하며 풀어놓으면 구름을 뚫고 날 듯한 기세였다. 이러한 전형典型의 상황은 매우 드문 것으로 사나운 말을 묶어서 가두어놓았기 때문이다. 화가는 이러한 상세한 모

한간韓幹, 〈조야백도照夜白圖〉.

습과 성격, 특징을 파악했기에 구속에서 어서 벗어나고 싶으나 그렇지 못한 이 준마의 상황을 생동적이고 핍진逼眞한 형상으로 표현해낼 수 있었던 것이다."〔최종세 엮음, 『중국 시·서·화 풍류담』(책이있는마을, 2002), 55~56쪽〕

나는 이 그림을 좀 다르게 볼 수 있다고 생각한다. 그림을 보면 조야백은 말뚝에 매이고 마구간을 안식처로 삼다 보니 살이 쪘다. 지금 이 말은 자유를 위해 솟구치는 것이 아니라 뭔가에 놀라 뒤로 흠칫하는 것이다. 중심이 뒤로 쏠렸지만 배와 엉덩이의 살은 터질 듯이 풍만하다. 그리고 눈을 보라. 또 입을 보라. 엉거주춤한 엉덩이를 보라. 나는 여기서 상상을 해본다. 마구간에 갑자기 쥐 한 마리가 나타난 것이다. 조야백은 그것을 보고 깜짝 놀라 자신에게 다가올까 겁이 나서 뒤로 물러나고 있고 입으로 다급한 소리를 낸다. 더 재미있는 것은 뒤로 물러나면서 말뚝에서 최대한 멀어지는 것이 아니라 목과 머리를 기대고 있는 것이다. 자신을 묶는 것에 자신이 기대고 있는 셈이다. 천하의 명마가 쥐에 놀라서 어쩔 줄을 몰

라 혼비백산하고 있다. 명마도 환경에 길들면 보통 말이 되나 보다. 조야백은 이제 원래 가졌던 명마의 힘마저 잃어버린 것으로 보인다.

◎ 위의 글과 그림을 보면 "동물을 감금해놓고 유료로 관람하는 동물원 운영이 도덕적으로 정당화될 수 있는가?"에 대해 이야기해보자.

14-36 [384]

정체불명의 사람이 의사를 타진했다. "은혜로 원수를 갚는다면 어떻습니까?"

공자가 자신의 생각을 밝혔다. "〔그러면〕 은혜는 무엇으로 갚아야 할까요? 정직으로 원수를 갚고 은혜로 은혜를 갚아야 합니다."

或曰 : "以德報怨, 何如?" 子曰 : "何以報德? 以直報怨, 以德報德."
혹왈 : "이덕 보원, 하여?" 자왈 : "하이 보덕? 이직보원, 이덕 보덕."

― 상황 ―
● 은혜로 원수를 갚는 것이 타당한지 이야기하고 있다. 이것은 대화 상황으로 보인다. 다른 한편으로는 전언이나 격언에 대한 질문을 받고 공 선생이 촌평하는 상황일 수도 있다. 혹자는 정체불명이다. 오늘날 방송에서 얼굴을 모자이크 처리하듯이 그이가 자신의 이름을 밝히지 말라고 했는지도 모르겠다.

― 걸림돌 ―
● 직直은 일차적으로 터져 나오는 속마음을 그대로 표출하는 것을 가리킨다. 속은 부글부글 끓으며 화가 나는데 얼굴에 웃음을 짓는다면, 마음이 얼굴에 곧이곧대로 드러나지 않고 삐뚤어져 다른 것으로 드러나

보인다.

공 선생의 말 중 '이직보덕以直報德'은 노 선생의 '보원이덕報怨以德' (『노자』 제63장), 즉 원수를 은혜로 갚는다는 말과 강렬하게 대비된다. 괜히 누가 인생의 급수가 높다느니 하는 말은 하지 말자. 둘 다 성립할 수 있는 자기 근거를 가지고 있기 때문이다. 공 선생은 공정과 정의를 강조한 것이고, 노 선생은 관용과 사랑을 내세운 것이다.

14-37 [385]

공 선생님이 탄식했다. "어느 누구도 나란 사람을 알아주지 않는구나!"

〔옆에서 이 말을 들은〕 자공이 〔조심스레〕 말을 건넸다. "〔선생님은〕 무엇 때문에 어느 누구도 당신을 알아주지 않는다고 하시는지요?"

공 선생님이 풀이했다. "〔내가 기회를 가지지 못했다고 해서〕 하늘(하느님)을 못마땅하게 여기지도 불평하지도 않으며, 주위 사람들을 탓하지 않는다. 〔나는 그저 남들이 주목하지 않는〕 아래(일상적인) 것부터 배워서 위로 가는 길에 훤하게 되었다. 이런 나를 알아주는 이가 있다면 그분은 반드시 하늘(하느님)일 것이다!"

子曰: "莫我知也夫! 子貢曰: "何爲其莫知子也?" 子曰: "不怨天, 不尤人, 下學而上達.
자왈: "막아지야부! 자공왈: "하위기막지자야?" 자왈: "불원천, 불우인, 하학이상달.

知我者其天乎!"
지아자기천호!"

상황 ● 공 선생이 처음으로 기회가 보이지 않는 삶이 갑갑해서 불쑥 한마디를 던졌다. 자공은 선생님의 말을 듣고 그 속에 든 저주의 기운을 감지했다. 그래서 그이는 "무엇 때문에"라는 말에 힘을 주어 "혹시 당신은 하늘을 저주하고 주위 사람을 증오하는 게 아닌지?"라며 속마음을 캐보고 있다. 이에 공 선생은 잠깐 놓았던 몸과 마음의 통제와 긴장을 추슬러서 그런 게 아니라며 자신이란 사람을 해명한다.

걸림돌
● 하학상달下學上達은 공 선생의 학문 방법론으로 유명한 말이다. 여러 가지 풀이가 있지만 하학은 사람의 일과 관련되고, 상달은 천명과 관련되는 것으로 보자. 이렇게 보면 하학은 앞의 불우인不尤人에, 상달은 불원천不怨天에 연결시켜 이해할 수 있다. 오늘날 용어로 말하면 구체적인 것에서 추상적인 것으로, 또는 부분적인 것에서 전체적인 것으로 인식이 고양되는 것으로 이해해도 무난하겠다.

디딤돌
● 공 선생의 인정 욕구는 『논어』 전체에 흐르는 대하大河와도 같다. 자신이 생각하기에 세상의 모순을 구제할 웅재대략雄才大略을 지녔건만 학파의 인물 이외에는 누구도 주목해주지 않고 세월은 덧없이 지나가고 있다. 사회적 기회의 문은 닫혀가고, 자연적 기회의 문도 닫혀가고 있는 것이다. 이때 공 선생은 아마도 바다의 섬을 떠올렸으리라. 자신도 바다의 섬과 같은 존재로 느꼈을 것이다. 왜냐하면 자신과 사회 사이에 커다란 장애가 있는 것처럼 누구 하나 자신에게 다가오지 않아 점점 섬처럼 고립되어가고 있었기 때문이다. 섬은 바다에만 있는 것이 아니다. 오히려 그것이 육지에 있을 때(생겨날 때) 더욱 슬픈 것이다.

깊이 읽기

섬의 고독

섬, 하면
가고 싶지만

섬에 가면
섬을 볼 수가 없다
지워지지 않으려고
바다를 꽉 붙잡고는
섬이, 끊임없이 밀려드는 파도를 수평선 밖으로
밀어내느라 안간힘 쓰는 것을
보지 못한다.

세상한테 이기지 못하고
너는 섬으로 가고 싶겠지
한 며칠, 하면서
짐을 꾸려 떠나고 싶겠지
혼자서 훌쩍, 하면서

섬에 한번 가 봐라, 그 곳에
파도 소리가 섬을 지우려고 밤새 파랗게 달려드는
민박집 형광등 불빛 아래
혼자 한번
섬이 되어 앉아 있어 봐라

삶이란 게 뭔가

삶이란 게 뭔가
너는 밤새도록 뜬눈 밝혀야 하리

── 안도현, 「섬」, 『그리운 여우』(창작과비평사, 1997), 56쪽.

◎ 위 시를 읽고 "나를 절대 고독에 빠지도록 만드는 것이 무엇인가?"에 대해 자유롭게 이야기해보자.

14-38 [386]

공백료가 자신이 모시는 계손에게 자로를 안 좋게 이야기했다. 자복경백이 그런 사실을 알고서 〔공 선생님에게〕 알려주며 〔자신의 각오를〕 이야기했다. "계손씨가 공백료의 말로 인해 진짜로 〔자로에 대한〕 평소 생각을 고쳐먹었을 듯합니다. 그러나 나의 힘으로 공백료를 〔죽여서 그의 시신을 사람들이 많이 오고 가는〕 저잣거리에 내걸 수 있습니다."

공 선생님이 〔욱하는 자복경백을 말리며〕 이야기했다. "나아갈 길이 쫙 펼쳐지는 것도 운명이고, 나아갈 길이 꽉 막히는 것도 운명이지요. 공백료 같은 이가 혼자서 운명을 어찌할 수 있겠습니까?"

公伯寮愬子路於季孫. 子服景伯以告. 曰: "夫子固有惑志於公伯寮. 吾力猶能肆諸市朝."
공백료소자로어계손. 자복경백이고. 왈: "부자고유혹지어공백료. 오력유능사저시조."
子曰: "道之將行也與, 命也, 道之將廢也與, 命也. 公伯寮其如命何?"
자왈: "도지장행야여, 명야, 도지장폐야여, 명야. 공백료기여명하?"

● 공들였던 일이 잘되어가는 데 갑자기 훼방꾼이 나타난 상황을 이야기하고 있다. 보통 그 사람으로 일이 어그러질까 걱정하지만 공 선생은 일의 성사가 그 사람으로 인해 좌우되지 않는다고 말한다.

상황

걸림돌

● 1) 공백료公伯寮는 노나라 과두정파 계손씨의 가신이다. 자복경백子服景伯은 노나라의 대부이다.

2) 여기서 명命은 개인의 원망에 상관이 진행되어가는 거대한 추세나 흐름을 가리킨다. 야구로 치면 9회말 4 대 3의 상황에서 진 쪽의 경기가 시작되었는데 갑자기 관중석에서 한 사람이 경기장으로 들어와서 장내가 시끄러워졌다. 팽팽하던 긴장감이 풀어진다. 경기에 어떤 영향을 미칠까? 어느 팀에서 불리하다, 유리하다고 말들이 많을 것이다. 이 일로 경기의 판세가 변하게 될 경우 지는 쪽은 손쓸 도리가 없게 된다. 이 경우도 명이라고 할 수 있다.

14-39 [387]

공 선생님이 들려주었다. "현자가 〔시대(주위)와 불화를 겪으면〕 아예 세상을 등지게 되지. 〔물론 다 이런 것은 아니지.〕 다음으로 활동하는 곳을 떠나고, 그다음으로 사람을 피하고, 그다음으로 말을 끊어버리지."

子曰 : "賢者辟世. 其次辟地, 其次辟色, 其次辟言."
자왈 : "현자벽세, 기차벽지, 기차벽색, 기차벽언."

상황

● 세상을 등진 자가 겪는 과정을 단계별로 또는 유형별로 나누고 있다. 그런데 한국의 정치인, 연예인 등 소위 공인이 스캔들에 연루되면 위와 반대의 절차를 밟는다. 먼저 언론의 끈질긴 인터뷰 요청을 번번이 사절하고 다음에 사람과의 접촉을 최대한으로 억제한다. 그것이 잘되지 않으면 아예 집에 들어가지 않고 급기야는 외국으로 나간다. 마지막으로 기자회견을 열고서 세상에 대한 증오를 드러내거나 참회의 눈물을

보이며 그 분야의 활동을 접는다.

걸림돌
● 이 장의 내용은 제18편의 전체 서문으로 보인다. 은자들이란 결국 세상을 등진 인물이니까. 등졌다는 것은 중의적이다. 하나는 등을 돌려 시선을 거두어들여서 관심을 끊었다는 뜻이다. 다른 하나는 등을 돌려서 세상을 뒤엎을 준비를 한다는 뜻이다. 우리가 마주 보면 은둔지에서 들을 것은 다 듣고 있지 않던가! 급한 분은 내쳐 제18편을 먼저 읽어보면 좋겠다.

14-40 [388]

공 선생님이 들려주었다. "이처럼 [살던 곳에서] 몸을 일으켜 [다른 곳으로 간] 사람이 모두 일곱 명이었다."

子曰 : "作者七人矣."
자왈 : "작자칠인의."

상황
● 대표적인 은자를 열거하려고 한 듯하지만, 명단은 없어져 보이지 않는다.

14-41 [389]

자로가 노나라의 석문에서 하룻밤을 묵었다. 〔자로가〕 아침 일찍 〔숙소를 나와 길을 나섰다가〕 문지기를 만났다. 문지기가 〔직무 수행인지 호기심인지〕 물었다. "〔행색을 보아하니 배우는 사람인 듯한데〕 어디에서 왔습니까(어느 문하를 다닙니까)?"

자로가 대꾸했다. "공씨의 문하에서 왔습니다."

문지기가 〔공 선생님을 잘 알고 있다는 듯이〕 한마디 했다. "안 되는 줄 〔뻔히〕 알면서도 무엇이든 해보려고 하는 사람 말이지요?"

子路宿於石門. 晨門曰: "奚自?" 子路曰: "自孔氏." 曰: "是知其不可而爲之者與?"
자로숙어석문. 신문왈: "해자?" 자로왈: "자공씨." 왈: "시 지기불가이위지 자여?"

상황

◉ 『논어』를 읽으면서 공 선생의 세상을 구원하겠다는 구세 의식을 느끼지 못하고, 세상에 대한 채무감에 허덕이는 책임 의식을 읽어내지 못하면 잘못 읽은 것이다. 다시 읽어볼 수밖에. 마지막 구절은 여러 번 곱씹어볼 말이다. "지기불가이위지자知其不可而爲之者", 안 되는 줄 뻔히 알면서도 무엇이든 해보려고 하는 자. 일종의 운명애amor fati이다. 이 말이 윤동주의 「서시」에는 "그리고 나한테 주어진 길을 걸어가야겠다!"라고 표현되어 있다.

깊이 읽기

내릴 수 없는 깃발

"공자는 『논어』에서 '헛되다는 것을 알면서도 끊임없이 노력하는 사람'을 본받을 만한 군자의 모습으로, 즉 스스로가 주인이 되는 모습으로 묘사한다. 이러한 사상은 세계인권선언 비준 50주년을 맞으면서 더욱더 그 의미가 깊게 와 닿는다. …… 사기업 권력과 그것의 '도구이자 폭군'은 사람들이 '헛된 줄 알면서도 계속해서 헛수고를 하는 것' 이상 아무것도 하지 못하도록 제한하는 수단을 확보하고자 한다. 그러나 위에서 언급한 공자의 판단은 확실히 너무 냉혹한 것이다. 이 끔찍한 시대가 지난 후엔 공자의 말을 내뱉기도 쉽지 않을 것이다. 그러나 인간의 삶과 의식은 여러 측면에서 지난날의 발전의 역사를 확장하면서 실질적인 진보를 가져왔다. 비록 그것이 고통스러울 정도로 느리고 때로는 후퇴하기도 하지만, 그럼에도 불구하고 그것은 진실이다. 특히 좀 더 많은 특혜를 입었고 상당한 정도의 자유를 누려 온 사회에서는 여러 선택이 가능하다. 그것이 앞으로 진행될 올바른 길이라면 근본적인 제도 개혁도 그것에 포함되어야 할 것이다. 우리는 절대로 우리 주변에서 일어나고 있는 고통과 불의를 조용히 받아들여서는 안 된다. 또 인간 사회가 지금처럼 계속해서 현재의 길을 간다면 결코 가볍지 않은 심각한 재앙을 맞을 것이라는 전망을 그저 조용히 받아들이기만 해서도 안 될 것이다."

—— 노암 촘스키, 장영준 옮김, 『불량국가』(두레, 2001), 185쪽, 208쪽.

◎ 위 글을 읽고 "자기 세계를 개척하는 자의 고독이란 무엇인가?"에 대해 생각해보자.

14-42 [390]

선생님께서 위나라에서 체류하시며 〔숙소에서〕 경쇠를 두들기고 있었다. 마침 그때 어떤 이가 삼태기를 메고 선생님 숙소의 문 앞을 지나다가 그 소리를 듣고 한마디 했다. "〔세상을 향한〕 포부가 남아 있구나. 경쇠를 두들김이여!" 조금 있다가 또 한마디 했다. "완고하구나, 땡땡 하는 소리여! 세상이 자신을 알아주지 않으면 곧 그만두면 될 텐데……『고대 시가집〔시경〕』에 나오지 않는가, '물이 깊으면 허리까지 걷고, 물이 얕으면 무릎까지 걷고 가게'라고 말이다."

공 선생님이 〔이 말을 전해 듣고〕 한마디 했다. "〔세상에 대한 관계(책임)를 끊다니〕 똑 부러지는구나. 〔하긴 그런 일이라면〕 어려울 게 없지."

子擊磬於衛, 有荷蕢而過孔氏之門者, 曰 : "有心哉, 擊磬乎!" 旣而曰 : "鄙哉, 硜硜乎! 莫
자격경어위, 유하궤이과공씨지문자, 왈 : "유심재, 격경호!" 기이왈 : "비재, 갱갱호! 막
己知也, 斯己而已矣. 深則厲, 淺則揭." 子曰 : "果哉! 末之難矣."
기지야, 사기이이의. 심즉려, 천즉게." 자왈 : "과재! 말지난의."

상황
● 정치적 기회를 찾기 위해 세상을 떠돌던 공 선생이 숙소에서 경쇠를 두드리는 장면이 그림처럼 아니 영화처럼 펼쳐진다. 이어서 공 선생은 자신에게 주어진 책임을 다하기 위해 자신과 뜻을 같이하는 이를 찾아 나서야 하는 점을 이야기하고, 숙소를 지나던 과객過客은 세상의 흐름에 따라가지 반대로 가지 말 것을 당부하고 있다.

걸림돌
● 이 구절을 문학적으로 읽으면, 과객은 공 선생의 또 다른 자아이다. 알아주지 않는 세상을 위해서 그렇게 애쓰는 것을 달가워하지 않는 자기 자신 말이다. 외로운 길을 가더라도 타성에 젖을 수 있다. 이런 사람

의 출현은 자신을 돌아보는 기회가 된다.

    2) 궤蕢는 썩다, 흙덩이의 뜻이라 문맥에 어울리지 않는다. 삼태기를 나타내는 궤簣로 글자를 바꾸면 맥락에 잘 연결된다.

    3) 硜의 음은 '갱', '경' 둘 다 가능하다. 硜의 음이 사전에 '갱'으로 되어 있지만 巠이 들어간 글자가 대부분 '경'으로 발음되기 때문이다.

    4) 하궤는 훗날 삼태기를 짊어지다, 매다는 사전적 풀이 이외에 은자를 가리키는 말로 널리 쓰인다. 출처가 바로 여기이다.

    5) 인용된 시는 『고대 시가집』「박의 마른 잎〔匏有苦葉〕」의 일부 내용이다. 전체 내용은 김학주가 옮긴 『시경』, 81쪽을 참조하라.

디딤돌

● 음악이 참으로 좋다. 공 선생은 마음을 경쇠의 가락에 싣고, 가락이 흩날려서 길 가는 이의 귀에 여운으로 들리고, 두 사람은 만나지 않고도 서로를 이해한다. 하긴 정갈한 시가 있고 멋들어진 노래가 흘러나오고 빠르건 느리건 나를 흔드는 음악이 있다면 굳이 말을 해야 할까, 만나서 아는 체해야 할까! 침묵이 더 많은 이야기를 실어 나르는 때이다. 다른 길을 가는 사람끼리 서로에 대한 안타까움이 묻어난다. 훗날 혜강(嵇康, 233~262)은 음악과 감정의 연관성을 부정하며 "음악은 인간의 슬픔과 즐거움이란 감정을 낳지 못하고 감정의 영향을 받지도 않는다"는 성무애락聲無哀樂을 주장했다. 이곳의 사례는 반례가 된다.

14-43 [391]

자장이 물었다. "『정부 공문서〔서경〕』를 읽어보면 '은나라의 고종이 여막에서 거처하면서〔량음諒陰〕3년 동안 정사를 이래라저래라 하지 않았다'고 합니다. 무엇을 말하는지요?"

공 선생님이 대꾸했다. "어찌 〔문서에 나오는〕 고종만 그러하리오. 옛날 사람들은 모두 그렇게 했지요. 군주가 죽으면 〔후계자가 3년의 상례 동안 정사를 주관하지 않으므로〕 행정부(중앙 관청)의 관리들은 3년 동안 각자 자신의 직무를 주관하며 총재(재상)에게 보고하여 그이의 결정에 따랐지요."

子張曰: "書云, '高宗諒陰, 三年不言.' 何謂也?" 子曰: "何必高宗. 古之人皆然. 君薨,
자장왈: "서운, '고종량음, 삼년불언.' 하위야?" 자왈: "하필고종. 고지인개연. 군훙.
百官總己以聽於冢宰三年."
백관총기이청어총재삼년."

상황 ― ● 아마 고대사 강독 시간이거나 독서 토론회의 장면으로 보인다. 여기서는 '량음諒陰'이란 말이 핵심이다. 천자도 부모상을 당하면 정무를 재상에게 위임하고 3년상(25개월)에 집중한다는 이야기를 하고 있다.

걸림돌 ― ● 량음은 거상 기간에 임시로 거처하는 숙소를 가리킨다. 옛날 부모님이 돌아가시고 장례를 치른 뒤에 상주는 묘소 옆에 간단한 숙소를 마련해서 시묘살이를 했다. 그 기간 동안에는 세속적인 일에 관여하지 않는 것을 원칙으로 삼았다. 부모와 자식의 관계에만 주목하는 것이다.

디딤돌 ― ● 천자의 자리가 상징하는 절대 권력과 자신의 근원인 부모를 잃은 슬품, 어느 것이 더 중요할까? 량음의 전통을 이야기하는 것을 보면, 공 선생은 후자에 집중하기를 바라고 있다. 그러나 보통 인간이라면, 3년 상을 치를 동안 자리를 비우면 "누가 나를 밀어내지 않을까?"라고 생각 할 것이다. 공 선생이 사람을 너무 순박한 존재로 보는 듯하다.

14-44 [392]

공 선생님이 들려주었다. "윗사람(정치 지도자)이 전통 의식에 따라 일을 처리하면, 인민들이 그이의 지시(정책 방향)에 쉽게 따른다."

子曰 : "上好禮, 則民易使也."
자왈 : "상호례, 즉민이사야."

● 내용이 13.04[322]와 겹친다. 례는 사람이 서로 다가서는 절차로서 그 속에 상대를 존중하는 태도가 깃들어 있다. 례의 준수가 생활화되어 있다면, 사람의 사이가 그만큼 부드럽다는 뜻이다. 우리가 말하는 "아 다르고 어 다르다", "가는 말이 고와야 오는 말도 곱다"는 속담이 바로 례의 정신을 그대로 드러낸다. "……하세요"라며 일을 시키는 것과 "이 것 해!"라며 일을 시키는 것은 전혀 다른 결과를 가져올 것이다.

14-45 [393]

자로가 자율적 인간에 대해 물었다.

공 선생님이 대꾸했다. "자신을 갈고닦아서 맡은 바를 신중하고 차분하게 수행한다."

자로가 [너무 간단한 대답이 믿어지지 않는지] 다시 물었다. "이게 전부입니까?"

공 선생님이 대꾸했다. "자신을 갈고닦아서 주위 사람들을 편안하게 해줘야지."

자로가 [너무 간단한 대답이 믿어지지 않는지] 다시 물었다. "이게 전부입니까?"

공 선생님이 대꾸했다. "자신을 갈고닦아서 백성들을 편안하게 해줘야지. 자신을 갈고닦아서 백성들을 편안하게 한다는 게 [말처럼 쉽지 않네.] 요임금이나 순임금도 [그러한 목표에 대해서] 자신의 한계(병)를 느꼈지."

子路問君子. 子曰: "修己以敬." 曰: "如斯而已乎?" 曰: "修己以安人." 曰: "如斯而已
자로문군자. 자왈: "수기이경." 왈: "여사이이호?" 왈: "수기이안인." 왈: "여사이이
乎?" 曰: "修己以安百姓. 修己以安百姓, 堯舜其猶病諸?"
호?" 왈: "수기이안백성. 수기이안백성, 요순기유병저?"

상황 ● 공 선생의 학문관과 정치관이 집약적으로 표현되고 있다. 수기치인 修己治人, 즉 도덕적 수양을 바탕으로 정치 활동을 하는 것으로 규정한다. 도덕적 수양 없이 정치에 참여하면, 공동체에 재앙을 낳을 수 있기 때문이다. 권력을 가진 자가 절제력이 없다면 사람의 생명이 얼마나 가볍게 취급될 것이며 인격이 무시될 것인가? 이곳이 '수기'라는 말의 출처이다.

디딤돌

● 수기안백성修己安百姓은 도덕적 완성과 세상 모든 문제의 해결을 나타낸다. 결국 이상 정치의 최종 귀결이라고 할 수 있다. 이 과제에 어려워하지 않을 사람이 누가 있겠는가? 여기서 안백성安百姓은 06.30[151]의 '박시제중博施濟衆'과 같은 말이다. 종교적 구원은 아니지만 정치·경제적 구원을 나타내는 말이다. 수기안인修己安人은 수기안백성보다 과제의 대상이 줄어든다. 가족공동체에서 모든 구성원이 행복을 느끼는 상태를 말한다. 수기이경修己以敬은 경에 의거해서 자기 수양을 다잡는 것이다. 이때 경은 일시적인 감정에 휘둘리거나 쉼 없이 변덕을 부리는 것과 반대로 경건성을 유지하는 것을 말한다.

이처럼 공 선생은 지도자라면 적어도 자기 자신에 대한 완벽한 장악, 즉 자기 절제를 바탕으로 가족공동체와 온 세계에 평화와 번영을 가져올 수 있도록 해야 한다고 생각한다. 만약 지도자로 자처하면서 세계를 편 가름하여 분할 통치한다면, 세계는 끊임없이 갈등과 대립을 낳게 된다. 그래서 공 선생은 강력히 수기에 대한 요청을 하는 것이다.

14-46 [394]

〔공 선생님이 오랜만에 옛 친구 원양을 만났다.〕 원양이 〔약속 장소에 먼저 와〕 두 다리를 쩍 벌린 채 〔공 선생님을〕 기다리고 있었다. 공 선생님이 〔와서 이 장면을 보고〕 한마디 했다. "〔이 사람 예나 지금이나 여전하구려.〕 어려서는 자식(손주) 노릇도 동생 노릇도 못하더니(어른을 공손하게 모시지 않고), 나이 들어서 읊을(이야기할) 만한 일도 없고 늙어서 죽지도 않는구먼. 〔멀리서 찾을 필요가 있나.〕 이게 바로 사회의 해충이지." 공 선생님은 〔말이 끝나자마자〕 지팡이로 원양의 정강이를 툭 쳤다(건드렸다).

原壤夷俟. 子曰: "幼而不孫弟, 長而無述焉, 老而不死, 是爲賊." 以杖叩其脛
원양이사. 자왈: "유이불손제, 장이무술언, 노이불사, 시위적." 이장고기경.

상황
● 공 선생의 사생활이 조금 엿보인다. 오랜 친구가 옛 버릇을 고치지 못하고 여전한 모습을 보이자 "아직도 그래!"라는 말을 건네는 듯하다. 달리 읽을 수도 있다. 옛 친구를 만나서 장난치는 것으로 보는 편이 좋을 듯하다. 나이 들어 사람을 만나면 자꾸 격식을 따지게 된다. 어릴 적 친구는 흉허물이 없어 편하지 않은가! 또 다른 추측도 가능하다. 비록 옛 친구지만, 공 선생은 어느덧 대학자가 되었는데 사람들 앞에서 격식을 차리지 않자 약간 짜증을 낸 것으로 볼 수도 있지 않을까! 마지막에서 공 선생은 너무 속 좁은 사람으로 보일 수 있겠다.

14-47 [395]

궐당, 즉 공 선생님이 사는 마을의 어린이가 [공 선생님에게] 전갈을 전했다.

정체불명의 사람이 [그 아이의 하는 짓을 눈여겨보고서] 한마디 했다. "[선생님의 문하에 들어온 뒤로] 좀 나아졌습니까?"

공 선생님이 대꾸했다. "나는 그이가 아무 자리에나 턱 버티고 앉아 있는 걸 보았고, 자신의 선배 또는 선생뻘 되는 이와 어깨를 나란히 하여 걸어가는 걸 봤지요. 아마 그이는 나아지려고 노력하기보다는 뭔가를 빨리 이루려고 하는 것 같습니다."

闕黨童子將命. 或問之曰: "益者與?" 子曰: "吾見其居於位也, 見其與先生並行也. 非求
궐당동자장명. 혹문지왈: "익자여?" 자왈: "오견기거어위야, 견기여선생병행야. 비구
益者也, 欲速成者也."
익자야, 욕속성자야."

상황

● 공 선생이 교육에서 경계한 것이 엽등躐等이다. 즉 거쳐야 할 단계를 쉽게 건너뛰는 것을 반대했다. 또 13.17[335] '욕속부달欲速不達'을 우려하기 때문이리라. 공 선생 문하에 들어온 아이의 학습 태도에서 서두르는 것을 느낄 수 있다. 물론 공 선생과 다른 관찰도 가능할 것이다. 궁금한 게 많고 빨리 알고 싶어 하는 사람으로 봐도 좋을 듯하다. 어린아이에게 어른의 행실을 요구한다면 어린이 노릇하기가 무척 힘들다. 이런 버릇은 얼마든지 자기 교정이 되는데 너무 미래를 내다보고 민감하게 반응한 게 아닌지 모르겠다.

15篇

대조의 편

● 대조의 편

제15편은 보통 '위령공' 편으로 불린다. 이 편이 "위령공衛靈公"이라는 말로 시작되기 때문이다. 위령공 자체는 이 편에서 차지하는 비중이 별로 없다. 다만 제15편 1장에서 위령공의 진법陣法과 공 선생의 조두俎豆가 선명하게 부각된다. 그것은 각각 물리력의 무武와 예교의 문文을 대표하기 때문이다. 첫 장에서 두 사람은 행복하게 만나지 못하고 공 선생의 출발로 헤어진다. 접점 없는 만남, 상대의 정체를 더욱 뚜렷하게 하면서 서로에게로 다가서지 못한 단절이 크게 나타난다.

이 편은 모두 42장으로 되어 있다. 여느 편과 마찬가지로 이 편을 꿰뚫는 중심 테마는 없다. 초점은 없지만 대상은 많은 정물화와 비슷하다고 할까. 그래도 그림인 이상 보는 이로 하여금 이미지를 구성하게 한다. 그중에 자주 읽다 보면 군자와 소인의 형태나 특성이 대조된다. 이것은 제1장 령공과 공 선생의 소득 없는 '빈 만남[空會]'이 드리운 대조의 톤을 그대로 이어받고 있는 것이다.

2장에서 보이듯 군자와 소인은 궁지에 몰렸을 때부터 서로 다른 색깔을 낸다. 그리고 37장의 군자는 약속에 목숨을 걸지 않지만 소인은 목숨을 건다는 데까지 이야기가 비화되고 있다(이 장에 소인 부분은 없지만 군자의 반대로 읽어서 보완

했다). 보통 군자가 약속을 강조하고 소인이 약속을 어길 것으로 예상이 되는데, 공 선생은 그 예상을 보기 좋게 뒤틀어버린다. 결국 군자는 약속보다 더 중요한 것을 할 수 있다는 것이고, 소인은 약속을 넘어선 세계가 없다고 생각한 것이리라. 이로써 소인은 군자의 길을 가지 않고, 군자는 소인의 길을 가지 않는다. 그러나 소인으로 인해 군자는 자기 색깔을 한층 더 선명하게 드러낼 수 있다. 이런 점에서 나는 이 편을 〈대조對照의 편〉으로 명명하고자 한다.

15-01 [396]

위나라의 령공이 공 선생님에게 진법에 대해 물었다.

　　공 선생님이 [무척 실망스러워했지만] 질문을 받고서 대꾸했다. "나는 제기를 차리는 일은 들어본 적이 있습니다만 군대를 운용하는 일은 아직 배우지 못했습니다."

　　[공 선생님은 이 대화로 더 이상 미련을 갖지 않고 저녁에 짐을 꾸려] 이튿날 길을 떠났다.

衛靈公問陣於孔子. 孔子對曰: "俎豆之事, 則嘗聞之矣, 軍旅之事, 未之學也, 明日遂行."
위 령공문 진어공자. 공자 대왈: "조두지사, 즉상문지의, 군려지사, 미지학야, 명일수행."

상황
● 공 선생은 사랑과 평화의 길을 가려고 한다. 령공은 전쟁과 정복(생존)의 길을 가려고 한다. 그런 까닭에 두 사람이 만나서 빚어낼 공간共間이 없다. '혹시' 하며 기대하고 갔다가 '역시' 하고 나서는 걸음이 무거워 보인다.

걸림돌
● 우리는 이 장에서 "어렵게 만난 기회인데 말이라도 더 해보지!"라며 안타까움을 느낄 수 있다. 공 선생이 일구고자 하는 것은 사랑과 평화이다. 그런데 령공은 대뜸 전투의 대형을 묻는다. 이것은 이미 "나는 당신의 이야기를 듣고 싶지 않습니다"는 거절의 또 다른 표현인 것이다.

깊이 읽기

대조되는 만남

상앙과 진나라 효공이 협력자가 되자 서쪽 변방의 진나라가 전국시대의 무시할 수 없는 국가로 성장하게 되었다. 두 사람은 협력자가 되지 못하고 그저 그렇게 스쳐 지나가는 사람이 될 수도 있었다. 상앙은 효공의 진심을 알 수 없어 쉽게 정체를 드러내지 않다가 네 번 만에 상대를 사로잡는다. 이 만남의 장면을 간략하게 살펴보자. 만약 상앙이 위 령공을 만났더라면 공자와 달리 그이의 질문에 대답을 할 것이다. 왜냐하면 상앙은 시대의 문제를 해결하는 방안으로 전쟁의 길을 부정하지 않았기 때문이다.

"효공은 상앙을 만나 오랫동안 이야기를 나누었지만, 효공은 때때로 졸며 이야기를 제대로 듣지 않았다. …… 효공은 함께 이야기를 나누는 데 열중한 나머지 무릎이 앞으로 나가는 것을 스스로 알지 못하였다. 며칠이고 말을 주고받으며 싫증을 낼 줄 몰랐다. …… 나는 처음에 오제五帝, 삼왕三王의 길을 실행하면 하나라·은나라·주나라와 같은 정도의 태평을 누릴 것이라고 말했죠. 효공이 다음처럼 부정적인 반응을 보이더군요. '너무나 길고 멀어서 나는 기다릴 수 없소. 그리고 현명한 군주는 자기가 재위하고 있을 때, 천하에 이름을 나타내려고 하는 법이요. 어찌 답답하게 수십 년이나 수백 년을 기다린 후에 제왕의 대업을 성취할 수 있다는 말이오?' 이로 인해 나는 나라를 강하게 하는 방법을 효공에게 말했더니 그렇게 기뻐한 것뿐이지요."

—— 사마천, 정범진 외 옮김, 「상군열전」, 『사기열전—상』, 90~91쪽.

◎ 위 글을 읽고 "내가 생각하는 이상 사회는 무엇이 우선적으로 고려되는가?"에 대해 이야기해보자.

〔공 선생님의 일행이〕 진나라에서 〔준비했던〕 양식이 다 떨어졌다. 수행하던 제자들이 허기지거나 아파서 일어설 수조차 없었다.

자로가 성난 목소리로 공 선생님을 쳐다보며 한마디 했다. "자율적 인간도 어려울 때(궁지에 몰릴 때)가 있습니까?"

공 선생님이 〔나지막한 소리로 태연하게〕 꾸짖었다. "자율적 인간은 궁지를 굳건하게 버티지만, 작은 사람들은 궁지에 몰리면 차마 하지 못하는 일이 없어진다."

在陳絶糧. 從者病, 莫能興.
재 진절량. 종자병. 막능흥.

子路慍見曰: "君子亦有窮乎?" 子曰: "君子固窮. 小人窮斯濫矣."
자로온견왈 : "군자역유궁호?" 자왈 : "군자고궁. 소인 궁사람의."

상황 ─⊙ 궁지에 몰렸을 때 군자와 소인은 대처하는 방식이 서로 다르다.

디딤돌 ─⊙ 심리적으로 여유가 있을 때 거의 모든 사람은 좋은 사람이다. 기분이 좋으면 자기 것을 남에게 주려고까지 한다. 본색은 역시 어려울 때 드러나는 법이다. 아무리 숨기려고 해도 밀려드는 불안과 초조는 그나마 붙어 있던 가면의 한 자락을 걷어내게 하기 때문이다. 누구에게 보여주기 위해서가 아니라 자신을 위해서 위기관리 능력을 키우면 좋다. 구체적인 방법은 사람마다 다르지만 그것을 찾는 길은 있다. 자신이 다른 것은 몰라도 이것을 하면 마음이 느긋해져 거스름의 물결이 일어나지 않는다면 '이것'이 바로 찾는 '그것'이다.

군자는 왜 궁지에서도 의연할 수 있을까? 09.29[239]와 14.30[378]에 나오는 "인자불우仁者不憂"가 그 정답이다. 평화를 일구는 이에게는 적이 없으니 걱정할 게 없다. 만약 문제가 생겨도 오해에서 비롯되었을 것이므로, 오해가 풀리면 상황이 해결될 것이다. 또 극단적으로 불행한 결과를 당하더라도 군자가 걸어간 길이 옳고 바람직한 것이므로 후회될 일은 없을 것이다.

15-03 [398]

공 선생님이 일러주었다. "자공아, 자네는 내가 여러 분야(다방면)에 걸쳐 두루 배워서 기억하고 있는 사람으로 생각하는가?"

자공이 질문을 받고 대꾸했다. "[나만 아니라 동학들도 다들] 그렇게 생각하지요. 아닙니까?"

공 선생님이 [고개를 가로저으며] 말했다. "아니야. 나는 한결같이 실천하려고 한다."

子曰: "賜也, 女以予爲多學而識之者與?" 對曰: "然. 非與?" 曰: "非也. 予一以貫之."
자왈: "사야, 여이여위 다학이식 지자여?" 대왈: "연. 비여?" 왈: "비야. 여일 이관지."

상황 ─● 공 선생과 같은 인물이면 제자들은 선생님의 마르지 않는 지적 근원에 무척 궁금해할 것이다. 공 선생은 학문에서 다학식지多學識之(줄여서 다학)보다는 일관一貫을 강조하고 있다. 04.15[081] '충서'를 참조하고, 19.23[511]과 이하의 두 장에서 자공이 공 선생을 찬탄하는 내용을 함께 읽어보라.

디딤돌 ─● 공 선생은 언젠가 창작에 대비해서 많이 듣고 많이 보는 경험을 강조했다. 여기서는 다학에 대비해서 일관을 강조하고 있다. 세상에서 아는 것이 가장 많은 사람이 누구일까? 기억력이 좋은 사람일까? 아니다. 기억력보다 응용 능력이나 종합 능력이 좋은 사람이 더 아는 것이 많다. 기억은 결국 한정되지만 종합은 기억과 기억이 결합되어 마치 순열의 수만큼 아는 것이 늘어날 수 있으니까. 하나를 알더라도 제대로 알고 깊이 캐낸다면 남에게 자득한 것을 이야기해줄 수 있다. 꼭 아는 것이 많아서 그런 것이 아니다. 더욱이 삶과 앎을 통일시키려고 노력하면 종합과 지적 성숙(발효)이 배가되어 향이 저절로 번져 나갈 것이다. 다문과 다견으로 나타난 다학과 일관은 모순되지 않는다. 대상과 상황에 따라 다학이 요청될 때도 있고, 일관이 요청될 때도 있고 아니면 둘의 종합이 필요할 때도 있으니 말이다. 07.28[179] '다문'과 '다견'의 주장과 대조해보라.

15-04 [399]

공 선생님이 일러주었다. "자로야, 고상함의 가치를 아는 이가 참 드물지!"

子曰: "由, 知德者鮮矣!"
자왈: "유, 지덕자선의!"

● 고상함은 먼저 물질적 욕망에서 객관적 거리를 유지한다. 다들 배고픈 상황에서 먹을 것이 있으면 잽싸게 달려가 앞서 챙기는 사람이 있고, 다른 사람을 배려하며 먹는 사람이 있다. 앞의 사람을 영악하다, 민첩하다고 하고, 뒤의 사람을 고상하다고 한다. 또 이해가 첨예하게 맞서는 상황에서 불화와 충돌이 예견될 경우 자기 이익을 최대한으로 찾으

려고 하는 이가 있는 반면에 조금 손해를 보더라도 관계를 중시하는 이가 있다. 전자는 악착같다, 철저하다고 하고, 후자는 고상하다고 한다. 고상한 사람은 강제가 아니라 그 자체의 매력에 의해 사람을 끌어당기는 힘이 있다. 공 선생은 고상함의 이런 매력을 염두에 두고 있는 듯하다. 예술 작품과 공연을 볼 때 우아함은 또 인격의 고상함처럼 사람의 관심을 불러들인다. 김연아의 피겨 스케이팅 연기를 "넋을 잃게 한다"는 말로 표현할 때 우리는 우아함의 힘을 느낄 수 있다.

15-05 [400]

공 선생님이 들려주었다. "강제하지 않고서도 공동체의 안정을 일군 사람은 순임금일 것이다. 도대체 어떻게 해서 그렇게 되었을까? 몸가짐을 공손하게 하고 자신의 자리를 지켰을 뿐인데."

子曰：＂無爲而治者其舜也與. 夫何爲哉? 恭己正南面而已矣.＂
자왈：＂무위이치자기순야여. 부하위재? 공기정남면이이의.＂

● 전설의 제왕 순이 자신의 자리만 지키고 적극적이며 주도적으로 정치를 하지는 않았지만 온 사회가 태평해졌다며 순의 위대성을 찬미하고 있다.

　　순임금은 아득한 시절부터 중원 지역의 공동 조상으로 받들어지는 존재 가운데 한 사람이다. 그들은 각각 한 가지 이상의 특정한 가치를 완벽하게 구현한 인물로 추앙된다. 순임금은 보통 완고한 아버지, 욕심 많은 계모, 이복동생 등 모든 악조건을 갖춘 가정환경에서도 효孝를 실현한 인물로 그려진다.

깊이 읽기

무위無爲: 자연 순응의 정치 이상인가, 완벽한 효율적 통제의 표현인가?

무위는 글자 그대로 '하지 마라', '내버려둬라', '만들려고 하지 마라' 등을 나타낸다. 이로써 무위는 개체의 자율성을 강조하면서 전체의 개입을 부정하는 불간섭주의, 자유주의 사상으로 해석할 수 있다. 이것은 보통 노 선생이나 장 선생으로 대표되는 도가의 대표적인 슬로건으로 간주된다. 그런데 우리는 여기서, 즉 도가가 아닌 유가의 비조로 알려진 공 선생의 책에서 무위를 만나니 약간 의외라고 생각할 수 있다.

공자에게도 무위가 중요했다는 점에 대해서는 두 가지 입장이 있다. 하나는 궁극에 이르러서는 유가와 도가가 다른 것이 아니라는 것이다. 주로 한나라 학자들이 무위에서 이런 점을 확인할 수 있다고 말한다. 한나라의 학자들이 주로 도가와 유가의 상통성을 주장했다. 이에 따르면 무위는 국가가 민간 경제에 개입해서 전매제도를 실시하거나 팽창정책을 추진하여 민생을 파탄에 이르게 하는 현실을 비판하는 논리에 쓰였다. 방임해두면 잘될 텐데 괜히 사태의 진행에 개입해서 일을 망쳤다는 것이다. 또 사람은 저절로 그렇게 흘러가는 자연의 운행에 맞춰 살아가면 충분한데, 인위적 목표와 계획을 세워 사람을 동원하고 통제해서는 안 된다는 것이다.

다른 입장에 따르면, 무위는 정치 지도자가 설치고 다니지 않아도 잘 굴러가는 상태를 수사적으로 표현하는 말로 본다. 마치 운전자가 핸들 조작을 하지 않아도 자동항법 장치를 한 차가 저절로 주행해가는 것과 닮았다. 이런 상태가 무위라는 것이다. 하지만 이런 무위는 실제로 지도자가 정치·경제의 영역에 아무런 개입도 없이 상황이 저절로 굴러가도록 내버려두는 것이 결코 아니다. 자동항법 장치를 단 차와 마찬가지로 지도자가 구체적인 사안마다 나서서 이렇게 하라 저렇게 하라 지시하지 않더라도 개별 영역의 주체들이 자체적으로 판단해 일을 진행하도록 하는 자율적 시스템이 있기 때문에 그런 것이다. 따라서 이 무위는 결국 통제 시스템이 너무나도 완벽하게 착착 작동해나가는 상황을 표현하는 말이다.

둘 다 가능한 해석이다. 이렇게 보면 '무위'를 통해 방임으로서 자유를 말할 수도 있고 완벽한 통제로서의 효율성을 말할 수도 있는 셈이다.

◎ 위 글을 읽고 "무위無爲가 정치, 일상생활, 교육 현장, 조직 관리 등에서 다양한 방식으로 활용되는 사례와 특성은 무엇인가?"에 대해 설명해보자.

15-06 [401]

자장이 〔하고자 하는 일이〕 순조롭게 진행될 수 있는 길을 물었다.

공 선생님이 대꾸했다. "말(다짐)이 충실하고 믿음이 가며 행동이 도탑고(안정되고) 신중하다면, 자네가 이민족의 세계로 나아가더라도 일이 순조롭게 진행될 것이다. 반면에 다짐(말)이 충실하지도 않고 믿음이 가지 않으며, 행동이 안정되지도 신중하지도 않다면, 자네가 자신의 고향에 있다고 하더라도 일이 순조롭게 진행될 수 있을까? 자네가 〔출발을 위해〕 서 있을 때 그 지침, 즉 충실과 믿음 그리고 안정과 신중이 자신의 눈앞에 늘어서 있는 것을 보는 듯이 하라. 자네가 〔먼 길을 가기 위해〕 수레에 탔을 때 그 지침이 멍에에 새겨져 있는 것을 보는 듯이 하라. 〔이처럼 지침(나침반)대로 자신을 이끌어간다면〕, 일이 순조롭게 진행될 것이다."

자장이 〔소중히 간직하기 위해서〕 공 선생님의 말을 자신의 띠에다 적었다.

子張問行. 子曰: "言忠信, 行篤敬, 雖蠻貊之邦, 行矣. 言不忠信, 行不篤敬, 雖州里, 行乎
자장문행. 자왈: "언충신, 행독경, 수만맥지방, 행의. 언불충신, 행부독경, 수주리, 행호
哉? 立則見其參於前也. 在輿則見其倚於衡也. 夫然後行." 子張書諸紳.
재? 입즉견기참어전야. 재여즉견기의어형야. 부연후행." 자장서저신.

상황
디딤돌

◉ 사람이 모여 살아가는 데 가장 기본이 무엇인지를 이야기하고 있다.

◉ 1) 공 선생이 믿음을 사회생활의 기초로 본다. 저 사람이 최소한 사람으로서 기준을 지킬 것이라는 전제가 없다면 우리는 길을 가기도 어렵다. 뉴욕에서 9·11 테러가 발생하자 이슬람 사람들은 바깥출입을 할 수 없었다. 이슬람 사람에 대한 증오와 보복을 염려했기 때문이다. 공 선생은 믿음의 소중함을 수레에 비유한다. 말과 수레가 멍에로 결합되어야 마차가 제 기능을 하지 둘이 따로 있으면 어떤 기능도 할 수 없다. 이로써 그이는 믿음이 공동체 형성의 기초 중의 기초라는 것을 설득하고 있다. 15.18[413] '마무리의 믿음'을 참조하라. 행동의 도타움과 신중함은 19.02[490]의 '도탑다' 설명을 참조하라.

    2) 공 선생은 자기주장의 보편성을 강조하고 싶을 때면, 늘 이민족을 끌어들인다. 여기서도 '만맥지방'을 말하면서 믿음과 신중함의 미덕이 우리 세계에만 적용되는 것이 아니라 하늘 아래 온 세계에 적용될 수 있다는 것을 말하려는 것이다. 철학자나 사상가로서 응당 해야 할 보편성을 지향한다고 할 수 있다. 다른 한편으로 자신이 열거하는 것에서 제외되는 것이 과연 특수한 가치인지에 대해서는 적극적으로 고려하지 않는다.

15-07 [402]

공 선생님이 감탄했다. "올곧구나, 위나라의 사어여! 국가가 제 갈 길을 가더라도 그이는 화살처럼 움직이고, 국가가 제 갈 길을 완전히 잃어버리더라도 그이는 화살처럼 움직이네."

"자율적 인간답구나, 거백옥이여! 국가가 제 갈 길을 가면 그이는 공직에 참여하고, 국가가 제 갈 길을 완전히 잃어버리면 그이는 〔달팽이처럼〕 자신을 움츠리며 속뜻을 품고 있구나."

子曰 : "直哉史魚! 邦有道, 如矢, 邦無道, 如矢. 君子哉蘧伯玉! 邦有道, 則仕, 邦無道, 則
자왈 : "직재 사어! 방유도, 여시, 방무도, 여시. 군자재거백옥! 방유도, 즉사, 방무도, 즉

可卷而懷之."
가권 이회지."

상황 ● 위나라의 현인 사어史魚와 거백옥蘧伯玉을 예로 들어 정치 참여의 두 가지 방법을 이야기하고 있다. 03.16[056] '사례의 초점'을 참조하라.

걸림돌 ● 1) 사어의 올곧은 삶의 태도와 화살의 비유는 너무나도 절묘하게 맞아떨어진다. 화살이 지그재그나 구불구불하게 갈 수는 없다. 공 선생은 바로 이 점을 인생의 노정에 연결시키고 있다.

2) 사어와 거백옥의 삶이 대비되고 있다. 사어는 사관으로서 어떠한 상황에서도 자신의 직업 정신 또는 소명 의식을 굽히지 않았다. 그이는 현재의 군주에게 봉사하는 것이 아니라 현실에 면면히 흐르는 역사의식에 봉사하기 때문이다. 반면 거백옥은 관료(정치인)로서 상황에 따라 자신의 거취를 결정한다. 그이는 자신의 이상과 현실의 상황이 조응될 수 있는 계기를 포착해서 움직였다. 14.26[374] '거백옥의 인생관'을 참조하라.

15-08 [403]

공 선생님이 한마디 했다. "더불어 다짐을 할 만한데도 더불어 다짐을 하지 않으면 사람을 잃는(놓치는) 것이요, 더불어 다짐을 할 만하지 않은데도 더불어 다짐을 하면 말(언어)을 잃는(내버리는) 것이다. 슬기로운 이는 사람을 놓치지 않을뿐더러 말을 내버리지 않는다."

子曰: "可與言而不與言, 失人. 不可與言而與之言, 失言. 知者不失人, 亦不失言."
자왈: "가여언이불여언, 실인. 불가여언이여지언, 실언. 지자불실인, 역불실언."

상황

● 여기서 '지자知者'는 사람이 어떤 부류인지, 함께 깊은 이야기를 나눌 만한지 판별 능력을 가진 사람이다. 그이는 보통 사람과 달리 말과 사람을 모두 잃지 않는 사람이다. 그런데 문제는 어떻게 그것을 실수하지 않고 제대로 판별하느냐이다. 그 방법이 밝혀지면 이 세상의 숱한 오해, 불신, 오판, 저주를 없앨 수 있을 텐데. 지자만이 가능하다면 결국 보통 사람은 할 수 없는 것이고, 계속 오해하며 살아야 하나 보다. 같은 내용이 15.23[418]에서는 군자의 자격으로 나온다.

15-09 [404]

공 선생님이 일러주었다. "뜻을 세운 지식인(일꾼)과 평화(화합)를 일구는 사람은, 생명을 구걸하느라 평화를 저해하지 않고, 몸(목숨)을 바쳐서라도 평화를 이룩하려고 한다."

子曰: "志士仁人, 無求生以害仁, 有殺身以成仁."
자왈: "지사인인, 무구생이해인, 유살신이성인."

상황

● 지사志士는 실현해야 할 목적(이상)을 가진 사람이고 인인仁人은 평화의 씨앗을 퍼뜨리는 사람이다. 그들은 이상이 실현되느냐 실현되지 않느냐 또는 평화냐 아니냐로 세계를 양분한다. 현실에서 이상(평화)과 도저히 화해할 수 없는 일이 벌어지거나 평화를 부정하고 전쟁을 부추기는 사람이 나타날 수 있다. 이 경우 지사와 인인은 결국 사느냐 죽느냐, 즉 이상(평화)을 지키느냐 지키지 못하느냐라는 선택의 상황에 직면하게 된다. 여기서 이상(평화)에 반하는 현실의 권력이 이상(평화)을 철회하면 살 수 있다고 제안한다고 해보자. 지사와 인인에게는 이상(평화)에 반해서 사는 것이 아무런 의미가 없으므로 살고자 현실과 결코 타협하지는 않을 것이다. 이것이 바로 목숨을 구걸하면서 평화의 가치를 저버리지 않고 자신을 희생해서라도 평화를 일군다고 말하는 것이다.

디딤돌

● 1) 오늘날에도 지사·인인의 사례를 찾을 수 있다. 즉 김대중 전 대통령이 2000년 6월 15일 항공기를 이용해 평양 순안 공항에 도착해서 김정일 국방위원장과 만났던 일이며, 지율 스님이 2004년 6월 30일부터 석 달 넘게 단식하며 천성산의 터널 공사를 온몸으로 막은 일을 떠올릴 수 있다. 정파나 경제적 효과의 이해관계를 넘어서, 이들의 선택에는 평화와 생명, 즉 함께 어울려 지내는 삶의 실현을 위해 자신의 모든 것을 집어던지는 숭고한 계기가 들어 있다.

　　2) 또 다른 경우로 영화의 한 장면이 생각난다. 〈웰컴 투 동막골〉(2005)을 보면 동막골에 대량의 폭탄이 떨어질 상황에서 급조된 남북 연합군이 투하 지점을 바꾸기 위해 산 정상에 올라 이리 뛰고 저리 뛰는 장면이 나온다. 마을에 폭탄이 떨어지는 상황을 막아야 사람들의 생명을 구할 수 있다는 목표를 위해, 그들은 숨지 않는다. 시간이 지나면 지

날수록 공격을 피하는 것이 아니라 공격에 자신을 드러낸다. 이들도 지사·인인인 것이다.

　3) 여름철 물놀이 사고에서 자신의 목숨을 던져 물에 빠진 사람을 구해내는 사람을 '살신성인殺身成仁'했다고 한다. 이 살신성인의 출처가 바로 여기이다.

15-10 [405]

자공이 평화(화해)를 일구는 방법을 물었다.
　공 선생님이 대꾸했다. "기술자가 자신의 맡은 일을 잘하려면 반드시 먼저 연장을 날카롭게 길을 내야 하듯이, 한 나라에 살려면(뿌리를 내리려면) 대부(관료) 중에 현인을 잘 모시고, 공동체의 일꾼 중에서 평화를 일구는 인물과 친구로 지내도록 한다."

子貢問爲仁. 子曰:"工欲善其事, 必先利其器, 居是邦也, 事其大夫之賢者, 友其士之仁者."
자공 문위인. 자왈: "공욕 선기사, 필선리기기, 거시방야, 사기대부지현자, 우기사지인자."

상황 ◉ 사람다움(평화)에 이르는 길을 닦으려면 어떻게 해야 할까? 공 선생은 나에 앞서서 평화를 일구는 사람을 찾아서 함께 어울리는 것이라고 말한다. 공부를 잘하려면 공부를 잘하는 사람과 어울려야 하는 것처럼 말이다. 여기서 말하는 길은, 평화를 일구기 위해 첫발을 내딛는 단계이다.

15-11 [406]

안연이 국가를 운영하는 방법을 물었다.

공 선생님이 대꾸했다. "표준시는 하나라의 역법대로 시행하고, 수레는 은나라의 수레를 타고 다니고, 복식은 주나라의 예모와 예복을 입고, 음악은 순임금의 소무를 본받도록 하지. 〔이와 달리〕 정나라의 새로운 음악을 금지시키고, 〔소피스트와 같은〕 변자를 추방하라. 정나라의 새로운 음악은 감정적 자극이 넘치고, 변자들은 정책의 안정성을 위태롭게 만들기 때문이다."

顏淵問爲邦. 子曰: "行夏之時, 乘殷之輅, 服周之冕, 樂則韶舞, 放鄭聲, 遠佞人. 鄭聲淫, 안연문위방. 자왈: "행하지시, 승은지로, 복주지면, 악즉소무, 방정성, 원녕인. 정성음,

佞人殆."
녕인 태."

● 상황
국가의 안정적 운영을 위해서 공 선생이 각 분야의 역사적 성취를 되짚어보고 있다. 예컨대 역법은 은나라 것으로 한다는 것이다. 학창 시절 새 학년이 되어 교실에 환경 미화를 할 때, 뭘 어떻게 붙일까 고민하는 심정으로 이 문제에 대한 답을 달리 작성해볼 수도 있다. 그 규모가 커져서 당신이 국가를 만든다면 당장 무엇을 먼저 해야 할까? 17.18[469] '정성 비판'을 참조하라.

● 걸림돌
1) 로輅는 임금이 타는 큰 수레를 말한다.

2) 녕인佞人은 고대 그리스에서 소크라테스가 등장하기 이전에 변론술 등을 일반인들에게 가리켰던 소피스트와 비슷하다고 생각하면 된다. 그들은 타의 추종을 불허하는 탁월한 언변을 가지고 있었는데, 훗날 언

어와 실재 사이의 관계를 따지는 논리학파나 국제 외교 무대에서 화려하게 활동했던 유세객의 선구라고 할 수 있다. 이런 인물의 실례로서 정나라의 등석鄧析을 들 수 있다. 어떤 가족이 물에 빠져 죽었다. 가족은 시신을 못 찾았는데 누가 시신을 보관하고 있다는 말을 들었다. 가족이 한걸음에 달려가 시신의 인도를 요청하자 너무 많은 비용을 요구했다. 이 문제를 해결하기 위해 가족이 등석을 찾아갔다. 그이는 그 시신을 찾을 사람이 당신네들밖에 없으므로 기다리면 별 문제가 없을 거라고 조언했다. 이번에는 반대로 시신을 수습한 사람이 품삯도 제대로 쳐주지 않으려는 가족의 제의에 화가 나서 등석을 찾아갔다. 그이는 시신을 당신이 보관하고 있으므로 이 점을 내세우라고 했다. 이렇게 되면 절대적 기준이 없고 상황과 입장에 따라 기준이 바뀐다. 공 선생도 저들의 출중한 분석적인 언변을 달가워하지 않는다. 한 가지 예를 더 들면, 자산이 새로운 법령을 만들자 등석이 곧 허점을 찾아 법령을 무기력하게 만들었다. 결국 그이는 자산에게 살해당했다는 이야기가 전해진다.

3) 정성鄭聲은 춘추시대 퇴폐적인 음악을 상징하는 말이다. 오늘날 정성과 관련된 기록이 없어서 그 실체를 확인할 수는 없다. 제한적인 기록으로 추론해보면, 정성은 각종 의식에 쓰이는 공인 음악으로서, 아악雅樂에 비해 곡의 진행이 빠르고 리듬의 변화가 다양해서 음악적 쾌락을 준 것으로 짐작된다. 정성은 사람의 영혼을 타락시키는 것으로 간주되었다.

◎녕인에 대해 객관적이며 전문적인 지식을 가지고 싶으면 조기빈이 쓰고 조남호·신정근이 옮긴 『반논어』를 참조하고, 그리스의 소피스트와 관련해서는 조지 커퍼드가 쓰고 김남두가 옮긴 『소피스트 운동』(아카넷, 2003)을 읽어보라.

15-12 [407]

공 선생님이 한마디 했다. "사람(지도자)이 멀리 내다보고 따져보지 않으면 반드시 시간적으로나 지리적으로 가까이에 걱정거리가 생긴다."

子曰: "人無遠慮, 必有近憂."
자왈: "인무원려, 필유근우."

상황
● 눈앞의 계산과 먼 앞날을 내다보는 여유. 그 차이는 두말하면 잔소리이다. 윤리학에서는 행위자에게 장기적 관점에 서보기를 요구한다.

걸림돌
● 여기서 나온 '원려'는 나중에 한 제국에서 활약한 가의(賈誼, 기원전 200~기원전 168)의 「과진론過秦論」(가의, 허부문 옮김, 『과진론·치안책』 (책세상, 2004) 참조)에 나오는 심모원려深謀遠慮의 한 부분이 된다.

디딤돌
● 멀리 내다본다는 것은 두 가지 의미가 있다. 하나는 어떤 일을 했을 때 그것이 바로 이 순간이 아니라 시간이 얼마나 지난 뒤에 어떤 결과가 나올까를 따져보는 것이다. 즉 현재를 미래화하는 길이다. 다른 하나는 앞으로 어떤 일이 생길까를 지금 예상해보는 것이다. 즉 미래를 현재화하는 길이다. 둘 다 미리 고려하면 문제가 불쑥 튀어나오는 일은 생기지 않는다.

여기서 인人은 정치 지도자로 볼 수도 있고 인간 일반으로 볼 수도 있다. 지도자가 눈앞의 일에 사로잡혀서 전체를 보지 못하면 머지않아 공동체에 불행한 일이 생길 수 있다. 또 지도자만이 아니라 보통 사람도 한 가지 일을 결정하더라도 앞뒤를 철저하게 따져보지 않으면 후회하기 십상이다. 이렇게 보면 일찍이 자오지빈의 "『논어』의 인人은 노예주이고, 민民은 노예이다"라는 계급주의 관점이 타당하지 않게 되는 것이다. (조기빈, 조남호·신정근 옮김, 『반논어』 참조)

15-13 [408]

공 선생님이 이야기했다. "이제 끝인가? 나는 아직 미모(여성)를 좋아하듯이 고상함을 좋아하는 사람을 본 적이 없으니 말이다."

子曰: "已矣乎! 吾未見好德如好色者也."
자왈: "이의호! 오미견호덕여호색 자야."

상황 ● 미인을 보면 질리지 않지만 고상함을 향한 열정은 오래가지 못하는 현실에 대한 안타까움이 있다. 거꾸로 독해하면 "고상함을 가르치지 않아도 미인을 좋아하듯이 하라"는 뜻이다. 즉 인위적 노력이나 이성적 통제가 아니라 고상함을 자연적 감성으로 여기는 것이다. 즉 당위의 자연화라고 할 수 있다.

공 선생이 꽤 나이가 들어서 한 말로 보인다. 희망을 접을 정도라니 말이다. 일생을 기대 하나로 살았는데 그것의 실현 가능성이 희박할 때 뭐라고 말할까? 내용이 09.18[228]과 중복된다.

디딤돌 ● 색色 하면 다양한 크레파스의 색깔을 떠올릴 수 있다. 원래 채采가 이런 뜻으로 쓰였다. 한자의 원형에 해당하는 갑골문에서 색色은 가까이 다가서 있는 두 사람을 본뜬 글자이다. 색은 원래 예쁜 여성을 나타냈다. 그러다 차츰 얼굴색, 표정, 외적 성질의 뜻으로 쓰이다가 불교

언어의 영향으로 사물 일반을 가리키게 되었다. 인간의 고통이 생겨나게 하는 원인의 상관관계를 설명하는 불교의 십이연기十二緣起 속에 들어 있는 명색名色의 색은 형체가 있는 물질을 가리키고, 『반야심경』에 나오는 '공즉시색, 색즉시공空卽是色, 色卽是空'에서의 색은 이 세상의 모든 사물을 가리킨다.

깊이 읽기

도덕의 자연화, 자연의 도덕화

배가 고프면 먹고 싶은 것이 자연적인 욕망이다. 남의 것을 빼앗아서 먹는다면 범죄이자 폭력이다. 제 먹을 것을 나눠서 못 먹는 이와 함께 먹는다면 도덕이다. 어떻게 자연스런 욕망이 범죄로 떨어지지 않고 도덕의 세계로 나아가도록 할 수 있을까? 이것이 도덕 철학자들의 고민 중의 고민이다. 그것이 성취된다면 자연적 욕망이 도덕에 길들여지고 그 어려운 도덕이 밥 먹는 것처럼 자연스럽게 실행되는 것이다.

　미인(미남)이나 봄의 개나리는 우리더러 자신을 봐달라고 요구하지도 않고 보지 않는다고 눈을 흘기지도 않는다. 어떠한 강제나 위협이 없는데 나의 눈이 그쪽으로 간다. 이것은 억지가 아니라 저절로 그렇게 일어나는 것이다. 이를 본능적 반응이라고 한다. 그러나 우리에게는 도덕적 삶처럼 노력과 의지가 필요한 영역이 있다. 이웃 사랑의 가치에 수긍하면서도 사랑을 해야 할 이유가 없는 한 사랑하기를 주저한다. 거짓말이 나쁘다는 것을 알지만 진실을 말해야 하는 자리에서 거짓말의 유혹에 넘어가기 쉽다. 이처럼 미인을 자연스럽게 쳐다보듯이 도덕적 사안은 자연스럽게 실천으로 이어지지 않는다. 하지만 반복된 행동, 철저한 경각심, 개인의 실존적 체험 등으로 이웃 사랑이 필요한 곳에 아무런 심리적 저항이나 어려움 없이 사랑에 어울리는 행위를 하게 될 수 있다. 이런 상태를 바로 도덕의 자연화라고 하는 것이다.

　우리가 아무리 배고프다고 해도 남의 것을 훔쳐 먹을 수 없고, 길바닥에 떨어진 것을 아무렇지 않게 주워 먹을 수는 없다. 고픈 배를 채우는 것은 자연스러운 일이지만 방법과 형식을 무시하고 먹기만 할 수 있는 것은 결코 아니다. 이처럼 자연적 욕망이라고 해서 아무렇게나 해도 괜찮은 것이 아니라 반드시 일정한 도덕적 규제 안에서 충족의 방안을 찾아야 한다. 이것을 자연의 도덕화라고 한다.

　자연의 도덕화가 이루어지면, 아무런 제약 없이 욕망이 분출되는 사태를 막을 수 있다. 또한 도덕의 자연화가 이루어지면, 도덕이 요구하는 상황이 자연스럽게 실현될 것이다. 이 두 과제가 실현된다면, 공 선생이 강조해 마지않는 언행일치가 실현될 것이다. 공 선생이 위에서 "본 적이 없다"는 말은 인간에 대한 실망의 표시가 아니라 인간의 한계에 대한 안타까운 토로이다. 우리가 현재의 나what I am에 완전히 만족하지 않고 미래의 나what I will be를 행복하게 맞이하려면, 그 한계에 완전히 굴복하지 않고 어려운 걸음을 내딛어야겠다. 걸음을 걷다 보면 익숙해지고, 익숙해지면 애초의 주저함은 많이 줄어든다. 이 줄어듦이 바로 저절로 그렇게 되는 과정이다. 연말에 길을 걷다 빨간 냄비를 만나면 당신은 어떻게 하겠는가?

◎ 위 글을 읽고 "도덕이 자연적 감성처럼 실천될 수 있는가?" 그리고 "언행일치를 주장하는 논리적 근거는 무엇인가?"를 설명해보자.

15-14 [409]

공 선생님이 한마디 했다. "장문중 그 사람, [좋은 사람을 쓰지 않으니] 자리를 훔쳐서 먹는 자야! 류하혜가 현자라는 걸 잘 알면서도 국정에 참여할 기회를 주지 않다니."

子曰: "臧文仲其竊位者與! 知柳下惠之賢而不與立也."
자왈: "장문중기절위자여! 지류하혜지현이불여립야."

상황
- ● 인사 결정권자나 추천 권한을 가진 이가 그 자리가 자기 것이라고 생각한다면 나눠 주기 싫을 것이다. 자리에 특별한 주인이 있는 것이 아니라 맡은 바를 잘하면 충분한데, 인간사는 이렇게 이상만으로 되지 않나 보다. 장문중 이야기는 05.19[111]에도 보인다.

걸림돌
- ● '기其……여與'는 혼자 쓰이면 뜻이 없다. 이는 어감을 나타내는데, 이를 현대 중국어에서는 어기사라고 한다. 여기서는 확실과 단정의 느낌을 전달한다.

15-15 [410]

공 선생님이 이야기했다. "자기 자신을 엄격하게(가혹하게) 따지고, 주위 사람들을 가볍게 따진다(너그럽게 대우한다)면 원망을 받지 않을 거야."

子曰: "躬自厚而薄責於人, 則遠怨矣."
자왈: "궁자후이 박책어인, 즉원 원의."

상황
- ● 문제가 생기면 자신의 책임은 적어 보이고 다른 사람의 책임은 커 보인다. 이게 보통 사람이 보이는 반응이라면 공 선생은 반대로 처신하기를 주문한다. 좋은 말이지만 실행하기는 어렵다.

15-16 [411]

공 선생님이 한마디 했다. "'어떻게 할까, 어떻게 할까'라고 자문하지 않는다면, 나는 [그런 사람을] 어떻게 해야 할지 모르겠다."

子曰: "不曰'如之何, 如之何'者, 吾末如之何也已矣."
자왈: "불왈 '여지하, 여지하'자, 오말여지하야이의."

● "어렵다! 어렵다!"고 외고 다니지 말고 방법을 찾는 말을 한다면 길이 더 빨리 열릴 것이다. 어렵다는 것은 지쳐서 못하겠다는 선언으로 이어지므로 옆에 있는 사람이 선뜻 나서서 말을 건네기가 쉽지 않다. 반면에 누군가 어떻게 할까 하면 사정이 다르다. 왜냐하면 어렵다는 사람은 뭔가를 하게끔 일으켜 세워야 하지만 방법을 찾는 사람은 뭔가를 할 준비가 되어 있기 때문이다.

◎이 장에 대한 깊이 있는 해설로는 핑가레트가 쓰고 송영배가 옮긴 『공자의 철학: 서양에서 바라본 예에 대한 새로운 이해』를 읽어보면 좋다.

15-17 [412]

공 선생님이 한마디 했다. "여럿이 모여 하루를 보내는데 사회정의(개인의 본분)가 화제가 되지 않고, [오락이나 돈벌이처럼] 자잘한 재주를 뽐낸다면(말장난을 벌인다면), 그런 부류는 참으로 딱하다."

子曰: "羣居終日, 言不及義, 好行小慧, 難矣哉!"
자왈: "군거종일, 언불급의, 호행소혜, 난의재!"

● '소혜小慧'는 오늘날의 경우 연예인 이야기며 스포츠 보도며 동료들

에 대한 험담이 이에 해당한다. 하고 나면 '울림'이 없고 '텅 빎'이 찾아온다. 너무 빡빡하게, 늘 진지하게 살아갈 수는 없지만 그래도 늘 느슨하게, 너무 어영부영 살 수도 없지 않은가! 17.22[473] '바둑과 장기'를 참조하라.

15-18 [413]

공 선생님이 일러주었다. "자율적 인간은 정의(본분)를 직분(삶)의 바탕으로 삼고, 전통 의식에 따라 처신하며, 겸손한 자세로 어울리고, 믿음으로 마무리 짓는다. 이래야 자율적 인간답지!"

子曰：＂君子義以爲質. 禮以行之. 孫以出之. 信以成之. 君子哉!＂
자왈：＂군자의이위질. 례이행지. 손이출지. 신이성지. 군자재!＂

● 군자가 지켜야 할 세 가지 덕목을 이야기하고 있다.

상황

디딤돌

● 각종 모임을 만들면 회칙을 정하는데 제1조에는 모임의 목적이 붙박이처럼 들어앉는다. 동창회라면 회원의 친목과 단합을, 상조회라면 회원의 상호부조 등등을 내세운다. 끼리끼리가 아니라 모르는 사람을 포함하는 폭넓은 공동체를 만든다면 제1조에 뭐가 들어서야 할까? 누구에게는 손해가 가고 누구에게는 이득만 가는 것이라면 그 모임에 참여할 사람이 없을 것이다. 만약 정의가 지켜진다면 사정이 달라질 것이다. 여기에다 전통 의식을 준수하고 겸손함과 믿음을 추가한다면, 군자가 외적인 제재를 받을 일이 없게 될 것이다.

15-19 [414]

공 선생님이 이야기했다. "자율적 인간은 자신의 무능력함을 아파하지 주위 사람들이 자신의 진가를 알아주지 않는다고 아파하지 않는다."

子曰 : "君子病無能焉, 不病人之不己知也."
자왈 : "군자병무능언, 불병인지불기지야."

상황
● 거의 같은 내용이 01.16[016]과 14.32[380]에 보인다. 중요한 것은 되풀이해서 말하는 법이다.

15-20 [415]

공 선생님이 이야기했다. "죽음이 찾아올 무렵까지 자신의 이름이 들먹여지지 않으면, 정치 지도자는 몹시 고통스러워한다."

子曰 : "君子疾沒世而名不稱焉."
자왈 : "군자질몰세이명불칭언."

상황
● 군자가 이름, 즉 또 하나의 사회적 자아를 중시하는 점을 적고 있다. 왜냐하면 이 이름은 나의 명성을 종합하는 도덕적 평가이기 때문이다.

걸림돌
● 공 선생은 걸핏하면 병病과 질疾자를 써먹는다. 그만큼 간절하다는 뜻이리라. 왜냐고? 아프면 낫게 해야 한다. 따라서 고쳐야 할 것을 아픔의 질병에 비유하는 것만큼 적절한 게 있을까 싶다. 그래서 질疾에는 '빠르다', '빨리'의 뜻이 숨어 있다. 아프면 무조건 빨리 나아야 하니까 말이다.

● 기독교에는 신이 있기에 죄를 막을 수 있다. 한국인에게 아직 양심이 있으므로 희망이 있다. 전통 시대에는 "호사유피, 인사유명虎死留皮, 人死留名"이라는 말이 있는 것처럼 이름에 목숨을 건다. 왜 그랬을까? 한국인들은 도둑하면 "조○형"을 떠올린다. 일종의 이름에 의한 영구 형벌이라고 할까. 장 선생(장자, 장주)의 책에 「도척盜跖」이라는 편명이 있다. 이것은 '도둑놈 척'이라는 뜻이다. 옛날에는 도둑놈 하면 척을 들먹이며 그런 인물이 되지 말라고 했다. 오늘날 척이 누구인지 모르는 사람이 많다. 이제 척은 결코 닮아서는 안 되는 인물이라는 영구 형벌에서 벗어났다. 하지만 범죄 집단, 조직 폭력 등이 여전히 해서는 안 될 범죄라면 우리는 척 대신 잘 알려진 조○형 같은 사람을 닮아서는 안 되는 인물로 기억하게 될 것이다. 사정이 이러하니 이름을 가벼이 할 수 없다. 물론 이름을 사고파는 매명(買名, 賣名) 문화가 있기도 하다. 이런 탓에 공 선생도 이름에 너무 신경 쓴다는 혐의를 받곤 했다. 09.23[233]과 17.26[477]의 '사십'을 참조할 것. 그러나 09.02[212]에 보면 공 선생은 '성명成名'의 욕망으로부터 어느 정도 자유로운 인상을 준다.

15-21 [416]

공 선생님이 일러주었다. "자율적 인간은 모든 것을 자기 자신에게서 찾지만, 작은 사람들은 모든 것을 주위 사람에게서 찾는다."

子曰:"君子求諸己, 小人求諸人."
자왈: "군자구저기, 소인구저인."

● 군자와 소인의 차이를, 문제 해결의 역량, 자기 행복의 원천, 결과

에 대한 책임, 실패의 원인을 분석, 정리하고 있다. 군자는 나를 돌아보지만, 소인은 주위 사람들을 먼저 본다. 14.25[373]의 위기為己와 위인為人의 구분과 비슷한 맥락이다.

● 벨기에의 문학자 마테를링크(Maeterlinck, 1862~1949)가 쓴 『파랑새 L'Oiseau Bleu』(1908)를 보면 치르치르와 미치르는 부잣집 아이들의 파티를 바라보며 부러워한다. 이때 동화 세계의 약방의 감초 요술 할멈이 나타나 아픈 딸을 위해 행복의 파랑새를 찾아달라고 부탁한다. 파랑새를 찾아 나선 남매는 이곳저곳을 헤매지만 찾지 못하고 집으로 돌아와 결국 파랑새가 자기 집의 새장에 있었다는 것을 알게 된다는 줄거리이다. 그러나 여행을 다녀오지 않았으면 새장 안의 그 파랑새를 알아볼수 있었을까? 그저 지저분하고 못생긴 새로 보였을 것이다. 여행을 통해서 다른 방식으로 새와 만나게 된 것이다.

우리가 행복을 찾는다고 하면, 먼저 나에게는 없는 것이고 다른 곳에서 그것을 찾으려고 한다. 책임의 소재도 마찬가지이다. 공 선생은 사고의 방향을 180도 전환해서 밖으로 향한 시선을 안으로 거두어들이고 있다.

15-22 [417]

공 선생님이 일러주었다. "자율적 인간은 뿌듯해하지만 [이기려고] 싸우지 않고, [정의가 있는 곳에] 결집하지만 [이익을 위해] 당파를 이루지 않는다."

子曰: "君子矜而不爭, 群而不黨."
자왈: "군자긍이부쟁, 군이부당."

상황 ● 군자의 자기 절제와 공정한 처신을 이야기하고 있다. 긍지가 강하면 주위와 조화를 이루기 어려운데, 군자는 갈등이 생기지 않게 절제를 한다. 문제 해결 과정에서 올바른 주장에 동조하지만, 군자는 동조가 당파적 이익으로 진행되지 않는다. 옳은 것에 따라 움직이지 이익에 따라 모이지 않는 것이다. 여기에 소인은 나오지 않고 숨어 있다. '不'자만 빼면 소인이 나타날 것이다.

디딤돌 ● 오늘날 다양성의 요구가 늘어난다고 해도 객관적 인식과 공정한 규칙이 존중받을 때 사회적 의제에 대한 타협이 가능하다. 문제 해결을 위해 객관성과 공정성에 의존하기보다 정파나 집단의 이익을 극대화시키려는 욕망들이 쏟아지고 있다. 상황이 이렇다 보니 사법적 정의, 역사적 정의, 실체적 정의가 혼란스럽게 범벅되고 있다. 걸핏하면 법원과 헌재를 찾아가 결정을 내려달라고 호소한다. 하지만 이런 심판이 현행 법에 제한을 받고 판관의 양식에 구속되는 만큼 한계를 벗어날 수 없다. 오히려 법의 시대적 제약과 양식의 개인적 한계를 받지 않는 법정이 있다. 그곳이란 바로 이성의 법정이다. 여기에서는 얼마든지 자유롭게 의견을 나눌 수 있고 제약 없는 토론이 가능하다. 또 소수의 법관이 아니라 관심을 가진 전 시민의 참여가 가능하다. 토의를 통해 가장 이성적인 것이 객관적이고 공정한 것으로 밝혀질 수 있다. 이 과정에는 더 나은 이성에 대한 긍지는 있지만 물리적 충돌은 없고, 객관적이고 공정한 것에 대한 동조는 있지만 주관적이고 편파적인 것을 극대화시키려는 당파는 없다. 이런 정신을 끝까지 견지하겠다는 이가 군자이다.

15-23 [418]

공 선생님이 일러주었다. "군자는 말(소문)만 듣고서 사람(인재)을 발탁하지 않고, 사람의 과거나 출신만으로 그 사람의 말(주장)을 무시하지 않는다."

子曰: "君子不以言擧人, 不以人廢言."
자왈: "군자불이언거인, 불이인폐언."

상황

● 군자는 공정한 진리의 입장에 서 있기 때문에 현실의 차별적 요인에 사로잡히지 않는다고 말하고 있다. 이렇게 되면 뒤에서 눈물 흘리는 자가 줄어들 것이다. 같은 자격이 15.08[403]에서는 지자知者의 자격으로 나온다. 오늘날 한국의 상황을 고려하면 이 말은 기업에서 사람을 뽑을 때 지방대 출신이라고 원서를 받지 않거나 1차 서류 심사에서 떨어뜨리는 예에 적용해볼 수 있다. 다행히 요즘 취업 서류에는 고향, 부모, 출신 학교 등을 기재하는 칸이 없어졌다. 종이에서만 없어지지 않고 의식에서도 없어졌으면 좋겠다.

15-24 [419]

자공이 물었다. "선생님, 한평생 내내 [나침반으로 삼아] 자신을 이끌어갈 만한 한마디가 뭡니까?"

공 선생님이 대꾸했다. "그건 바로 관용의 원칙이지! [이를 문장으로 표현하면 다음과 같지.] 자신이 바라지(당하고 싶지) 않는 것을 주위 사람들에게 끼치지 않도록 하라."

子貢問曰: "有一言而可以終身行之者乎?" 子曰: "其恕乎! 己所不欲, 勿施於人."
자공문왈: "유일언이가이종신행지자호?" 자왈: "기서호! 기소불욕, 물시어인."

상황 ─── ● 도덕적 삶을 위한 원칙으로 관용의 원칙을 이야기하고 있다.

디딤돌 ─── ● 자공이 공 선생에게 "사람이 혼자가 아니라 다른 사람과 어울리며 살아가려면 어떤 원칙을 세워야 할까요?"라는 질문을 던졌다. 최소한의 규칙만 지키고 나머지는 각자가 알아서 처리하며 살자고 하면 될까? 아니면 서로에 대해 아무런 관심도 가지지 말고 살자고 할까? 이것으로 불충분하다. 각자 떨어져 살아도 무인도에서 사는 것이 아닌 한 부닥치기 마련이기 때문이다.

공 선생은 '서恕'를 대답으로 제시한다. 우리는 누군가가 자신이 겪고 싶지 않은 일을 해달라고 요구하면, 귀찮고 짜증 나고 극단적으로 모욕을 느낀다. 또 반대로 내가 하고 싶지 않은 것을 누구에게 대신 시키면, 힘들이지 않아 편하고, 그사이에 다른 것을 할 수 있다고 생각한다. 즉 역설이다. 자신은 당하고 싶지 않으면서 그 짐을 누구에게 덮어씌우려고 하는 것이다. 이는 세상을 철저하게 나를 중심으로 생각하는 것이다.

문제는 이런 자기중심적 '나'가 혼자가 아니라 전부라고 한다면, 결국 뭔가를 하는 나는 없고 시키는 나만이 가득 차게 된다. 결국 그 세계에게 서로 하기 싫은 '나'들로 인해 충돌이 일어난다. 공 선생은 "내가 싫으면 남도 싫다"는 가장 기초적인 심리적 사실에서 출발해 나의 생각을 남에게 강요하지 말 것을 요구한다. 이로써 이 세계에는 나만이 아니라 나만큼 소중한 존재들로 살아가는 관용의 공간이 되는 것이다. 이런 점에서 나는 서를 관용의 원칙으로 해석하고자 한다.

'서'는 일상생활에서 말하는 입장을 바꿔 생각하는 것과 의미가 겹친다. 유승준의 2집 앨범(1998 V2)에 「오락가락惡樂佳樂」과 김건모 2집

앨범(1993) 「핑계」의 노랫말에도 입장 바꿔 생각해보라는 말이 나온다. 사랑이란 입장 바꿔 생각하는 것을 전제로 하는 것이리라. 입장 바꿔 생각해보면, 더 이상 상대를 괴롭히거나 상대를 가지고 장난칠 수 없게 된다. 왜냐하면 상대방도 나처럼 괴로움을 느낄 테고, 그렇다면 상대에게 그런 대우를 하지 않으리라는 것이다. 다른 말로 역지사지(易地思之, reversibility)라고 한다. 비슷한 내용이 05.13[105]와 12.02[296]에도 나온다.

15-25 [420]

공 선생님이 한마디 했다. "내가 주위 사람들을 두고 개인적인 이유로 누구를 헐뜯고 누구를 칭찬하든가? 만약 내가 칭찬하는 사람이 있었다면 틀림없이 그 사람을 시험(검증)해보고 난 뒤에 그렇게 말했으리라. 이 땅의 사람들은 [누구인가? 그들은 바로] 하·은·주의 세 나라를 거치면서 올곧은 길을 따라 걸어온 이들이다."

子曰:"吾之於人也, 誰毁誰譽? 如有所譽者, 其有所試矣. 斯民也, 三代之所以直道而行也."
자왈: "오지어인야, 수훼수예? 여유소예자, 기유소시의. 사민야, 삼대지소이직도이행야."

상황 ● 분명 이 구절 앞에는 다른 사람이 한 말이 있을 것이다. 누군가 공 선생의 평가가 공정하지 못하든가 틀렸다거나 항의하는 내용일 것이다. 그게 없으니 공 선생의 말이 공중에 붕 뜬 느낌을 준다. 공 선생은 자신의 평가가 근거가 있고 공정하다고 해명하고 있다.

15-26 [421]

공 선생님이 들려주었다. "나는 그래도 역사서에서 [증거가 부족해서] 의문 상태로 남겨진 부분을 본 적이 있지. 또 말 주인이 말을 [급한] 사람에게 빌려줘서 타게 했었는데……. 요즘 그런 일이 다 없어졌어."

子曰:"吾猶及史之闕文也. 有馬者借人乘之, 今亡矣夫!"
자왈:"오유급사 지궐문야. 유마자차인승지, 금망의부!"

상황
● 공 선생은 근거 없는 확신보다 판단의 유보를 강조한다. 사실 정당화되지 않는 신념만큼 무서운 게 어디에 있을까? 02.18[034]의 '다문궐의多聞闕疑', '다견궐태多見闕殆'와 비슷한 맥락이다. 오늘날 강의실에서 선생이 '모르겠다'고 말하는 게 당연하고 자연스러운데도 그것을 마치 큰일처럼 생각하는 사람들이 있다. 공 선생이 이렇게 당당하게 '모르겠다'고 말하고 있으니, 여기서 다시 한 번 그의 자유로운 영혼을 만날 수 있다.

걸림돌
● 이 장은 구절끼리 내용의 연관성이 없다. 즉 가운데 구절 "유마자인승지"와 관련해서 일부 글자가 빠졌거나 다른 곳에 있을 내용인데 이 장에 잘못 들어와 있는 것으로 보인다. 지금으로서는 다른 증거가 발견될 때까지 임시적인 번역으로 만족할 수밖에 없다.

15-27 [422]

공 선생님이 한마디 했다. "듣기에 솔깃한 말은 해야 할 일(고상함)의 초점을 흐리게 한다. 사소한 것을 참지 못하면(목숨을 걸면) 큰일을 엉망으로 만들게 된다."

子曰: "巧言亂德. 小不忍, 則亂大謀."
자왈: "교언란덕. 소불인, 즉란대모."

상황

● 감성에 치우칠 때 생기는 문제 상황을 이야기하고 있다. 달콤한 말에 솔깃하다 보면 자신이 해야 할 일을 잊어버리게 된다. 또 사소한 일을 그냥 넘기지 못하고 흥분하다 보면 큰일을 앞두고 말썽을 일으키게 된다.

어린아이를 유괴하는 이들은 "맛있는 것을 사주겠다"고 말을 건넨다. 맛있는 것 앞에 모르는 사람이 왜 그런 말을 하는지 따지지 않으면 불행한 일을 겪는다. 운동선수가 중요한 시합을 앞두고 긴장한 나머지 술을 마시다 사고를 쳐서 경기를 못하는 경우가 있다. 인생과 정치에서도 마찬가지이다.

15-28 [423]

공 선생님이 일러주었다. "대중들이 하나같이 싫다고 하더라도 당신은 반드시 그 속내를 들여다봐야 한다. 마찬가지로 대중들이 하나같이 좋아한다고 하더라도 당신은 반드시 들여다봐야 한다."

子曰: "衆惡之, 必察焉. 衆好之, 必察焉."
자왈: "중오지, 필찰언. 중호지, 필찰언."

상황 ● 중우정치衆愚政治의 위험성을 지적하는 말이다. 고대의 철인들은 민주주의를 몰랐던 것이 아니라 신뢰할 수 없었다. 언론과 토론, 감시와 고발 제도는 그것의 한계를 막기 위해 인류가 고안한 틀이다. 13.24[342] '여론의 한계'를 참조하라.

15-29 [424]

공 선생님이 이야기했다. "사람이 길을 넓혀가지, 길이 사람을 넓힐 수 없다."

子曰 : "人能弘道, 非道弘人."
자왈 : "인능홍도, 비도홍인."

상황 ● 길을 진리라고 생각해보자. 사람이 진리를 발견하다 보면 또 다른 진리를 발견하게 되어 진리가 풍부해진다. 발견된 진리가 있다고 해도 그것 자체가 사람을 진리대로 살아가게 할 수는 없다. 예를 들면 내가 수학 문제를 풀다 보면 문제 해결 능력이 커지게 되지 옆에 훌륭한 선생님이 있더라도 내가 수학 문제를 풀지 않는다면 문제 해결 능력이 커질 수 없는 것이다.

디딤돌 ● 동양철학 하면 기성의 문법대로 자신을 맞추어가는 것으로 생각한다. 이 구절을 보면 공 선생이 얼마나 주체적이며 개척 정신을 지녔는지 알 수 있다. 이 장은 내가 개인적으로 『논어』에서 아주 좋아하는 구절 중의 하나이다. 잠언으로 곱씹으면 그때마다 새로운 의미가 드러난다.

우리 사회는 교육이나 학습 방법과 관련해서 정답이나 비법을 너무나 숭배한다. 수능 만점, 토익 만점의 당사자가 쓴 책을 본다고 해서 모두 만점을 받지는 못한다. 책 속에 쓰여 있지 않은 내용이 너무 많다. 책에 나온 것은 일부분일 뿐이다. 결국 이 세상살이에서 책이나 선생이나 모두 일정 지점까지 사람을 끌어갈 뿐 나머지는 스스로를 믿고 혼자 갈 수밖에 없다. 주체적 삶을 위한 독립적 사고를 하도록 해야겠다. 이런 사고를 확대 해석하면 과거나 전통이 현재의 나를 위해 유용한 자원일 수는 있지만 모든 정답을 예비하고 있는 창고로 볼 수는 없다. 15.36 [431] '스승과 인의 선택'을 참조하라.

깊이 읽기

과거라는 굴레, 과거와의 대화

"지나간 세기들의 책들을 읽고 그 시대 사람들과 대화한다는 것은 여행하는 일과 거의 맞먹는다고 생각되기 때문이다. 그리고 또한 우리 자신의 문화를 가장 건전하게 판단하기 위하여 여러 민족들의 습관이나 윤리를 알아두는 것이 매우 좋다고 생각하고, 또 우리의 생활양식과 정반대가 되는 모든 것이, 즉 우리의 이성과 반대되는 모든 것이, 대부분의 사람들의 생각과 마찬가지로 우스꽝스럽다고 생각하는 과오를 범하지 않도록 잡다한 것을 아는 것도 좋은 일이라고 생각된다. 그러나 너무 외국을 오래 여행하다 보면, 자기 나라에 대해서는 이방인처럼 된다. 그리고 사람이 지난 세기들에 실천되었던 사실들에 너무 호기심을 갖게 되면, 현대에 실천되고 있는 것들에 대하여 매우 무식하게 된다."〔데카르트, 김형효 옮김, 『방법서설』(삼성출판사, 1990), 46쪽〕

위 글에서 데카르트는 자신의 문화를 가장 건전하게 판단하기 위해서는 과거와 대화할 필요가 있다는 것을 인정한다. 하지만 과거와의 대화에 너무 깊숙하게 빠져들면 자기 세계에서 이방인처럼 낯선 존재가 될 수 있다고 주장한다. 즉 과거가 굴레로 작용하는 것이다.

『논어』 02.11[027]에 '온고지신溫故知新'이 나온다. 옛것을 갈고닦아서 새것을 뽑아낸다는 뜻이다. 옛것은 새것이 자라나올 수 있는 원천으로 간주되는 것이다. 여기서 옛것과 새것의 관계를 옛날과 현재의 관계로 바꾸어 생각해보자. 과거는 지나간 것으로 무가치해지지 않고 현재를 현재답게 만들 수 있는 자원인 셈이다. 따라서 현재를 더 나은 상태로 만들려면, 우리는 과거와의 단절을 선언할 것이 아니라 과거와의 끊임없는 대화를 해야 할 것이다.

◎ 위 글을 읽고 "과거는 현재의 삶에 굴레인가, 자원인가?"라는 주제로 토론을 벌여보자.

15-30 [425]

공 선생님이 이야기했다. "잘못을 하고서도 고치지 않는다면 이게 바로 (나아지지 않는) 잘못이라 할 만하다."

子曰: "過而不改, 是謂過矣."
자왈: "과이불개, 시위과의."

상황 ── ◉ 사람인 한 과오를 범할 수밖에 없다. 과오를 범하는 것은 물론 바람직하지 않다. 하지만 과오를 저질러놓고 인정할 줄도 고칠 줄도 모른다면 그것이 더 큰, 아니 더 무서운 일이다. 공 선생은 인간의 나약한 점을 수긍하면서도 그것에 안주하려는 이에게 불호령을 내린다. 06.03[124]에 나오는 안연의 '불이과不貳過'는 이 구절과 한 쌍처럼 어울린다.

디딤돌 ── ◉ 비밀을 감추고 끙끙 앓다가 속 시원하게 털어놓고서 이렇게 말한다.

"이렇게 말하고 나니 속이 다 후련해지네. 괜히 끙끙 앓다가 사람 죽는 줄 알았네." 이런 체험이 있는 사람이라면 이 구절의 의미가 크게 다가오리라. 거짓말을 막으려고 더 큰 거짓말을 하게 되고, 최종적으로 자신을 파멸로 몰아넣는 것이 숱한 드라마의 서사가 아니던가! 공 선생의 말이 쉬우면서도 너무 어렵게 여겨진다.

15-31 [426]

공 선생님이 [자신의 경험을] 터놓고 말했다. "내가 하루 내내 아무것도 먹지 않고, 또 밤새 잠 한 숨 자지 않고 사변을 펼쳐보았지만, 문제 해결에 큰 도움이 되지 않았다네. 구체적인 것을 배우는 것이 낫다네."

子曰 : "吾嘗終日不食, 終夜不寢, 以思無益. 不如學也."
자왈 : "오상종일불식, 종야불침, 이사무익, 불여학야."

상황
● 사변 일변도의 학습이 유익하지 못했던 체험을 이야기하고 있다.

걸림돌
● 학學과 사思는 감성적 인식과 이성적 인식, 경험과 사유를 나타내는 것으로 구분된다. 즉 학은 감각 경험을 통해 얻게 되는 지각의 내용, 자료 조사를 통해 찾게 되는 증거와 정보를 말한다. 사는 어떤 형식에 따라 주어진 자료의 의의와 타당성을 판단하고 종합한다. 이처럼 각자 하는 기능이 다른데도 사변 일변도로 학습을 진행하면 만족할 만한 성과를 거둘 수 없을 것이다. 즉 근거 없는 망상이 될 수 있는 것이다. 그러나 여기서 공 선생이 사의 무용론을 주장한 것도 아니고, 학의 만능론을 주장한 것도 결코 아니다. 02.15[031] '학과 사의 균형'을 참조하라.

15-32 [427]

공 선생님이 한마디 했다. "자율적 인간이라면 모두가 나아갈 길을 찾으려고 하지 제 입에 들어갈 밥을 걱정하지 않는다. 농사를 지어도 굶주림이 그 속에 들어 있지만 배우다 보면 안정적인 생활[녹봉]이 그 속에 보장된다네. 자율적 인간은 모두가 나아갈 길을 걱정하지 제 자신의 가난을 걱정하지 않는다네."

子曰: "君子謀道 不謀食. 耕也, 餒在其中矣. 學也, 祿在其中矣. 君子憂道 不憂貧."
자왈: "군자모도불모식. 경야, 뇌재기중의. 학야, 녹재기중의. 군자우도불우빈."

상황
● 지식인과 농업 생산자가 사회 분업을 통해 각자 해야 할 고유한 몫이 있다는 점을 말하고 있다.

걸림돌
● 이 구절은 발언의 의도와 다르게 공 선생이 농업 생산에 편견을 가진 것으로 비판받을 가능성이 있다. 이런 편견을 시대적 특성으로 보고, 발언의 진정성을 헤아려보자. 오늘날 금융업계의 급여와 근무 여건이 다른 직종의 경우보다 나은 현실을 생각해보면 이 발언의 의도를 알아차릴 수 있을 것이다. 공 선생은 지식인-관료라면 공정한 입장과 엄정한 기준을 가지고 국가 전체를 고려해야 한다고 생각한다. 그런 군자가 생업에 매달리게 되면, 의도하건 의도하지 않건 일을 자신에게 유리한 쪽으로 처리할 수 있다. 이런 우려에서 벗어나려면 군자는 현실의 이해관계로부터 객관적인 거리감을 갖는 것이 중요하다. 이런 맥락에서 공 선생의 문제의식을 바라보도록 하자. 바로 이런 점 때문에 플라톤도 생계를 풀어야 하는 가사(가정)를 정치 영역에 비해 등급을 낮추어 취급했던 것이다.

15-33 [428]

공 선생님이 일러주었다. "지식(앎)이 맡은 바를 감당할 만하더라도 화해(평화)의 정신으로 그것을 지켜낼 수 없다면 〔어떻게 될까?〕 비록 당신이 그것을 맡았다고 하더라도 반드시 〔오래지 않아〕 잃고 만다. 지식이 맡은 바를 감당할 만하고 화해(평화)의 정신으로 그것을 지켜낼 수 있더라도 엄격한 태도로 처리하지 않는다면, 인민들이 존중하지 않을 것이다. 지식이 맡은 바를 감당할 만하고 화해(평화)의 정신으로 그것을 지켜낼 수 있으며, 엄격한 태도로 처리한다고 하더라도 스스로 전통 의식에 따라 처신하지 않는다면 완전하다고 할 수 없다."

子曰: "知及之, 仁不能守之, 雖得之, 必失之. 知及之, 仁能守之. 不莊以涖之, 則民不敬.
자왈: "지급지, 인불능수지, 수득지, 필실지. 지급지, 인능수지. 부장이리지, 즉민불경.
知及之, 仁能守之, 莊以涖之, 動之不以禮, 未善也."
지급지, 인능수지, 장이리지, 동지불이례, 미선야."

상황 —● 말과 행동, 이상과 현실을 일치시키려고 할 때 아는 것만으로 부족하다는 점을 이야기하고 있다. 아는 것에다 목표로서 평화, 태도로서 엄격함, 실천과 소통으로 예식의 준수 등이 덧보태져야 말과 행동이나 이상과 현실의 차이가 줄어들 것이다. 단 여기서 순서에 너무 집착하지 말라. 순서가 중요도를 나타내는 것으로 독해할 이유는 없다. 네 가지가 유기적으로 잘 짜여야 좋다는 정도로 생각하자.

15-34 [429]

공 선생님이 한마디 했다. "자율적 인간(인텔리젠치아)은 특정 분야의 전문(인)이 될 수 없지만 큰 임무를 맡을 만하다. 반면에 작은 사람들은 큰일을 맡을 수 없지만 특정 분야의 전문(인)이 될 수 있다."

子曰: "君子不可小知而可大受也. 小人不可大受而可小知也."
자왈: "군자불가소지이가대수야. 소인불가대수이가소지야."

상황 ● 군자와 소인이 사회에서 수행할 수 있는 임무의 차이를 이야기하고 있다. 군자는 사회의 전체 그림을 그리며 사회현상을 전체의 관점에서 해석하고 처리한다. 단 특정 분야에 대한 전문적인 지식이나 기술이 부족하다. 반면에 소인은 개별적으로 잘할 수 있는 분야에서 종사하며 전문 지식을 가지고 있다. 공 선생은 군자와 소인의 역할을 결코 바꿀 수 없고, 군자와 소인이 구분 없이 똑같은 일을 할 수 없다는 것을 강조하고 있다.

◎ 지식인의 역할과 개념을 정리하려면 한완상이 쓴 『민중과 지식인』과 레지 드브레가 쓰고 강주헌이 옮긴 『지식인의 종말』(예문, 2001)을 읽어보라.

15-35 [430]

공 선생님이 이야기했다. "인민과 평화의 관련성은 그들과 물불의 관계보다 훨씬 가깝고 중요하다. 〔그럼에도 불구하고 인민들이〕 물이나 불속으로 뛰어들다 죽는 경우를 본 적이 있지만 평화의 길로 뛰어들다 죽는 경우를 아직 본 적이 없다."

子曰: "民之於仁也, 甚於水火. 水火, 吾見蹈而死者矣, 未見蹈仁而死者也."
자왈: "민지어인야, 심어수화. 수화, 오견도이사자의, 미견도인이사자야."

상황 ● 평화가 소중한데도 그 가치를 모른 채 위험한 삶을 질주하는 인민들에 대한 아쉬움을 이야기하고 있다. 예컨대 교육에서 점수보다 인격이 중요한데도, 점수 1점을 올리느라 모든 노력을 기울이면서 인격 함양에는 신경 쓰지 않는 우리의 현실을 생각해보라.

걸림돌 ● 1) 물불은 인간의 생계를 위해 필수 불가결한 것인데, 여기서는 재화의 획득을 위해 벌이는 전쟁을 상징한다.

2) 묵 선생(묵자, 묵적)이 소개하는 다소 극단적인 일화를 보면, 공 선생이 말한 의미를 좀 더 잘 이해할 수 있을 것이다(박재범 옮김, 「겸애」 하, 『묵자』(홍익출판사, 1999), 131쪽 참조). 월나라의 임금 구천(勾踐, ?~기원전 465)은 병사들을 3년 동안 군사훈련을 시키고도 부족하다고 생각했다. 그이는 배에 불을 지르고는 북을 치고 명령을 내리며 병사들이 불길 속으로 뛰어들게 했다. 물과 불 속에 넘어져 죽는 자가 이루 헤아릴 수 없었지만 북을 쳐서 퇴각을 알릴 때까지 뒤로 물러설 줄 몰랐다. 공 선생은 평화의 길은 그런 위험과 위협이 없는 편안한 길이라고 말한다. 그러나 현실은 정반대이다. 사람들은 전쟁의 길로 나아가고 평화의 길로 가지 않는다. 공 선생은 이런 현실을 안타까워한다. 역설적이겠지만 전쟁의 길은 돈과 전리품을 가져다주고, 평화의 길은 전쟁을 막을 수 있는 인내와 지혜를 필요로 하기 때문이다. 오늘날 국가의 예산을 보더라도 전쟁을 억제하고 전쟁이 일어나면 이기기 위해서 일정한 군사력을 유지하느라 얼마나 많은 돈을 쓰는가! 군 장비의 현대화를 위해 첨단 무기를 도입한다는 이야기는 들려오지만 평화를 정착시키기 위해 거금을 쓴다는 이야기는 없다. 지옥이 어디에 따로 있나. 뭔가 뒤바뀐 곳이 물의 지옥이고 불의 지옥이지.

15-36 [431]

공 선생님이 이야기했다. "평화의 문제와 관련해서 스승에게도 자신의 뜻을 굽히지 않는다."

子曰:"當仁, 不讓於師."
자왈 : "당인, 불양어사."

상황
● 스승과 제자의 관계를 떠나, 사람으로서 굳게 지켜야 할 가치로서 평화를 제시하고 있다.

디딤돌
● 1) 유교 하면 제자가 스승의 절대 권위에 복종하는 것으로 생각하기 쉽다. 인仁, 즉 평화의 문제가 관건이 되면, 스승과 제자만이 아니라 어떤 인간관계도 모두 사람 대 사람의 관계로 바뀐다. 즉 사람 이외에는 고려해야 할 것이 하나도 없는 것이다. 이때는 학연도 지연도 중요하지 않다. 스승과 의견이 갈리면, 스승을 넘어설 수는 있어도 자기가 꺾이는 일은 결코 있을 수 없다. 이 구절은 『논어』에서 내가 개인적으로 좋아하는 구절 중의 하나이다. 이것을 받아주지 않는 스승이라면, 스승일 수 없는 것이다. 이처럼 스승은 때때로 기성의 권위로 엄격할 수도 있지만 인간 본질의 문제와 관련해서는 평등의 자리에도 설 수 있어야 한다.

2) 선생은 어떤 학생을 좋아할까? 일부이긴 해도 차승원이 주연한 〈선생 김봉두〉(2003)에서 보이듯 촌지나 선물을 안겨주는 제자를 좋아하는 교사도 있다. 대부분의 교사들은 자기를 쏙 빼닮은 제자를 좋아하거나 질문과 이의를 제기하는 제자를 좋아할 것이다. 공 선생의 경우라면 전자는 안연이 대표하고, 후자는 자로가 대표한다고 할 수 있다. 안연은 때로는 바보로 보일 정도로 공 선생의 말에 고개만 끄덕였다. 반

면에 자로는 공 선생의 말에 딴죽을 걸거나 불만에 차서 뾰로통한 표정을 지었다. 공 선생에게 안연 같은 학생만 있고 자로 같은 학생이 없었다면 어떠했을까 생각해보자(15.29[424] '길과 사람의 관계' 참조). 틀림없이 『논어』는 무미건조할 것이고 풍부한 생명력을 상실했을 것이다.

생각이 다르고 개성이 넘치는 인물이 많을수록 그 세계는 아름답다. 그러나 아쉽게도 설파나 훈계는 많아도 토론은 적다. 토론이란 어떠한 문제에 대해 좀 더 합리적인 해답을 찾아가는 절차이다. 여기에는 이성의 절대적 소유자가 있을 수도 없고, 꺼내지 못할 금기도 없고, 눈치 보아야 할 시선도 없다. 장기판에 비유하자면, 토론의 참가자가 차나 포를 모두 떼고서 벌이는, 불꽃이 튀는 흥미진진한 놀이이다. 대중교통이나 길거리에서는 양보를 해야 하지만 인생을 걸 대목에서는 공 선생의 말처럼 모든 것을 걸어야 한다. 어찌 보면 사람들은 저마다 나의 선생이며, 인생은 그 선생들이 벌이는 진검 승부가 아니던가?

15-37 [432]

공 선생님이 이야기했다. "자율적 인간은 신념을 지키지 [사소한] 약속에 매달리지 않는다."

子曰:"君子貞而不諒."
자왈: "군자정이불량."

상황

◉ 지켜야 할 가치가 충돌할 때 상위의 가치에 따르라는 이야기를 하고 있다. 처음에는 몰랐지만 악을 돕는 일이라면 약속을 지켜야 할까? 약속을 지키지 말라는 말로 오해하지 않아야겠다. 가치의 충돌이 일어나

지 않을 경우라면 약속이 사소한 것이든 중대한 것이든 모두 지켜야 하는 것이다. 13.20[338]과 14.18[366]을 참조하라. 후자에서 공 선생이 관중의 처지를 고려하는 상황을 연상하면 이 구절을 좀 더 잘 이해할 수 있다.

15-38 [433]

공 선생님이 일러주었다. "지도자를 보좌할 때, 맡은 일을 착실하게 하고 받는 문제(녹봉)는 뒤로 제쳐둔다."

子曰 : "事君, 敬其事而後其食."
자왈 : "사군, 경기사이후기식."

◉ 월급보다는 맡은 일을 먼저 생각해야 한다는 말로 이해하자. 돈타령은 하지만 일을 하지 않는 사람을 경계하는 맥락이다. 하지만 이 말을 너무 일반화시켜서 돈을 받지 않더라도 일은 해야 한다는 식으로 이해하지 않아야겠다. 즉 인내와 봉사를 강요하는 식으로 오용되면 안 된다. 오늘날 시민 단체의 활동가들이 최저생계비 이하의 보수를 받으면서 일하는 경우를 생각해보자. 이들에게 경제적 문제를 아예 신경 쓰지 말라고 강요할 수는 없다. 자칫하면 낮은 월급이 부패와 비리를 키우는 온상이 될 수 있으므로 이들에게도 정당한 보수를 지불해야 한다.

15-39 [434]

공 선생님이 이야기했다. "훈육(교육)은 소속이나 출신 등의 부류를 구별하지 않는다."

子曰: "有教無類."
자왈 : "유교무류."

상황 ─● 공 선생은 공교육보다는 사교육의 창시자에 가깝다. 이 사교육은 기능인이나 직장인을 양성하는 것이 아니라 평화의 사도를 키우는 현장이었다. 여기에는 출신과 과거가 문제가 되지 않았다. 공 선생의 개방적인 자세가 돋보인다.

◎ 이 구절과 관련해서 독특한 해석이 있다. 자오지빈은 『논어』의 교教가 군사훈련을 가리키고, 회誨가 오늘날의 교육에 해당된다고 주장한다. 조남호와 신정근이 옮긴 『반논어』를 참조하라.

15-40 [435]

공 선생님이 이야기했다. "서로 나아갈 길이 같지 않다면, 함께 세부 방안을 논의하지 않는다."

子曰: "道不同, 不相爲謀."
자왈 : "도부동, 불상위모."

상황 ─● 목표 의식을 공유해야만 실현 방향 등 세부적인 논의를 함께할 수 있다. 그렇지 않으면 말을 낭비하는 것이다. 도가 다르다는 것은, 두 사람이 서로 일치할 수 있는 가능성이 없다는 뜻이다. 원수까지 설득하고 사랑하는 적극성이 공 선생에게 모자라다고 생각하기보다 도가 다른 사람이 물과 기름처럼 결코 화해할 수 없다는 인간적 경험에 주목해보자.

15-41 [436]

공 선생님이 이야기했다. "언어는 소통성(소통의 수단)으로 충분하다."

子曰 : "辭達而已矣."
자왈 : "사 달이이의."

상황

● 고대 그리스의 '로고스logos'는 오늘날 말로 이성만이 아니라 언어라는 뜻도 있다. 인간은 이성을 활용하는 존재이기도 하면서 언어를 사용하는 존재이다. 언어의 기능은 단순하지 않다. 감정을 표현하기도 하고 진리를 드러내기도 하고 개개인의 의사를 전달하기도 한다. 여기서 '사'는 말[言辭]보다는 문자[文辭]를 가리킨다. 문자 표현은 가장 먼저 정확한 의미 전달에 초점을 두어야 하는 것이다. 아마 공 선생의 글은 화려한 수사나 복잡한 장식보다는 간결한 문체와 명징한 단어로 쓰였을 것 같다.

15-42 [437]

악사 면이 공 선생님을 만나러 왔다.

그이의 걸음이 계단에 이르렀다. 공 선생님이 안내했다. "앞에 계단이 있습니다."

그이의 걸음이 앉을 자리에 미쳤다. 공 선생님이 안내했다. "앞에 자리가 있습니다."

일행이 모두 자리를 잡고 앉았다. 공 선생님이 소개했다. "아무개는 여기에 앉아 있고 아무개는 저기에 앉아 있습니다."

악사 면이 이야기를 끝내고 밖으로 나갔다.

자장이 [지금까지 일을 다 보고 있다가] 물었다. "이런 일이 악사를 만나서 이야기하는 방법입니까?"

공 선생님이 대꾸했다. "당연하지. 그게 악사를 도와주는 방법이지."

師冕見. 及階. 子曰: "階也." 及席. 子曰: "席也." 皆坐. 子告之曰: "某在斯, 某在斯."
사면견. 급계. 자왈: "계야." 급석. 자왈: "석야." 개좌. 자고지왈: "모재사, 모재사."

師冕出. 子張問曰: "與師言之道與?" 子曰: "然. 固相師之道也."
사면출. 자장문왈: "여사언지도여?" 자왈: "연. 고상사지도야."

상황 ● 공 선생이 장애인들과 자리를 함께할 경우 세심한 안내자 역할을 수행하고 있다. 공 선생은 참석한 모임에서 잘난 체하거나 대접받기를 좋아하지는 않을 듯하다. 책걸상을 들고 움직였는지는 알 수 없지만 도움이 필요한 사람들에겐 먼저 다가갈 듯하다. 전통 시대의 악사는 시각장애인 출신이 많았다. 최근 우리나라도 장애인과 비장애인의 통합 교육을 실시하고 있다. 이에 따라 학교도 계단이나 화장실 등 장애인이 접근하기 쉽도록 각종 편의시설을 갖추고 있다. 더 많이 그리고 더 알차게 이동권이 보장되는 방향으로 정책이 추진되고 인식이 바뀌고 있다.

16篇

세 가지의 편
조직화의 편

◉ 세 가지의 편
◉ 조직화의 편

제16편은 보통 '계씨' 편으로 불린다. 이 편의 제일 앞이 "계씨季氏"로 시작하고 있기 때문이다. 다음 편은 보통 '양화'로 불린다. 관점에 따라 역사적 인물의 평가가 다를 수 있다. 계씨와 양화는 공 선생이 조국에서 자신의 역량을 펼치는 데 장애물로 작용했던 인물들이다. 심지어 그들로 인해 공 선생은 조국을 떠나 타국을 떠돌아다녀야 했다. 그런데 이 두 인물이 왜 한 편의 서두를 장식하게 되었을까? 시대의 악인은 자신의 얼굴을 숨기고자 할 것이다. 『논어』의 편집자들은 심술궂게도 그 욕망을 수용하지 않고 편명으로 삼아서 사람들의 입에 끊임없이 오르내리게 해버렸다. "'계씨' 편을 보면 말이야", "'양화' 편을 보면 말이야"라고 인용될 때마다 그들은 역사의 법정으로 끌려나와 피고인이 되어야 했다.

이 편은 모두 14장으로 되어 있다. 내용상의 통일성은 뚜렷하게 부각되지 않지만 형식상의 특징이 보인다. 그것은 다름 아니라 이야기의 서술을 세 가지로 설정하고서 논의를 전개하는 곳이 많다. 예컨대 4장의 도움이 되거나 해가 되는 친구의 세 부류, 5장의 도움이 되는 즐거움과 해가 되는 즐거움의 경우처럼 숫자 '3'이 중요한 분류의 단위가 된다. 동아시아의 문화사에서 3은 하늘·대지·

사람(임금)의 삼위일체라는 삼재三才 사상으로 종합되는데 이는 그러한 사고의 단초라고 할 수 있다. 이런 점에서 나는 이 편을 〈세 가지의 편〉으로 명명하고자 한다.

    사람이 경험의 세계를 몇 가지로 나누어 분류를 하는 것은 세계를 자기 식으로 보겠다는 욕망의 표현이다. 그 표현이 그럴듯하거나 인생의 숨겨진 맛을 꼭 집어냈다면 사람들이 그것을 공유할 것이다. 이로써 일군의 사람들은 공유한 틀로서 앞으로의 체험을 분류하고 해석하게 된다. 이런 점에서 나는 이 편을 〈조직화의 편〉으로 명명하고자 한다.

16-01 [438]

　　노나라의 대부 계씨가 전유를 공격하려고 했다. 염유와 자로가 공 선생님을 만나서 새 소식을 알려주었다. "계씨가 전유를 상대로 일(전쟁)을 벌이려고 합니다."

　　공 선생님이 [낌새를 채고 있으면서] 대꾸했다. "염유야, [해서 안 될 일을 하는 셈인데] 이것은 자네의 과실(책임)이 아닌가? 전유는 옛날 선왕들이 동몽산東蒙山의 제사를 주관하도록 했고, [노나라의] 영토 안에 있다. 이처럼 전유가 노나라와 사직의 보존과 멸망을 함께하는 신하의 국가인데 무엇 때문에 침략을 하려고 하느냐?"

　　염유가 대꾸했다. "선생님(영감, 계씨)이 하려는 일일뿐 우리 두 사람은 모두 하고 싶지 않은 일입니다."

　　공 선생님이 지적했다. "염유야, 주임周任의 옛말이 있지. '온힘을 이바지할 수 있으면 자리에 나아가지만 그럴 수 없다면 그만둔다.' 예컨대 누군가 위태로운데도 지켜주지 않고, 넘어지는데도 붙잡아주지 않는다면 앞으로 저와 같은 보좌진을 어디에다 쓰겠는가? 게다가 자네의 말투가 이상하네. 예를 들어 호랑이나 외뿔소가 우리를 뛰쳐나오고, 거북과 옥이 궤짝 속에서 훼손되었다고 치자. 이것이 누구의 잘못인가?"

　　염유가 [궁지에 몰리자 속셈을] 털어놓았다. "가령 [전략적으로 고려하면] 전유는 성곽이 튼튼하고 [계씨의 근거지인] 비 지역과 가까이 있습니다. 지금 계씨 측이 그 지역을 점령(장악)하지 않으면 훗날 반드시 자손들의 골칫거리가 될 것입니다."

　　공 선생님이 [이번 작전의 목적을 간파하고서] 반대를 분명히 했다. "염유야, 자율적 인간은 이런 태도를 경멸하지. '무엇을 가지고 싶다'고

직접적으로 말하지 않고 그 대신에 꼭 다른 말을 둘러대는 것을.

구가 들은 바로는 '나라의 책임을 진 자(제후)나 가문의 책임을 진 자(대부)는 누구보다 적은 것을 걱정하지 않고 분배가 고르지 않은 상황을 걱정하며, 또 누구보다 가난한 것을 걱정하지 않고 공동체가 안정되지 않는 상황을 걱정한다.' 아마 가진 것이 고르면 가난의 문제가 생기지 않고, 사람 사이가 화목하면 적은 것이 문제가 되지 않고, 공동체가 안정되면 질서가 무너질 일이 없기 때문이리라.

사정이 이와 같기 때문에 먼 곳의 사람들이 복종하지 않으면, 문화와 고상함의 수준을 제고시키고 널리 선전하여 그들을 우리 쪽으로 오고 싶게 만든다. 그들이 이미 이곳으로 찾아왔다면 편안하게 해주어야 한다.

지금 자로와 염유 두 사람은 선생님(계씨)을 옆에서 돕고 있으면서도 먼 곳의 사람들이 복종하지도 않고 찾아오게 할 수도 없구나. 게다가 두 사람은 한 나라가 〔둘로 셋으로〕 나뉘고 찢기는데도 지켜낼 수 없구나. 또 창과 방패(군사)를 한 나라 안에서 움직이려고 꾀하는구나! 나는 참으로 두렵다네, 계손씨의 걱정거리는 〔멀리 있는〕 전유에게 있지 않고 담장 안에 있을까 해서 말이네."

季氏將伐顓臾. 冉有季路見於孔子曰: "季氏將有事於顓臾." 孔子曰: "求, 無乃爾是過與?
계씨 장벌전유. 염유계로현어공자왈: "계씨장유사어전유." 공자왈: "구, 무내이시과여?

夫顓臾, 昔者先王以爲東蒙主, 且在邦域之中矣. 是社稷之臣也. 何以伐爲?" 冉有曰: "夫
부전유, 석자선왕이위동몽주, 차재방역지중의. 시사직지신야. 하이벌위?" 염유왈: "부

子欲之, 吾二臣者皆不欲也." 孔子曰: "求, 周任有言曰: '陳力就列, 不能者止.' 危而不
자욕지, 오이신자개불욕야." 공자왈: "구, 주임유언왈: '진력취열, 불능자지.' 위이부

持, 顚而不扶, 則將焉用彼相矣? 且爾言過矣. 虎兕出於柙, 龜玉毁於櫝中. 是誰之過與?"
지, 전이불부, 즉장언용피상의? 차이언과의. 호시출어합, 귀옥훼어독중. 시수지과여?"

冉有曰: "今夫顓臾, 固而近於費. 今不取, 後世必爲子孫憂." 孔子曰: "求, 君子疾夫舍曰
염유왈: "금부전유, 고이근어비. 금불취, 후세필위자손우." 공자왈: "구, 군자질부사왈

欲之而必爲之辭. 丘也聞有國有家者, 不患寡而患不均, 不患貧而患不安. 蓋均無貧, 和無
욕지이필위지사. 구야문유국유가자, 불환과이환불균, 불환빈이환불안. 개균무빈, 화무
寡, 安無傾. 夫如是, 故遠人不服, 則修文德以來之. 旣來之, 則安之. 今由與求也, 相夫子,
과, 안무경. 부여시, 고원인불복, 즉수문덕이래지. 기래지, 즉안지. 금유여구야, 상부자,
遠人不服, 而不能來也. 邦分崩離析, 而不能守也. 而謀動干戈於邦內! 吾恐季孫之憂, 不在
원인불복, 이불능래야. 방분붕리 석, 이불능수야. 이모동간과어방내! 오공계손지우. 부재
顓臾, 而在蕭牆之內也."
전유, 이재소장지내야."

상황 ◉ 계손씨가 노나라의 속국 전유국을 공격하는데, 제자 염유와 자로가 만류하지 않자 공 선생이 두 사람의 잘못을 지적하고 있다. 전쟁을 일으키는 이유는 복잡한 듯하지만 결국 간단하다. 너의 존재는 나에게 불안을 주니까. 공 선생은 여기서 반전론자로 등장한다. 전쟁할 이유가 없는데 왜 전쟁을 하느냐고, 아니 전쟁을 하면 얻는 것보다 잃을 것이 더 많을 텐데 하느냐고 묻고 있다.

걸림돌 ◉ 1) 전유顓臾는 춘추시대 노나라의 영토 안에 있었던 부용국(속국)을 말한다. 부용국은 독자적으로 정치와 외교를 펼칠 수 없고 상국인 노나라의 감독과 지원을 받았다. 오늘날 산동성 비현費縣의 서북쪽으로 80리를 가면 전유촌顓臾村이 있는데 그곳이 전유의 옛터에 해당된다.

2) 동몽東蒙은 몽산蒙山을 가리키는데 오늘날 산동성 몽음현蒙陰縣 남쪽에 있고 비현과 붙어 있다.

3) 주임周任은 고대의 사관(역사가)으로 보이지만 자세한 사적은 알 수 없다.

4) 비費는 춘추시대 노나라의 대부 계손씨 가문의 식읍이다. 오늘날 산동성 비현 서남쪽으로 70리에 비성費城이 남아 있다.

디딤돌

● 1) 노나라의 정국은 제후의 공실보다 계손씨 등의 세 집안, 즉 삼가 三家가 주도했다. 삼가로서는 늘 명분을 내세운 공실의 역습 가능성에 준비하고 있어야 했다. 계손씨는 곡부曲阜에서 생활했지만 비읍을 자신의 물적 토대이자 군사적 근거지로 삼았다. 그 근처에 완전히 자신의 세력권에 들지 않는 지역인 동몽이 있었다. 동몽은 규모는 보잘것없지만 노의 공실과 연결되어 있어서, 만일 공실 세력이 비읍을 침공할 경우 전초기지의 역할을 할 수 있었다. 이에 계손씨는 미래의 화근을 없애기 위해서 명분은 없지만 실리를 챙기는 전쟁을 일으키려고 하는 것이다.

공 선생의 반전 이유는 세 가지이다. 첫째, 전유는 동몽산의 신들의 제사를 관할하기 위해 노나라의 선왕이 세운 나라이다. 둘째, 그 땅이 노나라 안에 있으므로 전쟁을 일으키면 내전이 된다. 셋째, 노나라가 외국의 침입을 받으면 전유도 함께 결사 항쟁을 할 우군이다. 이미 나를 불안하게 하는 존재로 낙인찍힌 이상 이런 명분이 계손씨에게 개전을 늦추지도 멈추게 할 수도 없을 것이다.

이런 사실을 아는 공 선생은 몇 가지 정치적 훈수를 한다. 먼저 염유와 자로에게는 주임의 말을 빌려 상대와 정치적 이상을 공유하지 않으면서 거수기 노릇을 하지 말라고 주문한다. 부당한 일을 반대할 수 없다며 체념하고 일의 진행을 방관하면 그것으로도 개전에 대한 소극적 찬성이 될 수 있다는 말이다. 다음으로 전쟁에 의존하지 않고 상대를 자기편으로 끌어들이는 정치 원칙을 말하고 있다. 압축하면 문화와 고상함의 정치이다. 풀이하면 경제적 분배가 제대로 되고 사회적 안정이 이루어진다면, 그 나라는 사람을 빨아들이는 힘을 갖게 된다는 것이다. 13.04[322] '귀순 행렬'을 참조하라.

마지막으로 공 선생은 걱정 반 협박 반으로 전쟁의 부당성을 호소한다. 내부의 안정이 이루어지지 않았는데도 그 불안의 원인을 외부로 돌린다면, 그것은 자멸의 길이 될 수 있다는 것이다. 역사적으로 국가나 기업이 급격한 팽창을 추진하다가 내부 동력의 소진으로 몰락한 경우가 많다. 한국의 경우 분식 회계와 차입 경영에 의존하다 쓰러진 대우를 예로 들 수 있다. 부시 정부는 아프가니스탄과 이라크를 상대로 전쟁을 벌이면서 정작 자국의 뉴올리언스 지역을 강타한 허리케인 카트리나에 제대로 대비하지 못했고 피해 복구도 때를 놓쳤다. 치안 부재를 틈타 살상이 일어나고 경찰관이 약탈에 가담할 정도로 상황이 악화되었다면, 그 지역의 시민은 다른 지역의 시민과 동등한 대우를 받지 못한 것이다. 공 선생의 경고가 현재에도 살아 있는 것이다.

2) "누구보다 적은 것을 걱정하지 않고 분배가 고르지 않은 상황을 걱정하며, 또 누구보다 가난한 것을 걱정하지 않고 공동체가 안정되지 않는 상황을 걱정한다不患寡而患不均, 不患貧而患不安". 국가 지도자가 자신이 사용할 수 있는 물자가 적다고 걱정할 게 아니라 백성들의 삶이 극단적으로 차이가 나고 정치적으로 불안한 것을 염려해야 한다고 주문하고 있다. 이 부분은 공 선생의 경제관을 집약적으로 표현한 말로 유명하다.

깊이 읽기

문화의 정치와 형벌의 정치

"성인은 본래 그렇게 되어가는 정치적 원칙을 보며, 반드시 그렇게 되어가는 이치를 안다. 그러므로 그이가 백성을 통제하는 것은, 지세의 높낮이로 물길을 통제하는 것과도 같고, 또 연료의 마르고 축축한 것으로 불길을 통제하는 것과도 같다. 평화(화해)를 내세우는 사람은 상대와 평화롭게 지낼 수 있지만, 상대로 하여금 평화를 준수하게 할 수는 없다. 상호부조를 내세우는 사람은 자신이 상대를 사랑할 수 있지만, 상대가 자신을 사랑하게 할 수는 없다. 이렇기 때문에 평화의 애호와 상호부조의 나눔은 〔가족을 넘어서〕 천하를 다스리는 기준으로 삼기에 부족하다는 것을 우리는 알 수 있다."〔상앙, 김영식 옮김, 「획책畫策」, 『상군서』(홍익출판사, 2000), 207쪽〕

"백성들에게 괴로움을 느끼게 하는 것은 농사짓는 것만 한 게 없으며, 위험을 느끼게 하는 것으로는 전쟁을 하는 것만 한 게 없다. 이 두 가지는 효자도 부모를 위해 하기 어려운 것이며 충신도 군주를 위해 하기 어려운 것이다. 그런데 군주들이 자기 백성들을 내몰아서 효자와 충신도 어려워하는 것을 건네주게 하고자 하는데, 내 생각에는 형벌로 겁을 주고 상으로 내몰지 않고서는 불가능하다. 그럼에도 불구하고 저 평범한 통치자들은 …… 공로와 실력을 뒤로 돌리고 도덕〔仁義〕을 제창하고 있다. 이러니 백성들은 농사짓고 전쟁하는 것에 힘쓸 턱이 없다."(상앙, 김영식 옮김, 「신법愼法」, 『상군서』, 251~252쪽)

◎ 위 글들을 읽고 "상앙이 공자의 문화 정치를 비판하는 이유는 무엇이며 그 비판은 타당한가?"에 대해 논의해보자.

16-02 [439]

공 선생님이 정리했다. "하늘 아래(중원 지역)가 제 갈 길로 나아가고 있으면, 공동체 규범의 제정과 예술 일반의 창작 및 정벌의 주도권이 하늘의 아들에 의해 행사된다. 중원 지역이 제 갈 길을 완전히 잃어 버리면, 공동체 규범의 제정과 예술 일반의 창작 및 정벌의 주도권이 제후들에 의해 행사된다. 제후들이 [이 권한을] 행사하기 시작하면, 열 세대가 지날 무렵 그 자신들도 그것을 잃지 않은 경우란 드물다. [그 다음으로] 대부들이 [이 권한을] 행사하기 시작하면, 다섯 세대가 지날 무렵 그 자신들도 그것을 잃지 않은 경우란 드물다. [그다음으로] 대부의 가신들이 [이 권한을] 행사하기 시작하면, 세 세대가 지날 무렵 그 자신들도 그것을 잃지 않은 경우란 드물다. 하늘 아래(중원 지역)가 제 갈 길로 나아가고 있으면, 정권이 대부들의 손아귀에 놓여 있을 리 없다. 하늘 아래(중원 지역)가 제 갈 길로 나아가고 있으면, 서인들이 정치를 두고 왈가왈부하지 않는다."

孔子曰 : "天下有道, 則禮樂征伐自天子出. 天下無道, 則禮樂征伐自諸侯出. 自諸侯出, 蓋
공자왈 : "천하유도, 즉례악정벌자천자출. 천하무도, 즉례악정벌자제후출. 자제후출, 개

十世希不失矣. 自大夫出, 五世希不失矣, 陪臣執國命, 三世希不失矣. 天下有道, 則政不在
십세희불실의. 자대부출, 오세희불실의. 배신집국명. 삼세희불실의. 천하유도, 즉정부재

大夫. 天下有道, 則庶人不議."
대부. 천하유도, 즉서인불의."

상황 ● 춘추시대에 권력의 중심이 천자에서 제후로, 다시 제후에서 대부로 하향 이동했고, 급기야 서인마저 정치적 발언을 서슴지 않게 되었다. 공 선생은 이런 권력의 이동을 민주주의의 확산으로 보지 않고 권위의 상실로 보고 있다.

걸림돌

● 마지막 '서인불의庶人不議'는 두 가지 맥락에서 이해가 가능하다. 하나는, 천자가 세계 질서의 중심으로서 굳건히 제자리를 지키면서 국정을 안정적으로 운영한다고 가정해보자. 이때 제후, 대부, 배신, 서인은 정해진 범위 안에서 사회적 의무를 수행할 뿐 상급자를 대신하여 정치 주체로 등장하지 않는다. 서인의 경우 정치의 장에 개입할 아무런 이유가 없는 것이다. 즉 세상이 평화롭게 되면, 서인들이 정치 이야기를 할 일이 없다는 맥락이다. 다른 하나는, 정치의 혼란으로 권력 중심이 이동하는 현상이 일어나는 상황이다. 이로 인해 공동체의 모든 구성원들이 사회적 제약을 뛰어넘어 각자의 권익을 주장하기 위해서 정치 주체로 등장하게 되었다. 정치적 현안을 둘러싸고 각자의 의견을 자유롭게 개진하고, 그것을 통해 합리적 결론을 도출하는 토론의 장이 만들어지고 있었다. 공 선생은 이 토론의 장이 활성화되는 것에 대하여 부정적이다. 상급자의 정치적 권위가 전혀 존중되지 않기 때문이다. 서인의 발언권 강화는 바람직한 것이 아니라 혼란을 가중시키는 것으로, 나타나지 말아야 할 현상으로 여겨지는 것이다.

디딤돌

● 공 선생은 권력의 중심이 차츰 아래로 이동하는 현상을 타락으로 본다. 물론 그이는 오늘날의 민주정과 달리 천자와 같은 세계 중심의 건재와 그 중심에서 뿜어내는 빛에 의해 사회질서가 유지된다고 보았다. 그이가 권력의 이동을 타락으로 보고 걱정했지만, 역사는 그 과정을 통해 발전해왔다. 공 선생이 보기에 그 과정은 무도無道한 것으로 보이겠지만 현대인에게는 유도有道로 여겨진다. 권력의 중심과 정체의 특성을 종합하면, 천자 정치는 신권 통치, 제후 정치는 군권 통치, 대부 정치는 근대의 부르주아지, 가신과 서인 정치는 풀뿌리 민주정치나 지역자

치제에 비유해볼 수 있다. 고대적 사유를 대변하는 공 선생으로서는 현대적인 서인 정치의 출현에 꽤나 당황했을 것이다. 왜냐하면 고대에도 민주정의 사유가 없었던 것은 아니지만 그것이 중우정치로 흘러가지 않으리라는 것을 확신한 사람이 드물었기 때문이다. 그 결과 고대의 지성인들은 가장 합리적이며 전체를 고려하는 인물이 다른 사람의 판단을 대행하는 정치를 해야 한다고 생각했다. 그것이 공 선생이나 플라톤의 철인정치이고 귀족정치나 현자賢者의 독재정치였다. 지금도 선거에 돈으로 표를 사고팔거나 이미지를 보고 투표를 하거나 화려한 경력을 선호하는 것은 중우정치의 현상이자 폐단으로 볼 수 있다. 하지만 이런 폐단이 나타난다고 하더라도 법 집행을 통해서 민주주의가 위기로 내달리는 것을 극복할 수 있을 것이다. 내용이 08.13[202]나 14.10[349]와 중복된다.

깊이 읽기

현자의 판단 대리와 만인의 의견 발표(토론)의 자유

"이제 우리는 의견의 자유와 의견 발표의 자유가 네 가지 독립적인 근거로 인해서 인류의 정신적 복지에 필수적이라는 사실을 알게 되었다. …… 첫째, 만일 어떤 의견이 강제적으로 침묵될 경우, 그 의견은 진실일 수도 있다. 왜냐하면 우리는 그것에 대해 확실히 알 수 없기 때문이다. 이것을 부정하는 것은 우리 자신의 무오류성을 가정하는 것이다.

둘째, 설령 침묵된 의견이 오류라고 하더라도, 그것은 일말의 진리를 가질 수 있고 대체로 가지고 있다. 그리고 어떤 주제에 대한 일반적이고 유력한 의견이 전체적 진리가 되는 일은 거의 혹은 결코 없기 때문에, 그 진리의 나머지가 알려지는 기회는 오직 반대 의견들과 충돌하는 경우밖에 없다.

　셋째, 설령 일반적인 사회 통념이 진리일 뿐만 아니라 전체적 진리라고 하더라도, 만약 그것이 활발하고 진지하게 도전 받도록 내버려두지 않거나 실제로 도전 받게 하지 않는다면, 그것을 수용하는 사람들은 그것의 합리적 근거에 대한 느낌이나 이해 없이 편견의 형태로 지지할 것이다.

　넷째, 자유 토론이 없다면, 교리 자체의 의미가 상실되거나 약화되고, 개성과 행위에 대한 활기찬 효력이 상실될 위험에 처하게 될 것이다. 교의는 단순한 형식적 신앙고백에 그치고, 선을 창출하는 데 효과가 없고, 이성 혹은 개인적 경험으로부터 어떤 실재적이고 감동적인 확산이 생겨나는 것을 저지하고 그 근거를 방해하게 된다. 의견의 자유라는 주제에 대해 논하는 것을 마치기 전에, 모든 의견의 자유로운 발표는 그 발표 태도가 온화하고 공평한 토론의 범위를 넘어서지 않는다는 조건하에서 허용되어야 한다는 말을 하는 사람들에게 주목할 필요가 있다."

── 존 스튜어트 밀, 김형철 옮김, 『자유론』(서광사, 1992), 72쪽.

◎ 위 글을 읽고 "토의식 민주주의가 과연 민주주의의 가치를 확대 발전시킬 수 있을까?"에 대해 생각해보고 이야기를 나눠보자.

16-03 [440]

공 선생님이 이야기했다. "관리의 임용권(정권)이 공실, 즉 노나라의 제후에서 벗어난 지 다섯 세대가 지났다. 정권이 대부의 손아귀에 장악된 지 네 세대가 지났다. 이런 맥락으로 보면 [한때나마 득세했던 노나라] 환공의 세 후손들도 힘이 약해질 것이다."

孔子曰: "祿之去公室五世矣. 政逮於大夫四世矣. 故夫三桓之子孫微矣."
공자왈: "녹지거공실오세의. 정체어대부사세의. 고부삼환지자손미의."

상황 ─● 역사에 밝은 공 선생이 자신의 경험을 종합하여 권력 중심의 하향 이동이 미래에 어떻게 귀결될지 예상하고 있다. 사후死後이지만 그이의 추론은 적중했다.

걸림돌 ─● 삼환三桓은 삼가三家와 같은 말이다. 둘은 모두 노나라의 정국을 주도하고 있던 계손씨, 숙손씨, 중손(맹손)씨라는 세 대부의 집안을 가리킨다. 삼환은 이들의 뿌리가 노나라의 환공(桓公, 기원전 711~기원전 694)에게 있다는 것을 가리킨다. 환공에는 동同, 경보慶父, 숙아叔牙, 계우季友 등의 아들이 있었다. 동은 환공을 이어 장공(莊公, 기원전 693~662)이 되었고 그 동생이 각각 맹손씨, 숙손씨, 계손씨의 시조가 되었다. 〔사마천, 정범진 외 옮김, 「노주공세가」, 『사기 4』(까치, 1994), 77~78쪽, 참조〕 그들은 대부이지만 제후보다 정치적 영향력이 컸으며 그중에서도 계손씨가 가장 득세했다. 이들은 『논어』 전편에 짙은 그림자를 드리우고 있다. 오늘날 우리는 이런 정치적 환경을 체험할 수 없다. 한국의 기업 집단(재벌)이 후계 구도에서 일어나는 우당탕하는 소리로 공 선생의 말을 음미해볼 수 있다. 창업주에서 2세, 3세로 경영권이 넘겨지면서 원래의 기업이 승승장구하기도 하지만 후세들의 경영권 싸움으로 회사가 붕괴되는 일도 있지 않은가!

16-04 [441]

공 선생님이 일러주었다. "〔친구라고 다 좋은 게 아니지.〕 도움이 되는 벗이 세 종류가 있고, 손해를 끼치는 벗이 세 종류가 있다. 올곧은 이를 벗으로 삼고, 믿음을 소중히 하는 이를 벗으로 삼고, 보고 들은 범위가 넓은 이를 벗으로 삼으면 도움이 된다. 아첨을 잘하는 이를 벗으로 삼고, 앞에서 웃고 뒤에서 헐뜯는 이를 벗으로 삼고, 말을 앞세우는 이를 벗으로 삼으면 손해를 끼친다."

孔子曰: "益者三友, 損者三友. 友直, 友諒, 友多聞, 益矣. 友便辟, 友善柔, 友便佞, 損矣."
공자왈: "익자삼우, 손자삼우. 우직, 우량, 우다문, 익의. 우편벽, 우선유, 우편녕, 손의."

상황
● 좋은 친구와 나쁜 친구의 특성을 세 가지로 분류해서 이야기하고 있다. 어느 정도 인생을 살아본 사람이라면 할 수 있는 말이다. 큰소리치는 사람과 있으면 걱정이 없어서 좋다. 그러나 막상 일에 부닥치고 보면 큰소리는 기어들고 얼굴조차 보이지 않는다. 이런 친구가 좋고 저런 친구가 나쁘다고 말해도 경험해보지 않으면 그 말의 진가를 알기 어렵다. 경험이 모든 것을 말해주지는 않지만 몇몇 근본적인 경험은 사람에게 지혜를 가져다준다. 이 장은 '공 선생의 교우론'이라고 제목을 달아도 될 성싶다.

디딤돌
● 이탈리아 출신의 예수회 선교사 마테오 리치(Matteo Ricci, 利瑪竇, 1552~1610)가 명 제국에 입국하여 선교 활동을 하면서 『교우론』(1595)을 지었다. 이수광(李睟光, 1563~1628)이 『천주실의天主實義』와 함께 1603년 베이징에서 재판된 『교우론』을 가지고 들어와 조선에 소개하였

다. 이로써 조선 사람들은 간결한 대화체로 된 유럽 사람들의 우정과 사고에 대한 개념을 접하게 되었다. 〔마테오 리치, 송영배 옮김, 『교우론·스물다섯 마디 잠언·기인십편』(서울대학교출판부, 2000) 참조〕

16-05 [442]

공 선생님이 일러주었다. "〔즐거움(쾌락)이라고 다 좋은 게 아니지.〕도움이 되는 즐거움이 세 가지이고, 손해를 끼치는 즐거움이 세 가지이다. 전통문화와 예술 일반으로 자신을 절제하기를 즐거워하고, 주위 사람의 좋은 점 말하기를 즐거워하고, 뛰어난 벗이 많은 것을 즐거워한다고 치자.〔이런 즐거움은 자신에게〕도움이 되지. 반면에 주위에 아랑곳하지 않고 놀기를 즐거워하고, 질펀하게 놀아대는 것을 즐거워하고, 부어라 마셔라 노는 것을 즐거워한다고 치자.〔이런 즐거움은 자신에게〕손해를 끼치지."

孔子曰: "益者三樂, 損者三樂, 樂節禮樂, 樂道人之善, 樂多賢友, 益矣, 樂驕樂, 樂佚遊,
공자왈: "익자삼락, 손자삼락, 락절례악, 낙도인지선, 락다현우, 익의. 낙교락, 낙일유,
樂宴樂, 損矣."
낙안락, 손의."

상황 ─● 즐거움(쾌락)의 유익함과 무익함을 세 가지로 나누어 이야기하고 있다.

디딤돌 ─● 우리는 일하기 위해 일하는 것이 아니라 놀기 위해서 일한다. 한국 사람은 일에 중독되거나 일중독을 강요하는 측면이 있다. 주 5일제 근

무는 재충전만이 아니라 그 자체로 의미 있는 것으로 여겨지고 있다. 그러나 오늘날 한국은 축제가 없어진 이상한 나라이다. 1년의 시간에는 효율과 성공 그리고 다음의 효율과 성공을 예비하기 위한 재충전 이외에 다른 것이 들어설 틈이 없다. 꽉 짜인 시간표와 꽉 막힌 공간 좌표를 벗어나 망아忘我나 탈아脫我를 느끼면서 인간 존재를 되짚어볼 여력이 없다. 획일화된 시간과 공간의 경험이 있을 뿐이다. 이런 집단적 축제의 부재, 획일적인 시간 경험으로 인해 사람들은 노래방이나 나이트클럽에서 미친 듯이 몸을 흔들게 된다. 그곳이야말로 허락된 다른 시간과 공간이기 때문이다. 사실 나이트클럽이나 노래방을 즐기는 양태를 관찰해보면, 그것은 굿판과 너무나도 많이 닮았다.

여기서 공 선생은 질펀한 놀이를 탐탁하지 않게 생각하는 듯하다. 하지만 『예기』를 보면 노나라에서 성대한 납제臘祭를 지내는 일이 소개되어 있다. 납제는 신·구년이 만나는 즈음에 대제大祭를 올려 송구영신하는 제사이다. 이 제사의 시기와 이름이 나라마다 조금씩 달랐는데 주周나라는 대사大蜡, 한漢나라는 납臘이라고 불렀다. 자공은 납제의 흥청망청한 축제를 못마땅해했지만 공 선생은 활을 늘 당기기만 하고 풀어놓지 않을 수 없듯이 사람도 파격적인 축제가 필요하다는 것을 역설하고 있다(이상옥 옮김, 「잡기」하, 『예기—중』, 303쪽 참조). 여기서 공 선생은 축제 자체를 비판한 것이 아니라 일상적인 흥청망청함을 비판한 것으로 보인다.

16-06 [443]

공 선생님이 일러주었다. "군자(어르신)를 옆에서 모실 때 저지르기 쉬운 세 가지 실수가 있다. 첫째, 말할 차례가 되지 않았는데 먼저 말을 하면 '성급하다'고 일컫는다. 둘째, 말할 차례가 되었는데 말하지 않으면 '감춘다'고 일컫는다. 어르신의 안색을 살피지 않고 무턱대고 말하면 '눈이 멀었다'고 일컫는다."

孔子曰: "侍於君子有三愆. 言未及之而言謂之躁. 言及之而不言謂之隱. 未見顔色而言謂之瞽."
공자왈: "시어군자유삼건. 언미급지이언위지조. 언급지이불언위지은. 미견안색이언위지고."

상황 ─── ◉ 사람을 모실 때 실수하기 쉬운 세 가지 사항을 말하고 있다. 오늘날의 경우 이 이야기는 군자에게만 한정할 것이 아니라 모든 사람에게 확장해서 생각해야겠다. 부모와 자식이 말할 때 서로 이야기를 끝까지 들어야 하며, 선생과 학생이 말할 때도 서로의 말허리를 자르지 말아야 한다. 모두의 관계에 적용되는 걸로 원문을 바꾸어 읽자. 이것도 『논어』를 새롭게 읽는 독법이다. 그래야 『논어』가 오늘의 시대에도 열린 텍스트로 읽힐 수 있는 것이다.

16-07 [444]

공 선생님이 일러주었다. "군자(남자)는 세 가지 상황을 경계(주의)해야 한다. 첫째로 젊었을 때 혈기가 아직 안정되지 않았으므로 성욕을 주의해야 한다. 둘째로 장년에 이르면 혈기가 왕성해지므로 이기려는 싸움을 주의해야 한다. 셋째로 노년에 이르면 혈기가 약해지므로 자꾸 (뭔가를) 받으려는 욕망을 주의해야 한다."

孔子曰:"君子有三戒. 少之時, 血氣未定, 戒之在色. 及其壯也, 血氣方剛, 戒之在鬪. 及其
공자왈: "군자유삼계. 소지시, 혈기미정, 계지재색. 급기장야, 혈기방강, 계지재투. 급기

老也, 血氣旣衰, 戒之在得."
로야, 혈기기쇠, 계지재득."

상황

● 남자가 인생의 세 국면에서 유의해야 할 사항을 말하고 있다. 남녀 모두 공통된 사항으로 읽도록 하자. 사람 살아가는 모습, 인생을 들여다보면 어느 정도 종합해낼 수 있는 말이다. 여기서는 '혈기'를 중심으로 정리했지만 '욕망'이나 '돈'을 가지고도 이야기해볼 수 있다. 혈기에 몸을 맡기지 않고 몸에 맞게 혈기를 잘 통제한다면, 그것은 인생의 바다를 저어가는 훌륭한 동력이 될 수 있다.

16-08 [445]

공 선생님이 일러주었다. "지도자는 세 가지 대상을 두려워해야 한다. 첫째, 하늘의 명령을 두려워한다. 둘째, 높은 지위의 사람을 두려워한다. 셋째, 성스러운 사람들의 말씀을 두려워한다. 작은 사람들은 하늘의 명령이 무엇인지 모르므로 두려워할 줄 모르고, 높은 지위의 사람을 깔보고, 성스러운 사람들의 말씀을 가볍게 취급한다."

孔子曰: "君子有三畏. 畏天命. 畏大人. 畏聖人之言. 小人不知天命而不畏也, 狎大人, 侮聖人之言."
공자왈: "군자유삼외. 외천명. 외대인. 외성인지언. 소인부지천명이불외야, 압대인, 모성인지언."

상황 ● 군자가 정치적 판단을 내릴 때 넘지 말아야 할 세 가지 권위를 말하고 있다. 거꾸로 읽으면 판단을 내릴 때 반드시 기준으로 삼아서 인용해야 할 권위의 원천이다. 즉 "내가 생각하기에 어떠하다"고 말하기보다 "천명에 따르면 어떠하다"고 말해야 하는 것이다. 공 선생은 소인들이 세 가지 권위의 원천을 더 이상 두려움의 대상으로 보지 않는다며 우려의 눈초리를 보내고 있다.

걸림돌 ● 여기서 두려움은 세계 질서의 중심, 근원이 되는 것과 관련 있다. 공 선생은 두려워해야 할 세 가지 대상을 질서의 근원으로 보므로 그것을 부정하거나 모독할 수 없고 존중하고 받들어 모신다. 반면에 소인들은 그것을 모멸한다. 그들이 왜 그런 행동을 보이는지 공 선생은 자세한 설명을 하지 않는다. 다만 뭐가 뭔지 모르기 때문에 그렇게 한다며 무지를 이유로 댄다. 그들은 세계 질서의 중심에 다른 것을 두고 모시기 때문이다. 그 다른 것이란 바로 개인의 이익이다. 이 이익은 기존의 모든 관계를 재편성하게 할 정도로 강력한 힘을 지니고 있었던 것이다. 이 때문에 공 선생은 이익에 기초한 공동체 건설을 상상조차 할 수 없었던 것이다.

16-09 [446]

공 선생님이 [자신의 통찰을] 터놓고 이야기했다. "태어나면서부터 아는 이가 최상이고, 후천적으로 배워서 아는 이가 그다음이고, 살다가 어려움을 겪고서야 배우려는 이는 또 그다음이다. 살다가 어려움을 겪고서도 배우려고 하지 않으니 앞뒤 꽉 막힌 인민(사람)이 가장 아래이다."

孔子曰:"生而知之者上也, 學而知之者次也, 困而學之, 又其次也. 困而不學, 民斯爲下矣."
공자왈: "생이지 지자상야, 학이지 지자차야, 곤이학지, 우기차야. 곤이불학, 민사위하의."

상황 ── ● 공 선생이 배움의 네 가지 동기를 이야기하고 있다. 여기서 말하는 배움은 인격의 수양, 윤리적 삶과 관련된다. 범위를 넓힌다면 입시나 산업과 관련된 실용 지식을 포함할 수도 있다. 07.20[171] '공자의 생지 부정'과 17.03[454] '상지·하우'를 참조하라.

디딤돌 ── ● 1) 이 구절은 지적 능력의 차이를 말해준다. 줄여서 생지生知, 학지學知, 곤지困知라고도 한다. 생지는 성인이나 천재처럼 선천적인 학습 능력을 가진 경우를 말한다. 공 선생은 자신이 생지자가 아니라고 했다. 학지는 배우는 것이 좋아서 후천적으로 노력하는 경우를 말한다. 곤지는 법을 모르던 사람이 법전을 뒤져가면서 소송을 진행하는 것처럼 문제를 해결하기 위해서 배우는 사람을 말한다.

　2)『중용』에도 비슷한 구절이 있다. 차이는『중용』이 지知만이 아니라 행行을 세 단계(종류)로 구분하고 있는 점이다. "或生而知之, 或學而知之, 或困而知之, 及其知之, 一也. 或安而行之, 或利而行之, 或勉强而行之, 及其成功, 一也(세 사람은 차이가 있지만 안다는 점에서는 동일하다. 어떤 이는 걸릴 것 없이 본성대로 편안하게 움직이고, 어떤 이는 이롭기 때문에 움직이고, 어떤 이는 힘들여 노력해서 움직인다. 세 사람은 차이가 있지만 의무를 이룬다는 점에서 동일하다)."〔김미영 옮김,『대학·중용』(홍익출판사, 1999), 176쪽〕

16-10 [447]

공 선생님이 일러주었다. "자율적 인간은 아홉 가지에 신경을 써야(집중해야) 한다. 첫째로 볼 때는 분명한지, 둘째로 들을 때는 확실한지 신경을 쓴다. 셋째로 표정이 따뜻한지, 넷째로 태도가 공손한지, 다섯째로 말(다짐)이 진실한지, 여섯째로 일에는 신중한지 신경을 쓴다. 일곱째로 헷갈릴 때는 물어볼 것을, 여덟째로 화가 치밀 때 닥칠 어려움을, 아홉째로 얻을 일이 생기면 옳은지에 생각을 집중해야 한다."

孔子曰: "君子有九思. 視思明, 聽思聰, 色思溫, 貌思恭, 言思忠, 事思敬, 疑思問, 忿思難,
공자왈: "군자유구사. 시사명, 청사총, 색사온, 모사공, 언사충, 사사경, 의사문, 분사난,
見得思義."
견득사의."

　　● 사람과 교제하고 업무를 처리하는 일에서 어떻게 처신해야 될지 고민할 때 이 구절을 보라. 이대로만 한다면 의사소통이 제대로 되어 불

상
황

필요한 오해가 생겨나지 않을 것이고 사소한 일이 갈등으로 비화되지 않을 듯하다. 19.01[489]와 부분적으로 중복된다.

걸림돌

● 1) 문형으로 보면 문장이 주어 + 타동사 + 목적어 어순으로 나열되어 있는 것처럼 보인다. 이에 따르면 "보는 것이 분명한 것을 생각한다"로 번역할 만하다. 하지만 "보는 것이 생각한다"는 불가능한 표현이므로 번역을 하더라도 문형의 형식에 사로잡히지 않아야겠다. 이런 자세는 한문을 한국어 문형에 어울리지 않게 번역하는 폐단을 막을 수 있다.

2) 사思는 보통 생각하다, 인식하다는 뜻으로 쓰인다. 여기서는 그런 의미로 사용될 수 없으므로, 숨겨진 일반 주어가 아홉 가지 사항에서 '……에 초점을 두다', '집중하다', '신경 쓰다'는 식으로 번역한다.

16-11 [448]

공 선생님이 이야기했다. "〔한편으로〕 착한 일(사람)을 보면 내가 아직 미치지 못한다며 〔열심히 뒤따라가고〕, 나쁜 일(사람)을 보면 펄펄 끓는 물에 〔잘못하다〕 손을 담근 듯이 〔재빨리 빠져나와야 한다.〕 나는 그와 같은 사람을 본 적이 있을 뿐만 아니라 그와 같은 말을 들은 적이 있다네.

〔다른 한편으로〕 숨어(낮추어) 살면서 자신의 포부를 추구하고, 〔세상에 나와서〕 본분(할 일)을 다하면서 모두가 나아갈 길을 열어가야 한다. 나는 그런 말을 들은 적이 있지만 아직 그런 사람(인물)을 본 적이 없다네."

孔子曰: "見善如不及, 見不善如探湯. 吾見其人矣. 吾聞其語矣. 隱居以求其志, 行義以達
공자왈: "견선여불급, 견불선여탐탕. 오견기인의. 오문기어의. 은거이구기지, 행의이달

其道. 吾聞其語矣, 未見其人也."
기도. 오문기어의, 미견기인야."

상황 ── ● 사람이 처한 상황에 따라 선의 실현을 위해 최선을 다하는 방법을 이야기하고 있다. 앞부분에서는 경쟁하듯이 선을 실천하고 한 순간이라도 악을 가까이하지 않도록 말하고 있다. 뒷부분은 은거와 사회 참여의 상이한 상황에서 선을 지키고 확산시키는 자세를 말한다.

디딤돌 ── ● 윤리학은 선의 증진과 악의 억제를 목표로 한다. 공 선생에게 선과 악의 경계는 너무나도 분명해서 헷갈릴 리가 없다. 다만 사람이 자신의 처지에서 제대로 선을 실천하고 악을 경계할 수 있느냐가 관건이다. 하지만 경계가 분명하더라도 현실에서의 실천 여부는 그렇게 간단하지 않다. 아마 이 점 때문에 공 선생이 말은 들어보았지만 그런 사람을 보지 못했다고 하는 것이리라.

  오늘날 우리는 선과 악의 경계가 선명하게 나뉘는 경우도 있지만 그 경계가 흐릿하여 무엇을 어떻게 해야 할지 분명하지 않은 경우를 만나곤 한다. 즉 현실에서는 완전한 선과 완전한 악으로 나뉘지 않는 경우가 있다. 한국의 이라크 파병은 어떤 의미에서는 국익에 좋은 것이지만 다른 의미에서는 국익에 나쁜 것일 수도 있다. 전적으로 모두에게 좋은 것이 아니라 부분적으로 누군가에게 좋은 것일 때, 반대로 부분적으로 누군가에게 나쁜 것이 될 가능성을 배제할 수 없다. 이처럼 하나의 사태에도 좋고 나쁨이 뒤엉켜 있다. 사태의 복합적 성격을 잘 분석하여 현명한 판단을 내리는 지혜가 절실하게 요구된다.

16-12 [449]

제나라의 경공은 4000필의 말을 가지고 있었다. 하지만 죽던 날 인민들은 그이가 칭찬할 만한 귀감인지 아닌지 [몰랐다.]

이와 달리 백이와 그이의 동생 숙제는 수양산 자락에서 굶어 죽었다. 인민들은 오늘에 이르러서도 두 사람을 칭송해마지 않는다.

[『고대 시가집[시경]』에서 읊는다. '참으로 재산 때문이 아니라 색다른 것 때문이리라.'] 아마도 이것을 말하는 것일까?

齊景公有馬千駟. 死之日, 民無德而稱焉. 伯夷叔齊餓于首陽之下. 民到于今稱之. [詩云:
제경공유마천사. 사지일, 민무덕이칭언. 백이숙제아우수양지하. 민도우금칭지. [시운:

誠不以富, 亦祇以異.] 其斯之謂與?
성불이부, 역기이이.] 기사지위여?

상황 ● 현실에서 성공과 실패가 곧 도덕적 평가와 일치되는 것은 아니다. 현실에서 남부럽지 않게 부귀를 누렸지만 도덕적으로 귀감이 될 게 없고, 반대로 고난의 삶을 살았지만 후세의 표본이 될 수 있다. 제나라 경공과 백이 · 숙제의 삶을 대비시키고 있다.

걸림돌 ● [ ] 안의 시는 원래 12.10[304]에 있던 내용인데 이곳으로 옮겨야 한다는 주장이 있다. 나는 그 주장을 수용하지 않지만 참고로 시를 이곳에 소개한다.

디딤돌 ● 살면서 또는 죽음을 앞두고서 두려운 것은 나란 존재가 잊혀지는 것이다. 인간이기 때문에 살 수 있는 시간을 되돌릴 수도 없고 늘일 수도 없다. 기억된다는 것은 결국 시간의 지배를 벗어나는 것이다. 죽어서도 기억의 대상으로 다시 살아남는다면, 죽어도 죽은 것이 아니다. 공 선생은 왜 그토록 기억되는 것에 집착할까? 제후라면 한평생 좋은 옷 입고 맛난 음식을 먹으며 성공한 삶을 산 이다. 백이와 숙제는 은나라를 치고 새로이 건국한 주의 정당성을 인정하지 않다가 스스로 죽음을 선택한 인물이다. 두 가지 인물 유형의 극적인 대비. 공 선생은, 행복한 삶을 살았지만 잊혀지는 존재보다 불행한 삶을 살았어도 기억되는 존재가 낫다는 것을 말한다. 이것은 남의 이야기가 아니라 결국 그 자신에게로 돌아오는 이야기이다. 우리는 이 장으로 그가 어떻게 살고자 했는지를 짐작할 수 있다. 자신이 죽고서도 사라지지 않고 기억으로 영원히 살고 싶었던 것이다. 이것이 소멸의 허무를 극복하고 영생을 얻는 동양식 방법이었다. 그러나 기억되더라도 어떻게 기억되느냐 하는 것은 자신의 희망과 달리 역사적으로 끊임없이 재해석되는 것이다. 그것을 공 선생은 알았을까!

반드시 공 선생처럼 기억되는 것을 좋은 일로만 볼 이유는 없다. 이름이 알려지는 삶과 달리 평범한 삶도 그 자체로 가치를 지닌다. 즉 기억되는 것이 좋기만 한 것이 아니라, 자연스럽게 사라질 것을 붙들어매는 것일 수도 있기 때문이다. 또 한 사람의 이름이 널리 알려짐으로써 함께 노력했던 숱한 사람들의 이름이 묻히는 경우도 있다. 우리는 흔히 이순신을 중심으로 임진왜란을 기억한다. 장수로서의 탁월한 지도력과 전투 수행 능력이야 분명 뛰어난 것이었겠지만 그이가 거둔 승리는 한 사람만의 지휘에서 나온 것이 아니다. 이순신이 부각되는 만큼 승전을 위해 분투한 다른 사람들에 대해 무관심해지는 것도 사실이다.

16-13 [450]

진항이 공 선생님의 아들 백어에게 물었다. "그대는 자식이니까 특별한 가르침을 받는지요?"

백어가 질문을 받고서 대꾸했다. "아니, 그런 적이 없습니다. [다만 이런 일은 있었습니다.] 아버님이 [생각에 잠긴 듯] 혼자 서 계시기에 제가 종종걸음으로 뜰을 지나갔습니다. [문득 아버님이] 『고대 시가집[시경]』을 배웠느냐?'고 물으시기에 '아직 배우지 못했습니다'라고 대꾸했지요. 그랬더니 아버님이 『고대 시가집』을 배우지 않으면 말(응대)을 할 수 없느니라'고 일러주었습니다. 리가 그 자리를 빠져나와 그 뒤로 『고대 시가집』을 배웠지요.

또 다른 날이었습니다. 아버님이 [생각에 잠긴 듯] 혼자 서 계시기에 리가 종종걸음으로 뜰을 지나갔습니다. [문득 아버님이] '전통 의식을 배웠느냐?'고 물으시기에 '아직 배우지 못했습니다'라고 대꾸했지요. 그랬더니 아버님이 '전통 의식을 배우지 않으면 제자리에 설 수 없느니라'고 일러주었습니다. 리가 그 자리를 빠져나와서 그 뒤로 전통 의식을 배웠지요. 나는 이 두 차례 이야기를 들은 적이 있을 뿐입니다."

진항이 그 자리를 빠져나와 ['허허' 하고] 웃으면서 이야기했다. "나는 한 가지를 묻고서 세 가지를 알아냈구나. 『고대 시가집』의 가치를 알았고, 전통 의식의 가치를 알았고, 군자는 자신의 자식에게 거리를 둔다는 것을 알았네."

陳亢問於伯魚曰: "子亦有異聞乎?" 對曰: "未也. 嘗獨立, 鯉趨而過庭. 曰: '學詩乎?' 對
진항문어백어왈: "자역유이문호?" 대왈: "미야. 상독립, 리추이과정. 왈: '학시호?' 대
曰: '未也.' '不學詩, 無以言.' 鯉退而學詩. 他日, 又獨立, 鯉趨而過庭. 曰: '學禮乎?' 對曰
왈: '미야.' '불학시, 무이언.' 리퇴이학시. 타일, 우독립, 리추이과정. 왈: '학례호?' 대왈:

'未也.' '不學禮, 無以立.' 鯉退而學禮. 聞斯二者." 陳亢退而喜曰 : "問一得三, 聞詩聞禮,
미야. 불학례, 무이립. 리퇴이학례. 문사이자. 진항퇴이희왈 : 문일득삼, 문시문례,
又聞君子之遠其子也."
우문군자지원기자야.

상황 ● 공 선생의 자식 교육법이 이야기되고 있다. 뭔가 특별한 것이 있는 가라는 호기심, 예나 오늘이나 비슷하다. 07.24[175] '비전 부정'을 참조하라. 적절한 거리두기를 하면서 필요한 시점에 적실한 지침을 툭툭 던져준다.

걸림돌 ● 1) 진항은 01.10[010]에 나오는 진자금陳子禽을 말한다.

2) 과정過庭은 글자 그대로 뜰(마당, 정원, 거실 등)을 지나간다는 뜻이다. 훗날 이 말은 아버지가 집 안에서 자연스런 기회를 이용해 가르치는 자녀 교육, 가정교육이라는 뜻으로 쓰였다. 이곳이 최초의 출처이다. 조선 후기 박지원(朴趾源, 1737~1805)의 둘째 아들 박종채(朴宗采, 1780~1835)가 아버지의 신상, 생활상, 교우, 업적, 저술 등을 기록하여 책 제목을 『과정록』으로 달았다. 이 책에서 조선 후기 실학자들의 상호 교류를 확인할 수 있다. 이 책에서 이들은 교과서에서 만나는 딱딱한 인물이 아니라 때와 장소에 따라 흐트러지기도 하고 재미를 찾기도 하는 인간으로 느껴진다.

16-14 [451]

〔공 선생님이 들려주었다. 군주의 아내는 상황에 따라 그 호칭이 다르다네.〕 한 나라 군주의 아내를 군주 자신은 '부인'이라 부르고, 부인은 스스로 '소동', 즉 '어린아이'로 일컫는다.

국내의 사람들은 '군부인', 즉 '군주의 부인'이라 일컫고, 다른 나라들에게 이야기할 때 '과소군', 즉 '작은 군주'로 일컫는다.

다른 나라의 사람은 '군부인'으로 일컫는다.

邦君之妻, 君稱之曰夫人, 夫人自稱曰小童. 邦人稱之曰君夫人, 稱諸異邦曰寡小君. 異邦人
방군지처, 군칭지왈부인, 부인 자칭왈소동. 방인 칭지왈군부인, 칭제이방왈과소군. 이방인
稱之亦曰君夫人.
칭지 역왈군부인.

상황
● 같은 사람이라도 불리는 사람과 부르는 사람의 관계에 따라 호칭이 바뀐다. 집에서는 딸 또는 아들이다가 길에서는 학생이었다가 학교에서는 자신의 이름으로 불리고 사회에서는 각자 맡은 역할의 이름으로 불린다. 여기서는 군주의 아내의 호칭이 어떻게 달라지는지 소개하고 있다. 그중 부인이 스스로를 부르는 '소동'이라는 말은 『인형의 집』에서 노라 자신과 남편이 그녀를 부르는 말인 '다람쥐'와 비슷하다. 17.25 [476] '깊이 읽기'를 참조하라.

우리나라는 요즘 대중교통 요금을 전자 카드로 결제하는 방식으로 점점 바뀌고 있다. 단말기에서 나는 소리도 "학생입니다"에서 "청소년입니다"로 바뀌었다. 중학교를 마치고 모두 고등학교로 진학하는 것도 아니고 상급 과정으로 진학해도 학력이 정식으로 인정되지 않는 경우 고등학생 나이지만 할인 혜택을 받지 못하는 일이 있었다. 이들을 모두

아우르는 말은 학생이 아니라 청소년이다. 뒤늦었지만 그간 차별을 받아온 이들의 마음을 헤아린 조치이다. 17.25[476] '여성에 대한 편견'을 참조하라.

◎ 페미니즘의 시각에서 유교의 사상을 들여다보려면 김미영이 쓴 『유교문화와 여성』(살림, 2004)과 이숙인이 쓴 『동아시아 고대의 여성사상』(여성문화이론연구소, 2005)을 읽어보라.

17 篇

결전의 편
혁명가의 편

● 결전의 편
● 혁명가의 편

제17편은 보통 '양화陽貨' 편으로 불린다. 이 편은 특이하게도 양화라는 사람과 공 선생 사이의 에피소드로 시작된다. 이 장면은 영화 〈아마데우스Amadeus〉에서 모차르트와 살리에리Antonio Salieri 사이에 흐르던 미묘한 갈등처럼 안타까운 느낌을 자아낸다. 또 드라마 〈불멸의 이순신〉에서 이순신과 원균 사이에 흐르는 긴장 관계가 겹쳐진다.

　이 편은 모두 26장으로 되어 있다. 다른 편과 마찬가지로 내용상의 통일성은 강하게 보이지 않는다. 그런데도 몇 차례 읽다 보면 두 가지 흐름이 잡힌다. 하나는 공 선생이 뭔가를 추구하거나, 아니면 마지막 또는 끝을 암시하는 말을 많이 한다. 예를 들면 10장에서 그이는 자신의 아들에게 시를 배우지 않으면 담벼락을 마주하고 있는 것과 같다고 말한다. 3장에서 변화가 불가능한 인간의 부류가 있다고 말한다. 이처럼 그이는 상황을 극단으로 몰아넣고서 절망을 말한다. 이것은 결국 더 이상 유예의 시간이 없음을 나타내며 최종적 대결이 임박했음을 보여준다. 이런 점에서 나는 이 편을 〈결전의 편〉으로 명명하고자 한다. 그이는 언제 누구와 결전을 치를까? 결전이란 늘 마지막과 긴밀하게 관련된 일이다. 공 선생은 고상함의 힘으로 세상에 평화를 일구고자 했다. 그렇다면 공 선생의 결전은 칼의 힘으로 구체적 대상과 벌이는 일합일 수는 없다. 결전의 대상도 다름 아니라 자기 자신의 운명이다. 왜냐하면 다른 것이 아니라 운명이야말로 공 선생처럼 웅재대략雄才大略을 가지고 있는 이가 그것을 운용할 기회를 갖지 못하고 자신을 그냥 역사 속으로 들어가게 만들었기 때문이다. 운명이 눈에 보이지 않으므로, 공 선생은 혼신을 다해 허공을 상대로 결전을 치렀을 것이다.

다른 한편으로 5장과 7장에서 그이는 정치적 반란군에 가담해서라도 새로운 세계를 건설하겠다는 포부를 강하게 밝히고 있다. 실제로 서쪽의 주나라를 대체하는 동쪽의 주나라 건국을 피력하기도 했다. 6장에서 그이는 세계의 중심되기나 국가의 건설과 관련지어 해석을 시도한다. 이제 공 선생은 기다림에 지쳐 초조함을 느끼는 것이다. 그 결과 누가 자신을 찾기 전에 자기가 기회를 찾고자 하는 마음에서 반란에도 가담하겠다는 의사를 피력하게 된 것이다. 나는 이런 점에서 이 편을 〈혁명가의 편〉으로 명명하고자 한다. 이로써 그이는 결국 그토록 밀어냈던 양화의 길로 성큼 다가서고 있다.

살리에리는 말했다. "신이여, 왜 나에게는 몸속에 깃든 정욕처럼 욕망은 주셨지만 재능은 주지 않으셨습니까?" 그이의 말을 빌린다면 공 선생은 뭐라고 했을까? "하늘이시여, 왜 나에게는 몸속에 식지 않는 열광처럼 욕망을 주셨지만 기회는 주지 않으셨습니까?"

17-01 [452]

 양화가 공 선생님을 한번 만나보려고 했다. 공 선생님이 만날 기회를 주지 않았다. 양화는 공 선생님의 집으로 삶은 통돼지 고기를 예물로 보내〔답례를 유도하여 만나려고 했다.〕

 공 선생님은〔양화의 속셈을 아는지라〕그이가 집에 없는 틈을 타서〔양화의 집으로〕답례를 했다.

 〔아뿔싸, 그이는 돌아오는 길에〕길에서 양화와 마주치게 되었다.

 양화가 공 선생님에게 한마디 했다. "가까이 오시오! 내가 당신에게 해줄 말이 있소. 보물을 가슴에 품고서도 국가가 갈피를 못 잡아도 내버려둔다면, 세상을 구원한다고 말할 수 있겠습니까?"〔공 선생님이 마지못해 대꾸했다.〕"그럴 수 없겠지요."〔양화가 뜸을 들인 뒤 재차〕물었다. "할 일을 그렇게 찾으려고 하면서 자주 기회(제때)를 놓친다면, 지혜롭다고 할 수 있겠습니까?"〔공 선생님이 마지못해 대꾸했다.〕"그럴 수 없겠지요."〔양화가 다시 말을 이었다.〕"해와 달(시간)은 자꾸 흘러갈 뿐 나를 위해 기다려주지 않을 것이오."

 공 선생님이〔마지못해〕말대꾸를 했다. "좋습니다. 나도 앞으로 공직에 나가보지요."

陽貨欲見孔子. 孔子不見. 歸孔子豚. 孔子時其亡也, 而往拜之. 遇諸塗. 謂孔子曰: "來! 予
양화욕견공자. 공자불견. 귀공자돈. 공자시기망야, 이왕배지. 우저도. 위공자왈: "내! 여
與爾言." 曰: "懷其寶而迷其邦, 可謂仁乎?" 曰: "不可." "好從事而亟失時, 可謂知乎?"
여이언." 왈: "회기보이미기방, 가위인호?" 왈: "불가." "호종사이극실시, 가위지호?"
曰: "不可." "日月逝矣, 歲不我與." 孔子曰: "諾, 吾將仕矣."
왈: "불가." "일월서의, 세불아여." 공자왈: "낙, 오장사의."

● 공자와 양화 사이에 있었던 한 편의 에피소드. 두 사람은 같은 것을 지향했어도 길이 달랐는데, 이들은 적이었을까 동지였을까? 공 선생이

양화와의 만남을 기피하는 것을 보면 불편한 사이임에 분명하다. 길거리의 조우는 두 사람이 공간은 같이하지만 시간은 달리하는 사건이었다. 09.05[215] '광 지역의 곤경'을 참조하라.

● 1) 양화는 양호陽虎로도 불린다. 계씨의 가신이었다.

2) 공 선생의 조국 노나라의 정치적인 상황은 특이했다. 형식적으로 노나라가 제후국이지만 제후가 실권을 상실하고 계손, 맹손, 숙손으로 일컬어지는 세 대부의 가문이 국정의 운영을 좌지우지했다. 이런 상황은 노나라의 청년들로 하여금 성장기에 정치적 노선에 대한 선택을 고민하게 만들었다. 어떤 이는 대부의 세력을 견제하고 공실의 권력을 회복해야 한다고 주장했고, 어떤 이는 공실의 총체적 무능력에 염증을 나타내고 대부의 세력을 선한 방향으로 이끌어가야 한다고 주장했다. 이 외에도 다양한 방법들이 비밀스런 정치 공간에서 때론 울분으로 때론 희망으로 논의되었을 터이다.

그리고 현 사회를 타파하는 데는 동의하더라도 방법상으로는 여러 가지 주장이 엇갈렸다. 한쪽은 쿠데타를 일으켜 정치 지형도를 새롭게 짜야 한다고 주장했고, 다른 한쪽은 정치 지도자의 탁월한 인격(영도력)으로 지지 세력의 외연을 넓혀야 한다고 주장했다. 이 이외에도 앞의 두 방법을 상황 전개에 따라 적절히 혼용해야 한다고 주장하는 이도 있었다. 양화와 공 선생은 둘 다 각각의 정치적 노선을 대표하는 인물이었다. 실제로 양화는 정공 8년(기원전 501년)에 대부 정치의 종식을 내걸며 정변을 주도했지만 실패했다.

공 선생은 17.05[456]과 17.07[458]에서 볼 수 있듯 공산불요의 반란이나 필힐의 반란에는 대뜸 가담하려고 했다. 하지만 양화는 만나기조차 꺼렸다. 여러 가지 복합적 이유가 있겠지만 미묘한 갈등이 느껴진다. 물론 당시의 정세를 각각 달리 판단했으므로 쉽게 말할 수는 없다. 하지만 반란에 가담하는 것은 자신의 모든 것을 던지는 정치적 선택이다. 왜 공 선생은 양화와의 연합을 원천적으로 배제했을까? 스탈린과 트로츠키처럼 정치적 동지끼리는 공존이 불가능하다. 공 선생과 양화도 화해할 수 없는 경쟁자적 동지 사이가 아니었을까? 그래서 둘은 함께 만나기보다는 늘 동선이 엇갈렸고 길에서만 부딪치듯 스치며 지나갈 수밖에 없었던 것이다.

3) 춘추시대의 선물 증여의 풍습이 나오고 있다. 대부(양화)가 사(공구)에게 예물을 보냈을 때 집에 없어 직접 받지 못했으면 꼭 답방하여 사의를 표명해야 한다는 것이다(박경환 옮김, 「등문공」 하 7, 『맹자』, 157~158쪽). 풍습을 이용한 양화의 절묘한 제의, 기지로 곤경을 피하려는 공구의 순발력이 흥미롭다.

4) 본문은 제일 마지막 공 선생의 말을 제외하고 양화의 자문자답으로 해석할 수도 있다. 여기서는 양화와 공 선생의 대화로 재구성했다.

◎ 양화와 공 선생의 엇갈리는 운명, 경쟁 관계와 관련해서는 시라카와 시즈카가 쓰고 장원철이 옮긴 『사람의 마음을 움직여 세상을 바꾸리라』(한길사, 2004) 1장을 참조하라.

17-02 [453]

공 선생님이 이야기했다. "사람들의 경향성은 서로 엇비슷하지만(가깝지만) 환경이 서로의 차이를 만든다(멀어지게 한다)."

子曰: "性相近也, 習相遠也."
자왈: "성상근야, 습상원야."

상황
● 같은 사람인데 어찌 그리 다르며, 같은 식구인데 어찌 그리 닮지 않았을까. 이런 물음을 품은 적이 있다면 공 선생과 해석학적 대화를 나눈 셈이다. 유사성을 찾으려는 욕망, 다양성의 원인을 풀어보려는 욕망 등은 개별적인 현상에서 전체적인 특징이나 본질로 나아가는 탐구의 장비이다.

디딤돌
● 이 구절은 공 선생도 '성性'에 대해서 발언했다고 강조할 때 전가의 보도처럼 들먹이는 구절이다. 하지만 이 성은 훗날 맹 선생이나 순 선생의 성론에 나오는 말과 뜻이 다르다. 여기서의 성은 사회학이나 인류학의 용어에 더 가깝다. "한국 사람들은 무뚝뚝하다", "서울 사람은 깍쟁이이다", "시골 사람은 순박하다"고 진술하는 경우가 바로 이 성의 의미에 해당된다. 즉 항구불변의 본질이라기보다 다른 집단과 뚜렷하게 구별되는 일시적 특징이나 특색에 가깝다.

깊이 읽기

자연nature과 양육nurture

무엇이 인간을 포함한 한 개체의 총체적인 발달에 결정적인 영향력을 미칠까? 이와 관련해서 자연-양육 논쟁 nature-nurture controversy과 유전-환경 논쟁 heredity-environment controversy 등이 있다. 개체의 생물학적, 유전적 요인이 결정적이냐 아니면 개체 발생 이후의 후천적 조건이 결정적이냐가 논쟁점이다.

공 선생의 경우 이 논쟁에서 양육과 환경 쪽에 가담하는 듯하다. 성의 차원에서는 유사성이 발견되므로 별다른 차이, 즉 발달의 징후가 포착되지 않는다. 그것은 개인적인 습관이나 집단적인 습속, 즉 환경에 의해서 일어난다고 주장하고 있다. 주의할 점은 이 발달이 인간이라는 종의 총체적 발달이 아니라 특정한 인종이나 집단 아니면 개인적인 차원에서 논의되고 있다는 점이다. 즉 사람마다 인종(집단)마다 발달의 정도에서 다양한 차이를 드러낼 수 있다는 것이다. 이러한 사유 방식은 그이가 모든 사람의 참여가 아니라 성인과 같은 영웅적 존재의 선도를 사회질서의 원천으로 보는 것과 맞닿아 있다. 지역마다 다른 성인이 나타날 경우, 그 성인의 특성으로 인해 집단은 상이한 질서를 바람직한 것으로 설정할 수 있기 때문이다.

　맹 선생은 성선性善을 주장했다. 그이가 공 선생과 같이 유가에 속한다고 하더라도, 인간의 발달을 설명하는 틀은 다르다. 그이는 인간의 본성은 본질적으로 선하며, 바로 이 점에서 동물과 구별되는 중대한 특징이라고 주장한다. 선천적으로 주어진 본성은 사람과 동물을 구별하는 기준으로 작용한다. 이 점은 공 선생의 환경결정론과 결정적으로 엇갈리는 지점이다.

◎ 위 글을 읽고 "자연과 유전의 입장에서 공자의 입장을 어떻게 비판할 수 있을까?"에 대해 검토해보자.

17-03　[454]

공 선생님이 이야기했다. "가장 뛰어난 지자와 가장 어두운 결핍자의 부류는 변화가 불가능하다."

子曰：" 唯上知與下愚不移."
자왈 : "유상지여하우불이."

상황　● 공 선생은 도덕과 교육의 분야에서 변화가 불가능한 두 부류를 들고 있다. 상지上知는 더 이상 채울 필요가 없는 완전한 지를 가진 존재이다.

이 사람에게는 아무리 말을 해봐도 자신의 논리로 자신의 입장을 옹호할 뿐 생각을 바꾸는 법은 없다. 회사의 최고 경영자는 자신이 회사의 모든 정보를 장악하고 있다고 생각하기 쉬워서, 자신이 아직 모르는 새로운 사실이나 자신과 다른 판단을 들어도 좀처럼 믿으려고 하지 않는데, 이것이 상지에 해당한다고 할 수 있다. 하우下愚는 지식이 없는 것이 아니라 한정된 앎으로 자기 세계를 구축해서 다른 소리는 절대 들으려고 하지 않는 사람이다. 옛날 한반도 남쪽의 사람이 북쪽으로 여행하다 밤에 여관에서 사람을 만나 여름날 빨리 자라는 대나무 이야기를 했더니 결코 믿으려고 하지 않았다는데, 이 경우가 하지에 해당된다.

현실적으로 자신이 잘하는 것을 남에게 가르치다 보면 도저히 안 되겠다며 포기를 선언하는 경우가 있다. 아는 사람에게 운전을 가르치는 상황을 생각해보라. 할 줄 아는 사람 처지에서 그렇게 쉬운 걸 못하니 답답할 수밖에. 머리가 끄덕여지는 말이다. 또 공 선생이 변화 가능성의 두 가지 예외를 인정하는 것을 보면, 그이가 불가능이 없는 신의 입장이 아니라 이상과 현실의 차이에 고통을 겪는 인간의 입장에 서 있다는 느낌을 갖게 한다. 아울러 후대에 인성론人性論의 등장 이후 유가들이 성선이든 성악이든 모두 인간의 변화 가능성을 전제한다는 점을 고려하면, 공 선생의 이런 주장은 약간 이질적으로 느껴진다. 아울러 그이가 아직 인간을 보편성의 차원이 아니라 다양성의 차원에서 고찰하고 있다는 것을 보여주는 셈이다. 16.09[446] '생지·학지'를 참조하라.

디딤돌

● 불교에는 일천제一闡提라는 말이 있다. 이것은 원래 산스크리트어의 이찬티카icchantika를 음역한 것이다. 이 말의 본뜻은 욕망을 가진 사람이지만 교리로는 온갖 선을 낳는 근본을 저버린 자(斷善根), 불교의 신

심을 갖고 있지 않은 자(信不具足), 불교 교리 특히 대승의 법을 비방하는 자(謗法) 등으로 설명되며 불성佛性, 즉 부처가 될 가능성이 없는 존재를 가리킨다. 하지만 『열반경涅槃經』에는 "일체의 중생이 모두 불성을 갖고 있다一切衆生, 悉有佛性"고 하여 궁극적으로는 이들을 포함한 모든 존재가 성불할 수 있다고 본다. 이것이 인도의 불교가 중국에 전래되면서 변화된 특징으로 이야기된다. 원시불교에서 인간은 십이지연기十二支緣起에 따라 생사의 윤회를 거듭하지만 반야지에 의해 고통스런 윤회의 사슬을 끊고 해탈할 수 있다. 하지만 불성론에 따르면 인간은 해탈하여 부처가 될 수 있는 본성을 이미 지니고 있으므로 연기에 따라 윤회를 거듭할 수밖에 없는 교리와 일치하지 않는다. 그래서 불성론은 불교의 원래 사상이 아니라 유가사상의 성선이 중국 불교에 수용된 것으로 이야기된다.

17-04 [455]

공 선생님이 [제자 자유가 다스리는] 무성을 방문했다가 관청에서 금슬을 타며 노래 부르는 소리를 들었다.

공 선생님은 [뜻밖이다 싶은지] 빙그레 웃으면서 농담 반 진담 반으로 이야기했다. "닭을 잡는데 어찌하여 소 잡는 칼을 쓰는가?"

자유가 질문을 받고서 [기분이 좀 상한 듯] 대꾸했다. "옛날에 제가 선생님께 이런 말씀을 들었습니다. '자율적 인간이 나아갈 길을 배우면 주위 사람들을 사랑하고, 작은 사람들이 나아갈 길을 배우면 이끌어가기가 쉽다.'"

공 선생님이 껄껄 웃으며 변명했다. "여보게들, 자유의 말이 옳다네. 앞에 내가 한 말은 농담일 뿐이라네."

子之武城, 聞弦歌之聲. 夫子莞爾而笑曰 : "割鷄焉用牛刀?" 子游對曰 : "昔者偃也聞諸夫
자지무성, 문현가지성. 부자완이이소왈: "할계언용우도?" 자유대왈 : "석자언야문저부
子曰: '君子學道則愛人, 小人學道則易使也.'" 子曰 : "二三者! 偃之言是也. 前言戲之耳."
자왈: '군자학도즉애인, 소인학도즉이사야.'" 자왈 : "이삼자! 언지언시야. 전언희지이."

상황
● 공 선생의 제자였다가 현장이 된 자유의 임지를 방문했다. 다른 곳을 방문할 때와는 달리 공 선생은 수레 안에서 색다른 흥분을 느끼지 않았을까 추측해본다. 공 선생에게는 꽤 장난스럽고 짓궂은 면이 있는 듯하다. 또 선생의 권위를 내세워 우기지 않고 잘못을 시인할 정도로 솔직 담백한 인물이기도 하다. 아울러 학파의 평소 분위기나 학생과 선생 사이의 관계도 살짝 엿볼 수 있다. 자유는 무성을 무대로 예악 정치를 펼쳐서 나름의 성과를 거둔 것으로 보인다.

걸림돌
● 1) 무성武城은 오늘날 산동성 비현費縣 서남쪽에 있다.

2) 현가지성弦歌之聲은 글자 그대로 보면 악기와 노랫소리라는 뜻이지만 이후에 예교 정치, 예악 정치 등 유가의 정치 이념이 잘 실현되는 정치를 가리키는 말로 쓰였다.

3) 닭 칼과 소 칼은 용도에 따라 달리 쓰인다는 것을 말한다. 이를 통해 예악이 제후의 국가나 천자의 천하의 질서에 어울리는 것이지 현 규모에는 맞지 않는다는 걸 말하고자 했다.

17-05 [456]

공산불요가 비 지역을 근거지로 삼아 반란을 일으키고서 [요직을 제의하며] 공 선생님을 초빙하고자 했다. 공 선생님이 그 초빙에 응해 가려고 했다.

자로가 [일련의 과정을 쭉 지켜보다가 도무지] 납득하지 못하겠다며 한마디 했다. "갈 곳이 없다면 그만이지, 무엇 하려고 공산씨에게 가려고 합니까?"

공 선생님이 대꾸했다. "나를 부르는 사람이라면 어찌 아무런 계획도 없이 그렇게 하겠느냐? 만약 누군가가 나를 써준다면 나는 [서주西周와 달리] 새로이 동주를 부활시킬 수 있을 텐데."

公山弗擾以費畔, 召. 子欲往. 子路不說, 曰: "末之也已, 何必公山氏之之也?" 子曰: "夫
공산불요이비반, 소. 자욕왕. 자로불열, 왈: "말지야이, 하필공산씨지지야?" 자왈: "부
召我者, 而豈徒哉? 如有用我者, 吾其爲東周乎."
소아자, 이개도재? 여유용아자, 오기위동주호."

상황
● 공 선생은 정치적 성공에 대한 자신감은 충만한데도 기회가 주어지지 않자 쿠데타 세력의 초청에 응하려고 한다. 이처럼 기회에 대한 갈망은 17.07[458] '필힐' 사례에도 보인다. 마지막 구절을 보면 그의 열망을 읽을 수 있다. 지금과는 완전히 새로운 왕조를 창출할 수 있다고 말한다. 이것은 열망의 수사적 표현으로 보이기도 하고 정치적인 기도로 보이기도 한다. 조선의 정약용은 이 구절을 후자로 독해해서 수도를 한양에서 화성으로 옮기려는 근거로 삼았다. 주어진 운명에 결전을 치르려는 공 선생의 마음이 전해진다.

디딤돌
● 공산불요公山弗擾가 노나라 사람인 것은 분명하지만 사적史蹟이 분명

하지 않다. 『좌씨전』에 보면 공산불뉴公山不狃가 정공 5년, 8년, 12년과 애공 8년 기사에 보인다(최구명, 신동준 옮김, 『춘추좌전 3』 참조). 두 사람을 같은 인물로 볼 수도 있다. 하지만 『논어』에서 말하는 이야기와 『좌씨전』의 기록이 일치하지 않는다. 후자에는 정공 12년에 공산불뉴가 반란을 일으켰지만 공 선생은 그이와 협력하려고 하지 않았을 뿐만 아니라 오히려 토벌을 명령했다고 나온다. 사정이 이러하니 두 사람이 동일인인지, 그이와 공 선생이 어떠한 관계인지, 두 내용이 믿을 만한지 등이 뜨거운 감자일 수밖에 없다.

17-06 [457]

자장이 공 선생님에게 평화의 길에 대해 물었다.

공 선생님이 대꾸했다. "이 다섯 가지 덕목을 하늘 아래(중원 지역)에 실행할 수 있다면 평화를 일구는 사람이 될 걸세."

자장이 [말을 참지 못하고 급히 되물었다.] "하나하나씩 자세히 일러주십시오."

공 선생님이 [잠시 생각을 가다듬고서] 대꾸했다. "다섯 가지란 공손함, 너그러움, 믿음, 재빠름, 베풀기(나눔) 등을 가리킨다네. 공손하면 업신여김을 당하지 않지. 너그러우면 사람(신망)을 얻게 되지. 믿음이 있으면 주위 사람들이 일을 맡기지. 재빠르면 기회가 올 때 공적을 세우게 되지. 많이 베풀면 어려운 일도 주위 사람들에게 부탁할 수 있다."

子張問仁於孔子. 孔子曰: "能行五者於天下爲仁矣." "請問之." 曰: "恭·寬·信·敏·惠.
자장문인어공자. 공자왈: "능행오자어천하위인의." "청문지." 왈: "공·관·신·민·혜.
恭則不侮. 寬則得衆. 信則人任焉. 敏則有功. 惠則足以使人."
공즉불모. 관즉득중. 신즉인임언. 민즉유공. 혜즉족이사인."

상황
● 세상에 평화를 가져오는 길로 다섯 가지 덕목의 실천을 제시하고 있다. 다섯 가지의 실천이 평화의 공동체를 만들 수 있으므로, 여기서 인仁은 다시 일종의 리더십, 지도력의 발휘와 연관된다. 말이 다섯 가지지 하나도 제대로 갖추기 어렵다. 그러니 세상의 중심에 선다는 것은 쉬운 일이 아니다. 오만하고 엄격하고 불신을 주고 늑장 부리고 가혹한 것이 다섯 가지 미덕의 반대이다. 우리 사회는 어느 쪽에 더 가까울까?

17-07 [458]

진晉나라의 필힐이 [공 선생님을] 초빙했다. 공 선생님이 그 초빙에 응해 가려고 했다. 자로가 반대를 분명히 했다. "옛날에 유(자로)가 선생님에게 이런 말을 들은 적이 있습니다. '자율적 인간은 스스로 주동적으로 나쁜 일을 한 사람과 같은 무리로 뒤섞이지 않는다.' 필힐은 중모 지역을 근거지로 삼아 반란을 일으켰는데 선생님이 가려고 하니 도대체 어떻게 된 것입니까?"

공 선생님이 대꾸했다. "당연하지. 그런 말을 한 적이 있지. '단단하지 않은가? 갈아도 갈아도 얇아지지 않으니. 희지 않은가? 물 들여도 물 들여도 검어지지 않으니.' 내가 어찌 조롱박에 지나지 않을까? 어떻게 매달아놓고 거들떠보지도(먹지) 않을 수 있느냐?"

佛肸召. 子欲往. 子路曰: "昔者由也聞諸夫子曰: '親於其身爲不善者, 君子不入也.' 佛肸以
필힐소. 자욕왕. 자로왈: '석자유야문저부자왈: '친어기신위불선자, 군자불입야.' 필힐이
中牟畔, 子之往也, 如之何?" 子曰: "然. 有是言也. 不曰堅乎, 磨而不磷, 不曰白乎, 涅而不
중모반, 자지왕야, 여지하?" 자왈: "연. 유시언야. 불왈견호, 마이불린, 불왈백호, 열이불
緇. 吾豈匏瓜也哉? 焉能繫而不食?"
치. 오기포과야재? 언능계이불식?"

상황
● 17.05[456]처럼 공 선생이 자신에게 주어진 운명과 결투하려는 마음을 드러내고 있다. 이 구절이 삭제되지 않은 이유도 분명하다. 미래의 정치 지도자들이 시대의 지식인을 모른 채 내버려두지 말라는 메시지를 전달하며, 그렇지 않을 때의 결과를 보여주고 있다. 하지만 성인이 반란군에 가담하려고 했던 이야기를 공연히 하는 것은 약간 어색할 수 있다. 우리가 공 선생을 혁명가로 보면 우리가 느끼는 어색함이 줄어들 수 있다.

마지막 말에서 공 선생은 기다림에 지쳤다는 것을 고백한다. 도대체 언제까지 매달려 있어야 하느냐고. 그 앞의 말을 보면 공 선생은 자신이 한갓 환경이나 조건의 영향에 휘둘릴 사람이 아님을 확신에 차서 말한다. 이것은 훗날 문학과 사상에, 환경의 중요성을 환기시킨 묵적의 '염색의 비유'를 정면으로 부정하는 것이다(04.01[067] '주거지 선택의 중요성' 참조). 공 선생의 속내는 "호랑이 굴에 들어가도 정신만 차리면 산다"는 속담과도 통하는 데가 있다. 그런데 그이는 무슨 역할을 하려고 했을까? 홍명희의『임꺽정』에 나오는 모사 서림徐林 역할을 생각했을까, 아니면 주나라의 무임금이 은나라를 멸망시킬 때 전적으로 의지했던 강태공, 즉 여상呂相과 같은 역할을 생각했을까?

걸림돌
● 1) 필힐은 춘추시대 조趙나라 사람이다. 대부 조간자趙簡子가 정치적 경쟁자 범중항范中行을 군사적으로 공격했다. 필힐은 범중항의 가신이면서 중모의 현장이었는데, 이 공격에 대항하기 위해 중모를 거점으로 해서 조간자에게 반기를 들었던 것이다. 佛은 여기에서만 독음이 '필'이다.

2) 중모는 오늘날 호북성河北省 형태邢台와 한단邯鄲 사이에 옛터가 남아 있다.

17-08 [459]

공 선생님이 일러주었다. "자로야, 자네는 여섯 가지 덕행과 그 각각에 내재된 단점을 들어본 적이 있는가?"

자로가 대꾸했다. "아직 없습니다."

공 선생님이 ["그래." 하더니] 자리에 앉기를 청했다. "내가 자네에게 그것을 일러주리라."

"첫째로 걸핏하면 사랑(화합, 평화)을 앞세우면서 배우려고 하지(반성하지) 않으면, 이때의 단점은 어리석은 짓을 하는 것(맹목성)이다. 둘째로 지혜를 앞세우면서 배우려고 하지 않으면, 이때의 단점은 제멋대로 구는 것이다. 셋째로 믿음을 앞세우면서 배우려고 하지 않으면, 이때의 단점은 상대를 다그치는 것이다. 넷째로 올곧음을 앞세우면서 배우려고 하지 않으면, 이때의 단점은 쌀쌀맞게 되는 것이다. 다섯째로 용감무쌍을 내세우면서 배우려고 하지 않으면, 이때의 단점은 혼란을 부추기는 것이다. 여섯째로 굳건함을 앞세우면서 배우려고 하지 않으면, 이때의 단점은 통제 불능이 되는 것이다."

子曰 : "由也, 女聞六言六蔽矣乎?" 對曰 : "未也." "居! 吾語女. 好仁不好學, 其蔽也愚.
자왈 : "유야, 여문륙언륙폐의호?" 대왈 : "미야." "거! 오어녀. 호인불호학, 기폐야우.
好知不好學, 其蔽也蕩. 好信不好學, 其蔽也賊. 好直不好學, 其蔽也絞. 好勇不好學, 其蔽
호지불호학, 기폐야탕. 호신불호학, 기폐야적. 호직불호학, 기폐야교. 호용불호학, 기폐
也亂. 好剛不好學, 其蔽也狂."
야란. 호강불호학, 기폐야광."

● 사랑, 지혜, 믿음, 올곧음, 용기, 굳건함 등의 여섯 가지 덕행이 각각 자기반성의 배움과 짝이 될 때 도덕적·사회적 문제를 일으키지 않게 된다는 점을 말하고 있다. 예컨대 칼은 요리사의 손에 쥐어지면 이 세상에서 가장 맛있는 음식을 만드는 데 쓰이지만 범죄자의 손에 쥐어

지면 사람을 해칠 수 있다. 칼을 언제 어떻게 왜 사용해야 하는지 늘 자신을 반성할 때 칼이 흉기가 되는 것을 막을 수 있다.

사랑한다며 분별력을 잃으면 그것보다 더 무서운 일은 없다. 일방적으로 관심 있는 상대를 병적으로 쫓아다니는 스토커를 생각해보자. 비틀스 멤버였던 존 레넌도 스토커에 의해 죽음을 맞이했다. 부모나 교사가 사랑과 관심을 빙자해 폭력을 가하는 것도 마찬가지이다. 이렇게 보면 사랑도 승화되기 전에는 어리석음에서 자유로울 수 없다. 자신이 하는 행동이 옳은지 자신을 심문해볼 일이다.

17-09 [460]

공 선생님이 다그쳤다. "여러분들은 왜『고대 시가집〔시경〕』을 들여다보지 않는가? 그 속의 시들을 〔읽으면〕, 연상 능력을 키울 수 있고, 관찰하는 눈을 틔울 수 있고, 어울려 길들여질 수 있고, 풍자하는 방법을 배울 수 있다.

〔그리고 시를 잘 써먹으면〕 가깝게는 아버지(웃어른)를 잘 모시고, 멀리는 군주(지도자)를 잘 모실 수 있다. 〔또는 그것까지는 아니더라도 적어도〕 날짐승과 들짐승, 풀과 나무의 이름을 많이 익힐 수 있다."

子曰 : "小子何莫學夫詩? 詩, 可以興, 可以觀, 可以羣, 可以怨. 邇之事父, 遠之事君. 多識
자왈 : "소자하막학부시? 시, 가이흥, 가이관, 가이군, 가이원. 이지 사부, 원지 사군. 다식
於鳥獸草木之名."
어조수초목지명."

● 시가 시험에 나오므로 구절을 하나하나 쪼개서 분석하고 외운다. 그러나 그것으로 끝이다. 공 선생은 시를 어떻게 배우고 가르쳤을까? 시

에는 사람이나 동식물에 대한 묘사가 들어 있다. 그것이 무엇인지 찾아보거나 알아보다 보면 사물의 여러 가지 이름을 알 수 있다. 글을 쓰려고 하면 말처럼 쉽지 않다. 시를 통해 글자의 조합이며 이미지의 연결이며 메시지의 전달 방식이며, 다양한 것을 얻을 수 있다. 또 내용상으로 마음속의 울림을 전달한다. 쉬운 예로 사랑에 빠지거나 차였을 때는 유행가의 가사와 가락이 와락 가슴을 뒤흔든다.

시는 부모님이나 선생님의 잔소리처럼 "이것 해라", "저것 하지 마라"며 명령하지도 요구하지도 않는다. 노래처럼 들려주고 이야기처럼 옆에서 재잘거린다. 이 재잘거림은 귀를 타고 들어와 그동안 닫혀 있던 내 감수성을 열어 넓은 세계를 만나게 한다. 13.05[323] '시 교육의 효과'를 참조하라.

17-10 [461]

공 선생님이 아들 백어에게 일러주었다. "너는 『고대 시가집[시경]』의 「주남」과 「소남」 부분을 읽어(연구해)보았는가? 배우는 사람이 「주남」과 「소남」 부분을 읽지 않는다면 마치 담벼락을 마주하고 서 있는 듯하여 [앞으로 나아가지 못하고 누구와 응대할 수도 없다.]"

子謂伯魚曰: "女爲周南·召南矣乎? 人而不爲周南·召南, 其猶正牆面而立也與."
자위백어 왈: "여위주남·소남의호? 인이불위 주남·소남, 기유정장 면이립야여."

상황 ● 표현해야 할 것을 표현하지 못해 답답해한 적이 있다면 담벼락 비유의 심정을 이해하리라. 사람들이 다 아는 상식을 몰라서 난감해진 적이 있는 사람도 마찬가지일 것이다. 우리는 아침에 다른 사람을 만나면 전날 있었던 스포츠 경기나 드라마 이야기로 꽃을 피운다. 공 선생 시절에는 말하기나 글쓰기에 자연스럽게 시를 활용했다. 부탁할 일이 있으면 "부탁한다"고 말하지 않고 부탁을 읊은 시를 말한다. 이때 그 시를 모르면 상대의 말과 글에 어떻게 대응해야 하는지 알 수 없다. 무지로 인한 당혹스러움과 안타까움이 바로 담벼락을 마주하고 있는 심정이리라. 그래서 당시나 후대까지 시가 필수적인 교양이었고 공직자의 소양이었다. 당신이 사랑을 원한다면 사랑의 시를 외울 수 있는가, 지금 이 순간에.

17-11 [462]

공 선생님이 비평했다. "[걸핏하면] '전통 의식에 따르면', '전통 의식에 따르면' 하고 읊어대지만 그게 과연 옥이나 비단과 같은 예물을 두고 말하는 걸까? 또 '예술(음악)이 말이야', '예술이 말이야'들 하지만 그게 과연 종이나 북을 두고 말하는 걸까?"

子曰: "禮云禮云, 玉帛云乎哉? 樂云樂云, 鐘鼓云乎哉?"
자왈: "례운례운, 옥백운호재? 악운악운, 종고운호재?"

상황 ◉ 예악의 형식과 정신을 함께 살려야 형식만 갖추는 것이 얼마나 허망한지를 이야기하고 있다. 결혼 준비를 하다가 예비 신부와 신랑이 심하게 다투곤 한다. 부모님의 환갑잔치에서 자식들끼리 싸움을 벌이기도 한다. 결혼은 행복에 이르는 길을 여는 의식이고, 환갑 연회는 그간의 부모님 은혜에 고마워하고 앞으로의 건강과 장수를 기원하는 무대이다. 행복과 보답이 주인공인지 혼수품과 규모가 주인공인지? 종종 수단과 목적, 현상과 본질이 뒤바뀌어 사람을 어지럽게 만든다. 수단과 방법이 헷갈리면 목적과 본질로 돌아가서 생각해볼 수밖에. 이 대학 저 대학에 원서 넣느라 녹초가 되지 말고 왜 대학을 가려는지부터 자신 있게 대답할 수 있어야 할 것이다.

17-12 [463]

공 선생님이 일러주었다. "얼굴빛은 근엄하나 마음 씀씀이가 유약하다면, 그런 사람을 작은 사람들에게 비유하건대, 마치 벽과 담을 뚫는 도둑과 흡사할 터이다!"

子曰："色厲而内荏, 譬諸小人, 其猶穿窬之盜也與!"
자왈 : "색려이내임, 비저소인, 기유천유 지도야여!"

◉ 색려내임色厲內荏은 외강내약外强內弱 또는 외강내유外剛內柔로 바꿔 읽으면 의미가 더 빨리 전달될 것이다. 보이는 곳에서는 강인한 척하지만 보이지 않는 곳에서는 물러 터졌다면, 그 사람은 작은 유혹과 위험에도 자신을 지키기 어려워진다. "호박씨(를) 까다", "얌전한 고양이가 부뚜막에 먼저 올라간다" 등의 입말과 의미상으로 겹치는 부분이 많다.

17-13 [464]

공 선생님이 딱 부러지게 이야기했다. "향원, 즉 좋은 게 좋다는 사람은 고상함의 가치를 손상시키는 인물이다."

子曰："鄕愿, 德之賊也."
자왈 : "향원, 덕지적야."

상황
● 주위 사람 중에는 극단을 달리는 사람도 있고 무색무취의 사람도 있다. 오늘날 말로 '향원鄕愿'의 의미를 효과적으로 전달하기는 쉽지 않다. '예스맨'과도 다르고 '아부꾼'과도 꼭 같지 않기 때문이다. 그이는 주위 사람들에게 싫은 소리를 하지 않으며 좋은 게 좋다는 식으로 일을 처리한다. 무슨 일이 있으면 사람들이 그이에게 달려가 중재를 요청할 정도로 인기가 있는 편이다.

디딤돌
● 그런데 왜 이런 호인을 공 선생은 혐오하는 것일까? 향원은 사태를 극단으로 몰아가지 않는 점에서 좋은 사람일 수 있다. 하지만 좋은 일도 좋고 안 좋은 일도 좋다고 하므로 좋음과 좋지 않음의 경계가 사라진다. 경계가 사라지면 뭘 해야 하고 하지 말아야 하는지 기준조차 없어진다. 그러면 누가 뭘 하더라도 책임을 물을 수 없고 지려고도 않는다. 고통이 생기면 서로 떠넘기며 책임을 지지 않다가 전혀 엉뚱한 사람에게 돌아간다. 따라서 이 세계는 어떠한 도덕이나 정의가 존중될 수 없는 혼란스러운 곳이 된다. 당장 좋아 보일지 몰라도 향원이 만들어낸 세계가 재앙 그 자체인 것이다. 과거 욕설 중에 "당신은 소인배처럼 구는군!"과 "당신은 향원 같다"는 말이 가장 심한 욕이었다.

17-14 [465]

공 선생님이 한숨을 내쉬며 한마디 했다. "이쪽 길에서 듣고 저쪽 길에서 조잘댄다면(의미를 되새김할 줄 모른다면) [길러야 할] 고상함을 내다 버리는 짓이다."

子曰: "道聽而塗說, 德之棄也."
자왈: "도청이도설, 덕지기야."

상황
◉ 같은 말도 종류가 다르다. 충실히 전달해야 하는 말이 있고, 의사를 표시하는 말이 있고, 두고두고 곱씹어볼 말, 혼자만 알고 비밀로 해둘 말 등이 있다. 이런 것들이 번지수를 벗어나 뒤죽박죽되면 사람 사이를 헝클어뜨린다. 새겨야 할 말을 어디 가서 누가 나보고 뭐라고 하더라며 미주알고주알 읊으면 말해준 사람이 무안해진다. 어떤 경우 귀로 듣고 가슴에 새겨둔 채 때때로 끄집어내 곰곰이 따져볼 말이 있지 않은가!

17-15 [466]

공 선생님이 한마디 했다. "비굴한 사람(남자)과 더불어 군주(지도자)를 도울 수 있을까? (그들의 하는 짓이란) 뭔가를 얻지 못하면 (영원히) 얻지 못할까 봐 온갖 걱정을 다한다. 뭔가를 이미 얻고 나면 (지금 당장) 잃어버리지 않을까 온갖 걱정을 다한다. (여기에 그치지 않고) 진짜로 잃을까 봐 걱정하다 보면 하지 못하는 짓(음모)이 없게 된다."

子曰:"鄙夫可與事君也與哉？其未得之也, 患得之. 旣得之, 患失之. 苟患失之, 無所不至矣."
자왈: "비부가여사군야여재？기미득지야, 환득지. 기득지, 환실지. 구환실지, 무소부지의."

상황
◉ 비굴한 정치의 두 가지 특성, 즉 뭔가 챙기려 하고 조금도 잃지 않으려는 행태를 지적하고 있다.

걸림돌 디딤돌
◉ 군君은 사회 각 영역의 지도자나 의사 결정권자로 생각하면 되겠다.

◉ 1) 사전적으로 비굴하다는 것은 용기나 줏대 없이 남에게 잘 굽힌다는 뜻이다. 하지만 역설적으로 비굴한 사람만큼 줏대가 강한 사람은 없

다. 왜냐하면 그런 사람은 어떤 상황에서도 내 것을 소유하려는 의지가 너무나도 확고하기 때문이다. 비굴한 사람은 불안하고 겁을 잔뜩 집어먹은 사람처럼 보이지만 실제로는 늘 심리적 평행을 유지하고자 한다. 또 자기가 상대에게 비굴한 만큼 다른 상대가 자기에게 비굴하기를 요구한다. 비굴은 결국 오만의 또 다른 얼굴이다. 비굴과 오만은 일란성 쌍둥이인 셈이다.

2) 본문에 나오는 것과 다른 비굴함이 있다. 혼자 힘으로 자기 삶의 존엄성을 지킬 수 없거나 큰일을 하기 위해서 비굴해져야 하는 경우가 있다. 한漢 제국을 세운 유방을 도운 장군 중에 한신(韓信, ?~기원전 196)이 있다. 그이는 과하지욕袴下之辱이라는 고사성어의 주인공이다. 한신은 이길 수 있는 실력에도 불구하고 시비를 걸어오는 시장 폭력배의 가랑이 밑을 태연히 기어 나가며 자신의 재주를 감추었던 것이다. 이처럼 자신을 낮춰야 할 때 허장성세를 부리지 않고 낮춰야겠지만 자칫 너무 자신을 낮추다가 지나치게 비굴해지지 않도록 해야겠다. 이런 비굴함 속에는 상대의 위세에 굴종하는 것이 아니라 결코 스스로 허물어지지 않을 자신감이 들어 있어야 가능하다. 이런 자세는 전국시대 송견宋銒과 윤문尹文의 "견모불욕見侮不辱", 즉 모욕을 당하더라도 굴욕스럽다고 생각하지 않는다는 주장과 잘 이어진다. (안동림 역주, 「천하」, 『장자』, 786쪽 참조).

3) 또 다른 비굴함도 있다. 영화 〈아멜리에〉의 한 장면이 생각난다. 지하철의 걸인이 "일요일에는 영업을 안 한다"며 아멜리에의 손을 사양하는 장면 말이다. 비굴할 때도 있지만 그럴 필요가 없을 때에는 떳떳하게 처신하는 것이다.

17-16 [467]

공 선생님이 들려주었다. "옛날의 인민(백성)에게 세 가지 병이 있었다. 오늘날의 경우 이마저도 없어 보인다. 옛날의 포부가 멀고 큰 자는 거리낌이 없었지만 오늘날의 광자는 개망나니처럼 군다. 옛날의 자긍심 가진 이는 원칙을 들먹였지만 오늘날의 자긍심 가진 이는 걸핏하면 성내고 싸우려 든다. 옛날의 어수룩한 이는 솔직(순박)했지만 오늘날의 어수룩한 이는 영악하여 속이려 든다."

子曰: "古者民有三疾. 今也或是之亡也. 古之狂也肆, 今之狂也蕩. 古之矜也廉, 今之矜也忿戾. 古之愚也直, 今之愚也詐而已矣."
자왈: "고자민유삼질. 금야혹시지망야. 고지광야사, 금지광야탕. 고지긍야렴, 금지긍야
분려. 고지우야직, 금지우야사이이의."

상황 ● 거칠더라도 희망이 있던 옛날과 가볍고 영악해지는 지금을 대비시켜 세태의 변화를 설명하고 있다. 개인적으로나 사회적으로나 과거와 현재는 비교의 대상이 된다. 나이 든 사람은 자기 세대와 젊은 세대를 비교하며 "내 때는 참 안 그랬는데, 요즘 애들은 말이야"라고 말한다. 공 선생도 현재, 현실, 동시대인에게 불만이 많았나 보다. 그런데 옛사람에게 없는 오늘날 사람들의 장점은 왜 말하지 않을까? 하나도 없을 정도로 그 현대의 사람들이 철저하게 타락하지는 않았을 텐데. 과거가 현재보다 낫다는 말이 반복되면, 공 선생은 세상이 점점 타락하는 걸로 본다는 혐의를 받을 수 있다. 할머니, 할아버지들이 "그래도 왜정倭政 때가 좋았지" 하는 말투와 겹쳐지는 감도 있지만 일종의 문화 비평으로 보고 넘어가도 되겠다. 05.23[115] '오늘날의 광자'를 참조하라.

걸림돌 ● 광狂은 목표는 높지만 실천이 뒤따라주지 않는 특징을 가리킨다. 긍矜은 자존심이 강해서 남들에게 나쁜 말을 죽어도 듣기 싫어한다. 우愚는 지능이 모자란다는 뜻이 아니라 융통성 없이 곧이곧대로 하라고 하는 행태를 가리킨다.

17-17 [468]

공 선생님이 들려주었다. "듣기에 솔깃한 말이나 유들유들 웃는 얼굴을 한다면, 그런 사람에게서 사람다움(고상함)을 찾기 어렵다(불가능하다)."

子曰 : "巧言令色, 鮮矣仁."
자왈 : "교언영색, 선의인."

상황 ● 어떤 이가 부탁을 할 때는 살살 웃으며 다가오고 내 말에 무조건 고개를 끄덕였다. 그런데 볼일이 끝나자 언제 봤냐는 듯이 모른 체했다. 이런 일을 겪다 보면 굳이 배신이라는 말을 떠올리지 않더라도 인간이 싫어진다. 공 선생이 『고대 시가집〔시경〕』의 「끝없이 내리는 비〔雨無正〕」나 「솔깃한 말〔巧言〕」에 나오는 '교언' 시구를 보고서 문득 한 말일 수 있다. 01.03[003]과 중복된다.

디딤돌 ● 공 선생은 지행합일과 언행일치에 이어서 내외일치를 주장한다. 즉 속 다르고 겉 다른 사람은 절대 신뢰할 수 없다고 여긴다. 이런 점에서 위 구절은 나름대로 의미가 있다.

오늘날 말과 표정이라는 주제는 두 가지로 나누어 접근해야 한다.

즉 가치판단이 개입하는 경우와 그렇지 않은 경우로 말이다. 그렇지 않고 공 선생처럼 본다면, 서비스 분야에 종사하는 사람들을 괜스레 이상하게 볼 우려가 있다.

예컨대 장사하는 사람들은 간도 쓸개도 다 내놓고 산다고들 한다. 고객이 왕이므로 정당한 항의이든 어처구니없는 트집이든 주인은 수긍할 수밖에 없다. 이때 주인이 속으로 화가 나지만 겉으로 웃는다고 해서 교언영색이란 말로 그이를 뭐라고 할 수 없다. 오히려 주인이 손님과 함께 성내고 대든다면, 주인이 그것도 못 참으면 어떻게 하느냐는 편잔을 들을 만하다. 이처럼 경제 행위와 관련된다면 교언영색은 고객의 기분을 풀어주어서 영업 이익을 올리는 데에 도움이 되는 좋은 행위일 수도 있지 도덕과 연관시켜 정신에 문제가 있는 것으로 볼 필요는 전혀 없다. 경제는 경제고 도덕은 도덕인 것이다. 물론 이와 달리 교언영색이 가식이나 이중인격으로 읽혀질 수도 있다. 도덕이나 신의와 관련해서 겉 다르고 속 다른 경우 교언영색은 공 선생의 지적처럼 사람이 너무 가볍고 변덕이 심해서 고상한 맛이라고는 조금도 없는 것이다.

◎ 공 선생은 미시적인 언행이 개인의 도덕적 심성을 형성하는 데에 중요한 영향을 끼친다고 보았는데, 이와 관련해서는 필립 아이반호가 쓰고 신정근이 옮긴 『유학, 우리 삶의 철학』(동아시아, 2008)을 참조하라.

깊이 읽기

가치판단과 취미 판단의 영역

삶의 영역은 어디까지 가치판단의 대상이 될 수 있는가?(되어야 하는가?) 판단은 형식에 따라 'ㄱ은 ㄴ이다'라는 정언 판단, 'ㄱ 또는 ㄴ이다'라는 선언 판단, 'ㄱ이면 ㄴ이다'라는 가언 판단으로 나뉜다. 대상의 영역에 따라 취미 판단, 사실 판단, 가치판단이 있다. 근대국가는 대부분 세속 정치를 표방하므로 시민이 초월자의 뜻에 따라 살아야 한다거나 금욕적 삶을 추구해야 한다는 규범을 제시할 수 없다. 근대 이전의 국가는 대부분 지상에 불국토佛國土나 신국神國을 세우려고 했으므로 백성들이 특정한 교의를 수용해 선한 사람이 되기를 요구했다. 오늘날의 기준에서 보면 그들은 몸을 놀리거나 자리에 앉는 것과 같은 사소한 문제도 꼭 이렇게 해야 한다, 저렇게 해서는 안 된다 같은 세세한 규정을 마련했다. 즉 개인이 전적으로 알아서 할 수 있는 영역이 지금보다 확실히 적었다. 이러한 점은 『논어』의 제10편을 보면 뚜렷하게 나타난다.

예컨대 음악의 경우 공 선생은 들어야 할 음악과 듣지 말아야 음악의 경계를 너무나 뚜렷하게 제시한다. 후자는 인간의 심성에 나쁜 영향을 주므로 듣지 말아야 할 뿐만 아니라 국가에서 공식적으로 금지해야 한다고까지 주장했다. 오늘날 우리는 어떤 음악을 좋아하느냐는 철저히 개인적인 취향으로 본다. 아울러 음악에 대한 국가의 검열을 부당한 행정 행위로 본다. 물론 오늘날에도 음악이 취미의 영역에만 속하지 않는 경우도 있다. 예컨대 장례식이나 결혼식과 같은 의례적 공간에서는 그곳에 어울리는 합당한 음악이 있을 것이라고 생각한다. 만약 그 공간에 어울리지 않는 음악을 연주하거나 음악적 행위를 한다면, 음악적 취미를 근거로 아무런 문제가 없다고 항변하기에는 설득력이 떨어질 것이다.

◎ 위 글을 읽고 "공공 영역에서 과도하게 애정을 표현하거나 큰 소리로 음악을 듣는 등의 행위는 왜 도덕적 비난의 대상이 되는가?"에 대해 이야기를 해보자.

17-18 [469]

공 선생님이 비평했다. "〔사이비를 경계해야 한다. 예컨대〕 자주색(간색)이 붉은색(정색)의 자리를 차지하는 것을 싫어하고(반대하고), 정나라의 새로운 음악이 아악의 특성을 엉망으로 만드는 것을 싫어하고, 유창한 말솜씨가 국가의 질서를 무너뜨리는 것을 싫어한다."

子曰: "惡紫之奪朱也, 惡鄭聲之亂雅樂也, 惡利口之覆邦家者."
자왈: "오자지탈주야, 오정성지란아악야, 오리구지복방가자."

상황 ● 오늘날의 상황에 견주면 다음처럼 말할 수 있다. 소프트웨어의 불법 복제품이 정품을 내몰고, 무분별한 교재 복사가 노력하는 저자의 창작 동기를 떨어뜨리고, 짜깁기한 과제물이 힘들여 과제를 하는 이의 어깨를 늘어뜨린다. 『맹자』 「진심」 하 37, '공 선생 말의 풀이'와 15.11[406] '정성 비판'을 참조하라.

디딤돌 ● 진짜와 가짜의 경계는 분명하다. 사람들도 둘을 쉽게 골라내며 속지 않는다. 하지만 진짜 같은 가짜, 가짜 같은 진짜는 가짜와 진짜의 경계를 묘하게 허물고 들어와서 사람들을 헷갈리게 만든다. 문제는 헷갈리게만 만드는 것이 아니라 사람들로 하여금 진짜와 가짜를 혼동하게 만들어 진짜로 향하는 관심을 흩뜨리는 것이다. 즉 진짜의 위기가 찾아오는 것이다.

공 선생이 음악을 예로 들고 있다. 사람들이 명상 음악과 고상한 음악인 아악雅樂을 즐거워해야 하는데 빠른 전개와 다양한 리듬의 정성鄭聲이 나오면서 모두 그것을 좋아하게 되었다. 그럼 왜 공 선생이 옷의 색상, 음악, 말솜씨에 경계경보를 발령한 것일까? 공 선생의 세계에서 기준-중심은 하나이고 절대이고 도전을 허용하지 않는다. 이 기준-중심이 흔들리면 세계가 흔들리는 것과 동일하게 간주된다. 따라서 공 선생은 정성과 아악이 경쟁하는 상황 자체를 용인할 수 없는 것이다.

17-19 [470]

공 선생님이 〔지친 듯 제자들에게 느닷없이〕 선언했다. "나는 더 이상 말하고 싶지 않네."

자공이 〔조심스레 마음을 돌리려고〕 말을 건넸다. "선생님이 말문을 열지 않으면 우리들이 〔어디에 가서 사람들에게〕 무엇을 들려주겠습니까?"

공 선생님이 〔멀리 하늘을 쳐다보면서〕 말을 이었다. "하늘(하느님)이 무슨 말을 하던가? 네 계절은 때가 되면 바뀌고, 만물은 때에 따라 자라난다. 하늘이 무슨 말을 하던가?"

子曰: "予欲無言." 子貢曰: "子如不言, 則小子何述焉?" 子曰: "天何言哉? 四時行焉,
자왈: "여욕무언." 자공왈: "자여불언, 즉소자하술언?" 자왈: "천하언재? 사시행언,
百物生焉. 天何言哉?"
백물생언. 천하언재?"

상황
● 공 선생이 아무리 말해봤자 소용없는 자신의 처지를 되돌아보고 침묵을 선언하고 있다.

걸림돌
● 말은 나의 주장을 담은 것이고, 나의 주장은 내가 소중하게 생각하는 가치를 담은 것이다. 말을 하지만 그 말이 세상에 흩어져 아무런 반향을 일으키지 못한다. 말을 많이 했지만 이루어지는 것이 없다. 하늘을 보라. 아무런 말을 하지 않지만 때가 되면 계절이 바뀌고 생물이 생

장하고 소멸하는 사이클을 보인다. 이처럼 하늘은 말하지 않지만 그토록 세상을 풍부하게 만든다. 즉 하늘은 말하지 않지만 모든 변화를 낳고, 공 선생 자신은 말을 많이 하지만 아무런 변화도 낳지 못하고 있다. 이 지점에서 침묵을 선택한다면 그 뜻은 두 가지이리라. 하나는 메아리 없는 외침에 인내심의 한계에 도달했다는 개인적 고백이다. 다른 하나는 침묵의 언어로 세상을 운영하는 하늘에 대한 모방이다. 제자들은 공 선생의 복잡한 심사를 모른 채, 침묵에만 주의하고 제 자신들의 걱정만 앞세운다. 이때 공 선생은 죽은 안연을 생각했을지 모르겠다. 한마디만 던지면 말뜻을 알아차리던 안연이었는데, 지금은 두세 번씩 설명을 해야 하니 그 순간만큼 답답함을 느꼈을 것이다. 방금 침묵하겠다고 선언해놓고 그 선언을 파기해야 하기에.

17-20 [471]

노나라의 유비가 공 선생님을 만나고 싶다고 했다. 공 선생님은 아프다는 핑계로 청을 거절했다. 기별을 넣은 사람이 문밖을 나서자 공 선생은 슬을 끌어다 켜면서 노래를 불렀다. 아마 유비로 하여금 가락과 노랫소리를 알아들을 수 있도록 했다.

孺悲欲見孔子. 孔子辭以疾. 將命者出戶, 取瑟而歌. 使之聞之.
유비욕견공자. 공자사이질. 장명자출호. 취슬이가. 사지문지.

상황

◉ 만나서 좋을 일이 없다면 적절한 이유를 대서 안 만나는 것이 좋을 수도 있다. 정견 발표가 아니라 사람 사이의 교제라면 직접 만나기보다는 간접적으로 뜻을 전달하고, 명시적으로 의사를 표명하기보다는 암

시적으로 속내를 비치는 것이 서로의 정서를 자극하지 않을 수 있다.

17-21 [472]

재아가 물었다. "〔아버지와 어머니가 돌아가시면〕 삼년상(실제로 25개월)을 치르는데 기간이 너무 깁니다. 군자가 3년 동안 전통 의식을 돌보지 않으면 전통 의식의 기반이 허물어지고, 3년 동안 예술 일반을 돌보지 않으면 예술 일반의 기반도 무너질 것입니다. 묵은 곡식이 다 떨어지고 햇곡식이 나오기 시작하고, 불씨를 일으키는 나무를 계절마다 다 바꾸었으므로 1년의 기간이면 괜찮을 듯합니다."

공 선생님은 〔예기치 않은 주장에 꽤나 당황했다가〕 몇 가지를 물었다. "〔그래. 부모님이 돌아가시고 1년 만에〕 쌀밥을 먹고 비단옷을 걸치면 자네는 마음이 편안할 것 같은가?"

재아가 대꾸했다. "편안할 듯합니다."

공 선생님이 〔못마땅한 듯〕 비꼬았다. "그래. 자네가 편안하다면 그렇게 하시게! 자율적 인간이 상중에 있으면 맛있는 음식을 먹어도 달지 않고 음악을 들어도 즐겁지 않고 평소 자던 자리에 누워도 편하지 않기 때문에 그렇게 하지 않는 것이다. 지금 자네가 편안하게 느껴지면 그렇게 하시게!"

재아가 〔어색한 분위기를 못 이기고〕 밖으로 나갔다.

공 선생님은 〔기다렸다는 듯이〕 한마디 했다. "재아는 사람(효자)답지 않구나! 자식(사람)은 태어난 지 3년이 지나야 부모의 품을 벗어날 수 있다. 따라서 삼년상은 하늘 아래 통용되는 상례이다. 재아는 자신의 부모에게서 3년 동안 사랑을 받았을까?"

宰我問, "三年之喪, 期已久矣. 君子三年不爲禮, 禮必壞, 三年不爲樂, 樂必崩. 舊穀旣沒,
재아문. "삼년지상, 기이구의. 군자삼년불위례, 례필괴, 삼년불위악, 악필붕. 구곡기몰,
新穀旣升, 鑽燧改火, 期可已矣." 子曰 : "食夫稻, 衣夫錦, 於女安乎?" 曰 : "安." "女安則
신곡기승, 찬수개화, 기가이의." 자왈 : "식부도, 의부금, 어녀안호?" 왈 : "안." "여안즉
爲之! 夫君子之居喪, 食旨不甘, 聞樂不樂, 居處不安, 故不爲也. 今女安則爲之!" 宰我出.
위지! 부군자지거상, 식지불감, 문악불락, 거처불안, 고불위야. 금녀안즉위지!" 재아출.
子曰 : "予之不仁也! 子生三年, 然後免於父母之懷. 夫三年之喪, 天下之通喪也. 予也有三
자왈 : "여지불인야! 자생삼년, 연후면어부모지회. 부삼년지상, 천하지통상야. 여야유삼
年之愛於其父母乎!"
년 지애어 기부모호!"

상황 ● 공 선생과 재아가 부모님의 상을 삼년상으로 할지 일년상으로 할지 논쟁을 벌이고 있다. 재아는 삼년상의 기간이 너무 길고, 3년간 현업을 중단하면 사회적으로 여러 가지 문제가 발생한다고 이유를 들어 일년상을 주장한다. 공 선생은 자식이 3년 정도의 보살핌 끝에 부모의 품을 벗어날 수 있으므로 그에 상응할 정도로 상례를 지내야 하고, 1년 만에 일상으로 복귀하면 심리적 안정을 취할 수 없다는 점을 들어 일년상을 반대한다.

디딤돌 ● 우리가 어떤 음악을 좋아하는 것을 누구에게 허락을 받아야 하는 것은 아니다. 반면에 우리가 옳고 그른 행동을 구분하기 위해서는 어떤 것이 왜 옳은지 설명되어야 한다. 자신이 노래 부르기를 좋아한다고 해서 밤이나 새벽이나 언제든지 부르는 것이 옳다고 할 수는 없지 않은가! 이렇게 보면 취미는 설명의 대상이 아니지만 규범은 정당화의 절차를 거쳐야 한다. 이것은 규범이 한갓 명령이나 선언과 다른 점이다.

깊이 읽기

규범의 근거: 내면의 정감 대 절기와 부합

규범의 정당화는 규범이 어디에 근거를 두고 있느냐라는 물음으로 바꾸어 생각해 볼 수 있다. 재아와 공 선생의 이야기는 단순히 불효자와 효자 또는 짐승과 사람의 틀로 결판날 것이 아니다. 두 사람은 각각 규범의 근거를 어디에 두어야 하는가와 관련해서 이견을 보이고 있다. 공 선생은 사람이 자연적으로 겪는 애정을 중시하고 있다. 그래서 부모님이 돌아가시고 1년 만에 일상으로 복귀해 편안한 잠자리에 들고 맛있는 음식을 먹고 취미 생활을 즐기는 데 마음에 아무런 불편함이 없이 그렇게 할 수 있느냐고 묻는다. 장례를 치르고도 부모님이 잘 드시는 음식을 보면 눈물이 나오고 부모님이 해놓으신 일을 듣다 보면 마음이 짠해진다. 이처럼 자식은 장례를 치른 이후에도 부모님을 추념하다 보면 일상으로의 완전한 복귀가 어렵다. 이 때문에 공 선생님은 3년 정도 유예기간을 두어야 하지 않느냐는 것이다. 이때 3년은 내면의 정감이 무뎌져서 예민하게 사람을 괴롭히지 않게 되는 데에 걸리는 시간이다.

재아는 일정한 상례 기간의 설정을 반대하지는 않는다. 1년은 자연적인 시간의 주기(절기)의 교체와 합치하는 것으로 고려되고 있다. 그럼에도 상례가 1년 이상 되면 현실적으로 여러 가지 문제점이 생기는 것에 주목한다. 여기서 그는 상주(자식)가 죽은 부모와의 관계보다 살아 있는 자들과 맺는 새로운 관계 및 살아서 해야 할 일에 초점을 맞추고 있다. 이로써 그는 죽음을 부모와 자식 사이의 개인적 사건(슬픔)이라기보다 인간과 자연 사이의 피할 수 없는 사건(운명)으로 보는 것이다. 이외에도 전통, 신의 계시, 합의 등도 규범이 정당화될 수 있는 근거가 될 수 있다.

◎ 위 글을 읽고 "규범의 정당성은 어디에 근거를 둘 수 있는가?"에 대해 자신의 생각을 말해보자.

17-22 [473]

공 선생님이 (못마땅하다는 듯이) 이야기했다. "배불리 먹고서 하루 내내 '뭘 할까?'라며 마음을 쓰지(생각하지) 않는다면, 참으로 딱한 노릇이다! 장기나 바둑이라도 있지 않은가? (잡기라도) 하다 보면 (머리를 쓰므로) 아무것도 하지 않는 것보다 낫다."

子曰: "飽食終日, 無所用心, 難矣哉! 不有博奕者乎? 爲之猶賢乎已."
자왈: "포식종일, 무소용심, 난의재! 불유박혁자호? 위지유현호이."

상황

◉ 처음에는 공 선생이 땅에 엉덩이를 붙이려는 사람들에게 "일어나!"라고 하는 것 같았다. 러셀의 『게으름에 대한 찬양』과 폴 라파르그의 『게으를 수 있는 권리』가 생각났다. 다시 생각해보니 자기반성과 인간애가 없는 유한계급에 대한 안타까움을 말하는 것으로도 보였다. 왜 장기나 바둑일까? 최소한 놀이라도 하면서 머리를 쓰라는 것일까? 오락은 즐거움을 주는 만큼 승부를 자극하는 특성이 있다. 자기가 질 수도 있다는(또는 실제로 지는) 것은 놀고먹는 사람에게는 충격적인 일이다. 자기에게 되지 않는 일이 있다는 것을 받아들여야 하는 어쩔 수 없는 일이니까. 이 체험은 사람을 지금과 다른 쪽으로 움직이게 만드는 계기가 되리라. 15.17[412] '잡담'을 참조하라.

깊이 읽기

배우지 않아도 될 때와 배워야 할 때

당신들이 아무것도 배우려 하지 않는다고 나는 들었다
추측건대, 당신들은 백만장자인 모양이다.
당신들의 미래는 보장되어 있다. 미래가
당신들 앞에 환히 보인다. 당신들의 부모는
당신들의 발이 돌멩이에 부딪히지 않도록
미리 준비해놓았다. 그러니 당신은
아무것도 배우지 않아도 된다. 당신은 지금 그대로
계속해서 살 수 있을 것이다.
비록 시대가 불안하여, 내가 들은 대로,
어려운 일이 생긴다 하더라도,
당신에게는 만사가 잘되려면 어떻게 해야 할지를
정확하게 말해줄 당신의 안내자들이 있다.
어떤 시대나 타당한 진리와
언제나 도움이 되는 처방을
알고 있는 사람들에게서
그들은 모든 요령을 수집해놓았을 것이다.
당신을 위하여 이렇게 많은 사람들이 있는 한
당신은 손가락 하나 움직일 필요가 없다.
그러나 만일에 사정이 달라진다면
물론 당신도 배워야만 할 것이다.

──베르톨트 브레히트, 김광규 옮김, 「당신들은 아무것도 배우려 하지 않는다고 나는 들었다」(1932), 『살아남은 자의 슬픔』, 72~73쪽.

◎위 시를 읽고 "배움이 어떻게 해방의 계기가 될 수 있는가?"에 대해 이야기를 해보자.

17-23 [474]

자로가 [자신의 생각으로 풀리지 않는 의문을] 물었다. "자율적 인간은 용맹(용기)을 숭상합니까?"

공 선생님이 대꾸했다. "군자는 옳음(정의)을 최상으로 간주한다. 군자는 용맹(용기)만 갖고 옳음을 갖지 못하면, 혼란을 조성하게 된다. 작은 사람이 용맹만 갖고 옳음을 갖지 못하면, 도둑처럼 된다."

子路曰：*"君子尚勇乎?"* 子曰：*"君子義以爲上. 君子有勇而無義爲亂. 小人有勇而無義爲盜."*
자로왈：*"군자상용호?"* 자왈：*"군자의이위상. 군자유용이무의위란. 소인유용이무의위도."*

상황

◉ 용기는 위험을 위험으로 보지 않고 앞으로 달려 나가게 하는 추진력이 있다. 그 힘이 쓰이는 방향에 따라 자신과 공동체에 행복을 줄 수도 있지만 독이 될 수도 있다. 공 선생은 후자의 상황을 염려하고 있다. 용기는 양면성을 갖는다. 용기는 강고하며 거대한 악에 맞서는 힘이지만 어떤 경우에는 선을 파괴하는 무모함이 될 수도 있다. 물불 가리지 않고 달려드는 멧돼지의 습성, 즉 저돌성을 생각해보라. (신정근, 『사람다움의 발견』, 322~325쪽 참조)

17-24 [475]

자공이 헷갈리는 의문을 물었다. "자율적 인간은 미워하는 대상이 있습니까?"

공 선생님이 대꾸했다. "당연히 미워하는 게 있지. 예컨대 주위 사람의 허물을 들추는 사람, 낮은 자리에 있으면서 윗사람을 헐뜯는 사람, 용감하지만 전통 의식(문화)을 무시하는 사람, 과단성이 있지만 숨 막히는 사람을 미워하지."

[갑자기 공 선생님이 말머리를 바꾸어] 물었다. "자공도 미워하는 대상이 있는가?"

자공이 대꾸했다. [당연히 있습니다.] 남에게 주워들은 것을 자기의 지식인 양 내세우는 사람, 불손한 것을 용감한 것으로 착각하는 사람, 까발리는 것을 정직한 것과 헷갈리는 사람을 미워합니다."

子貢曰: "君子亦有惡乎?" 子曰: "有惡. 惡稱人之惡者, 惡居下流而訕上者, 惡勇而無禮者,
자공왈: "군자역유오호?" 자왈: "유오. 오칭인지악자, 오거하류이산상자, 오용이무례자,
惡果敢而窒者." 曰: "賜也亦有惡乎?" "惡徼以爲知者, 惡不孫以爲勇者, 惡訐以爲直者."
오과감이질자." 왈: "사야역유오호?" "오요이위지자, 오불손이위용자, 오알이위직자."

● 당신은 어떤 사람을 미워하는가? 군자와 당신이 미워하는 대상은 겹치는 것도 있고 그렇지 않은 것도 있을 것이다. 글을 읽기 전에는 군자는 미워하는 것이 없을 줄 알았는데 그런 게 있다고 하니까 괜히 거리감이 좁혀드는 느낌이 들지 않는가? 그도 사람이구나 싶은 마음 말이다. 미움의 대상은 전체적으로 불필요한 것을 들춰내 폭로하고 그것으로 인해 사람 사이가 틀어지는 것과 관련이 있다.

17-25 [476]

공 선생님이 이야기했다. "오직 여자와 작은 사람들과는 함께 살아가기 어렵다. 가까이하면 그들은 건방지고(기어오르려고 하고), 멀리하면 원망의 소리를 해댄다."

子曰: "唯女子與小人爲難養也. 近之則不孫, 遠之則怨."
자왈: "유녀자여 소인위난양야. 근지 즉불손, 원지 즉원."

상황 ● 이 말은 오늘날 더 이상 통용될 수 없다. 공 선생을 비롯한 당시 사람들의 여성에 대한 시각을 보여주는 인류학적 자료일 뿐이다. 공 선생도 시대의 한계 속에 갇혀 있을 수밖에 없었을 것이다.

디딤돌 ● 유교적 사회에서 남성이 여성에 비해 우월적 지위를 누렸다고 할 수 있다. 평등의 관점에서 보면 공 선생과 다른 유학자들 모두 비판의 대상이 될 수밖에 없다. 그들은 남성과 여성이 권리, 지성, 지위 측면에서 똑같다는 사고를 가질 수 없었기 때문이다. 이와 달리 남녀의 차이를 성 역할의 구분으로 설명할 수 있다. 전통적으로 남성은 대표자 지위를 유지하며 공적 영역을 담당하고 여성은 보조자로서 사적 영역을 담당한다. 이 두 영역의 상대적 독립성은 관습에 의해서 보장되었다. 사상의 관점에서 보면 남성과 여성은 만물의 생성을 가능하게 하는 기氣의 두 가지 양태에 비견되었다. 남성은 양陽이고 여성은 음陰이었다. 가치상 양존음비가 지켜졌지만 양 없는 음만큼이나 음 없는 양도 바람직하지 않은 상태였다. 둘의 결합에 의해서 비로소 완결성이 갖추어지는 관계로 간주되었다.

깊이 읽기

자신에 대한 의무와 타인을 위한 의무

"노라: 당신이 제 부탁을 들어주시기만 한다면, 당신의 작은 다람쥐는 깡충깡충 뛰어다니고 공중회전이라도 해 보이겠어요. ……

헬메르: 당신의 가정도, 남편도, 그리고 아이들까지도 뿌리치고 가겠단 말이오? 세상 사람들이 뭐라고 할지 생각해보지도 않고?

노라: 그런 건 생각할 필요가 없어요. 나는 이 길만이 나에게 필요하다는 걸 알고 있을 뿐이에요.

헬메르: 아아, 참 어이없는 사람이군. 그럼 당신은 가장 신성한 의무를 저버리겠다는 말이오?

노라: 가장 신성한 의무라고요?

헬메르: 그걸 꼭 말로 해줘야 안단 말이오? 남편과 아이들에 대한 의무를 말이야.

노라: 내게는 그 밖에도 똑같은 또 하나의 신성한 의무가 있어요.

헬메르: 그런 게 어디 있어? 도대체 어떤 의무가 있다는 거요?

노라: 나 자신에 대한 의무예요.

헬메르: 당신은 무엇보다도 먼저 나의 아내이며 아이들의 어머니요.

노라: 이제는 그런 것을 믿지 않겠어요. 무엇보다도 먼저 나 역시 당신과 똑같은 사람이에요. 당신과 마찬가지로……. 아뇨, 그렇게 되려고 한다는 표현이 더 어울릴지도 모르겠네요. 세상 사람들은 당신이 옳다고 말할 것이고, 책에도 그렇게 쓰여 있어요. 하지만 세상 사람들이 뭐라고 말하든, 책에 무엇이 쓰여 있든 그런 건 이미 내게는 아무런 표준이 되지 않아요. 그것을 확실하게 이해하기 위해서 나는 스스로 깊이 생각해봐야겠어요. ……

헬메르: 어린애 같은 소리만 하는군. 당신은 자신이 살고 있는 이 사회가 어떤 건지 잘 모르고 있소.

노라: 네, 난 아직 잘 몰라요. 그렇기 때문에 이제부터는 그 속에 들어가 똑똑

히 알아볼 작정이에요. 그런 다음 사회가 옳은지 내가 옳은지 분명히 알고 싶어요."

── 헨릭 입센, 김광자 옮김, 『인형의 집』(소담출판사, 2002), 72쪽, 134~136쪽.

◎ 위 글을 읽고 "성 차별을 넘어서 사람이 주체적으로 산다는 것의 의미가 무엇인가?"에 대해 각자의 생각을 나눠보자.

17-26 [477]

공 선생님이 이야기했다. "나이 사십이 되었어도 주위 사람들로부터 손가락질을 받으면 그걸로 끝장이다(모든 기회가 닫혀버린다.)"

子曰:"年四十而見惡焉, 其終也已."
자왈 : "연사십이견오언, 기종야이."

상황
● 나이 사십이 되면 오랜 학습과 준비 기간을 거친 뒤 자신의 포부와 기량을 펼치려고 하는 시점이다. 이때 주위 사람들에게 좋지 않은 평가를 받는다면 도대체 누구를 상대로 일할 수 있겠는가? 02.04[020] '인생의 6단계'와 09.23[233] '사십'을 참조하라.

디딤돌
● 『예기』는 인생의 단계를 『논어』보다 훨씬 세분한다. "사람이 태어나 열 살이 되면 '유幼'라 부른다. 집 밖에 나가 학업을 시작한다. 스무 살이 되면 [기운이 세지 않으므로] '약弱'이라 한다. 관례(성인식)를 치른다. 서른 살이 되면 '장壯'이라 한다. 아내를 맞아들인다. 마흔 살이 되면 [지력과 기운이 굳건하므로] '강强'이라 한다. 관직 생활에 들어선다.

쉰 살이 되면 [기력이 떨어져 피부색이 창백하여 쑥과 비슷하므로] '애艾'라 한다. 부서의 책임을 맡기 시작한다. 예순 살이 되면 [노년에 이르렀으므로] '기耆'라 한다. [직접 하지 못하고] 일을 시키게 된다. 일흔 살이 되면 [나이가 많이 들었으므로] '노老'라 한다. 일(가사)의 관리를 [다음 세대에게] 넘겨준다. 여든이나 아흔이 되면 [깜빡깜빡하거나 정신이 혼미해지곤 하므로] '모耄'라 한다. 일곱 살의 어린아이는 [애처로우므로] '도悼'라 한다. 모와 도의 경우 비록 범죄를 저지르게 되더라도 처벌을 받지 않는다. 백 살이 되면 [하나하나 챙겨야 하므로] '기이期頤'라고 한다(人生十年曰幼, 學. 二十曰弱, 冠. 三十曰壯, 有室. 四十曰强, 而仕. 五十曰艾, 服官政. 六十曰耆, 指使. 七十曰老, 而傳. 八十九十曰耄, 七年曰悼, 悼與耄, 雖有罪, 不加刑焉. 百年曰期, 頤. 大夫七十而致事. 若不得謝, 則必賜之几杖, 行役以婦人. 適四方乘安車. 自稱曰老夫, 於其國則稱名. 越國而問焉, 必告之以其制)."〔이상옥 옮김, 「곡례」 상, 『예기―상』(명문당, 1985), 34쪽〕

18篇

은자의 편
고별의 편

● 은자의 편
● 고별의 편

　제18편은 보통 '미자微子' 편으로 불린다. 특이하게도 이 편은 '자왈'로 시작하지 않고 다른 발언자도 등장하지 않는다. 은나라 말기의 정치 상황을 기술하는 것으로 시작되고 마지막에 공 선생이 '자왈'이 아니라 '공자왈'로 등장한다. 왜 앞의 발언자가 사라지고 공 선생은 뒤에 나타날까? 앞부분은 어떤 기록에 나오는 말을 인용한 것이고 공 선생이 수업 시간에 그 구절을 풀이한 것으로 보인다. 뒤에서 적절한 말을 찾으려고 해도 뾰족한 방법이 없으니까 제일 첫 두 단어로 제목을 달았으리라.
　제18편은 모두 11장으로 되어 있다. 이 편은 다른 편과 달리 몇 가지 점에서 '통일성'에 가까운 특징을 보여준다. 첫째, 사연은 제각이겠지만 등장인물들은 하나같이 세상, 권력, 사람으로부터 비껴나 자기 세계를 일구려는 특징을 지니고 있다. 즉 이들은 공 선생이 강조해마지 않는 책임을 조용히 내려놓은 인물, 은자들의 이야기이다. 그래서 나는 이 편을 〈은둔의 편〉 또는 〈은자隱者의 편〉으로 명명하고자 한다.
　여기서 흥미로운 또 하나의 사실이 있다. 은자들은 이 편에서 아주 높은 목소리로 공 선생 또는 그 학파의 존재 의의를 강하게 부정하고 있는데도 편집자들은 여과 없이 그 내용을 실었다. 이런 점을 어떻게 이해할 수 있을까? 첫째, 『논어』의 편집에는 공 선생을 추종하는 집단만이 아니라 공 선생에게 비판적인 집단도 참여했다. 나아가 우리가 알고 있는 것과 달리 공 선생의 반대자들에 의해 편집되었을 수도 있다. 둘째, 공 선생의 추종자들이 책의 편집을 주도했다고 하더라도 그 기준은 엄격하기보다는 꽤 느슨하며 자유로운 방식으로 결정되었을 것이다. 예컨대 "공 선생이 등장하기만 하면 모두 싣는다"는 원칙을 세우지 않았을까! 이런 점들은 후대의 연구자들로 하여금 공자와 안연을 장자와 유사한 노선으로 묶어보려는 계기를 제공했다.

둘째, 세계관은 다르지만 공 선생도 조국을 떠남으로써 은자처럼 이별의 고통을 겪게 된다. 그이는 이리저리 떠돌면서 은자를 직접 또는 간접적으로 만나지만 그들로부터 조롱을 받는다. 이로써 공 선생은 두 세계 모두로부터 고별을 알리고 새롭게 비집고 들어갈 틈새를 찾기 위해 광야로 나서게 되었다. 여기서도 환대를 받지 못하니 그는 만나는 것마다 떠나야 했던 것이다. 이런 맥락에서 나는 이 편을 〈고별의 편〉으로 명명하고자 한다.

이 편을 읽기 전에 다음 곡들을 들어보자. 하나는 안치환의 〈마른 잎 다시 살아나〉이고, 다른 하나는 베토벤 피아노 소나타 26번(No. 26 E flat major op. 81)이다. 후자는 베토벤이 자신의 제자이면서 후원자인 왕족 루돌프와 전쟁으로 헤어지면서 그 이별의 정을 담은 곡으로, 1악장은 고별Das Lebewohl, 2악장은 부재 Die Abwesenheit, 3악장은 재회Das Wiedersehen라는 부제를 달고 있다.

18-01 [478]

〔은나라의 마지막 왕 주紂임금이 폭정을 일삼을 당시에〕 서자인 형 미자는 그이의 곁을 떠났고, 숙부 기자는 노예가 되었고, 숙부 비간은 반대 의견을 말하다 살해되었다.

공 선생님이 정리했다. "은나라에는 공동체의 평화(화합)를 위해 노력한 세 명의 인물이 있었다."

微子去之, 箕子爲之奴, 比干諫而死. 孔子曰: "殷有三仁焉."
미자거지, 기자위지 노, 비간간이 사. 공자왈: "은유삼인 언."

상황 ● 역사책의 한 페이지와 같다. 은나라의 멸망을 구하기 위해 노력했던 세 사람의 사적을 간단하게 기록하고 있다. 망하는 나라(조직)에, 책임이 있는 이라면 어떻게 하는 것이 바람직한 걸까?

걸림돌 ● 1) 주임금은 애첩 달기妲己에 푹 빠져서 그이가 원하는 것이면 무조건 다 들어주었다. 아울러 두 사람은 주지육림酒池肉林의 고사처럼 향락과 사치로 국가 재정을 파탄으로 몰고 갔다. 이런 상황에서 은나라 현신 세 사람은 주의 폭정을 끝내기 위해서 각자 여러 가지 방식으로 간언을 했지만 모두 실패했다. 주임금이 목牧 지역의 들판에서 주나라 무武임금에 패함으로써 은나라는 멸망했다.

2) 미자는 미자계微子啓로 주임금과 아버지가 같은지 어머니가 같은지 관계가 불명확하지만 그보다 나이는 많았다. 문헌에 따라 주임금의 형 또는 숙부로 나온다. 『서경』「미자」에 보면 미자가 망명에 앞서 기자, 비간과 앞일을 상의한 내용이 나온다. 〔김학주 옮김, 『서경』(명문당, 2002) 참조〕

3) 기자箕子는 주임금의 숙부이다. 여러 차례 주임금의 폭정을 만류했지만 소용이 없자 거짓으로 미친 체하며 노예가 되었다.

4) 비간比干은 주임금의 숙부이다. 그이는 간언을 하다가 비참하게 죽음을 당했다. 달기가 현자의 심장은 구멍이 일곱 군데 있다는 말을 들었는데, 주임금과 함께 비간의 심장을 갈라서 그 사실을 확인했다고 한다.

18-02 [479]

류하혜가 사사, 즉 사법관이 되었다가 세 차례나 파직되었다. 주위 사람들이 수군거렸다. "당신은 아직도 이 나라를 떠나지 않으시오?"
　류하혜가 대꾸했다. "국가의 나아갈 길(원칙)을 곧게 펼치면서 사람(상관)을 모신다면(돕는다면), 어디에 간들 세 차례 정도 쫓겨나지 않겠는가? 나아갈 길을 양보하면서 상관을 도울 생각이라면, 무엇 때문에 부모의 나라를 떠나겠는가?"

柳下惠爲士師, 三黜. 人曰: "子未可以去乎?" 曰: "直道而事人, 焉往而不三黜? 枉道而
류하혜위 사사, 삼출. 인왈: "자미가이거호?"   왈: "직도이사인, 언왕이불삼출? 왕도이
事人, 何必去父母之邦?"
사인, 하필거부모지방?"

● 노나라 현자 류하혜가 거듭되는 임용과 파면을 겪으면서 출사관을 밝히고 있다. 원칙을 고수하다 보면 파면을 피할 수 없으므로, 그것에 신경을 쓰지 않는다고 말한다. 반대로 스스로 원칙을 허물다면 파면을 피할 수도 있고 망명을 떠날 필요도 없다는 점을 밝히고 있다.
　류하혜는 국가가 나아갈 길, 즉 도道에 충실한 것이지 특정 사람에

충실한 것도 관직에 집착하는 것도 아니다. 이처럼 그이는 현실의 권력으로부터 거리를 두고 있기 때문에, 거듭되는 파면에 심리적으로 위축되지도 상처를 받지도 않았던 것이다. 자유로운 영혼을 가진 사람이라고 할 수 있다.

◎ 나와 전체의 무조건적 동일시에 대한 반성을 위해서 박노자가 쓴 『나를 배반한 역사』(인물과사상, 2003)를 읽어보면 좋다.

18-03 [480]

〔공 선생님이 세상을 구제할 기회를 얻기 위해 제나라로 갔다.〕 제나라의 경공이 공 선생님의 대우 문제를 끄집어냈다. "나는 계씨 정도로는 대우해 줄 수 없습니다. 계씨와 맹씨의 중간 정도로는 대우할 수 있습니다."

〔얼마 뒤 또 다른 소리가 흘러나왔다.〕 "나는 이미 늙어서 공 선생을 어디에 쓸 곳이 없구려!"

이런 말이 나오자 공 선생님은 그 길로 곧장 제나라를 떠났다.

齊景公待孔子曰: "若季氏, 則吾不能. 以季孟之間待之." 曰: "吾老矣, 不能用也." 孔子行.
제 경공대공자왈: "약계씨, 즉오불능. 이계맹지간대지." 왈: "오로의, 불능용야." 공자행.

상황

● 대우(조건) 문제는 중요하다. 그러나 중요하다고 해서 그것이 전부는 아니다. 특히 둘이서 함께 좋은 세상을 만들고 세상에 평화를 가져오는 일이라면 더욱 그렇다. 공동의 목적을 조율하고 상호 신뢰를 쌓을 기회를 만들지 않고 '돈' 문제만 자꾸 끄집어내면 거절의 또 다른 표현이리라.

18-04 [481]

제나라 측에서 〔노나라에 예물로〕 여악女樂, 즉 여성 가무단을 보내자 계환자가 받아들였다. 그 후 사흘 동안 〔그이는 여악을 보고 즐기느라〕 조회에 나오지 않았다. 공 선생님은 〔직무를 내놓고〕 자리에서 물러났다.

齊人歸女樂, 季桓子受之. 三日不朝. 孔子行.
제인 귀여악, 계환자수지. 삼일 부조. 공자행.

상황 ● 공 선생이 지도자가 감각적 쾌락에 빠져 공무에 게으름을 피우자 세상을 구원할 희망을 접고 사직을 했다.

걸림돌 ● 1) 오늘날 외교가 이루어지는 곳에는 예물이 빠지지 않는다. 공 선생 시절에도 마찬가지였다. 그러나 오늘날에는 상상할 수 없는 예물이 있었다. 그것은 바로 자국의 여악을 차출하여 그들이 상대국에 가서 공연하도록 하는 조처였다. 여악은 국익을 위한 가무 전사들인 셈이다. 그들의 처지는 피눈물 나게 만들지만, 한편으로 그들의 활동은 음악 예술의 국제적 교류에 기여했다. 여악은 오늘날로 치면 연예인 역할을 한 것이다. 하나라의 여악은 3만을 이룰 정도로 거대한 규모를 갖추었다고 한다. 묵적은 「비악非樂」에서 대규모 악단을 만들어 이들이 공연하는 행사가 국가 재정과 인민의 생활에 엄청난 손실을 끼친다고 지적하면서 극단적으로 음악 폐지론을 펼치기도 했다. (박재범 옮김, 『묵자』, 217~223쪽 참조)

2) 귀歸는 '돌아가다'로 보면 정반대의 해석이 된다. 여기서는 '선물을 보내다'는 궤饋의 뜻으로 쓰인다.

3) 계환자는 계손사季孫斯로 노나라 과두정파의 유력한 일원이었다. 정공과 애공 초기에 집정 신분이었다.

   4) 역사적 사건을 알면 이 글의 맥락과 공 선생의 사직을 좀 더 잘 이해할 수 있다. 공 선생은 노나라의 정공 14년(기원전 496)에 대사구(오늘날의 법무부 장관)에 임명되어 국정을 쇄신했다. 이웃 제나라는 노의 변화가 미칠 정치적 파장을 견제할 묘안을 찾다가 여악 80명을 선발하여 강락무康樂舞를 기막히게 추게 한 뒤 그들을 말 120필과 함께 양국의 우호 증진을 위한 예물로 노나라에 파견했다. 정공과 계손사가 공연에 몰입한 탓에 국정이 마비될 상황에 이르렀다. 상황은 여기에 그치지 않았다. 당시 국가 제사를 지내고 나면 군주가 제물을 관료들에게 나누어 주는 풍습이 있었는데 정공은 이것마저 하지 않았다. 정공은 뭘 해야 하고 뭘 하지 말아야 하는지 절제력을 완전히 상실한 것이다. 이에 공 선생은 조국과 결별할 것을 결심했던 것이다.

   공 선생이 조국을 떠나는 것을 전송한 사람이 있었다. 그이가 악사 기己였다. 공 선생은 조국을 왜 떠나느냐는 기의 질문에 노래로 대답했다. "〔군주가〕아녀자의 입에 휘둘리면 사람(관료)이 떠날 수밖에. 아녀자의 곁을 맴돌기만 하면 사람의 신세를 망칠 수밖에. 마음 졸이지 않고 떠돌아다니며 세월을 보내고 싶네(彼婦之口, 可以出走. 彼婦之謁, 可以死敗. 蓋優哉游哉, 維以卒歲)."〔사마천, 정범진 외 옮김, 『사기세가—하』(까치, 1994), 429~431쪽 참조〕

◎여악 등 전통 시대의 음악에 대한 전문적인 지식을 원한다면 리우짜이성이 쓰고 김예풍과 전지영이 옮긴 『중국음악의 역사』(민속원, 2004)의 '여악' 색인과 김종수가 쓴 『조선시대 궁중연향과 여악연구』(민속원, 2001)를 읽도록 한다.

18-05 [482]

초나라 출신의 미치광이 접여가 노래를 부르며 공 선생님의 옆을 스쳐 지나갔다. "봉새여, 봉새여. 어찌하여 고상한(고고한) 힘이 줄어들었는가? 지나간 일(과거)은 다시 돌이킬 수 없지만 닥쳐올 일은 따라잡을 수 있느니. 그만둘지어다, 그만둘지어다! 오늘날 정치에 참여하는 일이란 위태롭기 짝이 없네!"

공 선생님이 수레에서 내려 그이와 이야기를 나눌 요량이었다. 접여는 노래를 부르고 휑하니 자리를 피하므로 공 선생님이 그이와 이야기를 나눌 수 없었다.

楚狂接輿歌而過孔子曰 : "鳳兮鳳兮! 何德之衰? 往者不可諫, 來者猶可追. 已而已而! 今之
초광접 여가이과공자왈 : "봉혜봉혜! 하덕지쇠? 왕자불가간, 내자유가추. 이이이이! 금지

從政者殆而!" 孔子下, 欲與之言. 趨而辟之, 不得與之言.
종정자태이!" 공자하, 욕여지언, 추이벽지, 부득여지언.

● 은자 한 사람이 혼탁한 세계를 구제하려는 공 선생의 노력을 허망한 것으로 이야기하고 있다. 공자가 지닌 고상한 인격이 사람들에게 영향을 주지 못하는 것을, 덕이 쇠퇴한 것으로 표현하고 있다.

● 1) 접여接輿는 책에 나오는 이름이지만 실명은 아니다. 만나지도 못했는데 이름을 알 리가 없지 않는가? 글자로 따져보면 접여는 수레를 스치고 지나가다는 뜻이다. 그러면 이 부분은 "초나라 출신의 웬 미치광이가 공 선생의 수레를 스치듯 지나가며 노래를 불렀다"고 번역할 수 있다. 곰곰이 생각해보면 접여는 공 선생의 마음을 읽은 사람이다. 이 세상을 살아가는 데에 일말의 주저도 없이 제 길을 뚜벅뚜벅 걸어가는 이가 몇이나 있겠는가! 그의 노랫가락은 언젠가 공 선생의 마음에서 움

텄던 소리였는지도 모른다.

  2) 이 노래는 『장자』에도 소개되어 있다. 둘을 비교해보면 『논어』 쪽이 생략된 것이다. 『장자』에 실린 노래를 살펴보자. "봉새여, 봉새여. 어찌하여 고상한 힘이 줄어들었는가? 앞날은 기대할 수 없고, 지난날은 다시 좇을 수 없다네. 세상에 나아갈 길이 보이면 성인이 그것을 이루지만 세상에 나아갈 길이 보이지 않으면 성인은 나서지 않고 살아갈 뿐이다. 지금 이 세상살이 형벌을 피하기만 해도 버거운데. 행복은 깃털보다 가볍지만 지칠 줄 모르고 재앙은 흙덩어리보다 무겁지만 피할 줄 모르네. 그만두세, 그만두세. 고상함으로 사람을 이끌려고 하는 것을. 위험하다네, 위험하다네. 땅에 선을 긋고 바삐 다니는 꼴이. 가시나무여, 가시나무여! 내 걸음을 다치게 하지 마라. 내가 굽은 길을 갈지니 내 발을 다치게 하지 마라. 산의 나무(재목)는 스스로 톱질을 불러들이고 등불은 제 스스로 불을 태운다. 계수나무는 먹을 만하니 베어지고 옻나무는 쓸모가 있으므로 찢겨진다. 사람들은 모두 쓸모 있는 것의 쓸모를 알 뿐 쓸모없는 것의 쓸모를 모르는구나!" (안동림 역주, 「인간세」, 『장자』, 142~143쪽 참조)

18-06 [483]

장저와 걸닉이 짝을 이루어 밭을 갈고 있었다. 공 선생님이 그 부근을 지나가다가 자로를 시켜서 그 두 사람에게 나루터가 어디 있는지 물어보게 했다.

  장저가 먼저 물었다. "저기 말고삐를 잡은 이는 뉘시요?"
  자로가 대꾸했다. "공구라는 사람입니다."

장저가 되물었다. "노나라의 공구라는 사람 말입니까?"

자로가 대꾸했다. "예, 맞습니다."

장저가 [갑자기 시큰둥하게] 이야기했다. "그렇다면 [시대를 건너가는] 나루터쯤은 잘 알고 있을 게요." [그러고는 장저가 말문을 닫아버렸다.]

[자로는 하는 수 없이 옆에 있던] 걸닉에게 같은 것을 물었다.

걸닉이 [묻는 말에 대꾸하지 않고 거꾸로] 물었다. "그런데 그대는 뉘시오?"

자로가 대꾸했다. "중유라고 합니다."

걸닉이 되물었다. "당신도 노나라 공구라는 사람의 무리입니까?"

자로가 질문을 받고서 대꾸했다. "그렇습니다."

걸닉이 [갑자기] 일장 연설을 했다. "우당탕거리며 모든 걸 휩쓸어가는 것이 하늘 아래의 형세인데, 누가 무엇으로 이를 바꾸겠소? 당신도 [함께할 인물을 찾느라] 보통 사람을 피하려드는 인물, 즉 공 선생님을 따라다니기보다는 아예 세상을 등지고 사는 인물을 따르는 게 어떻겠소?" [걸닉은 할 말을 다했다는 듯 말문을 닫고] 써레질로 흙을 덮으며 그칠 기세가 없었다.

자로는 공 선생님 쪽으로 돌아가서 있었던 일을 이야기했다.

공 선생님이 [놀라기도 하고 안타깝기도 한 듯 약간 흥분해서] 이야기했다. "사람은 날짐승이나 들짐승과 함께 무리를 이루어 살 수 없지. 내가 이들 사람의 무리가 아니고 누구와 더불어 지낼 수 있겠는가? 하늘 아래가 제 갈 길을 가고 있다면 구가 여러분들과 세상을 바꾸려고 하지 않았을 텐데."

長沮桀溺耦而耕. 孔子過之, 使子路問津焉. 長沮曰: "夫執輿者爲誰?" 子路曰: "爲孔丘."
장저걸닉우이경. 공자과지, 사자로문진언. 장저왈: "부집여자위수?" 자로왈: "위공구."

曰: "是魯孔丘與?" 曰: "是也." 曰: "是知津矣." 問於桀溺. 桀溺曰: "子爲誰?" 曰: "爲
왈: "시로공구여?" 왈: "시야." 왈: "시지진의." 문어걸닉. 걸닉왈: "자위수?" 왈: "위

仲由." 曰: "是魯孔丘之徒與?" 對曰: "然." 曰: "滔滔者天下皆是也, 而誰以易之? 且而與
중유." 왈: "시로공구지도여?" 대왈: "연." 왈: "도도자천하개시야, 이수이역 지? 차이여
其從辟人之士也, 豈若從辟世之士哉?" 耰而不輟. 子路行以告. 夫子憮然曰: "鳥獸不可與同
기종벽인지사야, 기약종벽세지사재?" 우이불철. 자로행이고. 부자무연왈: "조수불가여동
羣. 吾非斯人之徒與而誰與? 天下有道, 丘不與易也."
군. 오비사인 지도여이수여? 천하유도, 구불여역야."

● 장저와 걸닉이란 은자가 공 선생의 목표가 도저히 불가능하다며 사
람을 찾아다닐 것이 아니라 위험을 낳은 사람(사회)으로부터 피할 것을
제안하고 있다.

상
황

● 1) 문진問津은 글자 그대로는 나루터가 어디에 있는지를 묻는다는 뜻
이다. 나루터가 강을 건너게 해준다. 여기서 문진은 세상이 나아갈 길
을 묻는다는 뜻으로 확대되어 쓰인다.

걸
림
돌

2) 은자와 공 선생 사이에 팽팽한 긴장감이 흐른다. 은자들은 지금
세상의 변화를 몇 사람의 노력에 의해 만회할 수도 구제할 수도 없는 절
망적인 것으로 본다. 사회에 있다가는 어떤 위험스런 상황에 빠질지 모
르므로 세상을 등지는 것이 바람직하다는 것이다. 왜 숨어야 하는 걸
까? 억울한 죽음을 당하지 않고 생명을 보존하기 위한 것이기도 하고
현 정세를 피해 다음의 기회를 노리는 것일 수도 있다. 반면에 공 선생
은 현실 개혁의 희망을 놓지 않는다. 그 희망은 자신과 뜻을 같이하는
지도자를 만나는 데에서부터 싹틀 수 있다. 그는 일시적인 상황의 유불
리에 조금도 개의치 않는다. 기회가 주어지기만 하면 그 한 번으로도
세상을 일으킬 거대한 변화가 시작될 수 있다고 확신하기 때문이다.

3) 공 선생은 현실의 정치가들에게 버림받고, 시대를 등진 사람들로
에게도 냉대 받고, 고통을 겪는 일반 민중들에게도 환대를 받지 못했

다. 고독이 서 말이면 술은 몇 동이며 기다림은 또 얼마나 깊을까! 고독이 깊어가는데도 자신의 세계를 추구해가는 힘은 도대체 어디에서 나오는 걸까? 그것은 자신이 산림에서 짐승을 돌보는 존재가 아니라 사람을 돌보는 인문주의자라는 자각에서 나온다. 짐승은 굶어 죽지 않고 생존을 이어가는 것으로 만족을 찾을 것이다. 사람이라면 생존의 욕구가 충족되는 것을 넘어서 인륜적 가치를 실현해야 한다. 이 자각이 없었더라면, 공 선생은 짐승들이 사는 산림에서 자연과 교감하는 운둔자의 유혹에 넘어갔을지도 모른다.

◎ 사회를 떠난 자와 사회 속에서 철저하게 고립된 자가 느끼는 문학적 정서를 느껴보려면 시바 로쿠로邪波六郎가 쓰고 윤수영이 옮긴 『중국문학 속의 고독감』(동문선, 1992)을 읽도록 한다.

깊이 읽기

최소한도의 나라, 호사스런 나라, 참된 나라

"[소크라테스] 한 사람이 한 가지 필요 때문에 다른 사람을 맞아들이고, 또 다른 필요 때문에 또 다른 사람을 맞아들이는 식으로 하는데, 사람들에겐 많은 것이 필요하니까, 많은 사람이 동반자 및 협력자들로서 한 거주지에 모이게 되었고, 이 '공동 생활체'에다 우리가 '나라polis'라는 이름을 붙여주었네." …… "그러면 이론상으로 처음부터 나라를 수립해보세. 그런데 나라를 세우는 것은 우리의 '필요chreia'가 하는 일인 것 같으이." …… "나라는 이처럼 많은 여러 가지를 마련하기 위해, 이를 어떻게 충족시킬 것인가? 농부가 한 사람, 집 짓는 사람이 또 한 사람, 직물을 짜는 또 다른 한 사람이 더 있을 수밖에 [없지 않는가]? 혹시 우리는 여기에다 제화공이나 아니면 신체와 관련되는 것들을 보살피는 또 다른 사람을 보탤 것인가?" …… "그렇다면 '최소한도의 나라'는 넷 또는 다섯 사람으로 이루어지겠

네……'

소크라테스는 이야기를 이어가면서 호사스런 나라를 이야기한다. 인간의 욕망이 늘어남에 따라 최소한도의 국가는 점점 확대되어 더 많은 기능을 수행할 사람이 필요해진다. 모든 것이 자립적이지 않으면 상인과 무역상까지 필요하다. 소크라테스는 논의를 계속 진행하면서 마지막으로 철인 왕이 통치하는 참된 나라를 언급한다. 즉 사람의 영혼이 내적 질서를 찾고 국가 구성원들 사이에 조화로운 상태를 이루고 사람의 본성이 실현되는 나라이다."

—— 플라톤, 박종현 옮김, 『국가·정체』(서광사, 2005), 146~147쪽(369c-d)과 155~159쪽(372e-374e), 216쪽(399e).

◎ 위 글을 읽고 "소크라테스의 최소한도의 나라와 공 선생의 조수(짐승)들의 나라가 인간다운 나라에 합치되지 않는 이유는 무엇일까?"에 대해 토론을 해보자.

18-07 [484]

자로가 공 선생님을 수행하다가 〔남은 일을 처리하느라〕 후발대가 되었다. 〔그이는 앞선 일행을 수소문하다가〕 나이 지긋한 사람을 만났다. 이 노인은 삼태기를 지팡이에 걸어 어깨에 메고 있었다.

자로가 〔일행의 특성을 소개하고서〕 물었다. "당신은 우리 선생님을 보셨는지요?"

〔크지 않은 지역에 낯선 사람의 무리가 색다른 차림을 하고 길을 갔으므로 이 노인은 보았든지 소문을 들었든지 해서 알고 있었을 것이다.〕

노인이 대꾸했다. "팔다리를 부지런히 놀리지 않고 먹고사는 오곡조차 구분하지 못하는 작자들 말이요. 도대체 누가 누구의 선생이라는 거요?" 그이는 막대기를 땅에 꽂아두고서 김을 맸다.

자로는 가지 않고 두 손을 맞잡고 계속 서 있었다.

[그러자] 이 노인은 [일행의 행방을 알려주면 가겠다는] 자로를 붙잡고 하룻밤 자고 가게 했다. [노인은 자로를 자신의 집으로 데려와서] 닭을 잡고 기장밥을 지어 먹였다. 또 노인은 자신의 두 아들을 자로에게 소개했다.

다음 날 자로는 그 집을 나서 [일행을 만나서 어제 있었던 일을 공 선생님에게] 알려주었다.

공 선생님이 [나지막한 소리로] 이야기했다. "은자, 숨어 사는 분들이구나!" [이어서 은자의 삶을 조목조목 비판했다.] 공 선생님은 자로를 시켜 왔던 길을 되돌아가서 그 사람들을 만나보도록 했다. 자로가 어제 묵었던 집에 가보니 그들은 벌써 자취를 감추었다.

자로는 [빈집에 대고 선생님의 말을] 전달했다. "공직에 나서지 않으면 본분(도리)을 저버리는 일입니다. 어른과 아이 사이의 예절은 없앨 수 없지요. 하물며 군주와 신하 사이의 도리를 어찌 내팽개칠 수 있겠습니까? 자신의 한 몸을 더럽히지 않으려다 소중한 인륜을 어지럽히다니요. 자율적 인간이 세상에 나서는 것은 자신의 의무(책임)를 실행하는 것입니다. 나아갈 길이 제대로 펼쳐지지 않으리라는 것쯤은 우리도 이미 알고 있습니다."

子路從而後. 遇丈人. 以杖荷蓧. 子路問曰: "子見夫子乎?" 丈人曰: "四體不勤, 五穀不分.
자로종이후. 우장인. 이장하조. 자로문왈: "자견부자호?" 장인왈: "사체불근, 오곡불분.
孰爲夫子?" 植其杖而芸. 子路拱而立. 止子路宿. 殺雞爲黍而食之. 見其二子焉. 明日. 子路
숙위부자?" 식기장이운. 자로공이립. 지자로숙. 살계위서이식지. 견기이자언. 명일. 자로
行以告. 子曰: "隱者也." 使子路反見之. 至則行矣. 子路曰: "不仕無義. 長幼之節, 不可廢
행이고. 자왈: "은자야." 사자로반견지. 지즉행의. 자로왈: "불사무의. 장유지절, 불가폐
也. 君臣之義, 如之何其廢之? 欲潔其身, 而亂大倫. 君子之仕也, 行其義也. 道之不行, 已知
야. 군신지의, 여지하기폐지? 욕결기신, 이란대륜. 군자지사야, 행기의야. 도지불행, 이지
之矣."
지의."

상황 ● 자로가 은자를 만나 이야기를 듣고 그것을 공 선생님에 전해주자, 공 선생이 자로를 보내 대답을 전하고자 했던 이야기이다.

디딤돌 ● 공 선생 세계의 핵심은 세상을 구원하겠다는 책임 의식이다. 그러나 그이를 본받고자 했던 사람들은 자신이 살아 있는 한 그 책임에서 자유로울 수 없었다. 극단적으로 그 구원을 위해 자신의 목숨을 풀잎이 바람에 흩날리듯 가볍게 내놓았다. 책임을 말하지 않고 권력을 붙잡고, 구원을 내세우지 않고 소유를 불리려고 했다면 그것은 공 선생을 빙자한 범죄인 셈이다.

여기서 공 선생이 은자에 대한 공세의 수위를 한층 높이고 공격의 화살을 분명히 하고 있다. 사람은 인륜적 존재인데, 은둔하면 제 한 몸은 깨끗하게 할 수 있지만 더 근원적인 인륜을 저버린다고 주장한다. 이런 인륜적 가치를 사람으로서 반드시 수행해야 할 의義, 즉 본분이나 의무로 내세우고 있다. 이에 따르면 은자들은 제 한 목숨 살고자 의와 인륜을 저버린 자가 된다. 다시 말해서 그들은 사람답지 않은 사람, 즉 짐승이 되는 것이다.

이어서 공 선생은 은자들에게 안치환의 노래를 들려주고 싶어 했을 것이다. "서럽다 뉘 말하는가 흐르는 강물을 / 꿈이라 뉘 말 하는가 되살아오는 세월을 / 가슴에 맺힌 한들이 일어나 하늘을 보네 / 빛나는 그 눈 속에 순결한 눈물 흐르네 / 가네 가네 서러운 넋들이 가네 / 가네 가네 한 많은 세월이 가네 / 마른 잎 다시 살아나 푸르른 하늘을 보네 / 마른 잎 다시 살아나 이 강산은 푸르러"(〈마른 잎 다시 살아나〉).

◎ 장징이 쓰고 박해순이 옮긴 『공자의 식탁』을 보라. 특히 32쪽을 보면 기장밥이 메기장이 아니라 차기장이라고 나와 있다. 또 공 선생의 시대에는 쌀보다 콩이 주식이었다고 주장한다.

18-08 [485]

일민, 즉 세상을 버렸거나 세상으로부터 버림을 당한 인물로는 백이와 그이의 동생 숙제·우중·이일·주장·류하혜·소련 등이 있다.

공 선생님이 그들의 삶에 대해 해설했다. "그중에 자신의 포부(뜻)를 굽히지 않고 자신의 몸을 더럽히지 않은 이는 백이와 숙제일 게다!"

또 말하자면 류하혜와 소련은 "위와 반대로 뜻을 굽히고 몸을 더럽혔지만 뭐하고 욕할 수 없다. 왜냐하면 그들의 말(주장)은 인륜에 들어맞고 행동은 사려 끝에 나왔기 때문이다. 이와 같을 뿐이었다."

또 말하자면 우중과 이일은 "위와 달리 숨어 살면서 한 번씩 사람을 만나 거리낌 없이 주장했지만 뭐하고 욕할 수 없다. 왜냐하면 그들의 몸은 깨끗함을 잃지 않았고 기득권을 내버리는 것이 상황적으로 적절했다."

"〔……〕 나는 이들과 다르다. 꼭 해야만 하는 것도 없고 꼭 하지 말아야만 하는 것도 없을 뿐이다."

逸民: 伯夷·叔齊·虞仲·夷逸·朱張·柳下惠·少連. 子曰 : "不降其志, 不辱其身, 伯夷·
일민: 백이·숙제·우중·이일·주장·류하혜·소련. 자왈 : "불강기지, 불욕기신, 백이·
叔齊與!" 謂"柳下惠少連, 降志辱身矣. 言中倫, 行中慮. 其斯而已矣." 謂"虞仲夷逸, 隱居
숙제여!" 위"류하혜소련, 강지욕신의. 언중륜, 행중려. 기사이이의." 위"우중이일, 은거
放言. 身中淸, 廢中權. 我則異於是 無可無不可."
방언. 신중청, 폐중권. 아즉이어시, 무가무불가."

● 여기에 제시된 사람들은 현실과 거리를 두고 살아간 인물들이다. 공 선생은 이들의 유형을 세 가지로 분류하고 특징을 제시한다. 이어서 자신의 삶은 이들의 유형에 흡수되지 않는 독자성이 있다고 주장하고 있다.

:::: 걸림돌
● 공 선생의 마지막 말 "무가무불가無可無不可"는 공 선생의 사유와 삶의 특성을 단적으로 보여준다(비슷한 관점이 04.10[076]에도 드러난다). 그이는 자신이 꼭 따라야 하거나 반드시 하지 말아야 하는 절대적 기준에 맞춰 살지 않고, 자신이 처한 상황에 어울리는 방식을 새롭게 창출해서 살아간다고 말한다. 이로써 그이는 일민逸民을 세 가지 부류로 정리해놓고 또 다른 제4의 길을 말하지는 않는다. 이것은 앞에 나온 의義, 인문주의의 길이라고 할 수 있다.
::::

깊이 읽기

세 가지 문화의 길

"첫째, 가장 기본적인 길: 자신이 바라는 것을 얻으려고 애쓰고 자신의 요구를 충족시키려 하는 것이다. 바꾸어 말하면 바로 분투의 태도이다. 문제에 부딪치면 늘 전진하여 착수하고, 그 결과 국면을 바꾸어 욕구를 충족시킬 수 있다. 이것은 생활(생존)을 위한 가장 기본적인 길이다.〔유럽 사람〕

둘째, 문제에 부딪치면 해결하려고 하지 않고, 바로 그 처지에서 자기만족을 구한다. 가령 집이 작고 비가 샐 경우, 가장 기본적인 길에 따르면 집을 바꾸려고 하겠지만, 두 번째의 태도를 취하면 결코 집을 개조하려 하지 않고 그 상황에서 자신의 생각을 바꿈으로써 만족하는 경향성을 드러낸다. 이때 착수하는 곳은 앞이 아니다. 눈이 앞을 보지 않고 주변을 본다. 그이는 결코 국면을 개조하려고 분투하지 않고, 생각을 돌려 상황에 따라 편안히 여기려 한다. 그이가 문제에 대응하는 방법은 단지 자기 의욕의 조화일 뿐이다.〔중국 사람〕

셋째, 이 세 번째 길로 나아가는 사람은 문제를 해결하는 방법이 앞의 두 경우와 다르다. 문제에 부딪치면 이 문제 혹은 욕구를 근본적으로 취소하려 한다. 이때 그이는 첫 번째 길처럼 국면을 개조하려 하지도 않고, 두 번째 길처럼 자기의 생각을 바꾸려고도 하지 않으며, 문제를 근본적으로 취소하려 든다. 이것도 문제에 대응하는 하나의 방법이다. 그러나 생활(생존)의 본성에는 가장 어긋난다. 왜냐하면 생활의 본성은 욕구를 전진적으로(전보다는 낫게) 추구하려는 것이기 때문이다. 각종 욕망에 대한 금욕적인 태도는 다 이 길로 귀결된다.〔인도 사람〕

모든 인류의 생활은 대략 다음 세 가지 노선 내지 양식에서 벗어나지 않는다. 하나, 전진적인 추구. 둘, 자신의 생각에 대한 변화·조화·조절. 셋, 자신을 돌려 물러서는 추구."

—— 양수명, 강중기 옮김, 『동서 문화와 철학』(솔출판사, 2005), 104~105쪽.

◎ 위 글을 읽고 "량수밍(梁漱溟, 1893~1988)의 문화 담론이 현대사회에도 여전히 유효한가?"에 대해 각자의 생각을 정리해서 토론을 해보자.

18-09 [486]

〔노나라의 정치적 상황이 불안해지자 악사들이 할 일을 잃고 모두 뿔뿔이 흩어졌다.〕 태사 지는 제나라로 갔고, 아반 간은 초나라로 갔고, 삼반 료는 채나라로 갔고, 사반 결은 진나라로 갔다. 또 북을 치는 방숙은 황하 유역의 어딘가로 들어갔고, 작은 북을 흔드는 무는 한수 유역의 어디로 들어갔고, 소사 양과 편경을 치는 양은 발해 부근 지역으로 들어갔다.

大師摯適齊, 亞飯干適楚, 三飯繚適蔡, 四飯缺適秦. 鼓方叔入於河, 播鼗武入於漢, 少師陽,
태사지적제, 아반간적초, 삼반료적채, 사반결적진. 고방숙입어하, 파도무입어한, 소사양,
擊磬襄入於海.
격경양입어해.

상황 ◉ 전통 시대에는 국가(궁정)가 예술의 가장 든든한 후원자였다. 당시의 국가는 일종의 종교 국가의 특성을 띠었던 만큼 왕족의 거룩함과 신성성을 표현하고 선조의 영혼을 즐겁게 하는 음악이 필수적이었다. 국가가 망한다는 것은 각종 종교 의례가 더 이상 안정적이며 체계적으로 운영되지도 관리되지도 못한다는 것이다. 관심 밖의 존재들은 더 이상 궁정에 머물러 있어야 할 근거를 찾지 못하자 뿔뿔이 흩어졌다. 이로써 음악인의 처지는 불안해졌지만 긍정적인 효과를 낳았다. 안정기에는 민간 예술이 궁정 예술로 흘러들었다가 혼란기에는 궁정 예술이 민간 예술로 흘러나옴으로써 한 나라 안에서 예술이 교류하게 되었다.

걸림돌 ◉ 아반亞飯은 천자가 코스 요리처럼 여러 차례에 걸쳐 식사를 할 때 두 번째 요리가 나올 때를 말한다. 삼반과 사반도 같은 맥락에서 이해하면 된다.

18-10 [487]

주공이 노나라의 제후로 떠나는 자신의 아들 백금伯禽에게 일러주었다. "지도자라면 자신의 친척을 소홀히 하지 않고, 대신들을 중요한 일에 쓰지 않아 원망하지 않게 하시게. 또 오랫동안 일해온 사람은 엄청난 잘못이 아니면 결코 내버리지 마시게(사형에 처하지 마라). 한 사람에게 모든 책임을 묻지 마시게."

周公謂魯公曰: "君子不施其親, 不使大臣怨乎不以, 故舊無大故, 則不棄也. 無求備於一人!"
주공위로공왈: "군자불시기친, 불사대신원호불이, 고구무대고, 즉불기야. 무구비어 일인!"

상황 ● 주공은 주나라 건국 이후 노나라의 제후에 분봉되었다. 하지만 그이는 임지에 부임하지 않고 수도에 남아서 주나라의 제도를 정비했다. 결국 그이의 아들 백금이 처음으로 임지로 떠나게 되었다. 주공은 낯선 땅에 정복 집단으로 먼 길을 떠날 자식이 걱정스러워서 할 말이 많았을 것이다. 그래서 정치의 핵심을 충고하고 있다. 우리가 미지의 세계로 첫발을 밟으려고 할 때 얼마나 떨리고 걱정이 되던가! 경험 많은 이가 일러주는 말은 어두운 곳을 비추는 빛줄기처럼 고맙고 안심이 되지 않던가! 주공의 말을 듣는 백금도 그런 심정이었으리라.

디딤돌 ● 1) 여기서는 주공이 천자의 도성에서 오늘날 산동성 곡부曲阜의 임지로 떠나는 제후에게 건네는 말이다. 주공이 네 가지 사항을 일러주고 있는데, 고려 태조의 '훈요십조'에 비하면 '훈요사조訓要四條'라고 할 수 있겠다〔훈요십조는 고려 태조 왕건이 943년(태조 26)에 자손들에게 남긴 열 가지의 유훈이다. 다른 말로 신서십조信書十條・십훈이라고도 한다. 태조가 개인적으로 아끼던 박술희朴述熙를 내전으로 불러들여 내용을 전달했다〕. 핵심은 친족 집단끼리 불화가 일어나서는 안 된다는 점, 한 사람만을 너무 신뢰하지 말라는 점이다. 즉 내부가 분열되면 쉽게 외부의 침입을 불러들이게 되고, 한 사람에게 깊이 의존하면 거꾸로 그 사람에 이용당할 수 있기 때문이다. 신참 제후에게 적실한 말이라고 할 수 있다.

전통 시대 왕조의 개조開祖는 건국 과정에서 겪는 경험을 종합해서 사회 통합을 위한 국정 운영의 지침을 입안하고 후손에게 이를 준수할 것을 지시한다. 이것은 근대의 헌법과도 같은 지위를 갖는다. 송을 세운 조광윤이 왕명에 반대 의견을 펼치는 관료를 처벌하지 말라고 했던 유훈도 유명하다.

2) 이以는 보통 영어의 전치사처럼 명사와 함께 쓰여 '……로써', '……을 가지고', '……때문에'라는 보조적인 의미를 나타낸다. 그러나 여기서는 까닭, 이유라는 뜻의 명사로 쓰이고 있다. 다음 구절의 고 故와 같은 뜻을 나타낸다.

18-11 [488]

주나라에는 여덟 명의 지식인이 있었다. 백달·백괄·중돌·중홀·숙야·숙하·계수·계와가 그들이다.

周有八士: 伯達·伯适·仲突·仲忽·叔夜·叔夏·季隨·季騧.
주유팔사: 백달·백괄·중돌·중홀·숙야·숙하·계수·계와.

상황
◉ 하나의 국가가 건국에서 멸망의 과정을 거쳐갈 때 여덟 명의 인재만 있었을까? 이름이 전해지지 않지만 큰일을 했던 사람도 있었을 테고 그릇, 농기구처럼 오늘날까지 전해지는 인류의 공유 자산을 만든 기술자도 있었을 것이다.

디딤돌
◉ 백, 중, 숙, 계는 형제의 서열을 나타내는 말로 쓰인다. 다른 말로 하면 첫째, 둘째, 셋째, 넷째라는 뜻이다. 자식이 다섯 명 이상이면 숫자를 붙여서 불렀다.

19 篇

사도의 편
분기의 편

● 사도의 편
● 분기의 편

제19편은 보통 '자장' 편으로 불린다. 특이하게도 이 편은 '자왈'로 시작하지 않고 "자장왈子張曰"로 시작한다. 편집자는 이런 예외성에 주목한 탓인지 보통 '자왈' 다음의 글자로 편명을 삼는 관행을 깼다. 관행에 따르면 이 편은 '자장'이 아니라 '사견士見'이 되었을 것이다.

제19편은 모두 25장으로 되어 있다. 특이할 정도로 이 편에서는 공 선생이 한 번도 발언자로 등장하지 않는다. 아마 이 편은 공 선생의 사후 제자들이 선생님의 말을 전달하고 풀이한 글로 보인다. 제자 중 자장이 두 차례(1, 2장), 자하가 아홉 차례(4, 5, 6, 7, 8, 9, 10, 11, 13장), 자유가 두 차례(14, 15장), 증 선생이 네 차례(16, 17, 18, 19장), 자공이 여섯 차례(20, 21, 22, 23, 24, 25장) 발언자로 등장한다. 이런 점에서 나는 이 편을 〈제자들의 편〉 또는 〈사도의 편〉으로 명명하고자 한다. 이외에 자하와 자장 사이의 우정 또는 교제에 대한 논쟁(3장), 자유와 자하 사이의 학문의 방법론 설전(12장)이 있다. 이들의 발언에는 공 선생의 숨결이 묻어 있으므로 그이의 자취가 완전히 사라졌다고 할 수는 없다. 공 선생이 존재했다면 이견을 통합할 수 있는 권위가 있었겠지만, 그이의 부재로 이견이 통합되

지 않고 각자의 이론으로 분화될 수밖에 없었다. 이런 점에서 나는 이 편을 〈분기 分岐의 편〉으로 명명하고자 한다.

　사실 제19편을 읽다 보면 레오나르도 다 빈치(Leonardo da Vinci, 1452~1519)의 그림 〈최후의 만찬〉이 연상된다. 이 편에는 공 선생의 말이 없고 제자들의 말로 가득 차 있으므로 〈최후의 만찬〉에서 예수가 빠진 것과 같다고나 할까. 재미있는 것은 이 편의 마지막에서 알 수 있듯이 당시의 사람들이 자공을 공 선생보다 높게 평가하는 분위기가 있었다는 것이다. 물론, 자공은 이런 평가가 천부당만부당하다고 펄쩍 뛰었다. 그 시대 사람들은 끈덕지게 자공이 공 선생보다 위대하지 않느냐고 말하지만 자공은 어불성설이라며 그 평가를 세 차례나 부인하고 공 선생의 절대적인 권위를 내세우려고 노력하고 있다. 그런데 그 앞에서 제자들끼리 서로를 부정하며 자신의 권위를 높이려고 애쓴다. 즉 이 장도 공 선생 이후에 일어난 이야기를 실루엣처럼 보여주고 있는 것이다.

19-01 [489]

자장이 들려주었다. "공동체의 일꾼(시민)은 위기가 닥치면 목숨을 아끼지 않고, 얻을 일이 생기면 옳은지 어떤지에 생각을 집중하고, 제사 지낼 때 경건함에 집중하고, 상례 중에는 슬픔에 집중한다. 그러면 충분하지."

子張曰: "士見危致命, 見得思義, 祭思敬, 喪思哀, 其可已矣."
자장왈: "사견위치명, 견득사의, 제사경, 상사애, 기가이의."

◉ 사士가 가져야 할 네 가지 자격을 말하고 있다.

◉ 1) 사는 오늘날 각종 자격을 지닌 전문가 집단을 연상시킨다. 변호사, 의사, 변리사, 공인중개사 등 말이다. 사의 한자를 士, 師, 司 등으로 달리 표기하여 서로 차이를 두고자 하지만 모두 전문 분야나 실무[事]를 수행하며 벼슬살이[仕]하는 것에 뿌리를 두고 있다. 그들은 지배 집단의 가장 하층에 있었지만 시대의 전개와 더불어 사회적 비중이 점차 강화되었다. 사는 원래 고대 그리스에서 주권을 가진 계급을 가리키다가 근대에 이르러 국가의 구성원으로서 정치적 권리를 가진 사람을 가리키는 시민citizen과도 비슷하다.

2) 이 말은 자장이 지어낸 것이 아니라 자신의 기억 속에 들어 있던 공 선생의 말을 전달하는 것이다. 공 선생은 성인 또는 군자의 요건을 말했지만 자장은 그것을 사의 요건으로 바꿔서 말하고 있다. 아마 사의 비중이 확대되면서 자장의 시대에 이르러 군자와 사의 의미 차이가 현격하게 줄어든 것을 반영하고 있는 듯하다. 14.13[361] 공자의 '성인'

발언과 중복되고, 16.10[447] '군자'의 요건과도 부분적으로 중복된다.

    3) 다른 것은 몰라도 목숨을 던져서 사(시민)가 되는 것은 너무 어렵지 않은가 의심할 수 있다. 늘 그렇게 해야 한다는 것이 아니라 공동체의 존립이 문제되었을 때 그렇게 한다는 맥락이다. 역사적으로 볼 때 전장에서 목숨을 걸고 싸웠던 사람은 특별한 사람이 아니라 바로 우리 주위의 사람들이었다. 조선시대에 일본과의 전쟁 때도 그랬고 한국전쟁 때도 그랬고 베트남전쟁의 파병 부대나 이라크에 파병했던 자이툰 부대의 장병들도 결국 우리 집 또는 이웃 사람들이다. 목숨을 바친다는 뜻이 너무 무거우면 희생 정도로 바꾸어 이해해도 좋겠다.

19-02 [490]

자장이 들려주었다. "고상함을 지키면서 넓지 않고, 모두가 나아갈 길을 믿으면서 도탑지 않다면, [이런 사람을 두고] 어찌 그것(덕과 도)이 있다고 할 수 있으며, 또 어찌 그것이 있다가 없어졌다고 할 수 있겠는가?"

子張曰:"執德不弘, 信道不篤, 焉能爲有, 焉能爲亡?"
자장왈:"집덕불홍, 신도부독, 언능위유, 언능위망?"

상황 ● 사람이 갖춰야 할 기본을 이야기하고 있다. 즉 고상함을 굳게 지키며 모두가 나아갈 방향을 굳게 믿는 것이다.

걸림돌 ● 1) 물질적 욕망이 충족되고서도 그것에 빠져서 헤어나지를 못한다면 어떨까? 또 전체적으로 나아갈 방향을 정해놓고 금방 바꾸고 또 바꾼다면 어떨까? 즉 이미 배불리 먹었는데도 또 먹을 것을 찾으면서 하루를 다 보내며 아무것도 안 하는 사람이나 변덕이 죽 끓듯 하는 사람에게, 도대체 무엇을 생각하느냐고 물을 수 있다. 즉 아무런 생각이 없기 때문에 그렇게 하는 게 아니냐고 묻는 것이다. 또 지금은 없지만 이전에는 있었다고 말하겠지만 그것마저도 믿기 어렵다는 것이다.

2) 독篤은 하나의 경향이나 방향이 굳건해서 이전의 상태로 돌아가지 않는 상태를 나타낸다. 예컨대 눈이 땅에 조금 깔린 것을 보고 집에 들어갔다 다시 나와 보면 금세 다 녹아 있다. 있다가도 원래 없던 상태로 금방 돌아간 것이다. 반면에 만년설은 온도가 조금 변해도 그 모습을 그대로 유지한다. 만년설 같은 것이 독의 상태라고 할 수 있겠다. 15.06 [401] '믿음 강조'를 참조하라.

19-03 [491]

자하의 문인이 자장에게 교제에 대해 물었다.

 자장이 되물었다. "자하는 뭐라고 하시던가요?"

 문인이 질문을 받고서 대꾸했다. "사귈 만한 사람은 더불어 지내고, 사귈 만하지 않는 사람은 가까이 오지 않게 하라."

 자장이 고개를 갸웃거리며 반대했다. "그 이야기는 내가 공 선생님에게 들은 것과 다른데. 자율적 인간은 현인을 우러러보고 대중을 끌어안고, 잘하는 이를 가상히 여기고 뒤쳐지는 이를 안타깝게 여기기 마련이다. 내가 큰 인물이라면 누구라도 어떻게 받아들이지 않겠는가? 내가 큰 인물이 아니라면 주위 사람들이 나를 거절할 텐데 내가 어떻게 주위 사람들을 거절할 수 있겠는가?"

子夏之門人問交於子張. 子張日 : "子夏云何?" 對日 : "子夏日 : '可者與之, 其不可者拒
자하지문인문교어자장. 자장왈 : "자하운하?" 대왈 : "자하왈 : '가자여지, 기불가자거
之.'" 子張日 "異乎吾所聞. 君子尊賢而容衆, 嘉善而矜不能. 我之大賢與, 於人何所不容?
지.'" 자장왈 "이호오소문. 군자존현이용중, 가선이긍불능. 아지대현여, 어인하소불용?
我之不賢與, 人將拒我, 如之何其拒人也?"
아지불현여, 인장거아, 여지하기거인야?"

상황 ● 자하와 자장이 교우론交友論과 관련해서 차이를 보이고 있다. 자하는 사귈 만한 자격을 두고 사람을 가려서 사귀자고 말한다. 아마도 그이는 공 선생의 01.08[008]에서 공 선생이 "자기보다 못한 사람과 사귀지 마라"는 말을 나름대로 해석한 것으로 보인다. 자장은 자기보다 나은 사람을 본받고 일반 대중을 끌어안아 모두 함께 나아가는 것을 강조한다. 두 사람은 서로의 교우론을 수렴하지 않고 각자의 교우론을 고수하고 있다. 여기서 우리는 공 선생의 학파가 분열되는 징후를 엿볼 수 있다.

깊이 읽기

인人의 실체를 둘러싼 논쟁들

현대적인 『논어』 연구에서 제법 넓게 퍼진 한 가지 논쟁이 있다. 그것은 다름 아니라 『논어』에 나오는 인人과 민民의 현실적인(역사적인) 지시 대상이 누구인가라는 점이다.

중국의 쟈오지빈(趙紀彬, 1905~1982)이 『논어』의 인은 노예주 계급을, 민은 노예 계급을 가리킨다고 주장함으로써 논의가 시작되었다. 계급투쟁으로 역사를 바라보면 당연히 연구자는 문헌 분석에서 지배계급과 피지배계급을 지시하는 용어를 찾게 된다. 물론 쟈오지빈은 인과 민의 대립을 『논어』 독해에 기계적으로 대입하지 않는다. 용례 분석을 통해 인은 애인愛人과 회인誨人처럼 보호받으며 권리를

누리는 부류라는 맥락으로 쓰이는 반면, 민은 사민使民과 교민敎民처럼 노동하며 각종 의무에 시달리는 부류라는 맥락으로 쓰인다는 것이다. (조기빈, 조남호·신정근 옮김, 『반논어』, 39~87쪽) 아울러 소인小人과 군자君子는 지배계급의 분화를 반영하는 말이다. 이들은 모두 지배계급이지만 소인은 기존의 사회, 정치적 질서를 변혁시키고자 했던 반면에 군자는 례 중심의 질서를 회복시키고자 했던 정치적 보수주의자 집단이라는 것이다.

이러한 주장에 대해 인과 민을 계급으로 환원해서 규정할 수 없다는 반응들이 가장 먼저 나왔다. 이들 중 한 사람인 펑유란(馮友蘭, 1894~1990)은 인과 민이 각각 관료-지식인과 일반 백성처럼 명확하게 구분되어 쓰이는 경우도 있지만 인과 민이 각각 사람 일반을 가리키는 경우도 있다고 주장했다. 또 민이 인과 아무런 의미의 차이를 나타내지 않고 관료-지식인을 나타내는 경우도 있다고 주장했다. 또 특히 인의 경우 사회적, 정치적 계기를 벗어나 인류 일반이라는 보편을 가리킨다고 보았다.

사실 이 두 주장은 철학적 논쟁의 측면도 있지만 정치적 입장의 차이를 반영한다. 전자의 경우라면 『논어』 속의 공 선생은 보편 진리의 설파자가 아니라 특정한 역사 시기의 특정 계급의 이익을 옹호했던 수구적이고 반동적인 인물이 된다. 후자의 경우라면 공 선생은 당파(정파)적 이해를 초월해서 보편적인 사람다움의 문제를 풀고자 했던 위대한 사상가가 된다.

◎ 위 글을 읽고 "공자 사상은 초역사적인 불변의 진리를 담고 있는가?"에 대해 찬성 또는 반대 중 한 가지 입장을 택해 다른 입장을 비판해보라.

19-04 [492]

자하가 들려주었다. "비록 자잘한 것(기술이나 기예 등)일지라도 반드시 주목할 만한 가치가 있다. 다만 멀고 큰 꿈을 이루는 데 진흙처럼 발목을 잡을까 봐 염려한다. 이 때문에 자율적 인간은 자잘한 것에 관심을 두지 않는다."

子夏日 : "雖小道, 必有可觀者焉. 致遠恐泥. 是以君子不爲也"
자하왈 : "수소도, 필유가관자언. 치원공니. 시이군자불위야."

상황 ● 인생의 목표를 세우게 되면, 목표와 부합되는 일이 중심이 되고, 목표와 무관하거나 관련이 먼 일은 주변적인 것이 된다. 자하는 우리가 주변적인 것에 기웃거리는 것을 반대하지는 않는다. 다만 주변적인 것에 기웃거리다가 중심적인 것에 지장을 초래할 수 있다는 충고를 잊지 않는다. 또 02.16[032]에 나오는 '이단' 이야기를 보라.

자하의 이런 사고는 기술 속에서 자유를 발견하는 장자와는 다르다. 아래에 도살업자 정이 소 잡는 기술을 묘사한 이야기인 포정해우庖丁解牛를 읽어보자. 이것은 '생활 같은 예술'의 개념에 가깝다.

깊이 읽기

예술 같은 기술, 기예의 길을 통해 들어서는 자유의 경지

"도살업자 정이 문혜군을 위해 소를 잡은 적이 있었다. 그이의 손을 대고 어깨를 기울이고 발로 짓누르고 무릎을 구부리는 동작에 따라 뼈와 살이 떨어지며 덜컥덜컥하는 소리가 났고 칼날이 지나가며 획획 하는 소리를 냈다. 그 소리는 음률에 들어맞았고 동작은 은나라 탕임금의 상림桑林이라는 춤과 같았고, 리듬은 요임금의 음악인 경수經首와 일치했다.

문혜군이 감탄하여 입을 다물지 못하고 물었다. '아, 참으로 훌륭하십니다! 기술이 어떻게 이런 경지에 이를 수 있습니까?'

도살업자 정이 칼을 내려놓고 대답했다. '내가 반기는 것은 도술[道]이지요. 기술[技]보다 우월한 것입니다. 내가 처음 소를 잡을 때는 눈에 보이는 것이란 모두 소뿐이었으나, 3년이 지나자 이미 소의 온 모습은 눈에 안 띄게 되었습니다. 요즘 저는 정신으로 소를 대하지 눈으로 보지는 않습니다. 눈의 작용이 멎으니 정신의 자연스런 작용만 남았습니다. 천리天理, 즉 자연스런 결에 따라 커다란 틈새와 빈 곳에 칼을 놀리고 움직여 소 몸이 생긴 그대로를 따라갑니다. 그 기술의 미묘함은 한 번도 살이나 뼈를 건드린 적이 없을 정도입니다. 하물며 큰 뼈야 더 말할 나위가 있겠습니까?

솜씨 좋은 도살업자가 1년 만에 칼을 바꾸는 것은 살을 건드리기 때문이죠. 평범한 도살업자는 달마다 칼을 바꿉니다. 무리하게 뼈를 자르니까 그렇죠. 그렇지만 나의 칼은 19년이나 되어 수천 마리의 소를 잡았지만 칼날은 방금 숫돌에 간 것 같습니다. 저 뼈마디에는 틈새가 있고 칼날에는 두께가 없습니다. 두께 없는 것을 틈새에 넣으니, 널찍하여 움직이는 데도 여유가 있습니다. 그러니까 19년이 되었어도 방금 숫돌에 간 것 같습니다. ……' [문혜군이 말했다.] '나는 도살업자 정의 이야기를 듣고서 양생養生, 즉 생명을 기르는 길을 터득하게 되었구려.'"

── 「양생주養生主」, 『장자』.

◎ 위 글을 읽고 "자하와 장자의 기술에 대한 관점은 어떻게 다른가?"에 대해 논의해보자.

19-05 [493]

자하가 들려주었다. "누군가가 나날이 자신이 모르던 것을 알아가고, 다달이 자신이 잘하는 것을 되풀이한다면, 배우기(본받기)를 좋아한다고 할 만하다."

子夏曰: "日知其所亡, 月無忘其所能, 可謂好學也已矣."
자하왈: "일지기소망, 월무망기소능, 가위호학야이의."

상황 ─ ◉ 매일매일 배워서 알아가는 것이 늘어나고 잘하는 것을 잊지 않도록 되풀이한다면, 배우는 것이 참으로 즐거운 일이 되리라. 우리는 음식을 먹고 영양분을 흡수하여 몸이 건강해진다. 배우는 것이 스쳐가듯 흔적 없이 사라지지 않고 내 안에 차곡차곡 쌓이는 기쁨을 잘 표현하고 있다. 무지와 부자유로부터 한 걸음씩 옮기는 매력이 배우는 것을 그만두지 못하게 한다.

19-06 [494]

자하가 말하였다. "두루두루 본받고(배우고) 뜻(포부)을 굳건히 하고, 간절하게 물어보고 일상의 일로 생각해본다면, 화합의 길이 [저 먼 곳이 아니라] 바로 그 과정 중에 들어 있다."

子夏曰: "博學而篤志, 切問而近思, 仁在其中矣."
자하왈: "박학이독지, 절문이근사, 인재기중의."

상황 ─ ◉ 제대로 된 학문이 사람과 사람 사이를 평화롭게 만드는 도덕적 과제로 곧바로 이어진다는 것을 말하고 있다. 요즘의 좋은 선생님이란 암기하는 부담을 줄여주거나 시험 문제를 족집게처럼 알아맞히는 능력을 가진 사람이다. 그러니 어떻게 하는 공부가 좋은 방법이냐는 물음에 과외나 학원을 가는 것이라고 대답한다면 정답일지는 몰라도 참으로 씁쓸한 말이다. 여기서 그렇게 대답한다면 틀린 답이 된다. 왜냐하면 자하는 배움이란 철저히 혼자서 터득해가는 길이지 누군가 잘근잘근 씹어놓은 것을 제 입 안에 집어넣는 것이라고 말하지 않기 때문이다.

걸림돌 ● 여기에 나오는 네 가지는 훗날 학습 방법론으로 널리 쓰이는 말이다. 송나라 때 주희와 여조겸이 신유학의 교재를 집필하면서 책 이름을 '근사록近思錄'으로 지었다. 이 중에서 '절문切問'만 살펴보자. 이 말은 뭐라고 대답하는지 한번 떠보려고 묻는 것이 아니라 잘 풀리지 않는 문제를 어떻게든 풀어보기 위해 지푸라기라도 잡는 심정으로 묻는 자세를 가리킨다. 무지가 주는 고통의 긴 터널을 지나다 보면 절실해지지 않을 수 없다.

19-07 [495]

자하가 들려주었다. "모든 분야의 기술자(노동자)들은 일터에 머무르며 자신의 일을 완수한다. 마찬가지로 군자는 배워서(본받아서) 자신이 나아갈 길에 이르게 된다."

子夏曰: "百工居肆以成其事, 君子學以致其道."
자하왈: "백공거사이성기사, 군자학이치기도."

상황 ● 하는 일에 흥미를 잃고 건성으로 할 때 시장에 가보라. 아니면 새벽에 일어나 거리를 걸어보라. 지금까지 잠들었던 시간에도 많은 사람들이 이미 움직이고 있었던 것이다.

걸림돌 ● 사肆는 보통 '방자하다', '거리낌 없이'처럼 나쁜 뜻으로 쓰인다. 여기서는 명사로서 일터, 작업장, 공방으로 쓰인다. 특이한 용법이라 시험에 자주 나오는 용례이다.

19·08 [496]

자하가 들려주었다. "작은 사람들은 (의식적이건 무의식적이건) 잘못을 저지르면 반드시 다른 일로 꾸며댄다."

子夏曰: "小人之過也必文."
자하 왈 : "소인 지과야필문."

상황 ● 사람인 이상 잘못이나 범죄를 저지를 수 있다. 중요한 것은 잘못을 저지르고 난 뒤의 대처 방식이다. 자동차 사고의 뺑소니처럼 없던 것으로 하고 싶어 도망을 가기도 하고, 약자에게 덮어씌우기도 하고, 솔직하게 자신이 한 일을 고백하기도 한다. 자신의 잘못 앞에 당당히 서는 것이 바로 용기이다. 그러지 못하면 소인에 지나지 않는다. 15.30[425]에서 공 선생은 잘못을 하고서도 고치지 않는 것이 더 큰 잘못이라고 말했다. 그것이 바로 소인의 행태를 말했던 것이다.

19-09 [497]

자하가 들려주었다. "자율적 인간은 [경우에 따라 적어도] 세 차례 정도 태도가 달라진다. 첫째, 그이를 멀리서 바라보면 얼음장인 듯하다. 둘째, 그이를 가까이 다가가서 보면 따뜻하기 이루 말할 수 없다. 셋째, 그이의 이야기를 들어보면 칼날처럼 날카롭다."

子夏曰 : "君子有三變. 望之儼然. 卽之也溫. 聽其言也厲."
자하왈 : "군자유삼변. 망지엄연. 즉지야온. 청기언야려."

상황

● 자율적 인간은 상황에 따라 태도나 자세가 달라 보인다는 점을 말하고 있다. 이것은 자율적 인간의 감정 변화가 빠르다는 것이 아니라 그가 상황에 따라 적절하게 행동하는 것이다. 멀리서 보면 엄숙하여 권위가 살아 있고, 가까이에서 보면 따뜻하여 온정이 느껴지고, 말은 날카로워서 믿음이 간다. 이런 말들은 외워서 꼭 따라해야 하는 진리가 아니라 가이드라인처럼 생각해서 살릴 때는 살리고 그렇지 않으면 무시해도 좋다.

19-10 [498]

자하가 들려주었다. "군자는 믿음이 쌓인 다음에 자신의 인민을 동원한다. 아직 믿음이 쌓이지 않았는데 동원한다면 '자신들을 혹사시킨다'고 생각한다. 또 믿음이 쌓인 다음에 군주(지도자)에게 반대 의견을 내놓는다. 아직 믿음이 쌓이지 않았는데 [반대 의견부터 말한다면] '자신을 헐뜯는다(비방한다)'고 생각한다."

子夏曰 : "君子信而後勞其民. 未信, 則以爲厲己也. 信而後諫. 未信, 則以爲謗己也."
자하왈 : "군자신이후로기민. 미신, 즉이위려기야. 신이후간. 미신, 즉이위방기야."

상황
◉ 서로 신뢰가 쌓이고 난 뒤에야 함께 일할 수 있다. 믿음이 없는 상태에서 일을 시키면, 왜 일을 해야 하는지 충분히 납득이 가지 않으므로 힘든 측면만 생각하게 된다. 믿음이 없는 상태에서 반대 의견을 자유롭고 신랄하게 말하면, 진정성을 의심해 반대하는 의도를 궁금해하게 된다. 신뢰를 바탕으로 해야 사람 사이의 협력이 가능하다는 점을 강조하고 있다.

19-11 [499]

자하가 들려주었다. "[누군가가 평화나 효도와 같은] 중요한 덕목과 관련해서 한계를 넘어서지 않는다면, [량諒처럼] 상대적으로 덜 중요한 덕목과 관련해서 조금 넘치거나 못 미친다고 하더라도 용인할 만하다."

子夏曰: "大德不踰閑, 小德出入可也."
자하왈: "대덕불유한, 소덕출입가야."

상황
◉ 사태를 부분과 주변이 아니라 전체와 중심의 관점에서 바라볼 것을 이야기하고 있다. 최고 기준을 위반하지 않을 경우 자잘한 실수는 책임을 묻지 않고 용인할 수 있다. 때로는 기계적이며 엄격한 양형보다 관용이 세상을 따뜻하게 하는 데에 위력을 발휘한다.

그러나 이런 주장에 대해 다음의 반박도 가능하다. 큰 범죄도 결국 작은 범죄에서 시작되므로 시초부터 바로잡아야 한다. 영어에 slippery slope라는 말이 있는데 글자 그대로 번역하면 미끄러운 언덕길이라고 할 수 있다. 스키나 미끄럼틀을 탈 때 출발 지점에서 마찰이 심해 잘 나가지 않다가 내려가다 보면 가속도가 붙어 쌩쌩 달리게 된다. 바늘 도둑이 소도둑 된다는 속담을 연상시킨다.

깊 이 읽 기

형벌 만능주의, 사회를 범죄로부터 해방시킬 수 있을까?

"형벌을 집행할 때 가벼운 죄를 무거운 형벌에 처하면, 가벼운 범죄는 발생하지 않는다. 그러면 무거운 범죄는 더더욱 발생할 수 없게 된다. …… 형벌을 집행할 때에 무거운 죄를 무거운 형벌에 처하고 가벼운 죄를 가볍게 처벌하면 가벼운 죄를 범하는 일이 그치지 않는다. 그러면 무거운 범죄도 제지할 수 없게 된다. …… 그러므로 가벼운 죄를 중형에 처하면〔重輕〕형벌을 부과할 일이 없어지고 사건은 잘 처리되어 나라가 강성해진다. 그리고 무거운 죄를 중형에 처하고 가벼운 죄를 가볍게 처벌하면〔輕輕重重〕형벌이 계속 사용되고 연이어 범죄가 발생해 나라가 쇠약해진다."(상앙, 김영식 옮김, 「설민說民」, 『상군서』, 97~98쪽)

"전쟁으로써 전쟁을 없앨 수 있다면 전쟁을 하더라도 괜찮다. 살인(사형)으로 살인 범죄를 없앨 수 있다면 살인(사형)을 하더라도 괜찮다. 형벌로써 형벌을 없앨 수 있다면 형벌을 부과하더라도 괜찮다."(상앙, 김영식 옮김, 「획책畫策」, 『상군서』, 199쪽)

◎ 위 글을 읽고 "책임의 문제와 관련해서 자하와 상앙의 입장 중 어느 것이 바람직한가?"에 대해 각자 근거를 제시하면서 토론해보자.

19-12 [500]

자유가 비판했다. "자하의 제자들은, 먼지 안 나게 물 뿌리고 주위를 깨끗하게 치우며 손님을 맞이하고 상대하며 앞으로 나아가거나 뒤로 물러나는 예절을 차릴 때 그나마 제대로 한다. 그러나 이것은 사소한 일(끝)일 뿐이다. 이에 비해 뿌리로 삼을 만한 것은 없으니 어떻게 할 것인가?"

    자하가 (이 말을 전해 듣고) 한마디 했다. "아이쿠! 자유의 말이 너무 지나치구나(책임지지 못할 이야기를 했다)! 자율적 인간의 나아갈 길에서 무엇을 앞선 것으로 여겨 전수하고 무엇을 나중 일로 여겨 게을리 하겠는가? 비유컨대 풀이나 나무는 각각 종류에 따라 차이가 난다(학습 과정도 마찬가지이다). 자율적 인간의 나아갈 길에서 어찌 (사소한 것과 뿌리가 되는 것으로 나누는 것처럼 사람을 상대로) 속일 수 있는가? (전수를 본말의 도식이 아니라) 시종(선후)의 과정으로 잘 이끌 사람이 있다면 오직 성스러운 사람만 그렇게 할 뿐이다!"

子游曰: "子夏之門人小子, 當洒掃・應對・進退, 則可矣. 抑末也. 本之則無如之何?" 子夏
자유왈: "자하지문인소자, 당쇄소・응대・진퇴, 즉가의, 억말야. 본지즉무여지하?" 자하
聞之, 曰: "噫! 言游過矣! 君子之道, 孰先傳焉, 孰後倦焉? 譬諸草木, 區以別矣. 君子之道,
문지, 왈: "희! 언유과의! 군자지도, 숙선전언, 숙후권언? 비저초목, 구이별의. 군자지도,
焉可誣也? 有始有卒者, 其唯聖人乎!"
언가무야? 유시유졸자, 기유성인호!"

● 학습 목표와 관련해서, 자유는 본질・근본・가치를 따지는 형이상학을 중시하는 반면에 자하는 단계별 학습을 통해 한 단계씩 착실히 밟아가는 것을 중시한다.

디딤돌 ─── ◉ 그럼 진리를 깨달으면 어떻게 될까? 그 사람의 몸이 갑자기 공중 부양하고 기적을 행할 수 있게 되는 것은 아니다. 두 사람은 진리와 평범한 일상생활이 결합되는 지점에 대해 이견을 드러내고 있다. 한 사람은 진리가 현실을 완전히 뜯어고쳐서 이전과 다른 상태로 만들 것으로 생각한다. 다른 한 사람은 진리가 평범 속에 있고 평범 속에 진리가 있으므로 달라질 것이 없다고 생각한다. 이런 문제의식은 공 선생이 일찍이 탐구하지 않던 주제이다. 제자들의 시대에 이르러 이상과 현실, 성스러움과 평범함의 관계가 논의되었던 것이다.

19-13 [501]

자하가 들려주었다. "공직(일터)에 있다가 여유가 생기면 학교로 돌아오고, 학업을 닦다가 여력이 생기면 공직에 나아간다."

子夏曰: "仕而優則學, 學而優則仕."
자하왈: "사이우즉학, 학이우즉사."

상황 ─── ◉ 공 선생을 위시해서 유자들은 학문을 통해 자기 수양을 하고서 정치에 참여하여 자신의 이상을 펼치고자 했다. 이런 연장선 위에서 공직과 학교(오늘날의 경우 일터와 학교)가 고립된 영역으로 머물지 않고 우優라는 조건을 매개로 선순환이 이루어지도록 주장하고 있다. 그리스 말로 학교school는 여유, 여가를 이용해서 배운다는 schole에 어원을 두고 있다. 우연의 일치겠지만 동서양의 사고가 비슷한 것은 흥미롭다. 01.06 [006]을 참조하라.

깊이 읽기

권력 획득의 정치와 자치·참여의 정치

정치란 무엇인가? 한국인은 '정치' 또는 '정치인 혐오증'이 상당히 강한 편이다. 그러다가 정치의 계절이 되면 정치 열풍이 불어닥친다. 사실 갈등을 조정하고 공통 의제를 논의하며 공동체를 통합한다는 측면에서 보면 정치 또는 정치 행위는 없을 수 없다.

그런데 왜 우리는 필요한 정치를 하지 못하고 정치를 혐오하게 되는 걸까? 우선 우리는 정치를 권력의 획득과 유지라는 좁은 관점에서 바라본다. 즉 누가 정권을 잡느냐가 정치적 의제의 핵심을 차지하고, 자신이 뽑은 정치인에 대해 열렬한 지지를 표명한다. 하지만 정작 뽑은 정치인이 무엇을 하는지에 대해서는 감시와 감독의 눈초리를 보내지 않는다. 따라서 선거 때마다 주권을 행사하지만 정치가 사회를 통합하지도, 나를 둘러싼 현실의 문제를 해결하지도 못한다. 즉 정치 영역이 특별히 하는 것이 없는, 있으나 마나한 세계가 되어버린 것이다. 유권자 스스로 초래한 결과이지만 '무능한 정치'를 보고 혐오증을 느끼게 되는 것이다. 상황이 이렇다 보니 한 번 정치인이 되면, 정치인은 자기 계발이나 부족한 전문 지식을 배우기 위한 노력에 게을러진다. 왜냐하면 정권 획득에 기여하는 것이 정치인이 해야 할 과제이지 사회 통합과 현실 문제의 해결 자체가 정치인의 의무로 받아들여지지 않기 때문이다.

공 선생은 신분 사회에서 민주정치보다는 귀족정치를 내건 역사적 한계를 안고 있다. 여기서 그의 정치제도가 아니라 정치관에 초점을 두어보자. 공 선생은 정치를 정권 획득이 아니라 도덕적 자기 수양에 바탕을 두고서 사회적 자원을 공정하게 배분해 사회적 갈등을 조정하는 것으로 본다. 즉 정치는 지배하는 것이 아니라 치유하는 것이다. 정치는 가정, 경제, 사회와 다른 영역에만 있는 것은 아니다. 그것은 사람의 기본적인 관계에 충실하면서 정당한 준거집단에 자신을 동화시키며 자율적으로 자신을 관리하는 행위이다. 이런 특성을 확대하면 모든 사람이 정치인인 것이다. 즉 정치 영역에서 배제되는 사람이 없다. 이 정치관에 따르면 직업으로서 정치인이든 시민으로서 정치인이든 배움에 게으름을 피울 수 없다. 배우기를 그만두는 것은 곧 자신의 치유를 중단하는 것이다. 이것은 또 치유로서 정치 활동을 스스로 그만두는 것이 된다. 공부가 중단되는 지점이 곧 정치가 자기를 부정하는 것이기 때문이다.

◎ 위 글을 읽고 "정치와 배움이 강하게 결합되기 위해서 유권자들이 가져야 할 바람직한 자세는 어떤 것일까?"에 대해 자신의 생각을 정리해보자.

19-14 [502]

자유가 들려주었다. "부모님이 돌아가시면(상을 당하면) 슬픔을 제대로 드러내는 것으로 충분하다."

子游曰 : "喪致乎哀而止."
자유왈 : "상치호애이지."

상황

◉ 세상에서 가장 가슴 아픈 일은 사랑하는 사람이 죽는 것이다. 가슴이 아픈 만큼 사랑하는 이를 보내는 절차는 간소하더라도 정중해야 하지 않을까? 이 정중함의 표현이 례禮의 출발점이다. 시신을 둘둘 말아서 계곡에다 집어던지는 것을 바람직하며 인간적이라고 하지 않는 이상, 이에 대한 어떤 식의 례가 없을 수 없다. 사랑하는 이를 위해 이벤트를 준비하는 것도 일종의 레인 것이다. 데면데면할 수 없고 신경 쓰이고 잘해야겠고 하나라도 정성이 들어간다면, 그 사람은 례를 아는 사람이라고 할 수 있다.

달리 생각해보면 사람은 죽기 마련이다. 물론 산 자가 죽음을 맞이

할 준비가 충분히 되어 있지 않아 당혹스러울 수 있지만 말이다. 장자는 이 점을 예리하게 포착했다(19.17[505] 참조). 안연의 죽음에 상심하고 통곡하는 공 선생과 비교해보라(11.09[277]과 그 이하 글 참조).

깊이 읽기

죽음은 슬픈 일이 아니라 참된 세계로 돌아가는 것이다

"자상호가 죽었다. 아직 장례를 치르기 전에 공 선생이 부고를 듣고서 자공을 보내 장례를 돕게 했다. 자상호의 친구 중 어떤 이는 만가輓歌를 짓고, 어떤 이는 금琴을 뜯으며 서로 화합해 노래를 부르고 있었다. '아 상호여, 아 상호여! 그대는 이미 참의 세계로 돌아갔는데 우리만 아직 그대로 사람 상태에 머무르고 있네.' 자공이 이 노래를 듣고 잰걸음으로 나아가 따졌다. '한번 물어봅시다. 주검을 앞에 두고 노래를 부르는 게 례禮입니까?' 두 사람은 마주 보고 씩 웃으며 대답했다. '이 친구가 어떻게 례의 의미를 알겠는가?'

자공이 돌아와서 있었던 일을 공 선생에게 알렸다. '저들은 도대체 어떤 사람입니까? 예절 바른 행동은 하나도 없고, 자기 몸 따위는 돌보지 않은 채 주검 앞에서 노래를 부르며 얼굴색 하나 변하지 않으니 뭐라고 따질 수가 없었습니다.' 공 선생이 대답했다. '저들은 이 세상 밖에서 노니는 사람들[遊方之外者]이고 나는 이 세상 안에서 노니는 사람[遊方之內者]이지. 이 세상 밖과 안은 서로 미치지 못하는 영역인데, 내가 자네를 문상 보내다니. 내가 생각이 짧았어!'

── 「대종사」, 『장자』(「지락」, '장자 아내의 죽음'도 참조하라).

◎ 위 글을 읽고 "자유와 장자의 죽음에 대한 차이점은 무엇인가?"에 대해 논의해보자.

19-15 [503]

자유가 이야기했다. "내 친구 자장은 〔하도 풍채가 당당해서 친구들이〕 따라잡기 어려울 정도이다. 하지만 그이는 아직 화합(평화)의 길과는 거리가 멀다."

子游曰:"吾友張也爲難能也. 然而未仁."
자유왈 : "오우장야위난능야. 연이미인."

상황

◉ 공 선생은 백이·숙제와 같은 인물을 제외하고 제자를 포함해서 당시 사람들에게 인의 평가를 부여하지 않았다. 한 시대의 평화를 만드는 일이 어찌 그리 쉬운 일이던가? 풍채가 당당하면 보는 이로 하여금 압도적인 느낌을 갖게 하지만, 그것만으로 주위 세계를 평화롭게 만들 수는 없다.

19-16 [504]

증 선생님이 이야기했다. "풍채가 당당하구나, 자장이여! 어깨를 나란히 하고서 화합의 길을 일구기는 어렵다."

曾子曰:"堂堂乎張也! 難與並爲仁矣."
증자왈 : "당당호장야! 난여병위인의."

상황

◉ 자장은 동료들에게 선망을 받으면서도 한계를 지니고 있다. 하긴 동료가 나의 거울이므로 나를 더 잘 알 수도 있다. 반면에 동료이기에 나의 진가를 제대로 알기 어려운 면도 있다. 왜냐하면 자신들에게 평범해 보이는 사람이 실제로 위대한 인물이라는 것을 알아차리기 어려운 것이

다. 예컨대 예수나 무함마드나 공 선생도 결국 고향에서 냉대를 받지 않았던가! 행복의 파랑새가 내 집 안에 있듯이 나의 좋은 스승이 옆에 있어도 모를 수 있다.

19-17 [505]

증 선생님이 들려주었다. "내가 공 선생님께 들은 적이 있다. '사람이란 다른 계기 없이 저절로 [제 감정을] 충분히 드러낼 수 없다. 만약 그런 경우가 있다면 어버이를 잃었을 때이리라.'"

曾子曰: "吾聞諸夫子. 人未有自致者也. 必也親喪乎!"
증자왈: "오문저부자. 인미유자치자야. 필야친상호!"

상황 ◉ 감정感情이란 말은 원래 수동성에 바탕을 두고 있다. 어떤 자극으로부터 촉발되어 일어나는 정이니까 말이다. 공포 영화 속의 음악으로 인해 무서움이 크게 생겨나는 것처럼 말이다. 하지만 공 선생은 부모의 상을 당하면 외적인 자극과 상관없이 또 누구의 지시를 받지 않고 스스로 슬픔을 느끼게 된다고 본다. 슬픔이 일차적인 감정인 셈이다. 왜 그렇게 생각할까? 나와 부모가 연결되어 있기 때문에 그런 것이리라. 19.14[502]를 참조하라.

죽음은 사람이 개별적으로 관계했던 이를 전체로 만나게 되는 소중한 체험이자 의미심장한 사건이다. 또 장례식에 참여하는 것으로 인간의 유한성을 돌아보게 만든다. 하지만 어린이와 청소년은 공부를 해야 한다는 절박성과 현실성 때문인지 장례라는 교육의 장에 모습을 드러내지 않는다. 아마 당사자보다 부모가 못 오게 한 것이리라. 이 교육을 놓치고 무슨 교육을 하려고 하는 것일까?

19-18 [506]

증 선생님이 들려주었다. "내가 공 선생님에게 들은 적이 있다. '노나라 맹장자의 효도 중에서 다른 것은 나라도 할 수 있다. 하지만 아버지 때부터 있었던 신하나 아버지 때에 시행된 정책을 바꾸지 않는 것은 나라도 따라 하기 어렵구나!'"

曾子曰: "吾聞諸夫子, 孟莊子之孝也, 其他可能也, 其不改父之臣與父之政, 是難能也."
증자왈: "오문저부자, 맹장자지효야, 기타가능야, 기불개부지신여부지정, 시난능야."

상황
● 같은 말을 반복하는 것을 보면 당시 부모님이 돌아가시고 나면 자식들이 제 세상을 만난 듯이 과거를 완전히 뜯어고쳤을까 하는 상상을 해본다. 전통은 오랜 시간을 통해 공중이 검증한 삶의 결정체이다. 전통은 한 개인의 지성이나 야심으로 대결하기에 너무 거대한 성채처럼 보인다. 물론 변화가 시대의 요청일 때 전통은 새로운 전통으로 대체되는 운명을 피할 수 없다. 그때 우리는 최소한의 예의를 갖추고 현실에서 사라져 역사로 장소를 옮길, 생활에서 힘을 잃고 민속으로 옷을 갈아입은 전통의 모습을 지켜봐야 할 것이다. 물론 조종弔鐘을 울리는 자는 빨리 치고 싶어 안달이 나겠지만, 지난날 숭고한 시절을 보낸 전통이 사라지는 것은 애도해야 할 일이다. 01.11[011]과 04.20[086]을 참조하라.

걸림돌
● 맹장자는 노나라 대부 맹헌자孟獻子 중손멸仲孫蔑의 아들로 이름이 중손속仲孫速이다.

19-19 [507]

맹씨가 양부를 법관으로 삼았다. 양부는 증 선생님을 찾아보고 궁금한 바를 물었다. [……]

증 선생님이 대꾸했다. "윗사람(지도자)이 나아갈 길을 잃어버려서 인민들이 집을 떠나 이곳저곳 떠돌아다닌 지 오래되었다. 만약 자네가 이러한 실정을 이해한다면 [범법자를 체포했을 경우] 슬퍼하고 안타까워해야지 [실적을 올렸다고] 기뻐해서는 안 된다."

孟氏使陽膚爲士師, 問於曾子. 曾子曰: "上失其道, 民散久矣. 如得其情, 則哀矜而勿喜!"
맹씨 사양부위사사, 문어증자. 증자왈: "상실기도, 민산구의. 여득기정, 즉애긍이물희!"

상황

● 비정非情의 세계에서 일을 하는 사람들이 있다. 전기 요금을 내지 못하는 가구에 전기 공급을 끊어야 하는 이, 압류 사실을 통지하고 집행해야 하는 집행관, 행복하게 사는 사람을 데려가야 하는 저승사자. 우리는 이들에게 악역을 맡겨놓고 스스로 순결한 영혼인 양 하지 않는가! 요즘 한국에서는 빅토르 위고의 『레 미제라블 Les Misérables』의 장 발장과 경감 자베르가 계속 나오고 있다. 그 책의 서문에는 다음과 같이 쓰여 있다. "세상에 이와 같은 일이 끊이지 않는 한 나의 소설은 영원히 읽힐 것이다." 증 선생은 확실히 가슴이 따뜻한 사람이다.

여력이 되면 브레히트의 「민주적인 판사 Der demokratische Richter」(1943)를 찾아보라. 이탈리아 사람이 미국 시민권을 획득하기 위해 판사의 심사를 받으면서 영어를 몰라 묻는 질문마다 "1492년"이라고 대답했다. 세 차례나 심사에서 떨어지자 판사가 그 사람의 형편을 조사해보고 노동을 하면서 어렵게 살아간다는 것을 알았다. 네 번째 심사에서 판사는 "언제 아메리카가 발견되었느냐?"고 묻자 예의 그 대답이 나왔고, 그 사람은 시민권을 획득했다. (베르톨트 브레히트, 김광규 옮김, 『살아남은 자의 슬픔』, 119~120쪽)

● 양부는 증자의 제자이다.

걸림돌

깊이 읽기

전기 요금을 못 낼 경우 전기를 끊어야 한다
vs.
누군가가 대신 부담해야 한다

"촛불을 켜놓고 잠을 자던 여중생이 화재로 숨진 사건이 발생해 국민들이 안타까워하고 있는 가운데 한국전력공사가 네티즌들로부터 집중포화를 받고 있다. 2005년 7월 10일 오전 3시 30분께 경기도 광주시 목동 남모 씨 집에서 화재가 발생, 여중생인 남씨의 둘째 딸(15)이 숨졌다. 화재가 발생하자 남씨 부부와 큰딸은 대피했지만 방에서 자고 있던 남양은 미처 피하지 못해 변을 당했다.

경찰은 몇 달째 전기료를 못내 보름 전부터 전기가 끊겨 촛불을 켜고 생활해 왔다는 가족들의 진술로 미뤄 촛불로 인해 불이 난 것으로 보고 있다.

네티즌들은 한전의 단전 조치로 인해 여중생이 화재로 죽는 사건이 발생했다면서 기초 생활 보장 수급자뿐 아니라 형편이 곤란한 가정에 대해서도 인권 차원에서 단전을 유예하는 정책을 하루빨리 마련해야 한다고 요구하고 있다." (『한국일보』 2005년 7월 12일자 기사)

"프랑스는 2000년 2월 전력 시장 개방과 경제체제 도입을 허용하는 '전력 서비스 현대화법'을 마련하면서, 이 법안에 '에너지 기본권'이라는 개념을 도입했다. 국가가 모든 국민에게 전기를 쓸 수 있는 권리를 보장하고 프랑스 전력은 이를 이행한다는 내용이다. 이에 따라 불가피한 사정으로 전기 요금을 내지 못해도 전력 공급이 끊기는 일은 없다. 이를 위해 프랑스 전력은 연간 1억 유로(2003년 기준 1억 1910만 유로, 약 1700억 원)의 사회연대기금을 조성해 전기 요금 체납자 관리와 지원 사업을 편다. 도서 벽지에는 소규모 태양광 발전소를 건설해 전기를 자급할 수 있도록 하고 있다." (『한겨레신문』 2004년 7월 20일자 기사)

◎ 위 글을 읽고 "범죄는 전적으로 개인의 책임인가, 아니면 사회 구조적 문제인가?"에 대해 자신의 생각을 정리해서 토론해보자.

19-20 [508]

자공이 주장했다. "은나라의 마지막 왕인 주임금이 나쁘다고 해도 〔죽간을 펴 보이며〕 이렇게까지 심각하지는 않았을 거다. 중심인물은 하천의 아래쪽에 살기를 싫어했다. 왜냐하면 하늘 아래의 모든 죄악이 그쪽으로 흘러들기 때문이다."

子貢曰: "紂之不善, 不如是之甚也. 是以君子惡居下流. 天下之惡皆歸焉."
자공왈: "주지불선, 불여시지심야. 시이군자오거하류. 천하지악개귀언."

상황 ● 영광은 독점하고 불명예는 나눠 갖자. 영광의 사진은 함께 찍으려고 애쓰고 오명의 사진 세례는 피하려고 발버둥치지 말자.

걸림돌 ● 하류下流의 의미는 중의적이다. 하나는 하천이 흘러서 더 이상 나아갈 수 없는 곳이다. 그곳에는 함께 흘러 들어온 모든 것이 쌓이는 곳이다. 홍수가 끝난 뒤 엄청난 양의 쓰레기가 하구에 쌓이는 사진을 보라. 다른 하나는 역사적으로 한 시대가 개선에 실패하고 멸망을 맞이하는 지점을 가리킨다. 멸망 또는 망국의 원인이 거론된다면 그 시대를 이끈 인물이 가장 가혹하며 무거운 책임을 지게 된다. 그 사람은 무한 책임에서 자유로울 수 없는 것이다. 하지만 자공의 말처럼 책임이 무거운 만큼 하류를 전부 기피하고자 하는 것이다. 결국 피해의 고통은 있지만 고통을 낳은 사람은 없는 역설이 생겨나게 된다.

우리나라의 경우도 마찬가지이다. 1997년 외환위기 사태는 누가 책임졌는가? 당시에는 몇몇 경제 관료들이 잘못을 한 듯 이야기되다가 결국 책임 소재는 흐지부지되고 힘없는 사람들만 아닌 밤중에 날벼락을 맞았다. 또 1980년 광주민주화운동의 경우 시민에게 발포를 명령한 책임자가 누구인지 속 시원하게 밝혀지지 않고 있다. 그 시대에 권력을 누린 자는 있지만 전부 상류로만 가려고 해서 하류에 남은 이는 아무도 없지 않은가?

19-21 [509]

자공이 이야기했다. "지도자의 잘못은 일식과 월식 같은 점이 있다. 만약 잘못을 저지르면 주위 사람들이 모두 다 그것을 지켜보고 있다. 그이가 자신의 잘못을 시인하면 주위 사람들이 모두 다 그것을 우러러본다."

子貢曰 : "君子之過也, 如日月之食焉. 過也, 人皆見之. 更也, 人皆仰之."
자공왈 : "군자지과야. 여일월지식언. 과야. 인개견지. 경야. 인개앙지."

상황

● 지도자는 많은 사람이 지켜보는 만큼 잘못을 범하면 쉽게 들통이 난다. 지도자의 권위를 내세우면 잘못한 것도 하지 않은 것으로 만들려고 할 수 있다. 무한 권력을 가졌으므로 있던 것을 없게 하는 것이 가능할

터이다. 즉 위세 앞에 사람들은 제 눈을 찌르며 본 것을 잘못 본 것으로 기억을 재조정할 수 있다. 이 일로 지도자는 사람들에게 무서움을 낳지만 존경을 가져가지는 못한다. 반대로 지도자가 잘못을 회피하지 않고 마주하고 고친다면 사람들은 무서움을 가지지 않지만 존경하는 마음을 가지게 될 것이다.

어린아이는 실수를 하고서 손으로 자신의 눈을 가린다. 눈을 가리니 누가 자신을 다 보고 있다는 것을 의식하지 못한다. 우리 사회는 이런 아이가 많은 사회인가 아닌가?

◎ 자기와의 대화에 관심이 있으면 아우구스티누스가 쓰고 김기찬이 옮긴 『고백록』(현대지성사, 2000)을 읽어보라.

19-22 [510]

위나라의 공손 조가 자공에게 물었다. "당신의 스승 중니는 누구에게 배웠습니까?"

자공이 대꾸했다. "[찬란한 문화를 꽃피웠던 주나라의 건국 영웅] 문임금과 무임금이 걸으신 길이 아직 땅에 떨어져 없어지지 않고 [그 세례를 받은] 사람들에게 남아 있습니다. 현인이라면 그 문화의 핵심을 기억하고 있고 그렇지 않은 이라도 문화의 자잘한 조각을 기억하고 있습니다. 즉 문임금과 무임금이 걸으신 길이 없는 곳이 없습니다. 우리 선생님이 어디인들 배우지 않았겠습니까, 또 어떻게 영원한 스승이 따로 있었겠습니까?"

衛公孫朝問於子貢曰: "仲尼焉學?" 子貢曰: "文武之道, 未墜於地, 在人. 賢者識其大者,
위공손 조문어자공왈   중니언학?   자공왈   문무지도, 미추어지, 재인. 현자식기대자,

不賢者識其小者. 莫不有文武之道焉. 夫子焉不學? 而亦何常師之有?"
불현자식기소자. 막불유문무지도언. 부자언불학? 이역 하상사 지유?

상황 ── ◉ 선생님의 선생님은 누구입니까? 한번쯤 품어봄 직한 질문이다. 사마천의 『사기』에서는 공 선생이 노자를 선생님으로 모셨다고 한다. 믿거나 말거나! 07.22[173] '모두가 선생'을 참조하라.

디딤돌 ── ◉ 제일 마지막 구절을 새롭게 조합해서 널리 쓰이는 말이 있다. '학무상사學無常師', 즉 배움의 길에는 모든 것을 가르쳐주고 언제나 이끌어주는 절대적 선생은 없다는 말이다. 공 선생이 누구 한 사람으로부터 모든 것을 배운 것이 아니라는 것이다.

19-23 [511]

 숙손무숙이 조정에서 대부들에게 주장을 펼쳤다. "[알고 보면] 자공이 중니(공 선생님)보다 훨씬 낫지요."
 자복 경백이 조정의 일을 자공에게 알려주었다.
 자공이 [깜짝 놀라 손사래를 치며] 만류했다. "집의 담장에 비유하면 사(나)의 담이야 겨우 어깨 높이에 이르러 누구라도 집 안의 좋은 것을 다 들여다볼 수 있습니다. 선생님의 담은 몇 길이나 될 정도로 높아서 대문을 통해 들어서지 않으면 아름다운 종묘와 쭉 늘어선 방을 볼 수 없습니다. 그 문(세계)을 들어선 이가 많지 않습니다. 그러니 선생님(숙손무숙)이 뭐라 말하는 것도 몰라서 그렇게 말할 수 있지 않겠습니까?"

叔孫武叔語大夫於朝曰 : "子貢賢於仲尼." 子服景伯以告子貢. 子貢曰 : "譬之宮牆, 賜之牆
숙손무숙어대부어조왈 : "자공현어중니." 자복경백이고자공. 자공왈 : "비지궁장, 사지장
也及肩, 闚見室家之好. 夫子之牆數仞, 不得其門而入, 不見宗廟之美, 百官之富. 得其門者
야급견, 규견실가지호. 부자지장수인, 부득기문이입, 불견종묘지미, 백관지부. 득기문자
或寡矣. 夫子之云, 不亦宜乎!"
혹과의. 부자지운, 불역의호!"

상황
◉ 당시 노나라에서 공 선생과 현실에서 성공한 자공을 비교하면 누가 더 나은가 비교하는 분위기가 있었던 듯하다. 자공으로서 참 난처하고 쑥스러운 일이 아닐 수 없다. 적절한 비유로 자신과 공 선생의 차이를 시각적으로 분명하게 나타내면서 과분한 칭찬을 받아넘기고 있다. 자존自尊은 이 땅에 두 발을 딛고 설 수 있는 바탕이라도 있지만 어디까지 올라갈지 끝 모를 자고自高나 자만自滿은 자기 파멸의 신호이다. 09.23 [233] '후생가외'를 참조하라.

걸림돌
◉ 숙손무숙은 노나라의 대부로 이름은 주구州仇이다.

19-24 [512]

숙손무숙이 공 선생님을 두고 헐뜯었다. 자공이 [이 사실을 전해 듣고 기가 찬 듯 어이없어 하며] 한마디 했다. "그래 봤자 아무 소용없다! 중니는 헐뜯을 수 없는 존재이다. 여느 사람이 탁월하다고 해봐야 언덕 정도여서 얼마든지 넘어갈 수 있다. 중니의 탁월함은 해나 달과 같으니 타고 넘어갈 길이 없다. 땅 위의 사람이 [해나 달과] 관계를 스스로 끊으려고 하더라도 해와 달에 무슨 흠집이 나는가? [헐뜯어 봤자 그것은] 다만 스스로 자신의 그릇을 헤아리지 못한다는 것을 고백하는 것일 뿐이다."

叔孫武叔毀仲尼. 子貢曰: "無以爲也! 仲尼不可毀也. 他人之賢者, 丘陵也, 猶可踰也. 仲
숙손무숙훼중니. 자공왈: "무이위야! 중니불가훼야. 타인지현자, 구릉야, 유가유야. 중
尼, 日月也, 無得而踰焉. 人雖欲自絶, 其何傷於日月乎? 多見其不知量也."
니, 일월야, 무득이유언. 인수욕자절, 기하상어일월호? 다견기부지량야."

상황
● 숙손무숙이 공 선생의 권위를 비방하자 자공이 공 선생은 헐뜯으려고 해도 헐뜯을 수 없는 존재라고 변명하고 있다.

멜 깁슨Mel Gibson 감독의 〈패션 오브 크라이스트The passion of the Christ〉는 예수의 마지막 열두 시간을 그린 영화이다. 지금까지 예수의 고난을 그린 작품 중에서도 사실성이 뛰어난 것으로 평가받고 있다. 빌라도 총독은 명절에 무리의 소원대로 죄수 하나를 풀어주는 유대인의 전례를 들어 예수를 유명한 죄수 바라바와 함께 놓아주고자 했다. 물론 군중들은 바라바에게만 자유를 주기로 했지만. 이러한 판단의 저 밑에는 예수에게서 기적을 바라는 마음이 있지 않았을까? 마찬가지로 숙손무숙이 공 선생에게 특별한 능력을 기대한 것이 아닐까 싶다. 우리가 생각하는 공 선생은 얌전하고 조신한 꽁생원처럼 보이지만 당시 사람들은 그이에게서 기적과도 같은 것을 기대했는데 그것이 일어나지 않자 비난과 저주를 하는 것이 아닐까!

19-25 [513]

진자금이 자공[의 능력을 높이 치며] 주장했다. "당신이야 겸손해서 그렇지, 어디 공 선생이 당신만큼 뛰어난 게 있습니까?"

자공이 [멍 하니 있다가] 대꾸했다. "군자는 자신의 말 한마디로 지혜롭다고 여겨질 수도 있고, 군자는 자신의 말 한마디로 무지하다고 여겨질 수 있습니다. 따라서 말에 조심하지 않을 수 없습니다. 우리 선생님은 발끝도 못 따라갑니다. 이것은 하늘에 사다리를 타고 올라갈 수 없는 것과 마찬가지입니다.

만약 선생님이 나라(제후)나 가문(대부)을 맡았더라면, [민가에서]

말하는 대로 되었을 것입니다. '제자리에 우뚝 서니 모두 제자리로 돌아가고, 이끌기만 하니 모두 따라나서고, 편안하게 해주자 멀리서 찾아오고, 주선을 하니 화목하게 되었다.' 그이는 살아서 영광을 누리고 죽어서 애도를 받으실 것입니다. 어떻게 그이의 발끝에라도 따라갈 수 있겠습니까?"

陳子禽謂子貢曰: "子爲恭也, 仲尼豈賢於子乎?" 子貢曰: "君子一言以爲知, 一言以爲不
진자금위자공왈: "자위공야, 중니개현어자호?" 자공왈: "군자일언이위지, 일언이위부
知. 言不可不愼也. 夫子之不可及也. 猶天之不可階而升也. 夫子之得邦家者, 所謂 '立之斯
지. 언불가불신야. 부자지불가급야. 유천지불가계이승야. 부자지득방가자, 소위 '립지사
立, 道之斯行, 綏之斯來, 動之斯和'. 其生也榮, 其死也哀. 如之何其可及也?"
립, 도지사행, 수지사래, 동지사화'. 기생야영, 기사야애. 여지하기가급야?"

상황 ● 내가 안에서 느끼는 확연한 차이를 바깥에 있는 사람에게 전달하기는 쉽지 않다. 우리가 하나의 세계에서 캐내고 쌓을 수 있는 깊이와 높이는 제한이 없다. 자공이 공 선생에게서 느낀 차이를 진자금이 이해하기란 쉽지 않다.

이 글에는 뭔가 다른 냄새가 풍긴다. 바깥 사회에서 공 선생의 학파를 평가하는 것과 학파 내부의 자체 평가가 서로 다르다는 것 말이다. 진자금이 아무것도 모르고 날뛰는 것이 아니라 공 선생과 자공에게서 다른 능력을 보았을 듯하다. 예컨대 자공이 가진 것이 사회화가 가능한 유용성이라면 공 선생이 가진 것은 그런 유용성이 없었던 것이 아닐까!

20篇

계보의 편

● 계보의 편

　제20편은 보통 '요왈' 편으로 불린다. 특이하게도 이 편은 '자왈'로 시작하지 않고 "요왈堯曰"로 시작한다. 편집자는 이런 예외성에 주목한 탓인지 보통 '자왈' 다음의 글자로 편명을 삼는 관행을 깬다. 그러기에 앞서 그이가 이 관행을 지킬까 말까 고민을 꽤나 했을 것 같다. '요왈' 다음에 표제어로 삼을 만한 낱말이 보이지 않기 때문이다. 예컨대 요왈 다음이 "咨, 爾舜! 天之曆數在爾躬(자, 이순! 천지역수재이궁)"이다. '자'라는 감탄사를 제목으로 삼기는 힘들고 '이순'이라는 호격을 제목으로 삼기도 곤란하다. 좀 긴 게 흠이지만 그나마 '천지역수'가 괜찮아 보인다. 넉 자라도 안 될 것이 없다면 이 편은 '천지역수'로 불렸을 것이다. 사실 이것이 전체 내용을 잘 포괄하고 있기도 하다.

　제20편은 모두 3장으로 되어 있다. 다른 편들이 그렇듯이 이 편도 내용의 통일성이 없다. 연결을 시도하면 하나의 특징이 뚜렷하게 드러난다. 1장은 요임금에서 주공에 이르기까지 통치의 요체를 전수하고 있다. 2장은 정치 행위에서 나타나는 다섯 가지 미덕[五美]과 네 가지 악덕[四惡]을 다룬다. 3장은 세계의 지도자가 되는 것과 하늘 명령 사이의 연계성을 다룬다. 그러면 이 편은 황하 유역의

정치 영웅이 천명을 받아서 왕이 되어 사악을 멀리하고 오미를 가까이해온 역사를 다루고 있는 것이다. 이에 나는 이 편을 중화 세계의 〈계보系譜의 편〉으로 명명하고자 한다.

 참고로 『맹자』 제일 마지막 편 마지막 장을 보라. 그곳에도 500년의 계보도가 그려져 있다. 또 『장자』 「대종사」를 보면 여우女偊는 학문의 출처를 묻는 남백자규南伯子葵의 질문에 한 번에 계보를 쭉 읊는다. 『구약성서』 「창세기」에도 계보가 나온다. 이처럼 하나의 집단이 타자와 구별이 필요한 시점에 이르면 '혼합'이 '혼동'으로 이어지기 않도록 하기 위해 '계보', '족보'를 작성한다. 이러한 욕망을 품은 누군가가 유유히 흐르는 황하를 바라보며 밤하늘의 별을 쳐다보고 오기誤記의 위험을 무릅쓴 채 떨리는 마음으로 이 편을 썼으리라. 사정이 이렇다 보니 이 편은 자료로서의 신빙성을 의심받기도 한다.

20-01 [514]

요임금이 〔순임금에게 자리를 물려주며〕 다짐했다. "오호, 그대 순이여! 하늘의 운수가 그대의 몸에 옮겨갔으니 진실로 중심(중용)을 잡으시게. 온 세상의 백성들이 막막해하면 하느님이 준 작위, 즉 천자도 영원히 끊기게 되리니."

순임금은 〔우임금에게 자리를 물려주며〕 같은 말로 다짐했다.

〔탕임금이〕 맹세했다. "나 소자, 즉 보잘것없는 이 리는 감히 검정 수소를 제물로 바치며 빛나고 빛나는 후제(천제)에게 남김없이 보고합니다. 죄를 지으면 용서하지 않겠습니다. 천제가 보내신 신하의 선악을 내버려두지 않겠으며 그것을 가리는 일은 천제의 마음(점복)을 따르겠습니다. 제가 직접 죄를 지었다면 만방의 백성과 무관한 일입니다(그들에게 벌을 내리지 마십시오). 만방의 백성들이 죄를 짓는다면 그 죄는 제가 스스로 달게 받겠습니다."

〔폭정을 일삼았던 은나라를 정복한 뒤〕 주나라〔는 은나라의 유민과 공로자들에게〕 은전을 베푸니 착한 사람들이 〔그 보답을 받아〕 넉넉하게 살게 되었다.

〔주나라의 무임금이〕 이야기했다. "비록 자신의 주위에 가까운 친척이 많이 있더라도 세상을 구제한 이만 못합니다." 그이는 또 맹세했다. "만약 백성들이 무슨 잘못을 저지르면 〔그 책임은 모두〕 저 한 사람에게 달려 있습니다."

〔주나라의 건국이 안정 기조에 들어선 뒤 아마 주공이〕 도량형(저울과 되)의 척도를 엄격하게 규정하고, 법(형벌)과 제도의 규정을 세심하게 정비하고, 폐지되었던 관직을 정비 또는 회복시키자 전국의 행정이 제대로 돌아가기 시작했다. 이어서 멸망당한 국가(사직)를 부활시키고 끊

어진 대(제사)를 이어주고, 세상을 버렸거나 세상으로부터 버림받은 인물을 발탁시키자 하늘 아래의 모든 인민(백성)들이 마음속 깊이 복종하게 되었다.

〔아마 주공이〕 소중하게 생각한 것은 인민이고 식량이고 상례이고 제사였다.

〔윗사람(지도자)이〕 너그러우면 사람(신망)을 얻게 되고, 믿음이 있으면 주위 사람들이 일을 맡기고, 재빠르면 〔기회가 올 때〕 공적을 세우게 되고, 공정하면 〔사람들이〕 납득하게 된다.

堯曰: "咨, 爾舜! 天之曆數在爾躬, 允執其中. 四海困窮, 天祿永終." 舜亦以命禹. 曰: "予
요왈: "자, 이순! 천지력수재이궁, 윤집기중. 사해곤궁, 천록영종." 순역이명우. 왈: "여
小子履敢用玄牡, 敢昭告于皇皇后帝. 有罪不敢赦. 帝臣不蔽, 簡在帝心. 朕躬有罪, 無以萬
소자리감용현모, 감소고우황황후제. 유죄불감사. 제신불폐, 간재제심. 짐궁유죄, 무이만
方. 萬方有罪, 罪在朕躬." 周有大賚, 善人是富. "雖有周親, 不如仁人." "百姓有過, 在予一
방. 만방유죄, 죄재짐궁." 주유대뢰, 선인시부. "수유주친, 불여인인." "백성유과, 재여일
人." 謹權量, 審法度, 修廢官, 四方之政行焉. 興滅國, 繼絶世, 擧逸民, 天下之民歸心焉. 所
인." 근권량, 심법도, 수폐관, 사방지정행언. 흥멸국, 계절세, 거일민, 천하지민귀심언. 소
重, 民食喪祭. 寬則得衆, 信則民任焉, 敏則有功, 公則說.
중, 민식상제. 관즉득중, 신즉민임언, 민즉유공, 공즉열.

● 요가 순에게, 순이 우에게 천자를 물려주면서 치국의 비결을 전해주고 있다. 이어서 탕, 무가 하늘에 맹세하는 의식을 치르면서 한 말을 기록하고 있다. 마지막으로 주나라의 건국 이후 주공이 한 제도의 정비를 간략하게 적고 있다. 결국 요→순→탕→무임금→주공으로 이어지는 성왕의 계보를 작성하고 있는 셈이다.

이들은 원래 서로 다른 종족이었고, 왕조의 교체는 지배 집단의 교체라는 변혁의 과정이었을 것이다. 하지만 계보도에는 종족 간의 투쟁은 사라지고 현재의 시점에서 하나의 조상으로 통합된 인물들로 재조합

되고 있다. 서로 다른 계통의 종족이 모여 새로운 통합을 이루려 할 때 역사는 새로이 써진다. 이로써 하나의 계통이 처음과 끝을 가진 온전한 역사를 갖게 된다. 그러나 사실은 이것이 그렇게 완전한 것은 아니다. 오늘날도 어떤 사람은 말끝마다 족보, 족보 하지만 따지고 보면 족보에는 얼마나 많은 사람이 누락되었는가? 여성이나 서자는 제외되었다. 결국 족보는 완전한 것이 아니라 여성과 서자 배제의 역사일 뿐이다.

걸림돌

● 한문 전적을 볼 때마다 이해가 안 되는 단어가 있다. 그중 하나가 '사해四海'이다. 글자 그대로 동서남북 네 방위에 있는 바다라는 뜻이다. 3000년 전의 지도가 오늘날과 달랐다고 하더라도 황하 유역이 바다로 둘러싸여 있지 않았을 텐데 어째서 사람들은 사해라고 할까? 기껏해야 동해나 남해가 있을 뿐인데. 어떤 번역본을 봐도 역자들은 이것을 확인하지 않고 그대로 넘어갔다. 이 의문을 풀 실마리는 두 가지이다. 하나는 황하 유역의 사람들만이 아니라 고대인들은 땅이 끝이 있고 그 끝은 물로 되어 있다고 생각했다. 이런 점에서 '사해'는 확인된 사실을 표현한 것이 아니라 상상 속에서 구성된 공간 지각을 상징하는 셈이다. 다른 하나는 '해'가 꼭 물이 아닐 수도 있다는 것이다. 오늘날의 중국 지도를 떠올리면 알겠지만 모래도 '해'가 될 수 있다. 이렇게 보면 '사해'는 물과 모래로 둘러싸여 있다는 사실을 표현한 말이 된다. 이 두 이미지가 합쳐져 '사해'라는 말이 전 세계를 가리키는 말로 쓰였던 것이다. 아울러 고대 중국의 사람들은 자신들의 세계를 해내海內라고 했고 바깥 세계를 해외海外라고 했다. 안휘성 황산에 가보니, 산은 늘 안개가 꽉 차 있었는데, 안개가 낀 지역을 역시 전해前海나 서해西海라는 말로 표현하고 있었다.

깊이 읽기

황하 유역의 통합 역사 만들기의 완성, 중화 세계의 창출

"왕조의 교체는 승계(선양)와 혁명의 방식으로 이루어진다. …… 새 왕조의 창건자는 기존의 왕조에서는 신하였다. 신하에서 왕으로 변화하는 것은 어느 누구나 야심 있는 사람에게 개방되어 있지 않다. 만약 그렇게 된다면 왕조 수립은 야심가들의 상투적인 인생 목표로 전락할 수 있기 때문이다. 이 전략을 막기 위해 하늘은 새로운 왕조를 일으킬 인물을 골라서 혁명 과정부터 그 사람에게 왕이 될 자격을 부여해 그렇지 않은 사람과 위계를 현격하여 벌려준다. ……

왕조 교체는 결코 야심가들의 권력투쟁사가 아니라 중화 민족의 고난 극복사가 된다. 중화 민족은 특정 왕조 말기에 외인이든 내인이든 왕조 단위의 신진대사가 불가능해진다. 그러면 새로운 영웅이 나타나 그 문제를 멋지게 해결하고 새로운 왕조를 열어 음양 변화가 원활하게 일어나게 되고 세계는 다시 질서를 되찾게 된다. 이로써 신농·원헌·요·순·우·탕·문·무 임금들처럼 각기 다른 종족에 소속되어 있던 영웅들이 중화의 계통으로 통합, 수렴된다. 이것이 바로 거룩한 중화 질서의 수호자, 위대한 문화 세계로의 대일통大一統이다. 이것은 통상 군주의 절대권을 확립한 것으로 잘못 파악하기보다는 중화의 다원일체多元一體 구조를 실현하려는 맥락으로 이해해야 한다. 중화주의는 이 당시[한 제국의 초기]에 이미 충분히 배태되어 있었다고 할 수 있다."

―― 신정근, 『동중서: 중화주의의 개막』(태학사, 2004), 260~261쪽, 265쪽.

◎ 위 글을 읽고 "공자의 사상이 중화주의의 형성에 어떤 영향을 끼쳤을까?"에 대해 자료를 찾아보고 토론해보자.

자장이 공 선생님에게 물었다. "어떻게 하면 제대로 정무를 맡아볼 수 있을까요?"

공 선생님이 대꾸했다. "자기 스스로 다섯 가지 미덕을 높이고 네 가지 악덕을 물리친다면 제대로 정무를 맡아볼 수 있겠지."

자장이 다시 물었다. "먼저 든 다섯 가지 미덕은 무엇을 가리키는지요?"

공 선생님이 일러주었다. "자율적 인간은 도움을 주지만 헤프지 않고, 힘들게 일을 시키지만 원망을 듣지 않고, 하기를 바라지만 집착하지 않고, 느긋해하지만 교만하지 않고, 위엄을 차리지만 사납지 않은 것을 말한다."

자장이 좀 더 자세히 알고 싶어서 보충 질문을 했다. "도움을 주지만 헤프지 않다는 것은 무슨 뜻입니까?"

공 선생님이 대꾸했다. "인민(백성)들이 이롭게 여기는 대상을 보장하여 그들로 하여금 이로움을 누리도록 한다면 도움을 주지만 헤프지 않다는 것이 아니겠는가? 〔내친 김에 나머지도 설명하기로 마음을 먹는다.〕 누구라도 힘을 들여야 할 일을 골라서 백성들을 힘들게 한다면 도대체 누가 원망을 하겠는가? 평화(화합)를 일구고자 하여 평화가 달성된다면 어떻게 집착한다고 하겠는가? 자율적 인간은 관련자가 많건 적건 일이 중요하건 사소하건 가리지 않고 하나도 게을리하지 않는다면 느긋해하지만 교만하지 않은 것이 아니겠는가? 자율적 인간이 의복과 모자를 단정하게 차려입고 눈길을 이리저리 돌리지 않으니 엄숙한 태가 흘러 사람들이 멀리서 바라보고 두려움을 느낀다면 위엄을 차리지만 사납지 않다는 것이 아니겠는가?"

자장이 다시 물었다. "〔앞서 말한〕 네 가지 악덕은 무엇을 가리키는지요?"

공 선생님이 일러주었다. "〔백성들에게〕 아무런 훈육(훈련)도 없이 죽인다면 '학살'이라 하지. 어떠한 주의를 주지 않고 결과부터 따지려든다면 '포악'이라 하지. 명령(지시)은 하는 둥 마는 둥 하면서 기일을 따지면 '폭압'이라 하지. 재물이 들고날 때 주는 데에 미적거리면 곳간지기라고 하지."

子張問於孔子曰: "何如斯可以從政矣?" 子曰: "尊五美, 屛四惡, 斯可以從政矣." 子張曰:
자장문어공자왈: "하여사가이종정의?" 자왈: "존오미, 병사악, 사가이종정의." 자장왈:

"何謂五美?" 子曰: "君子惠而不費, 勞而不怨, 欲而不貪, 泰而不驕, 威而不猛." 子張曰:
"하위오미?" 자왈: "군자혜이불비, 노이불원, 욕이불탐, 태이불교, 위이불맹." 자장왈:

"何謂惠而不費?" 子曰: "因民之所利而利之, 斯不亦惠而不費乎? 擇可勞而勞之, 又誰怨?
"하위혜이불비?" 자왈: "인민지소리이리지, 사불역혜이불비호? 택가로이로지, 우수원?

欲仁而得仁, 又焉貪? 君子無衆寡, 無小大, 無敢慢, 斯不亦泰而不驕乎? 君子正其衣冠, 尊
욕인이득인, 우언탐? 군자무중과, 무소대, 무감만, 사불역태이불교호? 군자정기의관, 존

其瞻視, 儼然人望而畏之, 斯不亦威而不猛乎?" 子張曰: "何謂四惡?" 子曰: "不敎而殺謂
기첨시, 엄연인망이외지, 사불역위이불맹호?" 자장왈: "하위사악?" 자왈: "불교이살위

之虐. 不戒視成謂之暴. 慢令致期謂之賊. 猶之與人也, 出納之吝謂之有司."
지학. 불계시성위지폭. 만령치기위지적. 유지여인야, 출납지린위지유사."

● 정치에 종사하기 위해서 다섯 가지 미덕을 높이고 네 가지 악덕을 물리쳐야 한다는 것을 설명하고 있다. 오미는 중용의 정신을 나타낸다. 예컨대 "도움을 주지만 헤프지 않게 한다"는 것은 도움이 지나치지도 않고 모자라지도 않게 알맞게 제공되고 있는 것을 나타낸다.

◎ 중용의 사유 논리는 특별한 언어 형식을 통해서 표현되는데, 이와 관련해서는 장승구가 쓴 『중용의 덕과 합리성』(청계, 2004), 35~36쪽을 참조하라.

20-03 [516]

공 선생님이 이야기했다. "하늘의 명령을 이해하지 못하면 세계의 지도자(자율적 인간)가 될 수 없지. 전통 의식에 익숙하지 않으면 제자리에 설 수가 없지. 말(주장, 약속)을 분별하지 못하면 주위 사람의 특성을 파악할 수 없지."

孔子曰: "不知命, 無以爲君子也. 不知禮, 無以立也. 不知言, 無以知人也."
공자왈: "부지명, 무이위군자야. 부지례, 무이립야. 부지언, 무이지인야."

상황 ─◉ 지도자가 세계의 중심으로 우뚝 서서 사람들을 구원의 길로 이끌어 갈 때 갖추어야 할 세 가지 자격을 이야기하고 있다.

걸림돌 ─◉ 1) '명命'은 너무 거창한 것이 아니라 삶의 조건에 해당된다. 현실 세계actual world는 원래 다양한 가능 세계possible worlds들 중의 하나이다. 이렇게도 될 수 있고 저렇게도 될 수 있는데, 조건과 상황이 맞아떨어지는 지점에서 어떤 것이 가능한 상태에서 현실로 이행되는 기회를 갖는다. 이때 조건이 명이라고 할 수 있다.

인간 삶의 기록, 즉 역사가 전체적으로 개선의 방향으로 나아간다고 하더라도 늘 합리적이며 만족스런 상황으로 펼쳐지는 것은 아니다. 여기서 특정한 삶의 조건이 현실화되는 과정에서, 조건과 기대가 일치되는 이는 행복과 즐거움을 누리고, 일치되는 않는 이는 불행과 비애를 느끼게 되는 것이다. 그러므로 조건과 그 조건의 현실화로 빚어지는 인간의 행복과 고통을 모른다면, 지도자가 되려고 행세할 수 없지 않을까? 지도자가 앞날을 내다보는 선견지명을 갖추고 즐거움을 누리는 이에게 절제를, 고통을 겪는 이에게 희망을 던져주려면, 명을 알지 않을 수 없다.

2) 나는 책을 보면 늘 마지막이 무슨 낱말로 끝날까 궁금해한다. 그래서 책을 사면 꼭 뒤부터 확인해본다. 보통은 '……다'로 끝난다. 『논어』는 어조사 '야也'로 끝난다. 이것은 『천자문』의 마지막 구절 '언재호야焉哉乎也'와 마찬가지이다. 살펴보고자 하는 것은 그 앞에 오는 '지인知人'이라는 말이다. 인정의 문제를 검토한 01.01[001]에 '인지人知'가 나온다. 『논어』 처음이 주위 사람이 나를 알아주는 것[人知己]에 관한 내용이었다면 20.03[516]의 마지막에서는 내가 주위 사람을 아는 것[己知人]을 말하고 있다.

참으로 『논어』의 편집자는 집요하며 철저하다. 첫째, 처음과 끝을 이렇게 꼭 맞춘 수미일관의 정신이 돋보인다. 자신의 꼬리를 문 오우로보로스의 신화처럼 말이다. 둘째, 처음과 끝을 맞춰 공 선생의 일생을 아주 간명하게 압축하고 있다. 01.01[001]에서 자신을 알아주지 않는 세계에 대한 증오를 거두어들였다고 했는데 20.03[516]에서는 말을 통해서 주위 사람을 분류하겠다고 선언하고 있다.

3) 이 분류는 공 선생이 『춘추』, 즉 춘추시대의 『역사』를 집필해서 그 시공간을 살아왔던 공적 세계의 인물을 평가하겠다는 작업 개시의 선언인 것이다. 춘추시대의 현실을 움직여갔던 이들은 공 선생에게 결코 기회를 제공하지 않았다. 그렇게 하여 만들어낸 현실과 역사가 얼마나 숭고한 지점에 도달했는지 등급을 매기겠다는 것이다. 나를 거부한 너의 인생은 몇 점인가? 이것은 결국 공 선생이 현실에서 기회를 찾지 못했지만 역사에서 현실의 인물들을 평가함으로써 스스로 기회를 만들어내고 있는 것이다.

| 부록 |
장별 주제 분류

1편
오우로보로스의 편
조사의 편

01.01 [001]　학문 · 정치-공동체(결사)-함께 가는 이의 즐거움

　　　　　　◎ 인정, 그 욕구의 강렬함과 의미의 파장
　　　　　　ㄴ 인정에 대한 공 선생과 장 선생의 차이는 무엇일까?

01.02 [002]　윤리 · 사회-질서-효도

01.03 [003]　사회-처신-가식적인 행위

01.04 [004]　윤리-일상의 반성-자기 충실

01.05 [005]　윤리 · 정치-행정의 지침-신중 · 신뢰 · 적시성

01.06 [006]　윤리 · 정치-관계의 충실-학문에의 여유

01.07 [007]　윤리 · 정치-관계의 충실- 윤리적 실천과 학문의 통일성

　　　　　　◎ 지식으로서의 학문과 삶의 기술로서의 학문
　　　　　　ㄴ 우리는 왜 공부를 하는가?

01.08 [008]　도덕-이상 인격- 군자의 요건

01.09 [009]　사회-상례와 장례의 준수-사이의 친밀

01.10 [010]		정치-정보 수집·실태 파악-공감의 태도
01.11 [011]		윤리-효도-유훈의 합리적 계승
01.12 [012]		도덕-례의 작용-조화와 절제의 결합
01.13 [013]		사회-정의·례·친척의 힘-자기 보존과 중심의 역할

◎ 최대 도덕과 최소 도덕
ㄴ 우리는 어떤 행위를 최소 도덕의 항목으로 규정하는 것이 바람직한가?

01.14 [014]		도덕-이상 인격-군자의 요건
01.15 [015]		도덕-례의 준수-인격의 고양
		예술-시가-진리의 발견
01.16 [016]		정치-공동체-자기 확신과 타인의 승인

2편
효도의 편
학문의 편

02.01 [017]		정치-은혜(덕)-사람에 대한 인력
02.02 [018]		학문-시의 정신-순수성
02.03 [019]		정치-공동체-외적 규제와 자율적 힘의 차이

◎ 부끄러움의 가치
ㄴ 부끄러움이 도덕적 삶(문화)에 어떤 역할을 할 수 있을까?

02.04 [020]		인생-6단계-총체적 성장의 과정
02.05 [021]		윤리-효도-례의 준수
02.06 [022]		윤리-효도-건강
02.07 [023]		윤리-효도-양육과 존중의 질적 차이

◎ 효, 부분 윤리인가 전체 윤리인가?

　　　　└.효도가 현대사회의 윤리적 대안일 수 있는가?

02.08 [024]　윤리-효도-표정 관리, 우대

02.09 [025]　학문-학습 태도-완전한 이해

　　　　◎안 선생이 학문을 사랑한 까닭은〔顔子所好學論〕?〈주희·여조겸, 『근사록』〉
　　　　└.고대인(안연)과 현대인의 학문관이 어떻게 다른가?

02.10 [026]　인생-사람 관찰의 방법-완전한 정체 파악

02.11 [027]　학문-스승의 길-옛것의 재해석

　　　　◎과거와 현재
　　　　└.미래의 근원으로서의 과거와 현재의 질곡으로서의 과거가 어떻게 구분되는가?

02.12 [028]　도덕-이상 인격(군자)-밥그릇 의식의 초월

02.13 [029]　도덕-이상 인격-솔선수범

02.14 [030]　도덕의 정치-참여자의 두 유형-당파성과 보편의 관점

02.15 [031]　학문-방법론-본받기와 자기 사고의 종합(극단의 위험성)

02.16 [032]　인생-호기심-가지 않은 길의 위험성

02.17 [033]　학문-안다는 것-무지의 자각

02.18 [034]　행정-업무 지침-말과 행동의 신중함

02.19 [035]　정치-합의-인재의 정확한 운용

02.20 [036]　정치-공동체의 안정-솔선수범

02.21 [037]　정치-현실 참여-일상 속의 정치 행위

02.22 [038]　사회-공동체의 토대-신뢰

02.23 [039]　역사-장기 미래의 예측-계승과 가감

　　　　◎역사의 반복과 창조〈카를 마르크스, 「루이 보나파르트의 브뤼메르 18일」〉
　　　　└.역사는 늘 반복되는가 아니면 새로운 것인가?

02.24 [040]　종교 문화-제사-아첨

도덕-정의-실천의 용기

3편
전통 의식의 편
예술의 편

03.01 [041]　예술사회학-무용-과시적 공연

03.02 [042]　예술사회학-제사 음악-과시적 연주

03.03 [043]　문화철학-예술의 사회적 가치-의식·음악의 독자성 부정

03.04 [044]　문화-례의 본바탕-수수함, 애도

03.05 [045]　문명-중화사상-중원과 주변 지역의 차별

　　　　　　◎ 공 선생도 인종과 문화에 대한 편견이 있었는가?
　　　　　　ㄴ. 야마자키 안사이와 정약용의 차이점은 무엇인가?

03.06 [046]　종교 문화-태산의 제사-분수에 넘친 의식

03.07 [047]　체육-활쏘기-군자식 경쟁(기량 겨루기)

03.08 [048]　예술-시가 비평-유비적 해석

03.09 [049]　역사-실증주의-문헌의 가치

　　　　　　◎ 역사는 역사가와 사실의 상호 작용이며 현재와 과거의 대화
　　　　　　〈E. H. 카, 『역사란 무엇인가』〉
　　　　　　ㄴ. 공 선생과 E. H.카 역사관의 차이가 무엇인가?

03.10 [050]　종교 문화-노나라의 체 제사-현실과 원칙의 불일치

03.11 [051]　종교 문화-체 제사-질서 형성의 토대

03.12 [052]　종교 문화-제사-참여의 절대적 의미

　　　　　　◎ 의식은 참여한 자만이 느낄 수 있는 고유한 효과를 낳는다
　　　　　　ㄴ. 의식 참여의 긍정적 기능과 부정적 기능은 무엇일까?

03.13 [053]　정치 외교-교제-정석과 편법

03.14 [054]　정치-제도-주나라의 특성

03.15 [055]　종교 문화-태묘의 예방-신중한 예식 수행

03.16 [056]　체육(스포츠)-활쏘기-경쟁이 아닌 수양으로서 체육
　　　　　　　◎ 공 선생은 100미터 달리기 경기를 하지 않았다
　　　　　　　〈리하르트 빌헬름, 『주역 강의』〉
　　　　　　　ㄴ 공 선생의 고전적 체육과 현대의 프로 스포츠의 차이가 무엇일까?

03.17 [057]　문화-곡삭告朔 의식-의식의 보존과 폐지

03.18 [058]　사회-원칙 충실-의도적 왜곡

03.19 [059]　행정-지도력-준례遵禮와 충실

03.20 [060]　예술-시가 해석-절제의 미의식

03.21 [061]　문화-사직단의 수종-자의적인 의미 풀이

03.22 [062]　역사-인물 평가-관중의 행태 비판

03.23 [063]　예술-음악-개별음의 전개와 화음

03.24 [064]　인생-동시대인의 공자 평가-시대를 일깨우는 목탁

03.25 [065]　예술-음악 비평-소韶와 무武의 차이

03.26 [066]　행정-인성 평가-인간미를 잃은 사람

4편
정의의 편
군자의 편

04.01 [067]　인생-거주지 선택-인정미 넘치는 곳
　　　　　　　◎ 사람은 물들이기에 따라 바뀐다 〈『묵자』「물들이기에 따라」〉
　　　　　　　ㄴ 사람은 환경의 영향을 절대적으로 받는가?

04.02 [068]		도덕-평화의 의미-궁핍한 날의 행복
04.03 [069]		도덕-공평성-사람 대우의 기초
04.04 [070]		도덕-평화의 의미-해악 욕구로부터 해방
04.05 [071]		사회-공통된 추구와 기피의 대상-정당한·부당한 부자와 출세의 길

◎ 인(평화의 진리)이 없는 곳은 없다
ㄴ 왜 우리는 평화를 주장하면서도 증오의 유혹에 솔깃할까?

04.06 [072]		도덕-평화(화합)의 애호-참으로 좋아하고 미워하기
04.07 [073]		사회 문화-단점의 공유-유유상종
04.08 [074]		학문-진리의 고귀성-생존보다 더 중요한 것

◎ 도와 죽음
ㄴ 공 선생이 말하는 죽음의 진정한 의미는 무엇일까?

04.09 [075]		인생-구도의 삶-사회적 시선으로부터의 자유

◎ 바람직한 지식인상 〈한완상, 『민중과 지식인』〉
ㄴ 현대의 바람직한 지식인상은 무엇일까?

04.10 [076]		도덕-보편성과 특수성-상황 적절성
04.11 [077]		인생-두 종류의 사람-모범의 창출과 개인적 행운
04.12 [078]		정치 경제-사익 추구-원망의 집중
04.13 [079]		정치-공동체의 통합-의식과 겸양의 힘
04.14 [080]		인생-자아실현의 기회-먼저 자신을 돌아보라
04.15 [081]		도덕-일관된 삶의 길-진실과 관용
04.16 [082]		인생-두 종류의 사람-정의 대 사익
04.17 [083]		인생-자기 계발-만인이 나의 선생이다
04.18 [084]		윤리-효도-존중하라

04.19 [085]   윤리-효도-행선지를 밝혀라
04.20 [086]   윤리-효도-합리적 계승
04.21 [087]   윤리-효도-어버이의 나이 듦에 대한 양가감정
04.22 [088]   도덕-신중한 다짐-실천의 어려움
04.23 [089]   도덕-자기 절제-잘못으로부터 해방
04.24 [090]   도덕-말하는 것과 행하는 것-더듬거리기와 재빠르기의 차이
04.25 [091]   인생-고상함(흡인력)의 길-동조자
04.26 [092]   인생-충고의 기술-자주하지 마라

5편
교육의 편

05.01 [093]   교육-학생과의 관계 및 평가-신뢰
05.02 [094]   교육-학생과의 관계 및 평가-신뢰
05.03 [095]   교육-인격의 함양-환경의 중요성
05.04 [096]   교육-학업 평가-예식용 그릇 같은 존재
05.05 [097]   교육·사회-언어 능력의 숭상-구성원 간의 갈등 초래
               ◎ 동족 언어의 엇갈린 운명
               ㄴ 한국인이 말 잘하는 사람을 꺼리는 문화의 연원은 어디에 있을까?
05.06 [098]   행정-공직 생활-자기 확신
05.07 [099]   인생-고행의 동반자-용기와 지혜의 겸비
05.08 [100]   교육-구도자(학습자)의 기량 측정-국방, 행정, 외교의 적임자
05.09 [101]   교육-공부 성취의 객관화-제자들 간의 우열 평가
05.10 [102]   교육·문화-여가·실내장식-곁눈질 하는 제자
05.11 [103]   교육-다짐(말)과 행동의 관계-말과 행동의 불일치

◎ 말이 곧 행동이다 〈J. L. 오스틴, 『말과 행위』〉
ㄴ 언어의 수행적 기능은 특수한 것일까 아니면 일반적인 것일까?

05.12 [104]　인생-굳건한 의지-욕심과 다르다

05.13 [105]　도덕-해악 금지의 원칙-이해와 실천의 차이

05.14 [106]　교육-커리큘럼-형이상학 강좌의 미개설

05.15 [107]　학문-자기 발전-완전한 실천의 어려움

05.16 [108]　시사 외교-인물(공문자)의 생애-시호의 적정성

05.17 [109]　시사·역사-인물 평가(자산)-군자의 전형

05.18 [110]　시사 외교-인물 촌평(안평중)-사교의 기술

05.19 [111]　역사-인물(장문중)의 행위 평가-소문과 실제의 불일치

05.20 [112]　역사-인물(자문, 최자) 평가·인격의 성취-인(공동체의 통합)에 도달하기의 어려움

05.21 [113]　행정-심사숙고-지나친 신중함에 대한 우려

05.22 [114]　정치 인생-정세 판단-지혜와 어리석음으로 대처

05.23 [115]　인생-실패 뒤의 귀향-젊은이들에 대한 책임감

◎ 청년이여, 탄식은 해결 방안이 아니다/청년이여, 도덕·윤리로 돌아가라 〈천두슈, 「청년에게 삼가 고함」/이상재, 「청년이여」〉
ㄴ 천두슈와 이상재의 청년관의 차이점이 무엇인가?

05.24 [116]　사회-공동체의 안정-용서와 화해

05.25 [117]　사회·문화-명예욕 중독 현상-미생고의 식초 이야기

05.26 [118]　사회-목적을 위한 교제-가식적인 행위

05.27 [119]　교육-상호 점검-개인적 포부 말하기

05.28 [120]　도덕-고백과 자기 성찰-실패를 통해 발전하는 사람

05.29 [121]　인생 자술-채워지지 않는 배움(깨달음)의 굶주림-독보적 삶

의 고백

6편
전형의 편
경계의 편

06.01 [122]	교육-인물 품평-지도자의 품성	
06.02 [123]	시사 · 역사-인물 평가-긴장과 대범함의 중도	
06.03 [124]	교육-학문에의 사랑-공 선생과 안연의 동지적 연대	
06.04 [125]	사회 · 학과-상호부조-부족한 자에게 더 많이	
06.05 [126]	행정 · 취업-적정한 급료 책정-소득의 재분배	
06.06 [127]	정치 · 문화-인재-출신 대 인품	

◎ 귀속지위ascribed status와 성취지위achieved status
ㄴ 취업과 임용 등에서 우리 사회의 인재관이 진보와 보수 중 어디에 치우쳐 있을까?

06.07 [128]	교육-덕업 성취도 평가-출중한 안회	
06.08 [129]	정치-행정 능력-행정가로서 필요한 성품	
06.09 [130]	정치 · 인생-기회의 제공-최소한의 양식 고수	
06.10 [131]	인생-중도 좌절(불치병)-운명의 문제	

◎ 세 가지 운명 〈반고, 백호통의』〉
ㄴ 운명론이 체념의 삶이 아니라 진취적 삶을 견인할 수 있을까?

06.11 [132]	인생-가난한 삶의 안연-고통을 넘어 해방으로	
06.12 [133]	학문-중도 포기-능력 부족과 열망의 상실의 차이	
06.13 [134]	학문-지식인-시대의 계몽과 시대의 순응	

◎ 유교의 종교성 논쟁 〈한국종교연구회,『종교 다시 읽기』〉

┗, 유교에 대한 종교성 논쟁의 허실은 무엇일까?

06.14 [135]   정치-인재 선발-원칙주의자

06.15 [136]   전쟁-전공-겸손의 자세

06.16 [137]   인생-세태의 쓸쓸한 단상-말재주와 미모의 열풍

06.17 [138]   학문·인생-모두의 출입문-다니지 않는 문

06.18 [139]   예술·도덕-이상 인격 또는 예술미-본바탕과 꾸밈새의 유기적 결합

◎ 문文과 질質의 의미
┗, 인격과 예술에서 소박미와 형식미의 차이는 무엇일까?

06.19 [140]   도덕-정직과 기만-요행을 초월한 삶

06.20 [141]   학문-깊이와 폭에의 접근-지성, 감성, 심미적 이해

06.21 [142]   교육-고등교육의 자질-교육 받을 만한 최소한의 요건

06.22 [143]   도덕-지혜와 공공선-귀신과 거리 유지, 고난

06.23 [144]   예술-개성화-강물과 산에 비유된 인격미

06.24 [145]   사회 문화-3단계 발전론-현실에서 이상 국가로

06.25 [146]   문화-고대 유물-규정과 실물의 일치

06.26 [147]   도덕-평화주의자의 지혜-속임수를 뛰어넘는 지적 능력

06.27 [148]   도덕-이상 인격-전통문화와 자기 규제

06.28 [149]   외교-부끄러움 없는 처신-영부인과 단독 회합

06.29 [150]   윤리-중도와 평범성의 의의-극단의 현실

06.30 [151]   종교 철학-세계의 구원-평화를 넘어선 혁명가의 사명

◎ 인자仁者와 성자聖者는 어떻게 다른가?
┗, 인仁과 성聖의 구원이 가지는 차이는 어디에 있을까?

7편
피사체의 편
자술의 편

07.01 [152]   문화철학-창조자가 아닌 전수자-자기 역할의 자리 매김

07.02 [153]   학문-자기 점검의 목록-숙성, 근면, 나눔

07.03 [154]   인생-학업과 실천-제대로 하기의 어려움

07.04 [155]   인생-일상-느긋한 태도

07.05 [156]   인생-정신적 자극의 근원-꿈의 대화

07.06 [157]   교육-네 가지 교육 중점-전인으로 귀결

07.07 [158]   교육-입교의 의식-배움의 자세

07.08 [159]   교육-가르침의 방법-자기 주도적 학습과 창의성 계발

07.09 [160]   인생·문화-고통의 공유-이웃의 배려

07.10 [161]   인생·문화-조문-흥의 절제

07.11 [162]   교육·인생-구도의 동반자-무모하지 않고 자유로운 인격

07.12 [163]   인생-두 종류의 길-사회가 요구하는 것과 내가 좋아하는 것

07.13 [164]   종교 문화-인간의 한계를 넘어선 영역-신중에 신중하기

07.14 [165]   예술-음악 감상-영혼을 일깨우는 여운

◎ 수표교, 한밤의 음악 연주회 무대 〈박종채, 『나의 아버지 박지원』〉
└ 음악의 사회적 기능과 철학적 의의는 무엇일까?

07.15 [166]   역사-개인적 욕망과 공동체의 운명 사이의 심연-무력에의 호소와 위대한 포기

07.16 [167]   인생-두 종류의 길-가난하나 깨끗한 삶, 돈 있으나 얼룩진 삶

07.17 [168]   인생·학문-빨리 가는 세월-『주역』 공부와 허물없는 삶

◎ 인간이 스스로 무력함을 느낄 때 〈카나야 오사무, 『주역의 세계』〉

　　　　　┖오늘날 점을 치는 사람의 심리는 어떻게 설명할 수 있을까?

07.18 [169]　교육-의미의 표준화-공용어 채택

07.19 [170]　인생-자기 평가-식지 않는 열정의 소유자

07.20 [171]　인생·학문-지적 능력-천재인가 노력의 결과인가

07.21 [172]　종교 문화·예술-이성주의-신화적 세계관의 극복

07.22 [173]　인생-정면 교사와 반면교사-나의 선생은 도처에 있다

07.23 [174]　종교 문화-소명 의식-두려움에서 해방되기

07.24 [175]　교육-진리 접근의 평등-비밀스런 전수의 부정

　　　　　◎ 근대 전후 진리 전수(교육) 방법의 차이
　　　　　┖공 선생의 교육법과 현대적 교육법의 장단점은 무엇인가?

07.25 [176]　교육-네 가지의 교육 중점-문헌 독해 등

07.26 [177]　인생-선구자-앞선 자의 외로움

07.27 [178]　문화-여가 활동-낚시와 사냥의 지침

07.28 [179]　사회-인간 군상-허장성세, 자기 검열

07.29 [180]　인생-과거와 결별(진정한 자기 부정)-편견 없는 사고

07.30 [181]　도덕-지행합일-결단

　　　　　◎ 지행(언행)의 합일과 도덕적 결단
　　　　　┖지행합일을 도덕적 결단과 관련지어 그 가능성을 어떻게 설명할 수 있을까?

07.31 [182]　도덕-자기반성-부당한 변호의 솔직한 시인

　　　　　사회 문화-공동체의 금기-동성동본의 결혼

07.32 [183]　예술-시가-노래 감상과 부르기

07.33 [184]　인생-학습과 실현-완전한 실천의 어려움

07.34 [185]　도덕-궁극의 지점-거룩한 자, 평화의 사도

07.35 [186]　종교 문화-질병 치유의 의식-죽음의 공포로부터 벗어남

07.36 [187] 윤리 · 사회 문화-극단적 유형-지나친 거만과 인색

07.37 [188] 인생-두 종류의 사람-여유와 걱정거리

07.38 [189] 인생-인간미 · 교제-중용과 배려의 태도

8편
증자의 편
성화의 편

08.01 [190] 역사-인물 평가-태백의 고상함

◎ 역사, 양보와 투쟁
ㄴ 역사를 투쟁 또는 사회적 타협으로 보게 될 때, 그 차이점이 무엇일까?

08.02 [191] 사회-인간관계-예식에 의한 품성의 계발

08.03 [192] 인생-몸의 온전한 보존의 의무-죽음을 맞이하는 태도

08.04 [193] 정치-소통의 지도력-세 가지 유훈

사회 문화 · 인생-죽음-순수성의 회복

08.05 [194] 인생-회상-안연에 바치는 헌사

08.06 [195] 인생-갈림길-배반과 신의

도덕-완전한 절대적 신뢰-죽은 자와의 약속

08.07 [196] 사회-지식인의 책무-평화의 도래

◎ 두 가지 책임 의식 〈미르치아 엘리아데, 『성과 속: 종교의 본질』〉
ㄴ 우주적 책임과 역사적 책임의 차이점이 무엇일까?

08.08 [197] 예술-교육적 기능-인격의 함양

08.09 [198] 정치 경제-민중의 정치적 제한-정치의 동반자가 아니라 동원의 대상

08.10 [199] 인생 · 정치 경제-증오의 정치-극단주의의 출현 가능성

08.11 [200] 인생 · 사회 문화-재능인의 처신-겸손과 조화
08.12 [201] 학문-지식인의 정치 참여-정치 영역의 선호
08.13 [202] 윤리 · 정치 경제-사회참여의 원칙-시대에 알맞은 지식인의 대응
08.14 [203] 행정-복무규정-참견 금지의 원칙
08.15 [204] 예술-음악-심미적 감동
08.16 [205] 사회-기본기의 부족-조직의 피로도 증가
08.17 [206] 학문-학적 성취의 갈망-간절한 자세
08.18 [207] 신화 · 전설-신뢰 정치의 전형-순임금과 우임금
08.19 [208] 신화 · 전설-하늘을 닮은 존재-요임금
08.20 [209] 신화 · 역사-왕조 교체기(난세)-비교적 풍부한 인재
08.21 [210] 신화 · 전설-우임금의 선정-출중한 효행과 위대한 치수 사업

　　　◎ 우임금은 원래 원숭이였다? 〈루쉰, 「리수」, 『고사신편』〉
　　　ㄴ. 역사의 소설화 작업에는 아무런 제한이 있을 수 없는가?

9편
천명의 편

09.01 [211] 교육-중점 사항과 기피 사항-이익, 평화
09.02 [212] 인생-사회적 평가-맞출 수는 있지만 하지는 않겠다
09.03 [213] 사회 문화-전통문화와 시속-취사선택의 근거
09.04 [214] 인생-네 가지의 금기 사항-추측 등
09.05 [215] 역사-소명 의식-중원 문화의 수호자로서 책임감
09.06 [216] 인생-성인의 조건-공 선생 인생 역정의 특수성
09.07 [217] 인생-회고록-젊은 날의 고난

09.08 [218]	교육-산파술-무지의 자각	
09.09 [219]	종교 문화-시대적 임무의 소멸-이변 현상의 발생 여부	
09.10 [220]	사회-약자 배려-예우	
09.11 [221]	교육-동성애적 유대감-마르지 않는 지적 자극	
09.12 [222]	종교 문화-개인적 관계와 사회적 규정-격식 차리기와 진정	
09.13 [223]	정치 경제-정치 참여-기회를 기다리는 공 선생	
09.14 [224]	문명-낯선 곳이 없는 군자-보편성	

◎ 만이와 융적, 이념에 의해 상상된 인문 지리
〈니콜라 디코스모, 『오랑캐의 탄생』〉
ㄴ 한국어 어휘 중에 인종주의가 투영된 용어는 어떤 것이 있는가?

09.15 [225]	예술-음악-문헌의 편찬자로서의 공자	
09.16 [226]	윤리-윗사람 모시기	
	사회-음주 습관	
09.17 [227]	물리-관찰-자연 운행의 이치	

◎ 강희안, 〈고사관수도〉
ㄴ 동양철학에서 흐르는 물이 주는 인문학적 상상은 무엇일까?

09.18 [228]	도덕-궁극의 단계-당위의 자연화	
09.19 [229]	인생-주체적 판단-과정의 지속과 중단	
09.20 [230]	교육-흡수 능력-독보적 존재로서 안연	
09.21 [231]	교육-인물 평가-쉬지 않은 자기 계발	
09.22 [232]	교육-성장 단계-공부ㆍ인생의 결실의 어려움	
09.23 [233]	사회-세대교체-두려움과 무능력	
09.24 [234]	교육-단계별 발전-자기 변화의 중요성	
09.25 [235]	도덕-영구적인 자기 고양-충실, 반성	

09.26 [236]　도덕-의지(기개)-무력에 꺾이지 않는 사람다움의 동력이자 토대

　　◎ 도덕적 기개, 질 수는 있으나 꺾이지 않는 힘
　　ㄴ 도덕적 기개로 연결하여 설명할 수 있는 생활의 체험에는 어떤 것이 있을까?

09.27 [237]　교육-안주 없는 영구적인 자기 변화-탐욕의 극복 이후

09.28 [238]　예술-회화-문인화

　　식물-생태의 차이-초연한 기상

09.29 [239]　도덕-세 덕목의 배양-인간적 한계에서 자유롭기

09.30 [240]　인생-함께할 수 있는 것과 없는 것-상황 윤리의 고유성

09.31 [241]　인생-생각의 힘-거리감의 부정

10편
일상생활의 편
문명화의 편

10.01 [242]　사회-언어 생활-신중과 유창의 사이

10.02 [243]　정치-언어 생활-주장은 확실하나 태도는 공손하게

10.03 [244]　외교-접대 예절-조심스럽고 한 점 흐트러짐 없이

10.04 [245]　궁중 문화-진퇴의 예절-호흡을 아낄 정도로 조심조심

10.05 [246]　외교-사신으로서의 예절-공적 업무와 사적 관계의 차이

10.06 [247]　일상 문화-의복 규정-색상, 재단 등의 주의 사항

　　◎ 남자는 패물로 옥을 차고 다녔다 〈『예기』「옥조」〉
　　ㄴ 고대의 패옥과 현대의 장신구가 어떻게 다른 기능을 할까?

10.07 [248]　일상 문화-제사 준비-의복, 음식, 잠자리의 변화

10.08 [249]　일상 문화-식생활-기호(육회, 생강), 절제(술), 위생(고기)의

　　　　　　중시

10.09 [250]　종교 문화-제사 음식-음복, 위생

10.10 [251]　일상 문화-식사와 잠자리 예절-말을 아끼다

10.11 [252]　종교 문화-풍속-고수레

10.12 [253]　일상 문화-실내에서의 태도-단정하고 올바른 자세

10.13 [254]　사회-향음주례-어른 존중

10.14 [255]　종교 문화-풍속-나례

10.15 [256]　일상 문화-교제-안부

10.16 [257]　일상 문화-선물을 받을 때-감사 표시와 답례

10.17 [258]　일상 문화-화재 사건-재산보다 인명 중시

10.18 [259]　정치 문화-임금의 음식물 하사-상황에 따라 처리

　　　　　　◎ 선물의 이동은 사회질서의 형성을 낳는다〈마르셀 모스, 『증여론』〉
　　　　　　ㄴ 선물의 증여가 어떤 기제로 사회질서의 의식을 낳는가?

10.19 [260]　일상 문화-군주의 문병-조회에 준해 예를 차리다

10.20 [261]　정치-복무 태도-군주의 명령에 지체 없이 따르다

10.21 [262]　종교 문화-태묘 방문의 예절-예식의 신중한 준수

10.22 [263]　종교 문화-친구의 상례-상호부조 · 진정한 우정

10.23 [264]　일상 문화-친구 사이의 선물(우정)-제사 음식과 여타 물건의 차이

10.24 [265]　일상 문화-수면, 휴식(사생활)

10.25 [266]　일상 문화-사회적 약자의 접대, 평범하지 않은 일의 발생

10.26 [267]　문화-승차 예절-탑승 자세

10.27 [268]　동물-자연 관찰-꿩의 주의 깊음

11편
평가의 편
절망의 편

11.01 [269]   정치-인재의 선택-관직 경험보다 예악 소양이 우선

11.02 [270]   인생-위기의 회고-흩어진 제자들

11.03 [271]   교육-네 가지 전공-각 전공에 뛰어난 제자들(공문십철)

11.04 [272]   교육·인생-신뢰감의 교류-지적 쌍생아

11.05 [273]   윤리-인물 품평-민자건의 효행

11.06 [274]   사회-분쟁의 씨앗인 말-신중한 언행

11.07 [275]   교육-인물 품평-안연의 학문 사랑

11.08 [276]   인생-동반자의 상실-정리와 규정의 갈등

11.09 [277]   인생-동반자의 상실-학문적 후계자를 잃은 슬픔

　　　　　◎ 갑자기, 슬픔이 치밀어 오르다〈안톤 슈낙, 『우리를 슬프게 하는 것들』〉
　　　　　ㄴ 내가 슬픔을 체험하게 되는 대상과 그로 인해 촉발되는 사고의 내용은
　　　　　　무엇일까?

11.10 [278]   인생-삶의 의미 상실-주체할 수 없는 슬픔

11.11 [279]   종교 문화·윤리-장례-박장과 후장;

　　　　　◎ 공 선생이 자신이 세운 규범을 스스로 어기다?
　　　　　ㄴ 한국인이 생각하는 규범의 주도적 특성은 무엇일까?

11.12 [280]   종교 문화-귀신 숭배-현세 중심의 사고
　　　　　　도덕-귀신, 사후 세계의 존재-불가지론

11.13 [281]   교육·인생-스승의 마음-제자들과 함께하는 기쁨과 걱정

11.14 [282]   행정-관청(창고)의 신축-낭비와 수탈에 대한 염려

11.15 [283]   교육·예술-성장의 단계-승당과 입실의 차이

11.16 [284]	교육-수행 능력의 평가-지나침과 미치지 못함	
11.17 [285]	정치-원칙의 상실-성토하라!	
11.18 [286]	교육-개인 성향의 분류-각자의 빛깔	
11.19 [287]	교육-제자의 품평-현실 생활의 극명한 대비	
11.20 [288]	도덕 교육-선인의 길-먼저 옛사람의 길을 따르라	
11.21 [289]	사회-탁월한 언변술-화려함 그 뒤의 속내를 보라	
11.22 [290]	교육-효과적인 교수법-자질에 따른 맞춤 지도	
11.23 [291]	인생-돌발 사태의 발생-불안의 고조	
11.24 [292]	교육-제자에 대한 품평-한계와 기대	
11.25 [293]	학문·정치-지식인의 정치 참여 시점-자격의 충족과 사회적 요구의 대립	
11.26 [294]	교육·인생-삶의 돛대는 어디에 두나-속마음 털어놓기	

◎ 목욕하고 바람 쐬기가 평생의 과업이 될 수 있는가?
〈주희, 『논어집주』/홍대용, 『담헌서 I』〉
ㄴ. 『논어집주』와 『담헌서』의 『논어』 해석에 대한 차이점은 어디에 있는가?

12편
평화 만들기의 편
신뢰와 모방의 편

12.01 [295]	도덕-평화의 공동체-반성적 태도와 소통의 절차 준수	

◎ 무엇이 나로 하여금 잘못을 범하게 하는가?
ㄴ. 사람이 도덕적 삶을 살지 못하는 이유는 어디에 있을까?

12.02 [296]	도덕-관용의 원칙-사람 사이의 평화	
12.03 [297]	사회-언어의 양면성-언행일치의 어려움	

12.04 [298]	도덕-내 세계의 확신-도덕적 사례를 통한 자기 점검
12.05 [299]	인생 · 정치-신중과 전통 예식의 준수-가족애에서 사해동포주의로
12.06 [300]	정치-사리 판단-비방, 모략과 진실을 분별하라
12.07 [301]	정치-공동체의 운명-국방과 식량보다는 상호 신뢰가 중요
12.08 [302]	도덕-이상 인격-조화미
	예술-미의식-소박미와 형식미의 조화
12.09 [303]	정치 경제-국가의 재정 적자의 타개-증세보다 고통의 공유
12.10 [304]	도덕-고상함의 제고, 의혹의 해방-충실의 지속, 변덕의 경계
12.11 [305]	정치 윤리-정명-이름값에 어울리게 처신하라

◎ 정명의 몇몇 독법들
ㄴ. 정명이 현대인의 사회윤리로 어떻게 활용될 수 있을까?

12.12 [306]	교육-제자 품평-자로의 과단성
12.13 [307]	사법-소송의 평결-소송 없는 사회 만들기
12.14 [308]	행정-복무 자세의 기본-근면, 충실
12.15 [309]	도덕 · 정치-이상 인격-전통문화와 자기 규제
12.16 [310]	도덕-이상 인격-세상의 청정화
12.17 [311]	정치-지도자의 역할-모범을 보이는 존재

◎ 왜 윗물이 맑아야 하는가?
ㄴ. 한국 사회에서 윗사람과 아랫사람의 역할 구분이 어떻게 이루어지고 있는가?

| 12.18 [312] | 정치 경제-유민화의 대비책-지도층의 절제 |
| 12.19 [313] | 정치-치안을 위한 공포 정치-모범과 교화로 대신하라 |

◎ 따라 눕는 풀과 빨리 누웠다가 먼저 일어나는 풀〈김수영, 「풀」〉
ㄴ. 공 선생과 김수영의 풀의 심상이 어떻게 다른가?

12.20 [314]　학문-지식인의 사회적 활동-명망 추구냐 사회 통합이냐

12.21 [315]　도덕-고상함의 제고-충실의 지속 등

12.22 [316]　학문·도덕-핵심 개념의 정의-평화와 분별력

　　　　　　　◎ 우리는 왜 알려고 하는가? 〈길버트 라일, 『마음의 개념』〉
　　　　　　　ㄴ공 선생의 앎은 방식과 사실 중 어느 것에 더 가까울까?

12.23 [317]　사회-진정한 우정-개성의 존중

12.24 [318]　사회·학문-우정의 공동체-상부상조

　　　　　　13편
　　　　　　정치의 편
　　　　　　결실의 편

13.01 [319]　정치-지도자의 자세-솔선수범 등

13.02 [320]　행정-조직 관리-적절한 위임, 관용과 인재의 발탁

13.03 [321]　정치·시사-위나라 정국의 수습책-정명론

13.04 [322]　학문-농업기술-분업의 정당성

　　　　　　　정치-사회질서-지도자의 책임 윤리

　　　　　　　◎ 생산 노동의 천시 〈박제가, 『북학의』〉
　　　　　　　ㄴ공 선생의 번지에 대한 비판은 생산 노동에 대한 천시로 독해될 수 있는가?

13.05 [323]　학문-주체적 활용-기계적 외우기의 한계

13.06 [324]　정치-지도자의 본보기-공동체 통합의 기초

13.07 [325]　국제 정치-형제국의 정치 상황-노나라와 위나라의 혼란스런 정국

13.08 [326]　가정-경제 운용-재물에 대한 적절한 거리감 유지

13.09 [327]　정치-정책 집행의 순서-인구 증가, 경제적 풍요, 적절한 교육

13.10 [328]		정치-기회에 대한 애타는 바람-성과를 내는 데 걸리는 최소 시간
13.11 [329]		정치-세상의 탈바꿈(천지개벽)-장기간에 걸친 사업
13.12 [330]		정치-세상이 바뀌는 시간-철인 왕의 30년
13.13 [331]		정치-지도자의 본보기-공동체 통합의 기초
13.14 [332]		정치-누구를 위한 봉사인가-파벌 정치의 경계
13.15 [333]		정치-국가의 운명을 좌우하는 지침-신중한 역할 수행과 반대자에 귀 기울이기
13.16 [334]		정치-공동체의 통합-살맛 나는 정치
13.17 [335]		정치-변화의 속도-초조해하지 마라!
13.18 [336]		도덕·정치-가족 질서와 국가 질서의 상충-두 가지 정직

◎ 가족 질서와 국가 질서의 상충 지점
ㄴ 섭공과 공 선생의 입장 중 하나를 선택해서 다른 입장을 어떻게 비판할 수 있을까?

13.19 [337]		윤리-사람다움-겸손·신중·충실
		문명-보편의 폭력-인종적 편견
13.20 [338]		정치-지식인-관료의 자격-완벽한 임무 완성 등
13.21 [339]		인생-차선의 동반자-진취적이거나 신중하거나
13.22 [340]		인생-항심 또는 성실-자기 세계를 여는 문
13.23 [341]		인생·정치 경제-두 종류의 사람 유형-조화냐 이익이냐
13.24 [342]		정치-인물의 식별-여론과 정론의 차이

◎ 여론과 공론은 다르다〈이이, 『율곡전서』〉
ㄴ 여론 정치의 폐단은 무엇일까?

13.25 [343]		정치·사회-두 부류의 사람-원칙의 고수, 무원칙

13.26 [344]　인생 · 사회-두 부류의 사람-교만과 여유에 대한 관찰

13.27 [345]　도덕-사람다움-굳건하고 소박함 등

13.28 [346]　사회-지식인의 두 측면-충고와 화목

13.29 [347]　군사 · 정치-백성을 전쟁에 동원할 수 있는 조건-충분한 훈련

13.30 [348]　군사-무자비한 징집-학살과 다름없다

　　　◎ 포로는 싸움에 진 사람일 뿐인가, 아니면 죽어야 할 자인가?
　　　〈루스 베네딕트, 『국화와 칼』〉
　　　└ 전투에서 항복은 인격의 치욕인가, 패배의 시인에 불과한가?

14편
역사의 편
운명애의 편

14.01 [349]　사회 · 정치-부끄러움-부끄러움을 모르는 관료

14.02 [350]　도덕-평화의 가치-하기 어려운 것과 해야 하는 것의 차이

14.03 [351]　도덕-지식인의 사명-안락한 삶을 떠나라

14.04 [352]　정치-정세에 따른 말과 행동-행동은 변함없이

14.05 [353]　도덕-고매한 상태-진정성과 흉내 내기의 차이

14.06 [354]　정치 · 신화-지배의 힘-물리력과 고상함

14.07 [355]　인생 · 정치 경제-두 종류의 사람-평화에 어울리는 이와 그렇지 않은 이

14.08 [356]　윤리-참된 사랑과 진실-고통으로 안내, 충고

14.09 [357]　정치 외교-업무 분담-완벽한 조율

14.10 [358]　역사-인물 품평-무가치한 존재에서 모범까지

14.11 [359]　사회-양극화 현상-원망과 교만

14.12 [360]	정치-인물 품평-자기 그릇에 맞는 자리
14.13 [361]	도덕·사회윤리-완성된 인격의 두 기준-정의, 헌신, 약속 등
14.14 [362]	사회-인품의 신비화-적절한 처신
14.15 [363]	역사-유력자의 행위 평가-권리를 빙자한 협박
14.16 [364]	역사-춘추시대의 패자 품평-편법의 진 문공, 떳떳한 제 환공
14.17 [365]	역사-관중의 인물 품평-배신자인가 공동체의 구원자인가

　　　　　◎ 도덕 원칙의 충돌: 약속의 준수와 공동체의 구원
　　　　　ㄴ 한국 군사정권의 공과를 어떻게 평가할 수 있을까?

| 14.18 [366] | 역사-관중의 인물 평가-공동체의 구원 |
| | 문명-중화 세계의 수호-자문화 중심주의 |

　　　　　◎ 상상의 지리에 따른 야만인과 문명인의 경계
　　　　　〈에드워드 사이드, 『오리엔탈리즘』〉
　　　　　ㄴ 우리가 흑인과 이주 노동자에 대해 갖는 편견의 정체는 무엇일까?

14.19 [367]	정치·시사-인물 품평-부하와 동료가 될 수 있는 인격
14.20 [368]	정치-망국을 피하는 길-훌륭한 보좌진과 시스템 구축
14.21 [369]	도덕-언행의 불일치-부끄러워한다면 다행
14.22 [370]	도덕·정치-반인륜적 범죄-공동 응징의 필요성
14.23 [371]	윤리-군주의 보좌-할 말은 하라
14.24 [372]	인생-두 종류의 사람-상승과 하락의 갈림길
14.25 [373]	학문-학문의 목표-자신을 위한 공부
14.26 [374]	인생·사회-사자의 역할-적절한 소개
14.27 [375]	행정-조직 운용-참견 금지
14.28 [376]	윤리-직분 충실-권한 존중
14.29 [377]	도덕-이상 인격-부끄러운 언행의 불일치

◎ 고통은 추상이 아니라 구체이다
〈베르톨트 브레히트, 김광규 옮김, 「상품의 노래」〉
ㄴ 이웃의 고통을 추상적으로 이해하면서도 나누는 삶을 실천하지 못하는 이유가 무엇일까?

14.30 [378]　도덕-세 덕목의 배양-인간적 한계에서 자유롭기

14.31 [379]　시사-인물 품평-타인보다 자신을 저울질하라

14.32 [380]　정치-공동체-자기 확신과 타인의 승인

14.33 [381]　사회 문화-신뢰하는 삶-배반, 사기의 조짐을 미리 읽는 냉철함

14.34 [382]　정치·인생-공 선생이 유랑하는 이유는-현실 개선의 책임 의식

14.35 [383]　사회 문화 - 천리마의 예찬 - 힘보다는 길들여진 자질

◎ 말뚝에 매인 말 〈한간, 〈조야백도〉〉
ㄴ 동물을 감금해놓고 유료로 관람하는 동물원 운영이 도덕적으로 정당화될 수 있는가?

14.36 [384]　사회 문화-은혜와 원수 갚기-은혜에는 은혜로, 원수에는 칼로

14.37 [385]　인생-인정받지 못함에 대한 아쉬움-하느님만은 알아줄 것이다

◎ 섬의 고독 〈안도현, 「섬」〉
ㄴ 나를 절대 고독에 빠지도록 만드는 것이 무엇인가?

14.38 [386]　인생-우연한 사태의 발생-혼자서 운명을 바꾸기 어렵다

14.39 [387]　정치·인생-시대와 불화-세상을 멀리하는 이의 행로와 유형

14.40 [388]　역사-세상에 대한 희망을 버린 사람들

14.41 [389]	인생-이상주의자-운명애	

◎ 내릴 수 없는 깃발〈노암 촘스키,『불량국가』〉
ㄴ 자기 세계를 개척하는 자의 고독이란 무엇인가?

14.42 [390]　예술-음악 비평-성유애락

　　　　　　정치 · 인생-운명애와 순응의 차이

14.43 [391]　종교 문화-상례 풍속-세속적인 일을 보류하고 사자의 애도
　　　　　　에 집중하다

14.44 [392]　정치 · 행정-공동체의 통합-예식의 준수

14.45 [393]　정치 경제-이상적 지도자의 요건-자기 수양과 복지 증진

14.46 [394]　인생-옛 친구와의 만남-세 살 버릇 여든까지

14.47 [395]　학문 · 교육-공자의 교육관-성급한 결과에 대한 우려

15편
대조의 편

15.01 [396]　정치-이상과 현실-전쟁과 폭력에 대한 혐오

◎ 대조되는 만남〈사마천,『사기』「상앙열전」〉
ㄴ 내가 생각하는 이상 사회는 무엇이 우선적으로 고려되는가?

15.02 [397]　인생 · 정치 경제-곤궁에 처한 자세-인내, 반란

15.03 [398]　학문-방법론-박학보다는 일관성 우선

15.04 [399]　도덕-고상함의 가치-매력적인 힘

15.05 [400]　신화 · 정치-공동체의 안정-무위의 정치

◎ 무위無爲: 자연 순응의 정치 이상인가, 완벽한 효율적 통제의 표현인가?
ㄴ 무위가 정치, 일상생활, 교육 현장, 조직 관리 등에서 다양한 방식으로
　활용되는 사례와 특성은 무엇인가?

15.06 [401]	윤리 · 사회-사회윤리의 토대-상호 신뢰
15.07 [402]	역사 · 시사-인물 품평-두 가지 방식의 정치 참여
15.08 [403]	정치 · 행정-공동체의 운영-사람과 말을 모두 잃지 않으려면
15.09 [404]	도덕-이상주의-희생하는 삶
15.10 [405]	도덕-사람다움(평화)의 길-모범 인물과 어울리기
15.11 [406]	정치 · 사회 문화-정책 입안의 방향-우수한 전통의 계승과 퇴폐 풍속의 단속
15.12 [407]	정치 경제-국정 운영-장기적 전망의 중대성
15.13 [408]	사회문화-발전과 타락의 식별 기준-고상함의 외면 도덕-궁극의 단계-당위의 자연화

◎ 도덕의 자연화, 자연의 도덕화
└ 도덕이 자연적 감성처럼 실천될 수 있는가?
　언행일치를 주장하는 논리적 근거는 무엇인가?

15.14 [409]	역사-인물 품평-인재를 쓰지 않는 사람
15.15 [410]	도덕-자기 규율과 절제-자기에게는 가혹하게, 상대에게는 너그럽게
15.16 [411]	도덕-실천적 숙고-최선의 도출
15.17 [412]	인생-여가 · 일상생활을 보내는 법-본분 생각하기
15.18 [413]	도덕-이상 인격-기본 덕목의 충실
15.19 [414]	정치-공동체-자기 확신과 타인의 승인
15.20 [415]	인생-이름 배당에 의한 개별 평가-좋은 명예(성취)의 취득
15.21 [416]	도덕 · 인생-책임과 자기 성찰-주체적 삶
15.22 [417]	도덕 · 정치 경제-이상 인격의 형태-경쟁 없는 자긍심, 당파성 없는 동지애

15.23 [418]	정치 경제-인재 선발-소문과 출신은 괄호 안에 넣다
15.24 [419]	도덕-관용의 원칙-입장 바꿔 생각하기
15.25 [420]	역사-인물 품평-기준에 의한 공정한 평가
15.26 [421]	역사-실증주의-판단의 유보 등
15.27 [422]	인생-본분의 중시-감정에 휘둘릴 때의 위험
15.28 [423]	정치-중우정치의 위험-감시와 검증의 필요성
15.29 [424]	인생 · 도덕-주체적 삶-주관 능동성의 발휘

◎ 과거라는 굴레, 과거와의 대화〈데카르트,『방법서설』〉
ㄴ. 과거는 현재의 삶에 굴레인가, 자원인가?

15.30 [425]	도덕-과오에 대처하는 자세-과오의 시인과 개선
15.31 [426]	학문-방법론-경험과 사변의 결합
15.32 [427]	학문 · 정치-사회 분업-지식인의 길
	산업-사회 분업-농업 생산자의 길
15.33 [428]	도덕-이상과 현실의 차이-전통 의식의 준수가 갖는 힘
15.34 [429]	인생 · 정치 경제-사회적 기능의 차이-큰일과 작은 일을 할 사람
15.35 [430]	사회-평화의 공동체-진정한 가치를 모르는 인민들의 한계
15.36 [431]	도덕-평화란 궁극적 가치-사느냐 죽느냐의 문제
15.37 [432]	도덕-가치의 충돌-사소한 약속보다 신념을
15.38 [433]	행정-공직자의 자세-대가보다 임무 우선
15.39 [434]	교육 · 교화-교육의 대상-기회의 평등
15.40 [435]	인생 · 학문-공유의 조건-목표의 일치
15.41 [436]	학문-공자의 언어관-소통
15.42 [437]	인생 · 사회-약자를 대하는 자세-세심한 배려

16편
세 가지의 편
조직화의 편

16.01 [438] 정치 경제-전쟁 준비-외부를 주시하다 내부의 문제로 다친다

◎ 문화의 정치와 형벌의 정치 〈상앙, 「획책」·「신법」, 『상군서』〉
ㄴ 상앙이 공자의 문화 정치를 비판하는 이유는 무엇이며, 그 비판은 타당한가?

16.02 [439] 정치 경제-천자 정치의 위기-권력 중심의 하향 이동

◎ 현자의 판단 대리와 만인의 의견 발표(토론)의 자유
〈존 스튜어트 밀, 『자유론』〉
ㄴ 토의식 민주주의가 과연 민주주의의 가치를 확대 발전시킬 수 있을까?

16.03 [440] 정치 경제-제후 정치의 위기-정국의 장기적 전망

16.04 [441] 학문·사회-교우론-좋은 벗과 나쁜 벗의 구별

16.05 [442] 인생·문화 예술-쾌락의 분류-세 가지의 유익한 즐거움과 해로운 즐거움

16.06 [443] 사회 문화-접대 예절-세 가지 실례

16.07 [444] 인생-나이에 따른 남자의 세 가지 경계-성욕, 싸움, 재물욕

16.08 [445] 정치·종교 문화-사람이 두려워해야 할 것-하늘의 명령 등

16.09 [446] 학문-배움의 동기-천재에서 배움의 거부까지

16.10 [447] 윤리·정치-아홉 가지 신경 쓸 사항-분명하게 보기 등

16.11 [448] 도덕-선의 실천-자기 수양과 방향 제시

16.12 [449] 인생·도덕-대비되는 현실의 영광과 치욕-역전된 사후 평가

16.13 [450] 교육-군자의 자식 교육-거리 두기

16.14 [451] 문화·정치-호칭 예절-같은 사람도 상황에 따라 달라진다

17편
결투자의 편
혁명가의 편

17.01 [452] 인생 · 사회-피하고 싶은 만남-양화와 거리 두기

17.02 [453] 인생 · 사회 문화-상통성과 상이성의 원인-경향성과 환경의 작용

◎ 자연nature과 양육nurture
ㄴ.자연과 유전의 입장에서 공자의 입장을 어떻게 비판할 수 있을까?

17.03 [454] 도덕 · 교육-교육의 한계-두 가지 경우

17.04 [455] 정치-공동체의 통합-예악 정치
교육-사회적 효과-이론의 현실화

17.05 [456] 정치-쿠데타와 현실 개혁-정치적 성공에 대한 확신

17.06 [457] 도덕-평화의 공동체-다섯 가지 요건

17.07 [458] 정치-쿠데타와 현실 개혁-정치적 성공에 대한 확신

17.08 [459] 도덕-덕행의 완성-배움(자기반성)을 통해

17.09 [460] 예술-시가 학습의 의의와 효과-지식의 확대, 윤리적 실천

17.10 [461] 예술 · 교육-시가 학습의 의의와 효과-사람 구실의 기초

17.11 [462] 예술 · 사회 문화-전통 의식과 음악의 역할-형식보다는 정신

17.12 [463] 도덕 · 사회-언행일치-이중인격의 비판

17.13 [464] 도덕 · 사회-언행일치-좋은 게 좋다는 사람에 대한 비판

17.14 [465] 인생-지행합일-가벼운 행동거지 비판

17.15 [466] 정치-지행합일-비굴한 정치인 비판

17.16 [467] 사회 문화-고금 세태의 변화-각박해진 현세태

17.17 [468] 사회-처신-가식적인 행위

◎ 가치판단과 취미 판단의 영역
ㄴ 공공 영역에서 과도하게 애정을 표현하거나 큰 소리로 음악을 듣는 등의 행위는 왜 도덕적 비난의 대상이 되는가?

17.18 [469]　정치 · 사회 문화-지켜야 할 것의 위기-악화가 양화를 내모는 법

17.19 [470]　진리 · 종교 문화-언행일치-침묵의 언어

17.20 [471]　사회 문화 · 교육-만남을 거절하는 방법-노래로 의사 전달

17.21 [472]　윤리 · 종교 문화-삼년상 공방-보살핌의 보답

◎ 규범의 근거: 내면의 정감 대 절기와 부합
ㄴ 규범의 정당성은 어디에 근거를 둘 수 있는가?

17.22 [473]　학문 · 사회 문화-시간을 보내는 법-배부른 돼지보다 오락하며 생각하라

◎ 배우지 않아도 될 때와 배워야 할 때
〈베르톨트 브레히트, 「당신들은 아무것도 배우려 하지 않는다고 나는 들었다」〉
ㄴ 배움이 어떻게 해방의 계기가 될 수 있는가?

17.23 [474]　도덕-덕목의 연계-정의감 없는 용기의 위험성

17.24 [475]　도덕-이상 인격의 증오-군자가 미워하는 대상들

17.25 [476]　사회 문화-남성 우월적 시각-여성과 소인에 대한 편견

◎ 자신에 대한 의무와 타인을 위한 의무 〈헨릭 입센, 『인형의 집』〉
ㄴ 성 차별을 넘어서 사람이 주체적으로 산다는 것의 의미가 무엇인가?

17.26 [477]　인생-나이 사십의 의미-주위의 악평을 피할 때

18편
은자의 편
고별의 편

18.01 [478]　역사-은나라의 멸망-혼란을 수습하려했던 인물들

18.02 [479]　정치·도덕-지행합일-반복되는 임용과 파면

18.03 [480]　정치-현자의 바람직한 대우-제나라에서 공 선생의 좌절

18.04 [481]　정치·예술-지도자의 절제와 쾌락-쾌락으로 책무의 방기

18.05 [482]　인생·정치-이상과 현실의 차이-한계를 직시하라

18.06 [483]　정치-인간 세상에 대한 의무-은둔이 아닌 참여

◎ 최소한도의 나라, 호사스런 나라, 참된 나라 〈플라톤, 『국가·정체』〉
∟ 소크라테스의 최소한도의 나라와 공 선생의 조수(짐승)들의 나라가 인간다운 나라에 합치되지 않는 이유는 무엇일까?

18.07 [484]　인생-인간 세상에 대한 의무-은둔이 아닌 참여

18.08 [485]　인생-은자의 인물 품평-공 선생의 독자성

◎ 세 가지 문화의 길 〈량수밍, 『동서 문화와 철학』〉
∟ 량수밍의 문화 담론이 현대사회에도 여전히 유효한가?

18.09 [486]　정치·예술-정국의 불안과 동요-음악 집단의 분산

18.10 [487]　정치-국정 운영의 지침-친족 우대, 권한 집중의 금지 등

18.11 [488]　역사-주나라의 인재들

19편
사도의 편
분기의 편

19.01 [489]　사회윤리-사士다움-네 가지 자격 요건

19.02 [490]　도덕-사람의 기본-고상함의 견지, 방향의 신뢰

19.03 [491]　사회 · 학문-교우론-선별이냐 포용이냐

　　　　　　◎ 인人의 실체를 둘러싼 논쟁들
　　　　　　ㄴ 공자 사상은 초역사적인 불변의 진리를 담고 있는가?

19.04 [492]　학문 · 인생-하나의 중심과 복수의 주변-중심적인 것에 집중

　　　　　　◎ 예술 같은 기술, 기예의 길을 통해 들어서는 자유의 경지
　　　　　　〈『장자』「양생주」〉
　　　　　　ㄴ 자하와 장자의 기술에 대한 관점은 어떻게 다른가?

19.05 [493]　학문-배우는 즐거움-알아가고 익숙해지는 과정

19.06 [494]　학문-방법론-모방, 의지, 질문, 유추 등

19.07 [495]　산업-기술자의 책무-임무 완수

　　　　　　학문-군자의 책무-사명의 실현

19.08 [496]　도덕-소인이 잘못을 했을 때-평계대기로 일관

19.09 [497]　도덕-이상 인격-상황에 따라 적절한 행동

19.10 [498]　정치 · 사회윤리-신뢰의 공동체-신뢰 확보 이후에 협력 가능

19.11 [499]　도덕-덕목의 우열-용인의 조건

　　　　　　◎ 형벌 만능주의, 사회를 범죄로부터 해방시킬 수 있을까? 〈상앙, 『상군서』〉
　　　　　　ㄴ 책임의 문제와 관련해서 자하와 상앙의 입장 중 어느 것이 바람직한가?

19.12 [500]　학문 · 교육-학습 목표-착실한 한 걸음, 핵심의 장악

19.13 [501]　학문-학문과 정치의 관계-상호 연계

　　　　　　◎ 권력 획득의 정치와 자치 · 참여의 정치
　　　　　　ㄴ 정치와 배움이 강하게 결합되기 위해서 유권자들이 가져야 할 바람직한
　　　　　　　자세는 어떤 것일까?

19.14 [502]　윤리 · 종교 문화-상례의 기본-애도

◎ 죽음은 슬픈 일이 아니라 참된 세계로 돌아가는 것이다 《『장자』「대종사」》
┗ 자유와 장자의 죽음에 대한 차이점은 무엇인가?

19.15 [503] 교육-동학의 상호 평가-칭찬과 한계 지적

19.16 [504] 교육-동학의 상호 평가-칭찬과 한계 지적

19.17 [505] 사회윤리-상례의 교육적 효과-도덕 정서의 자연적 표현

19.18 [506] 윤리-효도-유훈의 계승

19.19 [507] 사법·정치-범죄로 내모는 사회-사회적 책임

◎ 전기 요금을 못 낼 경우 전기를 끊어야 한다 vs. 누군가가 대신 부담해야 한다 《『한국일보』/『한겨레신문』》
┗ 범죄는 전적으로 개인의 책임인가, 아니면 사회 구조적 문제인가?

19.20 [508] 역사-망국의 군주-악업의 책임 회피

19.21 [509] 정치-공동체의 중심으로서 군자-만인이 감시자

19.22 [510] 학문-공 선생의 스승은 누구-모든 곳과 모든 이가 선생

19.23 [511] 인생-자공과 공 선생의 비교-들여다보이는 세계와 들어서야 보이는 세계

19.24 [512] 인생-공 선생에 대한 악의적 평가-평가를 넘어선 해와 달과 같은 권위

19.25 [513] 인생-자공과 공 선생의 비교-넘볼 수 없는 압도적 차이

20편
계보의 편

20.01 [514] 신화·전설-중화 민족의 탄생-성왕의 계보

◎ 황하 유역의 통합 역사 만들기의 완성, 중화 세계의 창출
《신정근, 『동중서: 중화주의의 개막』》

ㄴ 공자의 사상이 중화주의의 형성에 어떤 영향을 끼쳤을까?

20.02 [515] 행정-지도자가 해야 할 것과 하지 말아야 할 것-다섯 가지 미덕, 네 가지 악덕

20.03 [516] 도덕 · 정치-참여(구원)의 조건-하늘의 명령, 전통 의식, 말에 밝아야

인용 출처 목록

91~92쪽 주희·여조겸, 이기동 옮김, 『근사록』(홍익출판사, 1998), 61~63쪽.
109쪽 칼 맑스, 「루이 보나빠르뜨의 브뤼메르 18일」, 박종철출판사 편집부 엮음,
 김세균 감수, 『칼 맑스·프리드리히 엥겔스 저작 선집 2』
 (박종철출판사, 1997), 287~288쪽.
119~120쪽 강창일·하종문, 『일본사 101장면』(가람기획, 2003), 247쪽.
126~127쪽 E. H. 카, 길현모 옮김, 『역사란 무엇인가』(탐구당, 1983), 37~38쪽.
135쪽 리하르트 빌헬름, 진영준 옮김, 『주역 강의』(소나무, 1996), 250~251쪽.
152~153쪽 박재범 옮김, 「물들이기에 따라」, 『묵자』(홍익출판사, 1999),
 66~67쪽, 73쪽.
163~164쪽 한완상, 『민중과 지식인』(정우사, 1989), 49~52쪽.
196~197쪽 J. L. 오스틴, 김영진 옮김, 『말과 행위』(서광사, 2005), 26~27쪽.
210쪽 좌구명, 신동준 옮김, 『춘추좌전 1』(한길사, 2006), 320쪽, 332~333쪽.
212~213쪽 천두슈, 「청년에게 삼가 고함」, 송영배, 『중국사회사상사』
 (사회평론, 1998), 298~299쪽.
213쪽 이상재, 「청년이여」(1925년경), 최석채 엮음, 『일제하의 명논설집』
 (서문당, 1981), 152쪽, 155~156쪽.
231쪽 랠프 린튼, 전경수 옮김, 『문화와 인성』(현음사, 1984), 83~84쪽.
236쪽 반고, 신정근 옮김, 『백호통의』(소명출판, 2005), 327~328쪽.
240~241쪽 한국종교연구회, 『종교 다시 읽기』(청년사, 1999), 107쪽, 109쪽, 117쪽.

279쪽　박종채, 박희병 옮김,『나의 아버지 박지원』(돌베개, 1998), 36~37쪽.
284~285쪽　카나야 오사무, 김상래 옮김,『주역의 세계』(한울, 1999), 23~25쪽.
325쪽　미르치아 엘리아데, 이동하 옮김,『성과 속: 종교의 본질』
　　　　　(학민사, 1983), 83쪽.
339쪽　루쉰,「리수」, 강계철·윤화중 옮김,『고사신편』(학원사, 1986),
　　　　　290~291쪽, 305쪽.
363쪽　니콜라 디코스모, 이재정 옮김,『오랑캐의 탄생』(황금가지, 2005),
　　　　　129쪽, 132쪽.
392~393쪽　이상옥 옮김,「옥조」,『예기―중』(명문당, 1991), 114~115쪽.
395~396쪽　진순신·오자키 호츠키 엮음, 이언숙 옮김,『영웅의 역사 7 : 대제국의
　　　　　황제』(솔출판사, 2000), 5~7쪽.
404쪽　마르셀 모스, 이상률 옮김,『증여론』(한길사, 2002), 66~68쪽.
419~420쪽　김학주 옮김,『시경』(명문당, 1997), 459~464쪽.
423쪽　안톤 슈낙, 차경아 옮김,『우리를 슬프게 하는 것들』(문예출판사, 1996),
　　　　　9~12쪽.
447쪽　주희, 성백효 역주,『논어집주』(전통문화연구회, 1991), 226쪽.
447쪽　홍대용, 민족문화추진회 옮김,『담헌서 I』(민족문화추진회, 1989),
　　　　　89~90쪽.
483쪽　김수영,「풀」(1968),『거대한 뿌리』(민음사, 1996), 142쪽.
490쪽　길버트 라일, 이한우 옮김,『마음의 개념』(문예출판사, 1994), 34~35쪽.
502~503쪽　박제가, 박정주 옮김,「이희경의 농기도 서문」과「번지와 허행」,『북학의』
　　　　　(서해문집, 2003), 136~137쪽, 227쪽.
522쪽　박경환 옮김,「등문공」3,『맹자』(홍익출판사, 1999), 129쪽.
524쪽　이이,「대사간을 사직하고 아울러 동서의 붕당을 타파하자는 건의문」,
　　　　　『율곡전서』(한국정신문화연구원, 1984), 252~253쪽.
529~530쪽　루스 베네딕트, 김윤식·오인석 옮김,『국화와 칼』(을유문화사, 2002),
　　　　　49~50쪽.
555쪽　에드워드 사이드, 박홍규 옮김,『오리엔탈리즘』(교보문고, 2000),

	98~99쪽.
561쪽	김덕균 역주, 『역주 고문효경』(문사철, 2008), 127쪽.
566~567쪽	베르톨트 브레히트, 「상품의 노래」(1929), 김광규 옮김, 『살아남은 자의 슬픔』(한마당, 1987), 65~66쪽.
574쪽	최종세 엮음, 『중국 시·서·화 풍류담』(책이있는마을, 2002), 55~56쪽.
578~579쪽	안도현, 「섬」, 『그리운 여우』(창작과비평사, 1997), 56쪽.
583쪽	노암 촘스키, 장영준 옮김, 『불량국가』(두레, 2001), 185쪽, 208쪽.
597쪽	사마천, 정범진 외 옮김, 「상군열전」, 『사기열전—상』(까치, 1995), 90~91쪽.
628쪽	데카르트, 김형효 옮김, 『방법서설』(삼성출판사, 1990), 46쪽.
649쪽	상앙, 김영식 옮김, 「획책」, 『상군서』(홍익출판사, 2000), 207쪽.
649쪽	상앙, 김영식 옮김, 「신법」, 『상군서』(홍익출판사, 2000), 251~252쪽.
652~653쪽	존 스튜어트 밀, 김형철 옮김, 『자유론』(서광사, 1992), 72쪽.
662쪽	김미영 옮김, 『대학·중용』(홍익출판사, 1999), 176쪽.
705쪽	베르톨트 브레히트, 김광규 옮김, 「당신들은 아무것도 배우려 하지 않는다고 나는 들었다」(1932), 『살아남은 자의 슬픔』(한마당, 1987), 72~73쪽.
709~710쪽	헨릭 입센, 김광자 옮김, 『인형의 집』(소담출판사, 2002), 72쪽, 134~136쪽.
710~711쪽	이상옥 옮김, 「곡례」 상, 『예기—상』(명문당, 1985), 34쪽.
720쪽	사마천, 정범진 외 옮김, 『사기세가—하』(까치, 1994), 429~431쪽.
725~726쪽	플라톤, 박종현 옮김, 『국가·정체』(서광사, 2005), 146~147쪽(369c-d)과 155~159쪽(372e-374e), 216쪽(399e).
730~731쪽	양수명, 강중기 옮김, 『동서 문화와 철학』(솔출판사, 2005), 104~105쪽.
750쪽	상앙, 김영식 옮김, 「설민」, 『상군서』(홍익출판사, 2000), 97~98쪽.
750쪽	상앙, 김영식 옮김, 「획책」, 『상군서』(홍익출판사, 2000), 199쪽.
760쪽	『한국일보』 2005년 7월 10일자 기사 중에서.
760~761쪽	『한겨레신문』 2004년 7월 20일자 기사 중에서.
775쪽	신정근, 『동중서: 중화주의의 개막』(태학사, 2004), 260~261쪽, 265쪽.

도판 출처 목록

367쪽 〈고사관수도〉: 국립중앙박물관 소장.

378쪽 〈세한도〉: 오주석 지음, 『옛 그림 읽기의 즐거움 1』(솔출판사, 1999), 국보 180호, 손창근 소장.

418쪽 〈노의순모〉: 『陳少梅畫集』下卷(工藝美術出版社, 2005), 328~329쪽.

574쪽 〈조야백도〉: 최종세 엮음, 『중국 시·서·화 풍류담』(책이있는마을, 2002), 55~56쪽.

이 책에 실린 모든 인용문과 도판의 사용 허가를 받기 위해 최선을 다했습니다. 아직 허가받지 못한 것들에 대해서는 저작권자와 연락이 되는 대로 추후 조치하겠습니다.

참고문헌

E. H. 카, 길현모 옮김, 『역사란 무엇인가』(탐구당, 1983)

J. L. 오스틴, 김영진 옮김, 『말과 행위』(서광사, 2005)

가의, 허부문 옮김, 『과진론·치안책』(책세상, 2004)

가지 노부유키, 김태준 옮김, 『유교란 무엇인가』(지영사, 1996)

강창일·하종문, 『일본사 101장면』(가람기획, 2003)

강판권, 『공자가 사랑한 나무 장자가 사랑한 나무』(민음사, 2003)

──, 『어느 인문학자의 나무 세기』(지성사, 2002)

고힐강, 김병준 옮김, 『고사변 자서』(소명출판, 2006)

곽말약, 신진호 옮김, 『족발』(사회평론, 1999)

길버트 라일, 이한우 옮김, 『마음의 개념』(문예출판사, 1994)

김경애·김채현·이종호, 『우리 무용 100년』(현암사, 2005)

김근 역주, 『여씨춘추: 제1권 십이기』(민음사, 1993)

김덕균 역주, 『역주 고문효경』(문사철, 2008)

김미영, 『유교문화와 여성』(살림, 2004)

김미영 옮김, 『대학·중용』(홍익출판사, 1999)

김종수, 『조선시대 궁중연향과 여악연구』(민속원, 2001)

김학주, 『중국 고대의 가무희』(명문당, 2001)

──, 『한중 두 나라의 가무와 잡희』(서울대학교출판부, 1994)

김학주 옮김, 『서경』(명문당, 2002)

──, 『시경』(명문당, 1997)

김한규, 『천하국가: 전통 시대 동아시아 세계 질서』(소나무, 2005)

노르베르트 엘리아스, 박미애 옮김, 『문명화과정 I·II』(한길사, 1996·1999)

────────, 박여성 옮김, 『궁정사회』(한길사, 2003)

────────, 유희수 옮김, 『매너의 역사』(신서원, 2001)

노암 촘스키, 장영준 옮김, 『불량국가』(두레, 2001)

니콜라 디코스모, 이재정 옮김, 『오랑캐의 탄생』(황금가지, 2005)

데스몬드 모리스, 김동광 옮김, 『피플 워칭: 보디 랭귀지 연구』(까치, 2004)

데카르트, 김형효 옮김, 『방법서설』(삼성출판사, 1990)

도나미 마모루, 허부문·임대희 옮김, 『풍도의 길: 나라가 임금보다 소중하니』(소나무, 2003)

랠프 린튼, 전경수 옮김, 『문화와 인성』(현음사, 1984)

레지 드브레, 강주헌 옮김, 『지식인의 종말』(예문, 2001)

루쉰, 강계철·윤화중 옮김, 『고사신편』(학원사, 1986)

루스 베네딕트, 김윤식·오인석 옮김, 『국화와 칼』(을유문화사, 2002)

리우짜이성, 김예풍·전지영 옮김, 『중국음악의 역사』(민속원, 2004)

리하르트 빌헬름, 진영준 옮김, 『주역 강의』(소나무, 1996)

마르셀 모스, 이상률 옮김, 『증여론』(한길사, 2002)

마테오 리치, 송영배 옮김, 『교우론·스물다섯 마디 잠언·기인십편』(서울대학교출판부, 2000)

미르치아 엘리아데, 이동하 옮김, 『성과 속: 종교의 본질』(학민사, 1983)

박경환 옮김, 『맹자』(홍익출판사, 1999)

박노자, 『나를 배반한 역사』(인물과사상, 2003)

박성규, 『주희철학의 귀신론』(한국학술정보, 2005)

박재범 옮김, 『묵자』(홍익출판사, 1999)

박제가, 박정주 옮김, 『북학의』(서해문집, 2003)

박종채, 박희병 옮김, 『나의 아버지 박지원』(돌베개, 1998)

박흥수, 『한·중 도량형 제도사』(성균관대학교출판부, 1999)

반고, 신정근 옮김, 『백호통의』(소명출판, 2005)

베르톨트 브레히트, 김광규 옮김, 『살아남은 자의 슬픔』(한마당, 1987)

사라 알란, 오만종 옮김, 『공자와 노자, 그들은 물에서 무엇을 보았는가』(예문서원, 1999)

사마천, 정범진 외 옮김, 『사기 4』(까치, 1995)

─────────────, 『사기세가』 하(까치, 1994)

─────────────, 『사기열전』 상·하(까치, 1995)

상앙, 김영식 옮김, 『상군서』(홍익출판사, 2000)

송영배, 『중국사회사상사』(사회평론, 1998)

시라카와 시즈카, 장원철 옮김, 『사람의 마음을 움직여 세상을 바꾸리라』(한길사, 2004)

시바 로쿠로, 윤수영 옮김, 『중국문학 속의 고독감』(동문선, 1992)

신정근, 『동양철학의 유혹』(이학사, 2002)

──, 『논어의 숲, 공자의 그늘』(심산, 2006)

──, 『동중서: 중화주의의 개막』(태학사, 2004)

──, 『사람다움의 발견』(이학사, 2005)

아사노 유이치, 신정근 외 옮김, 『공자신화─종교로서 유교형성 과정』(태학사, 2008)

아우구스티누스, 김기찬 옮김, 『고백록』(현대지성사, 2000)

안길환 옮김, 『회남자』(명문당, 2001)

안도현, 『그리운 여우』(창작과비평사, 1997)

안동림 역주, 『장자』(현암사, 2001)

안톤 슈낙, 차경아 옮김, 『우리를 슬프게 하는 것들』(문예출판사, 1996)

楊伯峻, 『論語譯注』(北京: 中華書局, 1980)

양수명, 강중기 옮김, 『동서 문화와 철학』(솔출판사, 2005)

양인리우, 이창숙 옮김, 『중국고대음악사』(솔출판사, 1999)

에드워드 사이드, 박홍규 옮김, 『오리엔탈리즘』(교보문고, 2000)

윌리엄 H. 맥닐, 허정 옮김, 『전염병과 인류의 역사』(한울, 1998)

위앤커, 전인초·김선자 옮김, 『중국신화전설 1·2』(민음사, 1998)

유소, 이승환 옮김, 『인물지』(홍익출판사, 1999)

이강숙·김춘미·민경찬, 『우리 양악 100년』(현암사, 2005)

이광주, 『대학의 역사』(살림, 2008)

이마미치 도모노부, 조선미 옮김, 『동양의 미학』(다할미디어, 2005)

이민수 옮김, 『공자가어』(을유문화사, 2003)

이상옥 옮김, 『예기』 상·중(명문당, 1985·1991)

이석우, 『대학의 역사』(한길사, 1998)

이성규, 『중국 고대 제국 성립사 연구』(일조각, 1997)

이숙인, 『동아시아 고대의 여성사상』(여성문화이론연구소, 2005)

이이, 『율곡전서』(한국정신문화연구원, 1984)

이정은, 『사람은 왜 인정받고 싶어하나』(살림, 2005)

이중생, 임채우 옮김, 『언어의 금기로 읽는 중국문화』(동과서, 1999)

이학근, 임형석 옮김, 『잃어버린 고리: 신출토문헌과 중국고대사상사』(학연문화사, 1996)

장승구, 『중용의 덕과 합리성』(청계, 2004)

장징, 박해순 옮김, 『공자의 식탁』(뿌리와이파리, 2002)

전통예술원 편, 『조선후기 문집의 음악사료』(민속원, 2002)

조기빈, 조남호·신정근 옮김, 『반논어』(예문서원, 1996)

조남권, 『동양의 음악 사상 악기』(민속원, 2001)

조지 커퍼드, 김남두 옮김, 『소피스트 운동』(아카넷, 2003)

존 스튜어트 밀, 김형철 옮김, 『자유론』(서광사, 1992)

좌구명, 신동준 옮김, 『춘추좌전』 1·3(한길사, 2006)

주희, 성백효 역주, 『논어집주』(전통문화연구회, 1991)

주희·여조겸, 이기동 옮김, 『근사록』(홍익출판사, 1998)

진순신·오자키 호츠키, 윤소영 옮김, 『영웅의 역사 7: 대제국의 황제』(솔출판사, 2000)

천산, 강봉구 옮김, 『중국무협사』(동문선, 1997)

최석채 엮음, 『일제하의 명논설집』(서문당, 1981)

최종세 엮음, 『중국 시·서·화 풍류담』(책이있는마을, 2002)

카나야 오사무, 김상래 옮김, 『주역의 세계』(한울, 1999)

칼 맑스, 『루이 보나빠르뜨의 브뤼메르 18일』, 박종철출판사 편집부 엮음, 김세균 감수, 『칼 맑스·프리드리히 엥겔스 저작 선집 2』(박종철출판사, 1997)

칼 야스퍼스, 이수동 옮김, 『대학의 이념』(학지사, 1997)

크리스토프 샤를, 김정인 옮김, 『대학의 역사』(한길사, 1999)

플라톤, 박종현 옮김, 『국가·정체』(서광사, 2005)

필립 아이반호, 신정근 옮김, 『유학, 우리 삶의 철학』(동아시아, 2008)

한국종교연구회, 『종교 다시 읽기』(청년사, 1999)

한명희·송혜진·윤중강, 『우리 국악 100년』(현암사, 2005)

한완상, 『민중과 지식인』(정우사, 1989)

허버트 핑가레트, 송영배 옮김, 『공자의 철학: 서양에서 바라본 예에 대한 새로운 이해』(서광사, 1991)

헨릭 입센, 김광자 옮김, 『인형의 집』(소담출판사, 2002)

홍대용, 민족문화추진회 옮김, 『담헌서 I』(민족문화추진회, 1989)

훼이샤오통, 이경규 옮김, 『중국 사회의 기본 구조』(일조각, 1995)

공자씨의 유쾌한 논어

2009년 1월 30일 1판 1쇄
2021년 6월 11일 1판 6쇄

지은이 | 신정근

편집 | 정보배 · 조건형 · 엄정원
표지 디자인 | 이석운
본문 디자인 | 백창훈
제작 | 박흥기
마케팅 | 이병규 · 양현범 · 이장열
홍보 | 조민희 · 강효원

출력 | 블루엔
인쇄 | 천일문화사
제책 | 정문바인텍

펴낸이 | 강맑실
펴낸곳 | (주)사계절출판사
등록 | 제 406-2003-034호
주소 | (413-120)경기도 파주시 회동길 252
전화 | 031) 955-8588, 8558
전송 | 마케팅부 031) 955-8595 편집부 031) 955-8596
홈페이지 | www.sakyejul.net **전자우편** | skj@sakyejul.com
블로그 | skjmail.blog.me
페이스북 | www.facebook.com/sakyejul
트위터 | twitter.com/sakyejul

ⓒ신정근, 2009

값은 뒤표지에 적혀 있습니다.
잘못 만든 책은 구입하신 서점에서 바꾸어 드립니다.

사계절출판사는 성장의 의미를 생각합니다.
사계절출판사는 독자 여러분의 의견에 늘 귀 기울이고 있습니다.

ISBN 978-89-5828-340-9 03150